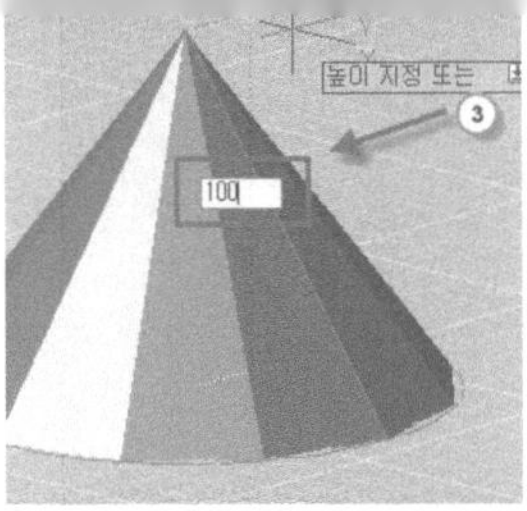

CAD 이해와 활용

김용일 송춘동

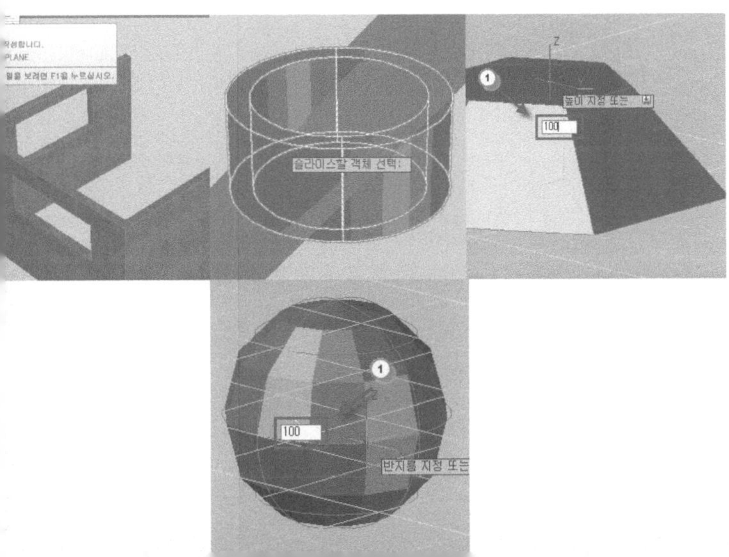

기문당

머리말

아날로그 시대에서 디지털 시대로 오면서 많은 변화가 나타났다. 특히, 건축설계작업에서 설계정보의 효율적 관리와 건축주의 서비스 및 신뢰감 향상 등 건축 전반에 걸쳐 상당히 많은 변화가 초래되었다. 건축설계사무소에서의 CAD작업은 업무 효율성뿐만 아니라 건축주의 신뢰에도 영향을 미친다.

따라서 본서에서는 건축을 공부하는 학생들이 체계적으로 CAD에 접근할 수 있도록 건축·인테리어 특성을 고려해서 개념 파악 및 실습 위주로 집필하였으며, CAD 명령어 사용방법에 있어 건축도면을 그리는 작업 순서의 명령어 및 유사명령어 그룹, 하나의 명령을 이해하면 동시에 다른 명령어까지 이해할 수 있도록 그룹을 만들어 체계적으로 정리하였다. 단순히 CAD를 안다는 것이(knowing that) 중요한 게 아니라 어떻게 아는가(knowing how), 즉 CAD을 어떻게 활용하는가 하는 작업방식이 중요하다.

본서를 통하여 건축, 인테리어 관련 분야의 학생, 관심 있는 분, 또는 전문가들에게 CAD을 활용하여 건축, 인테리어 표현능력을 향상시키는데 도움이 되기 바라며, 또한 건축, 인테리어 분야의 CAD를 체계적으로 배우고자 하는 분들에게 길잡이 역할도 할 수 있으리라 기대해 본다.

본서가 출판되기까지 많은 도움을 주신 기문당 강해작 사장님, 편집부 여러분들의 노고에 감사드립니다.

2018. 3

저자 일동

차 례

4 CHAPTER 건축 · 인테리어 요소 작성

5 CHAPTER 평면도 작성

6 CHAPTER 출력하기

7 CHAPTER 3D 객체 작성 및 수정

※ 도면

단독주택 A, 단독주택 B, 단독주택 C, 단독주택 D

CHAPTER 1

CAD란

LESSON 01

CAD의 정의

CAD(Computer Aided Design)란 컴퓨터를 이용하여 설계하는 기술을 말한다. 이와 같이 최근까지 CAD는 제도가 주된 부분을 차지했지만, 시간이 지나면서 컴퓨터를 이용한 디자인 표현력이 발전되어 여러 분야에서 CAD를 이용한 설계를 하게 되었다. 특히, 건축적 측면에서 CAD의 개발은 기획단계에서 정확하고 신속하게 관련법규를 검토하고 이를 근거로 설계의 대안을 다양하게 산출할 수 있고, 기본설계에서는 설계의 대안이 보다 더 구체화되고 여러 가지 기술적인 검토와 분석이 이루어지며, 적용·검토된 사항을 시뮬레이션을 통해 다시 한번 분석·검토하게 된다. 그리고 실시설계단계에서는 최종 확정된 설계안을 도면으로 표현하는 도면작성과 물량산출을 한다. 즉 설계작업 중 반복 및 수정작업, 설계 표준화, 프로젝트 수행기간 단축, 설계정보의 효율적 관리, 그리고 다양한 설계안 작성 및 표현력 증대를 말한다.

또한, CAD는 도면(Drafting)에서 출발하여 설계(Design)로 발전하고 최종적으로는 등록자료(Documentation)로 그 자리를 굳히게 된다. CAD는 그 생성과정에서 소요인력 감소와 생산기반 단축을 가져오며, 이에 따른 생산성 증가로 이윤증대 효과를 제공한다.

LESSON 02

Computer란

“어떠한 자료, 데이터를 입력, 저장 또는 처리 후 조작원 개입 없이 출력하는 전자장치”

“사람이 만든 도구 중에서 가장 막강한 능력을 지닌 것으로서, 사람이 작성한 프로그램과 명령을 받아서 그 수행에 필요한 모든 사항을 자동적으로 결정하면서 처리하는 장치”

“사람이 만든 도구 중에서 고도의 지능을 지닌 유일한 것으로서, 사람이 하는 일은 뭐든지 할 수 있으며, 사람이 하기 어려운 복잡한 계산이나 위험한 작업을 사람보다 더 빠르고 정확하게 할 수 있는 장치”

우리 주변의 전자 제품들도 나날이 여러 기능들이 추가됨에 따라 그 정의가 조금씩 바뀌어야 하는 것처럼, 컴퓨터 역시 그 발전에 따라 새로운 정의가 계속 내려져야 하는 것이 당연하지 않을까?

LESSON 03

컴퓨터의 역사

■ 컴퓨터의 탄생

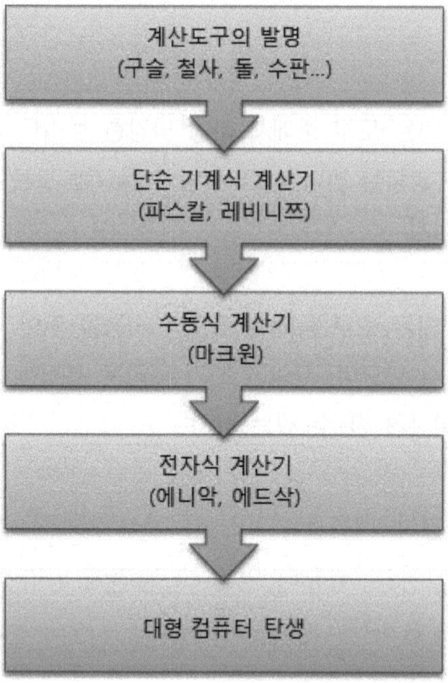

계산 도구의 발명

인류가 발명한 최초의 계산 도구는 고대의 수판이라고 할 수 있다. 지역에 따라 구성과 특징이 조금씩 다르지만, 이 수판은 중세까지 계속 조금씩 개량되면서 꾸준히 사용되었다.

B.C. 500년경

이집트에서 구슬과 철사로 구성된 수판이 발명되어 사용되었다.

고대 로마 사람들

홈이 파인 널빤지 위에 돌로 숫자를 나타내는 수판을 사용하였다. 널빤지 위에는 수의 단위를 뜻하는 기호들이 있었고(예, M=1000, D=500, c=100, L=50, X=10, V=5, I=1), 기호 옆에 놓여진 돌과 그 돌의 개수로 숫자를 표현하였다.

A.D. 200년경

중국인 수학자들은 수판이라는 이름의 계산용 접시를 이용하여 계산을 하였고, 일본인들은 소로반이라고 불리는 비슷한 형태의 도구를 이용하였다.

524년

로마의 철학자 보이티우스(Boithus)가 유럽에서 쓰이던 표준형 수판을 개량하여 더 자세한 셈을 할 수 있도록 하였다. 그러나 널리 쓰이지는 않았다.

1000년경

교황 실베스터 2세(Sylvester Ⅱ)가 보다 효율적인 유럽형 수판을 고안해 냈으나 역시 널리 쓰이지는 않았다.

이후로 파스칼 시대 이전까지는 보다 진보된 계산 도구가 그다지 발명되지 않았는데, 1430년경에는 시야 조준과 거리 측정 도구로서 4분원에 눈금을 매긴 도구가 개발되었고, 1606년경에는 전쟁 기술의 진보와 함께 총기의 탄도를 계산하기 위한 도구로서 '섹터'라는 이름의 메커니즘이 갈릴레오(Galileo) 등에 의해 개발되었다. 1614년에는 대수(Algebra)의 개념을 창안한 스코틀랜드의 존 네피어가 번호를 매긴 기다란 가늠자를 고안하였으며, 1622년에는 영국의 수학자 윌리엄 오트리드(William Oughtred)가 '부분적인

네피어의 가늠자

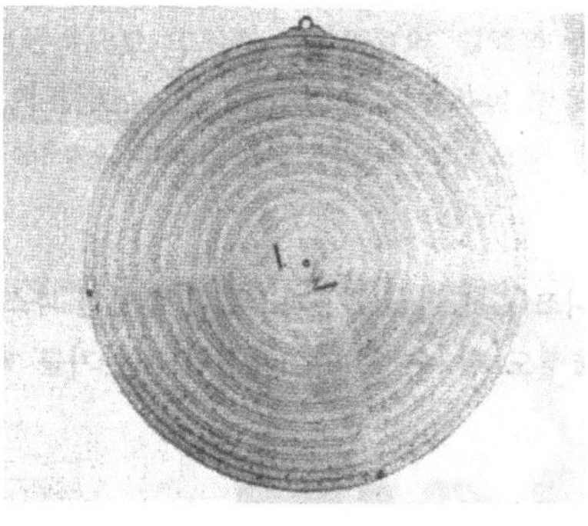

윌리엄 오트리드의 '부분적인 원'

원'이라고 불리는 계산척을 개발하였다. 그러나 그다지 혁신적인 발전은 없었으며, 이때까지의 계산 도구, 특히 수판 같은 경우, 실제의 계산은 사람의 머릿속에서 이루어지며 수판은 알로서 수를 나타내 줌으로써 사람의 계산을 도와주는 것에 불과한 셈이었다.

스스로 답을 계산하고 받아 올림(carry)이나 내림(borrow)을 자기가 알아서 하지 못하는 도구를 아직 '계산기'라고는 할 수 없다.

기계적인 계산기의 발명

- 1642년

프랑스의 유명한 철학자 겸 물리학자인 파스칼(B. Pascal)은 세금 수금업무를 위해 방대한 양의 계산을 거듭해야 하는 아버지를 돕고자 모두 8개로 된 회전 다이얼을 돌려서 계산을 하는 '파스칼리느'라는 최초의 기계적 계산기를 만들었다. 다이얼 둘레에는 0부터 9까지의 숫자가 씌어 있었고, 9에서 더 돌리면 윗자리로 받아 올려지게 고안되었는데, 실제로 많은 자리의 계산은 불가능하였으며 덧셈과 뺄셈만 가능하였다.

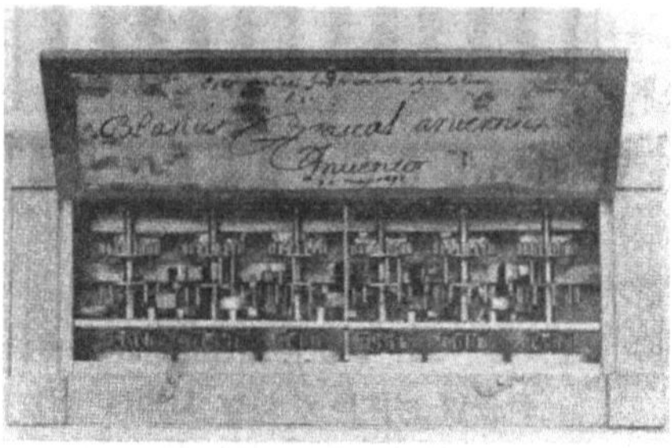

파스칼리느

- 1673년

독일의 철학자 라이프니츠(G. Leibniz)가 파스칼이 발명한 파스칼리느를 개량하여 덧셈과 뺄셈은 물론 곱셈과 나눗셈도 할 수 있는 기계적인 계산기를 만들었다.
지금까지의 계산기는 사람의 손으로 핸들이나 다이얼을 돌려주어야만 계산을 수행할 수 있는 수동적 계산기였다고 할 수 있다.
이제, 사람의 손을 빌리지 않고도 계산을 할 수 있는 자동 계산기의 시대로 가보자.

라이프니츠의 계산기

자동 계산기의 발명

1812년

영국의 찰스 배비지(Charles Babbage)가 오늘날의 컴퓨터 설계에 기초가 되는 차분기관(Difference Engine)을 설계하였다. 이는 1801년에 프랑스의 자칼(J. M, Jacquard)이 만든 펀치 카드에 의해 작동되는 자동 방적기에서 아이디어를 얻은 것으로서, 계산과 출력을 사람의 도움이나 간섭이 전혀 없이 수행할 수 있었으며, 대수표를 유효 숫자 5자리로 계산하였다.

찰스 배비지

1833년

배비지는 차분기관을 성공적으로 고안한 후, 자료의 입력과 출력, 계산, 기억 등을 자동으로 할 수 있는 해석기관(Analytic Engine)을 고안하여 범용 계산기에 대한 전체 윤곽을 제시하였다. 그러나 이것을 구현할만한 기술이 부족하여 개발에는 실패하였다.

1855년

스웨덴의 조지(George)와 슈우츠(Scheutz)가 배비지의 고안을 기초로 하여 최초로 실용적인 기계적 컴퓨터를 개발하는데 성공하였다.

차분기관

해석기관

1886년

미국의 은행원이었던 윌리엄 버로스(W. Burroughs)가 고된 계산에 시달리지 않기 위해 덧셈을 기계적으로 처리할 수 있는 최초의 상업적(commercial) 컴퓨터를 개발하였고, 그의 회사는 그의 이름을 따서 현재의 버로스 주식회사의 전신이 되었다.

1890년

미국의 홀러리드(H. Hollerith)가 최초로 전기 기계적으로 천공카드를 사용하는 도표 작성기를 발명하였고, 미국 센서스 사무소는 10년 이상 걸릴 인구조사에 이 기계를 사용하였다.(1890년 센서스)

천공카드와 도표 작성기

홀러리드는 이후 1896년에 도표 작성기기 회사를 설립하고 러시아의 인구조사를 포함한 여러 계약을 실행하였으며, 1924년에 토마스 왓슨(Thomas Watson)이 회장으로 부임하면서 이름을 바꾼 IBM(International Business Machines)의 전신이 되었다.

디지털 컴퓨터의 등장

자동계산기를 구현하고자 하는 많은 노력이 있었음에도 그것을 구현할 기술 부족으로 꿈의 달성이 더뎠던 안타까운 역사를 살펴보았다. 이제, 꿈에도 그렸던 컴퓨터다운 컴퓨터의 등장, 그리고 그것이 가능하도록 밑거름이 되어 준 기술의 발전, 그리고 계속된 과학자의 연구와 기술개발이 서로 보완하여 끊임없는 성장을 이루는 모습들을 보게 될 것이다.

1925년

미국 MIT(매사추세츠 공대)의 베네버 부시(V. Bush) 연구팀이 대규모의 자동 아날로그 계산기를 개발하였다.

1936년

영국의 수학자이자 컴퓨터 과학의 대부인 알렌 튜링(A. Turing)이 수학적 논리 이론을 서술한 논문을 통하여 컴퓨터의 설계에 대해 설명하였다. 명쾌하고 체계적인 그의 이론은 이후의 컴퓨터 설계에 막대한 영향을 끼쳤다.

독일의 콘라드 슈츠가 키보드 입력장치와 기계 스위치, 응답 신호용 전구들로 구성된 컴퓨터 Z1을 고안해냈다.

1938년

조지 슈비츠가 최초의 디지털 컴퓨터(Digital Computer) Complex Number Calculator를 Bell 연구소에서 개발하였다. 이 컴퓨터는 곱셈을 약 1분당 한 번 정도 할 수 있었고, 450개의 릴레이(relay)를 사용하였으며, 약 2만 달러의 개발비가 소요되었다.

1941년

1939년에 Z1을 고안한 슈츠가 전자식 릴레이를 사용하여 Z3 컴퓨터를 개발하였다. Z3는 곱셈을 1회당 3~5초에 할 수 있었으며, 최초로 컴퓨터의 동작을 자동 제어한 기기였다.

1943년

알렌 튜링이 거대한 전자식 컴퓨터를 개발하였고, 이는 2차 대전 중 독일어식 암호의 해독에 사용되었다.

MARK-1

1944년

미국 하버드 대학의 교수 에이킨(Aiken)에 의해 IBM사에서 MARK-I라는 거대한 최초의 자동 전기기계식 컴퓨터를 개발하였다. 자동 순서 제어(Automatic Sequence Controlled) 컴퓨터인 이 MARK-I은 계전기와 톱니바퀴를 사용하여 구성되었으며, 종이테이프에 천공된 프로그램에 의해 자동적으로 동작하였으므로 배비지의 꿈이 마침내 실현된 셈이다.

1945년

ENIAC

펜실베이니아(Pensylvania)대학원생 에거트(J. P. Eckert)와 교수 머클리(J. W. Mauchly)에 의해 최초의 대형 전자디지털 컴퓨터 ENIAC이 개발되었다.

이 ENIAC은 18,800여 개의 진공관으로 구성되었으며, 무게는 30톤 설치면적은 1,800제곱피트, 그리고 소비전력은 120KW에 달했다.

10진법을 사용하였고, 덧셈과 뺄셈은 초당 5000회, 곱셈은 초당 350회, 그리고 나눗셈은 170회 정도 할 수 있었다.

그리고 프로그램은 전화 교환기의 스위치판처럼 생긴 판에 전선들을 연결해줌으로써 구성하였다.

1946년

폰 노이만

폰 노이만(J. V. Neumann)이 '컴퓨터의 이론 설계에 대한 1차 고찰'이라는 논문에서 프로그램 내장방식(stored program)을 주장하였다. 프로그램 내장방식이란 수행될 모든 프로그램이 주기억장치에 저장되는 것으로, 주기억장치에는 워드 단위로 순서적인 주소(address)가 지정되어 있는 것이다.

실제로 지금까지의 컴퓨터 대부분 이 프로그램 내장방식을 받아들여 구성되고 있다.

1947년

벨 연구소(Bell Lab)에서 윌리엄 쇼클리(W. Shockley), 존 바덴(J. Barden), 월터 브래튼(W. Brattain) 등이 트랜지스터(transistor)를 개발하였다.

이 트랜지스터는 제2세대 컴퓨터의 구성 소자로서, 진공관보다 수명이 길 뿐만 아니라 크기 또한 매우 작으므로 컴퓨터의 크기를 줄이고 전력소비를 줄일 수 있었으며, 더 빠른 회로의 구성이 가능하게 되었다.

1948년

IBM이 12,000여 개의 진공관으로 구성된 거대한 컴퓨터 SSEC(Selective Sequence Electronics Calculator)를 개발하였다. 이것은 내장된 명령에 따라 전자적으로 선택적인 순서 제어가 가능하게 한 최초의 오퍼레이팅 컴퓨터(Operating Computer)로써 MARK-I보다 약 250배나 수행속도가 빨랐다.

1949년

영국 케임브리지(Cambrige) 대학의 마우리스 윌키스(M. Wilkes)가 폰 노이만의 프로그램 내장방식을 사용하여 구현한 최초의 컴퓨터인 EDSAC(Electronic Delay Storage Automatic Computer)을 개발하였다.

EDSAC

1950년

폰 노이만에 의해 최초로 디지털 로직(Digital Logic)를 사용한 프로그램 내장방식의 컴퓨터 EDVAC(Electronic Discrete Variable Automatic Computer)가 개발되었다. 이 EDVAC은 4천여 개의 진공관과 1만여 개의 다이오드로 구성되었다.

1951년

에커트와 모클리가 자신들의 회사를 인수한 Reminton Rand사에서 프로그램 저장 방식을 이용한 비즈니스용 컴퓨터 UNIVAC-I(the UNIVersal Automatic Computer)를 개발하였다.

이 UNIVAC-I은 초당 약 2천 회의 계산 속도를 갖춘 고속 컴퓨터로, 미국 세서스 사무소에 설치되어 사용되었다.

UNIVAC

이후의 컴퓨터 개발은 계속 비약적인 발전을 거듭하고, 더 좋은 소자, 더 효율적인 회로 구성, 다양한 사용자층을 수용할 수 있는 편리한 소프트웨어 개발 등과 아울러 많은 프로그래밍 언어가 쏟아져 나와서 컴퓨터의 응용 분야를 계속 확대해 나갔다.

앞에서 언급한 바 있는 버로스(Burroughs)사와 IBM사를 비롯하여 DEC(Digital Equipment Corp.), CDC(Control Data Corp.) 등의 회사가 계속 설립되었고, 일본에서도 60년대에 일본 전기(NEC)와 후지쯔, HITACHI 등의 컴퓨터 회사가 설립되었으며, 마이크로 프로세서와 소형 컴퓨터의 보급으로 컴퓨터는 한층 사람의 주변에 가까이 있게 되었다.

우리나라에는 1967년 생산성 본부에 FACOM 222가 처음 도입된 이후로 많은 업체의 설립과 보급으로 웬만한 사무실과 학교에는 으레 한두 대의 컴퓨터가 있게 되었다. 컴퓨터의 발달사는 단적으로 표현해서 보다 효율성과 신뢰도가 높고, 성능에 비해 소형이며, 고속도인 시스템을 추구하는 방향으로 진전되어 왔다고 할 수 있다. 지금부터는 초기의 제한적인 컴퓨터 시스템으로부터 현재의 초고성능 컴퓨터, 초소형 컴퓨터로 오기까지를 정리하고, 국내의 20년 남짓한 컴퓨터 역사를 간추려 보고자 한다.

1954년

IBM에서 음극선관 대신에 자기 코어(magnetic core) 기억장치를 사용한 최초의 상용 컴퓨터 IBM 704, 705를 발표하였다.

1956년

IBM의 존 베이커스가 포트란(FORTRAN) 프로그래밍 언어를 만들었다. 이 포트란 프로그래밍 언어는 현재까지 과학기술 등 수치 계산에 많이 사용되고 있다.

1958년

크레이가 트랜지스터로 구성된 최초의 슈퍼컴퓨터를 제작하였다.

존 매커시가 인공지능의 응용을 위해 리습(LISP)이란 프로그래밍 언어를 만들었다. 이 리습은 미국이 인공지능의 표준언어로 채택할 만큼 지식처리와 수행에 적합하여 널리 쓰이고 있다.

1959년

코다실(CODASYL : Committe On DAta SYstems Languages)에서 코볼(COBOL)이라는 프로그래밍 언어를 만들었다. 코볼은 사무용에 적합한 언어로 지금까지도 기업의 업무용 프로그램을 작성하는 데 많이 이용되고 있으며, 다른 프로그래밍 언어의 설계에 많은 영향을 끼쳤다.

1961년

IBM에서 stretch 컴퓨터를 개발하였는데, 이 컴퓨터는 15만 개의 트랜지스터로 구성되었으며 하루에 수백억 회의 명령 실행이 가능하였다.

1964년

최초로 모듈러 형태로 호환성이 있도록 제작된 IBM 360 시리즈가 발표되었다. 이것은 최초의 범용 컴퓨터(general-purpose computer)인데, 이 IBM 360으로 인하여 IBM은 컴퓨터업계의 선두 위치를 가지게 되는 제3세대 컴퓨터의 시초가 되었다.

DEC에서 최초의 상업적 미니컴퓨터인 PDP-8을 발표하였다.

1965년

톱 커츠와 존 메케니가 베이직(BASIC) 프로그래밍 언어를 개발하였다. 이 베이직 언어는 대화식으로 구성되어 있어 초보자가 배우기에 쉬우며 퍼스널컴퓨터에서 많이 사용된다.

1967년

국내 최초로 생산성 본부에 60만 달러 상당의 FACOM 222가 설치되어 제2차 경제개발 5개년 계획의 분석 등에 사용되었다.

1968년

최초의 의료진단 컴퓨터 프로그램인 덴드럴(Dendral)을 조슈아 레더버그와 그의 동료들이 제작하였다.

1969년

1968년에 설립된 인텔(Intel)사에서 최초의 마이크로프로세서인 인텔 4004를 개발하였고 71년부터 판매하였다.

한국 과학기술연구소(KIST)에 CDC 3300 MSOS기종을 설치하였는데, 이 시스템은 중형 컴퓨터로 COBOL, FORTRAN을 사용할 수 있는 최초의 컴퓨터였다. 이 시스템은 중학무시험 추첨에 이용되었다.

1970년

잭 메이어와 해리 파플이 커듀시어스(Caduceus)라는 내과의 프로그램을 개발하였다. 이 프로그램은 500가지 이상의 질병과 3천여 가지의 진단을 판단할 능력을 가지고 있었다.

IBM이 주기억장치를 하나의 칩에 내장한 128비트 양극 칩(bipolar chip)을 발표하였는데, 이 칩은 IBM System 370/145에 사용되었다.

1971년

IBM 370의 명령어를 제공하기 위해 플로피 디스크가 도입되었다.

1968년 니콜라우스 워스가 설계한 파스칼(PASCAL) 프로그래밍 언어의 컴파일러가 완성되어 사용되기 시작했다. 이 파스칼 언어는 구조적 프로그래밍이 가능하며 과학기술 분야는 물론 시스템 소프트웨어 개발에도 이용되고 있다.

돈 호플러에 의해 샌프란시스코 남단의 수많은 하이테크회사들이 번창하는 골짜기를 실리콘 벨리라고 처음 명명되었다.

광학 문자 판독기 CDC OCR 936이 KIST전산실에 설치되어 전화요금 전산화와 대입 예비고사 채점에 사용되기 시작했다.

1972년

인텔이 최초의 8비트 마이크로프로세서 8008을 개발하였다.

게리 킬달이 인텔 4004 마이크로프로세서를 위한 최초의 프로그래밍 언어 PL/I을 개발하였다.

KIST에 CYBER 72-14가 도입되었다.

1973년

인텔 8008을 기초로 한 마이크로컴퓨터가 타이 T. 트렁에 의해 제작되었으나 판매에 성공하지 못했다.

1974년

자일로그(Zilog)사가 설립되어 인텔의 8008과 경쟁하기 위해 Z80 마이크로프로세서를 만들었다.

1975년

에드 로버츠와 빌 게이츠가 최초의 퍼스널컴퓨터인 알테어(Altair)를 발표하였다.

크레이-1(CRAY-1) 슈퍼컴퓨터가 세계에서 가장 빠른 컴퓨터로 발표되었다.

빌 게이츠와 폴 알렌은 마이크로소프트사를 설립했다. 마이크로소프트사는 퍼스널컴퓨터용 프로그램을 전문적으로 개발하는 회사로 대표적인 제품으로는 MS-DOS가 있다.

1976년

탠덤사는 최초의 고장 허용(fault-tolerant) 컴퓨터인 T/16을 개발하였다.

스티브 워즈니액과 스티브 잡스는 애플 컴퓨터사를 설립하여 애플Ⅱ를 발표하였다. 애플Ⅱ는 세계에서 가장 인기 있는 퍼스널컴퓨터 중 하나였다.

1977년

CP/M이 퍼스널컴퓨터의 표준제어 프로그램(운영체제)으로 디지털 리서치사가 판매하기 시작했다.

1978년

IBM에서 64K 램(RAM) 대량생산에 착수하였다.

댄 브릭클릭과 봅 프랭크스톤이 스프레드시트인 비지캘크(Visicalc)를 제작하였다.

1979년

마이크로프로 인터내셔널사가 워드 스타(word star)를 발표했다. 이 워드 스타는 전 세계에서 가장 많이 팔린 워드프로세서로 알려졌다.

1980년

슈가르트 어소시에이트는 윈체스터 디스크 드라이브를 발표했다.

1981년

IBM이 마이크로소프트사의 MS-DOS를 표준운영체제로 채택한 퍼스널컴퓨터를 발표하였다.

정부에서 마이크로컴퓨터 국산화 계획을 발표하면서 본격적으로 8비트 컴퓨터의 개발에 들어갔다.

● 1982년

삼성전자와 금성사가 8비트 컴퓨터인 SPC-1000과 마이티를 각각 개발, 생산에 들어갔다.

● 1983년

로터스사의 설립자인 미츠 케이퍼가 로터스 1-2-3를 개발하여 스프레드시트 시장을 점령하기 시작했다.
타임지 신년호에 올해의 인물로 사람이 아닌 컴퓨터가 선정되었다.
정부는 1983년을 '정보산업의 해'로 지정하였다.

● 1984년

IBM이 1M RAM을 개발하는 데 성공하였다. 국내 기술로 슈퍼 미니컴퓨터인 VAX-11/750을 자체 조립하였다. 과학기술처는 컴퓨터 마인드 확산을 위해 제1회 퍼스널컴퓨터 경진대회를 개최하였다.

● 1987년

정부는 체신부를 주무 관청으로 '정보통신의 해'로 지정하였다.

● 1988년

국내 최초로 슈퍼컴퓨터 Cray-2S 4/128을 도입하여 시스템 공학센터(SERI)에 설치하여 가동하였다.

● 1990년

최초의 인공지능컴퓨터가 등장하고, 각 분야에 지능을 가진 시스템과 도구가 적용되어 컴퓨터의 활용이 극대화된다.
가정 자동화(home automatior), 컴퓨터 네트워크 등을 통한 정보통신이 널리 퍼진다.

● 2000년

인공지능컴퓨터에 의해 완벽한 다른 언어간의 문서번역, 영상 인식 등이 이루어지고, 정보화 사회가 극도로 발달된다.

LESSON 04

Computer의 구조

컴퓨터는 크게 하드웨어(hardware)와 소프트웨어(software)로 나누어지는데, 때로 그 중간 형태인 펌웨어(firmware)를 포함시킬 수도 있다. 하드웨어는 전기, 전자 및 기계적인 요소들로서 기억장치, 중앙처리장치(CPU), 입출력장치 등이 이에 포함되며, 소프트웨어는 프로그램의 형태로 시스템의 기억장치 안에 저장되어 있는 시스템 프로그램들로서 운영체제(O.S)를 비롯해서 로더(loader), 유틸리티(utility), 에러 지시 프로그램(diagnostic program), 라이브러리 루틴(library routine), 그리고 컴파일러(compiler)와 인터프리터(interpreter), 어셈블러(assembler)를 포함하는 언어 처리기(language processor) 등이 이에 포함된다.

하드웨어와 소프트웨어의 차이점이라면 하드웨어가 전기, 전자, 기계적인 요소인 반면에, 소프트웨어는 프로그램이라는 것에서도 조금은 나타나지만, 굳이 쉬운 예를 든다면 하드웨어는 마치 피아노와 같아서 스스로는 어떤 음이나 노래를 연주해내지 못하는 악기 그 자체이고, 소프트웨어는 그 악기가 소리를 낼 수 있게 해주는 피아니스트의 손과 발 같은 것이다. 다시 말해서 하드웨어는 그 자체로 어떠한 동작도 할 수 없는 기계적 물체로서 소프트웨어가 시스템 안에서 활동하여 줌으로써 동작할 수 있는 것이다.

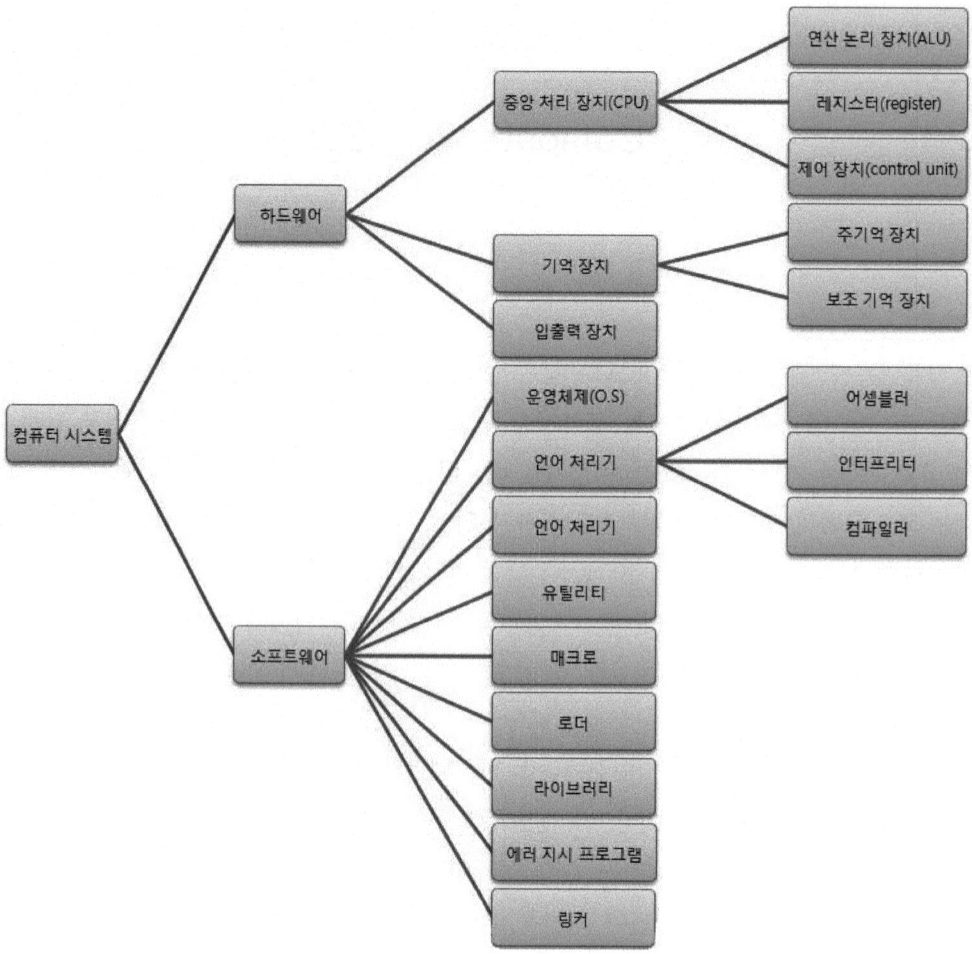
컴퓨터 시스템
하드웨어
소프트웨어
중앙 처리 장치(CPU)
기억 장치
입출력 장치
연산 논리 장치(ALU)
레지스터(register)
제어 장치(control unit)
주기억 장치
보조 기억 장치
운영체제(O.S)
언어 처리기
언어 처리기
유틸리티
매크로
로더
라이브러리
에러 지시 프로그램
링커
어셈블러
인터프리터
컴파일러

■ 인간의 정보 흐름도

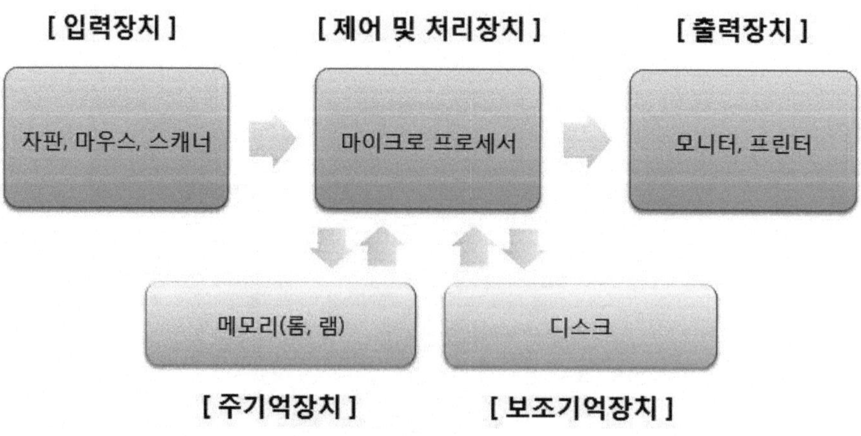
[입력장치]
[제어 및 처리장치]
[출력장치]
자판, 마우스, 스캐너
마이크로 프로세서
모니터, 프린터
메모리(롬, 램)
디스크
[주기억장치]
[보조기억장치]

LESSON 05

CAD의 도입 효과

오늘날 정보화 시대에 있어서 컴퓨터 활용이 증가됨에 따라 컴퓨터의 합리적인 이용은 사회 전반에 걸쳐 당면한 과제이다. 다시 말하면, 프로젝트 증가로 인한 설계업무의 품질을 저하시킬 수 있고, 다양한 고객의 요구에 신속히 계획안을 여러 가지 형태로 표현해서 충족시켜 주어야 하고, 계속적인 인건비 상승으로 설계 인력의 수급에서 불균형을 초래함으로써 설계사무소에서는 많은 어려움을 겪고 있다. 즉 한정된 인원으로 주어진 프로젝트를 기일 내에 처리하기에는 매우 어렵다. 또한 많은 시간과 노력을 들여 작업한 중요한 정보 및 기술을 보다 합리적으로 관리하고, 설계정보를 효율적으로 이용할 필요가 있을 뿐만 아니라 타 회사와 경쟁력에서 실질적으로 앞서기 위해서는 건축 CAD의 도입이 필요하다. 이와 같이 다양한 필요성에 의해 도입된 건축 CAD로 기대할 수 있는 효과는 다음과 같은 경우가 많다.

프로젝트 수행기간의 단축

기술 축적 및 데이터베이스를 이용하여 프로젝트 처리기간을 단축할 수 있다.

정확한 도면 작성

다양한 형태의 시뮬레이션을 통해 계획단계, 설계단계, 시공단계 및 공사완료 후 생길 수 있는 부실공사를 예방할 수 있다.

시공단계에서 공사원가 절감

여러 형태의 시뮬레이션을 통해 가장 경제적이고 합리적인 공사가 가능한 설계를 할 수 있다.

설계의 표준화

설계업무의 표준화로 설계도서의 오류가 줄어들 뿐만 아니라 설계작업의 품질을 향상시킬 수 있다.

인원의 효율적 관리

기존 수작업에서 투입된 작업인원에 비해 절반의 인력절감 효과를 꾀할 수 있으므로 설계작업 인원을 효율적으로 관리할 수 있다.

설계도서의 생산성 향상

설계작업 중 반복작업과 수정작업을 하는데 있어 생산성을 많이 향상시킬 수 있다.

도면 내용	소요시간		CAD 효율성		
	수작업	CAD작업	상	중	하
A. 건축					
1. 도면목록표	4.0	1.0	○		
2. 재료마감표	4.0	2.0	○		
3. 배치도	12.0	8.0		○	
4. 평면도	16.0	8.0		○	
5. 입면도	10.0	6.0		○	
6. 일반 단면도	10.0	8.0		○	
7. 평면 상세도	18.0	16.0		○	
8. 입면 상세도	18.0	16.0		○	
9. 단면 상세도	18.0	16.0	○		
10. 각종 표준 상세도	20.0	2.0			
11. 잡 상세도	20.0	24.0			○
12. 창호 일람표	8.0	4.0	○		
13. 가구(시설물) 배치도	16.0	6.0	○		
14. 3차원 모델링	36.0	12.0	○		
B. 구조					
1. 주심도			○		
2. 구조평면도			○		
3. 가구도					○
4. 각종 부재 일람표			○		
5. 표준 상세도			○		○
6. 상세도					○
7. 각종 배근도					

(출처 : 건축 CAD 도면 작성법)

창조적인 설계 창출

단순 반복작업으로 생기는 작업시간을 절약하여 보다 창조적인 설계를 할 수 있다.

설계 및 도서작성 변경

단시간 내에 설계 변경 및 도서작성 변경 작업을 용이하게 할 수 있다.

설계의 새로운 표현기법 개발

CAD를 이용하여 새로운 설계 표현기법을 개발할 수 있다.

설계 정보의 효율적 관리

다양한 형태로 나타나는 많은 설계 정보와 과거에 수행한 프로젝트 정보를 체계적으로 보관하고 관리할 수 있다.

도면 관리의 용이

CAD로 작업된 도면은 디스크 등의 보조기억장치로 보관하므로 관리가 용이하고, 비용이 절감되며 검색이 쉽다.

다양한 설계안 작성 및 표현력 증대

설계안을 보다 신속하고 정확하게 처리하여 다양한 설계안을 만들 수 있고, CAD가 가지고 있는 고차원적인 기능을 다양하게 이용하여 입체적인 표현이 가능하다.

고객의 서비스 및 신뢰감 향상

깨끗하고 정확한 설계도면, 설계도서, 그리고 3D 모델링 등으로 고객의 신뢰감을 형성하여 새로운 부가가치를 창출하는데 기여할 수 있다.

CHAPTER 2

Auto CAD 개론

LESSON 01

Auto CAD 시작 및 종료방법

Auto CAD 시작하기

1) 윈도우 바탕화면에서 실행하기

AutoCAD를 설치하면 Windows 바탕화면에 실행 아이콘 AutoCAD Korean 이 생성되는데 이를 선택하여 실행한다.

2) 윈도우 시작(시작)단추에서 실행하기

윈도우 시작메뉴를 선택하여 AutoCAD를 실행한다.

시작 ▶ 프로그램(P) ▶ Autodesk ▶ AutoCAD - Korean ▶ AutoCAD

3) AutoCAD 파일 선택 시작하기

내 컴퓨터나 Windows 탐색기를 실행하여 AutoCAD 파일 Drawing1 (dwg)을 더블클릭하여 해당 파일을 열면서 AutoCAD를 실행할 수 있다.

Auto CAD 종료하기

1) 버튼 이용

AutoCAD 화면 우측 상단에 있는 x 버튼을 클릭하여 종료한다.

또는 AutoCAD 화면 좌측 상단에 있는 을 클릭하고 나가기 AutoCAD 를 클릭하여 종료한다.

2) 명령어 이용

AutoCAD 명령행(Command Line)에 Exit/Quit(끝내기/나가기)을 입력하여 종료한다.

※ 종료시 작업 중인 파일이 있는 경우 저장 여부를 묻는다.

- 예(Y) : 작업 중인 파일을 저장한 후 종료한다.
- 아니오(N) : 작업 중인 파일을 저장하지 않고 종료한다.
- 취소 : 명령어 자체를 취소한다.

LESSON 02

화면 구성

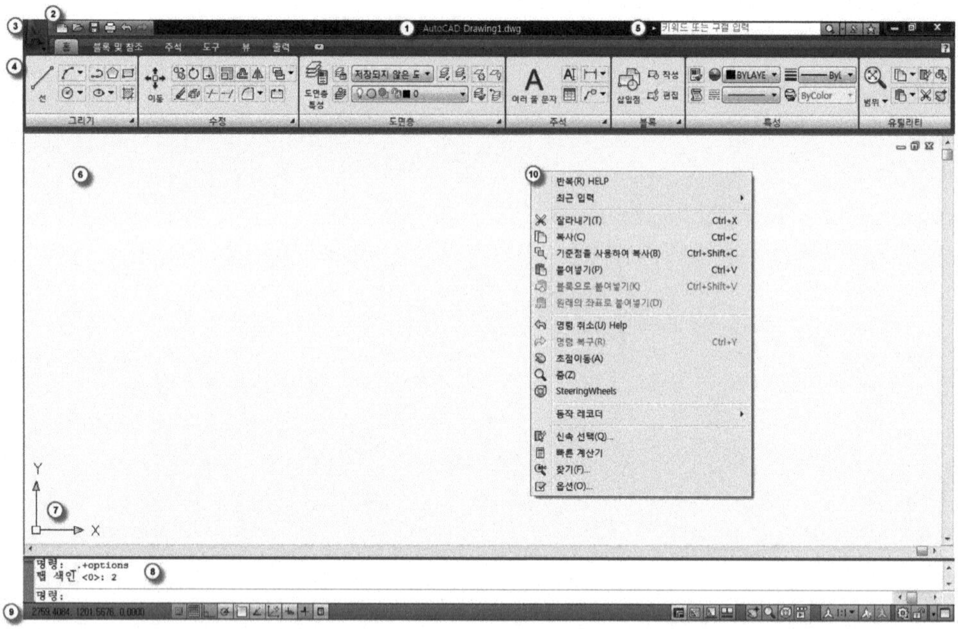

① 제목 표시줄(Title Bar) ② 신속 접근 도구막대 ③ 메뉴 검색기 ④ 리본 도구막대
⑤ 정보센터/커뮤니케이션 센터/즐겨찾기 아이콘 ⑥ 도면영역 창(Drawing Area Window)
⑦ 좌표계 아이콘(Ucs Icon) ⑧ 명령행(Command Line) ⑨ 상태막대(Status Bar)
⑩ 바로 가기 메뉴(단축메뉴 또는 단축키 메뉴)

제목 표시줄(Title Bar)

AutoCAD 화면구성 상단에 나타나는 제목 표시줄의 주요 기능은 현재 사용 중인 AutoCAD의 버전과 작업 파일이 무엇인지 표시하고 화면의 우측 아이콘을 이용한 최소화, 최대화, 종료() 등이다.

처음 AutoCAD를 시작하면 파일 이름은 "Drawing1"로 나타나며 새 도면을 작성할 때마다 Drawing2, Drawing3처럼 순차적으로 번호가 붙는다. 저장(Save), 다른 이름으로 저장(Save As)으로 파일명을 입력하여 저장하면 Drawing1 대신에 저장한 파일명이 나타난다.

만약 파일명뿐 아니라 저장할 폴더 등의 경로를 표시할 경우는 다음과 같이 조정한다.

메뉴 검색기 → 옵션 → 열기 및 저장 → 파일 열기 → 전체 경로를 제목에 표시를 선택한다.

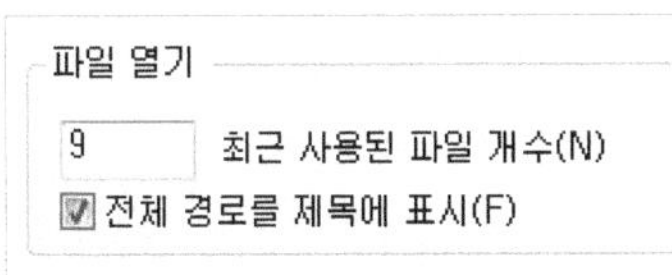

신속 접근 도구막대

제목 표시줄의 좌측에 위치한 신속 접근 도구막대는 빠른 새 도면, 열기, 저장, 플롯, 명령취소, 명령복구 등 일반적인 도구를 포함하고 있다. 신속 접근 도구막대 위를 오른쪽 클릭하면 나타나는 실행명령을 통하여 사용자가 원하는 도구를 추가 또는 제거하여 신속하게 작업 명령을 실행할 수 있게 한다.

신속 접근 도구막대 오른쪽 클릭시

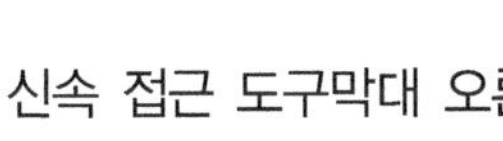

① 신속 접근 도구막대 사용자화 명령으로 사용자의 편의에 따라 신속 접근 도구막대에 도구를 추가/제거할 수 있게 한다.

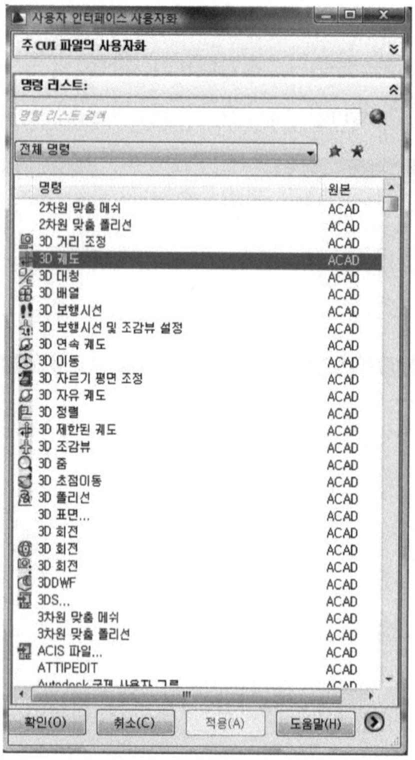

② 메뉴막대를 표시 또는 숨길 수 있게 가시성을 제어한다.

③ AutoCAD 실행시 기본적으로 메뉴막대 아래 표시되었던 도구막대의 가시성을 제어할 수 있다.

메뉴 검색기

AutoCAD 실행 후 좌측 상단에 보이는 메뉴 검색기는 메뉴 및 메뉴 동작을 실시간으로 검색할 수 있다. 또 메뉴를 선택하면 포함된 명령어가 표시되고 그 위에 마우스를 가져가면 해당 명령에 대한 기본 툴팁을 볼 수 있다.

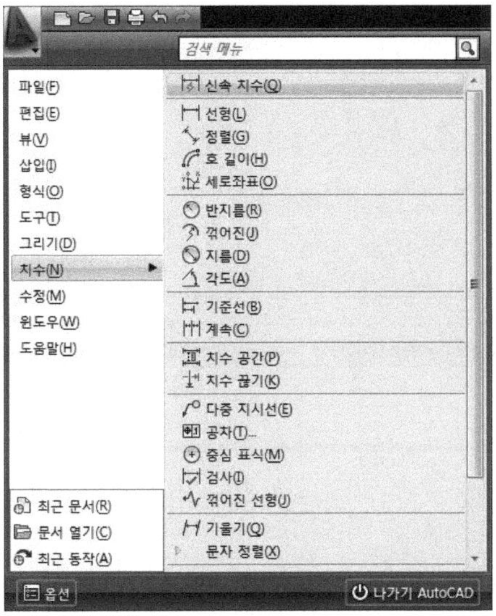

예를 들어 호를 검색하고

검색된 '호' 항목을 선택하거나 위에 마우스 커서를 올려놓으면 그에 대한 명령과 설명이 간단하게 표시되고 후에 다시 자세하게 툴팁이 표시되는 것을 볼 수 있다.

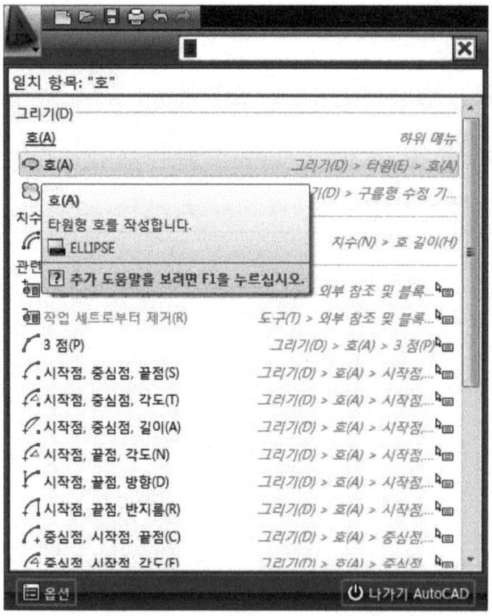

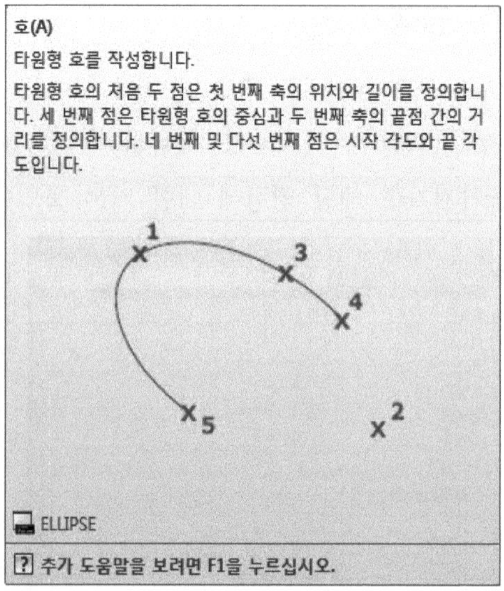

리본 도구막대

AutoCAD 버전에서 새롭게 추가된 기능의 하나로 새로운 사용자 환경에서 보다 편리한 작업을 위해 구성된 도구막대이다.

리본 도구막대는

① 탭(홈, 블록 및 참조, 주석, 도구, 뷰, 출력)과 ② 패널(각각의 탭마다 그리기, 수정, 도면층 등등 여러 도구를 포함)로 구성되어 있다.

또한 리본 도구막대에서도 패널을 구성하고 있는 도구들은 쉽게 찾아서 사용할 수 있는 아이콘으로 마우스 커서를 올려놓으면 명령어와 툴팁을 볼 수 있다.

TIP

1. 리본 도구막대 제어하기

리본 도구막대의 탭을 오른쪽 마우스 클릭하면 다음과 같은 메뉴가 나온다.

① 최소화 명령은 다음과 같이 세 가지로 리본 메뉴막대의 형태를 바꿀 수 있다. (리본 도구막대의 탭에 있는 버튼으로도 변경할 수 있다.) 필요에 따라 작업 영역을 최대 확대하여 작업할 수 있게 한다.

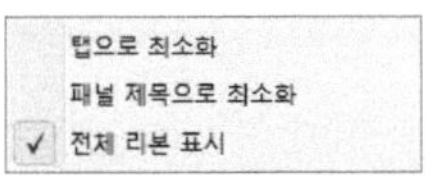

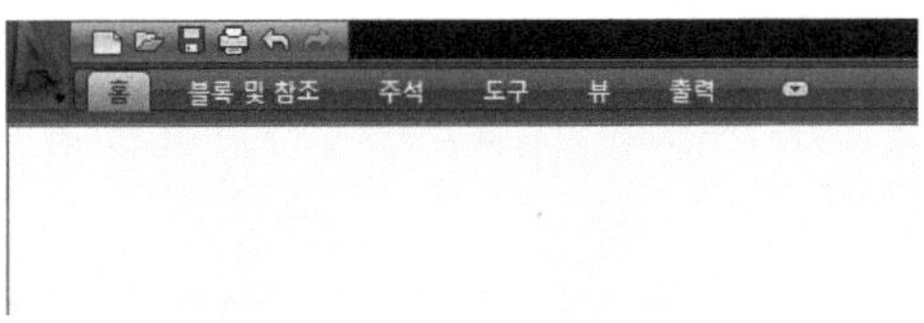

[탭으로 최소화]

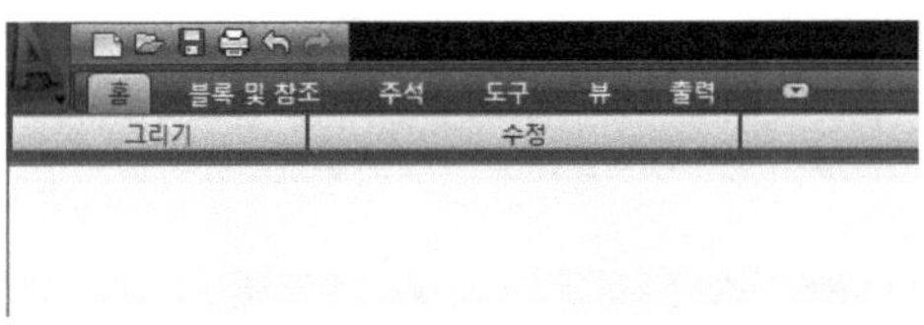

[패널제목으로 최소화]

[전체 리본 표시]

② 탭과 패널 명령은 체크/체크해제로 리본 메뉴막대에서 가시성을 제어할 수 있다.

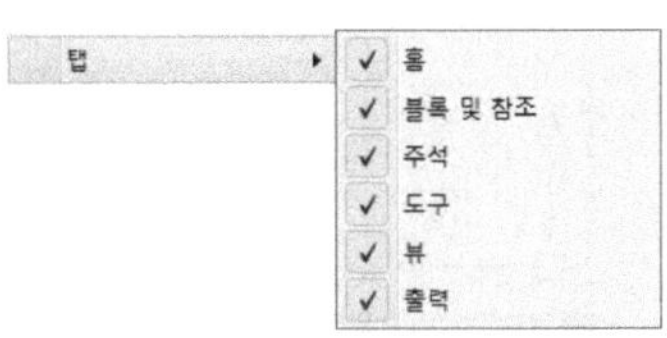

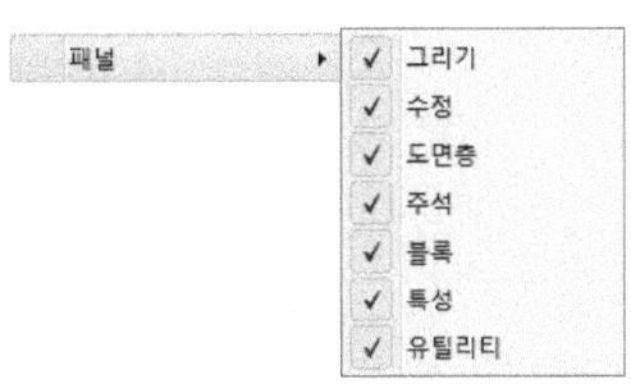

③ 패널제목 표시 체크/체크 해제

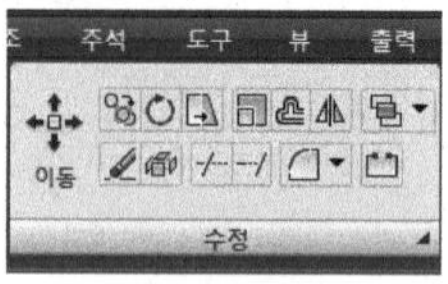

(제목 표시)

(제목 표시 해제)

④ 고정 해제

고정 해제를 선택하면 상단에 위치하던 리본 메뉴막대가 분리된다. 원래 모습으로 되돌리고 싶다면 리본메뉴를 원래 위치로 드래그하여 가져가 영역이 표시될 때 놓으면 된다.

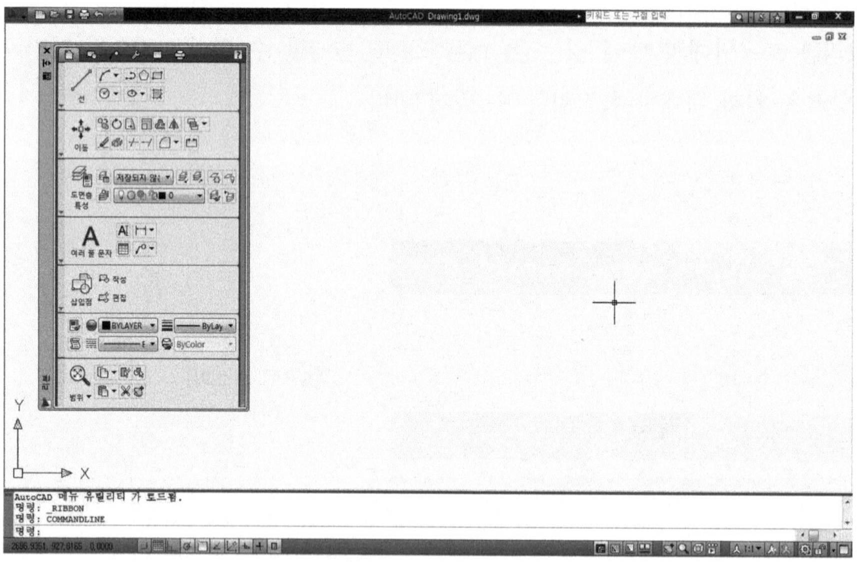

⑤ 닫기

리본메뉴를 닫는다. 다시 리본메뉴를 불러오고 싶다면 명령행에 Ribbon을 입력하면 다시 불러올 수 있다.

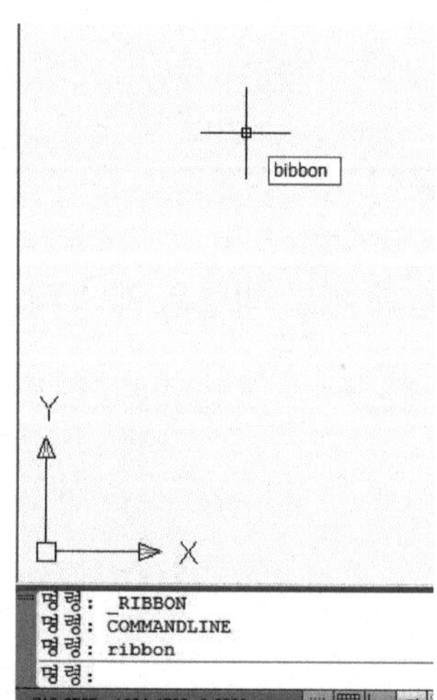

⑥ 사용자화

사용자화 메뉴에서는 사용자 인터페이스를 사용자의 편의에 따라 추가/제거 형태로 새롭게 구성할 수 있게 한다.

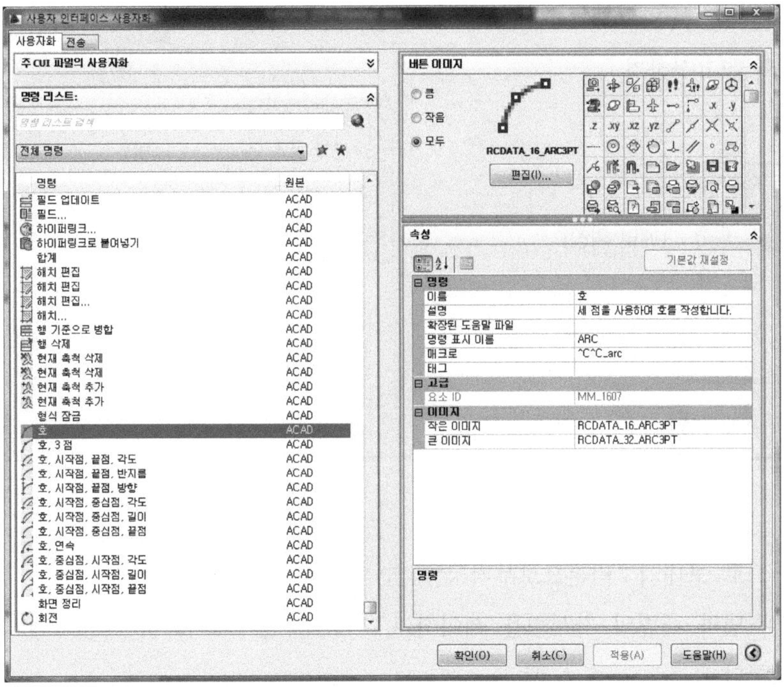

⑦ 도움말

도움말 창을 연다.

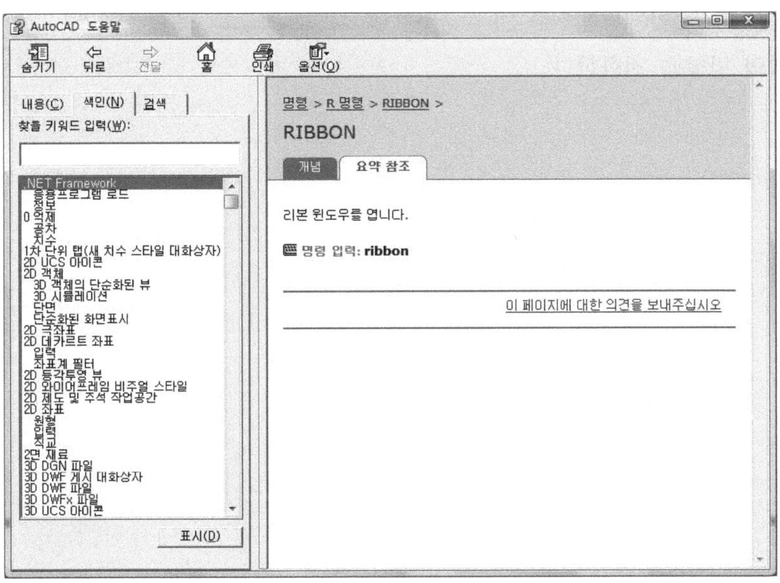

2. 패널 제어

• 리본 도구막대에서 패널 분리하기

패널 제목을 클릭 후 드래그하여 패널을 리본 도구막대에서 분리한다.

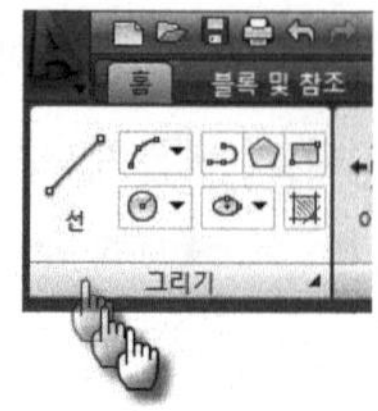

• 패널 확장/고정하기

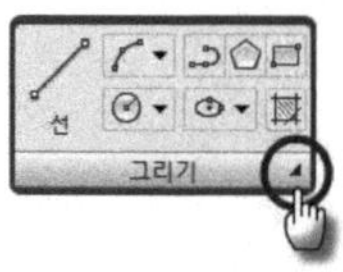

(패널 확장)

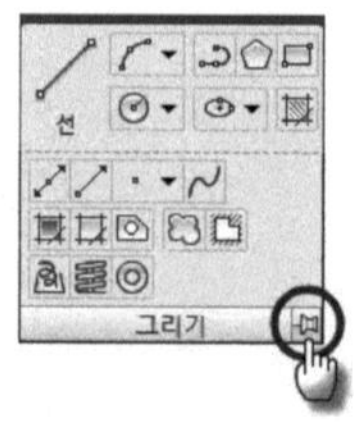

(패널 고정)

▶ 패널

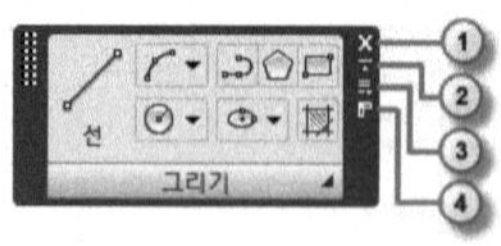

① 패널 닫기

② 리본으로 보내기 : 리본으로부터 분리한 패널을 다시 삽입시킨다.

③ 옵션 : 탭과 패널의 가시성을 제어하고, 사용자 인터페이스를 사용자에 맞게 설정한다.

④ 방향 전환

(방향 전환 전)

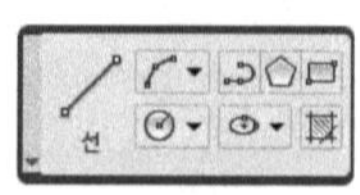

(방향 전환 후)

패널의 방향을 전환한다.

정보센터/커뮤니케이션 센터/즐겨찾기 아이콘

AutoCAD 이전 버전에서 메뉴막대에 위치해 있던 정보센터/커뮤니케이션 센터/즐겨찾기 아이콘이 제목표시줄 우측으로 옮겨졌다. 정보센터/커뮤니케이션 센터/즐겨찾기 아이콘을 통해 AutoCAD 프로그램에 관한 정보를 검색하고 피드백할 수 있고 또, 그 항목들을 즐겨찾기에 추가하여 다시 찾아 볼 수 있다.

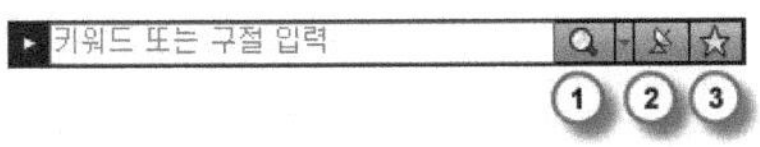

① **정보센터** : 사용자가 지정 또는 이미 설정해 놓은 범위 안에서 정보를 액세스할 수 있다.

② **커뮤니케이션 센터** : 도움말이 필요한 키워드나 질문을 입력하고 제품 업데이트 및 공고용 커뮤니케이션 정보를 얻을 수 있다.

③ **즐겨찾기** : 정보센터나 커뮤니케이션 센터에서 검색하고 저장했던 항목을 액세스할 수 있다.

TIP

1. 정보센터에서 검색

검색창에 '호'를 검색하면 이미 설정된 검색범위(사용자 안내서, 명령 참조서, 사용자화 안내서, 새로운 기능 워크숍 등)에서 호에 관련된 정보를 불러온 것을 볼 수 있다.

이렇게 검색한 항목을 즐겨찾기에 추가하여 필요시 신속하고도 쉽게 내용을 다시 볼 수 있다.

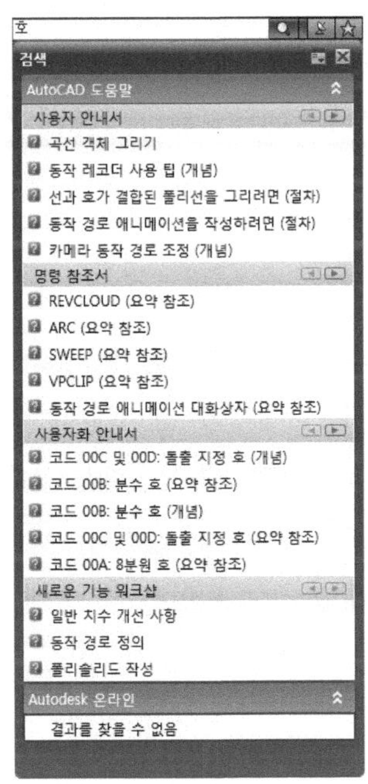

2. 검색한 항목 즐겨찾기에 추가하기

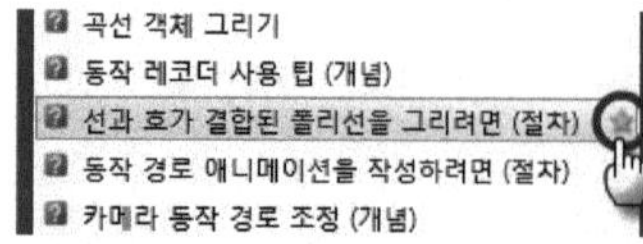

다음과 같이 즐겨찾기에 추가할 항목 위로 마우스를 가져가면 항목 오른쪽에 ☆가 있는 것을 볼 수 있다. 별표를 선택함과 동시에 즐겨찾기에 항목이 추가된다.(정보센터에서 검색한 항목뿐 아니라 커뮤니케이션 센터의 항목도 즐겨찾기가 가능하다.)

즐겨찾기 버튼을 누르면 즐겨찾기에 추가시켰던 항목을 확인할 수 있다.

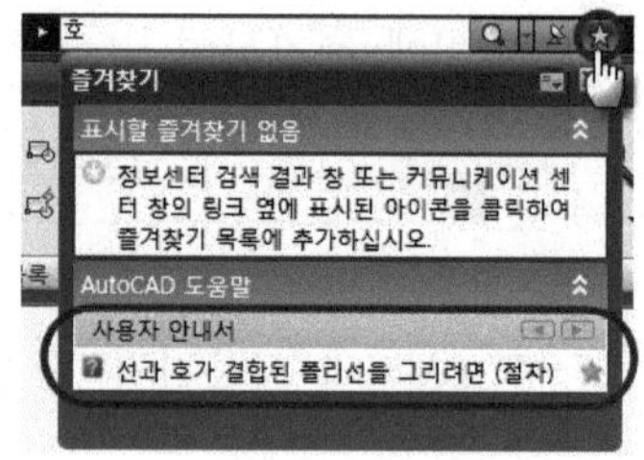

3. 정보센터 검색 설정

정보센터 아이콘을 오른쪽 마우스 클릭하면 다음과 같이 '검색위치 추가...'와 '검색 설정'이 나온다. 이를 통해 검색할 문서의 위치와 범위를 지정할 뿐 아니라 정보센터의 옵션을 설정할 수 있다.

4. 커뮤니케이션 센터

커뮤니케이션 센터에서는 제품 지원정보, Subscription공지, 기사 및 팁, CAD 관리자 채널, RSS Feed, Live Update 유지관리 패치, 특정 기술 및 콘텐츠에 대해 정보를 얻을 수 있게 한다.

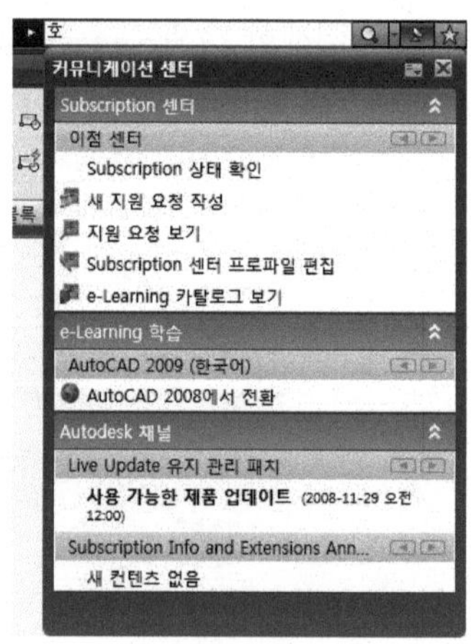

도면영역 창(Drawing Area Window)

화면 중앙 부분에 위치하여 실제 도면을 그릴 수 있는 작업영역이다.

TIP

1. 도면영역 바탕색 바꾸기

AutoCAD에서는 작업영역의 기본 바탕색이 흰색이다. 이전 버전의 사용자가 익숙하지 않거나 작업 편의에 따라 작업영역의 바탕색을 변경할 수 있다.

메뉴 검색기 → 옵션 → 화면표시 → ① 색상 → 콘테스트 : 2D 모형 공간 → 인터페이스 요소 : 균일한 배경 → ② 색상 : 바꾸고자 하는 색 선택 → 적용 및 닫기 버튼 선택 → 확인 버튼 선택한다.

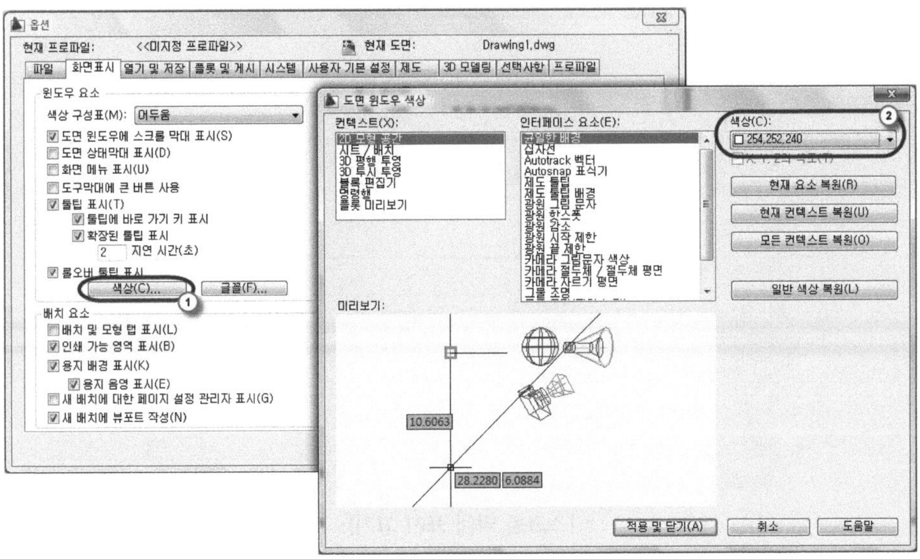

2. 도면영역의 스크롤바 켜기/끄기

메뉴 검색기 → 옵션 → 화면표시 → '도면 윈도우에 스크롤 막대 표시'를 체크한다.

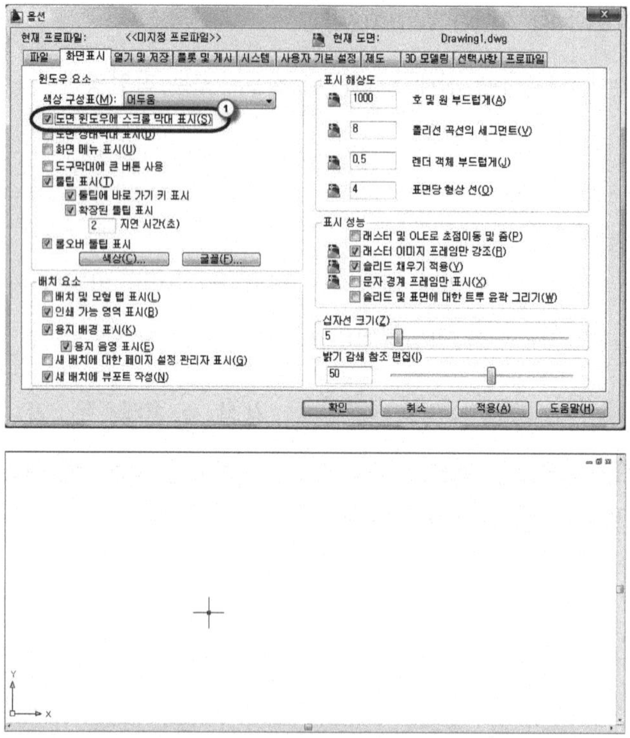

[스크롤 막대 표시 켜기]

[스크롤 막대 표시 끄기]

좌표계 아이콘(Ucs Icon)

현재 화면의 X, Y, Z좌표 방향, 원점(0,0)의 위치 정보를 알려준다. 특히 3차원 작업에서는 사용할 면을 평면화해서 사용할 수 있게 해주므로 매우 중요한 역할을 한다. 또한 3차원의 음영처리에서는 좌표의 모양도 바뀐다.

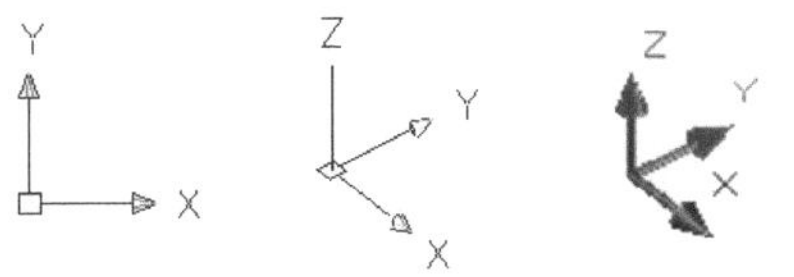

명령행(Command Line)

명령어를 키보드로 입력하거나 그에 따른 Option을 입력하고, 명령어 실행과정 메시지가 나오는 영역이다. 명령어 실행에 맞게 사용자는 적절한 조작을 해야 하므로 명령행에 나타나는 메시지를 잘 읽어야 한다.

TIP

1. 명령행 조정하기

명령행 위치를 상하좌우 사용자의 요구에 따라 바꿀 수 있다.

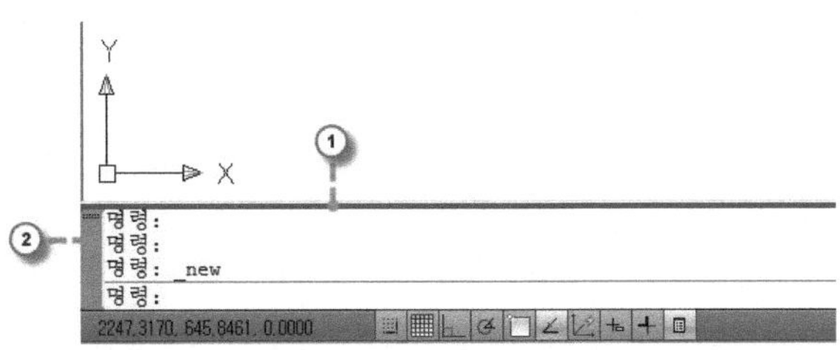

① 지점에 마우스를 가져가 마우스 커서가 변했을 때 위/아래로 끌면 현재 3줄로 되어 있는 명령행을 늘이거나 줄일 수 있다.

② 지점에 마우스를 놓고 클릭하여 드래그하면 현재 있는 위치에서 분리해 낼 수 있고 명령행의 투영도를 조절하여 명령행 아래 화면상에 그려진 객체를 볼 수 있다.

2. 도면영역으로 분리된 명령행 투명도 조절하기

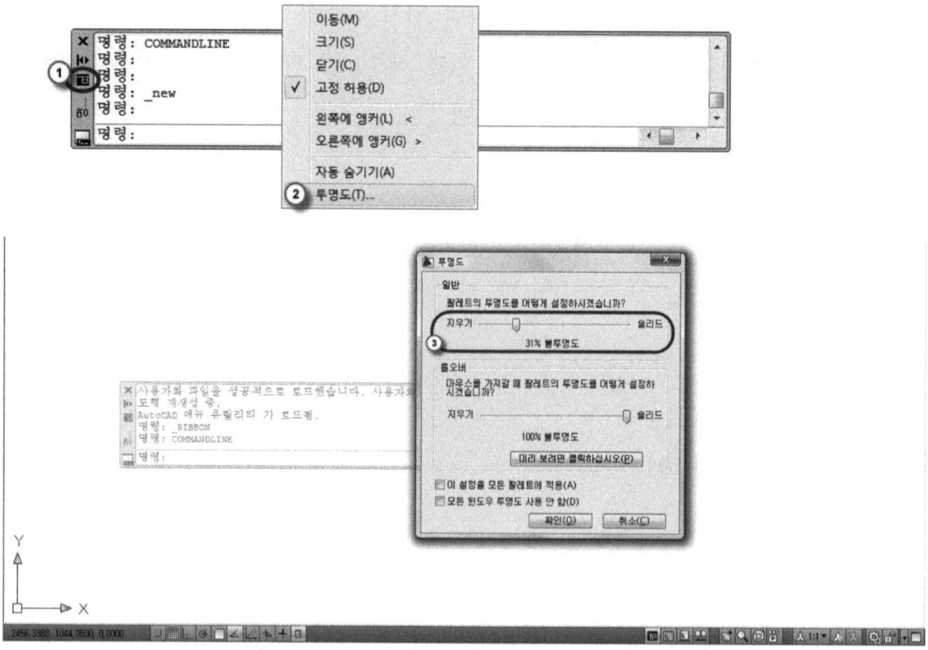

분리된 명령행의 ① '특성'을 누른다. → ② '투명도' 선택한다. → 투명도 조절 대화상자가 나타나면 일반 팔레트의 투명도를 ③ 조절한다.

상태 선/상태막대(Status Line/Status Bar)

상태 선의 커서 위치의 좌표 값, 각종 기능키의 상태 표시와 켜기/끄기(On/Off), 주석 축척에 대한 설정을 할 수 있다.

좌표나 기능키 위에 커서를 놓고 마우스 오른쪽 버튼으로 클릭하면 관련 바로가기 메뉴가 나타나서 이를 이용하여 필요한 설정을 할 수 있다.

TIP

1. 도면좌표

상태 선에 마우스 커서 위치의 좌표 값이 표시된다.

여기에 좌표 위에 커서를 놓고 마우스 오른쪽 버튼으로 클릭하여 상태 표시와 켜기/끄기 설정을 할 수 있다.

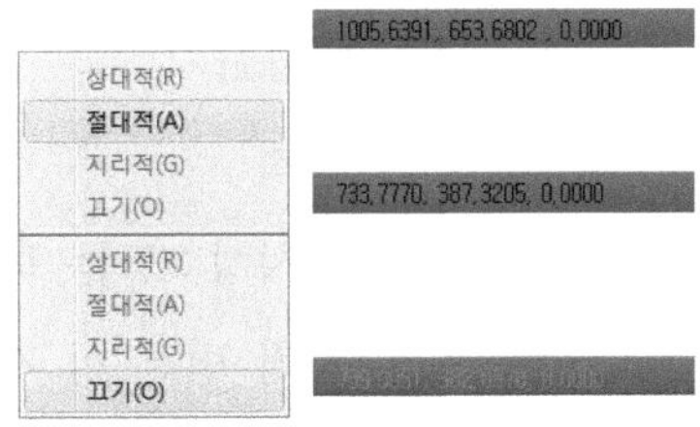

2. 상태 선/상태막대의 기능 아이콘

• 제도 기능 아이콘

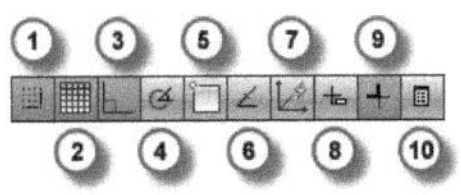

① 스냅모드
② 모눈표시
③ 직교모드
④ 극좌표 추적하기
⑤ 객체스냅
⑥ 객체스냅 추적하기
⑦ 동적 UCS를 허용함/허용하지 않음
⑧ 동적 입력
⑨ 선가중치 표시/숨기기
⑩ 빠른 특성

• 배치, 모형, 뷰, 축척, 작업공간 관련 기능 아이콘

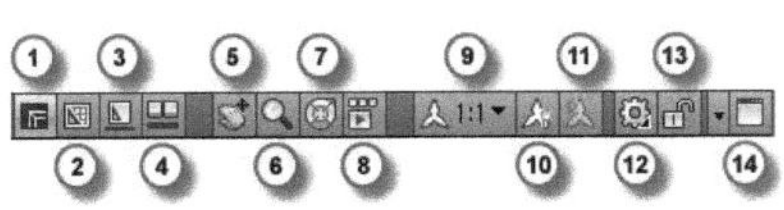

① 모형
② 배치
③ 빠른 뷰 배치
④ 빠른 뷰 도면
⑤ 초점이동

⑥ 줌

⑦ SteeringWheel

⑧ ShowMotion

⑨ 주석 축척

⑩ 주석 가시성 : 모든 축척에 대한 모든 주석 객체 표시

⑪ 주석 축척 변경 시 자동으로 주석 객체에 축척 추가

⑫ 작업공간 전환

⑬ 도구막대/윈도우 위치 잠금 해제

⑭ 화면정리

바로가기 메뉴(단축메뉴 또는 단축키 메뉴)

바로가기 메뉴는 명령어를 사용 중 또는 명령어 사용 상태가 아닌 상태에서 마우스 오른쪽 버튼을 누를 때 나타나는 메뉴이다.

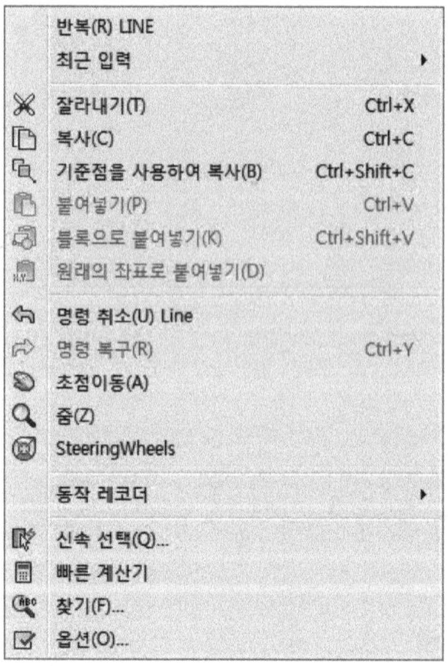

LESSON 03

Auto CAD 명령어

AutoCAD는 많은 수의 명령어가 있다. 이 많은 수의 명령어는 크게 도면 작성과 수정, 그리고 작업환경을 제어하는 명령어들로 나눌 수 있다.

AutoCAD 명령어를 도구막대 기준으로 보도록 하겠다.

TIP

현재 화면에서 도구막대가 보이지 않으므로 도구막대를 열기 위해서 화면의 좌측 상단에 위치한 신속 접근 도구막대 위에 마우스를 가져가 오른쪽 클릭을 한다.
다음과 같이 원하는 도구막대를 선택하여 불러온다.

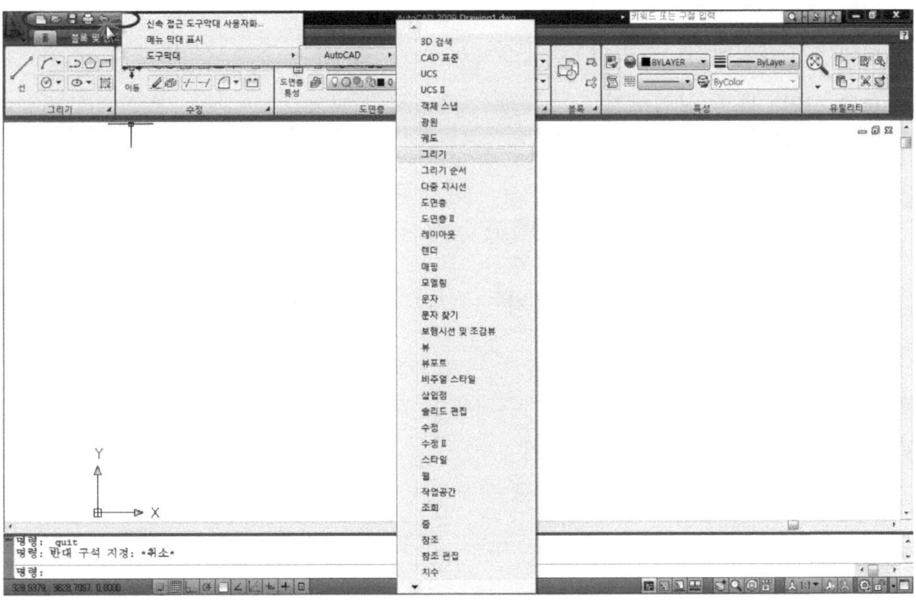

도면 작성 명령어

도면 작성에는 그리기, 치수 기입, 문자 쓰기, 블록 삽입 등이 있다.

1) 그리기 명령어

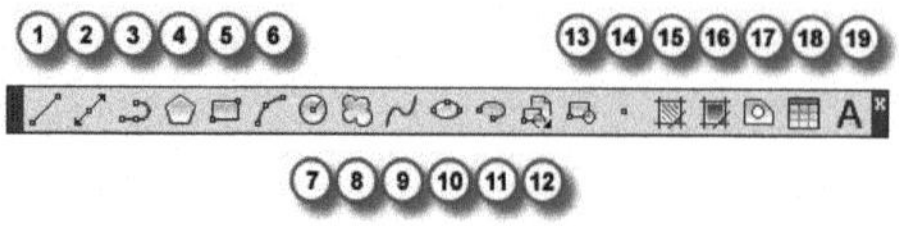

① 선 : 직선 그리기

② 구성선 : 무한선 그리기

③ 폴리선 : 폴리선 그리기

④ 다각형 : 정다각형 그리기

⑤ 직사각형 : 직사각형 그리기

⑥ 호 : 호 그리기

⑦ 원 : 원 그리기

⑧ 구름형 수정 기호 : 구름형태의 수정 표시 그리기

⑨ 스플라인 : 자유곡선 그리기

⑩ 타원 : 타원형 그리기

⑪ 타원 호 : 타원형 호 그리기

⑫ 블록 삽입 : 블록 삽입하기

⑬ 블록 작성 : 블록 저장하기

⑭ 점 : 점 그리기

⑮ 해치 : 패턴 채우기

⑯ 그러데이션 : 그러데이션으로 채우기

⑰ 영역 : 영역 객체로 변환

⑱ 테이블 : 표 그리기

⑲ 여러 줄 문자 : 여러 줄 문자 쓰기

2) 치수 명령어

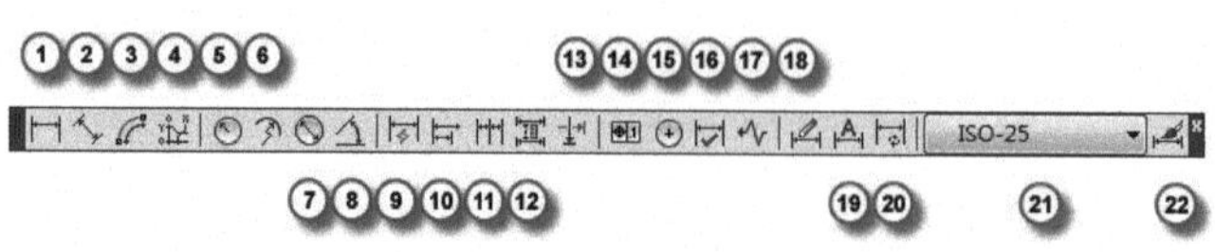

① 선형 : 수평, 수직선 치수

② 정렬 : 경사선의 치수

③ 호 길이 : 호 길이 치수

④ 세로 좌표 : 세로 좌표 치수

⑤ 반지름 : 반지름 치수

⑥ 꺾어진 : 꺾어진 치수

⑦ 지름 : 지름 치수

⑧ 각도 : 각도 치수

⑨ 신속 치수 : 신속 치수

⑩ 기준선 : 기준 치수(치수 합계 표기)

⑪ 연속 : 연속 치수

⑫ 치수 간격 : 치수선의 간격 조절

⑬ 치수 끊기 : 치수 끊기

⑭ 공차 : 공차 표기

⑮ 중심 표식 : 원, 호의 십자 표시

⑯ 검사 : 치수 검사

⑰ 꺾인 선형 : 선형 치수 꺾기

⑱ 치수 편집 : 치수 수정

⑲ 치수 문자 편집 : 치수 문자 수정

㉑ 치수 업데이트 : 현재 치수환경으로 갱신

㉒ 치수 스타일 조정 : 사용할 치수 스타일 설정 및 치수 스타일 변경

㉓ 치수 스타일 : 치수 스타일 설정

3) 문자 명령어

① 여러 줄 문자 : 여러 줄의 문자 기입

② 단일행 문자 : 한 줄로 된 문자 기입

③ 편집 : 문자내용 변경

④ 찾기 : 문자 찾기와 교체

⑤ 철자 검사 : 철자 검사

⑥ 문자 스타일 : 문자 유형 설정

⑦ 축척 : 문자 정렬, 크기 등 변경

⑧ 자리 맞추기 : 문자 정렬 변경

⑨ 공간 사이의 거리 변환 : 모형공간과 도면공간 사이의 길이 값을 변환

4) 삽입 명령어

① 블록 삽입 : 블록 삽입하기

② 외부 참조 부착 : 외부 도면 참조하기

③ DWF 언더레이 삽입 : 현재 도면에 DWF 부착하기

④ DGN 언더레이 삽입 : 현재 도면에 DGN 부착하기

⑤ 이미지 부착 : 이미지 삽입하기

⑥ 가져오기 : 여러 형식의 파일 불러오기

⑦ OLE 객체 : OLE 객체 삽입하기

도면 수정 명령어

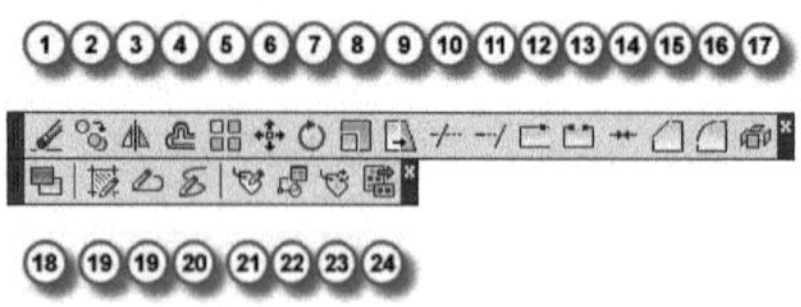

① 지우기 : 지우기

② 복사 : 복사하기

③ 대칭 : 대칭 복사 또는 이동하기

④ 간격 띄우기 : 간격 띄우기

⑤ 배열 : 배열 복사하기

⑥ 이동 : 이동하기

⑦ 회전 : 회전하기

⑧ 축척 : 크기 변경하기

⑨ 신축 : 늘리거나 줄이기

⑩ 자르기 : 자르기

⑪ 연장 : 연장하기

⑫ 점에서 끊기 : 객체 분리하기

⑬ 끊기 : 끊기

⑭ 결합 : 객체 연결하기

⑮ 모따기 : 모서리 직선으로 정리하기

⑯ 분해 : 객체 분해하기

⑰ 그리기 순서 : 객체의 순서를 바꾸기(맨앞/맨뒤)

⑱ 해치 편집 : 패턴 편집하기

⑲ 폴리선 편집 : 폴리선 편집

⑳ 스플라인 편집 : 스플라인 편집

㉑ 속성 편집 : 속성 편집

㉒ 블록 속성 관리자 : 블록 속성 관리하기

㉓ 속성 동기화 : 블록 참조 업데이트하기

㉔ 데이터 추출 : 블록에서 속성 추출하여 별도 파일에 저장

작업환경 명령어

1) 파일과 관련된 명령어

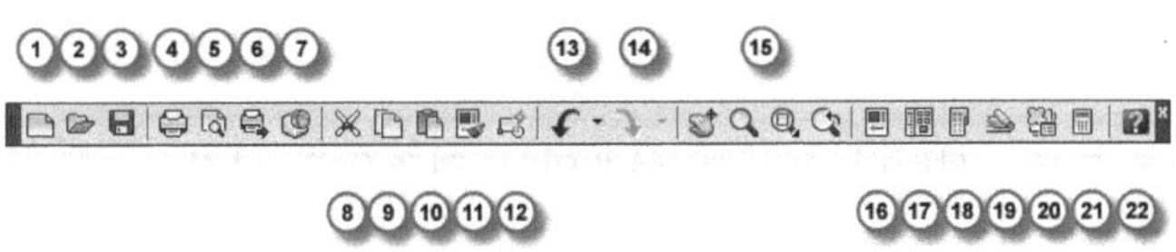

① 빠른 새 도면 : 템플릿 지정 새 도면 시작하기

② 열기 : 파일 불러오기

③ 저장 : 파일 저장하기

④ 플롯 : 출력하기

⑤ 플롯 미리보기 : 출력 미리보기

⑥ 게시 : 웹 출판하기

⑦ 3DDWF : 3차원 DWF 파일 내보내기

⑧ 잘라내기 : 자르기

⑨ 복사 : 복사하기

⑩ 붙여넣기 : 붙여넣기

⑪ 특성 일치 : 속성 일치하기

⑫ 블록 편집기 : 동적 블록의 편집

⑬ 명령 취소 : 명령 취소하기

⑭ 명령 복구 : 명령 복구하기

⑮ 실시간 초점이동, 실시간 줌, 줌 윈도우, 줌 이전

⑯ 특성 : 특성 편집하기

⑰ DesignCenter : 파일 또는 파일에 저장된 여러 가지 내부 데이터 삽입하기

⑱ 도구 팔레트 윈도우 : 툴 팔레트에서 해치, 블록 삽입하기

⑲ 시트 세트 관리자 : 시트 세트 관리자

⑳ 표식 세트 관리자 : Autodesk DWF Composer에서 표식한 것 보기

㉑ QuickCalc : 계산기

㉒ 도움말 : 도움말 보기

2) 도면층(layer) 명령어

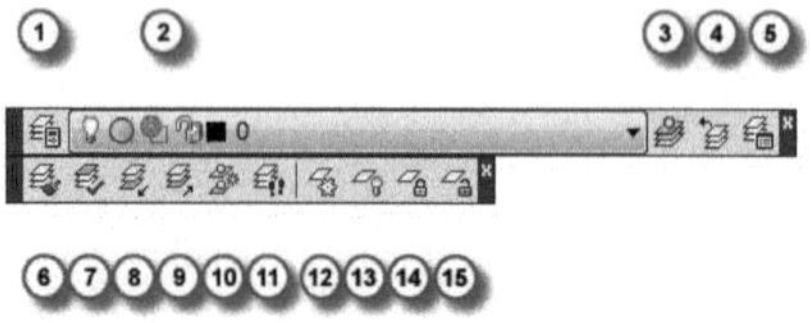

① 도면층 특성 관리자 : 도면층 설정 및 관리

② 도면층 설정 : 사용할 도면층 선택 및 도면층 조정

③ 객체의 도면층을 현재로 만듦 : 선택한 객체를 현재의 도면층으로 설정

④ 이전 도면층 : 이전 도면층 상태로 설정

⑤ 도면층 상태 관리자 : 도면층 상태 관리

⑥ 도면층 일치 : 도면층을 일치시킴

⑦ 현재 도면층으로 변경 : 선택한 객체의 도면층을 현재의 도면층으로 변경

⑧ 도면층 분리 : 선택한 객체의 도면층을 제외하고 숨기거나 잠금

⑨ 도면층 분리 해제 : 분리한 도면층을 원래대로 복원

⑩ 새 도면층으로 객체 복사 : 하나 이상의 객체를 다른 도면층으로 복사

⑪ 도면층 보행 시선 : 선택한 도면층의 객체를 표시하고 다른 도면층의 객체는 숨김

⑫ 도면층 동결 : 선택한 객체의 도면층 동결

⑬ 도면층 끄기 : 선택한 객체의 도면층 끔

⑭ 도면층 잠금 : 선택한 객체의 도면층 잠금

⑮ 도면층 잠금해제 : 선택한 객체의 도면층 잠금해제

3) 조회 명령어

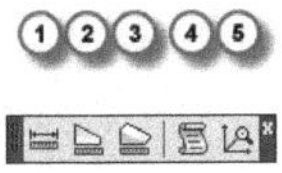

① 거리 : 거리와 각도 알아보기

② 영역 : 면적 알아보기

③ 영역/질량 특성 : 영역 또는 솔리드의 질량 특성을 계산하고 표시

④ 리스트 : 정보 알아보기

⑤ 점 찾기 : 좌표 알아보기

4) 줌 명령어

① 줌 윈도우

② 줌 동적

③ 줌 축척

④ 줌 중심

⑤ 객체 줌

⑥ 줌 확대

⑦ 줌 축소

⑧ 줌 전체

⑨ 줌 범위

LESSON 04

명령어 실행방법 및 요령

명령어 실행방법

1) 명령행에서 명령어 입력 실행

명령행에 직접 키보드를 아용하여 명령어를 입력하여 실행시키는 방법이다.

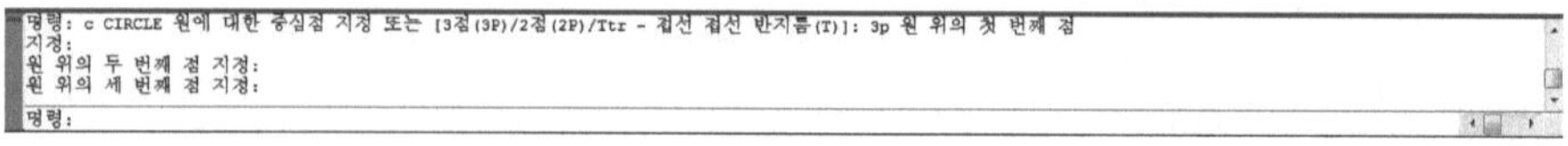

TIP

AutoCAD 2008에서부터 명령행 없이도 명령어 입력이 가능해졌지만 많은 사용자들이 명령행이 있는 상태에서 명령어 입력을 더 익숙하게 여길 것이다. 명령행을 켜기/끄기 하려면 ctrl + 9 키를 누른다.

2) 동적 입력 명령어 실행

동적 입력은 마우스를 아이콘에 갖다 대면 그 아이콘에 대한 정보를 표시해 주는 툴팁과 더불어 제도할 때 실시간으로 그 정보를 보여 주는 유용한 기능이다. 제도 툴팁의 사용은 상태막대에서 동적 입력 아이콘을 누르거나 F12 키를 눌러 켜기/끄기 할 수 있다.

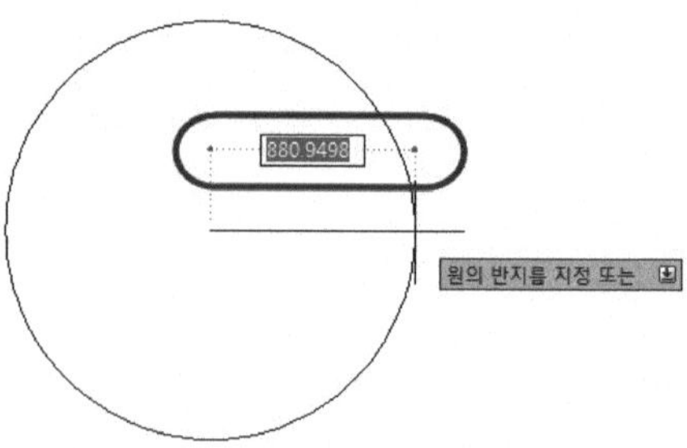

원 그리기시 원 반지름 정보

TIP

제도 툴팁의 색상, 크기, 투명도 등의 조정은

메뉴 검색기 → 옵션 → 제도 → 제도 툴팁 설정(E)...에서 할 수 있다.

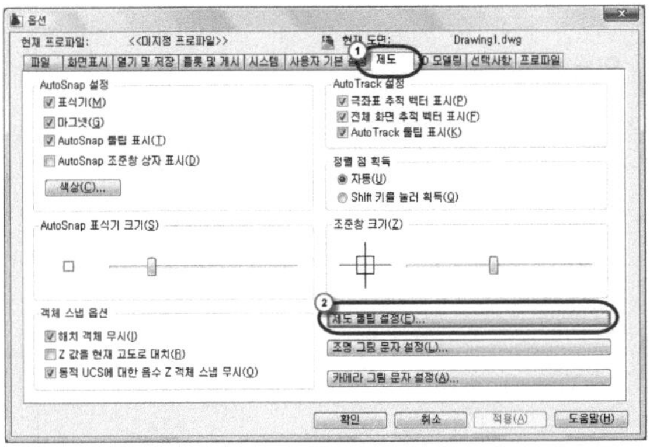

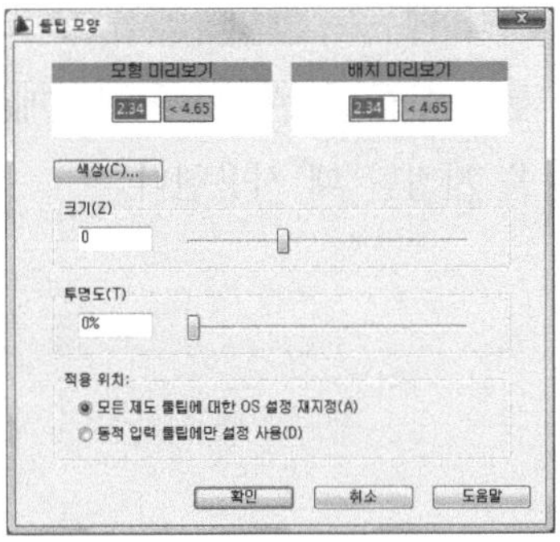

3) 풀다운 메뉴의 명령어 실행

풀다운 메뉴에서 명령어를 실행한다.

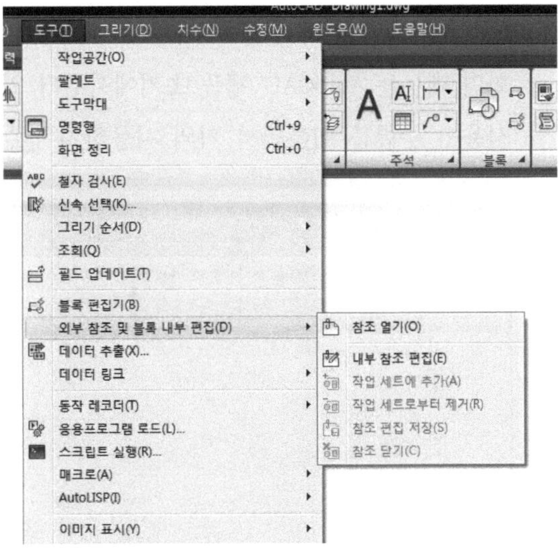

TIP

1. 화면에 메뉴막대가 보이지 않을 경우

좌측 상단에 위치한 신속 도구막대를 오른쪽 마우스 클릭하여 메뉴막대를 보이게 한다.

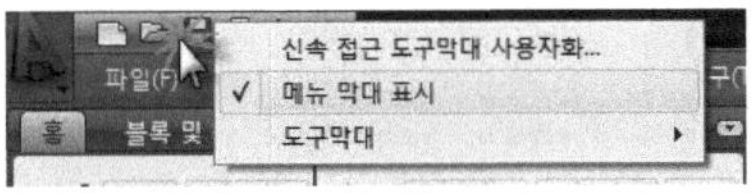

4) 도구막대에서 명령어 실행

도구막대에서 명령을 선택하여 실행한다.

5) 커서 메뉴에서 명령 실행

커서 메뉴는 Shift 키를 누르고 오른쪽 마우스 버튼을 함께 누르면 화면상에 나타나는 메뉴이다. 주로 OSNAP(객체스냅)을 지정할 때 사용한다.

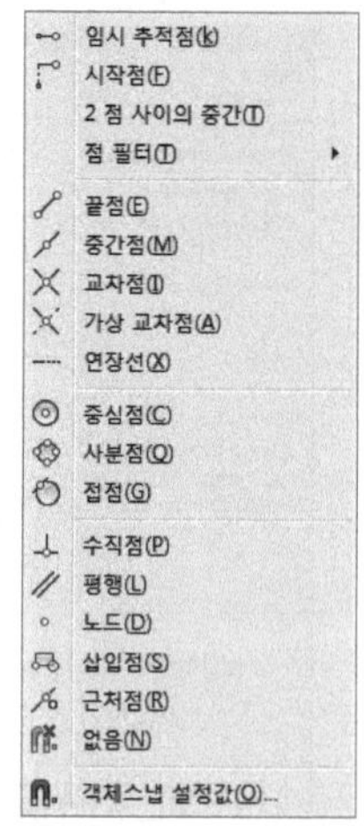

6) 화면 메뉴의 명령어 실행

화면 메뉴는 AutoCAD 제품 초기에서부터 있던 메뉴이다. 풀다운 메뉴와 툴바 메뉴의 사용이 주류를 이루면서 거의 사용하지 않는 메뉴이다. 초기 값은 Off로 되어 있다.

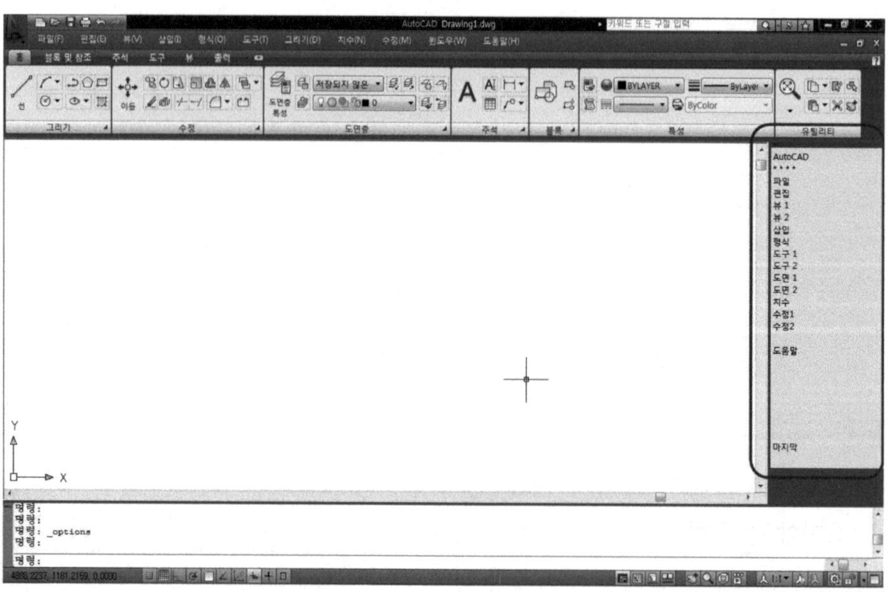

TIP

1. 화면메뉴 켜기/끄기

메뉴 검색기 → 옵션 → 화면표시 → 화면메뉴 표시 체크/체크 해제

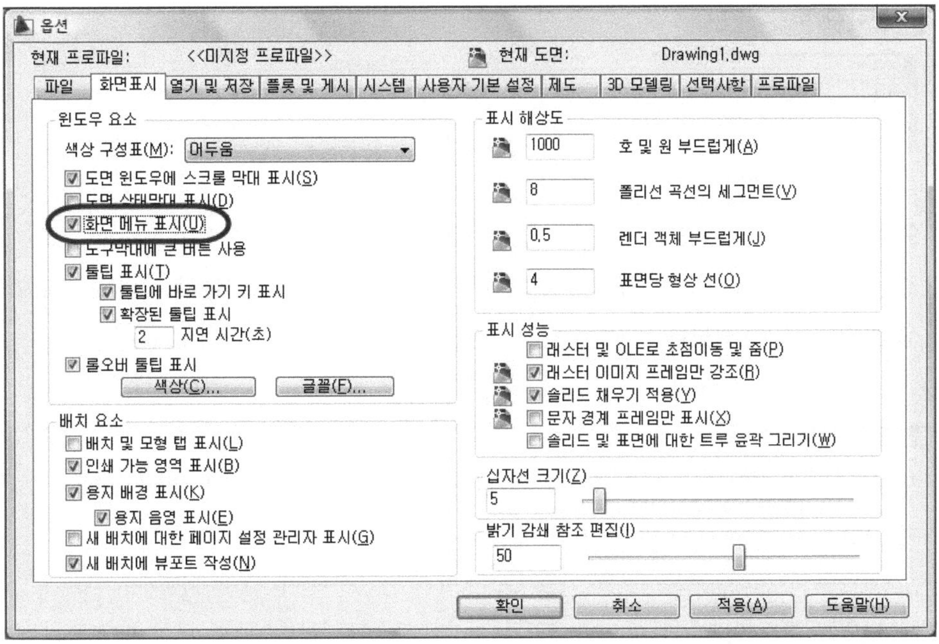

7) 타블렛 메뉴의 명령어 실행

타블렛 판에 붙여 사용하는 타블렛 그림에서 명령어를 커서로 지정하여 실행한다. 그래서 타블렛이 있어야 하고 눈으로 확인하면서 명령을 지정해야 하므로 사용하지 않는 것이 일반화되었다.

명령어 사용 요령

1) Command 상태에서만 입력 가능

명령어는 항상 화면 아래의 명령행(Command line)이 "명령 : " 상태일 때만 입력이 가능하다.

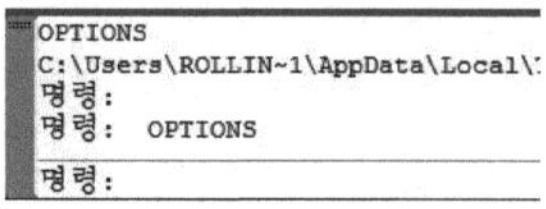

2) 오타 주의

잘못 입력한 경우 Back Space 키로 지우거나 ctrl + Z 키를 눌러 입력된 명령어를 없앤 후 다시 입력한다.

3) 단축키 사용

명령어의 첫 글자 또는 두 글자를 입력하여 명령어를 실행시키는 방법이다.

예) 명령 : l Enter (Line의 명령 단축키)

4) 대(소)문자 구분 없음

예) 명령 : line or LINE or Line Enter

5) 명령어 반복

방금 전에 사용했던 명령은 "명령 : " 상태에서 Enter 키나 Space 키를 누르거나 마우스의 오른쪽 버튼을 눌러 재실행할 수 있다.

6) 명령어의 재활용

전에 사용했던 명령어를 명령행에 나타나게 해서 사용하려면 키보드의 방향키에서 ↑ 키를 누르면 된다.(↓ 키는 나중 명령어 선택)

7) Space Bar의 활용

Space 키는 Enter 키와 같은 역할을 한다. 단, 글자나 치수를 입력할 때는 원래의 기능인 공백을 입력하므로 주의가 필요하다.

8) Function Key[기능 키]의 활용

F2 문자 윈도우 토글 : 문자 전용 화면으로 바뀌고 다시 누르면 편집화면으로 돌아온다.

F3 객체 스냅 모드 토글 : OSNAP MODE를 켜고 끈다.

F6 좌표 표시 토글 : 편집 화면 좌측 하단의 좌표 표시를 켜거나 끈다.

F7 그리드 모드 토글 : 편집 화면에서 모눈을 켜고 끈다.

F8 직교 모드 토글 : ORTHO MODE를 켜고 끈다.

F9 스냅 모드 토글 : SNAP MODE를 켜고 끈다.

F10 극좌표 모드 토글 : POLAR MODE를 켜고 끈다.

F11 객체 스냅 추적하기 모드 토글 : OTRACK MODE를 켜고 끈다.

F12 동적 입력 모드 토글 : 동적 입력 모드를 켜고 끈다.

9) 명령어의 Option 사용하기

Option을 지정할 때에는 각 Option의 ( ) 안에 있는 영문자만 입력해도 된다.(영문 버전일 경우 대문자만 입력해도 된다.)

```
OPTIONS
명령:
명령: z ZOOM
윈도우 구석을 지정, 축척 비율 (nX 또는 nXP)을 입력, 또는
[전체(A)/중심(C)/동적(D)/범위(E)/이전(P)/축척(S)/윈도우(W)/객체(O)] <실시간>: a
```

10) Default 값을 활용하기

Default 값이란 이미 지정되어 있는 값으로 메시지에 〈〉로 나타난다. 사용하는 방법은 Enter 키를 누르면 되므로 별도로 입력할 필요가 없다.

예) Limits 명령에서 왼쪽 아래 구석 지정 값이 0,0일 경우 "0,0"을 입력하지 말고, Enter 키를 누르면 된다.

```
명령: *취소*
명령: limits
모형 공간 한계 재설정:
왼쪽 아래 구석 지정 또는 [켜기(ON)/끄기(OFF)] <0.0000,0.0000>:
오른쪽 위 구석 지정 <420.0000,297.0000>:
```

LESSON 05

CAD 시작하기

NEW(새 도면 만들기)

1) 정의

새로운 작업도면을 만들고자 할 때 사용하는 명령어이다.

2) 입력 및 작업방식

❶ Command : New `Enter`

❷ Pull-down Menu : File → New

❸ ToolBar : 

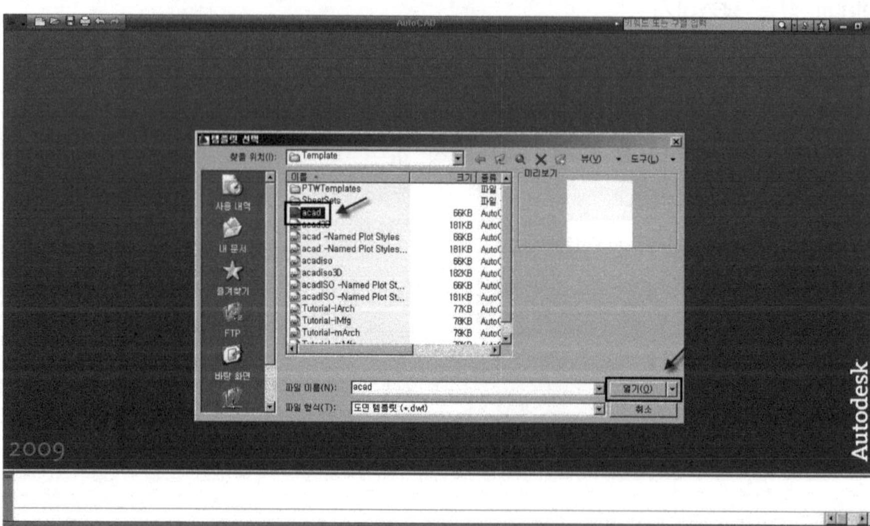

▶ New → acad → 열기

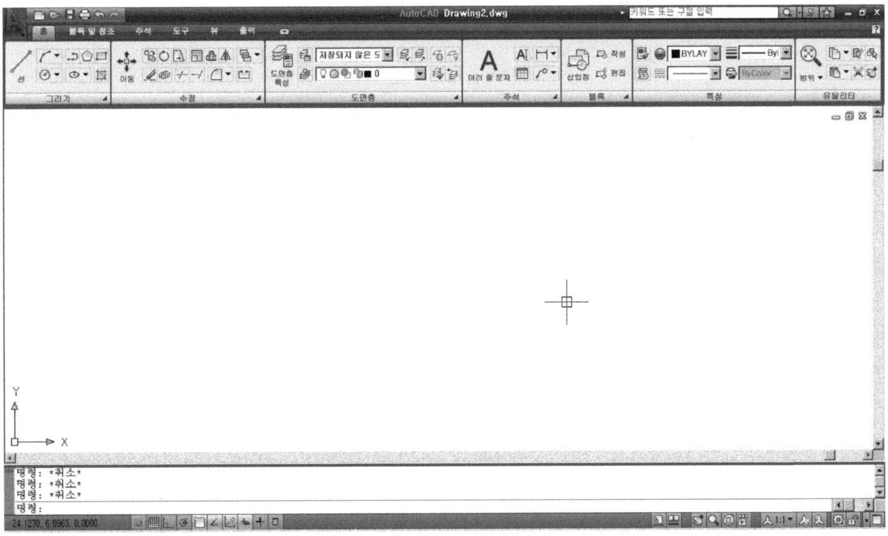

〈새 도면 화면〉

3) 옵션 설명

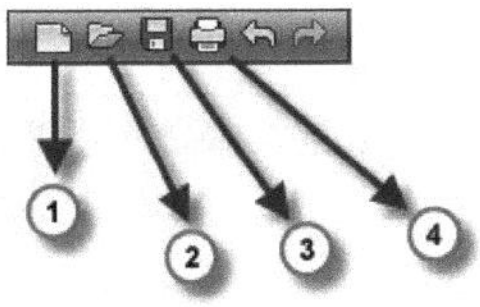

- 새 도면(New) : 처음부터 새로 작업을 시작하는 것으로서, Acad.dwt와 Acadiso.dwt에 기준하여 기본 값을 설정한다.
- 도면 열기(Open) : 작업한 도면 파일을 불러들인다.
- 저장(Save) : 작업한 파일을 저장한다.
- 플롯(Plot) : 도면을 플로터, 프린터 또는 파일로 인쇄한다.

OPEN(기존 도면 불러오기)

1) 정의

기존에 작업된 파일을 불러들여 계속해서 작업을 하고자 할 경우에 사용한다.

2) 입력 및 작업방식

❶ **Command** : Open `Enter`

❷ **Pull-down Menu** : File → Open

3) 옵션 설명

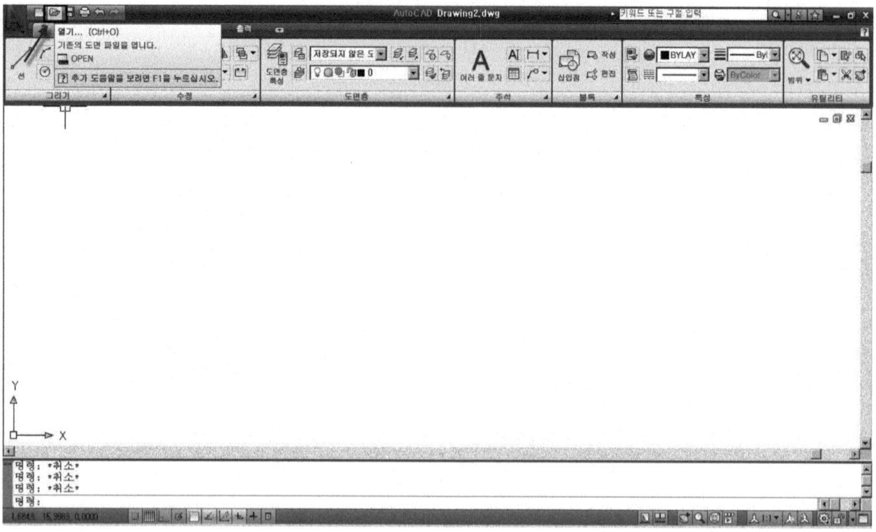

▲ 아이콘을 클릭하면 파일을 열 수 있다.

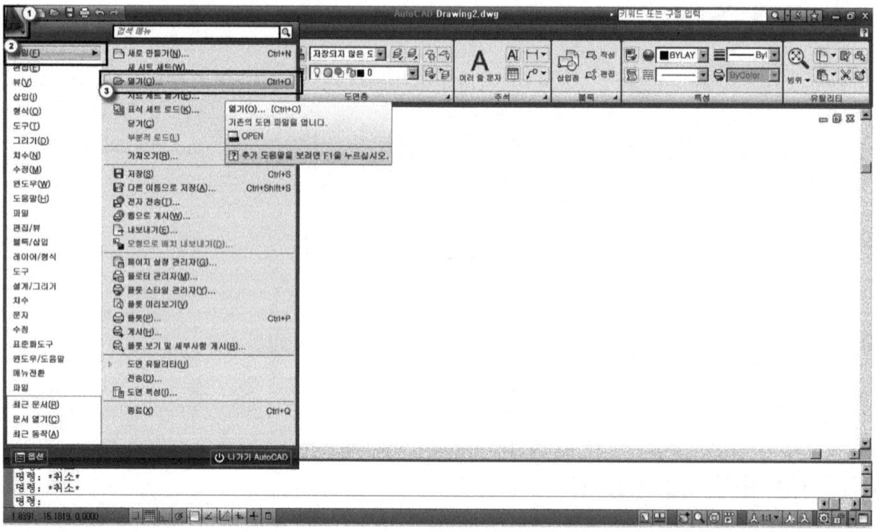

▲ ① 을 클릭하고 ➜ ②파일을 선택하고 ➜ ③열기를 클릭하면 파일을 열 수 있다.

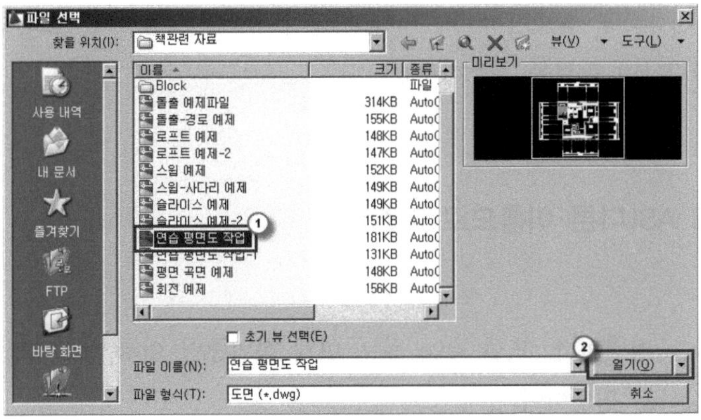

〈Open 도구상자〉

▲ ①파일을 선택하고 → ②열기를 클릭하면 파일을 열 수 있다.

QUIT(END : 저장 후 종료)

1) 정의

작업을 저장하거나 저장하지 않고 종료한다.

2) 입력 및 작업방식

❶ Command : Quit or Exit Enter

❷ Pull-down Menu : File → Exit

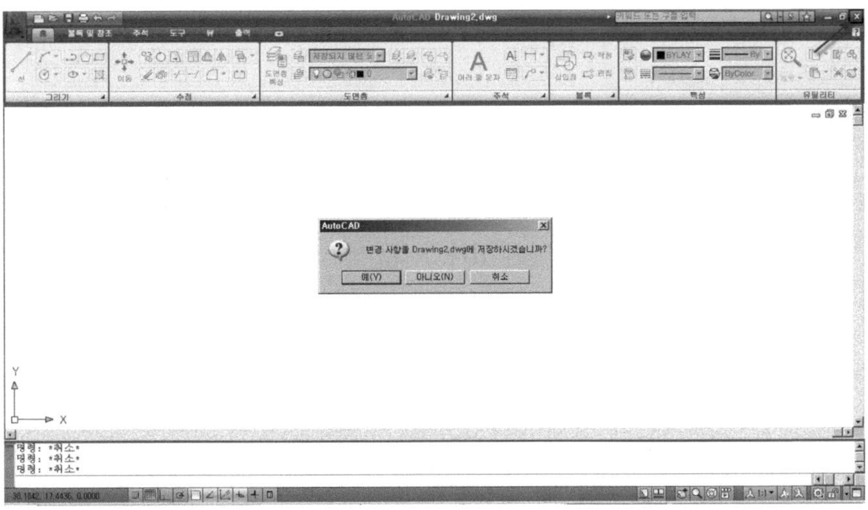

▲ 그림과 같이 X표를 클릭하면 저장 선택을 할 수 있게 창이 활성화되며,

예를 클릭하면 저장하고 종료가 되고, 아니오를 클릭하면 저장하지 않고 종료가 되며, 취소를 클릭하면 종료를 취소한다.

SAVE(저장), SAVE AS(다른 이름으로 저장)

1) 정의

각각 File을 저장하는 명령이다. 또한 save as는 현재 작업중인 이름으로 저장 또는 다른 이름으로 저장하는 명령어이다.

2) 입력 및 작업방식

❶ Command : Save or Save as Enter

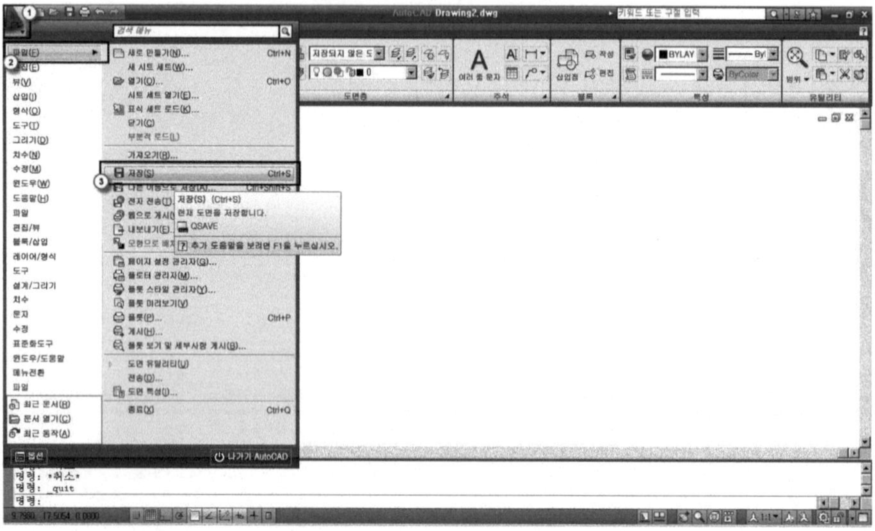

▲ ① 를 클릭하고 → ② 파일을 선택하고 → ③ 저장 및 다른 이름으로 저장을 클릭하면 파일을 저장할 수 있다.

CHAPTER 3

Auto CAD 기본사항

LESSON 01 작업범위 설정하기(Limits)

LESSON 02 MVSETUP(다중뷰포트 설정)

LESSON 03 COORDINATE(좌표)

LESSON 04 제도 설정
(GIRD, SNAP, ORTHO, PICKBOX, APPERTURE)

LESSON 05 해치(HATCH)

LESSON 06 기 타

LESSON 01

작업범위 설정하기(Limits)

정의

도면에 작업할 범위를 설정하는 명령어이다.

입력 및 작업방식

❶ Command : Exit Enter (작업상태로 돌아감)

❷ Command : Limits Enter

❸ Pull-down Menu : Format ➜ Drawing Limits

❹ Specify lower left corner(On/Off)<0,0> : Enter

❺ Specify upper right corner<420,297> : 12, 9 Enter

❻ Command : Zoom Enter Specify corner of window, enter a scale of factor(nX or nXP), or[All/Center/Dynamic/Extents/Previous/Scale/Window]〈Real time : A Enter

A4＝297×210(mm)
A3＝420×297(mm)
A2＝594×420(mm)
A1＝841×594(mm)
A0＝1189×841(mm)

〈한국산업규격에 정의된 도면의 크기〉

TIP

도면 한계를 설정하는 요령

도면 한계 설정은 화면이 정사각형이 아니므로 Y축의 값보다 X축의 값을 더 크게 주는 것이 좋다. 작업범위는 절대 좌표로 준다. 문, 창문, 가구를 그릴 경우는 그릴 대상의 1.5~2배가 적당하고, 평면도, 입면도와 같은 도면은 그리고자 하는 대상의 2.5~3배 정도를 주어야만 치수나 문자 등의 내용도 그릴 수 있다. 또한 그리고자 하는 대상의 세로 크기가 가로보다 큰 경우라도 둘 중 큰 값을 기준으로 할 필요가 있다. 이는 모니터 화면상의 구조는 가로가 세로보다 크기 때문이며 그 비율은 가로 세로 비율을 4 : 3 or 5 : 3으로 하면 적당하다. Limits를 재설정하면 Zoom 명령의 All 옵션을 실행해야 한다. 이는 기존의 작업범위를 새로 설정된 Limits의 작업범위로 화면을 모니터 상에 나타나게 한다.

◆ **명령(Command)** : Zoom Enter → a Enter

- Limits는 작업 중에 필요에 따라 크기를 조정하여도 무방하다.
- Limits를 지정할 때에 포인터로 좌측 하단 점과 우측 상단 점을 지정해도 된다.

설명

◆ **명령(Command)** : limits Enter

모형공간 한계 재설정(Reset Model space limits)왼쪽 아래 구석 지정 또는 [켜기(ON)/끄기(OFF)](Specify lower left corner or [ON/OFF]〈0,0〉) : 왼쪽 아래를 절대 좌표 값을 입력하거나 또는 포인터로 지정한다. 오른쪽 위 구석 지정(Specify upper right corner)〈420, 297〉 : 오른쪽 위의 절대 좌표 값을 입력하거나 또는 포인터로 지정한다.

- 켜기(ON) : 경계 밖으로 그리는 것을 Check하여 그릴 수 없게 한다.
- 끄기(OFF) : 경계 밖으로 그리는 것을 Check만 할 뿐 그릴 수 있다.

LESSON 02

MVSETUP(다중뷰포트 설정)

정의

도면의 한계설정을 지정하는 명령어이다. 부동 뷰포트 메뉴는 항목 Tilemode 시스템 변수가 0으로 설정될 때만 사용할 수 있다. AutoCAD가 표시하는 첫 번째 프롬프트는 Tilemode 설정값에 따라 달라진다.

입력 및 작업 방식

❶ Command : MVSETUP – Enter

❷ Enable paper space (No/Yes) (Y) : N – Enter

❸ Enter units type (Scientific/Decimal/Engineering/Architectural/Metric) : M – Enter

❹ Enter the scale factor : 30 Enter (SCALE 1／30)

❺ Enter the paper width : 727 Enter (임의의 종이 크기를 만듦)

❻ Enter the paper height : 510 Enter (임의의 종이 크기를 만듦)

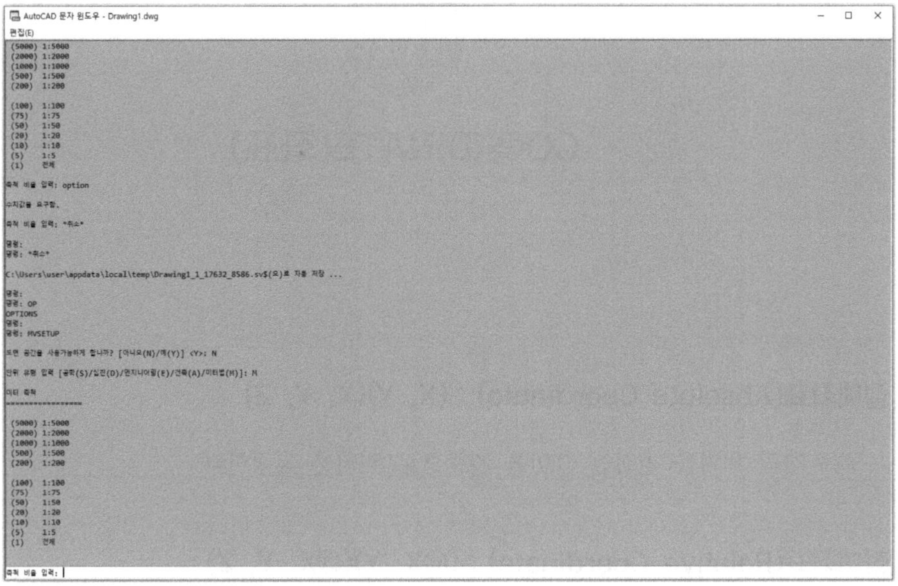

※ MVSETUP은 사용자가 원하는 어떠한 도면의 SIZE 및 SCALE를 조합하여 자유로이 만들 수 있으므로 SCALE, 종이 가로, 세로의 크기를 바꾸어 여러 가지 도면을 만들어 보기 바란다.

예) SCALE 1／100, 종이 크기 : 가로 300, 세로 200의 도면도 만들 수는 있으나 종이의 크기는 한국산업규격에 정의된 도면의 크기와 SCALE은 삼각스케일에 표기된 것을 사용하는 것이 바람직하다. (예, SCALE 1／100 도면 크기 A4＝297×210)

LESSON 03

COORDINATE(좌표)

절대좌표(Absolute Coordinate) : (X, Y)(X, Y, Z)

모든 점의 위치를 원점인 (0,0)을 기준으로 위치를 지정한다.

상대좌표(Relative Coordinate) : (@X, Y)(@X, Y, Z)

마지막 점(위치)을 기준 원점으로 상대적인 위치(좌표)를 지정한다.

상대 극좌표(Relative and polar Coordinate) : (@거리<각도)

마지막 점(위치)을 기준으로 거리와 각도를 상대적인 위치(좌표)로 지정한다.

최종좌표(Last Coordinate) : (@)

포인터로 방향 지정 후 거리 값 입력

1) 좌표의 위치와 방향

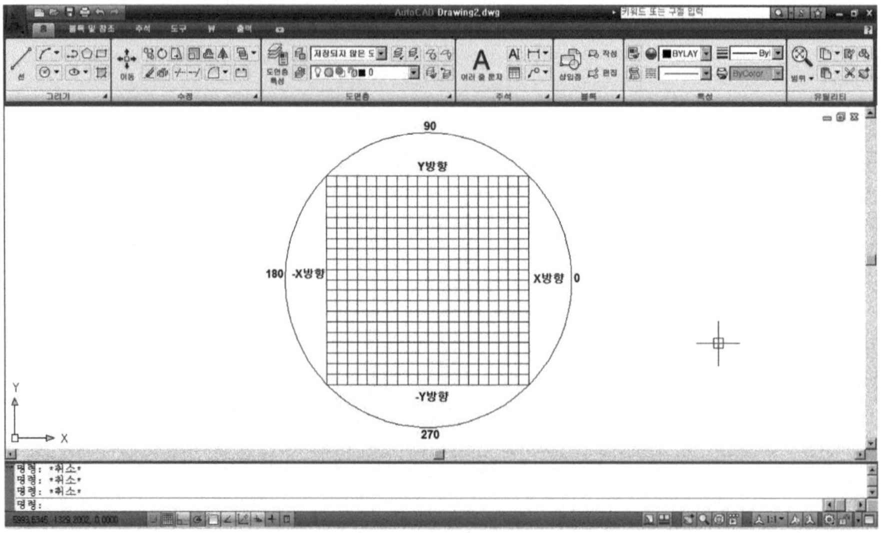

2) 절대좌표와 상대좌표의 특징화 사용방법

구 분	절 대 좌 표	상 대 좌 표
	원점(0,0)점을 기준으로 하는 좌표계	이전의 지정 점이 원점의 역할을 하는 좌표계
직교좌표 x, y, z 3개의 축으로 표시되는 좌표	표기방법	
	X,Y,Z	@X,Y,Z
극좌표 거리와 각도로 표시되는 좌표	표기방법	
	D(거리)<A(각도)	@D(거리)<A(각도)

3) 좌표계와 각도

- +, −는 방향을 의미하며 이때 위쪽, 오른쪽이 +방향
- 반시계방향이 +방향이며 각도가 증가하는 방향이다.
- Z축(높이)이 0인 경우 입력하지 않는다.

좌표 연습

- 작업범위 설정(Limits) 120×90
- 절대좌표

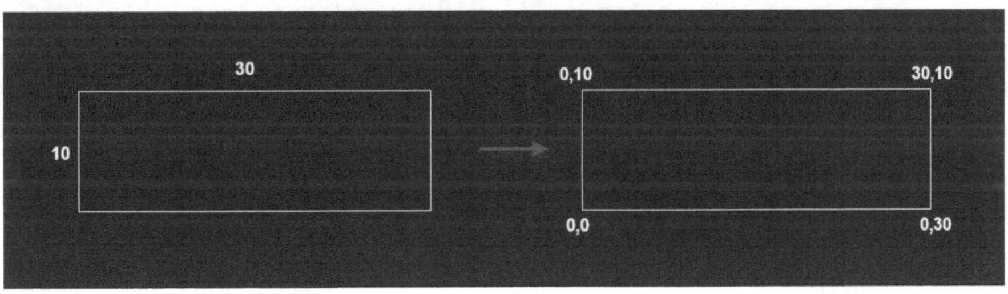

◆ Command : Line Enter

① 0,0

② 0,30

③ 30,10

④ 0,10

⑤ 0,0

• 상대좌표

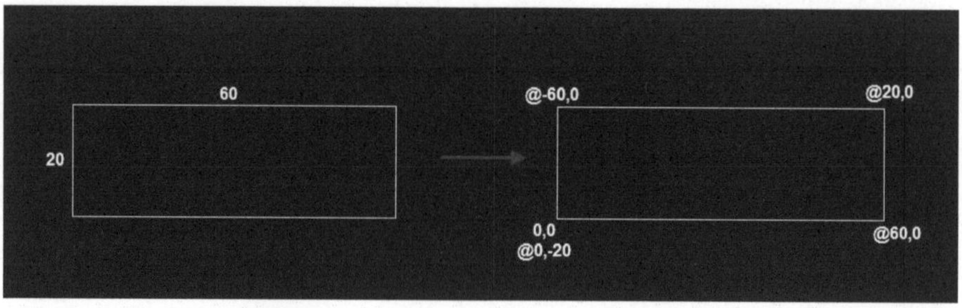

◆ Command : Line Enter

① 0,0

② @60,0

③ @0,20

④ @−60,0

⑤ @0,−20

• 상대 극좌표

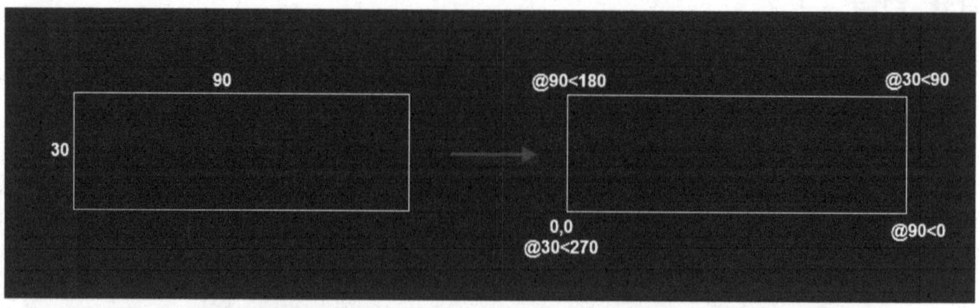

◆ Command : Line Enter

① 0,0

② @90 < 0

③ @30 < 90

④ @90 < 180

⑤ @30 < 270

실습 예제

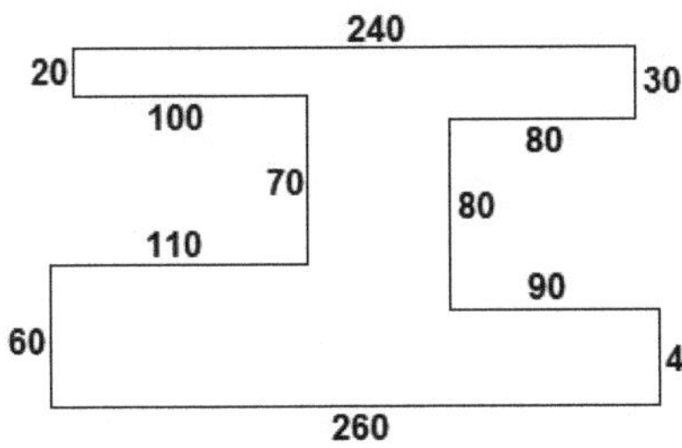

〈좌표 그리기 1〉

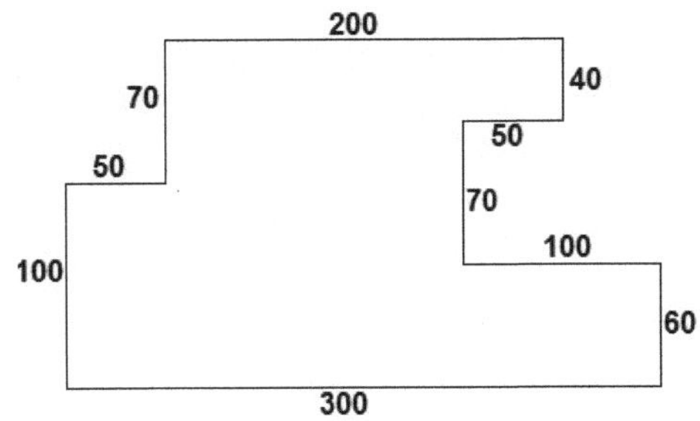

〈좌표 그리기 2〉

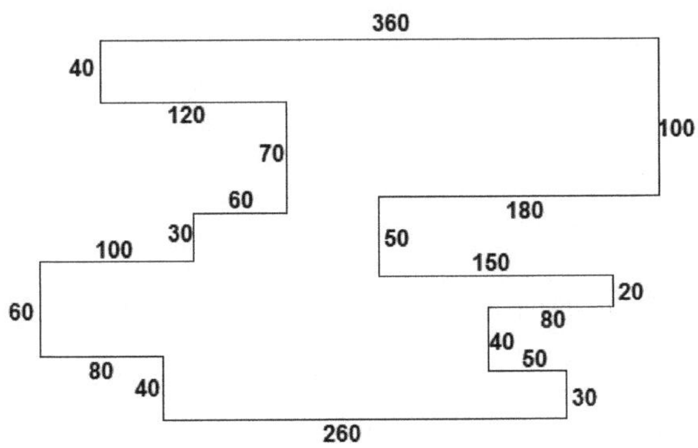

〈좌표 그리기 3〉

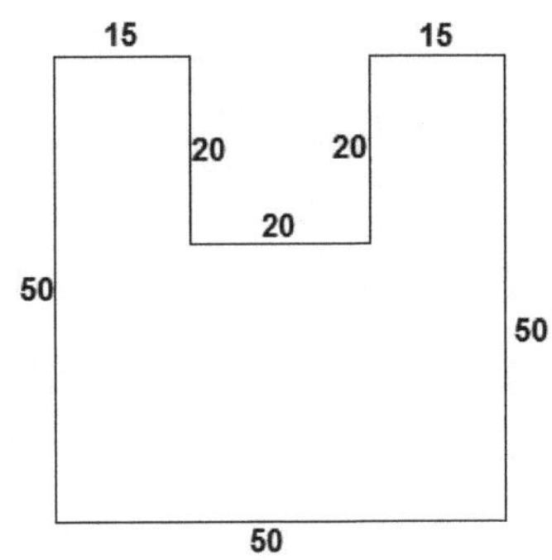

〈좌표 그리기 4〉

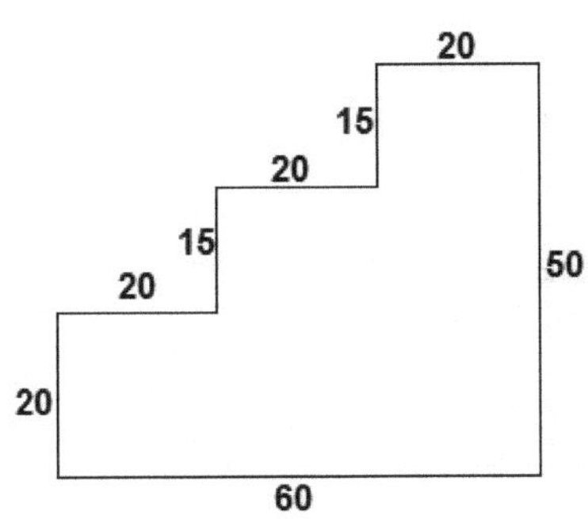

〈좌표 그리기 5〉

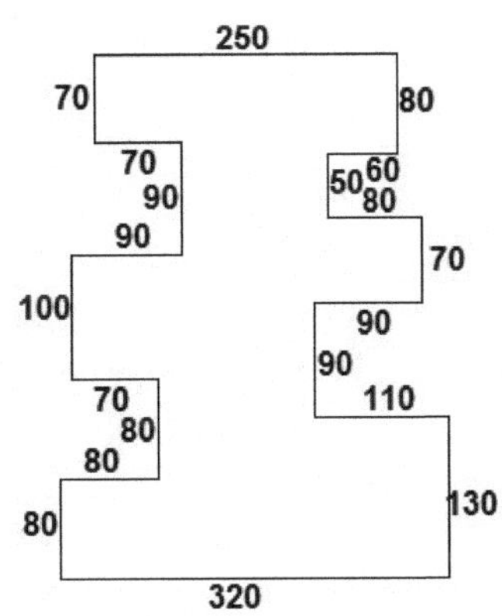

〈좌표 그리기 6〉

LESSON 04

제도 설정(GIRD, SNAP, ORTHO, PICKBOX, APPERTURE)

정의

작업중 정확한 지점을 지정하지 않아도 그 객체의 근접점을 지정하게 되면 정확하게 지정하고자 하는 점을 지정하는 명령이다.

입력 및 작업방식

❶ Command : Osnap or Ddrmodes Enter

❷ Pull-down Menu : Tool ➜ Drafting Setting

❸ ToolBar :

옵션 설명

1) Object Snap ➜ Pick

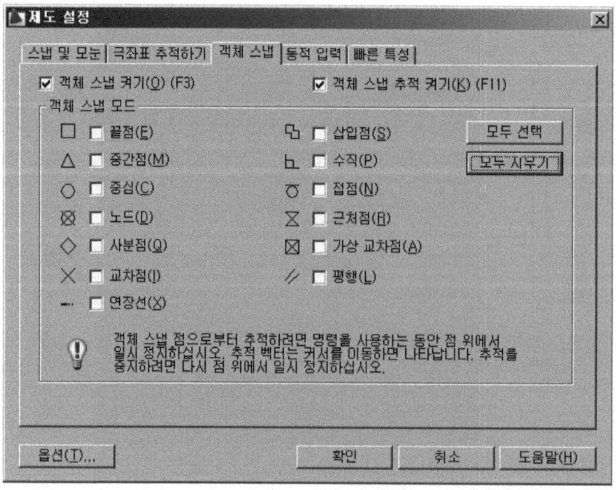

- Object Snap on(F3) : 대화상자에서 Object Snap on을 Check하면 객체스냅의 실행 모드를 활성화 객체 스냅의 작업 중 수시로 사용된다.
- Objeck Snap Tracking On(F11) : 대화상자에서 Object Snap Tracking On을 Check하면 객체 스냅 추적 켜기를 활성화시키고, 객체 스냅의 추적을 사용하여 객체의 주요 위치에 있는 점을 찾을 수 있다.
- Objeck Snap Modes : 대화상자에서 "Objeck Snap"을 Pick하면 Objeck Snap Mode가 나타난다. 이 부분에서 지정하고자 하는 부분만 선택하면 된다.
  - Endpoint(끝점) : 선이나 호의 끝점을 찾아준다.
  - Midpoint(중간점) : 선이나 호의 중간점 등의 중간점을 찾아준다.
  - Center(중심점) : 선이나 호의 중심이다.
  - Node(절점) : 포인트 점이다.
  - Quadrant(사분점) : 가장 가까운 원 · 호의 4분점이다.
  - Intersection(교차점) : 선이나 호의 교차점이다.
  - Extension(연장점) : 선이나 호의 교차점이다.
  - Insertion(삽입점) : 블록, Snap의 삽입점 위치이다.
  - Perpendicular(수직점) : 원, 호, 선의 수직점이다.
  - Tangent(접선) : 원, 호와의 접선점이다.
  - Nearest(근처점) : 가장 가까운 선, 호의 점이다.
  - Apparent Intersection(가상교차점) : 가상되는 교차점이다.
  - Parallel(평행점) : 지정한 객체와 평행한 일직선을 지정한다.
  - Clear All(모두 제거) : 단일 객체 스냅과 객체 스냅 상태를 모두 제거한다.
  - Select all(모두 선택) : 단일 객체 스냅을 모두 실행상태로 만든다.

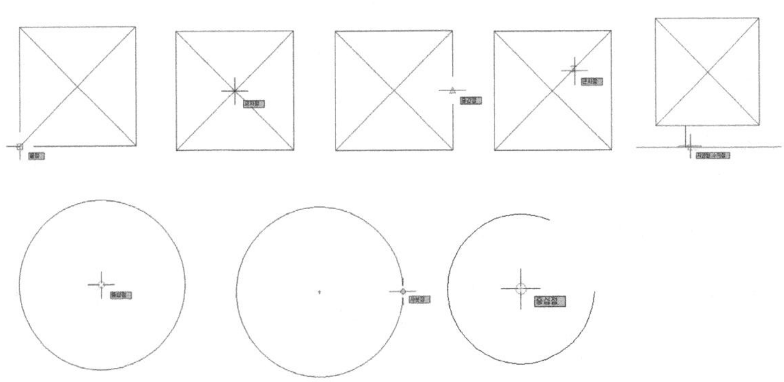

2) Option ➜ Pick

Pull-down Menu : Tools ➜ Options ➜ Drafting ➜ Pick

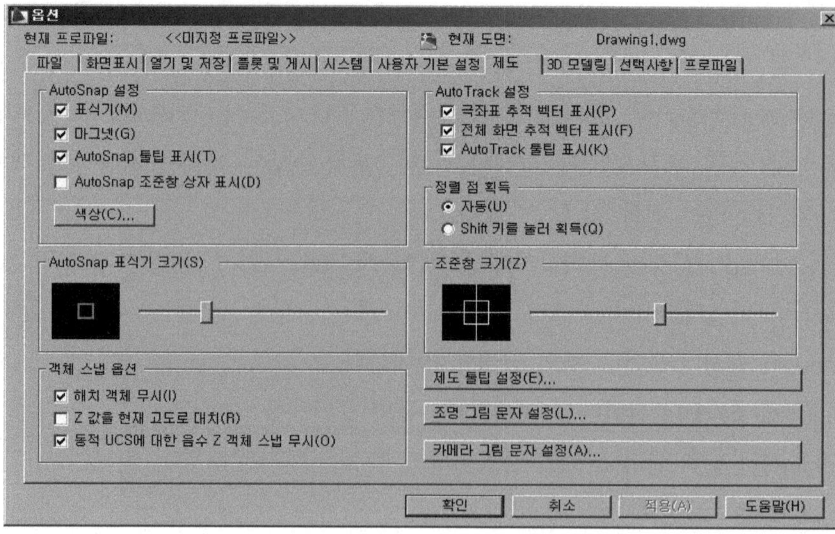

3) AutoSnap Settings

- Marker : 작업중 커서를 이동할 때 객체 스냅의 위치를 알려주는 사각형 모양의 커서이다.
- Magnet : 작업중 커서를 스냅점 가까운 지점으로 이동하면 스냅점을 자동으로 찾아준다.
- Display AutoSnap Tooltip : 스냅점을 On 및 Off한다.
- Display AutoSnap aperture box : 타깃상자를 On 및 Off한다.
- Display AutoSnap Marker color : 표시기 색을 제어한다.
- AutoSnap marker Size : 표시기 크기를 제어한다.
- AutoTracking Setting : 자동 추적 설정 값이다.
- Display polar tracking vector : 극좌표 축척을 On/Off시킨다.
- Display full-screen tracking vector : 체크하면 트래킹 벡터를 무한 선으로 나타낸다.

4) Aligment point Acquistion

- 정렬점을 획득한다.
- Automatic : 타깃상자를 Object Snap 위로 이동시키면 벡터가 자동으로 나타난다.
- Shift to Acquire : 타깃상자를 Object Snap 위로 이동시킨 뒤 Shift 키를 눌러야 트래킹 벡터가 나타난다.

5) Aperture size

- 스냅의 조준창의 크기를 제어한다.

도면 단위(UNITES)

깊이, 각도 및 작성되는 도면의 단위를 설정한다.

❶ Command : Units Enter

❷ Pull-down Menu : 형식 → 단위

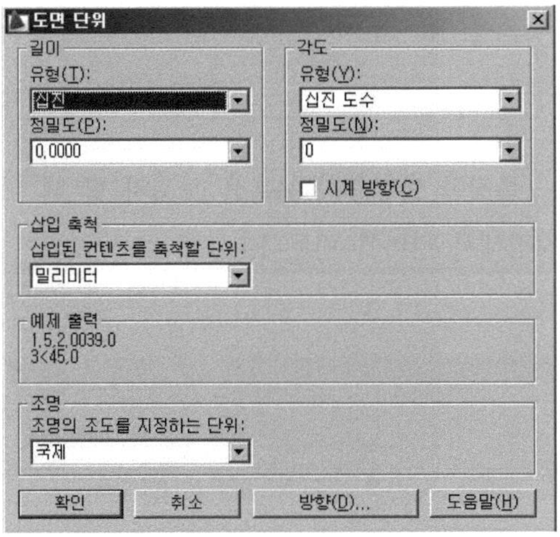

도면층(LAYER)

도면층을 생성 또는 삭제하고, 도면층의 색상, 선 두께, 선 종류, 플롯 유형 지정, 출력 유무 등을 지정하며 여러 기능을 제어한다. 또한 도면층 상태를 저장하고 불러온다.

❶ Command : Layer Enter

❷ Pull-down Menu : 형식 → 도면층

❸ ToolBar : 

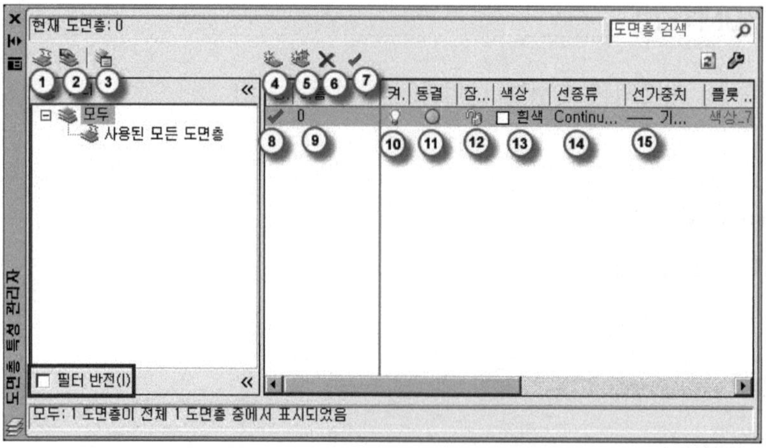

① 새 특성 필터(Prorperties Filter) : 특정한 도면층의 목록을 보고자 할 때 어떤 도면층을 찾을 것인지, 조건을 지정해서 필터를 만든다.

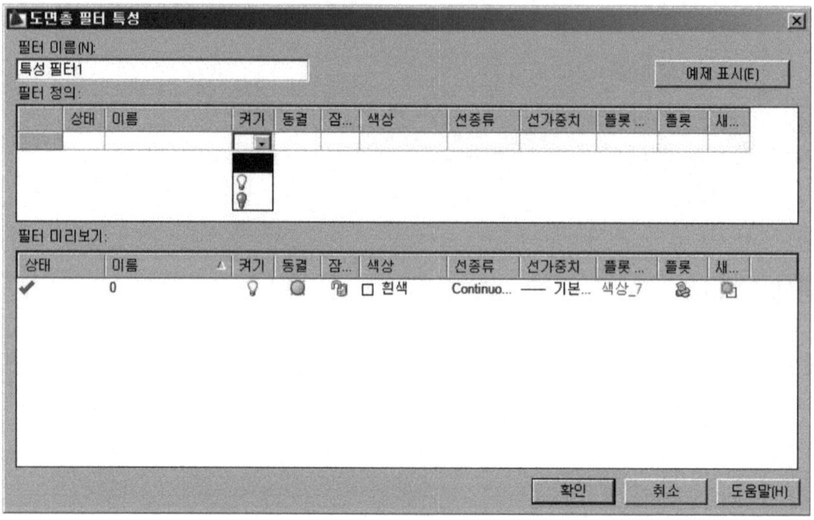

② 새 그룹 필터(Group Filter) : 특정한 도면층의 목록을 보고자 할 때 어떤 도면층을 찾을 것인지 조건을 지정해서 필터를 만든다.

③ 도면층 상태 관리자(Status Manger) : 상태를 저장, 불러온다.

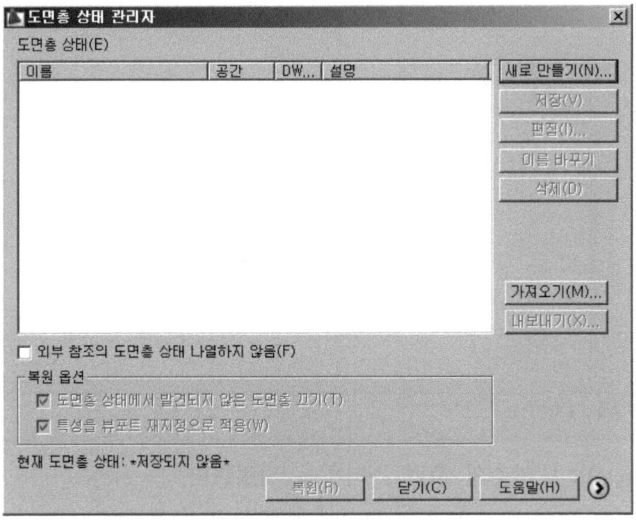

④ 새 도면층(New) : 새 도면층을 만든다.

⑤ 새 도면층 vp가 모든 뷰포트에서 동결됨 : 새 도면층이 배치공간의 모든 뷰포트에서 동결된다.

⑥ 도면층 삭제(Delete) : 도면층을 삭제한다.

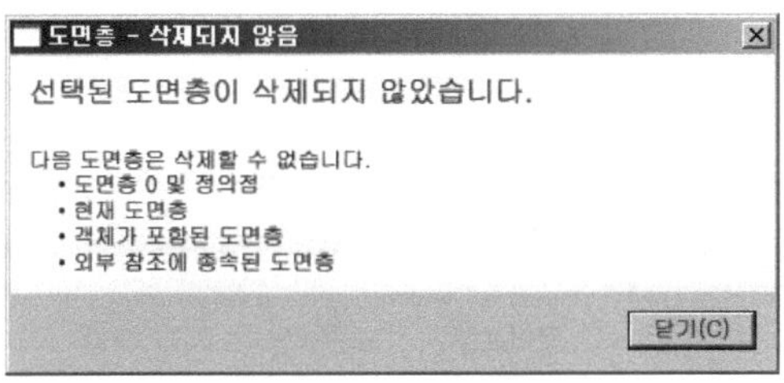

⑦ 현재 도면층(Current) : 현재 도면층으로 지정한다.

⑧ 상태(Status) : 현재 도면층을 나타낸다.

⑨ 이름(Name) : 도면층 이름을 나타낸다.

⑩ 켜기/끄기(On/Off) : 도면층을 켜고/끈다.

⑪ 동결/해제(Freeze/Thaw) : 도면층을 동결/해제한다.(현재로 설정된 도면층은 절대로 동결할 수 없다.)

⑫ 잠금/풀기(Lock/Uniock) : 도면층을 잠금/풀기 한다.

⑬ 색상(Color) : 도면층의 색상을 지정한다.

⑭ 선의 종류(Linetype) : 도면층의 선 종류를 지정한다.

⑮ 선 가중치(Lineweight) : 도면층의 선 두께를 지정한다.(지정된 선 두께가 화면에 보이게 하려면 LWT 기능키가 켜져 있어야 한다.)

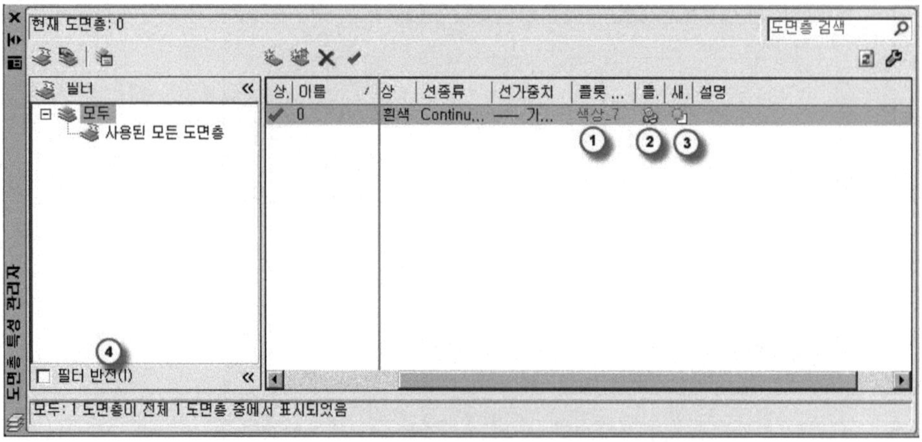

① 출력 스타일(Plotstyle) : 도면층의 출력 스타일을 지정한다.

② 출력(Plot) : 도면층의 객체를 출력할 것인지를 지정한다.(출력 안 함을 지정해도 객체들은 화면에 보인다.)

③ 새로운 vp 동결 : 새로운 뷰포트에서 도면층을 동결한다.

④ 필터 반전(Invert Filter) : 도면층 검색에 지정된 필터에 해당되는 도면층을 제외한 나머지 도면층을 보여 준다.

TIP

도면작성 순서에 따른 Layer 기준안

번호	그리는 순서	도면층 요소	영어표현	도면층명	지정 색깔	선의 종류
1	중심선을 그린다.	중심선	Center Line	CEN	빨간색 (Red)	일점쇄선
2	벽선을 그린다.	벽선	Wall Line	WAL	노란색 (Yellow)	실선
3	문, 창문을 그린다.	문, 창문	Door, Window	WID	하늘색 (Cyan)	실선
4	마감선을 그린다.	마감선	Finish Line	FIN	파란색 (Blue)	실선
5	가구, 부엌 가구, 위생도기를 그린다.	가구	Furniture	FUR	하늘색 (Cyan)	실선
6	화장실, 발코니 타일 표시를 한다.	해치	Hatch	HAT	선홍색 (Magenta)	실선
7	치수를 기입한다.	치수	Dimension	DIM	흰색 (White)	실선
8	문자를 기입한다.	문자	Text	TXT	노란색 (Yellow)	실선

블록(Block, WBlock)

블록은 건축도면을 작성할 때 매우 중요한 것이다. 건축이나 인테리어 도면은 타 분야 도면보다 전체적으로 복잡하여 도면용량이 클 뿐만 아니라 수정 또한 많으므로 블록을 적절히 사용할 필요가 있다.

1) 〈Block〉

◆ Command : Block Enter

① 이름(Name) : 블록 이름을 지정한다.

② 기준점(Base Point) : 블록의 삽입 기준점을 지정한다.

- 선택점(Pick point) : 화면상에서 블록 객체의 삽입 기준점을 지정한다.
- X, Y, Z : 특정 좌표를 입력할 경우 항상 일정한 위치에 블록이 삽입된다.

③ 객체(Objects) : 블록으로 설정할 객체를 선택하기 위한 영역이다.

- 객체선택(Select objects) : 블록을 만들려는 객체를 화면상에서 선택한다.
- 유지(Retain) : 블록이 만들어진 이후에 선택된 객체를 화면에 그대로 유지한다.
- 블록으로 변환(Convert to block) : 블록이 만들어진 이후에 선택된 객체를 블록으로 변경한다.
- 삭제(Delete) : 블록이 만들어진 이후에 선택된 객체를 현재 도면에서 삭제한다. (지워진 객체를 다시 복원하기 위해서는 "OOPS"명령어를 이용하면 다시 생성됨.)
- 신속선택(Qselect) : 블록 지정할 객체를 신속하게 찾아준다.

④ 설정(Settings)

- 블록단위(Block unit) : Design Center에서 사용될 단위를 지정한다.

- 하이퍼링크(Hyperlink) : 블록에 하이퍼링크를 작성한다.

⑤ 블록 편집기에서 열기(Open Block editor) : 블록 편집기로 이동한다.

⑥ 동작

- 주석(Annotative) : 블록의 방향을 배치에 일치한다.
- 균일하게 축척(Scale uniformly) : 삽입 시 가로와 세로의 축척을 똑같이 한다.
- 분해 허용(Allow exploding) : 삽입 시 분해한다.

2) 〈WBlock〉

◆ Command : WBlock Enter

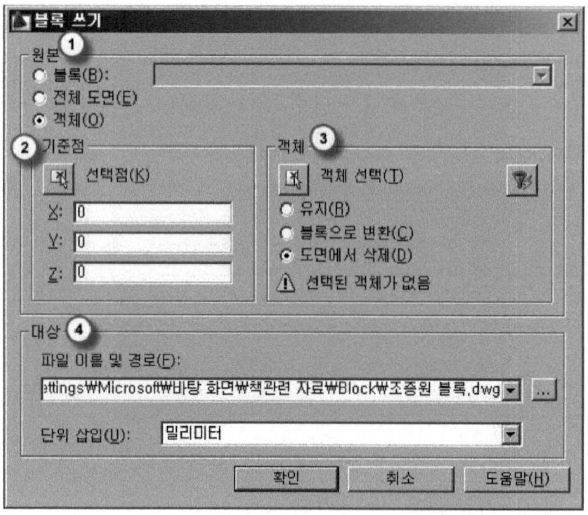

① 원본(Source) : 블록을 만들기 위한 방법을 선택한다.

- 블록(Block) : 현재 도면에서 기존에 만들어진 블록을 지정하여 외부 파일로 저장한다.
- 도면 전체(Entire drawing) : 현재 도면에 그려진 모든 객체를 외부 파일로 저장한다.
- 객체(Objects) : 현재 도면에서 특정 객체를 선택해 외부 파일로 저장한다.

② 기준점(Base point) : 블록의 삽입 기준점을 지정한다.

- 선택 점(Pick point) : 화면상에서 블록 객체의 삽입 기준점을 지정한다.
- X, Y, Z : 특정 좌표를 입력할 경우 항상 일정한 위치에 블록이 삽입된다.

③ 객체(Objects) : 블록으로 설정할 객체를 선택하기 위한 영역이다.

- 객체 선택(Select objects) : 블록을 만들려는 객체를 화면상에서 선택한다.
- 유지(Retain) : 블록이 만들어진 이후에 선택된 객체를 화면에 그대로 유지한다.

- 블록으로 변환(Convert to block) : 블록이 만들어진 이후에 선택된 객체를 블록으로 변경한다.
- 도면에서 삭제(Delete) : 블록이 만들어진 이후에 선택된 객체를 현재 도면에서 삭제한다.

④ 대상(Destination) : 블록으로 저장될 파일의 위치와 파일명, 삽입될 단위를 지정한다.

- 파일 이름과 경로(File name and Path) : 새로 작성될 파일 이름을 입력한다.
- 위치(Location) : 새로 만들어질 파일의 저장 위치를 지정한다.
- 단위 삽입(Insert units) : DesignCenter에서 사용될 단위를 지정한다.

TIP

WBLOCK(블록 파일 저장)과 BLOCK(블록 저장)의 활용적 차이

Wblock 명령어를 사용하는 용도는 Block과 거의 동일하다. Block 활용목적에 따라 현재의 작업도면에서 사용할 경우는 Block 명령어를 블록화하고, 다른 도면 작업 시에도 사용하려면 Wblock 명령어로 AutoCAD 도면 파일로 만든다. 그래서 Block을 내부 블록이라 하고, Wblcok을 외부 블록이라 한다.

3) 〈블록/파일 삽입〉

❶ Command : Insert Enter

❷ Pull-down Menu : 삽입 → 블록

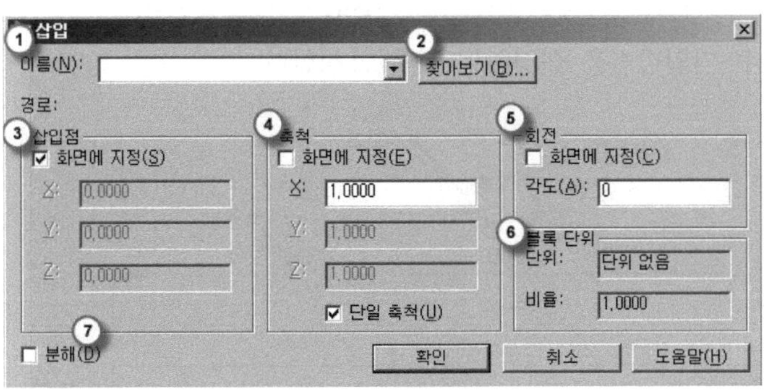

① 이름(Name) : 삽입할 블록, 파일 이름을 저장한다.

② 찾아보기(Browse) : 삽입할 파일을 찾는다.

③ 삽입점(Insertion point) : 삽입할 블록의 위치를 지정한다.

• 화면에 지정(Specify On-Screen) : 사용자가 화면에서 삽입점을 지정한다.

• X, Y, Z : 특정 좌표를 입력하여 삽입점을 지정한다.

④ 축척(Scale) : X, Y, Z 스케일 값을 입력한다.

• 화면에 지정(Specify On-Screen) : 사용자가 화면에서 축척을 지정한다.

• 단일 지정(Uniform scale) : X, Y를 같은 비율로 축척을 조절한다.

⑤ 회전(Rotation Angle) : 삽입할 블록의 회전각도를 지정한다.

• 화면에 지정(Specify On-Screen) : 사용자가 화면에서 축척을 지정한다.

• 각도(Angle) : 각도를 지정한다.

⑥ 블록 단위(Block unit) : DesignCenter에서 사용될 단위를 지정한다.

⑦ 분해(Explode) : 삽입할 블록을 여러 개의 객체로 분해한다.

치수(DIMENSION)

1) 치수기입 용어

○ 기준점(Definition Point) : 치수를 측정할 두 점을 말한다.

○ 치수선(Dimension Line) : 측정된 치수가 표시된 끝에 화살표가 있는 선을 말한다.

○ 치수 보조선(Extension Line) : 치수선 양 끝에 치수선과 교차하여 그려지는 선을 말한다.

○ 치수문자(Dimension Text) : 실제의 측정 값을 나타내는 문자를 말한다.

○ 화살표(Arrows) : 치수선 끝의 표시 마크를 말한다.

○ 지시선(Leader) : 치수 기입을 적당한 위치로 끌어내는 선을 말한다.

○ 변수(Variable) : 치수 기입방법을 설정하는 값을 조절한다.

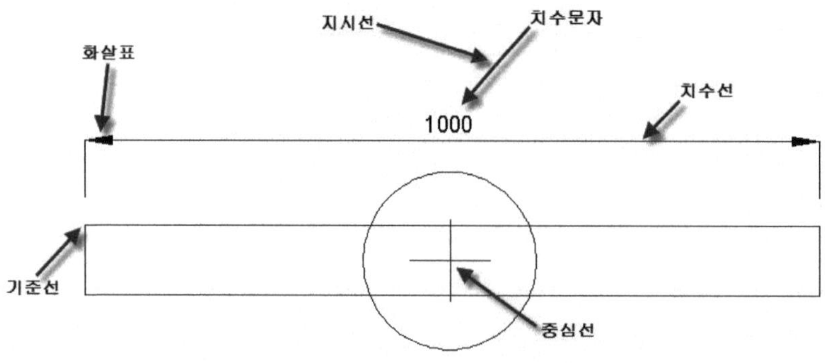

2) 치수환경 설정하기(치수 스타일 관리자)

실행 방법

❶ Command : DDim Enter

❷ Pull-down Menu : 치수 → 치수스타일(S)

❸ ToolBar : 

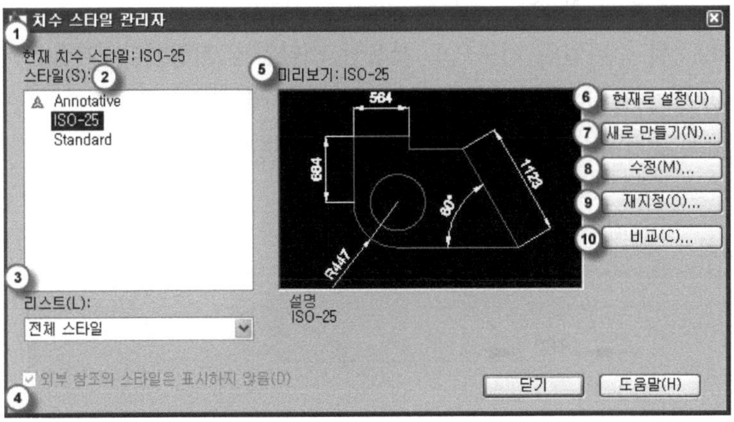

① 현재 치수 스타일(Current Dimstyle) : 현재 지정된 치수 스타일을 표시한다.

② 스타일(Style) : 도면에 있는 모든 치수 스타일을 표시한다.

③ 리스트(List) : 표시될 치수 스타일을 제어한다.

- 전체 스타일(All Style) : 모든 치수 스타일을 표시한다.
- 사용 중인 스타일(Styles in use) : 도면에 실제 사용된 치수 스타일만 표시한다.

④ 외부 참조의 스타일은 표시하지 않음(Don't list styles in Xrefs) : 외부 참조 도면의 치수 스타일은 표시하지 않는다.

⑤ 미리보기(Preview) : 지정된 치수 스타일의 형태를 본다.

⑥ 현재로 설정(Set Current) : 선택한 스타일을 현재(사용) 스타일로 지정한다. 치수 스타일 목록에서 스타일을 선택하여 마우스 오른쪽 버튼을 눌러 바로 가기 메뉴에서 지정할 수도 있다.

⑦ 새로 만들기(New) : 새로운 치수 스타일을 만든다.

⑧ 수정(Modify) : 기존의 치수 스타일을 수정한다.

⑨ 재지정(Override) : 치수 스타일을 임시 재지정하여 치수 스타일을 수정하도록 한다.

⑩ 비교(Compare) : 두 치수 스타일의 특성을 비교한다.

▶ 신규 대화상자

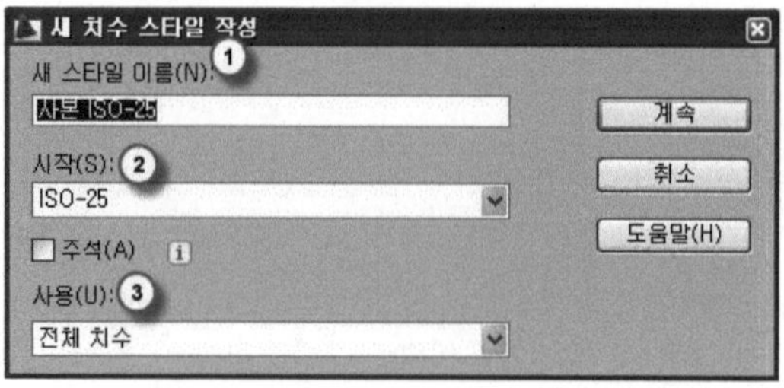

① 새 스타일 이름(New Style Name) : 새로운 이름을 입력한다.

② 시작(Start With) : 새 스타일의 기준으로 사용할 스타일을 지정한다. 기준 스타일을 이용하여 부분적 수정을 하여 스타일을 만들 경우에 사용한다.

③ 사용(Use for) : 특정 치수 유형에 적용할 스타일을 작성한다.

3) 치수 기입 실습하기

예제 도면

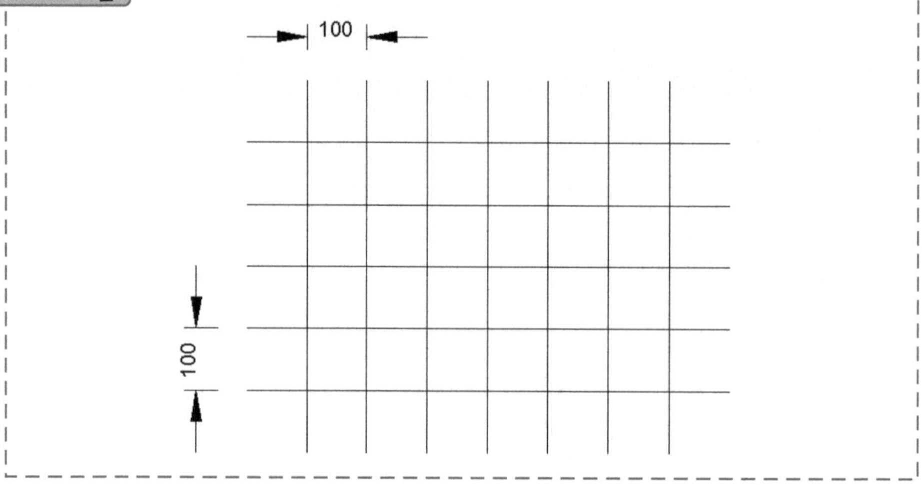

▶ 치수 유형 만들기

◆ **명령(Command)** : ddim [Enter] → ① [새로 만들기] 클릭 → ②"건축"입력 → ③ [계속] 클릭 → ④ [선] 클릭 → ⑤ 기준선 간격=8 → ⑥ 고정 길이 치수 보조선에 [v] 체크 → ⑦ 길이=10 → ⑧ [문자] 클릭 → ⑨ [...] → ⑩ SHX 글꼴에 ROMANS.SHX 선택 → ⑪ [적용] 클릭 → ⑫ [닫기] 클릭 → ⑬ 문자 크기=3 → ⑭ [맞춤] 클릭 → ⑮ 항상 치수 보조선 사이에 문자 유지에 ⊙ 체크 → ⑯ 전체 축척 사용=40 → ⑰ [1차 단위] 클릭 → ⑱ 단위 형식에 Windows 바탕화면 클릭 → ⑲ 정밀도=0 → ⑳ [확인] 클릭 → [닫기] 클릭

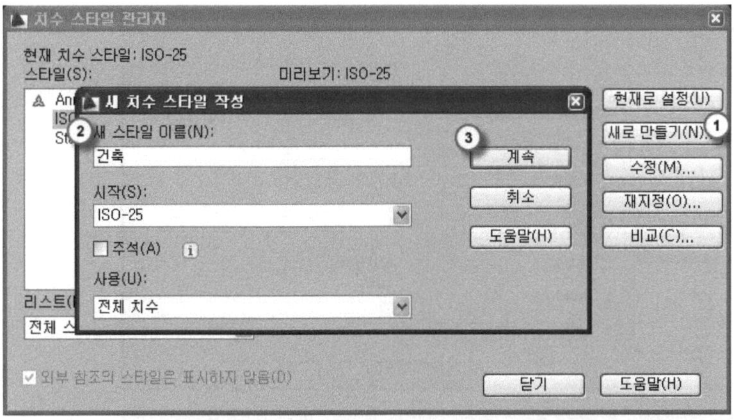

치수 스타일 관리자
현재 치수 스타일: ISO-25
스타일(S):
미리보기: ISO-25
새 치수 스타일 작성
새 스타일 이름(N):
건축
시작(S):
ISO-25
주석(A)
사용(U):
전체 치수
계속
취소
도움말(H)
현재로 설정(U)
새로 만들기(N)...
수정(M)...
재지정(O)...
비교(C)...
리스트(
외부 참조의 스타일은 표시하지 않음(D)
닫기
도움말(H)
1
2
3

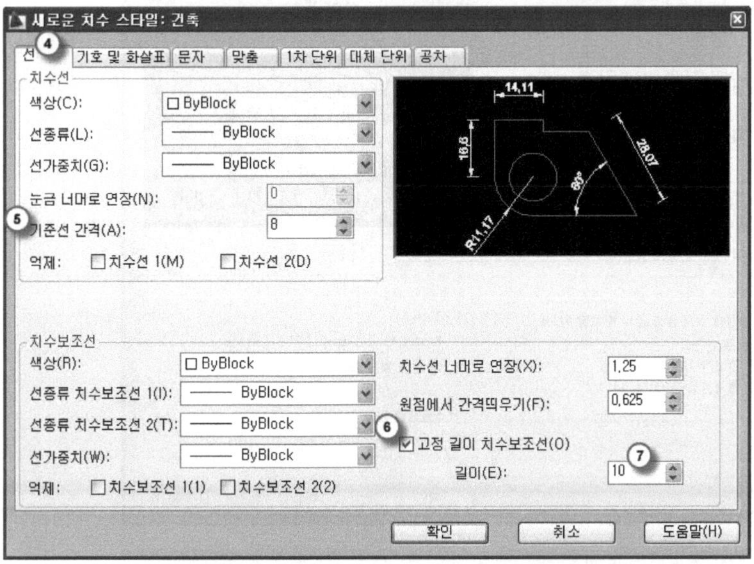

새로운 치수 스타일: 건축
선
기호 및 화살표
문자
맞춤
1차 단위
대체 단위
공차
치수선
색상(C):
ByBlock
선종류(L):
ByBlock
선가중치(G):
ByBlock
눈금 너머로 연장(N):
0
기준선 간격(A):
8
억제:
치수선 1(M)
치수선 2(D)
14,11
16,6
28,07
60°
R11,17
치수보조선
색상(R):
ByBlock
선종류 치수보조선 1(I):
ByBlock
선종류 치수보조선 2(T):
ByBlock
선가중치(W):
ByBlock
억제:
치수보조선 1(1)
치수보조선 2(2)
치수선 너머로 연장(X):
1,25
원점에서 간격띄우기(F):
0,625
고정 길이 치수보조선(O)
길이(E):
10
확인
취소
도움말(H)
4
5
6
7

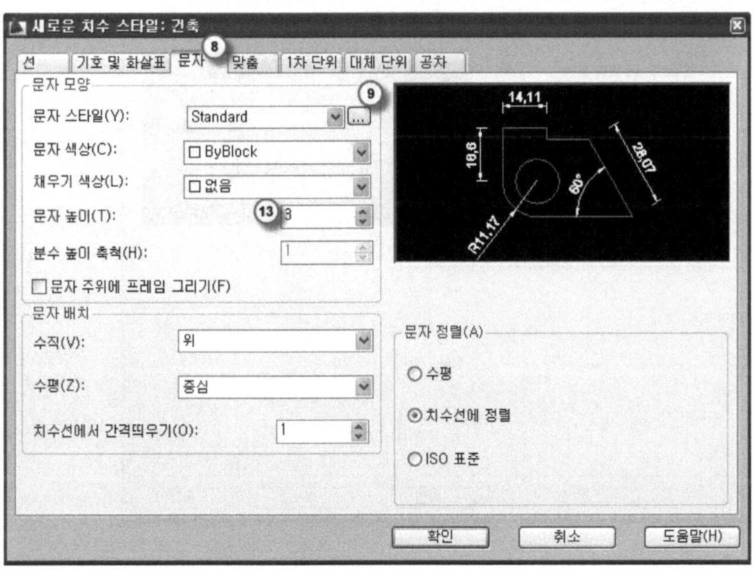

새로운 치수 스타일: 건축
선
기호 및 화살표
문자
맞춤
1차 단위
대체 단위
공차
문자 모양
문자 스타일(Y):
Standard
문자 색상(C):
ByBlock
채우기 색상(L):
없음
문자 높이(T):
3
분수 높이 축척(H):
1
문자 주위에 프레임 그리기(F)
14,11
16,6
28,07
60°
R11,17
문자 배치
수직(V):
위
수평(Z):
중심
치수선에서 간격띄우기(O):
1
문자 정렬(A)
수평
치수선에 정렬
ISO 표준
확인
취소
도움말(H)
8
9
13

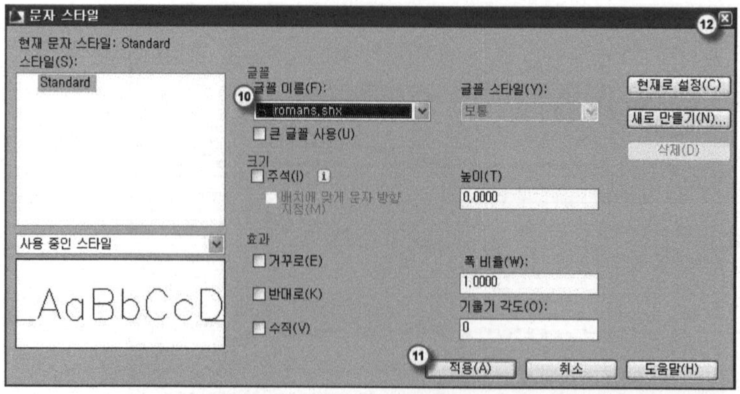
문자 스타일
현재 문자 스타일: Standard
스타일(S):
Standard
글꼴
글꼴 이름(F):
romans.shx
큰 글꼴 사용(U)
글꼴 스타일(Y):
보통
현재로 설정(C)
새로 만들기(N)...
삭제(D)
크기
주석(I)
높이(T)
0.0000
사용 중인 스타일
효과
거꾸로(E)
반대로(K)
수직(V)
폭 비율(W):
1.0000
기울기 각도(O):
0
AaBbCcD
적용(A)
취소
도움말(H)

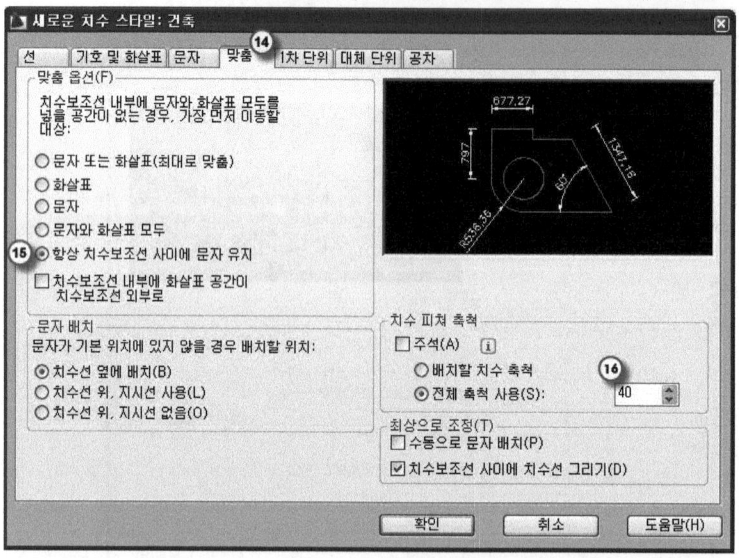
새로운 치수 스타일: 건축
선
기호 및 화살표
문자
맞춤
1차 단위
대체 단위
공차
맞춤 옵션(F)
치수보조선 내부에 문자와 화살표 모두를 넣을 공간이 없는 경우, 가장 먼저 이동할 대상:
문자 또는 화살표(최대로 맞춤)
화살표
문자
문자와 화살표 모두
항상 치수보조선 사이에 문자 유지
치수보조선 내부에 화살표 공간이 치수보조선 외부로
문자 배치
문자가 기본 위치에 있지 않을 경우 배치할 위치:
치수선 옆에 배치(B)
치수선 위, 지시선 사용(L)
치수선 위, 지시선 없음(O)
치수 피쳐 축척
주석(A)
배치할 치수 축척
전체 축척 사용(S):
40
최상으로 조정(T)
수동으로 문자 배치(P)
치수보조선 사이에 치수선 그리기(D)
확인
취소
도움말(H)

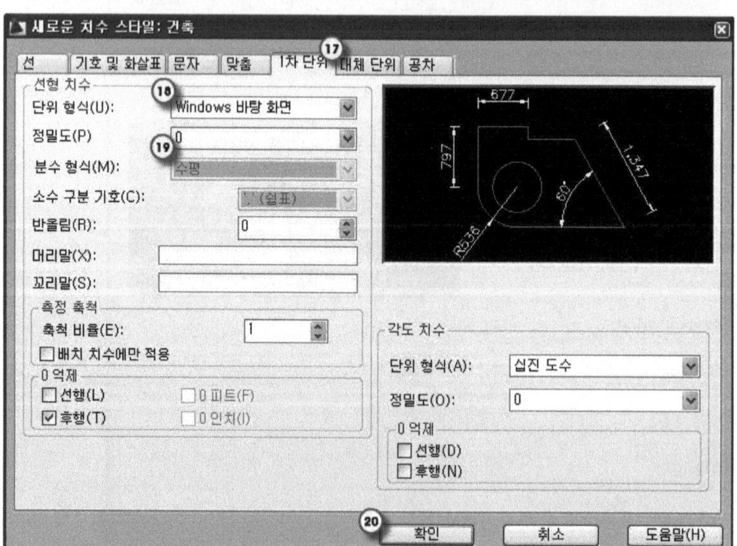
새로운 치수 스타일: 건축
선
기호 및 화살표
문자
맞춤
1차 단위
대체 단위
공차
선형 치수
단위 형식(U):
Windows 바탕 화면
정밀도(P)
0
분수 형식(M):
수평
소수 구분 기호(C):
반올림(R):
0
머리말(X):
꼬리말(S):
측정 축척
축척 비율(E):
1
배치 치수에만 적용
0 억제
선행(L)
후행(T)
0 피트(F)
0 인치(I)
각도 치수
단위 형식(A):
십진 도수
정밀도(O):
0
0 억제
선행(D)
후행(N)
확인
취소
도움말(H)

▶ 선형 치수로 가로방향 치수 기입하기

◆ **명령(Command)** : dimlinear Enter → P1 지정 → P2 지정 → P3 지정〈그림 1〉

◆ **명령(Command)** : dimcontinue Enter → P4 지정 → P5 지정 → P6 지정 → P7 지정 → Enter(과정 종료) 〈그림 2〉

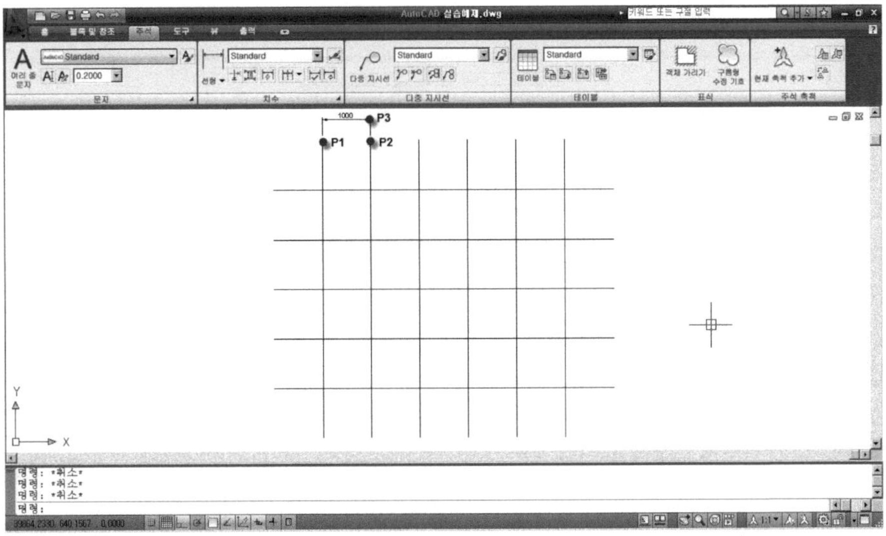

〈그림 1〉

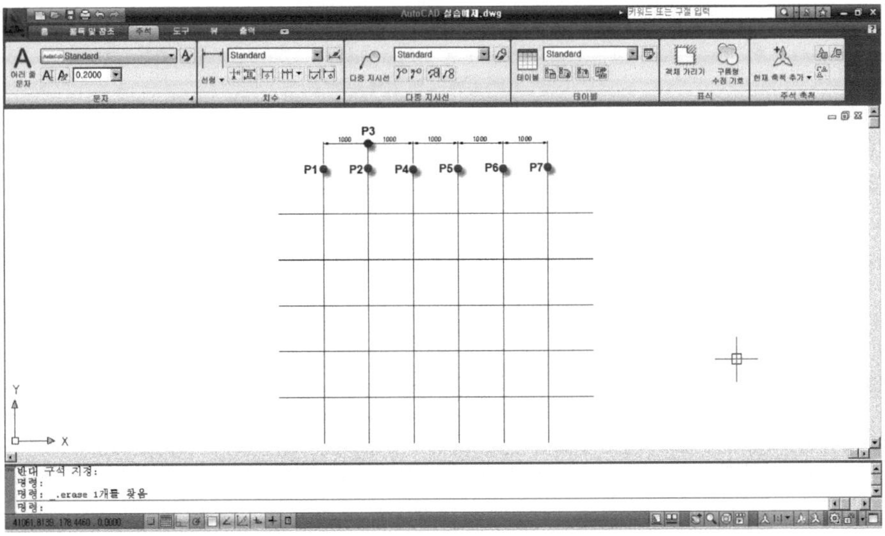

〈그림 2〉

▶ 기준선으로 전체 치수 기입하기

◆ **명령(Command)** : dimbaseline Enter → Enter → P9 선택 → P10 지정 → Enter → Enter(과정 종료) 〈그림 3〉

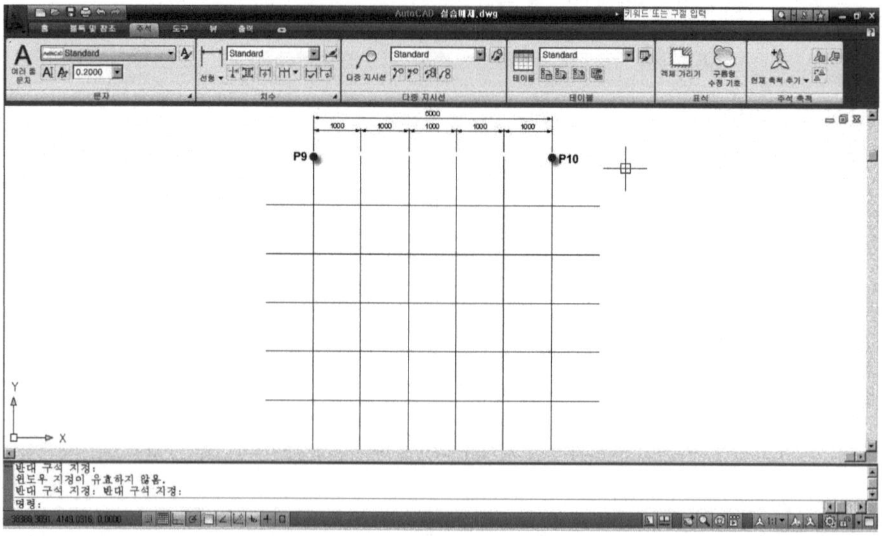

〈그림 3〉

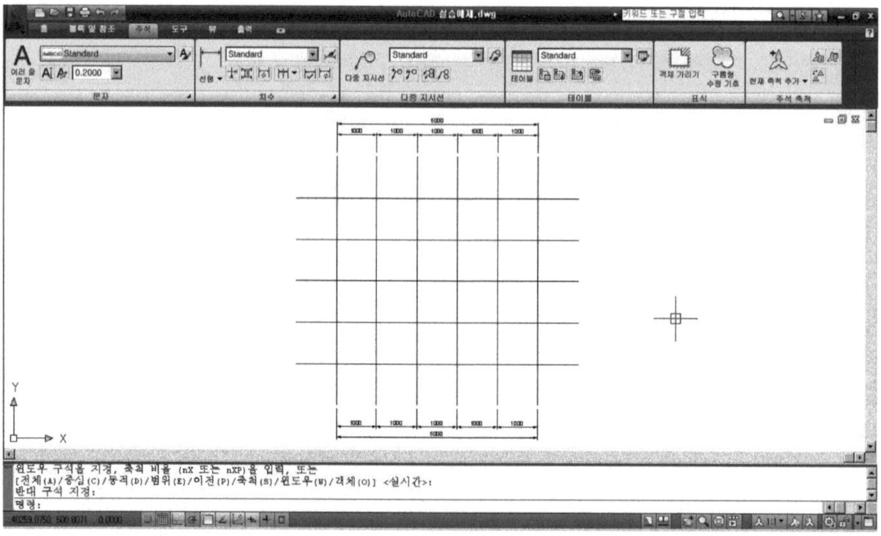

〈그림 4〉

▶ 선형 치수로 세로방향 치수 기입하기

◆ **명령(Command)** : dimlinear `Enter` → P1 지정 → P2 지정 → P3 지정 〈그림 5〉

◆ **명령(Command)** : dimcontine `Enter` → P4 지정 → P5 지정 → P6 지정 → `Enter` → `Enter`(과정 종료) 〈그림 5〉

◆ **명령(Command)** : dimbaseline `Enter` → `Enter` → P7 선택 → P8 지정 → `Enter` → `Enter`(과정 종료) 〈그림 5〉

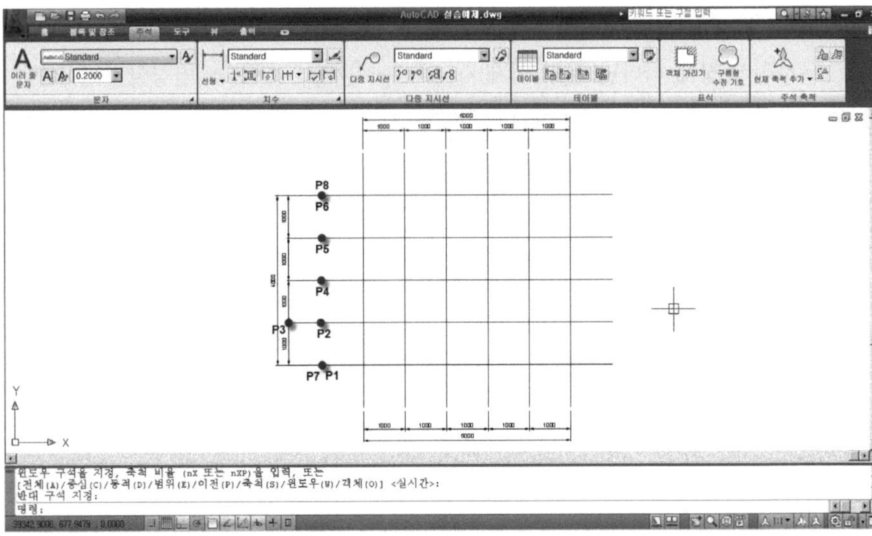

〈그림 5〉

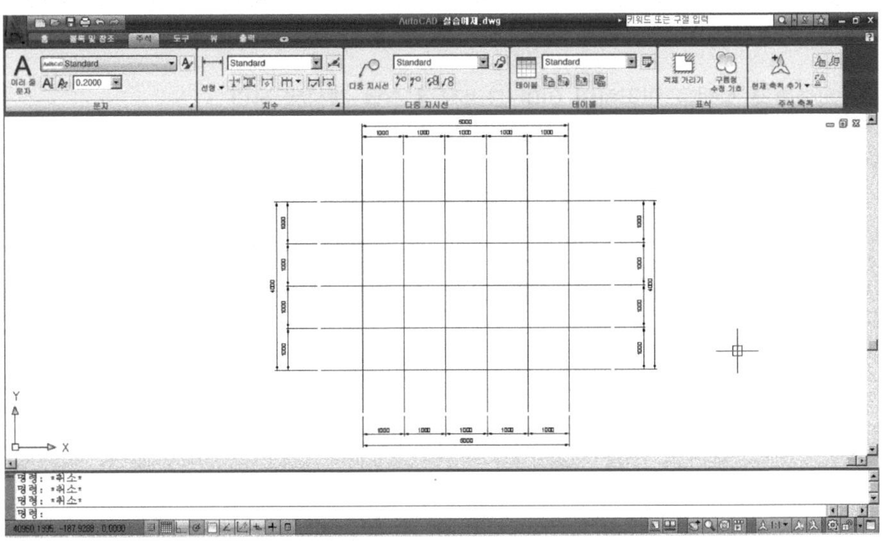

〈그림 6〉

▶ 객체를 치수 문자와 함께 선택하여 Stretch로 500만큼 줄이고, 치수 문자 값이 변경되는지 확인하기

◆ **명령(Command)** : stretch Enter → P1 지정 → P2 지정 → Enter(선택 종료) → P3 지정 → @500<270 Enter 〈그림 1〉

※ Stretch할 범위를 선택할 때는 반드시 Crossing 방법으로 선택한다.

▶ 치수 문자를 1000을 500으로 수정하기

◆ **명령(Command)** : dimedit Enter → N Enter → 또는 ↓에서 신규(N) 선택 → 문자형식 창에 나타난 문자 삭제 → 500 → 확인 클릭 → 변경할 치수 선택 Enter

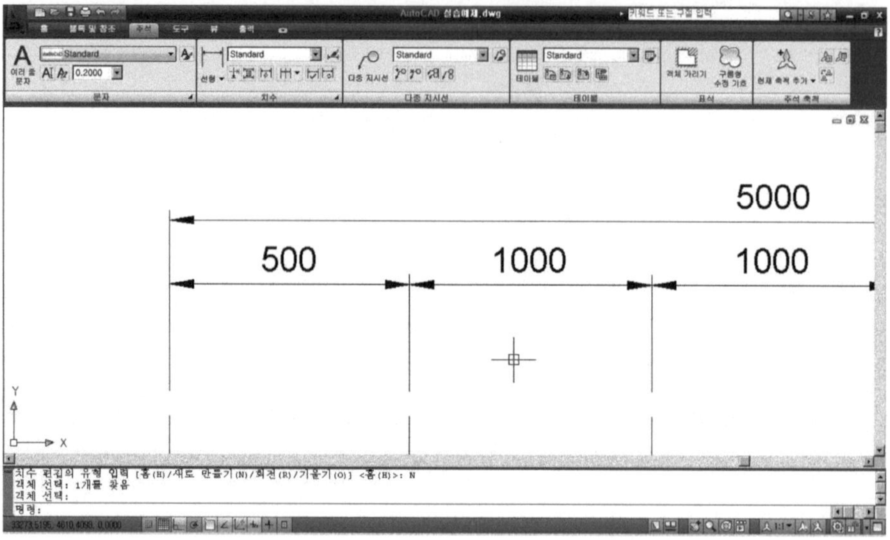

▶ 치수환경 설정을 변경하여 이미 그려진 치수를 갱신해 본다.

◆ **명령(Command)** : dimtxt Enter → 4 Enter

◆ **명령(Command)** : dimexo Enter → 5 Enter

풀다운 메뉴 → 치수 클릭 → 업데이트 클릭 → ALL Enter → Enter(선택 종료)

또는 **명령(Command)** : dim Enter → Update Enter → ALL Enter → Enter(선택 종료) → Enter

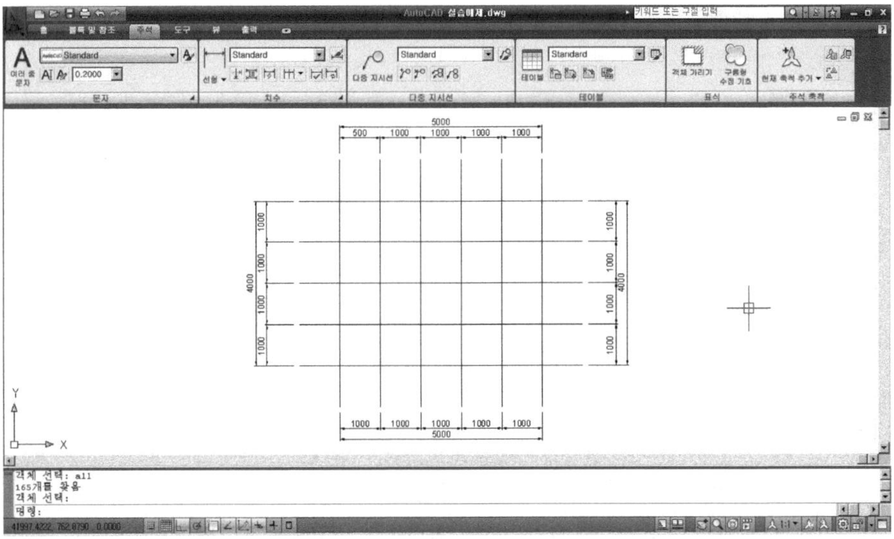

문자(TEXT)

1) 문자 기입방법

문자를 쓰는 과정은 크게 준비 → 쓰기 → 수정의 3단계로 나눌 수 있으며, 각 단계와 관련된 명령은 아래와 같다.

○ 문자 유형 설정 : Style

○ 문자 쓰기 : Dtext, Mtext

○ 문자 수정 : DDedit(내용 수정), Properties(유형, 크기, 정렬, 문자 내용 등)

※ 참고 : Properties는 문자내용을 변경할 수 있으나 주로 DDedit 명령을 사용한다.

2) 문자 스타일(Style)

실행 방법

❶ Command : style Enter

❷ Pull-down Menu : 형식 → 문자 스타일

❸ ToolBar :

① 새로 만들기(New) : 새로운 문자 스타일을 만든다.

② 현재로 설정(Current) : 지정한 문자 스타일을 현재로 설정한다.

③ 삭제(Delete) : 문자 스타일을 지운다.

④ SHX 글꼴(SHX Font) : 영문 글꼴 또는 Windows에서 지원해 주는 한글 글꼴을 지정한다.

⑤ 큰 글꼴(Big Font) : 캐드에서 지원해주는 한글 글꼴을 지정한다.

⑥ 큰 글꼴 사용(Use Big Font) : 큰 글꼴을 사용할 수 있도록 한다.

⑦ 높이(Height) : 문자의 높이(크기)를 지정한다.(문자 높이는 일반적으로 "0"으로 한다.)

⑧ 거꾸로(Upside down) : 문자의 상하가 뒤집힌 상태를 지정한다.

⑨ 폭 비율(Width factor) : 문자의 가로 폭의 비율을 지정한다.

⑩ 반대로(Backwards) : 문자의 쓰여지는 방향이 반대로 된다.

⑪ 기울기 각도(Oblliquing angle) : 문자의 기울기 각도를 지정한다.

⑫ 수직(Vertical) : 문자의 방향을 수평 또는 수직으로 지정한다.

⑬ 미리보기(Preview) : 문자체의 모양을 미리 볼 수 있다.

⑭ 주석(Annotative) : 배치공간에서 주석문자의 크기를 지정한다.

3) 문자 스타일 만들기

◆ **명령(Command)** : style [Enter] ① [새로 만들기] → ② "han_s1" 입력 → ③ [확인] 클릭 → ④ 큰 글꼴 사용에 □ 체크 없앰 → ⑤ 글꼴 이름에 "바탕체 지정" → ⑥ [적용] 클릭 → ⑦ [닫기] 클릭

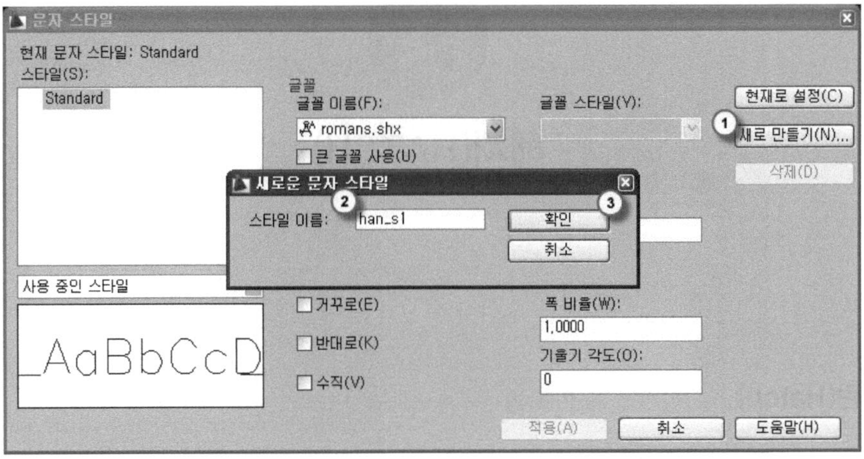

TIP

꼴을 바꿔가면서 Preview[미리보기]하기

특별한 모양의 글꼴을 찾을 경우 Font Name의 리스트 목록에서 개별적으로 선택하여 보려면 불편하다. 이럴 경우 미리보기에 글자를 입력한 후 Font Name의 아무 글꼴을 지정한 후, ↑, ↓ 키를 눌러서 보면 편리하다.

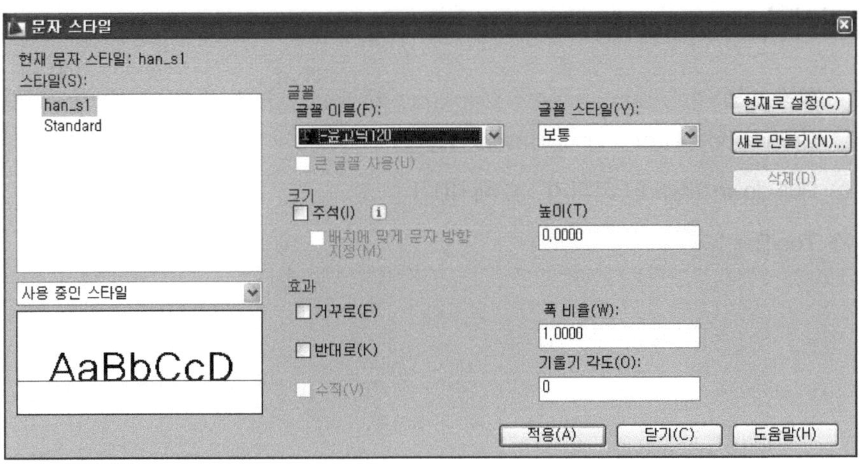

LESSON 05

해치(HATCH)

해치란(Hatch)

닫힌 영역에 일정한 형태를 가진 패턴으로 채운다. 해치는 특정한 모양의 선이나 무늬가 일정한 틀을 가지고 반복된 것이다. 해치가 필요한 이유는 이러한 것을 일일이 그릴 경우 너무 많은 시간이 소요되고, 수정하기가 어려우며, 또한 도면의 크기(File size : 파일의 크기)가 너무 커지는 것을 방지하기 위해서이다. 도면에서는 각종 재료 표시, 단면 표시, 입면도 작성에서 벽의 재질 표시, 욕실, 발코니 타일 표시 등에 사용된다.

Hatch는 블록(block)의 특성을 갖고 있어서 비슷하므로 Explode하기 전까지는 하나의 Block으로 취급된다. 필요에 따라 다양한 해치 패턴이 필요하므로 AutoCAD가 제공하는 해치 패턴 외에도 사용자가 해치 패턴을 만들 수 있도록 되어 있다.

해치 관리자

실행 방법

❶ Command : Hatch or BHatch Enter

❷ Pull-down Menu : 그리기 → 해치(H)

❸ ToolBar :

① 유형(Type) : 해치 패턴의 유형을 선택한다.

- 미리 정의(Predefined) : 확장자 Pat 파일에 이미 작성된 패턴을 선택하여 채운다.
- 사용자 정의(User-defined) : 선의 간격과 각도만 지정하여 가로 줄무늬, 세로 줄무늬, 체크무늬 형태를 채운다.
- 사용자(Custom) : 사용자가 직접 만든 패턴을 채운다.

② Pattern(패턴) : 확장자 pat 파일에 정의된 패턴의 이름을 보여 주고 [...]을 누르면 패턴 슬라이드를 보여준다.

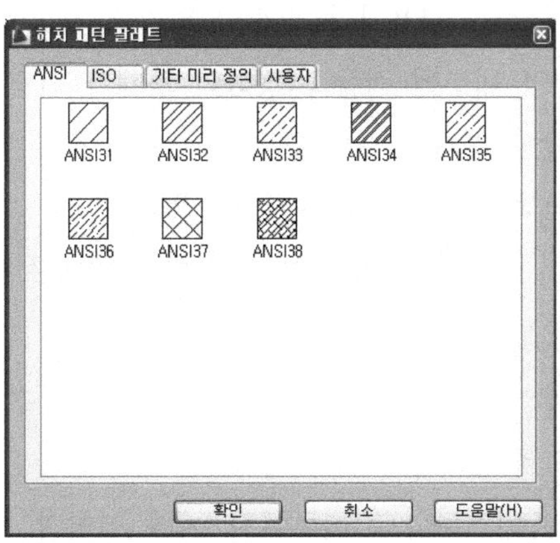

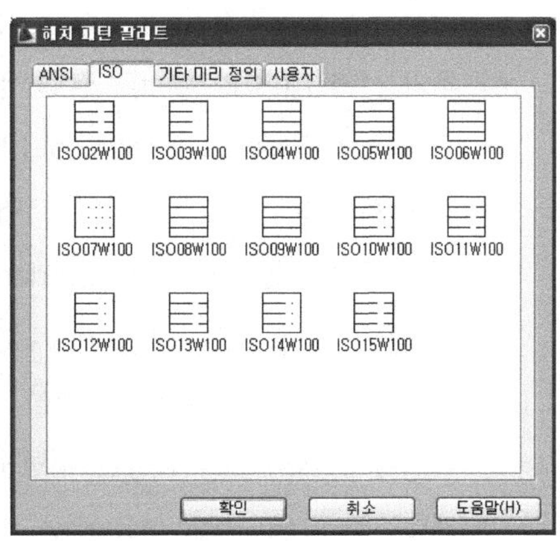

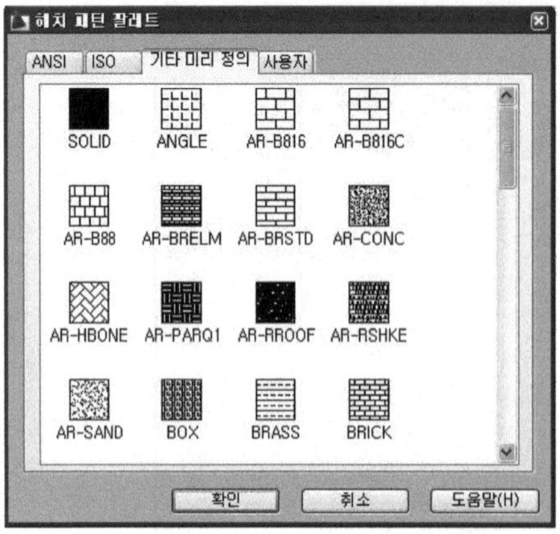

③ 견본(Swatch) : 확장자 pat 파일에 정의된 패턴 슬라이드를 보여준다.

④ 사용자화 패턴(Custom pattern) : 유형(Pattern Type)에서 사용자(Custom)을 사용할 때에 이 부분에서 사용자가 만든 패턴명을 입력하여 사용한다.

⑤ 각도(Angle) : 해치 패턴이 그려질 회전각도를 지정한다.

⑥ 축척(Scale) : 미리 정의(Predefined) 해치 패턴 사용 시 해치 패턴의 크기를 지정한다.

⑦ 이중(Double) : 사용자 정의(User-defined) 해치 패턴 사용 시 지정된 선분에 90° 각도로 또 다른 선분을 그린다.

⑧ 도면 공간에 상대적(Relative to paper space) : 도면 공간에 상대적 크기를 지정한다.

⑨ 간격 두기(Spacing) : 사용자 정의(User-defined) 해치 패턴 사용 시 선의 간격을 지정한다.

⑩ 해치 원점 사용 : 해치가 채워지는 기준점을 도면 한계에 지정된 원점을 사용한다.

⑪ 지정된 원점 : 해치가 채워지는 기준점을 사용자가 원점의 위치를 지정한다.

⑫ 추가 선택 점(Pick Point) : 닫힌 영역 내부에 점을 지정하면 경계가 선택된다.

⑬ 추가 객체 선택(Select Objects) : 닫힌 경계를 선택한다.

⑭ 경계 제거(Delete) : 경계영역의 내부에 선택된 경계를 제거한다.

⑮ 경계 다시 작성(Recreate boundary) : 경계영역의 내부에 선택된 경계를 제거한다.

⑯ 선택요소 보기(View Selection) : 현재 선택된 해치 경계를 나타낸다.

⑰ 연관(Associative) : 패턴을 채운 후에 경계를 이루는 객체를 수정할 수 있게 한다. 경계 객체가 수정되면 패턴도 수정된다.

⑱ 개별해치 작성(Create separate hatch) : 하나로 이루어진 여러 영역의 해치를 각 경계별로 개별화한다.

⑲ 그리기 순서(Draworder)

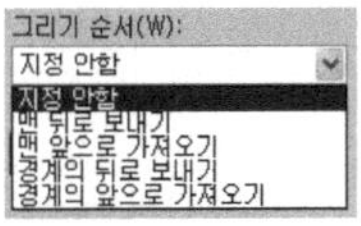

⑳ 특성 상속(Inherit Properties) : 이미 작성된 패턴의 크기, 각도 등 속성을 추출한다.

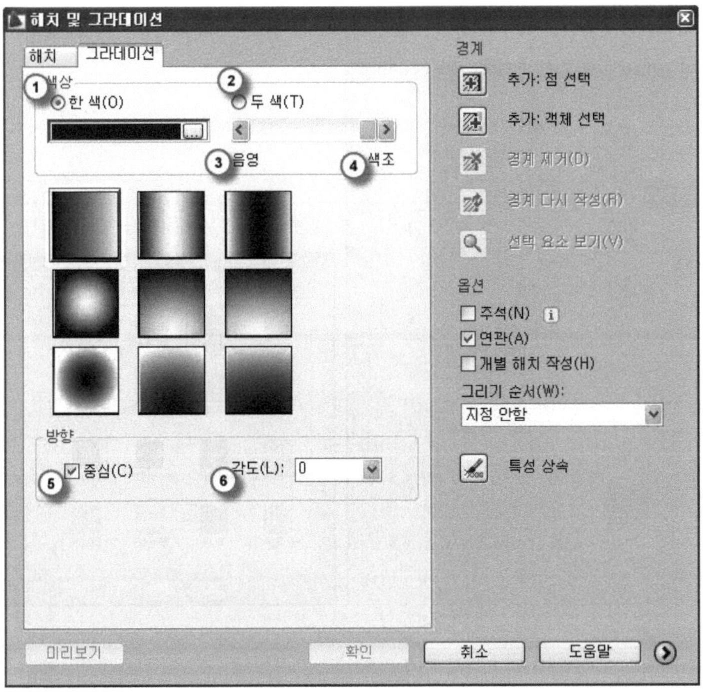

① 한 색(One color) : 한 가지 색상으로 그러데이션 효과를 나타낸다.

② 두 색(Two color) : 두 가지 색상으로 그러데이션 효과를 나타낸다.

③ 음영(Shade) : 하이라이트 부분이 약해진다.

④ 색조(Tint) : 하이라이트 부분이 강해진다.

⑤ 중심(Centered) : 원형 그러데이션의 원형 하이라이트 부분의 위치를 영역의 중심으로 조정한다.

⑥ 각도(Angle) : 하이라이트 부분의 기울기를 지정한다.

해치 실행하기

❶ Command : Hatch or BHatch Enter

❷ Pull-down Menu : 그리기 ➜ 해치(H)

❸ ToolBar :

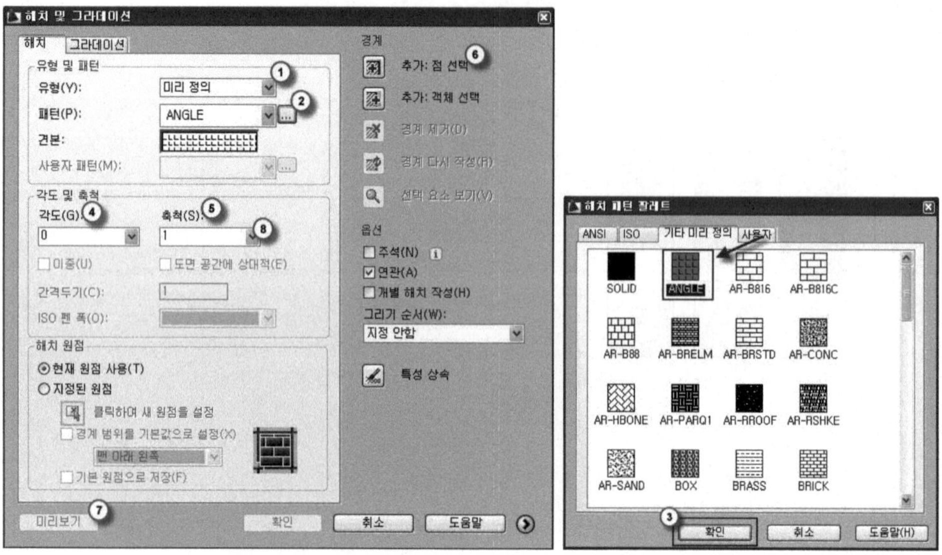

① 유형 미리 정의

② 패턴 ANGLE ... 선택시

③ 각도

④ 축척(도면에 맞게 설정)

⑤ +추가 : 점 선택(객체 안의 임의 점 선택 후 Enter)

⑥ 미리보기(간격 수정 필요시 Esc)

⑦ 축척 조정

LESSON 06

기 타

객체 선택방법 및 종류

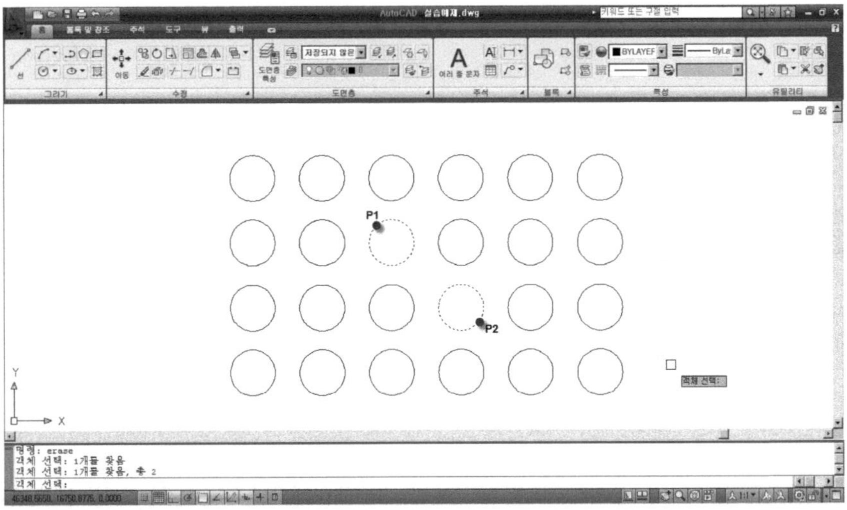

1) 객체 포인팅

◆ **명령**(Command) : erase Enter → P1 선택 → P2 선택 → Enter → Enter

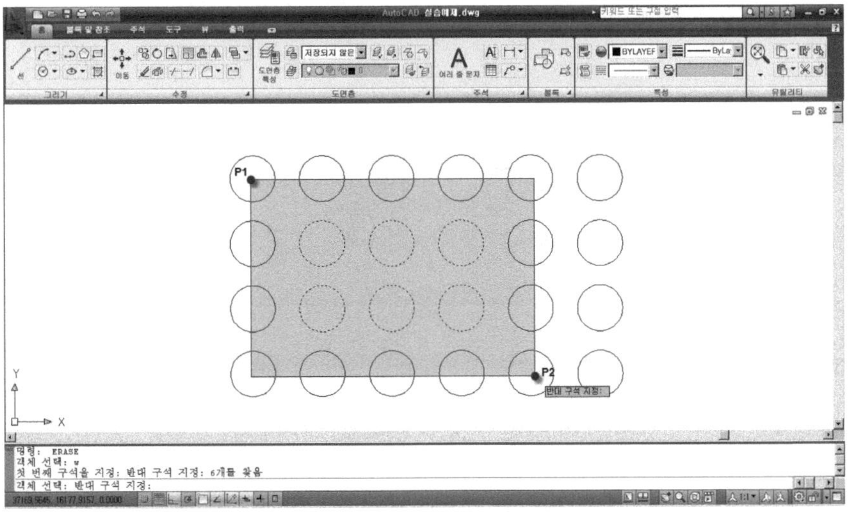

2) 윈도우(Window) 선택하기

◆ **명령(Command)** : erase Enter → P1 클릭(또는 W Enter P1 클릭) → P2 클릭 → Enter → Enter

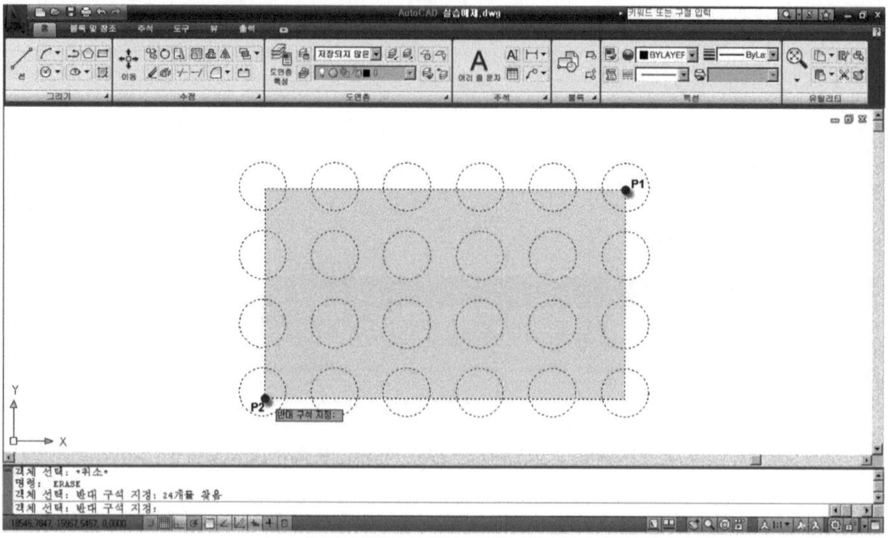

3) 걸치기(Crossing)로 선택하기

◆ **명령(Command)** : erase Enter → P1 클릭(또는 C Enter P1 클릭 → P2 클릭 → Enter → Enter

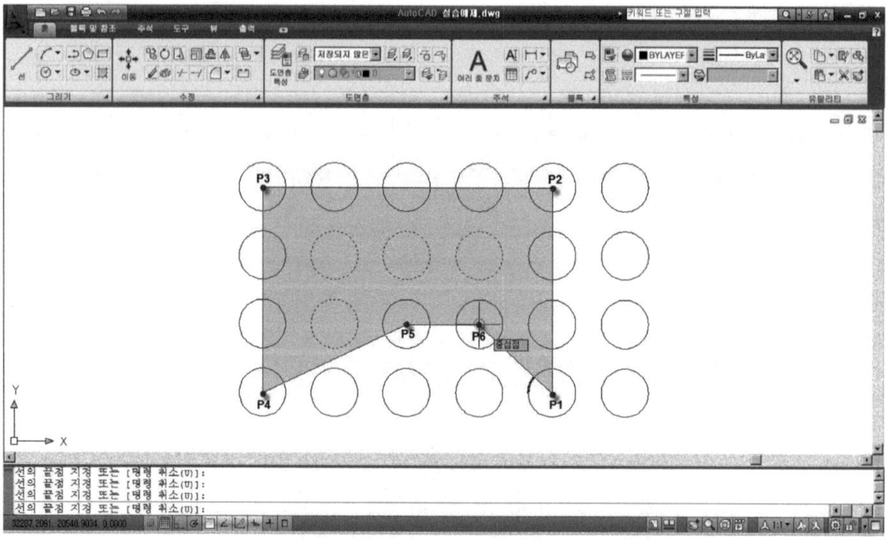

4) 윈도우 다각형(Window Polygon)으로 선택하기

◆ **명령(Command)** : erase Enter → P1 클릭(또는 WP Enter P1클릭) → P2 클릭 → P3 클릭 → P4 클릭 → P5 클릭 → P6 클릭 Enter → Enter

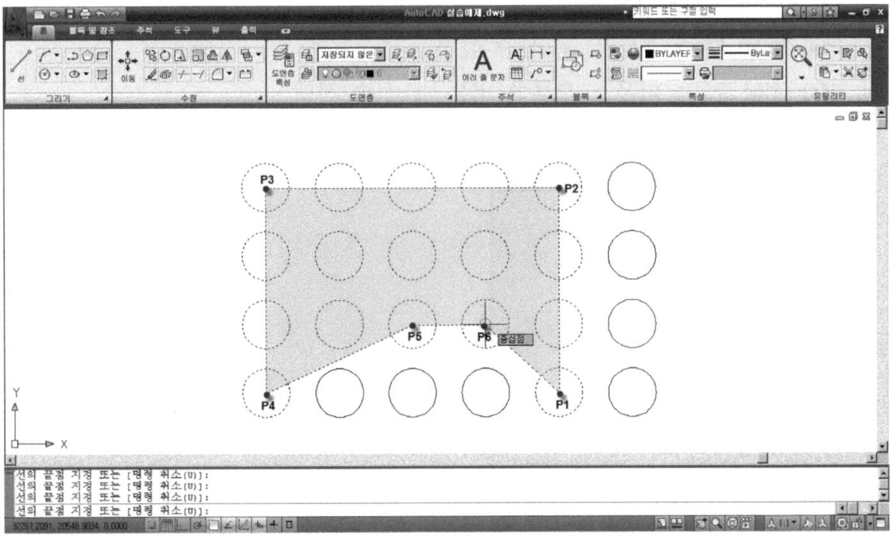

5) 걸침 다각형(Crossing Polygon)으로 선택하기

◆ **명령(Command)** : erase Enter → P1 클릭(또는 CP Enter P1클릭) → P2 클릭 → P3 클릭 → P4 클릭 → P5 클릭 Enter → Enter

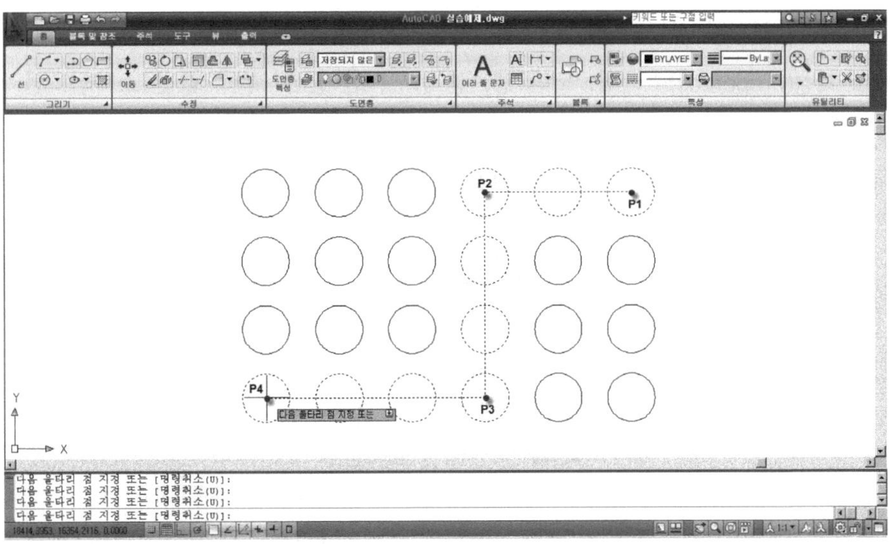

6) 울타리(Fence)로 선택하기

◆ **명령(Command)** : erase Enter → P1 클릭(또는 F Enter P1 클릭) → P2 클릭 → P3 클릭 → P4 클릭 → Enter → Enter

객체 신속 선택방법

실행 방법

❶ Command : QSelect Enter

❷ Pull-down Menu : 도구 → 신속 선택

❸ 객체 선택 후 → 마우스 오른쪽 버튼 → 신속 선택

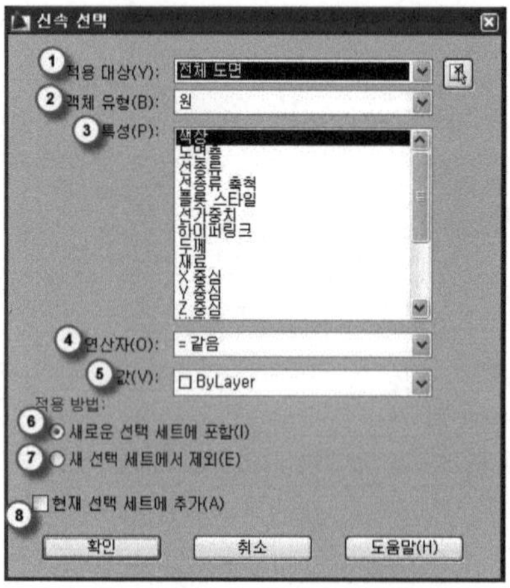

① 적용 대상(Type) : 전체 도면에서 찾기와 도면 일부만 선택해서 찾기가 있다.

② 객체 유형(Object) : 다중, 블록, 선, 호, 원, 점, 폴리선, 문자, 해치, 회전된 치수 등이 있으며 찾고자 하는 객체 유형을 선택한다.

③ 특성(Properties) : 색상, 도면 층, 선 종류, 선 종류 축척, 플롯 스타일, 선 가중치, 하이퍼링크 등은 모든 객체 유형에 공통적인 특성이고 객체의 유형에 따라 각각 여러 가지 특성이 나타난다.

④ 연산자(Operator)

연산자	정의
=	등호 필드의 데이터가 정확히 일치해야 한다.
〈〉	부등호 필드의 데이터가 정확히 일치해서는 안 된다.
〉	보다 큰 필드의 데이터가 지정한 값보다 커야 한다.
〈	보다 작은 필드의 데이터가 지정한 값보다 작아야 한다.
. (모두 선택)	와일드 카드 사용자가 변경할 수 있는 텍스트 필드에서만 사용한다.

⑤ 값(Value) : 객체 유형에 따라 결정된다. 예를 들어 특성이 색상이면 색상을 선택하고, 특성이 문자의 높이면 높이 값을 입력한다.

⑥ 새로운 선택 세트에 포함(Include in new selection set) : 이미 선택된 객체들은 선택이 취소되고 지정된 값으로 걸러진 새로운 객체들을 선택한다.

⑦ 새 선택 세트에서 제외(Exclude from new selection set) : 이미 선택된 객체들은 선택이 취소되고 지정된 값으로 걸러진 새로운 객체들을 제외한 나머지 객체들을 선택한다.

⑧ 현재 선택 세트에 추가(Append to current selection set) : 이미 선택된 객체들에 지정된 값으로 걸러진 새로운 객체들을 추가하여 선택한다.

객체 선택방법

실행 방법

❶ Command : List Enter

❷ Pull-down Menu : 도구 → 조회 → 리스트(L)

❸ ToolBar : 명령(Command) : list Enter

▶ 객체 선택 (Select objects) : 정보를 원하는 도면요소를 선택한다.

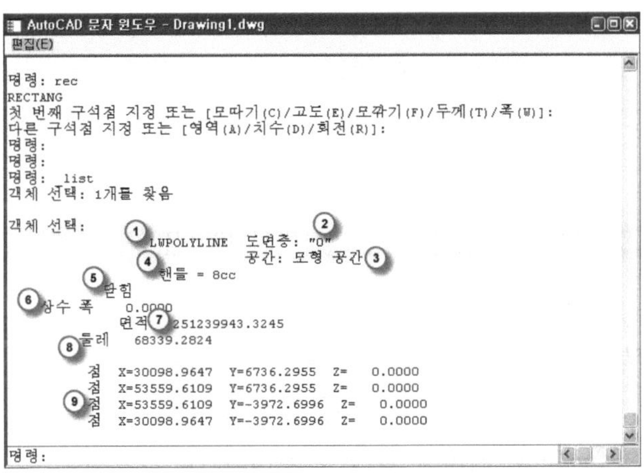

① LWPOLYLINE : 객체의 형태를 나타낸다.

② 도면층0(Layer 0) : 선택한 객체의 도면층은 0이다.

③ 공간(Spece) : 객체가 모형(Model)공간 또는 배치(Layer)공간에 있음을 의미한다.

④ 핸들(Handle) : 객체가 생성된 순서대로 번호를 부여한다.

⑤ 닫힘(Closed) : 닫혀진 도형을 의미한다.

⑥ 상수 폭(Constant width) : 선 두께를 나타낸다.

⑦ 면적(Area) : 면적을 나타낸다.(하나의 객체로 이루어진 도형일 경우에만 나타난다.)

⑧ 둘레(Perimeter) : 객체의 둘레 길이를 나타난다.

⑨ 정점(At point) : 각 정점들의 절대 좌표 값을 나타난다.

화면 확대 및 축소(ZOOM)

화면에 그려진 도면요소를 확대, 축소해서 보여준다.

실행 방법

❶ Command : zoom Enter

❷ Pull-down Menu : 뷰〈V〉 → 줌〈Z〉

❸ ToolBar : 명령(Command) : zoom Enter

(윈도우 구석을 지정, 축척 비율(nX 또는 nXP)을 입력, 또는[전체(A)/중심(C)/동적(D)/범위(E)/이전(P)/축척(S)/윈도우(W)/객체(O)]〈실시간〉) : Specify corner of window, enter a scale factor (nX or nXP), or [All/ Center/Dynamic/Extents/Previous/Scale/Window/Object] 〈real time〉 : 옵션을 지정한다.

1) 옵션

○ 모두 (All)

Limits로 설정된 부분 전부를 화면상에 보여준다. 만일 범위를 벗어나 그려진 도면요소가 있을 때에는 화면상에 보여준다.

○ 중심점 (Center)

지정하는 점을 중심으로 주어진 높이를 가지고 화면의 비율을 보여준다.

○ 동적 (Dynamic)

그려진 도면 전부를 보고 지정하는 임의의 부분을 확대한다.

○ 범위 (Extents)

그려진 도면을 Limits와 관계없이 화면에 꽉 차게 보여준다.

○ 이전 (Previous)

바로 이전의 화면을 보여준다.

○ 축척 (Scale)

축척비율 입력(Number) : zoom All한 상태에 대한 절대비율로 보여준다. 1보다 크면 확대, 1보다 작으면 축소된다.

X : 현재 화면에 나타난 상태에 대한 상대비율로 보여준다다. 1보다 크면 확대, 1보다 작으면 축소가 된다.

YP : 종이 공간에 대한 상대적인 비율로 보여준다.

○ 윈도우 (Window)

두 점을 대각선으로 한 사각형이 화면 전체의 비율로 확대된다.

○ 객체 (Object)

선택한 하나 이상의 객체가 도면 영역의 중심에 최대한 크게 표시되도록 보여준다.

○ 실시간 (Realtime)

이미지를 점차적으로 초점 이동하고 줌하는 기능뿐만 아니라 대화식 줌과 초점 이동을 위한 실시간 옵션을 제공한다. 실시간 줌을 사용하면 커서를 상하로 이동시켜 도면을 확대 또는 축소시킬 수 있다.

○ 확대 축소 (확대, 축소)

풀 다운 메뉴나 도구막대에 있는 줌 옵션을 선택하면 현재 화면의 2배 확대 또는 축소를 해준다.

명령 및 작업 과정 취소와 복구

1) 취소(U, Undo)

▶ U

실행 방법

❶ Command : U Enter

❷ ToolBar :

❸ 마우스 오른쪽 버튼 클릭 → 명령어 취소

❹ Pull-down Menu : 편집(E) → 명령 취소

※ 작업한 명령을 한 단계 취소한다. 파일 저장이나 출력 등의 경우에는 취소가 안 된다.

▶ Undo

실행 방법

❶ ToolBar :

❷ Command : Undo

작업과정을 여러 단계 취소한다.

◆ **명령(Command)** : Undo Enter

취소할 작업의 수를 입력 또는[자동(A)/조정(C)/시작(BE)/끝(E)/표식(M)/뒤(B)]〈1〉

- 자동(Auto)

  실행된 여러 명령을 단일 명령으로 묶어서 취소한다.(On/Off)
- 조정(Contro) : Undo 기능을 제어한다.
- 전체(All) : Undo 명령을 실행한다.
- 없음(None) : U, Undo 두 명령어 제어하므로 사용할 수 없다.
- 하나(One) : Undo 명령을 단 한 번만 실행한다.
- 시작(BEgin) : 현재 실행 명령부터 End 지정까지 한 과정으로 묶는다.
- 끝(End) : BEgin 기능에 의해 시작된 과정의 끝을 지정한다.
- 표시(Mark) : Back 기능에 의해 돌아갈 명령어 위치를 지정한다.
- 뒤(Back) : Mark한 위치까지 취소한다.

2) 복구(Redo, MRedo)

▶ Redo

실행 방법

❶ Command : Redo Enter

❷ Pull-down Menu : 편집(E) → 명령 복구

❸ ToolBar :

❹ 마우스 오른쪽 버튼 → 명령 복구

Redo U나 Undo로 취소된 명령 중 가장 마지막 취소를 복구한다.

▶ MRedo

실행 방법

❶ Command : MRedo Enter

❷ ToolBar :

Mredo는 취소한 명령 내에서 필요한 만큼 명령을 복구한다.

❸ 명령(Command) : mredo Enter

작업의 수 입력 또는 (전체(A)/최종(L))(Enter number of actions or [All/Last]) : 복구할 명령의 개수를 지정하거나 옵션을 지정한다.

- 전체(All) : 이전 작업을 모두 되돌린다.
- 최종(Last) : 마지막 작업만 되돌린다.

CHAPTER 4

건축 · 인테리어 요소 작성

LESSON 01

문 그리기

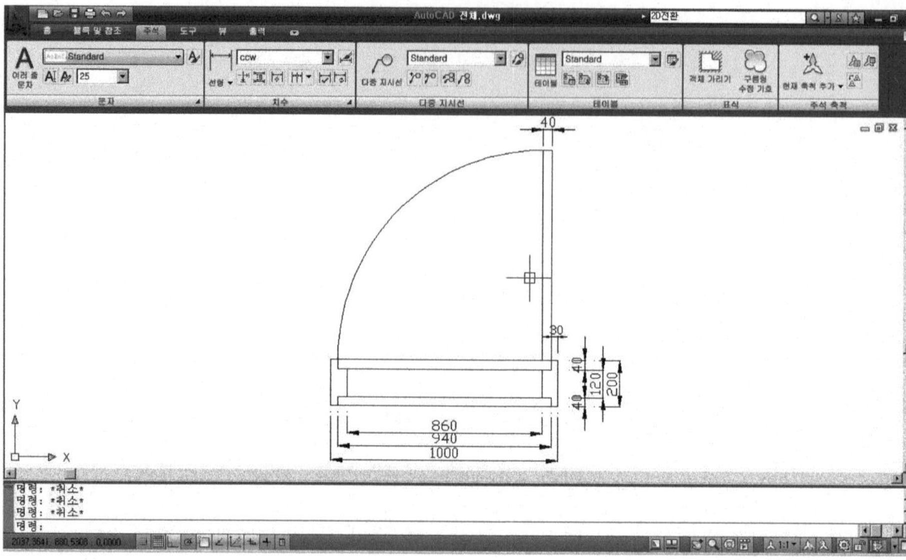

※ 문 그리기

사용 명령어

Line, Mirror, Offset, Arc, Circle〈Trim〉, Osnap

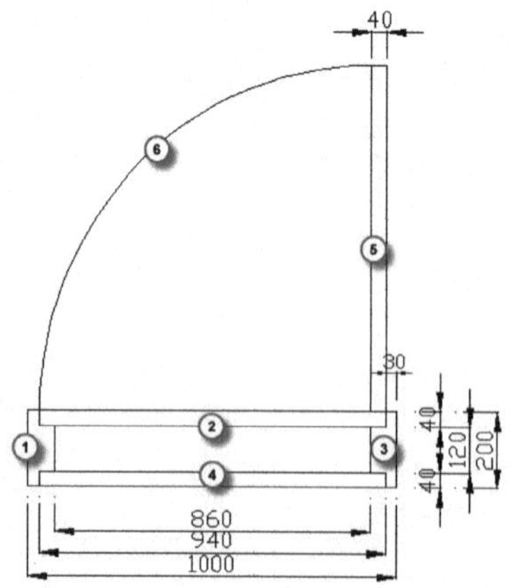

작성 순서

① 문틀을 그린다 - Line(상대 극좌표)

② 상부의 문틀을 그린다 - Line(상대 극좌표)

③ 문틀을 복제한다 - Osnap(mid), Mirror

④ 하부의 문틀을 그린다 - Line, Mirror

⑤ 문짝을 그린다 - Line(상대 극좌표)

⑥ 문 회전 표시를 그린다 - Arc, Circle

LINE〈선〉

1) 정의

도면의 가장 기본이 되는 객체를 그리는 명령어이며, 또한 선을 그리는 명령어에는 Line, Multiline, Pline, Spline, Ray, Xine 등이 있다.

2) 입력 및 작업방식

❶ Command : Line Enter

❷ Pull-down Menu : Draw → Line

❸ ToolBar : Pick

3) 사용방법

◆ **명령(Command)** : Line Enter

① Specify first point : 선의 시작점을 입력한다. (첫 번째 점 지정)

② Specify next point or[Undo] : 선의 끝점을 지정 또는 취소한다. (다음 점 지정 또는 [명령 취소])

③ Specify next point or[Close/Undo] : 지정 또는 닫거나 취소한다. (다음 점 지정 또는 [닫기/취소])

4) 옵션 설명

- Close : 시작점을 연결하고 명령을 끝낸다.
- Undo : 최근에 지정했던 점을 취소한다.

- @ : 최근에 시작했던 점에서 시작해준다.
  - Specify first point : 시작점(P1)을 지정한다.
  - Specify next point or [Undo] : 다음 점(P2)를 지정한다.
  - Specify next point or [Close/Undo] : 다음 점(P3)을 지정한다.
  - Specify next point or [Close/Undo] : 다음 점(P4)를 지정한다.
  - Specify next point or [Close/Undo] : 다음 점(P5)를 지정한다.
  - Specify next point or [Close/Undo] : 다음 점(P6)을 지정한다.
  - Specify next point or [Close/Undo] : 마지막으로 점(P7)을 지정한다.

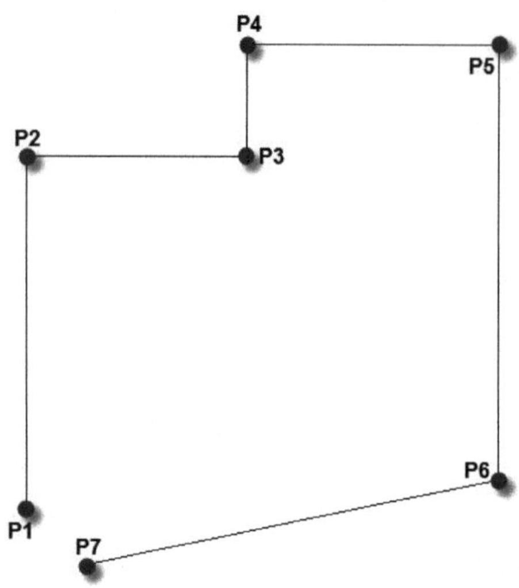

MIRROR(대칭)

1) 정의

도면요소를 대칭 복사 또는 대칭 이동할 때 사용하는 명령어이다.

2) 입력 및 작업방식

❶ Command : Mirror Enter

❷ Pull-down Menu : Modify →Mirror

❸ ToolBar : Pick

3) 사용방법

◆ **명령(Command)** : Mirror Enter

① Select objects : 대칭 복사할 도면요소를 선택한다. (객체 선택)

② Select objects : 대칭 복사할 도면요소를 선택 또는 Enter를 누른다.

③ Specify first point mirror line : 대칭선의 첫 번째 지점을 지정한다. (대칭선의 첫 번째 점 지정)

④ Specify first point mirror line : 대칭선의 두 번째 지점을 지정한다. (대칭선의 두 번째 점 지정)

⑤ Delete source objets?[Yes/No]〈N〉 : (최초의 객체 제어)[예/아니오]

- Y : 최초 도면요소는 제거되고 대칭된 도면요소만 남는다.
- N : 최초 도면요소와 대칭된 도면요소가 모두 남는다.

OFFSET(간격 띄우기)

1) 정의

일정한 간격 또는 다른 간격으로 도면요소를 복사하는 명령어이다.

2) 입력 및 작업방식

❶ Command : Offset Enter

❷ Pull-down Menu : Modify → Offset

❸ ToolBar : Pick

3) 사용방법

◆ **명령(Command)** : Offset Enter

① Specify offset distance or [through]〈1.000〉 : 간격 띄울 거리 값을 입력 (간격 띄울 거리 지점 또는 통과점〈1.000〉)

② Select Object to offset or 〈exit〉 : 간격 띄울 객체를 선택 (간격 띄울 객체의 선택)

③ Specify point On side to offset : 간격 띄울 방향 지정 (간격 띄울 방향 지정)

◆ **명령(Command)** : offset Enter

① 현재 설정 : 원본 지우기=아니오 도면층=원본 OFFSET−GAPTYPE=0

② 간격 띄우기 거리 지정 또는 [통과점(T)/지우기(E)/도면층(L)]〈통과점〉(Offset distance or [Through(T)/Erase(E)/Layer(L)]]〈Through〉) : 거리 값을 입력하거나 옵션을 선택한다.

③ 간격 띄우기 할 객체 선택 또는 [종료(E)/명령 취소(U)]〈종료〉(Select object to offset or [Exit(E)/Undo(U)]〈exit〉 : 대상 객체를 선택하거나 옵션을 선택한다.

④ 간격 띄우기 할 면의 점 지정 또는 [종료(E)/다중(M)/명령취소(U)]〈나가기〉 (Specify point on side to offset or[Exit(E)/Multiple(M)/Undo(U)] 〈exit〉) : 복사될 방향 쪽에 점을 지정하거나 옵션을 선택한다.

4) 옵션 설명

- 통과점(Through) : 지정한 점을 통과하도록 복사한다.
- 지우기(Erase) : 선택한 객체를 지운다.
- 도면층(Layer) : 복사될 객체를 선택한 객체의 도면층에 복사하거나 아니면 현재층에 복사한다.
- 나가기(Exit) : 명령을 종료한다.
- 종료(Exit) : 명령을 종료한다.
- 다중(Multiple) : 간격 띄우기 할 면의 점을 계속 지정한다.
- 명령 취소(Undo) : 방금 전 복사한 객체를 취소한다.

설 명

명령(Command) : offset Enter → 거리 값 입력 → Enter → 객체 선택 → 복사될 방향 쪽에 점을 지정 → Enter(선택 종료) → Enter(과정 종료)

ARC(호)

1) 정의

호를 그리는 명령어이다.

2) 입력 및 작업방식

❶ Command : Arc Enter
❷ Pull-down Menu : Draw →Arc
❸ ToolBar : Pick

3) 사용방법

◆ **명령(Command)** : Arc Enter

① Specify start point for arc or [CEnter] : 호의 시작점 또는 중심점을 지정한다. (호의 시작점 또는 [중심점 지정])

② Specify second point for arc or [CEnter/END] : 호의 두 번째 점을 옵션으로 지정한다. (호의 두 번째 점 또는 [중심/끝점]지정)

③ Specify end point of arc : 호의 끝점을 지정한다. (호의 끝점 지정)

4) 옵션 설명

- Point : 원호상 점을 지정한다.
- Start(시작점) : 호의 시작점을 지정한다.
- Center(중심점) : 호의 중심점을 지정한다.
- Direction(방향) : 호의 접선방향을 지정한다.
- Angle(각도) : 호의 내부 각을 지정한다.
- End(끝점) : 호의 끝점을 지정한다.
- Length(현의 길이) : 호의 현 길이 값을 지정한다.
- Radius(반지름) : 호의 반지름을 지정한다.
- Continue(연속) : 최근에 지정된 지점에서 연속된 호를 그린다.

CIRCLE(원)

1) 정의

원을 그리는 명령어이다.

2) 입력 및 작업방식

❶ Command : Circle Enter

❷ Pull-down Menu : Draw → Circle

❸ ToolBar : ⊙ Pick

3) 사용방법

◆ **명령(Command)** : Circle Enter

① Specify center point for circle or [3P/2P/Ttr(tan radius)] : 중심점을 지정하거나 옵션을 (원의 중심점 지정 또는 [3P/2P/접선. 접선. 반지름) 선택한다.

② Specify radius for circle or [Diameter] : 반지름 또는 지름을 입력한다. (원의 반지름 또는 [지름] 지정)

4) 옵션 설명

- Center, Radius(중심, 반지름) : 원의 중심점과 반지름을 이용하여 원을 그린다.
- Center, Diameter(중심, 지름) : 원의 중심선과 지름을 이용하여 원을 그린다.
- 3P.2P(3점, 2점) : 지정하는 3점 또는 2점을 지나는 원을 그린다.
- Tan, Tan, Radius(접선, 접선, 반지름) : 두 개의 접선과 반지름을 이용하여 원을 그린다.
- Tan, Tan, Tan(접선, 접선, 접선) : 세 접점에 의한 원을 그린다.

◆ Command : Circle Enter

- Specify center point for circle or [3P/2P/Ttr(tan tan redius) : P1
- Specify redius of circle or [Diameter] : P2

◆ Command : Enter

- Specify center point for circle or [3P/2P/Ttr(tan tan redius)] : 3P Enter
- Specify first point On circle : P3
- Specify second point On circle : P4
- Specify third point On circle : P5

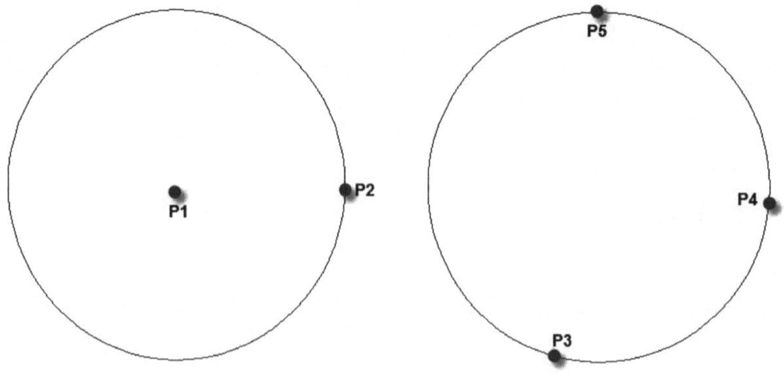

SNAP(스냅)

1) 정의

작업중 정확한 지점을 지정하지 않아도 그 객체의 근접점을 지정하게 되면 정확하게 지정하고자 하는 점을 지정하는 명령이다.

2) 입력 및 작업방식

❶ Command : Osnap or Ddrmodes Enter

❷ Pull-down Menu : Tool ➜ Drafting setting

❸ ToolBar :

3) 옵션 설명

Object Snap ➜ Pick

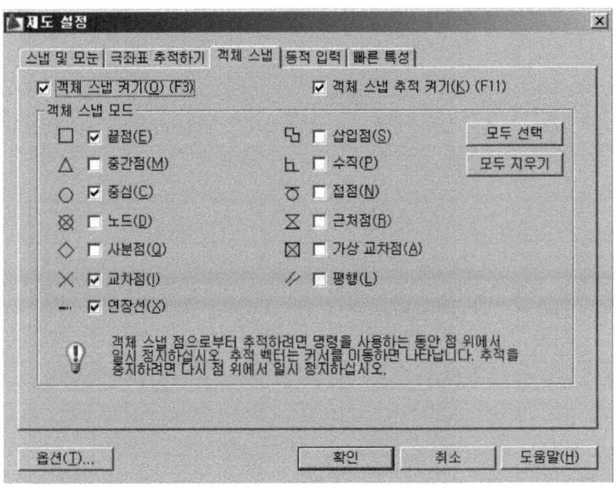

- Object Snap On(F3) : 대화상자에서 Object Snap On을 Check하면 객체 스냅의 실행 모드를 활성화 객체 스냅의 작업중 수시로 사용된다.
- Object Snap Tracking On(F11) : 대화상자에서 Object Snap Tracking On을 Check 하면 객체 스냅 추적 켜기를 활성화시키고, 객체 스냅의 추적을 사용하여 객체의 주요 위치에 있는 점을 찾을 수 있다.
- Object Snap Modes : 대화상자에서 "Object Snap"을 Pick하면 Object Snap Mode 가 나타난다. 이 부분에서 지정하고자 하는 부분만 선택하면 된다.
  - Endpoint(끝점) : 선이나 호의 끝점을 찾아준다.
  - Midpoint(중간점) : 선이나 호의 중간점 등의 중간점을 찾아준다.

- Center(중심점) : 선이나 호의 중심이다.
- Node(절점) : 포인트 점이다.
- Quadrant(사분점) : 가장 가까운 원, 호의 4분점이다.
- Intersection(교차점) : 선이나 호의 교차점이다.
- Extension(연장점) : 선이나 호의 교차점이다.
- Insertion(삽입점) : 블록, Snap의 삽입점 위치이다.
- Perpendicular(수직점) : 원, 호, 선의 수직점이다.
- Tangent(접선) : 원, 호와의 접선점이다.
- Nearest(근처점) : 가장 가까운 선, 호의 점이다.
- Apparent Intersection(가상교차점) : 가상되는 교차점이다.
- Parallel(평행점) : 지정한 객체와 평행한 일직선을 지정한다.
- Clear All(모두 제거) : 단일 객체 스냅과 객체 스냅 상태를 모두 제거한다.
- Select all(모두 선택) : 단일 객체 스냅을 모두 실행상태로 만든다.

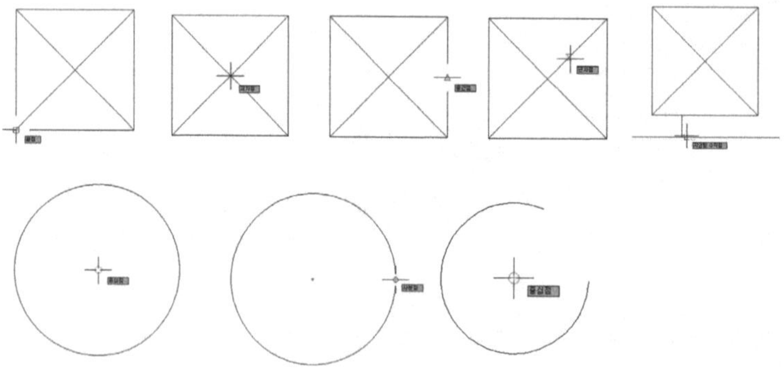

실습 예제

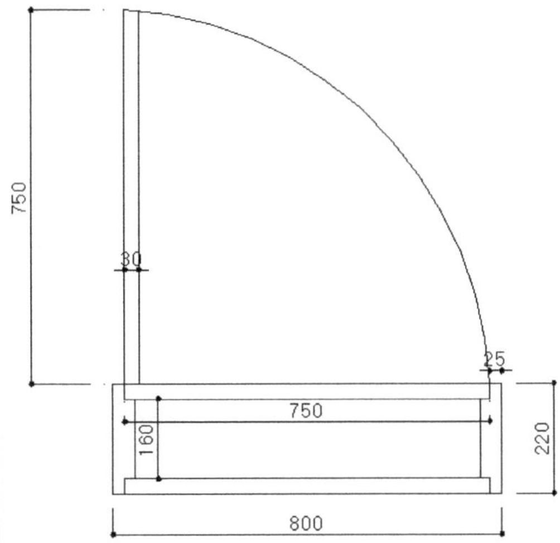

〈문 평면도 1〉

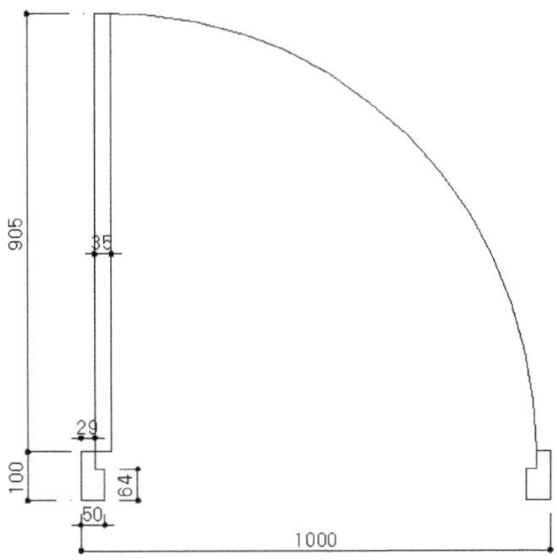

〈문 평면도 2〉

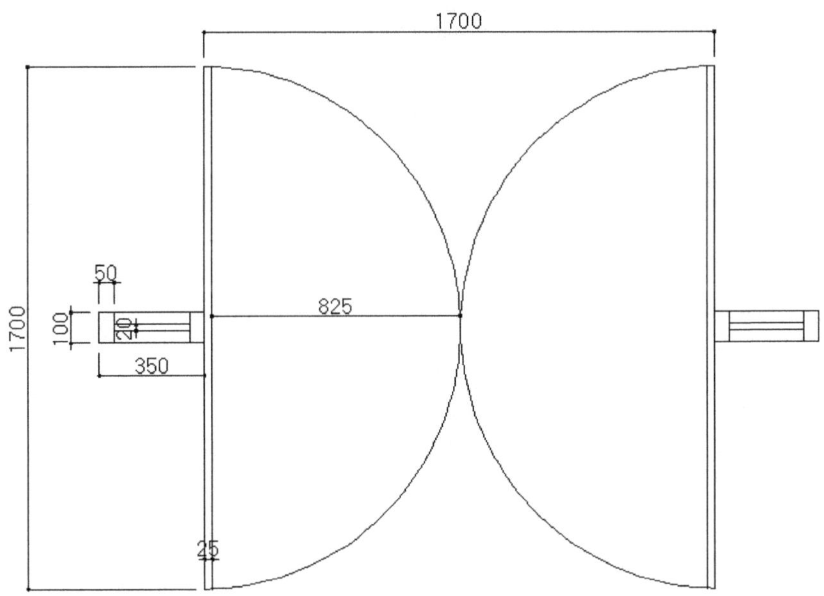

〈문 평면도 3〉

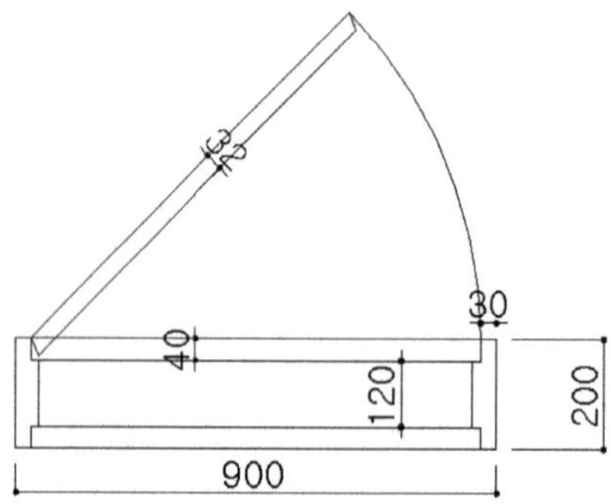

〈문 평면도 4〉

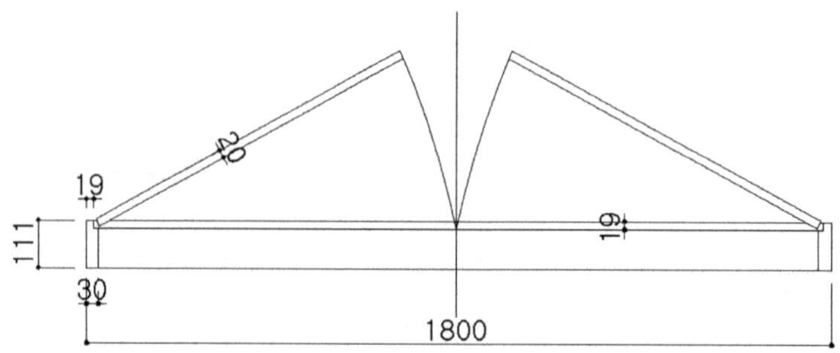

〈문 평면도 5〉

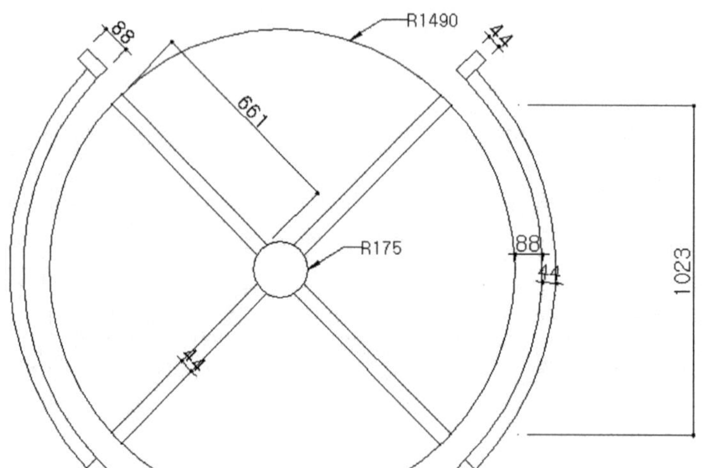

〈문 평면도 6〉

LESSON
02
창문 그리기

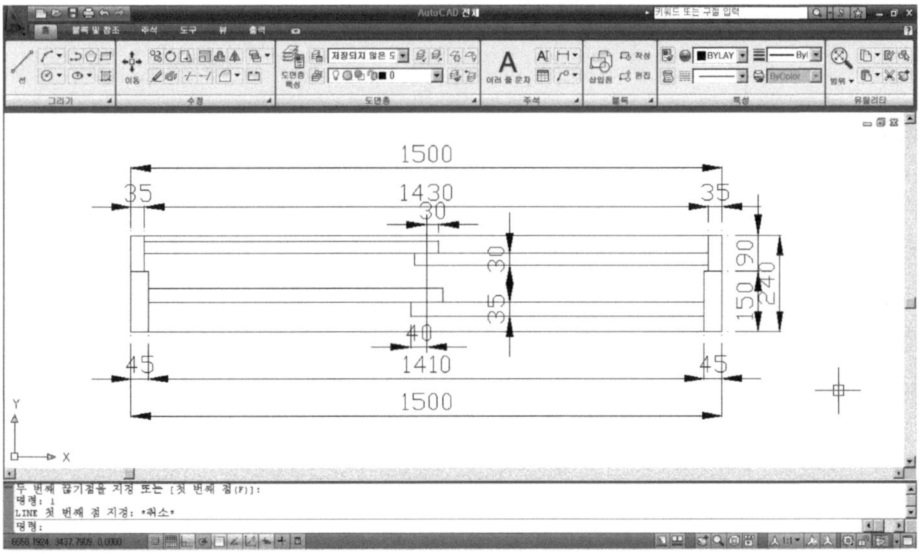

※ 창문 그리기

사용 명령어

Rectang, Line, Mirror, Offset, Fillet

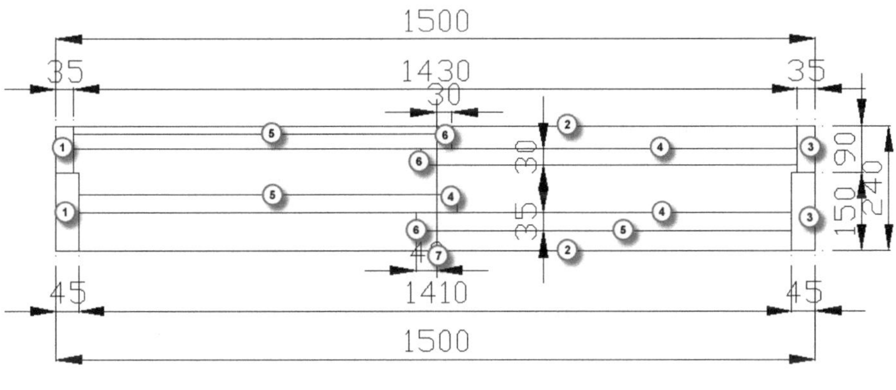

작성 순서

① 창문틀(목재, 알루미늄)을 그린다 - Rectang
② 창문 외곽선을 그린다 - Line(상대 극좌표), Offset or Mirror
③ 창문틀을 복제한다 - Osnap(Mid), Mirror
④ 창문(목재, 알루미늄) 기준선을 그린다 - Offset, Line(Osnap)
⑤ 창문(목재, 알루미늄)을 그린다 - Offset
⑥ 창문(목재, 알루미늄)을 다듬는다 - Fillet
⑦ 가운데를 늘인다 - Chang or 그랩모드

RECTANG(사각형)

1) 정의

정사각형 또는 직사각형을 그리는 명령어이다. 정사각형 또는 직사각형을 그릴 때 Line이나 Pline 명령어로 그리는 것보다 Rectangle의 명령어를 이용하여 대각선으로 두 점을 지정하여 그리면 편리하다.

2) 입력 및 작업방식

❶ Command : Rectang Enter
❷ Pull-down Menu : Draw → Rectangle
❸ ToolBar : Pick

3) 사용방법

◆ **명령(Command)** : Rectang Enter

① Specify first corner point or[Cnamper/Elavation/Fillet/Thickness/ Width] : 첫 번째 모서리 지정 또는 옵션을 선택하여 입력한다. (첫 번째 모서리점 지정 또는 [모따기/고도/모깎기/두께/폭])

② Specify other corner point : 반대쪽 모서리를 입력한다. (반대쪽 모서리 지정)

4) 옵션 설명

- Champer(모따기) : 사각형 모서리의 모따기 값을 지정한다.
- Elevation(고도) : 사각형의 고도 값을 지정한다.

• Fillet(모깎기) : 사각형 모서리의 모깎기 값을 지정한다.

• Thickness(두께) : 사각형 두께 값을 지정한다.

• Width(폭) : 사각형 선의 폭 값을 지정한다.

◆ **Command** : Rectang Enter

• Specify first corner point or[Chamfer/Elevation/Fillet/Thickness/ width] ·············· P1

• Specify other corner point : ·· P2

FILLET(모깎기)

1) 정의

도면요소의 모서리 부분을 지정한 반지름 값으로 곡선처리 또는 정리하는 명령어이다.

TIP

모깎기(Fillet)와 자르기(Trim) 명령의 사용

모서리를 정리할 수 있는 수정 명령어는 많지만 가장 많이 사용하는 것은 Fillet과 Trim이다. 이 중 Fillet이 더 적은 횟수의 클릭으로 원하는 결과를 얻을 수 있다. (Fillet-2회, Trim-5회) 따라서 Fillet 명령어로 모서리 정리를 하는 것이 좋다. 물론 Trim으로 할 수 있지만 일차적으로 Fillet 명령어로 정리한 후에 Fillet으로 안 되는 것을 Trim으로 하는 것이 바람직한 방법이다.

■ Fillet할 수 있는 객체

Arc[호], Circle[원], Ellipse[타원 및 타원형의 호], Line[선], Pline[폴리선], Ray[광선], Splien[스플라인], Xline[구성선]

■ Fillet[모깎기] 변수

Filletrad-현재 모깎기 반지름 설정

2) 입력 및 작업방식

❶ Command : Fillet Enter

❷ Pull-down Menu : Modify → Fillet

❸ ToolBar : Pick

3) 사용방법

◆ **명령(Command)** : fillet Enter

① Current settings : Mode = TRIM, Radius = 0
(현재 설정 : 모드 = 자르기, 반지름 = 0)

② 첫 번째 객체 선택 또는 [명령 취소(U)/폴리선(P)/반지름(R)/자르기(T)다중(M)] (Select first object or [Undo/Polyline/Radius/Trim/Multiple]) : 첫 번째 객체를 선택하거나 옵션을 지정한다.

③ 두 번째 객체 선택 또는 Shift 키를 누른 채 선택하여 구석 적용 : (Select second object shift-select to Edge) : 두 번째 객체를 선택, 또는 Shift 키를 누른 채 선택하여 모서리를 직선으로 정리한다.

4) 옵션 설명

- 명령 취소(Undo) : 방금 전 모깎기를 취소한다.
- 폴리선(Polyline) : Polyline으로 이루어진 단일 객체의 모서리를 한 번에 모깎기한다.
- 반지름(Radius) : 모깎기할 호의 반지름 값을 지정한다.
- 자르기(Trim) : 모깎기할 때에 선택한 테두리의 상태를 조절한다.
  자르기(Trim) : 모서리를 제거한다.
  자르지 않기(NO Trim) : 제거하지 않는다.
- 다중(Multiple) : 연속해서 객체를 선택한다.

◆ **Command** : Fillet Enter

- Current settings : Mode = TIRM, Radius = 0.0
- Select first Object or [Polyline/Radius/Trim] : P1
- Select second Object : P2

◆ Command : Enter

- Current settings : Mode = TIRM, Radius = 0.0
- Select first Object or [Polyline/Radius/Trim] : R Enter
- Specify fillet radius⟨0.0⟩ : 200 Enter

◆ Command : Enter

- Current settings : Mode = TIRM, Radius = 200.0
- Select first Object or [Polyline/Radius/Trim] : P3
- Select second Object : P4

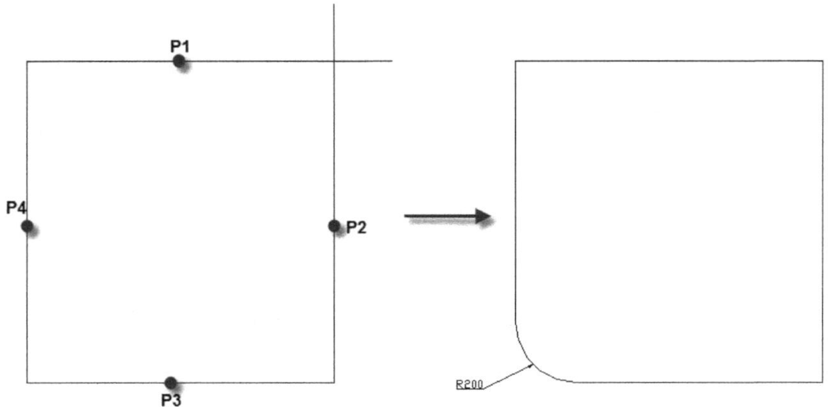

실습 예제

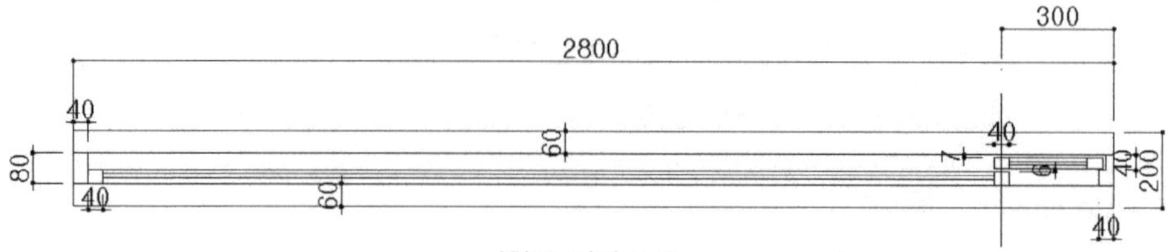

〈창문 평면도 1〉

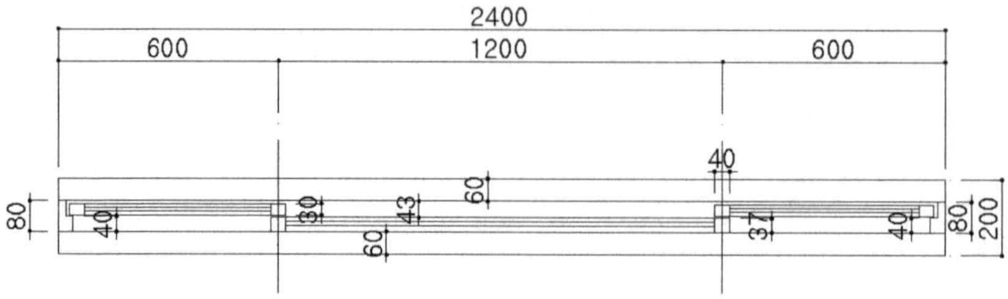

〈창문 평면도 2〉

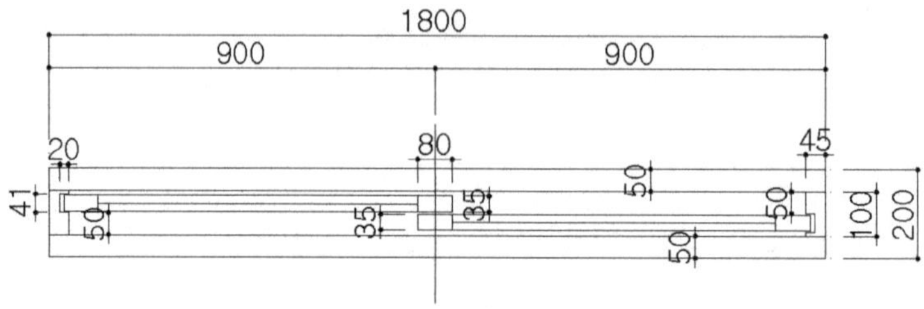

〈창문 평면도 3〉

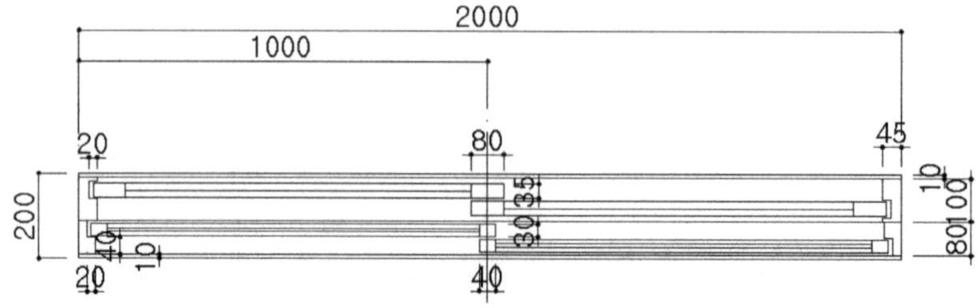

〈창문 평면도 4〉

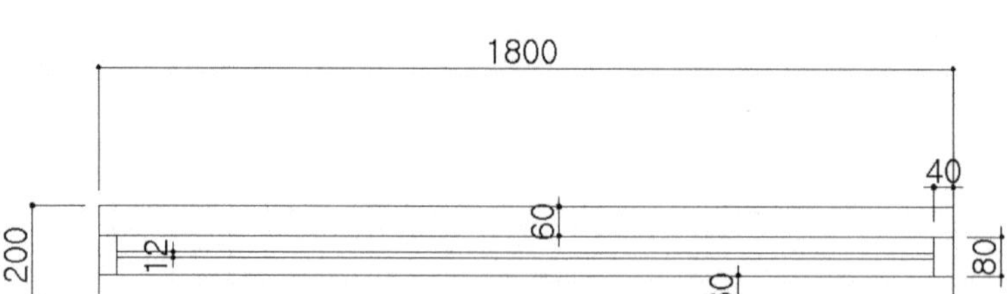

〈창문 평면도 5〉

LESSON 03

탁자 그리기

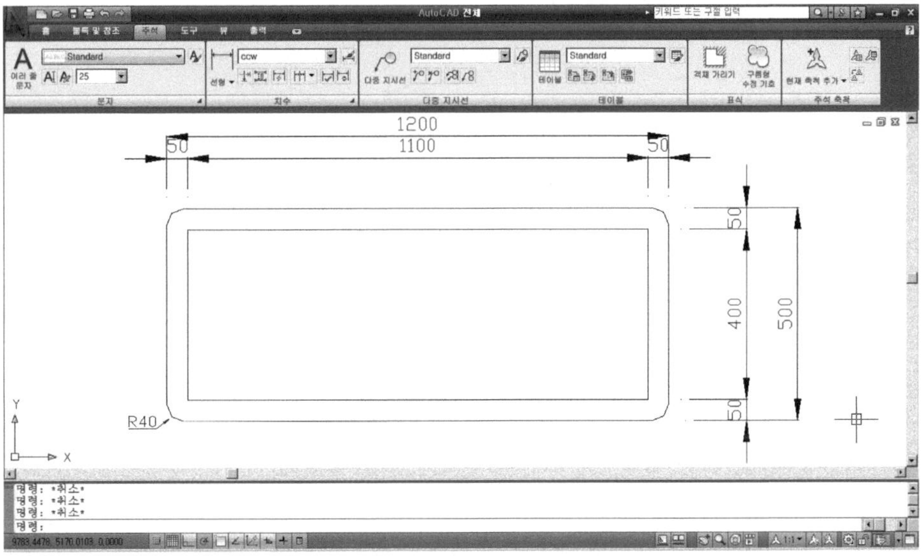

※ 탁자 그리기

사용 명령어

Line, Rectang, Offset, Fillet

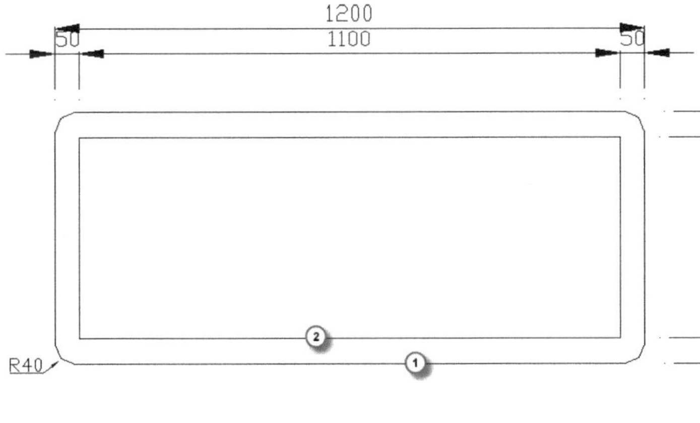

작성 순서

① 테이블 외곽선을 그린다 - Retang or Line(상대 극좌표)

② 테이블 내부선을 그린다 - Offset

③ 테이블 외곽선 모서리를 그린다 - Fillet(R.반지름)

실습 예제

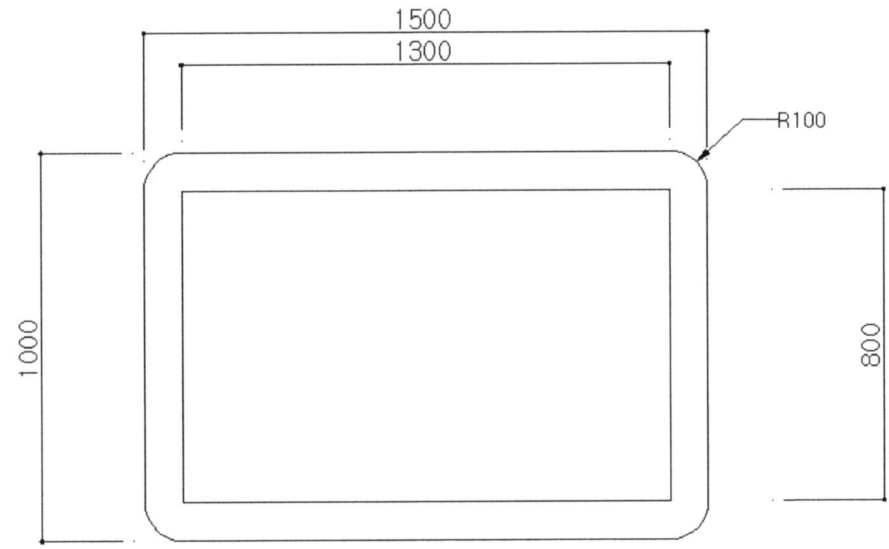

〈테이블 평면도 1〉

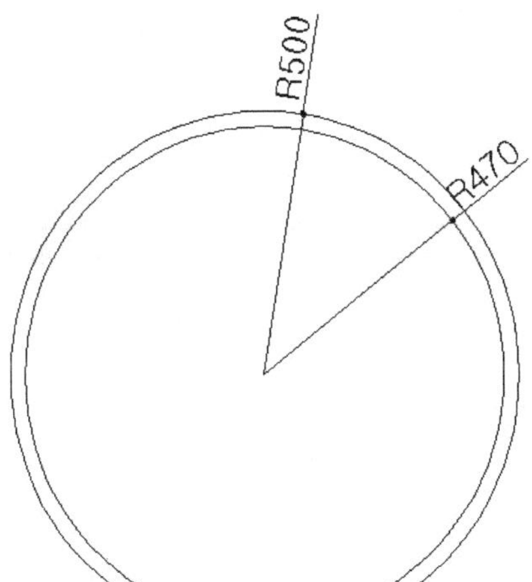

〈테이블 평면도 2〉

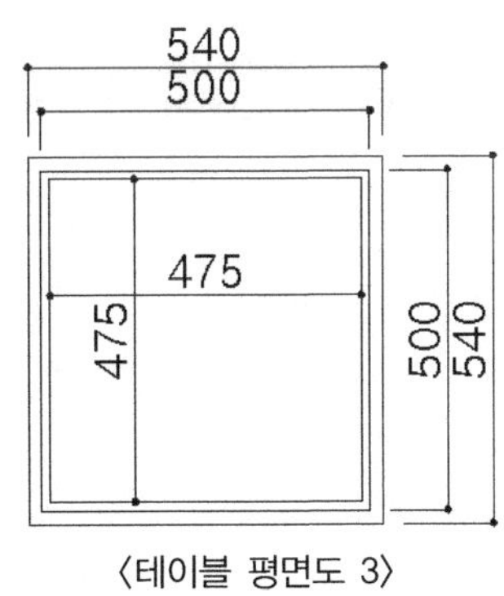

〈테이블 평면도 3〉

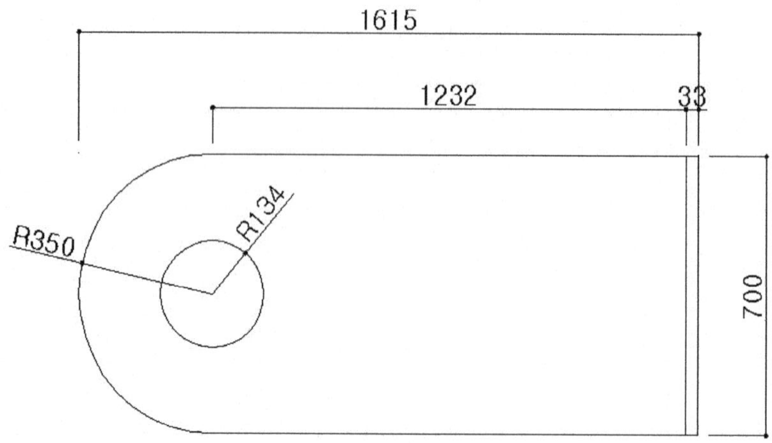

〈테이블 평면도 4〉

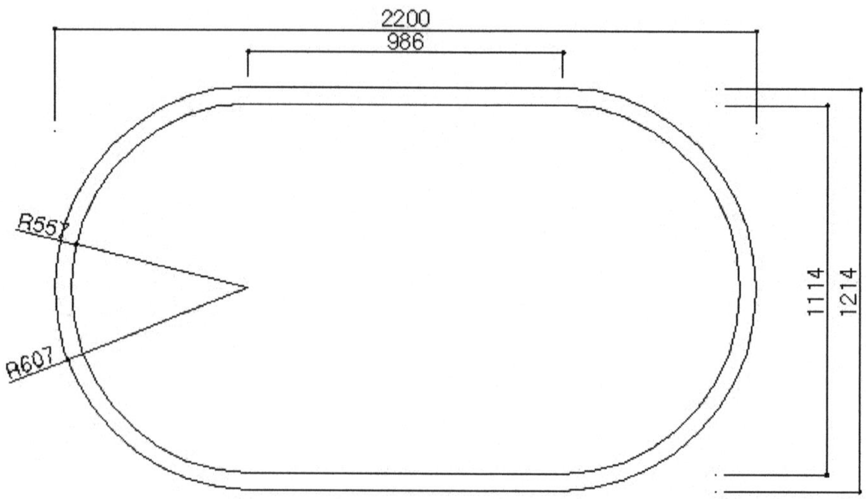

〈테이블 평면도 5〉

LESSON 04

소파 그리기

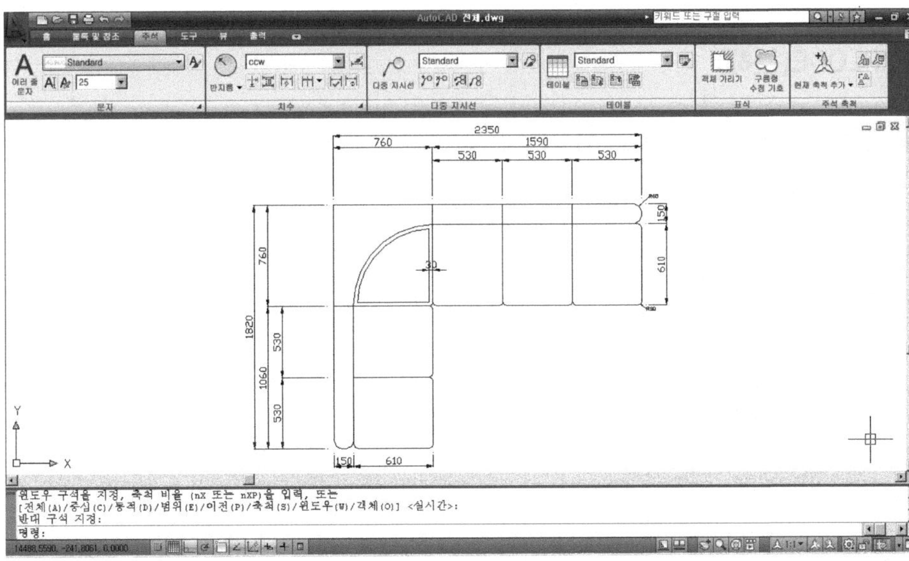

※ 소파 그리기

사용 명령어

Rectang, Circle, Offset, Line, Explode, Trim, Fillet, Array

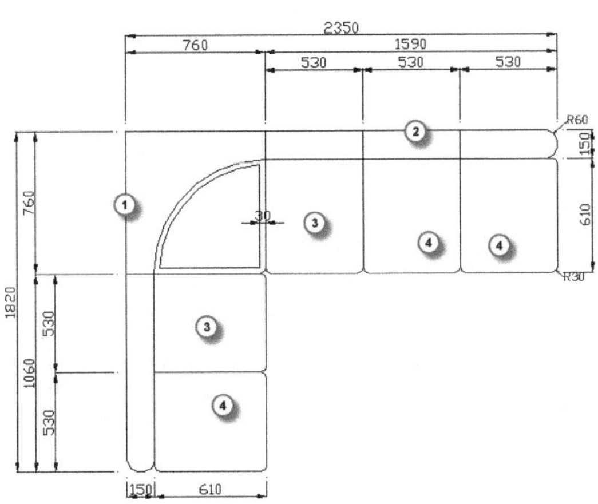

작성 순서

① 모서리 부분을 그린다 - Rectang, Offset, Circle, Explode, Trim

② 등받이 부분을 그린다 - Line(상대 극좌표), or Rectang, Fillet

③ 기준이 될 의자 부분을 그린다 - Rectang(Explode), or Line(상대 극좌표), Fillet

④ 의자를 복사한다 - Array, Fillet

EXPLODE(분해)

1) 정의

블록으로 만들어진 도면요소를 각각의 도면요소로 분해하는 명령이다.

2) 입력 및 작업방식

❶ Command : Explode Enter

❷ Pull-down Menu : Modify → Explode

❸ ToolBar : Pick

핵심 포인트

Explode는 다른 수정 명령어와 달리 외관상의 변화가 거의 보이지 않는다.(폭을 가진 폴리선 이외) 이 명령은 복합 객체를 단일 객체로 변환하는 경우에 어쩔 수 없이 사용하는 명령어이다. 이 명령을 사용하면 복합 객체가 단일 객체가 되면서 정보량이 증가하여 파일의 크기를 크게 만들므로 가능한 한 사용하지 않는 것이 바람직하다.

- 유사 명령어 : 분해(Xplode)
- 분해(Explode)할 수 있는 객체

  호(Arc), 원(Circle), 타원 및 타원형의 호(Ellipse)(분해할 수도 있고, 없을 수도 있음. NOTE 참조), 선(Line), 폴리선(Pline), 광선(Ray), 스플라인(Spline), 구성선(Xline), 블록(Block), 폴리선(Polyline), Dimension(치수), Hatch(해치), Mline(다중선), 다각형(Polygon), 직사각형(Rectang), 도넛(Donut), 다중행 문자(Mtext)

TRIM(자르기)

1) 정의

도면요소를 자르는 명령어이다.

2) 입력 및 작업방식

❶ **Command** : Trim Enter

❷ **Pull-down Menu** : Modify → Trim

❸ **ToolBar** : -/-- Pick

3) 사용방법

◆ **명령(Command)** : Trim Enter

① Current settings : Projection=UCS Edge=None (현재 설정 값 : 투영=UCS 모서리=없음)

② Select cutting edges…(자르기 할 모서리 선택)

③ Select Objects : 절단할 도면요소의 경계를 선택한다. (객체 선택)

④ Select Objects : 절단할 도면요소의 경계를 선택 또는 enter를 누른다. (객체 선택)

⑤ Select Object to trim or [Project/Edge/Undo] : 절단할 도면요소를 선택 또는 옵션 한다. (자르기 할 객체 선택 또는[투영/모서리/취소])

4) 옵션 설명

- Project : 도면요소를 절단시킬 투영 모드를 사용할 것인지를 결정한다.
  - None : 3차원 공간에서 절단할 경계를 교차하는 도면요소만을 절단한다.
  - Ucs : 3차원 공간에서 절단할 도면요소와 교차하지 않는 도면요소를 절단한다.
  - View : 현재의 뷰 방향을 따라서 투영한다.
- Edge : 3차원 공간에서 도면요소의 경계를 절단할 것인지 혹은 서로 교차하는 도면요소만을 절단할 것인지를 결정한다.
  - Extend : 3차원 공간에서 도면요소만을 서로 교차시키지 않아도 절단경계를 따라 절단한다.
  - NO Extend : 3차원 공간에서 절단할 서로 교차하는 도면요소를 교차점에 따라 절단한다.
- Undo : 이전의 자르기 된 상태를 취소한다.

ARRAY(배열)

1) 정의

도면요소를 원형 또는 사각형태로 복사하는 명령어이다.

2) 입력 및 작업방식

❶ Command : Array Enter

❷ Pull-down Menu : Modify → Array

❸ ToolBar : Pick

3) 사용방법

◆ **명령(Command)** : Array Enter

▶ 직사각형 배열(Rectangular array)

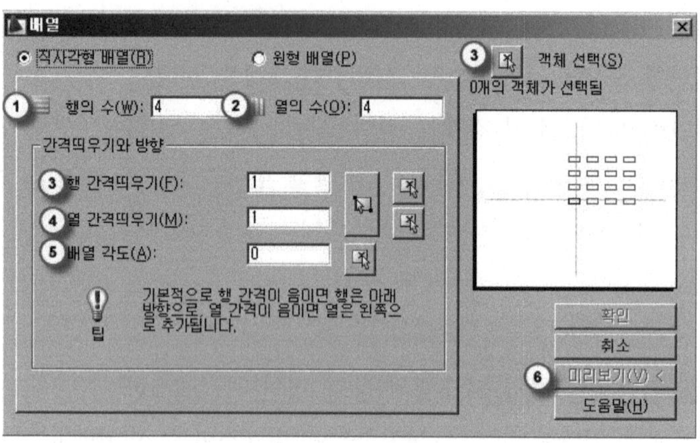

① 행의 수(Rows) : 세로의 개수(기본 개수는 1)

② 열의 수(Columns) : 가로의 개수(기본 개수는 1)

③ 행 간격띄우기(Rows offset) : 세로의 거리(거리 값을 입력하거나 또는 두 점을 지정하기도 한다.)

④ 열 간격띄우기(Columns offset) : 가로의 거리(거리 값을 입력하거나 또는 두 점을 지정하기도 한다.)

⑤ 배열 각도(Angle of array) : 경사진 배열을 위한 각도를 지정한다.

⑥ 미리보기(Preview) : 복사될 모습을 미리 확인한다.

> **TIP**
>
> 간격 값에 음수와 양수는 가로, 세로의 간격을 입력할 때에 양수(+)는 각각 X방향과 Y방향으로 복사되고 음수(-)는 -X방향과 -Y방향으로 복사된다.

▶ 원형 배열(Polar array)

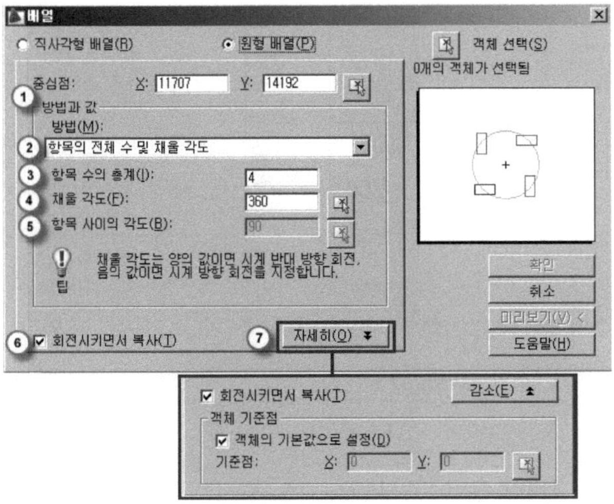

① 중심점(Center point) : 중심점을 좌표로 입력 또는 점을 지정한다.

② 항목의 전체 수 및 채울 각도(Total number of items & Angle to fill) : 항목의 전체 수와 전체 각도를 지정한다.

항목의 전체 수 및 항목 사이의 각도(Total number of items & Angle between items) : 항목의 전체 수와 항목 사이의 각도를 지정한다.

채울 각도 및 항목 사이의 각도(Angle to fill & Angle between items) : 채울 전체 각도와 항목 사이의 각도를 지정한다.

③ 항목 수의 총계(Total number of items) : 선택된 객체를 포함한 복사될 객체의 수를 지정한다.

④ 채울 각도(Angle to fill) : 채워질 전체 각도를 지정한다.

⑤ 항목 사이의 각도(Angle between items) : 복사될 객체 사이의 각도를 지정한다.

⑥ 회전시키면서 복사(Rotate items as copied) : 체크하면 복사본이 회전된다.

⑦ 자세히(More) 객체의 기본 값으로 설정(Set to object's default) : 객체의 기본 값으로 설정하거나 기준점을 지정한다.

⑧ 승인(Apply) : 명령을 종료한다.

⑨ 수정(Modify) : 내용을 수정한다.

⑩ 취소(Cancel) : 명령을 취소하고 종료한다.

실습 예제

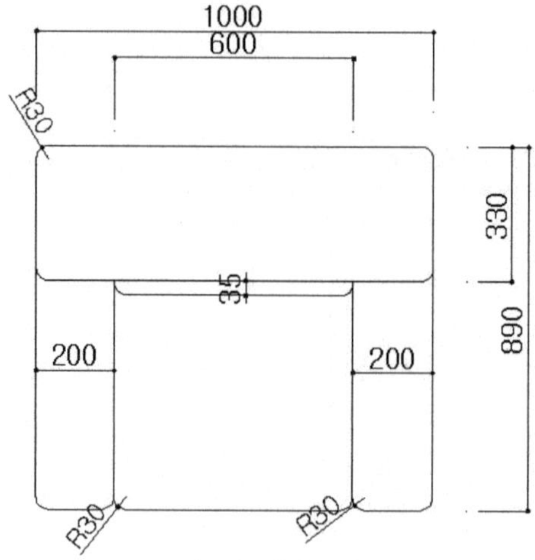

〈소파 평면도 1〉

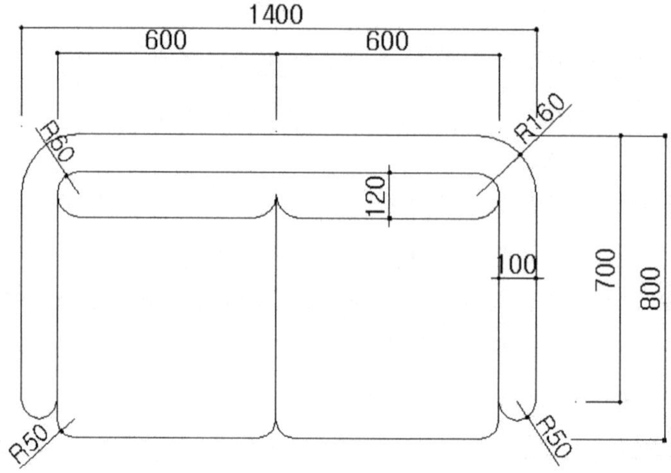

〈소파 평면도 2〉

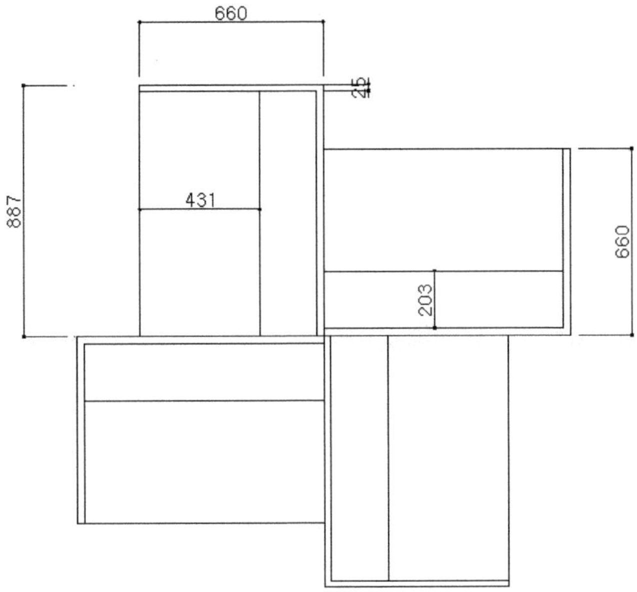

〈소파 평면도 3〉

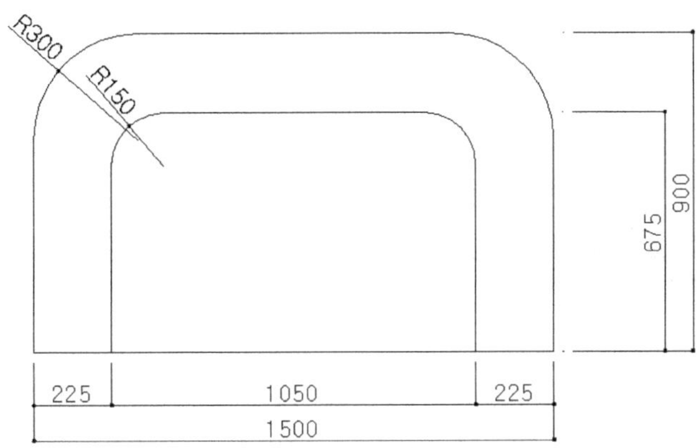

〈소파 평면도 4〉

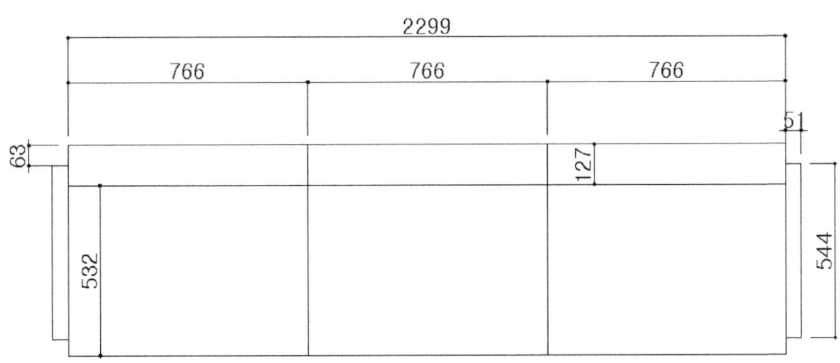

〈소파 평면도 5〉

LESSON 05

식탁 그리기

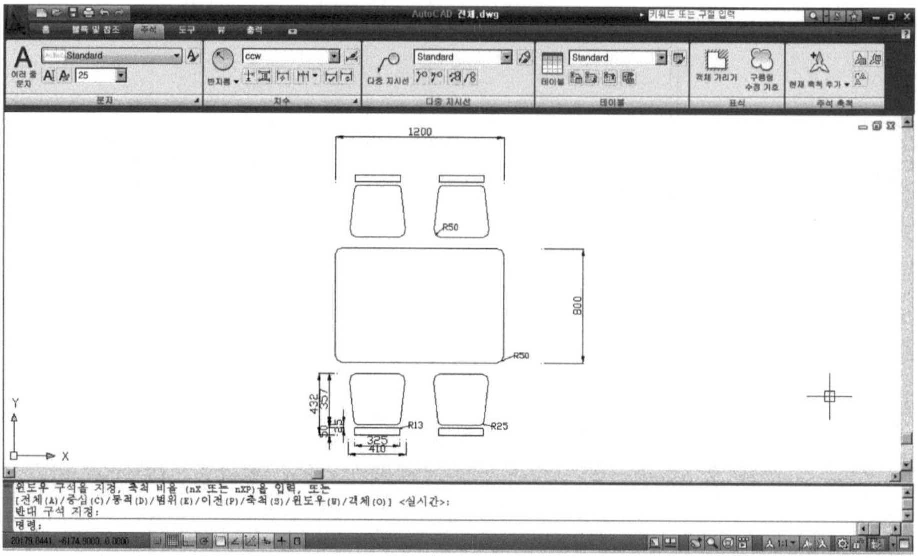

※ 식탁 그리기

사용 명령어

Rectang, Fillet, Line, offset, Move, Copy, Mirror

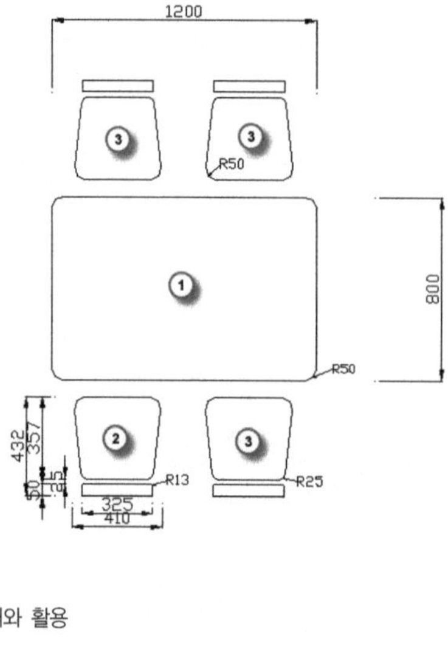

작성 순서

① 식탁을 그린다 - Rectang or Line(상대 극좌표), Fillet

② 의자를 그린다 - Rectang(Explode), or Line, Offset, Line, Fillet

③ 의자를 복사한다 - (옆 의자) - Copy or Mirror (반대편 의자) - Mirror

MOVE(이동)

1) 정의

도면요소를 현재의 위치에서 다른 위치로 이동시키는 명령어이다.

2) 입력 및 작업방식

❶ Command : Move [Enter]

❷ Pull-down Menu : Modify → Move

❸ ToolBar : Pick

3) 사용방법

◆ **명령(Command)** : Move [Enter]

① Select objects : 이동시킬 도면요소를 선택한다. (객체 선택)

② Select objects : [Enter]

③ Specify base point or displacement : 기준점 또는 변위를 지정한다.

④ Specify second point or displacement or ⟨use first point as displa- cement⟩ : 도면요소를 변위의 두 번째 점 지정 또는 변위로서 첫 번째 점 사용한다. (변위의 두 번째 지점 지정 또는⟨변위로서 첫 번째 점 사용⟩)

COPY(복사)

1) 정의

도면요소를 현재의 위치에서 한 번 또는 여러 번 복사를 하는 명령어이다.

2) 입력 및 작업방식

❶ Command : Copy Enter

❷ Pull-down Menu : Modify → Copy

❸ ToolBar :  Pick

3) 사용방법

◆ **명령(Command)** : Copy Enter

① Select objects : 복사할 도면요소를 선택하고 Enter를 누른다. (객체 선택)

② Specify base point or displacement, or [multiple] : 기준점 또는 변위 지정 또는 다중 복사 옵션을 지정한다. (기준점 또는 변위 지정 또는[다중])

③ Specify second point or displacement, or 〈use first point as displa- cement〉 : 두 번째 점 또는 복사할 지점을 지정한다. (두 번째 점 또는 변위 지정 또는〈변위로 첫 번째 점 사용〉)

실습 예제

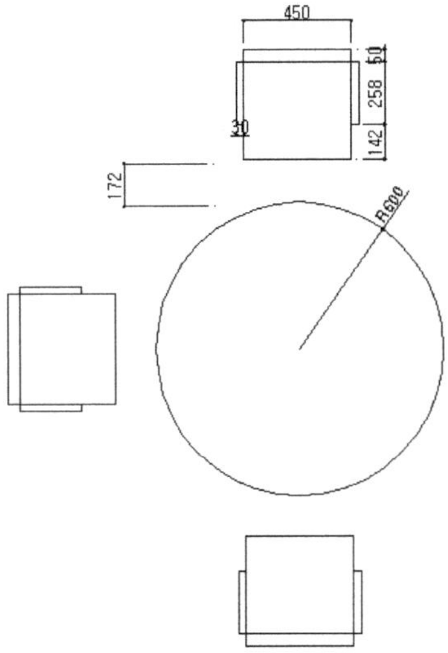

〈식탁 평면도 1〉

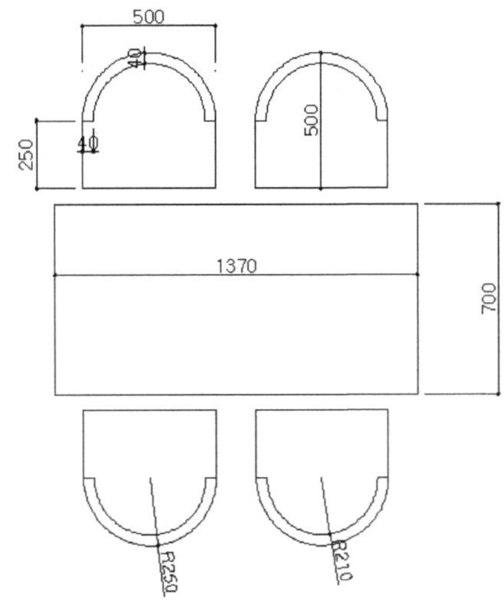

〈식탁 평면도 2〉

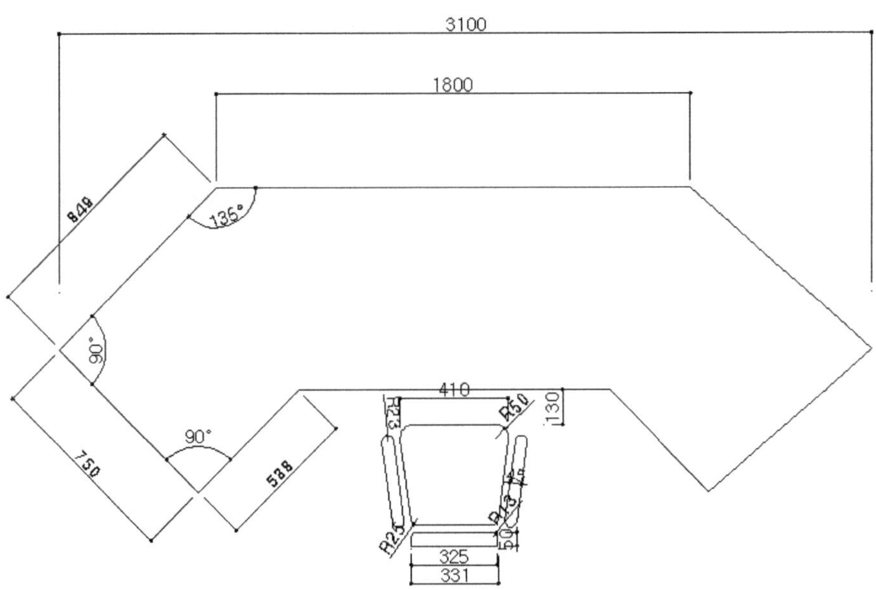

〈식탁 평면도 3〉

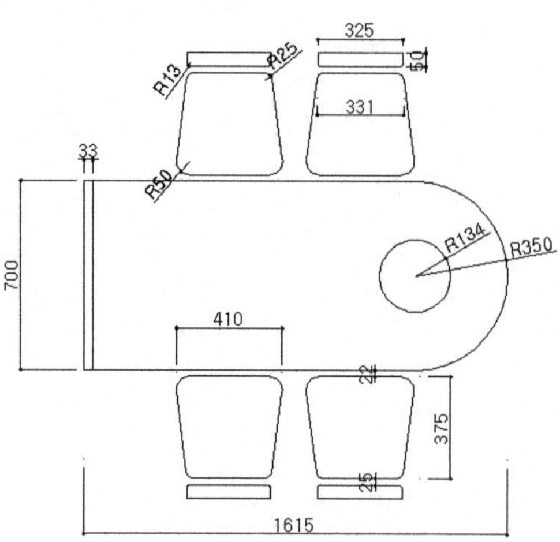

〈식탁 평면도 4〉

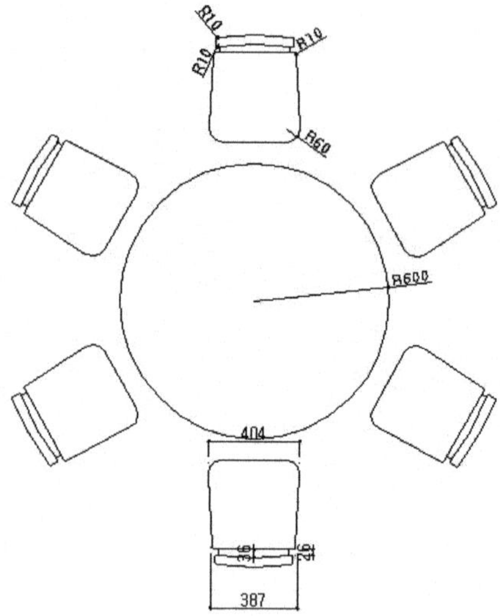

〈식탁 평면도 5〉

LESSON 06

싱크대 그리기(가스레인지, 싱크대, 냉장고)

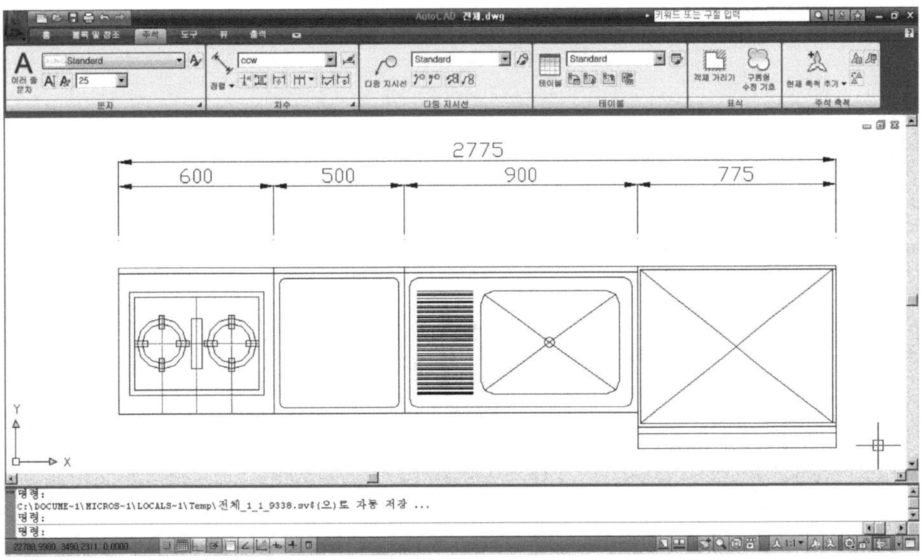

※ 싱크대 그리기

가스레인지 그리기

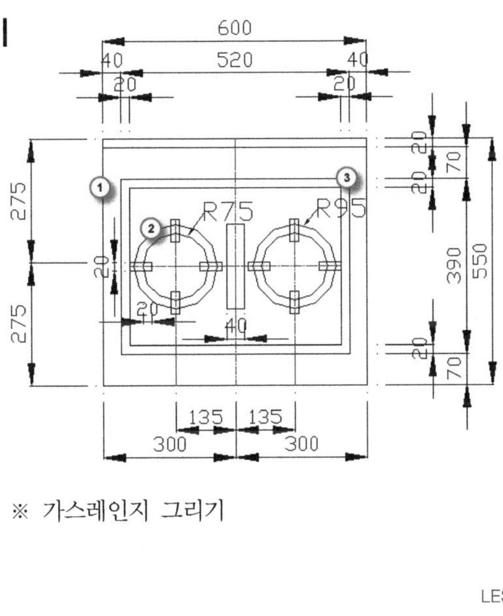

※ 가스레인지 그리기

사용 명령어

Line, Rectang(Explode), Offset, Fillet, Circle, Array, Erase, Mirror

작성 순서

① 절반 부분 외곽선을 그린다 - Rectang(Explode), or Line

② 가스레인지 판 및 가스레인지를 그린다 - Offset, Fillet, Circle, Line, Erase, Array

③ 반대편을 복사한다 - Mirror

거치대 그리기

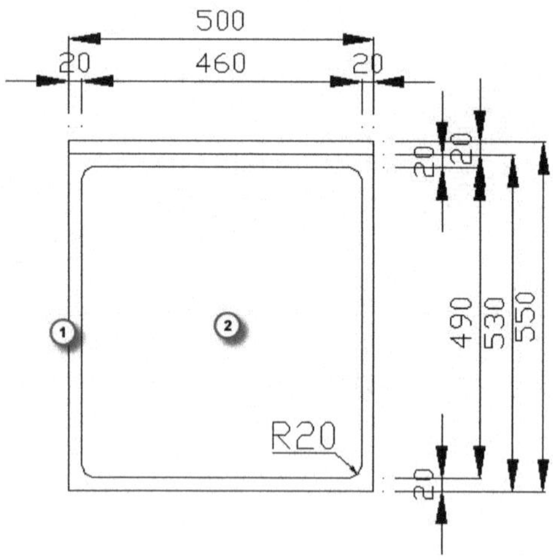

※ 거치대 그리기

사용 명령어

Line, Offset, Fillet

작성 순서

① 외곽 부분을 그린다 - Line(상대 극좌표)

② 내부 부분을 그린다 - Offset, Fillet

싱크대 그리기

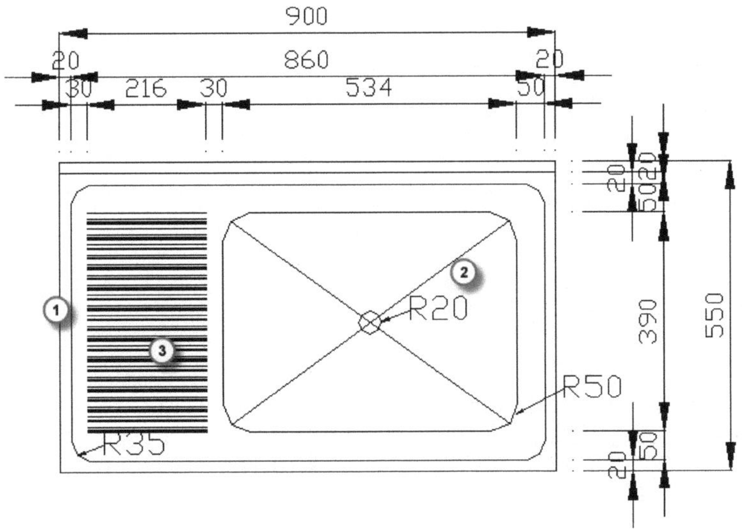

※ 싱크대 그리기

사용 명령어

Line, Offset, Fillet, Circle, Array

작성 순서

① 싱크대 외곽선을 그린다 - Line

② 싱크대 내부 부분을 그린다 - Offset, Fillet, Circle, Line

③ 요철 부분을 그린다 - Line, Array

냉장고 그리기

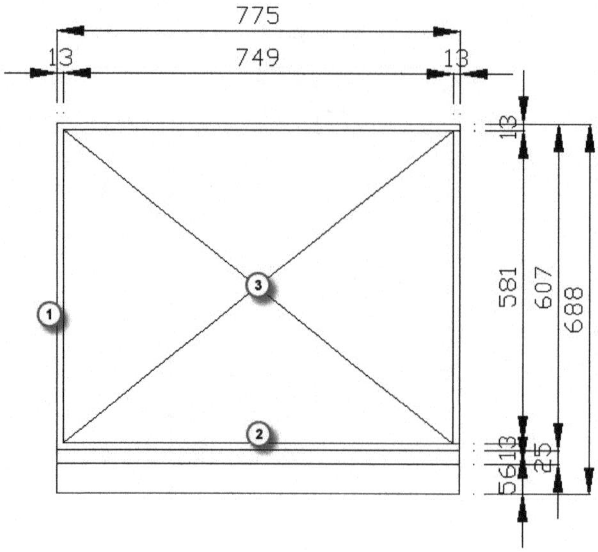

※ 냉장고 그리기

사용 명령어

Line, Rectang(Explode), Offset, Fillet, Line

작성 순서

① 외곽선을 그린다 - Line, or Rectang

② 내부선을 그린다 - Offset, Fillet

③ 공간 표시선을 그린다 - Line, Osnap

실습 예제

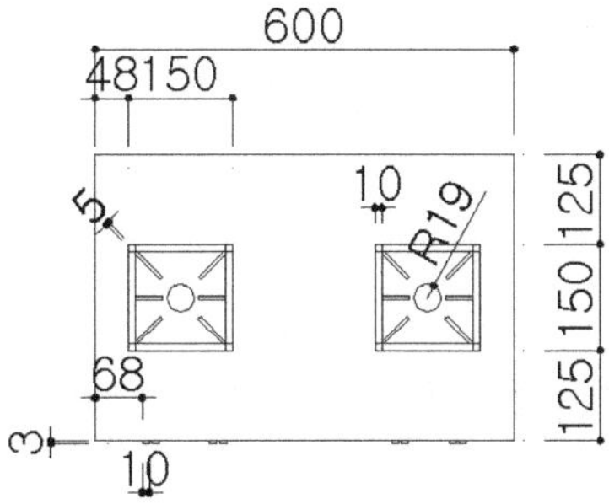

〈가스레인지 평면도 1〉

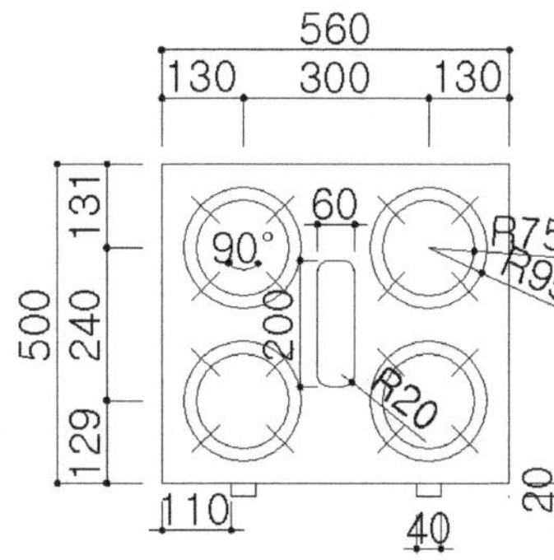

〈가스레인지 평면도 2〉

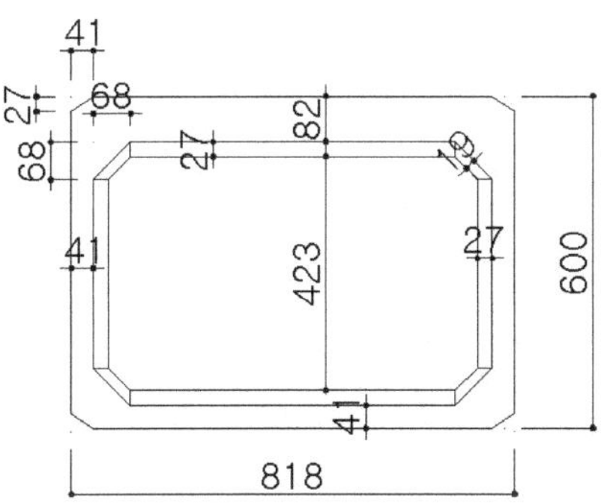

〈싱크대 평면도 1〉

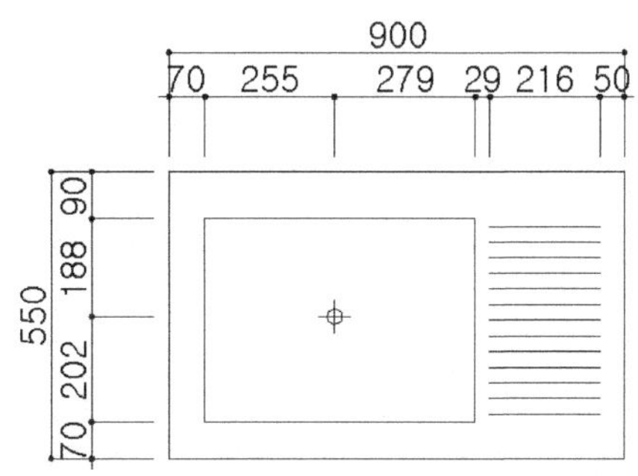

〈싱크대 평면도 2〉

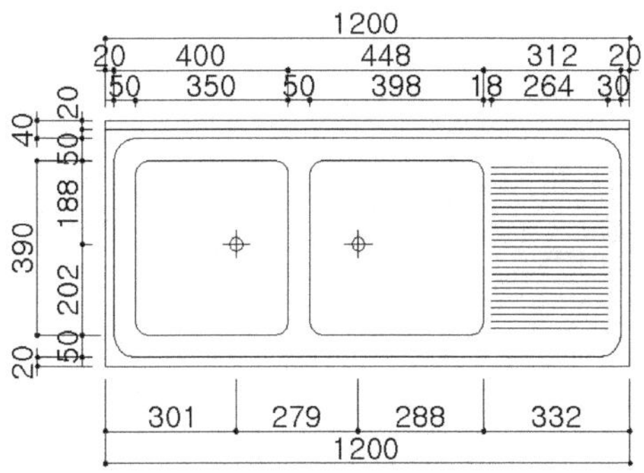

〈싱크대 평면도 3〉

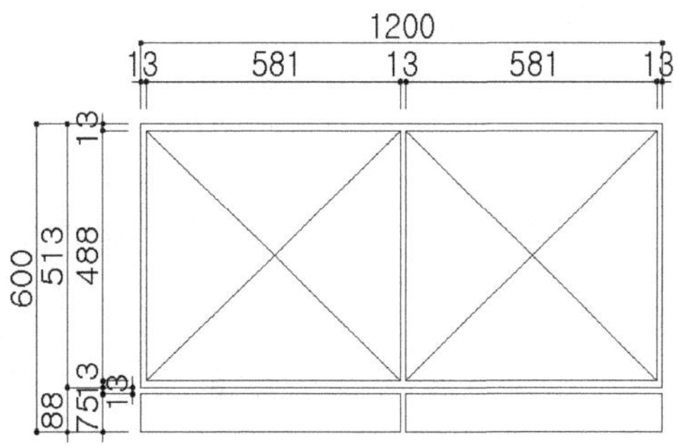

〈냉장고 평면도 1〉

LESSON 07

세면기 그리기

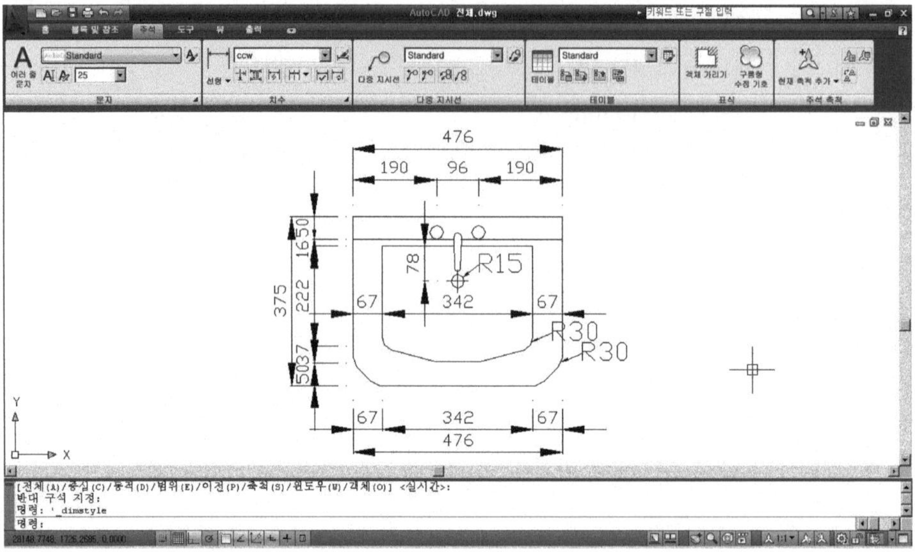

※ 세면기 그리기

사용 명령어

Line, Offset, Chamfer, Arc, Fillet, Circle, Mirror, Erase, Trim, Point

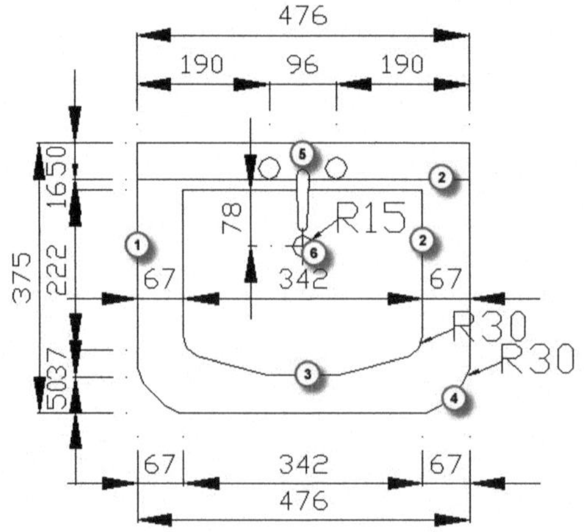

작성 순서

① 세면기 외곽선을 그린다 - Line

② 내부 선들을 그린다 - Offset

③ 세면기 틀을 그린다 - Arc

④ 필요 없는 선들을 정리한다 - Fillet

⑤ 수도 부분 및 꼭지를 그린다 - Line, Offset, Circle, Mirror, Arc

⑥ 배수구를 그린다 - Point(ddptype)

CHAMFER(모따기)

1) 정의

두 직선의 교차점으로부터 일정한 거리만큼 모서리를 따는 명령어이다.

2) 입력 및 작업방식

❶ Command : Chamfer Enter

❷ Pull-down Menu : Modify → Chamfer

❸ ToolBar : Pick

3) 사용방법

◆ **명령(Command)** : Chamfer Enter

① (Trim mode)Current chamfer Dist 1=10.0000, Dist 2=10.0000 [(트림 모드) 현재 모따기 거리 1=10.0000 거리=10.0000]

② Select first line or [polyline/Distance/Angle/Trim/Method] : D (첫 번째 선 선택 또는 [폴리선/거리/각도/자르기/방법])

③ Specify first chamfer distance〈10.0000〉 : 첫 번째 모따기 거리를 입력한다. (첫 번째 모따기 거리 입력)

④ Specify second chamfer distance〈10.0000〉 : 두 번째 모따기 거리를 입력한다. (두 번째 모따기 거리 입력)

4) 옵션 설명

- Select first line : 모따기할 첫 번째 도면요소의 테두리를 선택한다.
- Polyline : 폴리선으로 그려진 도면요소의 모든 교차점을 동시에 모따기한다.
- Distance : 모따기에 사용할 길이 값을 지정한다.
- Angle : 거리와 각도를 지정하여 모따기 처리한다.
- Trim : 곡선처리시 선택한 테두리의 상태를 조절한다.
  - Enter Trim mode option [Trim/No/trim]〈No trim〉 :
  - Trim : 테두리를 삭제한 상태로 모따기 처리한다.
  - No Trim : 테두리를 남겨둔 상태로 모따기 처리한다.
- Method : 거리 값과 각도를 지정하여 모따기할 것인지 또는 거리 값을 지정하여 모따기할 것인지를 지정한다.
  - Enter Trim method [Distance/Angle]〈Angle〉
  - Distance : 두 거리 값으로 모따기한다.
  - Angle : 거리 값과 각도로 모따기한다.

◆ **Command** : Chamfer Enter

- (Trim mode) Current chamfer Dist 1=0.0, Dist 2=0.0
- Select first line or [Polyline/Distance/Angle/Trim/Method] : D Enter
- Specify first chamfer distance〈0.0〉 : 100 Enter
- Specify second chamfer distance〈100.0〉 : 100 Enter

◆ **Command** : Enter

- (Trim mode) Current chamfer Dist 1=100.0, Dist 2=100.0
- Select first line or [Polyline/Distance/Angle/Trim/Method] : ································ P1
- Select second line ·· P2

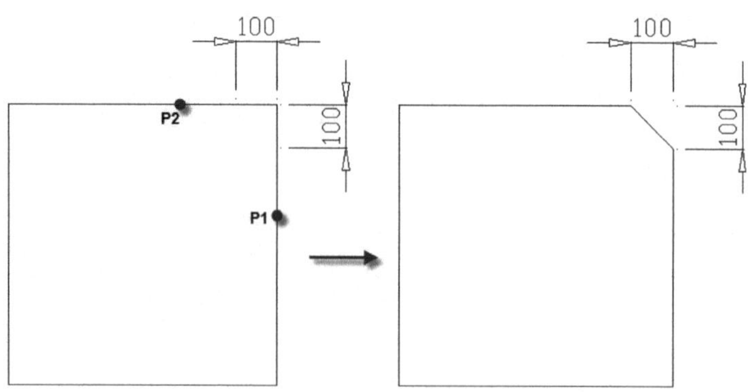

POINT(점)

1) 정의

점 객체를 그린다.

2) 입력 및 작업방식

❶ Command : Point Enter

❷ Pull-down Menu : Draw → Point

❸ ToolBar : ▪ Pick

3) 사용방법

◆ **명령(Command)** : point Enter

① 현재 점 모드 : PDMODE=0 PDSIZE=0

② (Current point modes : PDMODE=0 PDSIZE=0) : 점 지정

③ (Specify a point) : 점을 찍을 위치를 지정한다.

핵심 포인트

원, 호의 중심 표식에 사용되거나 분할한 객체의 분할된 위치를 표시하며, 화면에 나타나는 점 스타일은 하나의 스타일만 존재한다.

〈관련 명령어〉

- 점 스타일(DDptype) : Point의 모양과 크기 설정
- 등분할(Divide) : 객체를 지정된 개수로 분할한다.
- 길이 분할(Measure) : 객체를 길이 값으로 분할한다.

DDPTYPE(점 스타일)

1) 정의

점 객체의 표시 스타일과 크기를 정한다.

2) 입력 및 작업방식

❶ Command : DDptype Enter

3) 사용방법

◆ **명령(Command)** : ddptype Enter

① 십자선 모양 선택

② 절대단위로 크기 설정 선택

③ 점 크기에 30 입력

④ 확인 클릭

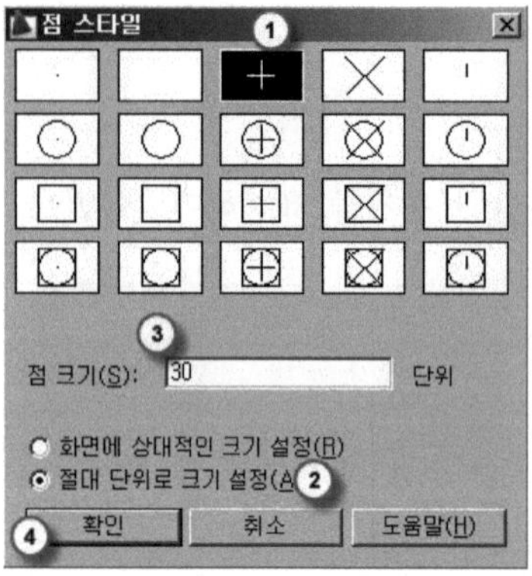

실습 예제

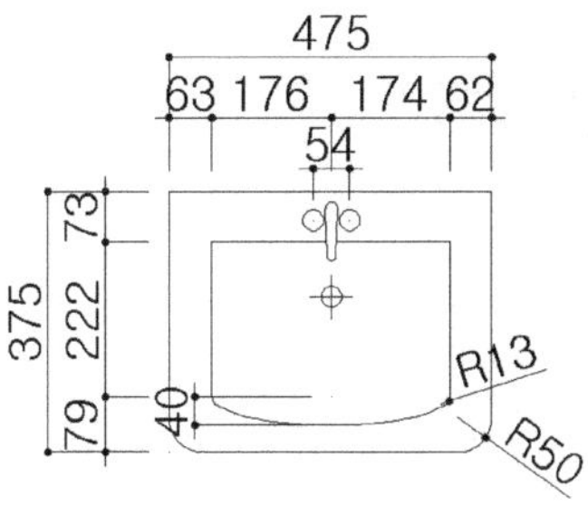

〈세면기 평면도 1〉

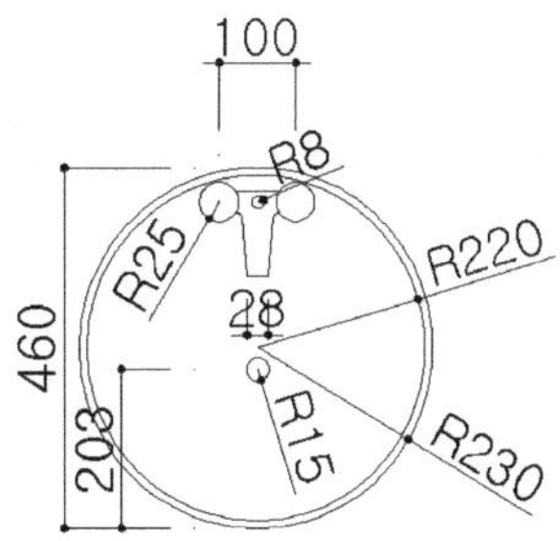

〈세면기 평면도 2〉

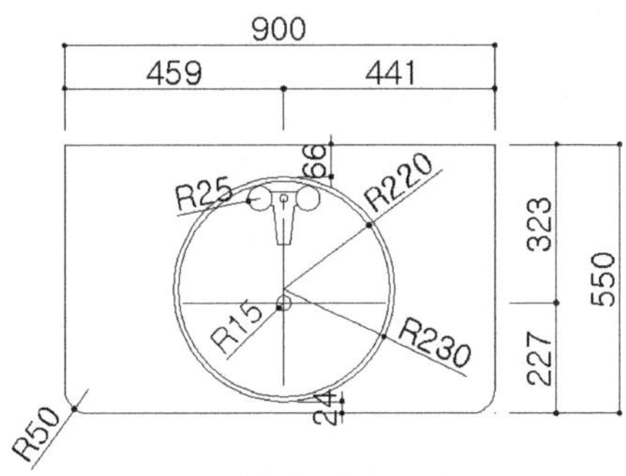

〈세면기 평면도 3〉

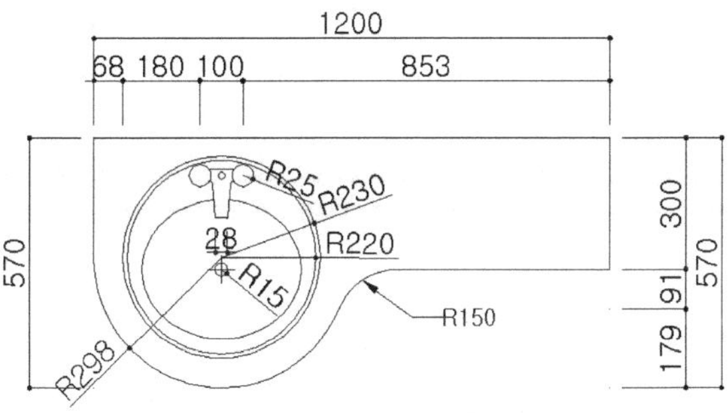

〈세면기 평면도 4〉

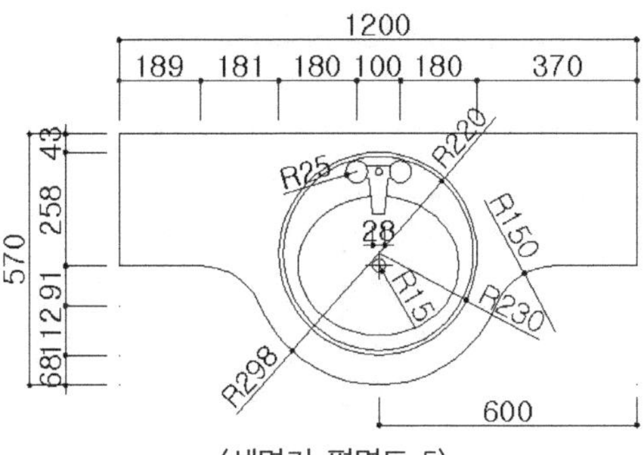

〈세면기 평면도 5〉

LESSON 08

양변기 그리기

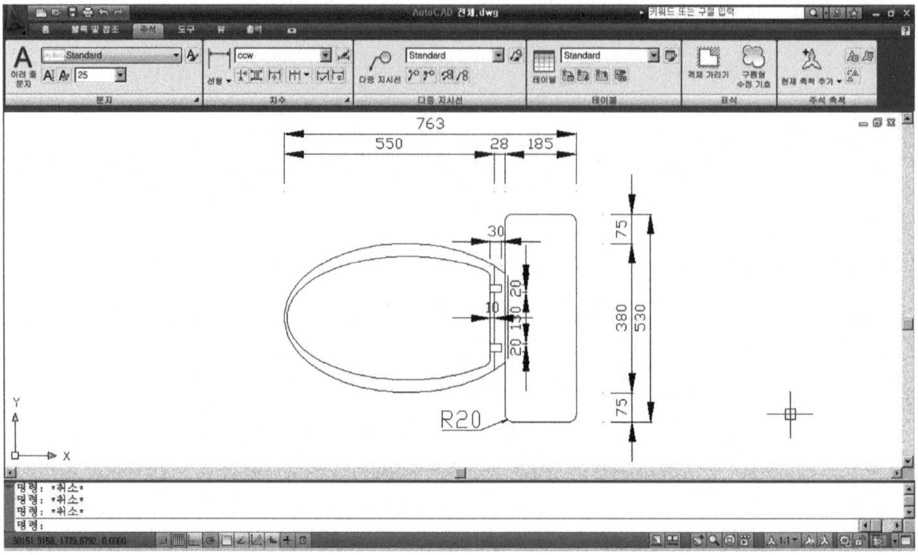

※ 양변기 그리기

사용 명령어

Line, Offset, Ellipse, Arc, Erase, Trim, Fillet, Extend, Mirror

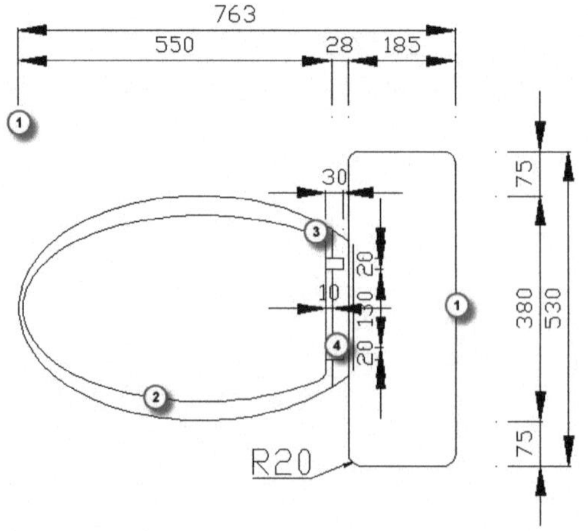

작성 순서

① 양변기 물통 및 기준선을 그린다 - Line(상대 극좌표), Offset

② 양변기 타원형을 그린다 - Ellipse, Osnap(mid)

③ 필요 없는 부분을 정리한다 - Erase, Trim, Extend

④ 양변기 뚜껑 경첩을 그린다 - Line, Offset, Trim, Mirror

ELLIPSE(타원)

1) 정의

두 축을 중심으로 타원이나 호를 그리는 명령어이다.

2) 입력 및 작업방식

❶ Command : Ellipse Enter

❷ Pull-down Menu : Draw → Ellipse

❸ ToolBar : Pick

3) 사용방법

◆ **명령(Command)** : Ellipse Enter

① Specify Axis endpoint of ellipse or [Arc/Center] : 첫 번째 축을 지정 또는 옵션을 지정한다.

② Specify other endpoint of axis : 두 번째 축을 지정한다. (축의 다른 끝점 지정)

③ Specify distance to axis or [Rotation] : 다른 축에서 거리 값 또는 옵션을 지정한다. (축에서 거리 지정 또는[회전])

④ Specify rotation around major axis : R옵션을 지정했을 때 타원의 회전각을 지정한다. (주축 주위의 회전 지정)

- 시작(Axis1) : 선택된 시작축이다.
- 끝(Axis2) : 선택된 끝축이다.
- 중심(Center) : 타원의 중심이다.
- 거리(Distance) : 중심축을 기준으로 하는 거리이다.
- 편심각(Eccentricity) : 타원의 편심각이다.

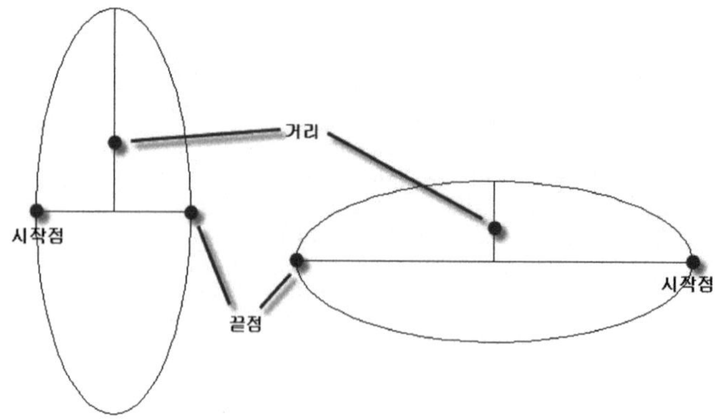

4) 옵션 설명

- Arc : 타원형 호를 그린다.
  - Specify axis endpoint : 타원형 호의 지름이 될 첫 번째 축의 시작점을 지정한다.
  - Specify other endpoint : 타원형 호의 지름이 될 두 번째 축의 끝점을 지정한다.
  - Center : 중심점을 입력한다.
  - Parameter : 각을 매개변수로 전환한다.
  - Angle : 매개변수를 각으로 변환한다.
  - Included angle : 시작점에서 내부각을 입력한다.
- Center : 타원의 중심점을 지정
  - Specify axis endpoint : 타원의 지름이 될 첫 번째 축의 시작점을 지정한다.
  - Specify other endpoint : 타원의 지름이 될 두 번째 축의 끝점을 지정한다.
  - Specify distance : 타원의 지름(거리)을 지정한다.
  - Rotation : 타원의 회전각을 지정한다.

  두 축과 거리를 이용한 Ellipse(타원)

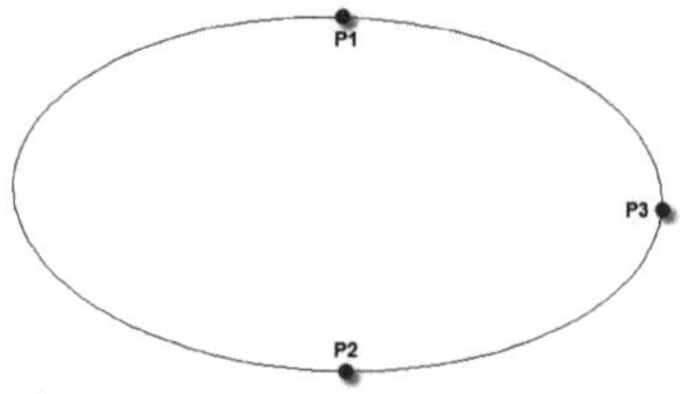

◆ **Command** : Ellipse `Enter`

- Specify axis endpoint of ellipse or[Arc/center] : 점(P1)을 지정한다.
- Specify other endpoint or axis : 점(P2)를 지정한다.

- Specify distance to other axis or [Rotation] : 점(P3)을 지정한다.
- 중심과 두 축을 이용한 Ellipse(타원)

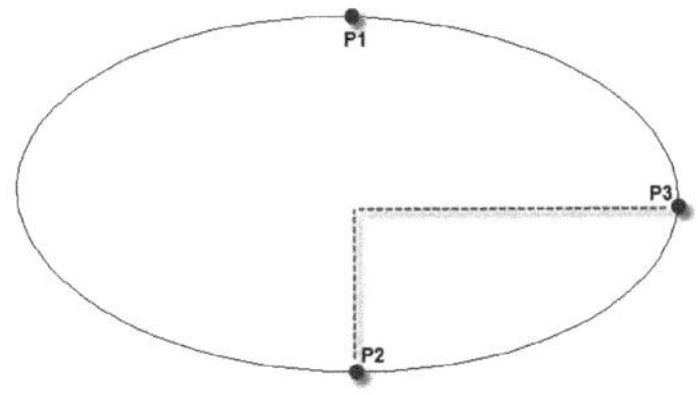

◆ Command : Ellipse Enter

- Specify axis endpoint of ellipse or [Arc/center] : C Enter
- Specify center of ellipse : 점(P1)을 지정한다.
- Specify endpoint of axis : 점(P2)를 지정한다.
- Specify distance to other axis or [Rotation] : 점(P3)을 지정한다.

EXTEND(연장)

1) 정의

다른 객체와 만나도록 객체를 연장한다.

2) 입력 및 작업방식

❶ Command : Extend Enter

❷ Pull-down Menu : Modify → Extend

❸ ToolBar :  Pick

3) 사용방법

◆ **명령(Command)** : extend Enter

① 현재 설정 : 투영=UCS, 모서리=없음

(Current settings : Projection=UCS, Edge=None)

② 경계 모서리 선택

(Select boundary edges...)

③ 객체 선택 또는 〈모두 선택〉

(Select objects or 〈Select all〉) : 연장될 객체와 만날 기준이 되는 객체(선, 호, 원)를 선택한다.

④ 연장할 객체 선택 또는 연장을 위한 Shift + 선택 또는 [울타리(F)/걸치기(C)/프로젝트(P)/모서리(E)/명령 취소(U)]

(Select object to extend or shift-select to trim or[Fence/Crossing Project/Edge/Undo]) : 연장할 객체를 선택하거나, 연장하다가 자르기를 하려면 Shift 키를 누르고 객체를 선택한다.

4) 옵션 설명

- 울타리(Fence) : 연장할 객체를 한꺼번에 연장하기 위해 사용한다.
- 걸치기(Crossing) : 연장할 객체를 한꺼번에 연장하기 위해 사용한다.
- 프로젝트(Project) : 도면요소를 연장할 투영 모드를 사용할 것인지를 결정(3D)한다.
- 모서리(Edge) : 연장할 선이 기준선을 지나가지 않는 경우 기준선을 가상 확장하여 연장시킬 것인지를 조절한다.
- 명령 취소(Undo) : 바로 이전에 연장한 상태를 취소한다.

실행

명령(Command) : extend Enter → 연장될 객체와 만날 기준이 되는 객체 선택 → Enter → 연장할 객체 선택 → Enter

◆ Command : Extend Enter

Current settings : Projection=UCS Edge=None

- Select boundary edges...
- Select Objects : 1 found P1
- Select Objects : Enter
- Select Objects to extend or [Project/Edge/Undo] : P2
- Select Objects to extend or [Project/Edge/Undo] : Enter

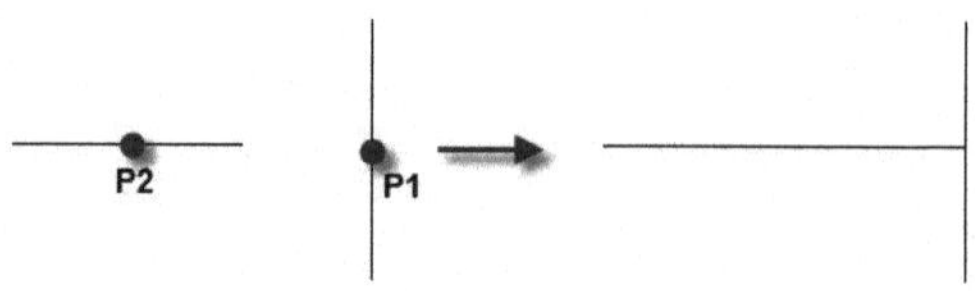

실습 예제

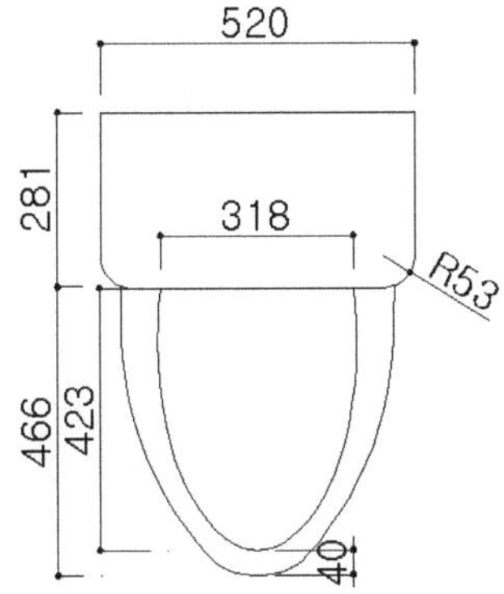

〈양변기 평면도 1〉

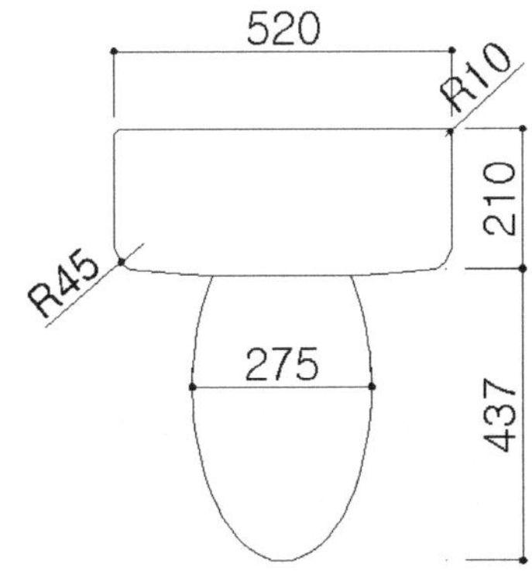

〈양변기 평면도 2〉

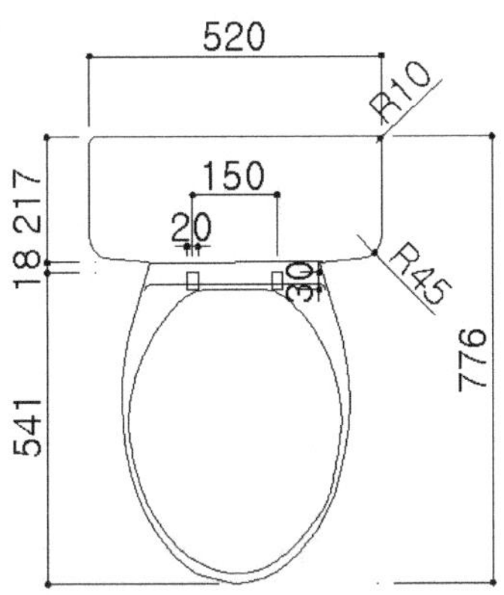

〈양변기 평면도 3〉

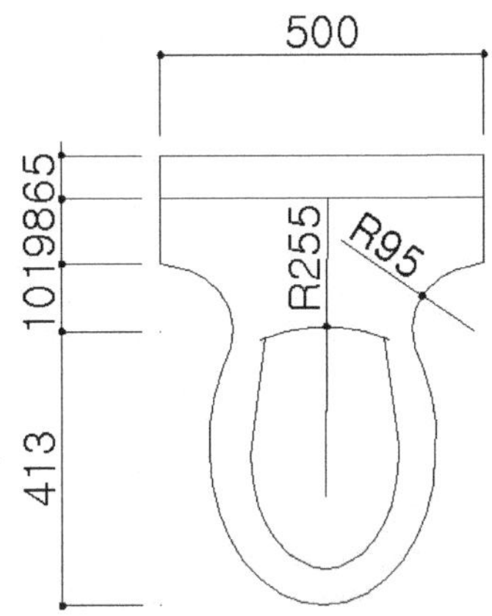

〈양변기 평면도 4〉

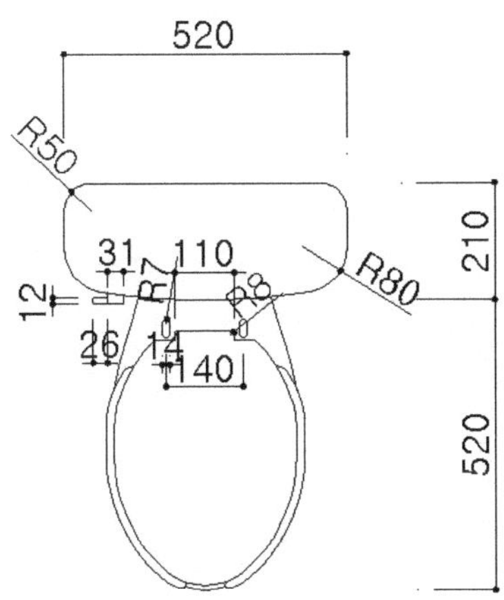

〈양변기 평면도 5〉

LESSON 09

욕조 그리기

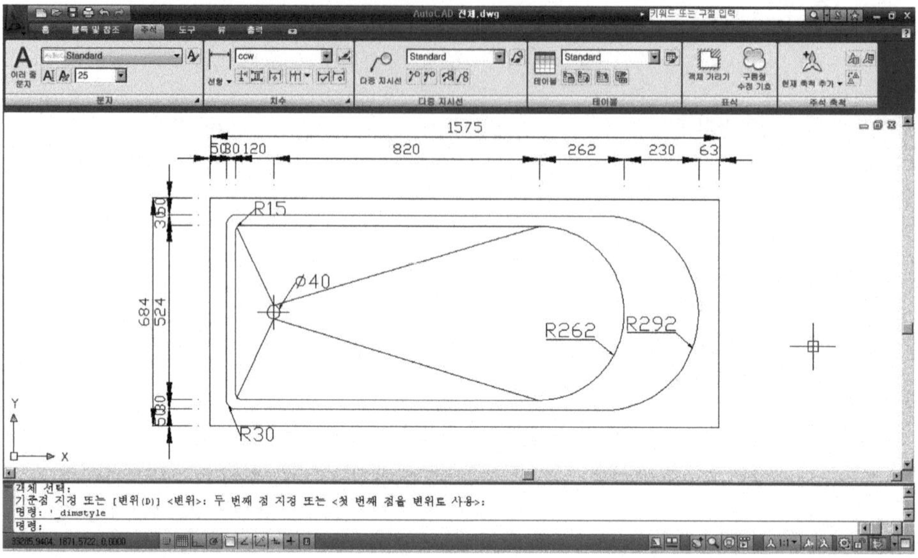

※ 욕조 그리기

사용 명령어

Line, Rectang, Offset, Fillet, Explode, Trim, Arc, Circle, Point

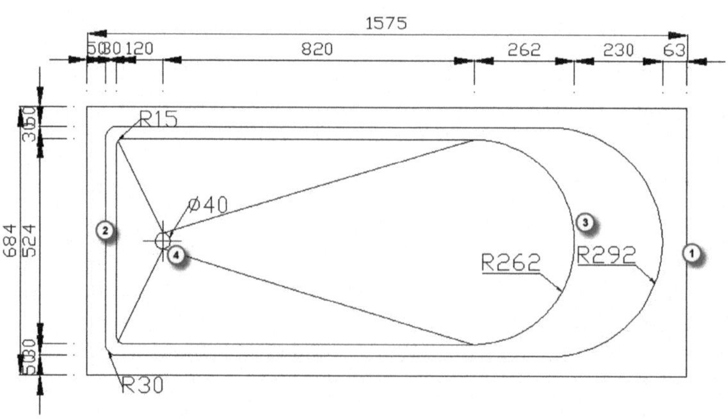

작성 순서

① 욕조 외곽선을 그린다 - Line, Rectang(Explode)

② 욕조 내부 선을 그린다 - Offset, Fillet

③ 욕조 내부 둥근 부분을 그린다 - Offset, Trim, Arc, Circle, Fillet, Erase

④ 배수구를 그린다 - Circle, or Point, Line, Mirror

실습 예제

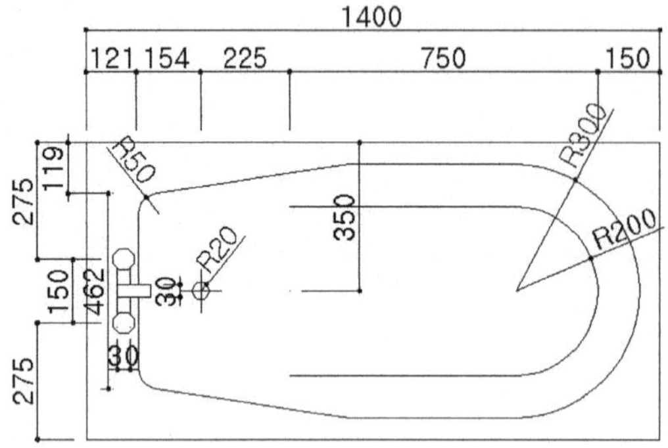

〈욕조 평면도 1〉

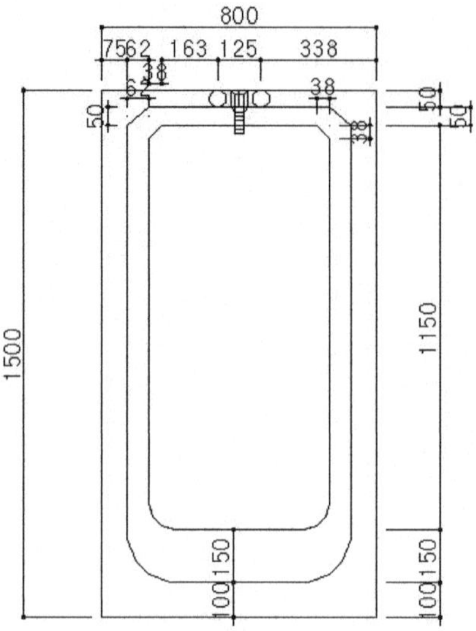

〈욕조 평면도 2〉

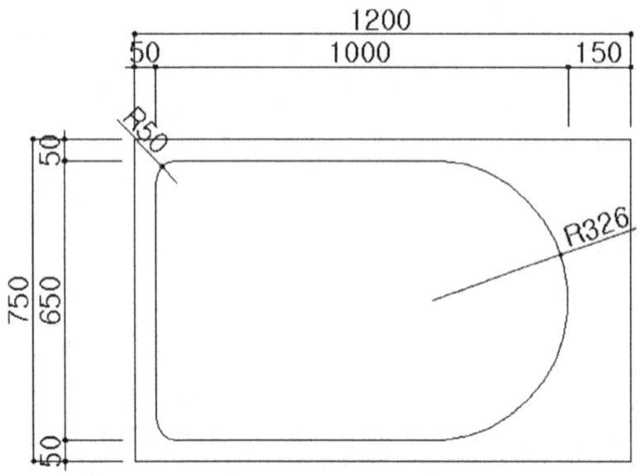

〈욕조 평면도 3〉

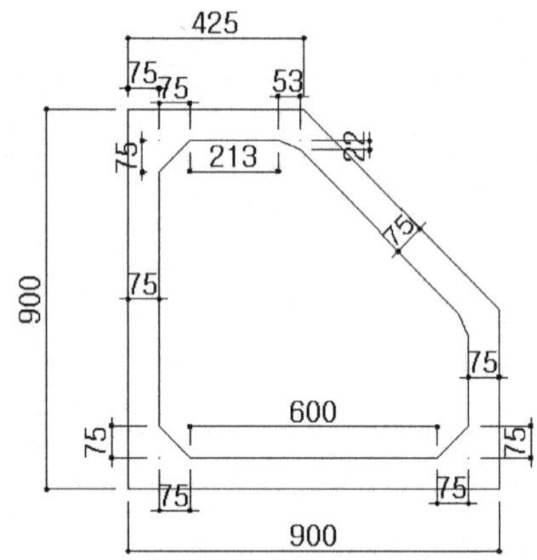

〈욕조 평면도 4〉

LESSON 10

침대 그리기

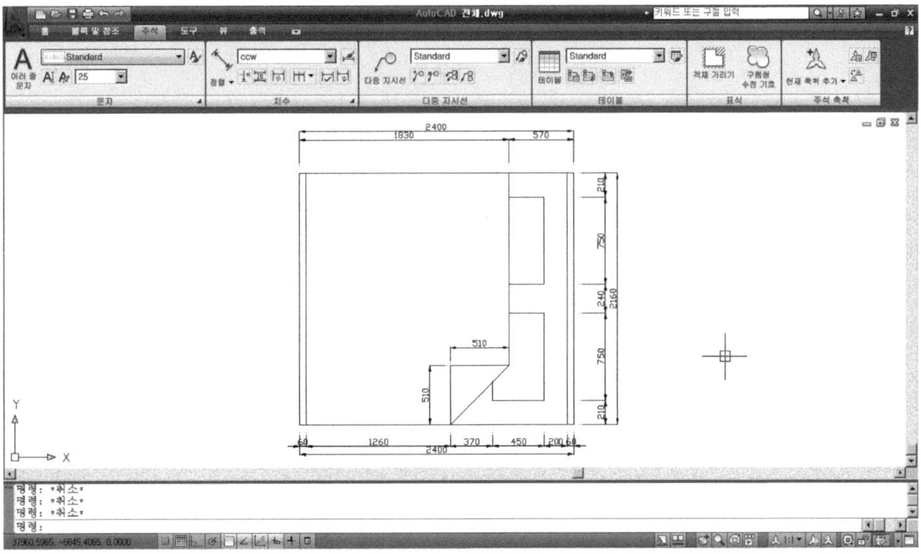

※ 침대 그리기

사용 명령어

Line, Offset, Fillet, Trim

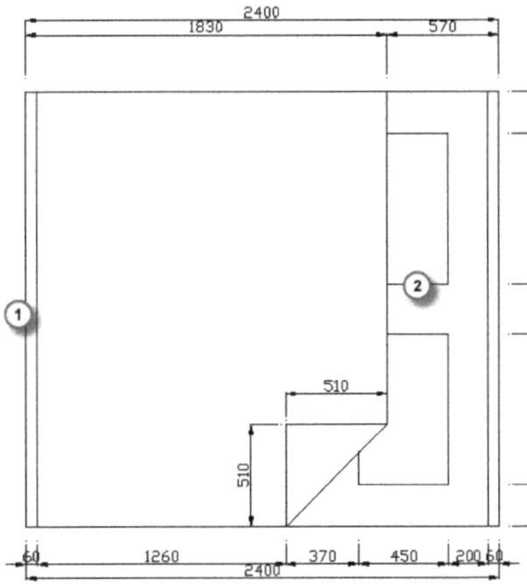

작성 순서

① 침대의 외곽선을 그린다 - Line

② 침대의 내부 선들을 그린다 - Offset, Line, Fillet, Trim

실습 예제

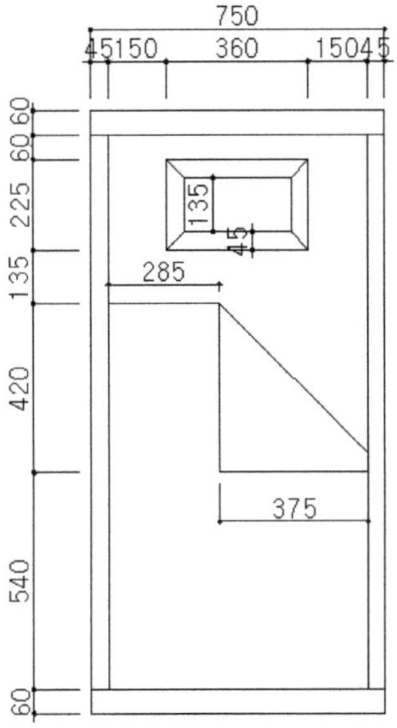

〈침대 평면도 1〉

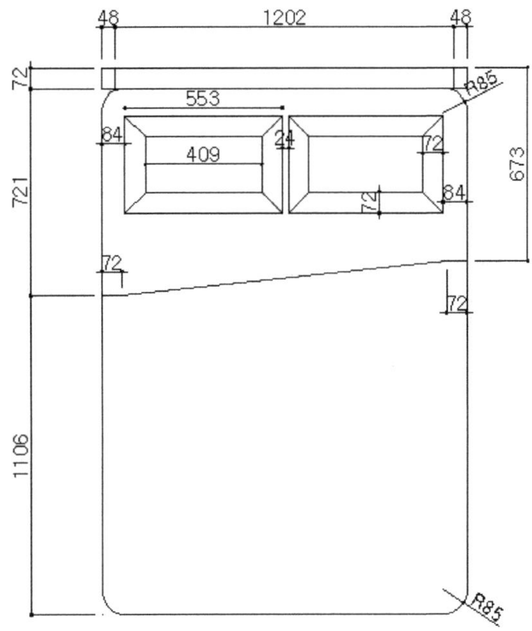

〈침대 평면도 2〉

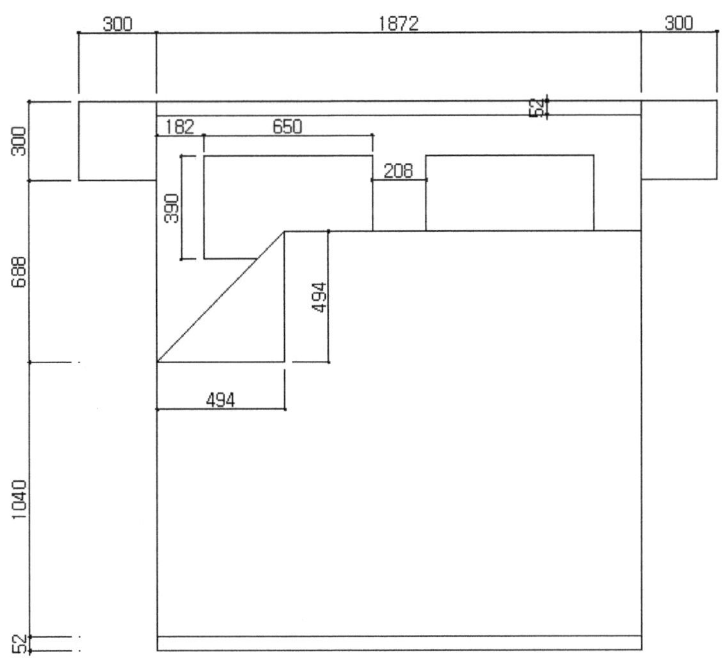

〈침대 평면도 3〉

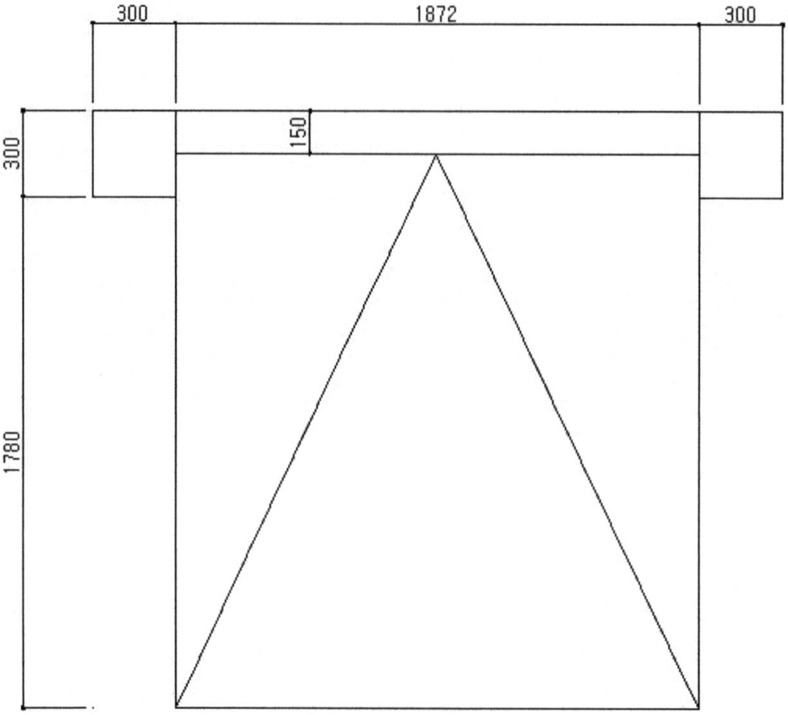

〈침대 평면도 4〉

LESSON 11

계단 그리기

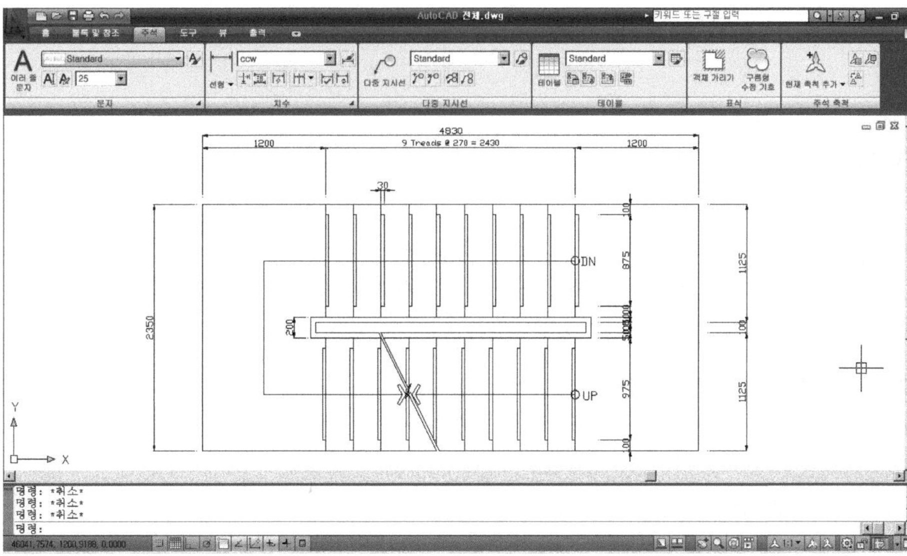

※ 계단 그리기

사용 명령어

Line, Offset, Fillet, Trim, Array, Mirror, Donut, Break

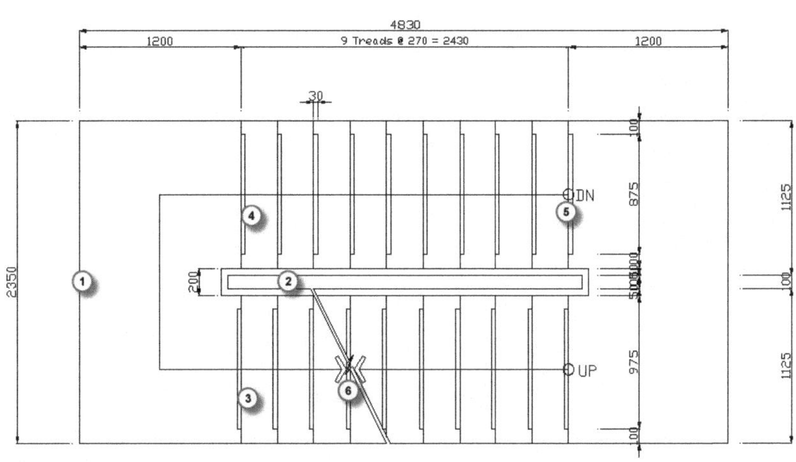

작성 순서

① 계단 외곽선을 그린다 - Line(상대 극좌표)

② 핸드레일 부분을 그린다 - Offset, Fillet, Trim (계단은 대칭형이므로 한쪽만 작성한다.)

③ 논슬립 부분을 그린다 - Offset, Fillet, Trim, Array

④ 반대편 계단을 그린다 - Mirror

⑤ 오르내림 표시를 그린다 - Offset, Fillet, Dount

⑥ 끊음 표시 부분을 그린다 - Line, Break, Mirror

DOUNT(도넛)

1) 정의

채워진 링 또는 솔리드로 채워진 원으로 폭을 가진 폴리선(호)이다.

2) 입력 및 작업방식

❶ **Command** : Donut Enter

❷ **Pull-down Menu** : Draw → Donut

3) 사용방법

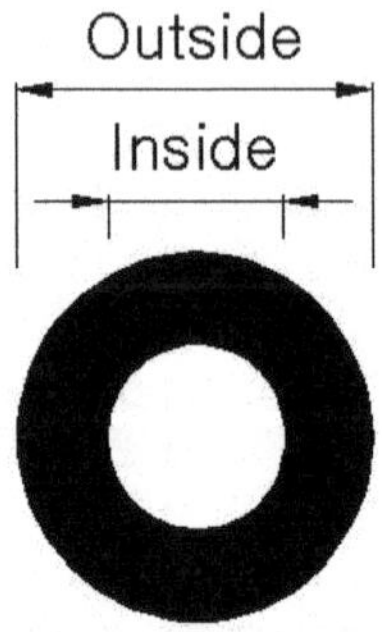

◆ **명령(Command)** : donut Enter

① 내부지름(Specify inside diameter of donut⟨0.5⟩) : 내경 값을 지정한다.

② 바깥지름(Specify outside diameter of donut⟨1⟩) : 외경 값을 지정한다.

③ 중심점 지정(Specify center of donut or ⟨exit⟩) : 중심점을 지정한다.

사용방법 배우기

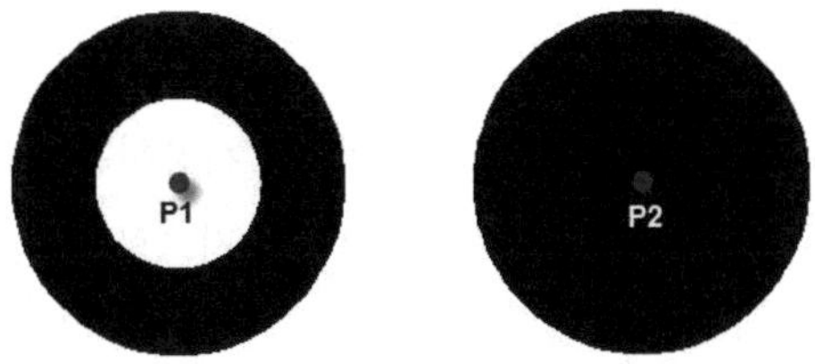

① 구멍이 뚫린 도넛 그리기

◆ **명령(Command)** : donut Enter → 200 Enter → 500 Enter → P1 지정

② 구멍이 막힌 도넛 그리기

◆ **명령(Command)** : donut Enter → 0 Enter → 500 Enter → P2 지정

핵심 포인트

두께를 가진 선은 Pline으로 그릴 수 있지만 두께를 가진 원은 Donut으로 그린다. Donut은 큰 점 표시, 치수의 Dot, 화살표의 시작점 표시 등에 사용된다.
다른 명령어와 달리 한 번의 명령으로 종료 시까지 반복해서 여러 개를 그릴 수 있다.

〈관련 명령어〉

- Fill : 채워진 솔리드의 On/Off
- Explode : 도넛을 분해하여 원처럼 보이는 두 개의 호로 만든다. 호가 그리는 반경은 내부와 바깥지름의 중간 값이다.

TIP

1. 도면 복구 관리자의 유용성

◆ **명령(Command)** : fill Enter

Enter mode [ON/OFF]〈ON〉 : off

◆ **명령(Command)** : regen Enter

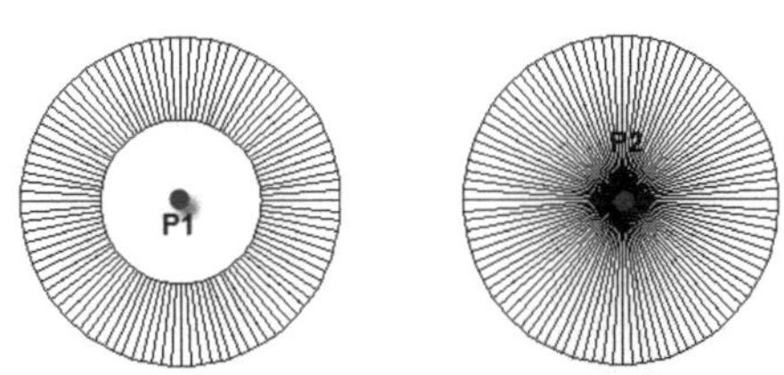

◆ **명령(Command)** : fill Enter

Enter mode[ON/OFF]〈ON〉 : on Enter

◆ **명령(Command)** : regen Enter

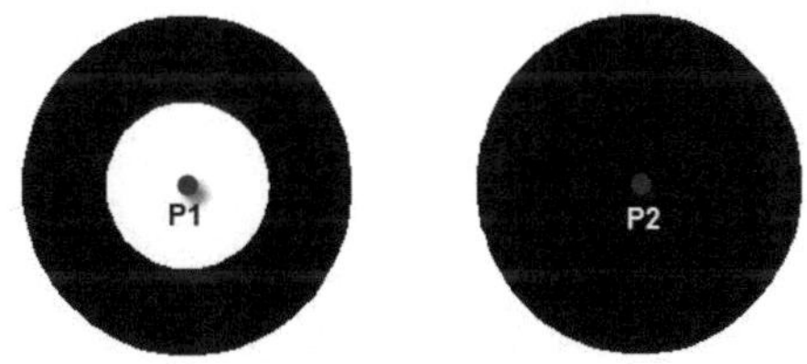

BREAK(자르기)

1) 정의

도면요소, 즉 선, 폴리선, 원, 호의 일부분을 분할 또는 삭제할 때 사용하는 명령어이다. 그러나 원, 호를 삭제할 경우 두 점의 지정 방향에 따라 달라지므로 유의해야 한다.

2) 입력 및 작업방식

❶ Command : Break Enter

❷ Pull-down Menu : Modify → Break

❸ ToolBar :  Pick

3) 사용방법

◆ **명령(Command)** : Break Enter

① Select Objects : 분할 또는 삭제 부분의 도면요소를 선택한다. (객체 선택)

② Specify second break point or [First Point] : 분할 또는 삭제 부분의 두 번째 도면요소를 선택한다. (두 번째 절단지점 또는[첫 번째 지점])

◆ Command : Break Enter

① Select Object : P1

② Specify second break point or [First point] : P2

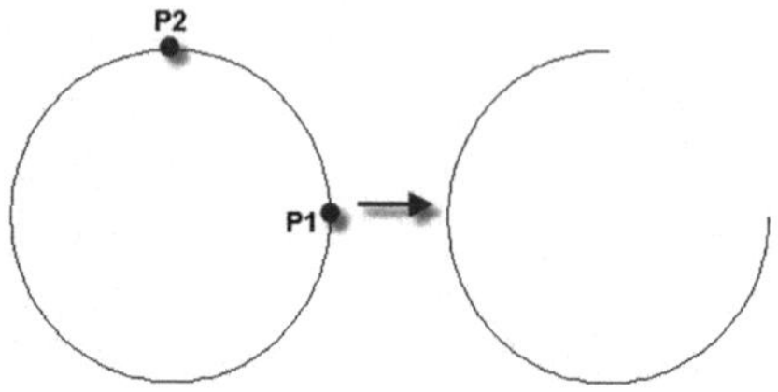

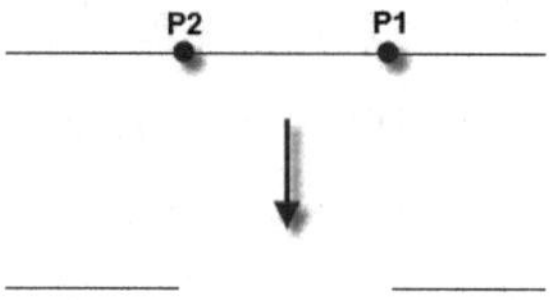

실습 예제

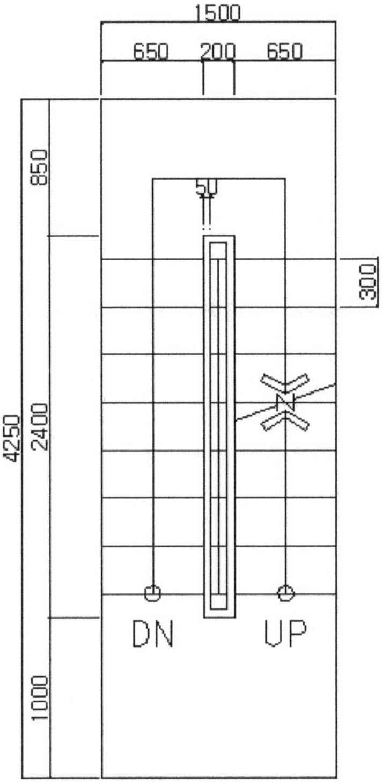

〈계단 평면도 1〉

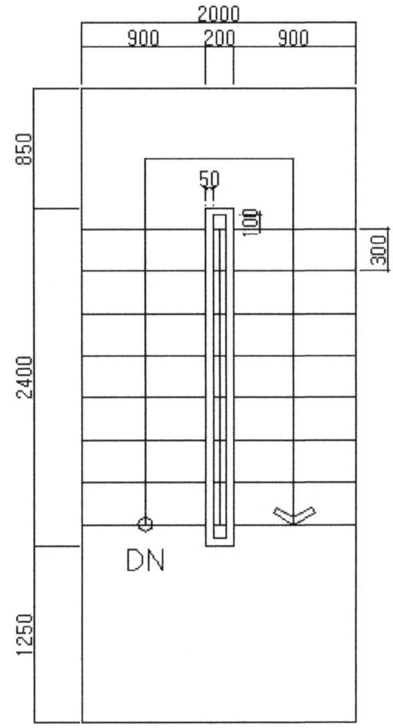

〈계단 평면도 2〉

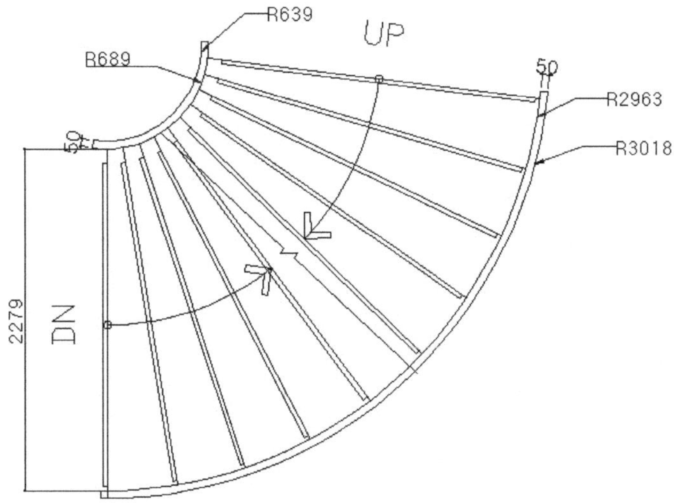

〈계단 평면도 3〉

LESSON 12

엘리베이터 그리기

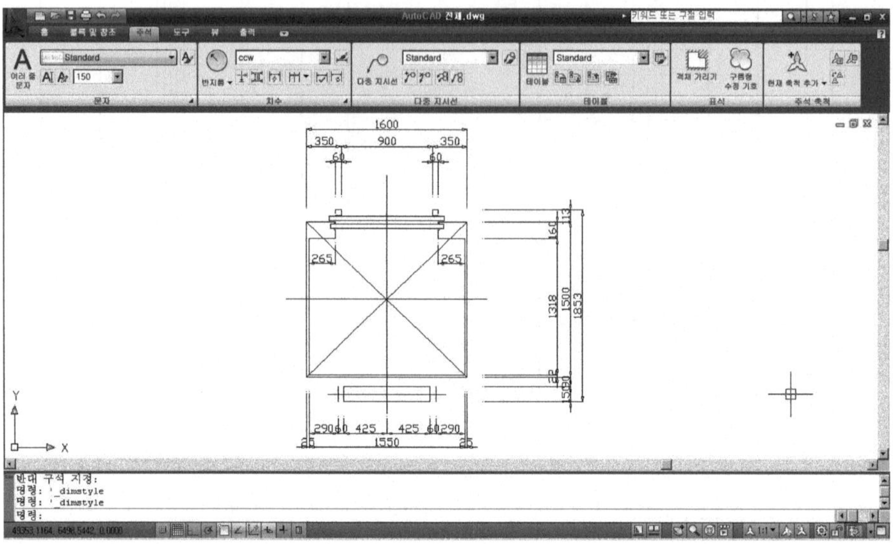

※ 엘리베이터 그리기

사용 명령어

Line, Offset, Mirror, Change

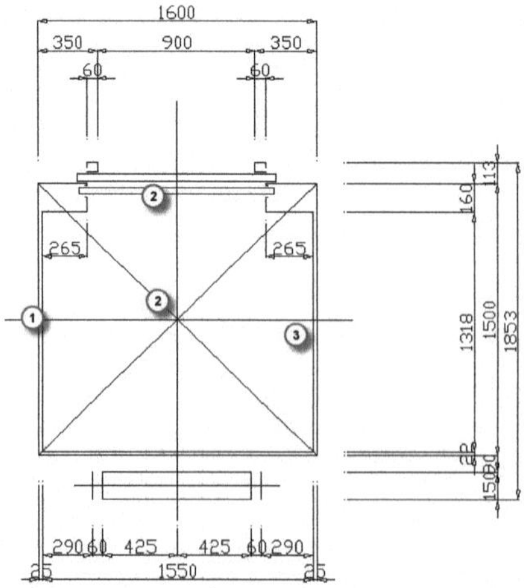

작성 순서

① 외곽선을 작성한다 - Line(상대 극좌표) (엘리베이터는 대칭형이므로 반쪽만 먼저 그린다.)

② 내부 선을 작성한다 - Offset, Line, Osnap(int, mid)

③ 반대편을 그린다 - Mirror

CHANGE(변경)

1) 정의

도면요소의 위치, 크기, 방향, 색상, 높이, Layer 등을 변경시키는 명령어이다.

2) 입력 및 작업방식

❶ Command : Change Enter

❷ ToolBar : Pick

3) 사용방법

① Select objects : 변경시킬 도면요소를 선택한다. (객체 선택)

② Select objects : 변경시킬 도면요소를 선택 또는 enter를 누른다. (객체 선택)

③ Specify change point or [Properties] : 변경점을 지정 또는 "p"를 선택한다. (변경점 지정 또는 [속성])

④ Enter properly to change[Color/Elev/Layer/LType/ltScale/LWeight/Thic- kness] (변경시킬 [색상/고도/레이어/선 종류/선 축척/선 크기/두께])

4) 옵션 설명

- Specify change point : 도면요소를 변경시킬 변경점을 지정한다.
- Color : 도면요소의 색상을 변경시킨다.
- Elev : 도면요소의 높이를 변경시킨다.
- Layer : 도면요소가 포함된 Layer를 변경시킨다.
- Ltype : 도면요소의 형태를 변경시킨다.
- LtScale : 도면요소의 선 크기를 변경시킨다.
- Lweight : 선 가중치 값을 변경시킨다.
- Thickness : 도면요소의 두께를 변경시킨다.

실습 예제

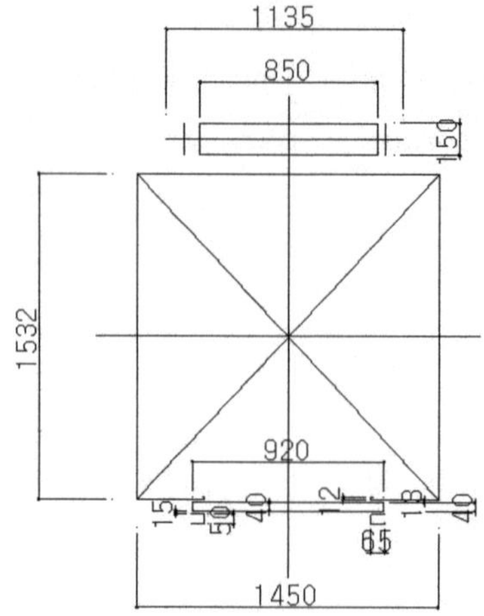

〈엘리베이터 평면도 1〉

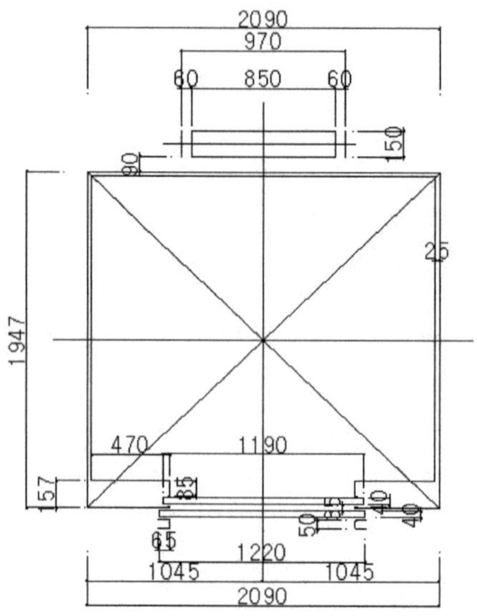

〈엘리베이터 평면도 2〉

LESSON
13

수목 그리기

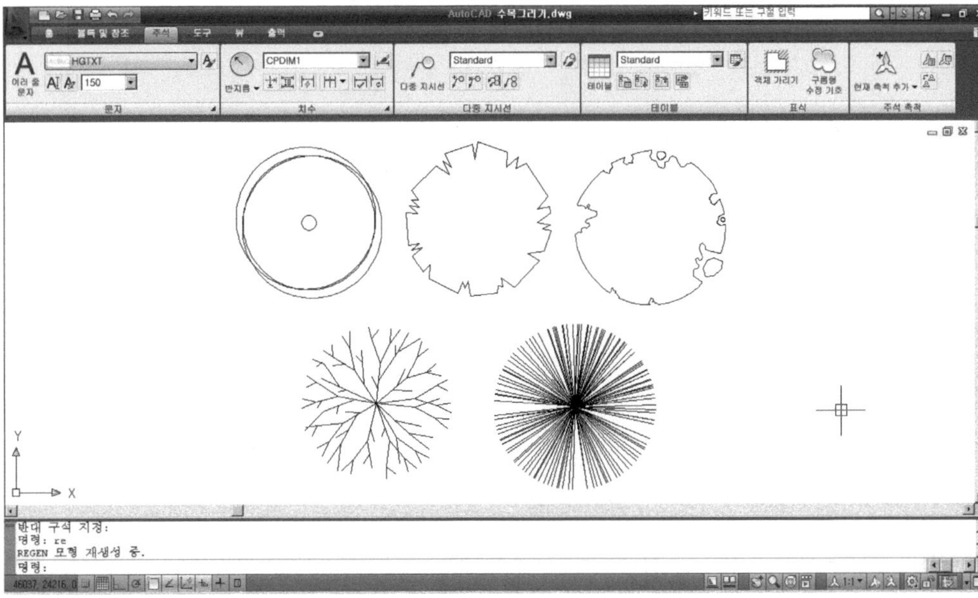

※ 수목 그리기

사용 명령어

Circle, Copy, Donut, Offset, Pline, Mirror, Stretch, Grips

활엽 교목 그리기-A

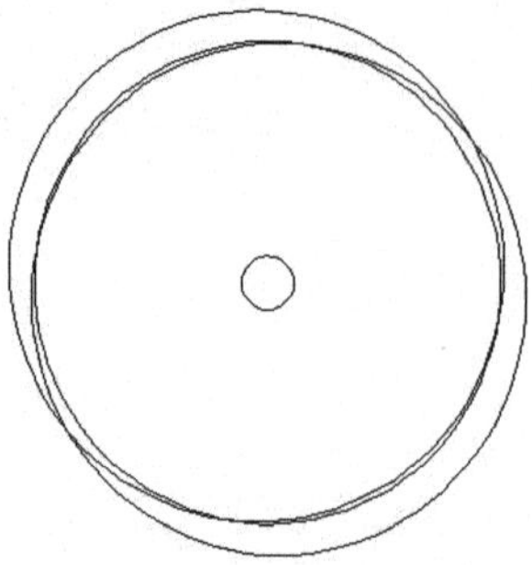

▶ 활엽 교목 그리는 과정-A

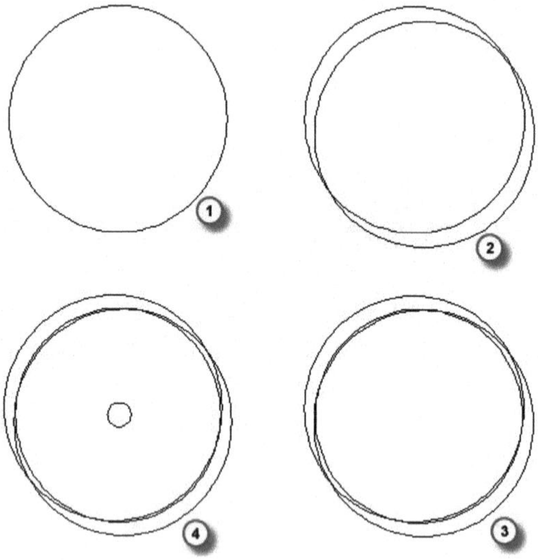

작성 순서

① 외곽 부분을 그린다 - Circle

② 겹치는 부분을 그린다 - Copy

③ 중심 부분을 그린다 - Donut, Circle

활엽 교목 그리기-B

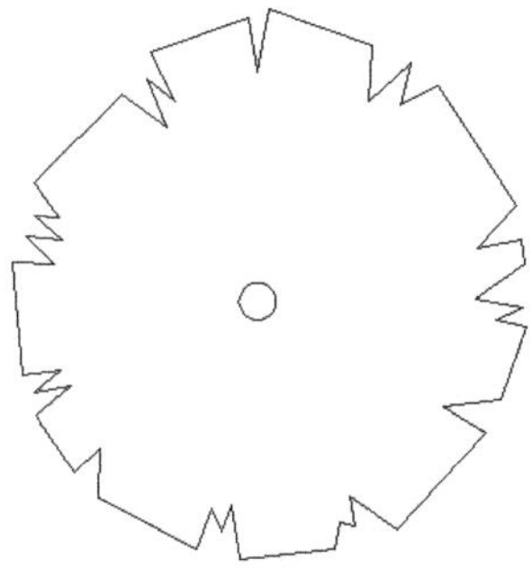

▶ 활엽 교목 그리는 과정-B

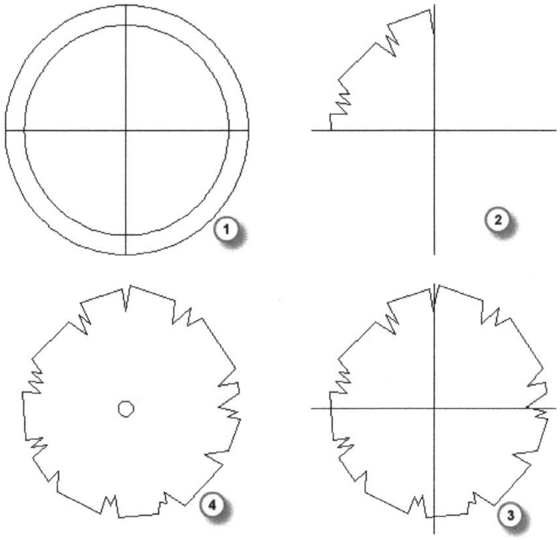

작성 순서

① 외곽 부분을 그린다 - Circle, Offset, Line, Osnap(Qua)

② 외곽 부분을 그린다 - Pline, Grips (1/4만 작성한다)

③ 나머지 부분을 그린다 - Mirror

④ 중심 부분 및 불필요한 것 정리한다 - Erase, Donut, Circle

활엽 교목 그리기-C

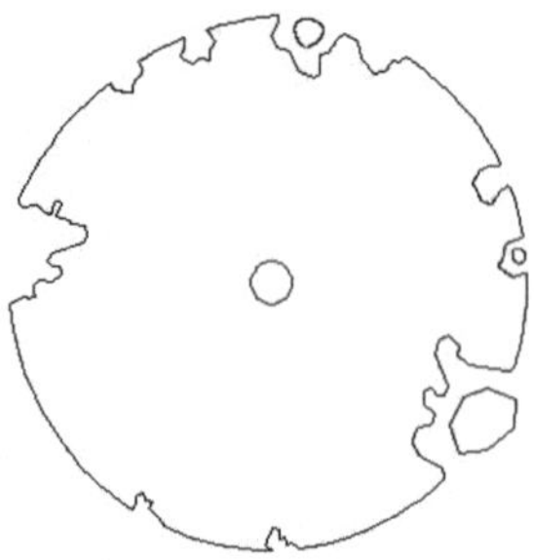

▶ 활엽 교목 그리는 과정-C

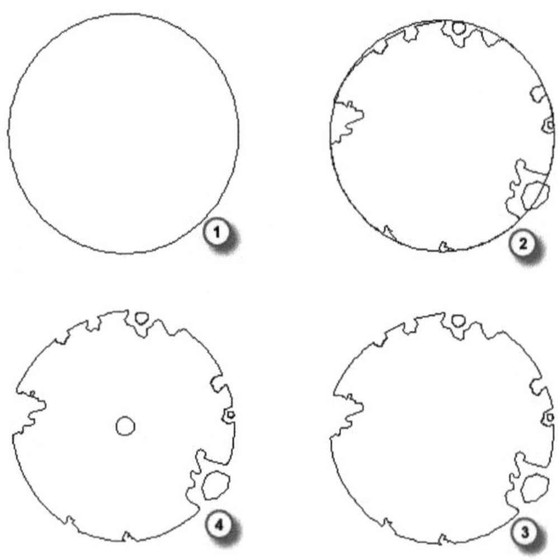

작성 순서

① 외곽 부분을 그린다 - Circle

② 외곽 부분을 그린다 - Pline, Grips

③ 외곽 보조선을 제거한다 - Erase

④ 중심 부분을 그린다 - Donut, Circle

활엽 교목 그리기-D

▶ 활엽 교목 그리는 과정-D

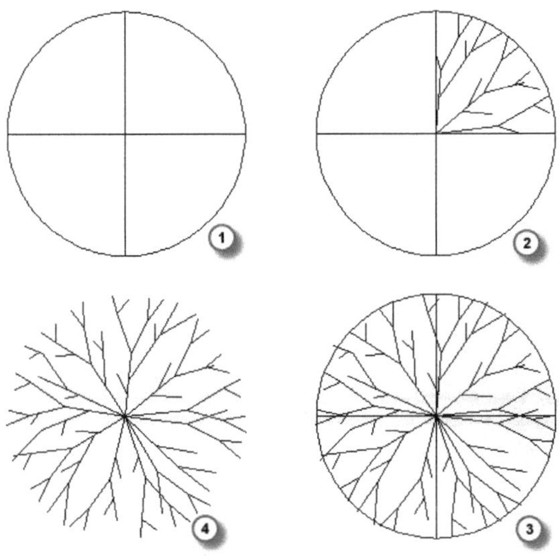

작성 순서

① 외곽 부분을 그린다 - Circle

② 나뭇가지 부분을 그린다 - Pline, Grips (1/4만 작성한다)

③ 나머지 부분을 그린다 - Mirror, Grips, Stretch

④ 불필요한 부분을 정리한다 - Erase

침엽 교목 그리기

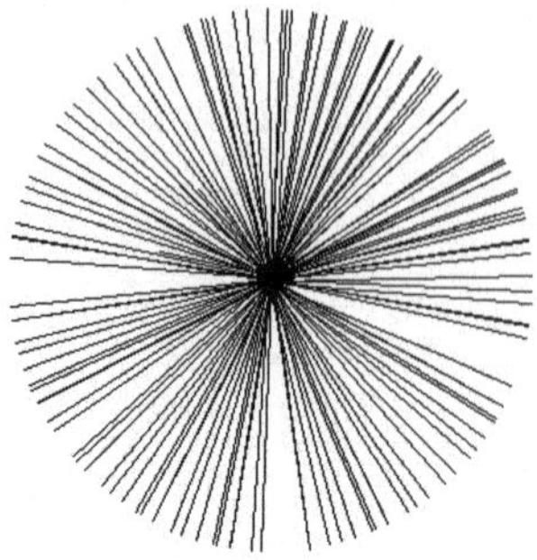

▶ 활엽 교목 그리는 과정-D

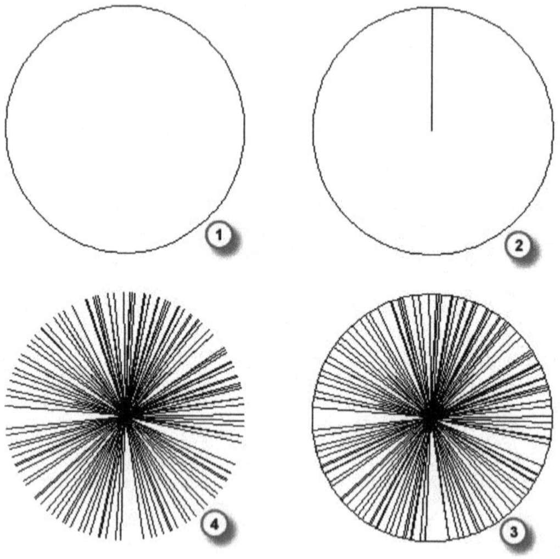

작성 순서

① 외곽 부분을 그린다 - Circle

② 원의 중심부터 수직선을 그린다 - Line

③ 수직선을 전체에 배치한다 - Grips(Rotate〉Copy)

④ 불필요한 부분을 정리한다 - Erase

실습 예제

〈수목 평면도 1〉

〈수목 평면도 2〉

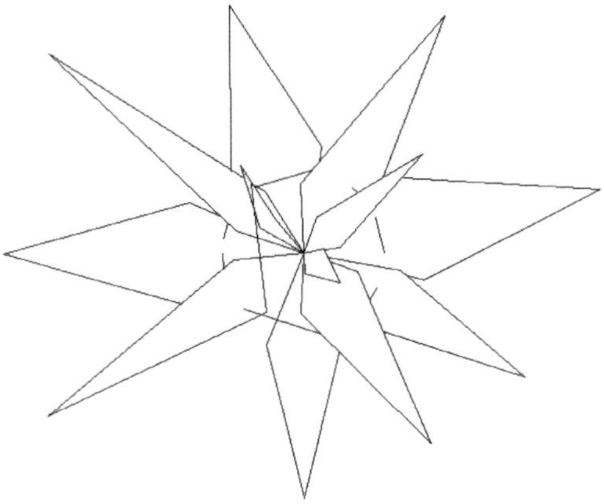

〈수목 평면도 3〉

〈수목 평면도 4〉

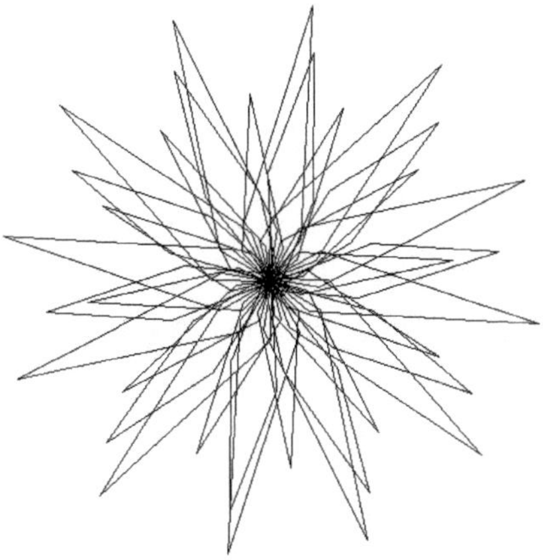

〈수목 평면도 5〉

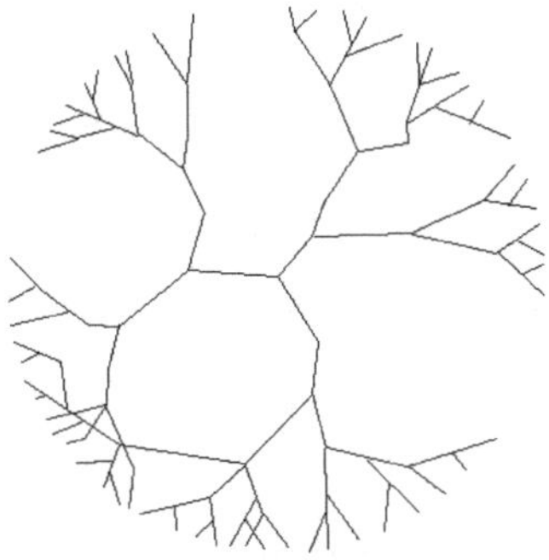

〈수목 평면도 6〉

PLINE(POLY Line : 폴리선)

1) 정의

연속된 직선과 호를 일정한 두께 값의 변화로 그리는 명령어이다.

2) 입력 및 작업방식

❶ Command : Pline Enter

❷ Pull-down Menu : Draw → Pline

❸ ToolBar : Pick

3) 사용방법

◆ **명령(Command)** : Pline Enter

① Specify next point or [Arc/Close/Halfwidth/Length/Undo/Width] : 다음 점을 옵션에 따라 지정한다. (다음 점 지정 또는[호/닫기/반폭/길이/명령 취소/폭])

4) 옵션 설명

- Line 모드 : Arc/Close/Halfwidth/Length/Undo/Width (호/닫기/반폭/길이/명령 취소/폭)
  - Arc(호) : Arc Mode로 전환한다.
  - Close(닫기) : 시작점과 종점(끝점)을 연결
  - Halfwidth(반폭) : 폴리선 전체 폭의 전반을 지정
  - Length(길이) : 길이를 지정하여 같은 각도로 직선을 그린다.
  - Undo(명령 취소) : 최근에 작업된 선을 취소
  - Width(폭) : 선의 폭(두께)을 정한다.
  - Starting width〈0〉 : 시작선의 두께 값 지정
  - Ending width〈0〉 : 다음 점 혹은 끝점의 두께 값 지정
- Arc 모드 : Angle/Center/Direction/Halfwidth/Line/Radius/Secondpt/ Width (각도/중심점/닫기/방향/반폭/선/반지름/두 번째 점/폭)
  - Angle(각도) : 호에 대한 내부각을 입력한다.
  - Center(중심점) : 중심을 지정한다.
  - Direction(방향) : 시작점의 방향을 지정한다.
  - Halfwidth(반폭) : 호의 두께 값의 절반 값을 입력한다.

- Line(선) : Line Mode 상태로 바뀐다.
- Radius(반지름) : 호의 반지름을 입력한다.
- Second pt(두 번째 점) : 세 점 호의 두 번째 점을 지정한다.
- Undo(명령 취소) : 최근에 그린 호를 취소한다.

SPLINE(스플라인)

1) 정의

여러 복잡한 곡선을 갖는 물체를 쉽게 그릴 수 있는 명령어이다.

2) 입력 및 작업방식

❶ Command : Spline Enter

❷ Pull-down Menu : Draw → Spline

❸ ToolBar : Pick

3) 사용방법

◆ **명령(Command)** : Spline Enter

① Specify first point or [Object] : 첫 번째 점을 지정하거나 옵션을 선택한다.

4) 옵션 설명

- Specify first point : 첫 번째 점을 지정한다. (첫 번째 점 지정)
- Specify next point : 다음 점을 지정한다. (다음 점 지정)
- Specify next point or [Close/Fit tolerance]〈start tangent〉 : (다음 점 지정 또는 [닫기/공짜 조정]〈접선 시작〉)
- Close : 현재의 지점과 시작점을 곡선으로 연결한다.
  - Specify Tangent : 접선을 지정한다.
- Fit tolerance : 현재의 스플라인 곡률의 허용 한계 값을 변경한다.
  - Specify Fit tolerance〈0.000〉 : 피트 공차 값을 지정한다.

    ˋ 공차 값이 0일 경우 : 피트 포인터를 지난다.

    공차 값이 0 이상일 경우 : 지정한 값 내에서 피트 포인터를 지난다.
  - Specify Start Tangent : 접선 첫 번째 점을 지정한다.
  - Specify Enter and Tangent : 접선 끝점을 지정한다.

PEDIT(Poly line edit : 폴리선 편집)

1) 정의

2D, 3D Polyline, 3D mash를 편집하는 명령어이다.

2) 입력 및 작업방식

❶ Command : Pedit Enter
❷ Pull-down Menu : Modify → Polyline
❸ ToolBar : Pick

3) 사용방법

◆ **명령(Command)** : Pedit Enter

① Select Polyline : 폴리선을 선택한다.

※ 선택한 요소가 Polyline이 아니면 다음과 같은 Message가 나타난다.

- Object select is not a Polyline : 선택한 객체가 Polyline이 아니다.
- Do you want it to turn into one?(Y) : 선택한 객체를 Polyline선으로 교체하시겠습니까?

② Enter an option [Close/Join/Edit/Vertex/Fit/Spline/Decvurve/Ltype gen/ Undo] : 옵션을 선택.

(옵션을 입력 [닫기/결합/폭/정점 편집/맞춤/스플라인/비곡선/선 종류 적용/취소])

4) 옵션 설명

- 직선을 수정할 때
  - Close(닫기) : 열린 폴리선을 닫는다.
  - Joint(결합) : 폴리선을 합친다.
  - Open(열기) : 닫힌 폴리선을 연다.
  - Width(폭) : 폴리선에 일정한 폭을 지정한다.
  - Edit vertex(정점 편집) : 꼭짓점을 수정한다.
  - Fit curve(맞춤) : 폴리선을 곡선화한다.
  - Splne curve(스플라인) : 폴리선의 정점(꼭짓점)을 Spline의 점으로 변환시킨다.
  - Decurve(직선화) : 곡선화된 폴리선을 직선으로 되돌린다.

- LType gen(선 종류 적용) : 폴리선의 정점 둘레에서 라인 타입패턴을 설정한다.
- Undo(명령 취소) : 수정작업을 한 번 취소한다.
- Exit(나가기) : 작업을 마친다.

• 꼭짓점 수정 모드(Edit vertex)
- Next(다음) : 다음 정점으로 이동한다.
- Previous(이전) : 앞의 점으로 이동한다.
- Break(끊기) : 두 정점 사이를 자른다.
- Insert(삽입) : 현재 점 다음에 새 정점을 삽입한다.
- Move(이동) : 현재의 점을 이동한다.
- Regen(재생성) : 폴리선을 재생성한다.
- Straighten(정돈) : 두 정점 사이를 직선으로 만든다.
- Tangent(접선) : 현재의 꼭짓점에 대한 접선방향을 지정한다.
- Width(폭) : 다음 선분의 폭을 지정한다.
- Exit(나가기) : 작업을 마친다.

POLYGON(다각형)

1) 정의

최소 3개의 변에서 최대 1024개의 변을 가지는 다각형을 그릴 수 있으며, 다각형의 크기는 원을 기준으로 내접 또는 외접하는 다각형을 그릴 수 있다.

2) 입력 및 작업방식

❶ Command : Polygon Enter

❷ Pull-down Menu : Draw → Polygon

❸ ToolBar : Pick

3) 사용방법

◆ **명령(Command)** : Polygon Enter

① Enter number of side〈4〉 : 다각의 면수(3~1024)를 입력한다. (면의 수 입력)

② Specify center of polygon or [Edge] : 다각형의 중심점 또는 모서리를 지정한다. (다각형 중심 또는 모서리 지정)

③ Enter an option [Inscribed in circle/Circumscribed about circle]〈1〉 : (옵션[내접원/외접원]입력)

④ Specify radius of circle : 원의 반지름 값을 입력한다. (원의 반지름 값 지정)

4) 옵션 설명

- I(Inscribed) : 원에 내접하는 다각형을 그린다.
- C(Circumscribed) : 원에 외접하는 다각형을 그린다.
- Edge : 다각형의 한 변을 지정해서 다각형을 그린다.

▶ Inscribed의 경우

◆ **Command** : Polygon Enter

- Enter number of side〈4〉 : 5 다각의 면수(3~1024)를 입력한다.
- Specify center of polygon or [Edge] : 점(P1)을 지정한다.
- Enter an option[Inscribed in circle/Circumscribed about circle〈I〉 : Specify radius of circle : 점(P2)를 지정한다.

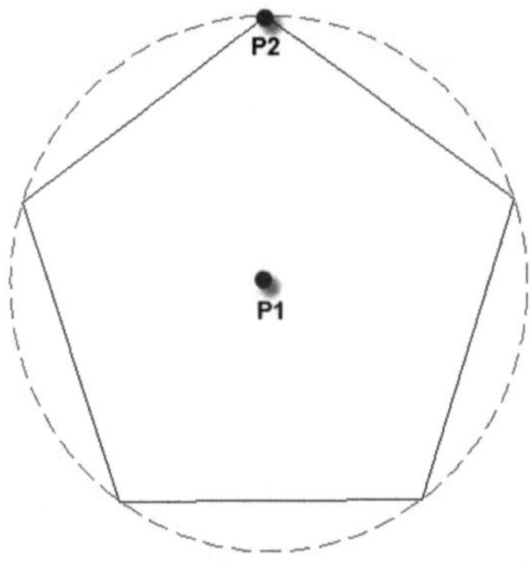

▶ Circumscribed의 경우

◆ **Command** : Polygon Enter

- Enter number of side〈4〉 : 5 다각의 면수(3~1024)를 입력한다.
- Specify center of polygon or [Edge] : 점(P1)을 지정한다.
- Enter an option[Inscribed in circle/Circumscribed about circle〈I〉 : C

- Specify radius of circle : 점(P2)를 지정한다.

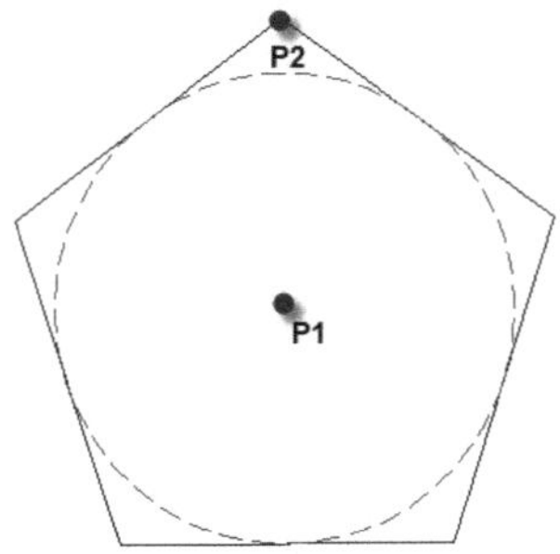

ROTATE(회전)

1) 정의

도면요소를 일정한 각도로 회전시키는 명령어이다.

2) 입력 및 작업방식

❶ **Command** : Rotate Enter

❷ **Pull-down Menu** : Modify → Rotate

❸ **ToolBar** : Pick

3) 사용방법

▶ 기준점에서 회전시킬 경우

◆ **명령(Command)** : Rotate Enter

① Current positive angle UCS : (현재 UCS에서 양의 각도)

② ANGDIR = counterclockwise ANGBASE = 0 (ANGDIR = 반시계 방향 ANGBASE = 0)

③ Select objects : 회전시킬 도면요소를 선택한다. (객체 선택)

④ Select objects : Enter를 누른다.

⑤ Specify rotation angle or [Reference] : 숫자로 회전각도를 입력 또는 포인터로 지정한다. (회전각도 지정 또는[참조])

▶ 각도를 지정하여 회전시킬 경우

◆ **명령(Command)** : Rotate Enter

① Select objects : 회전시킬 도면요소를 선택한다. (객체 선택)

② Select objects : Enter를 누른다. (객체 선택)

③ Specify base point : 회전시킬 기준점을 지정한다. (기준점 지정)

④ Specify rotation angle or [Reference] : R Enter (회전각도 지정 또는[참조])

⑤ Specify the reference angle⟨0⟩ : 참조할 각도를 지정한다. (참조 각도 지정)

⑥ Specify the new angle : 180 회전할 각도를 지정하고 Pick한다. (새 각도 지정)

STRETCH(확장)

1) 정의

도면요소를 늘리거나 줄이는데 사용하는 명령어이다. Extend 명령어와 비슷하지만 Extend 명령어는 연장 경계선을 선택한 후에 연장할 도면요소를 선택해야 하는데 반해, Stretch 명령어는 연장 경계선이 필요 없다.

2) 입력 및 작업방식

❶ Command : Stretch Enter

❷ Pull-down Menu : Modify → Stretch

❸ ToolBar : Pick

3) 사용방법

◆ **명령(Command)** : Stretch Enter

① Select Object to Stretch by Crossing-window or Crossing-polygon··· : 도면요소를 crossing 방법으로 선택
(Crossing 윈도우 또는 Crossing-다각형에 확장될 객체 선택)

② Select Object : 확장할 도면요소를 선택 (객체 선택)

③ Select Object : 확장할 도면요소를 선택하거나 Enter를 누름 (객체 선택)

④ Specify base point or displacement : 기준점을 지정 (기준점 또는 변위 지정)

⑤ Specify second point or displacement : 이동점을 지정 (다음 점 또는 변위 지정)

◆ **명령(Command)** : Stretch `Enter`

① Select Objects to Stretch by Crossing–Window or Crossing–Polygon…

② Select Objects : ·· P1

③ Specify Opposite Corner : ·· P2

④ Select Objects : `Enter`

⑤ Specify Base Point or Displacement : ·· B1

⑥ Specify Second Point of Displacement : ·· B2

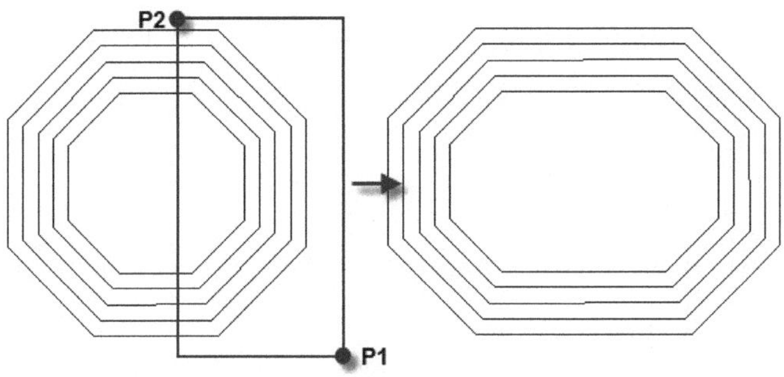

MULTI–LINE or MLINE(다중선)

1) 정의

이중선을 그리는 명령어이며, Mline이라고 한다.

2) 입력 및 작업방식

❶ Command : Mline `Enter`

❷ Pull-down Menu : Draw ➔ Multilne

❸ ToolBar : Pick

3) 사용방법

◆ **명령(Command)** : Mline Enter

① Justification=Top, Scale=20.00, Style=STANDARD
(자리맞추기=위, 축척=20.00, 유형=표준)

② Specify start pont or [Justification/Scale/Style]
(첫 번째 점 또는 [자리 맞추기/축척/유형])

4) 옵션 설명

- Justification(자리 맞추기) : 다중선의 기준을 조정한다. 다중선의 기준을 입력한다.
  - Top : 다중선의 상단을 기준으로 하여 그린다.
  - Zero : 다중선의 중앙을 기준으로 하여 그린다.
  - Bottom : 다중선의 하단을 기준으로 하여 그린다.
- Scale : 다중선의 두 선 간의 간격을 조정한다.
- Style : 다중선의 종류를 조정한다.

CHAPTER 5

평면도 작성

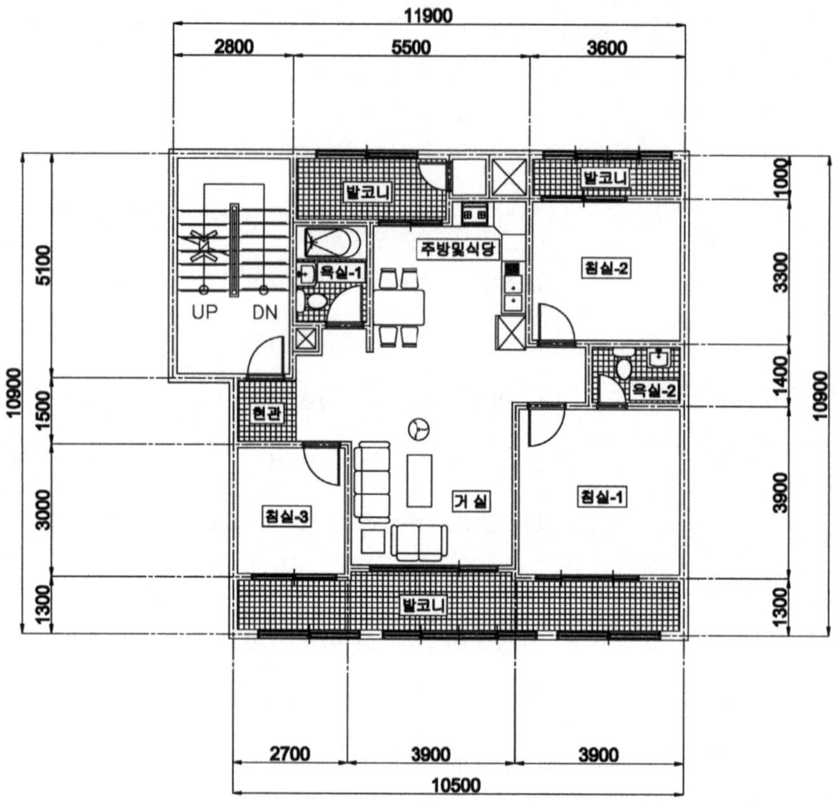
11900
2800
5500
3600
발코니
발코니
주방및식당
욕실-1
침실-2
UP
DN
현관
욕실-2
거실
침실-1
침실-3
발코니
5100
10900
1500
3000
1300
1000
3300
1400
10900
3900
1300
2700
3900
3900
10500

LESSON

01

중심선 그리기

중심선 도면층 설정

"Layer"를 입력하면 중심선 도면층을 만들 수 있다.

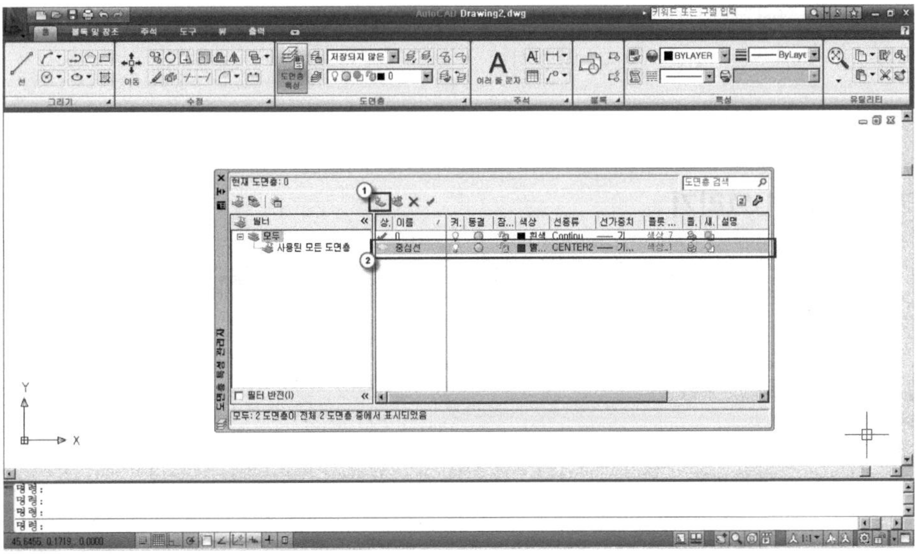

▲ ① 새 도면층을 클릭하고

② "중심선" 도면층을 만든다.

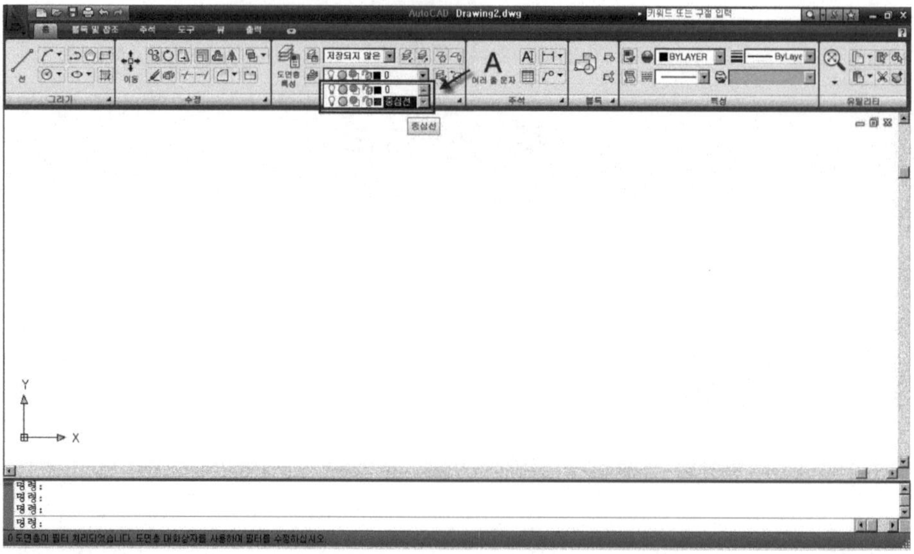

▲ 도면층을 중심선으로 변경한다.

기준 중심선 그리기

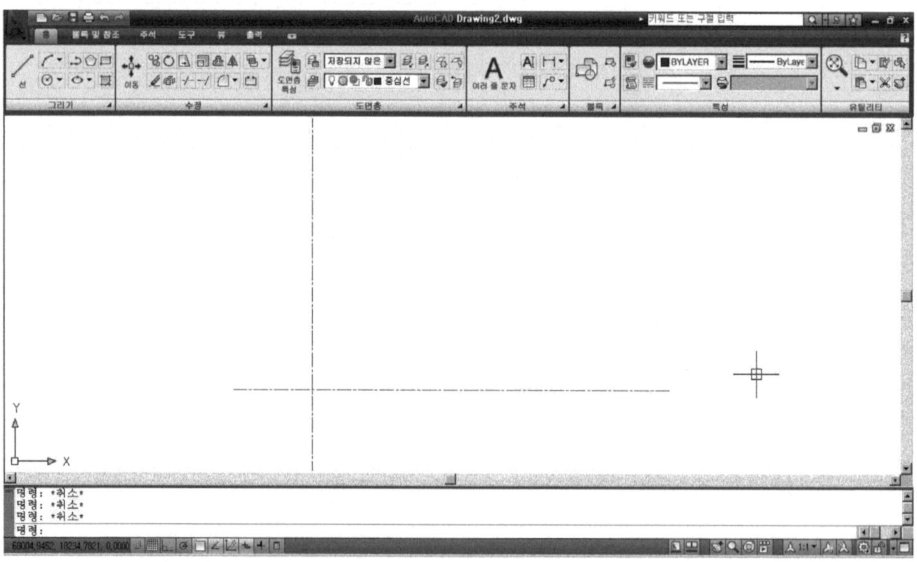

▲ Line 명령어를 이용하여 도면영역에 두 개의 기준 중심선을 그린다.〈미리 직교모두를 ON 시켜둔다〉

중심선 복사하기

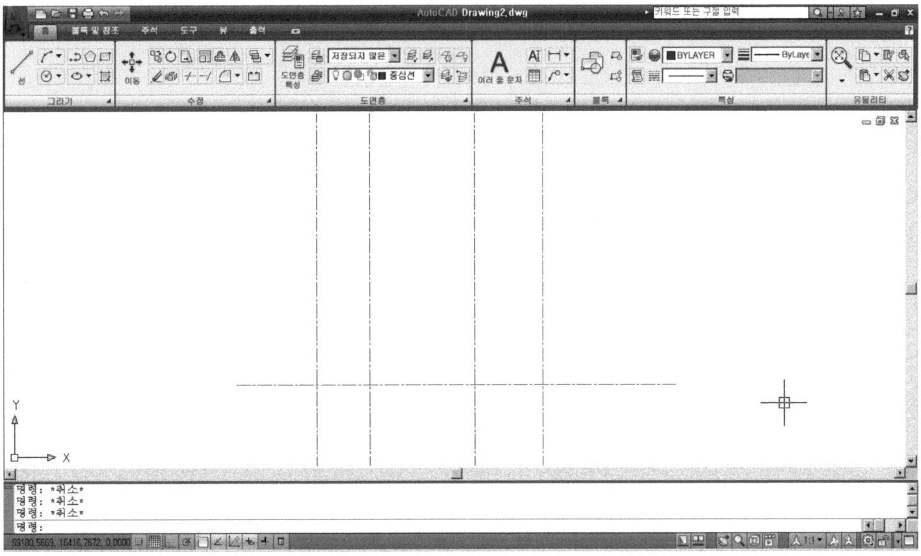

▲ Y축 기준 중심선을 Offset 명령어로 “2800, 5500, 3600”을 띄운다.

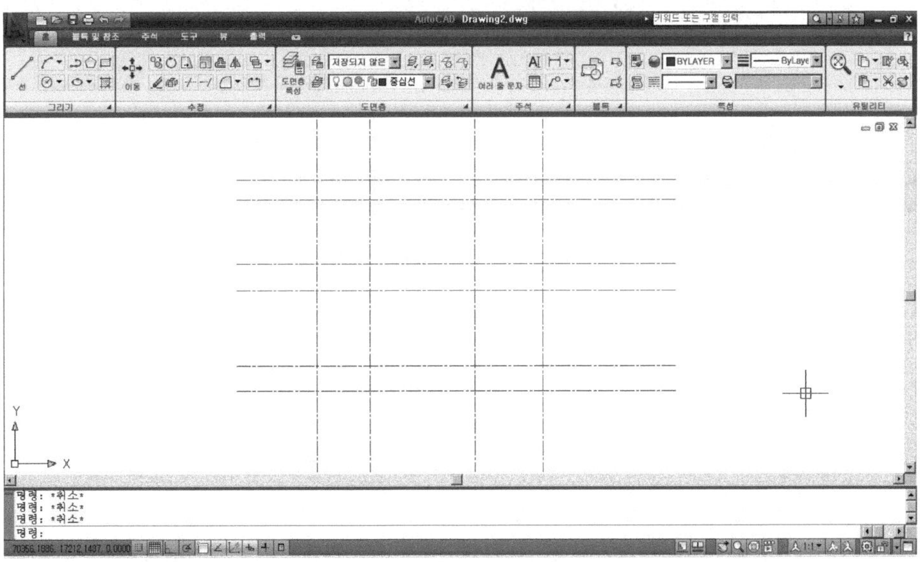

▲ X축 기준 중심선을 Offset 명령어로 “1300, 3900, 1400, 3300, 1000”을 띄운다.

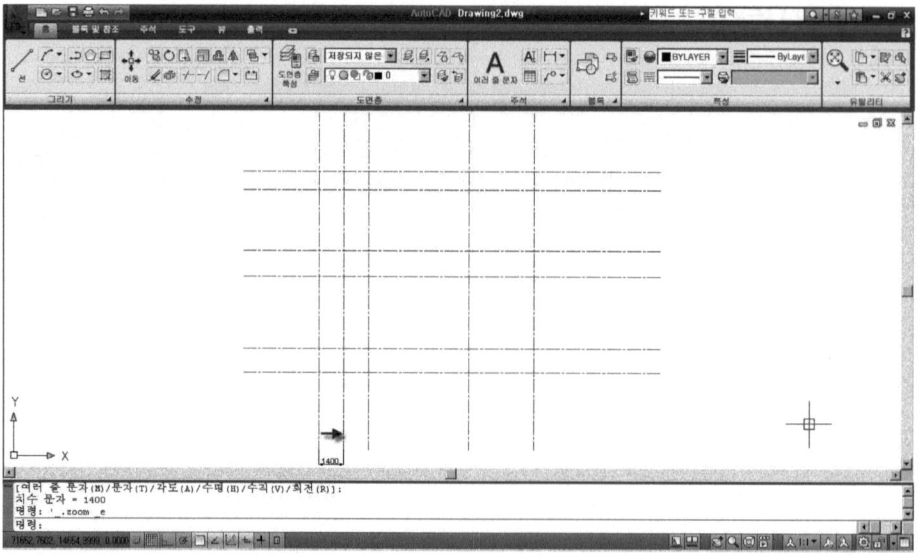

▲ 내벽의 중심선을 만든다.

Offset으로 "1400"을 화살표 방향으로 띄운다.

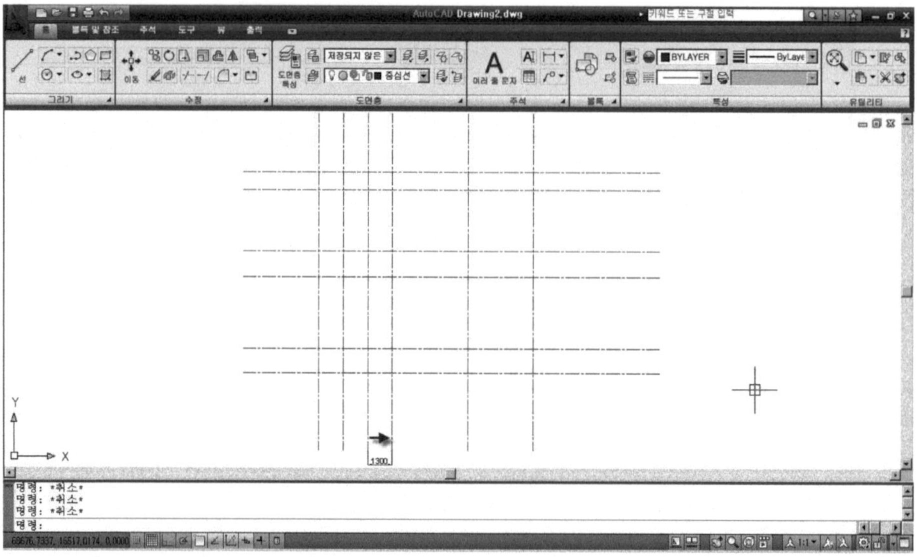

▲ Offset 명령어를 사용하여 화살표 방향으로 선을 "1300" 띄운다.

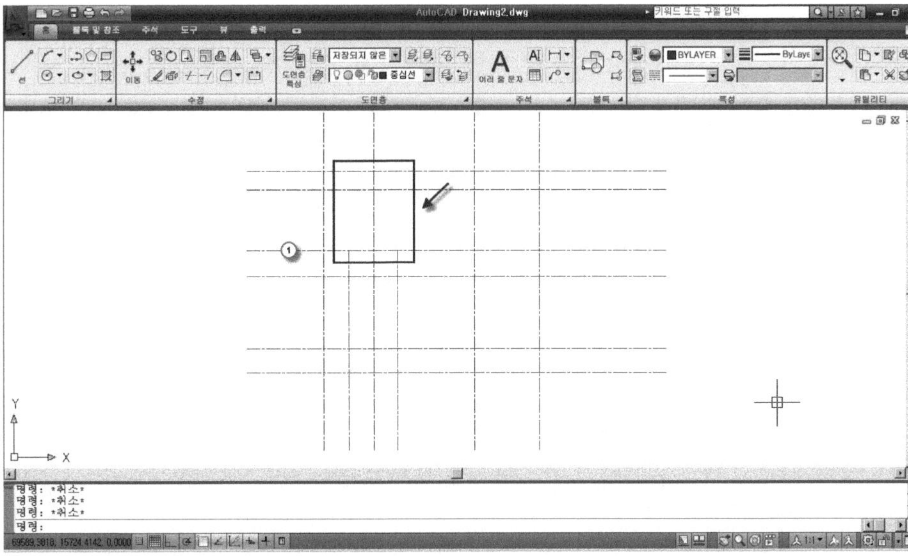

▲ 1번 선을 기준으로 Trim으로 그림과 같이 두 선을 절단한다.

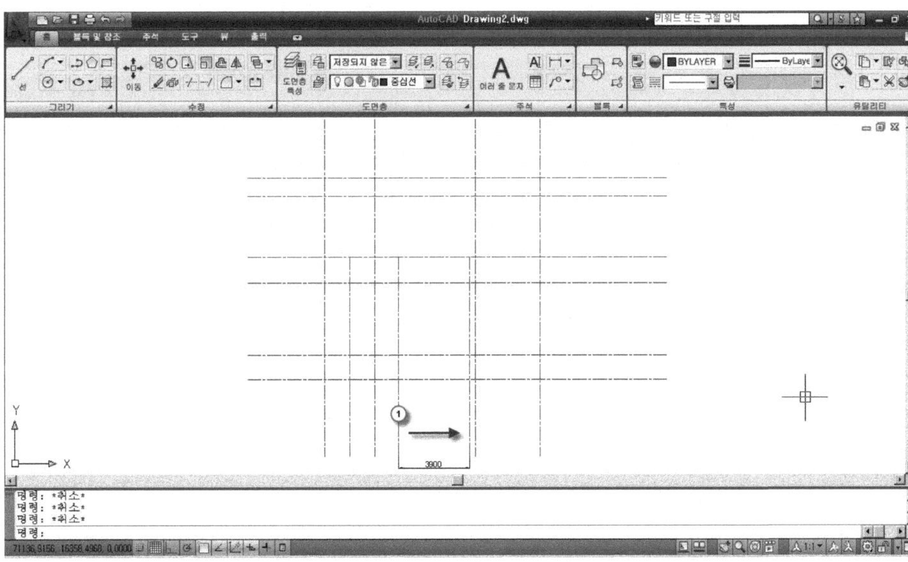

▲ 1번 중심선을 Offset으로 화살표 방향으로 "3900"을 띄운다.

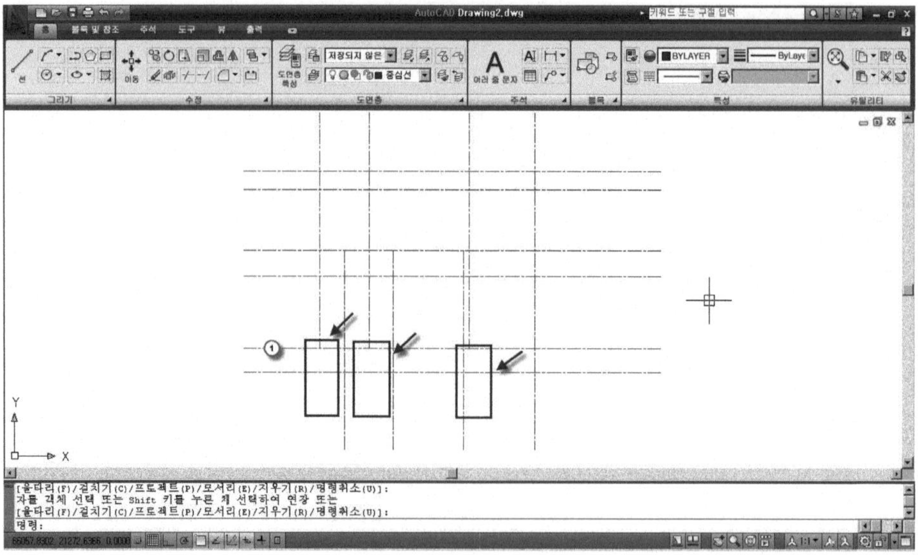

▲ Trim 명령어를 사용하여 ① 선을 기준으로 그림과 같이 절단한다.
도면의 복잡함을 줄이기 위해 선을 정리해 나가면서 도면을 작성한다.

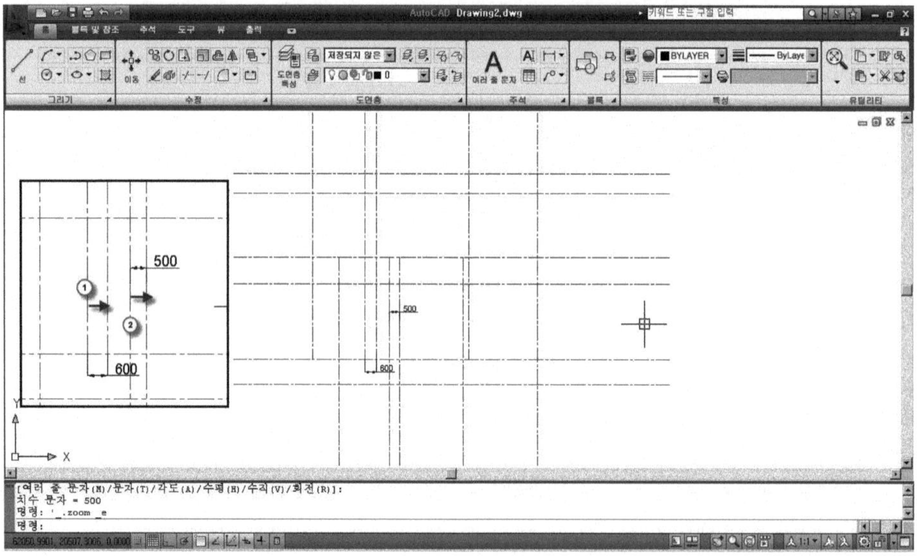

▲ Offset 명령어로

① 선을 “600” 띄우고,

② 선을 “500” 띄운다.

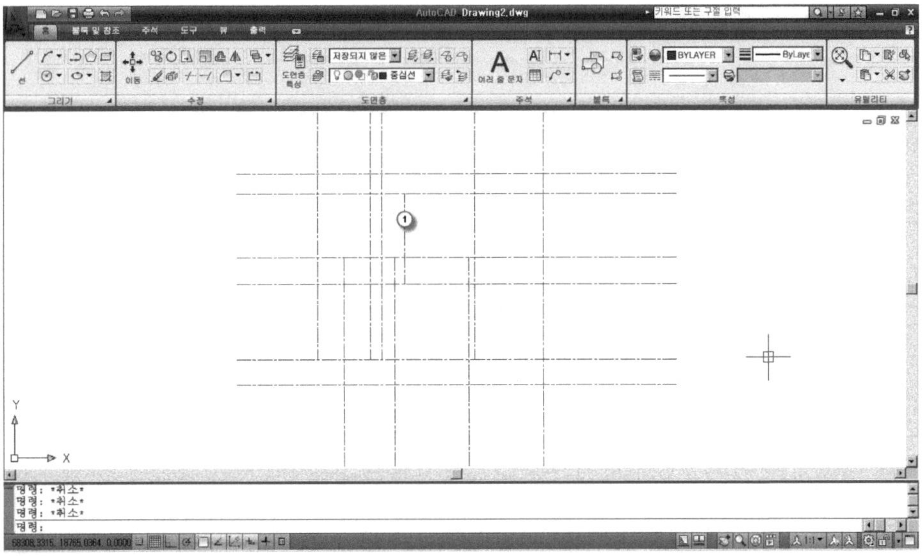

▲ Trim과 Extend로 ① 선을 그림과 같이 정리해준다.

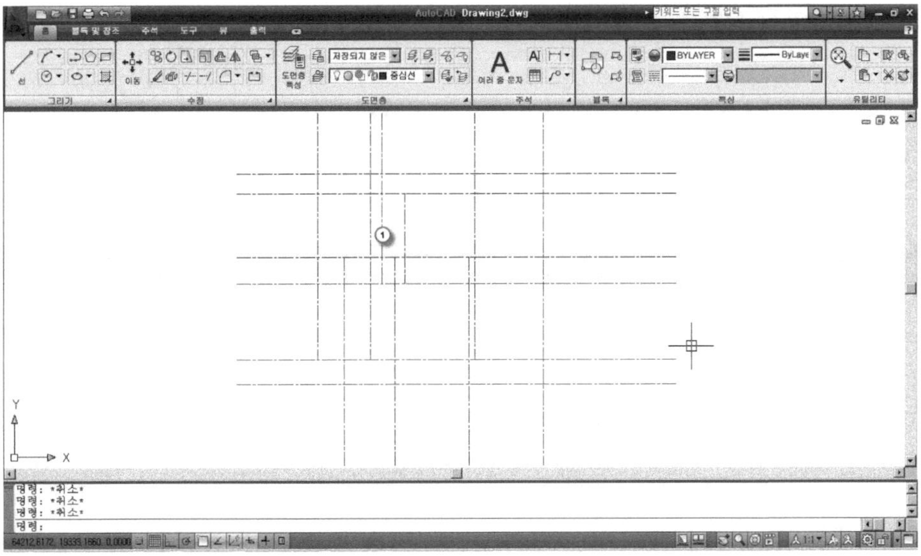

▲ Trim으로 ① 선을 그림과 같이 절단한다.

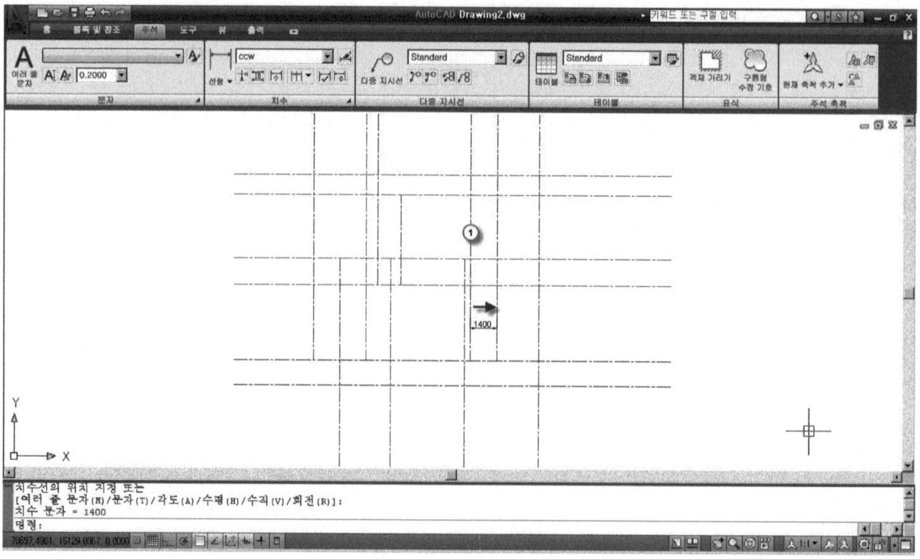

▲ Offset 명령어로 ① 선을 “1400” 띄운다.

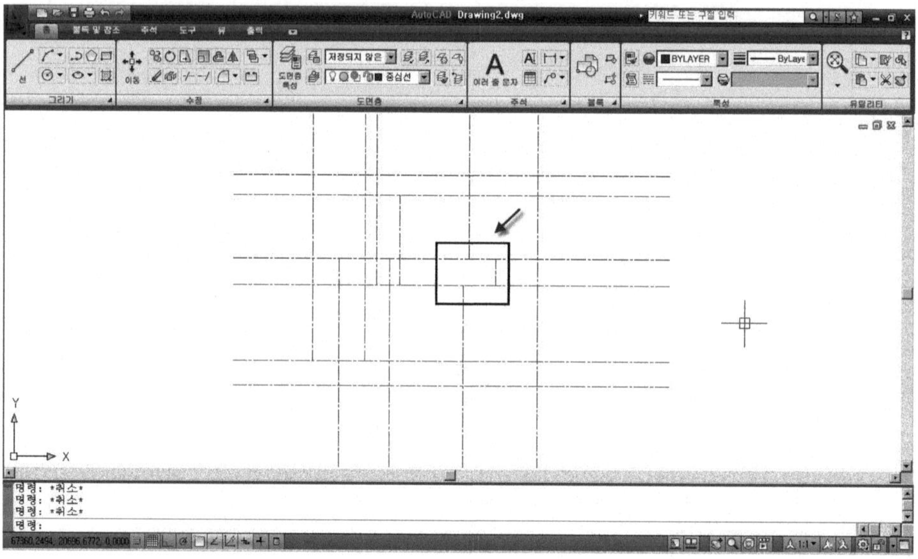

▲ Trim으로 그림과 같이 선을 정리해준다.

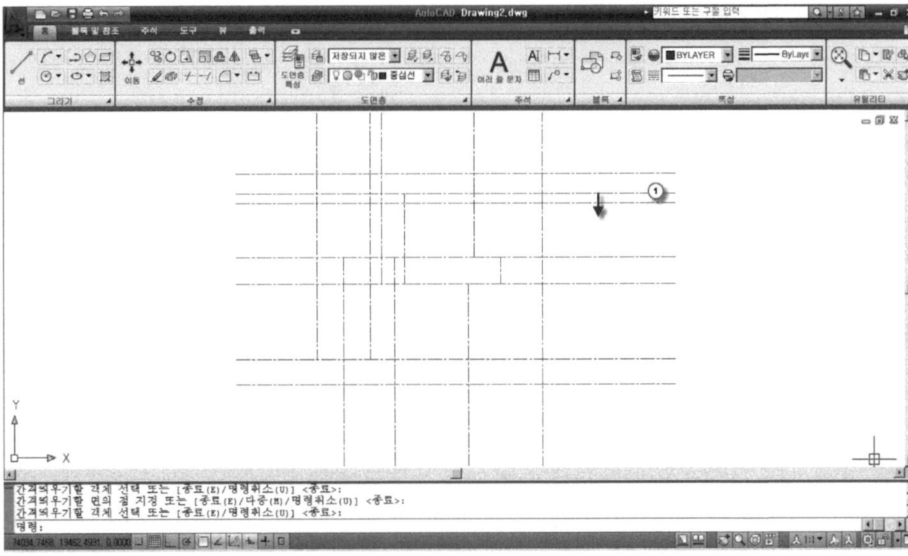

▲ Offset으로 ① 선을 "560" 띄운다.

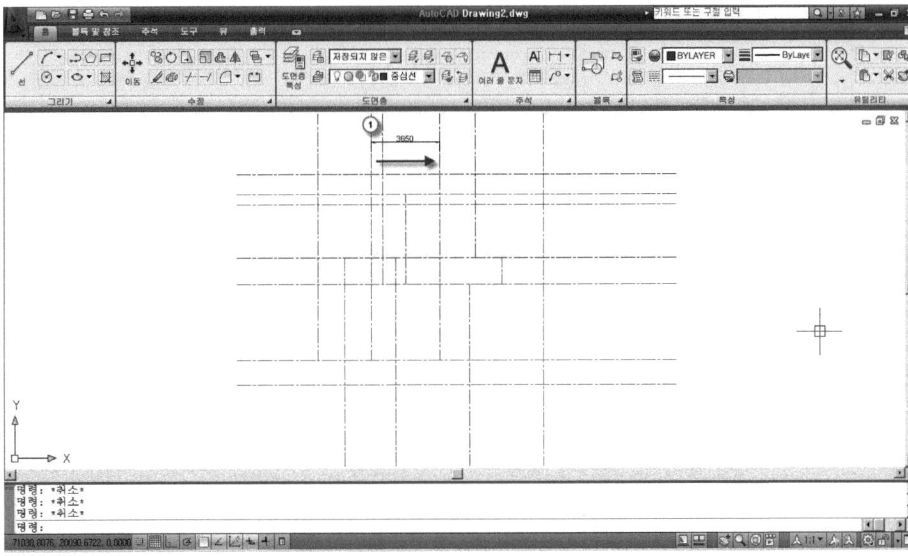

▲ Offset으로 ① 선을 "3650" 띄운다.

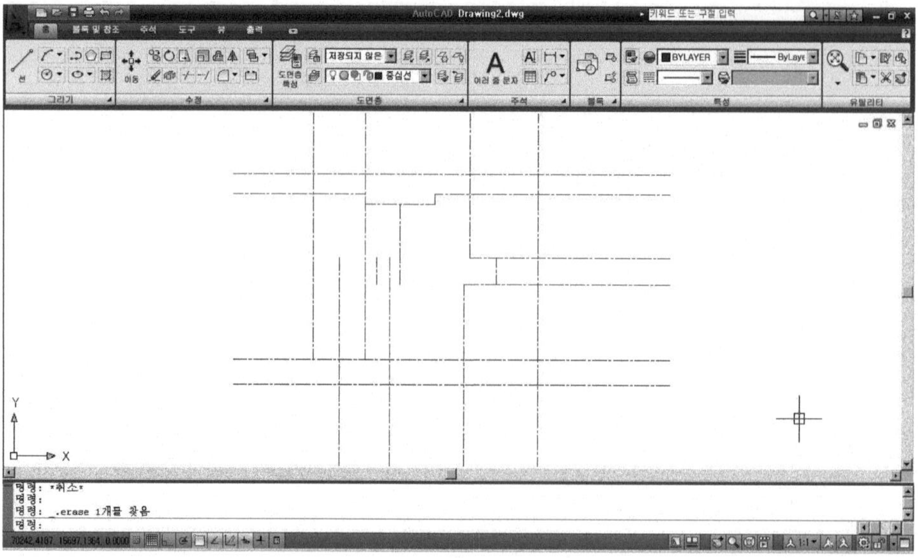

▲ 그림과 같이 Trim으로 선을 정리해준다.

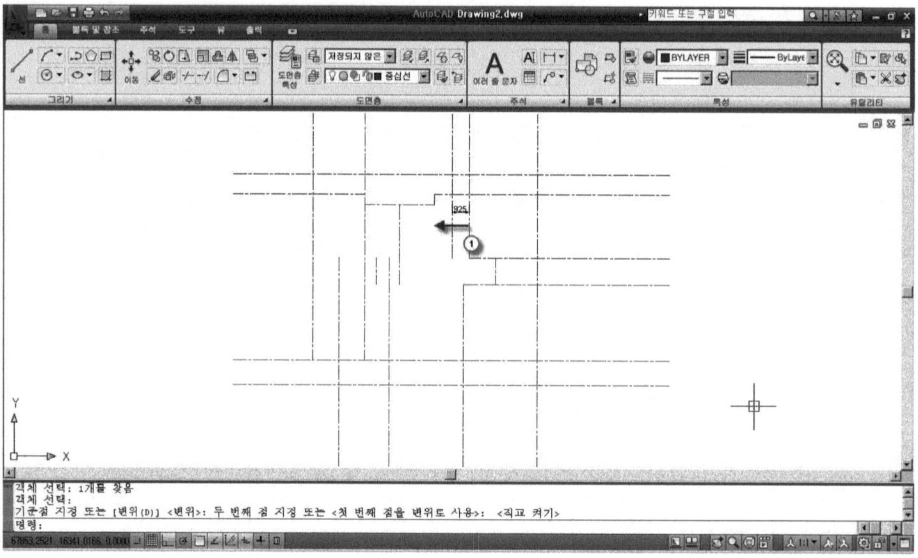

▲ Offset으로 ① 선을 “925” 띄운다.

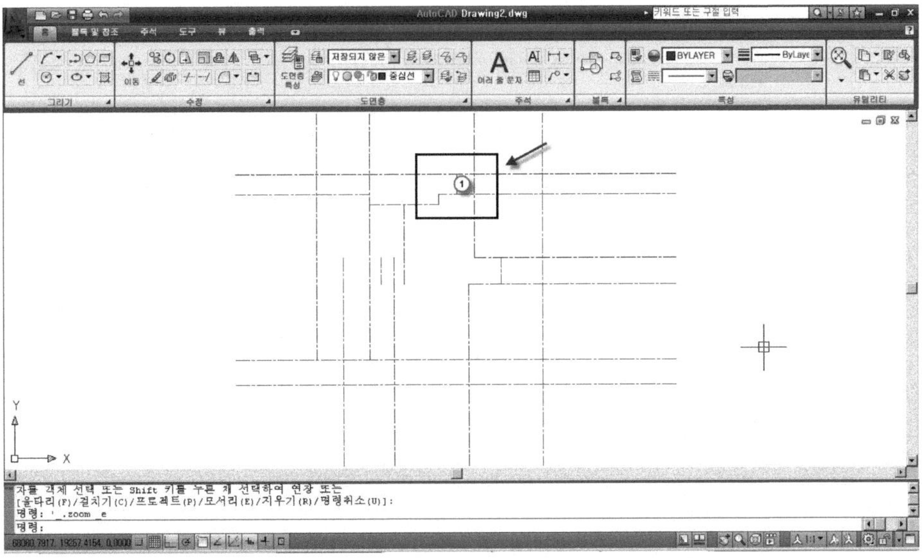

▲ Trim으로 ① 선을 그림과 같이 정리해준다.

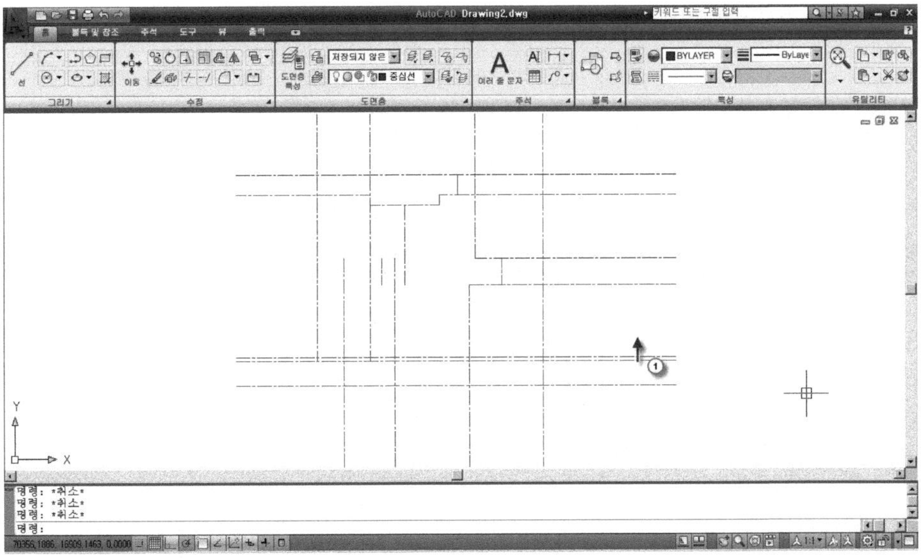

▲ Offset으로 ① 선을 “200” 띄운다.

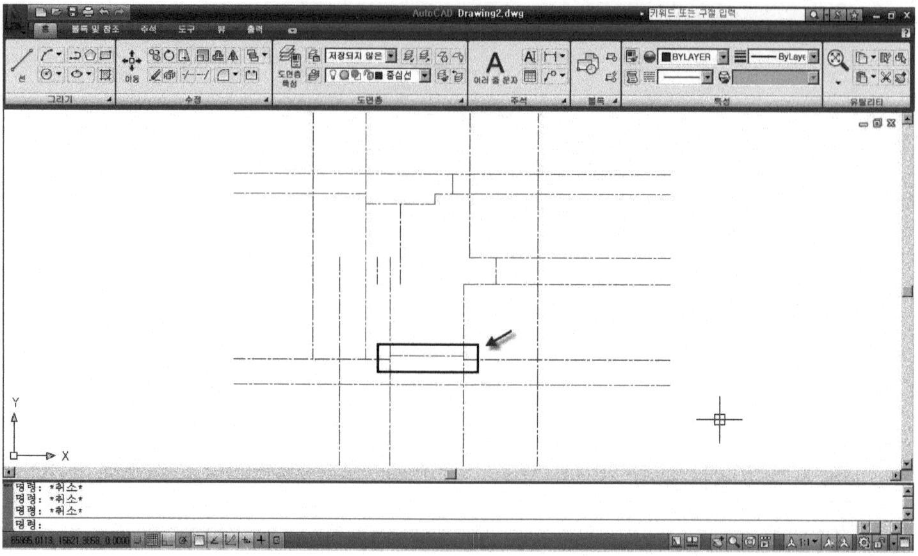

▲ Trim으로 그림과 같이 선을 정리해준다.

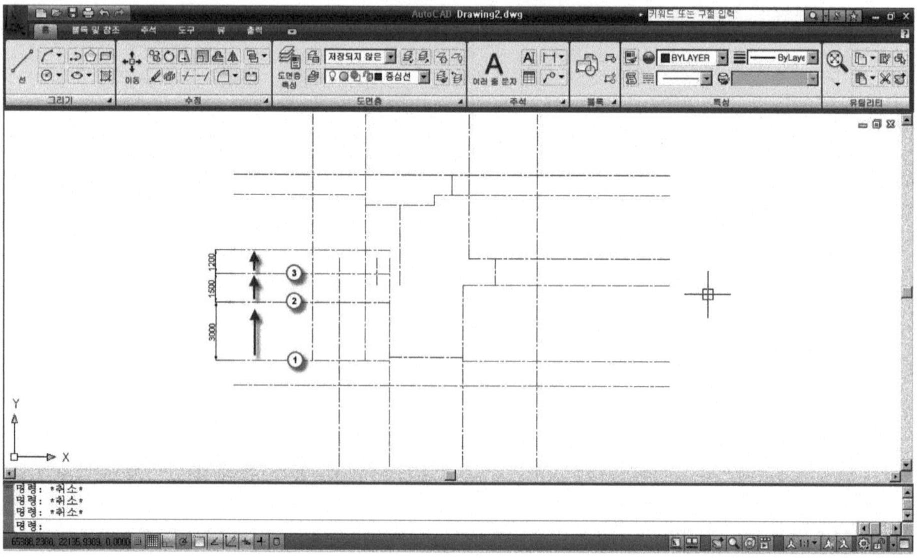

▲ Offset 명령어로

① 선을 "3000"

② 선을 "1500"

③ 선을 "1200" 띄운다.

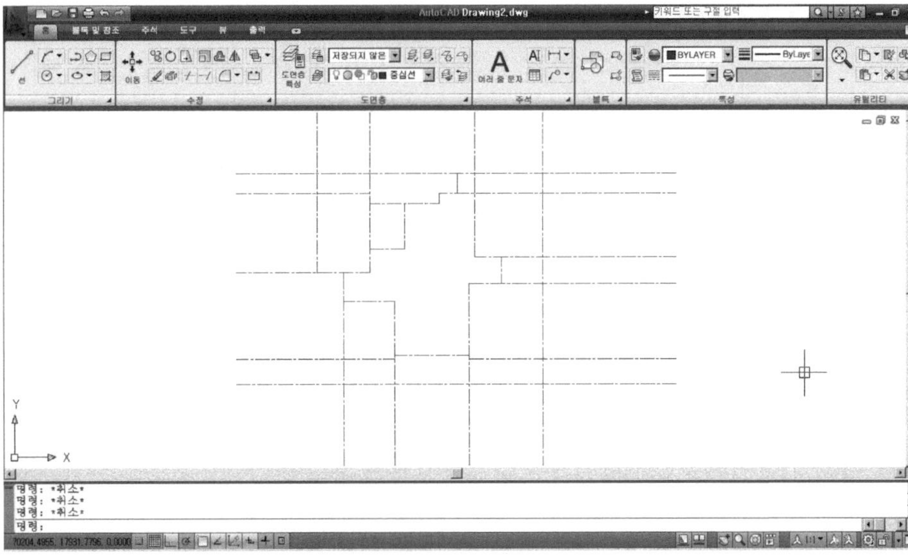

▲ 그림과 같이 Trim으로 선을 정리해준다.

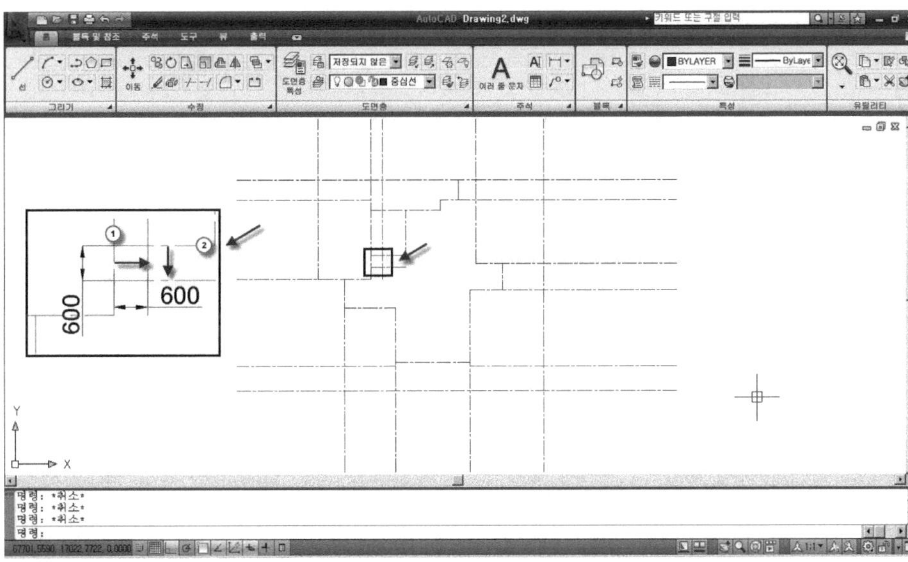

▲ Offset으로

① 선과

② 선을 "600" 띄운다.

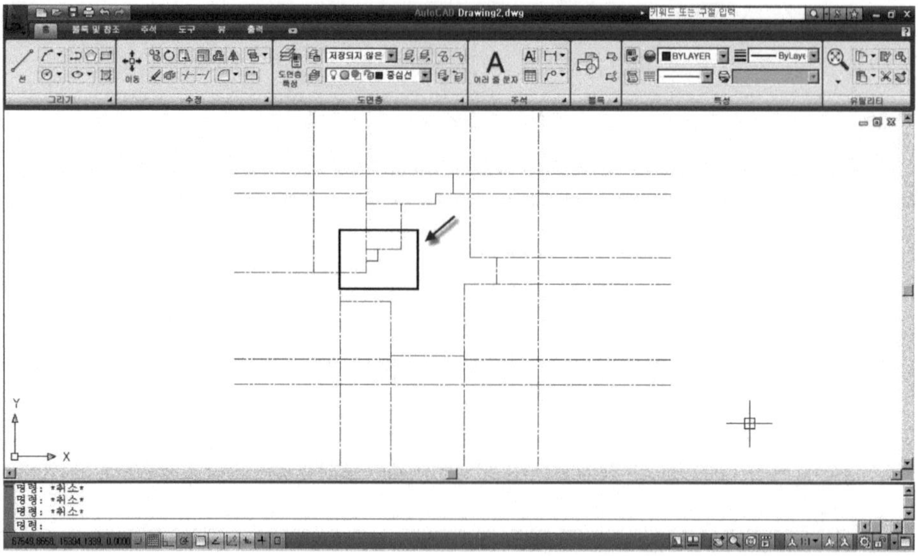

▲ Trim으로 그림과 같이 선을 정리해준다.

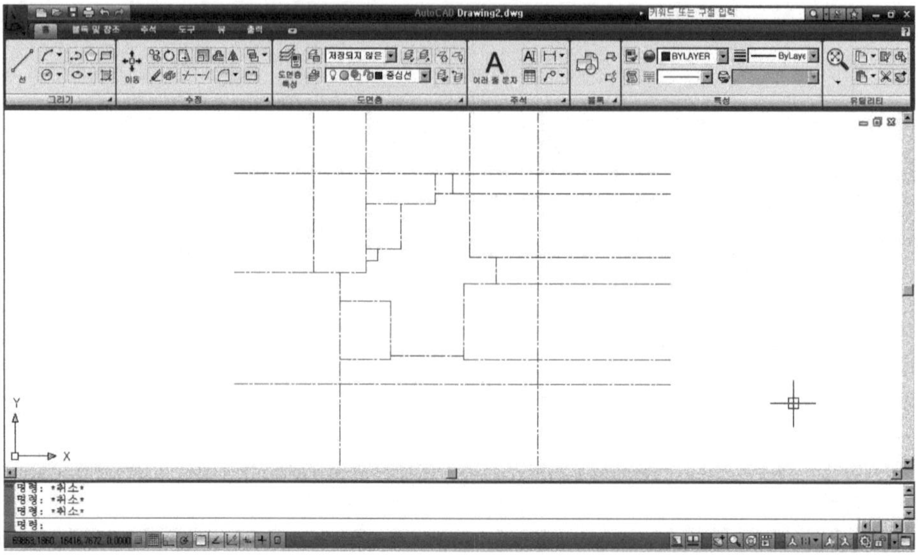

▲ 불필요한 선들을 그림과 같이 정리해준다.

LESSON
02

벽체 그리기

벽체 도면층 설정

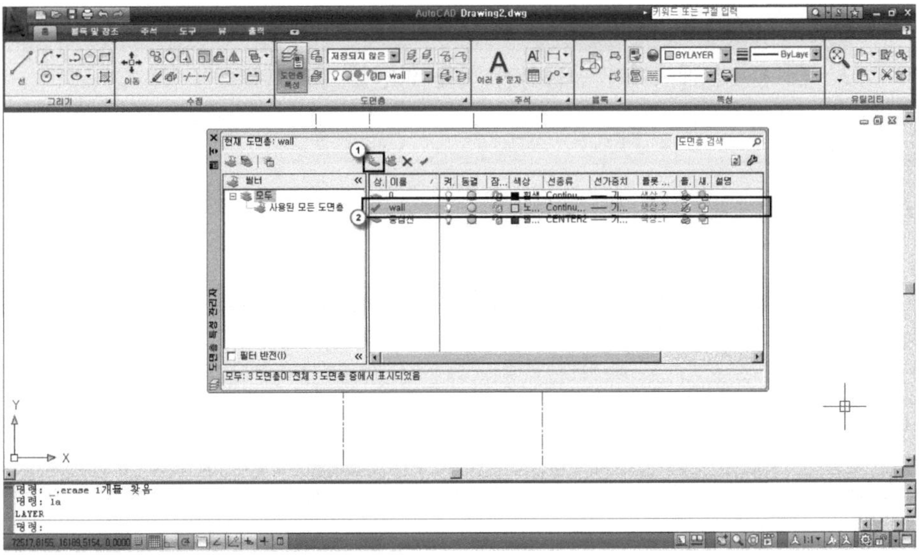

▲ ① 새 도면층을 클릭하면 새로운 "도면층1"이 만들어진다.

② "Wall"이라고 도면층 이름을 변경하고 색상을 노란색으로 설정한다.

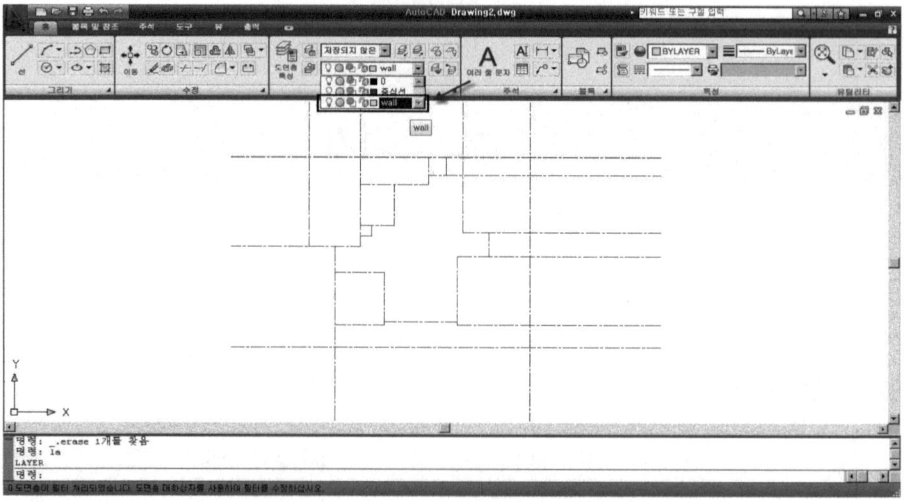

▲ 새로운 벽 레이어가 만들어진 것을 확인할 수 있다.

벽체 그리기

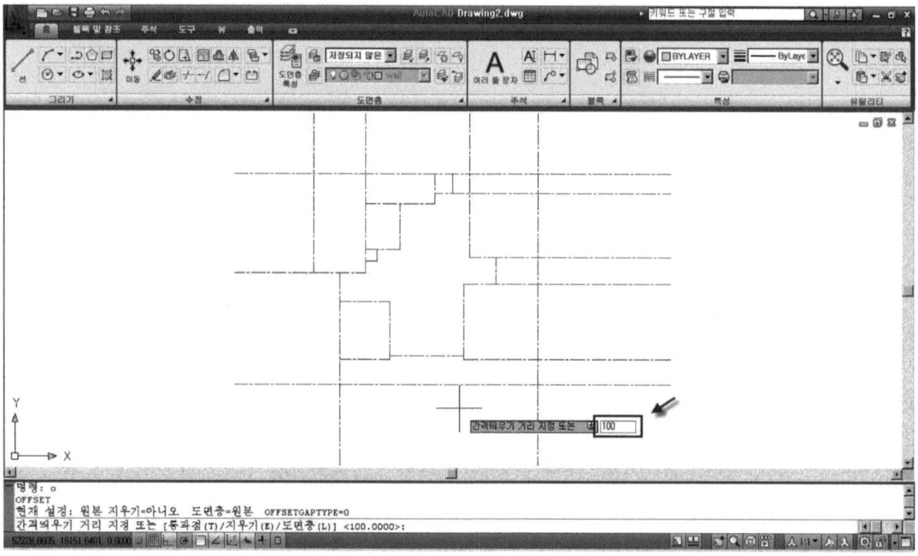

▲ Offset을 입력하고, 간격 띄우기 거리지정 값을 "100"으로 입력하고 Enter를 누른다.

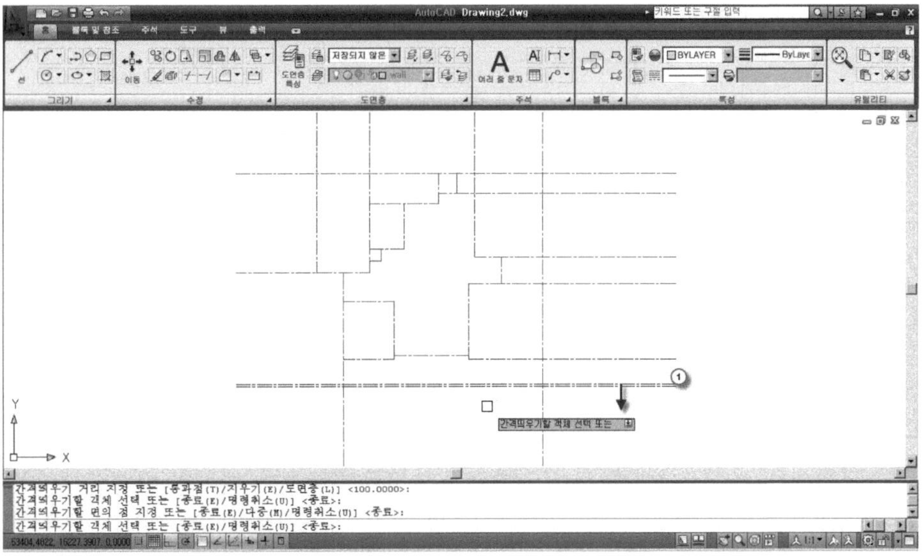

▲ ① 선을 선택하고 화살표 방향 쪽으로 클릭하면 "100"만큼 간격을 띄울 수 있다.

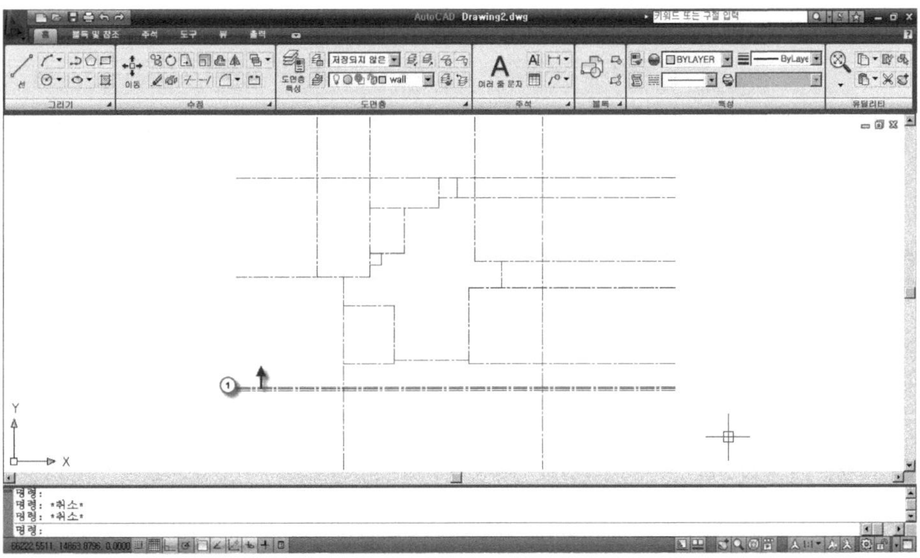

▲ ① 선을 선택하고 화살표 방향으로 클릭하면 "100"만큼 간격이 띄워진다.

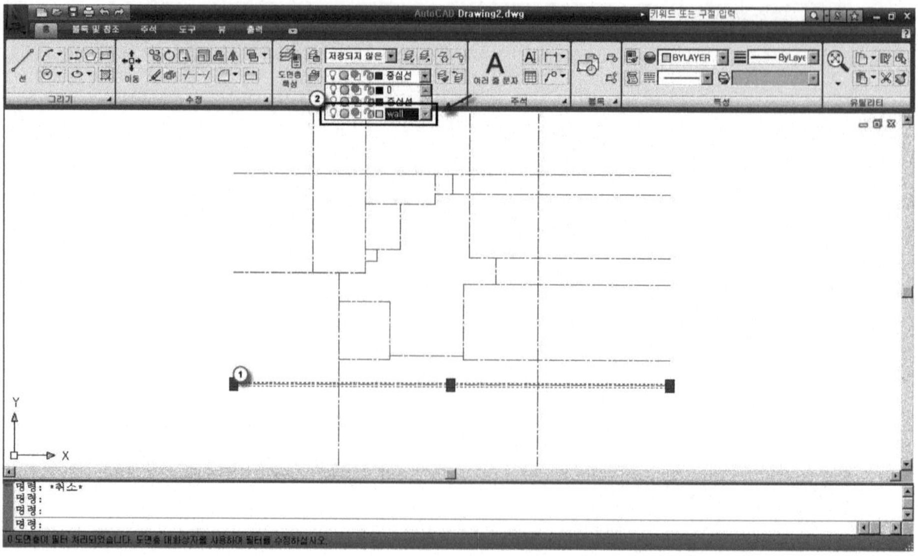

▲ ① 두 선을 선택하고

② 도면층 특성을 "Wall" 선택하면 레이어 특성이 변경된다.

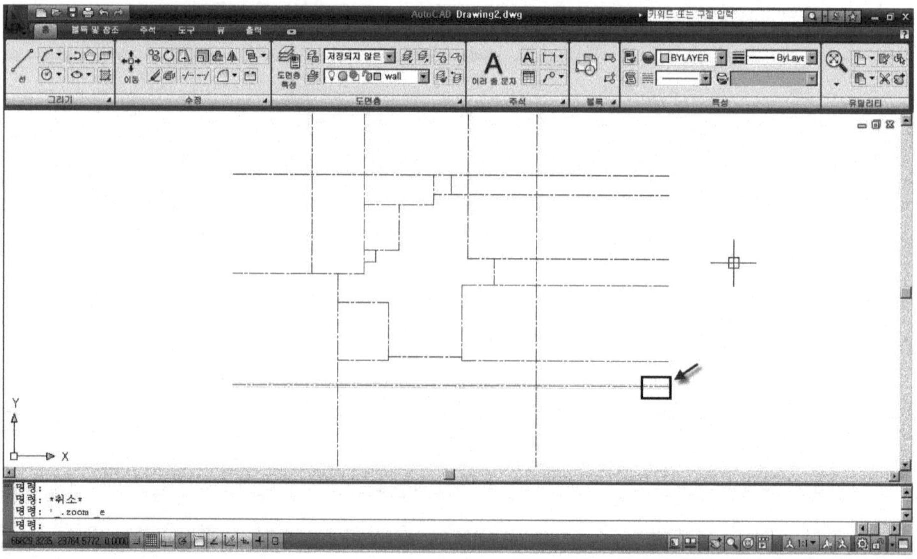

▲ 도면층과 선 색상이 바뀐 것을 확인할 수 있다.

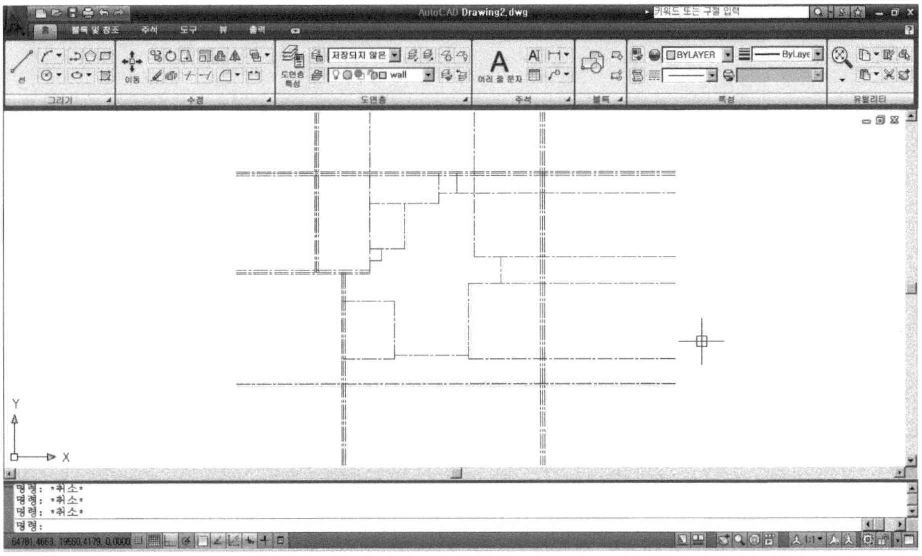

▲ 외벽을 같은 방법으로 모두 Offset 명령어로 간격을 띄운다.

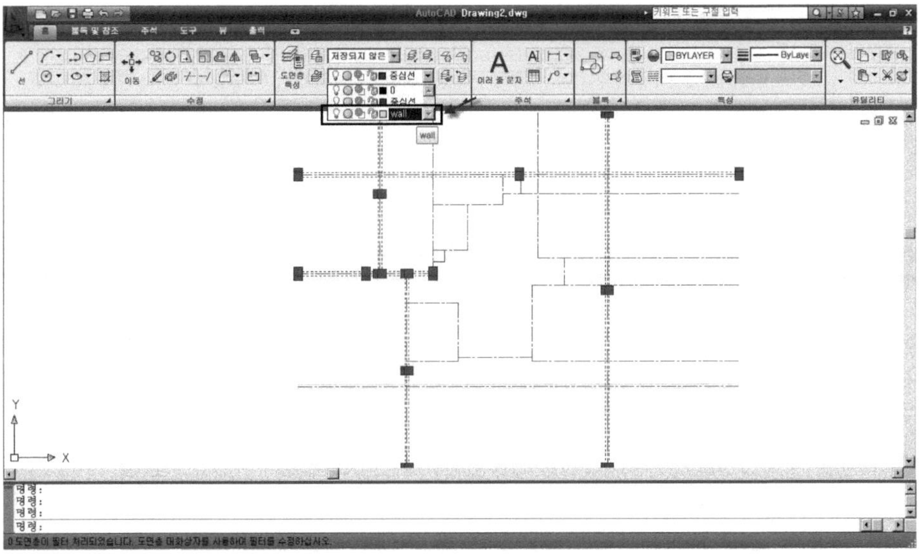

▲ 변경할 선을 모두 선택하고 도면 특성을 변경한다.

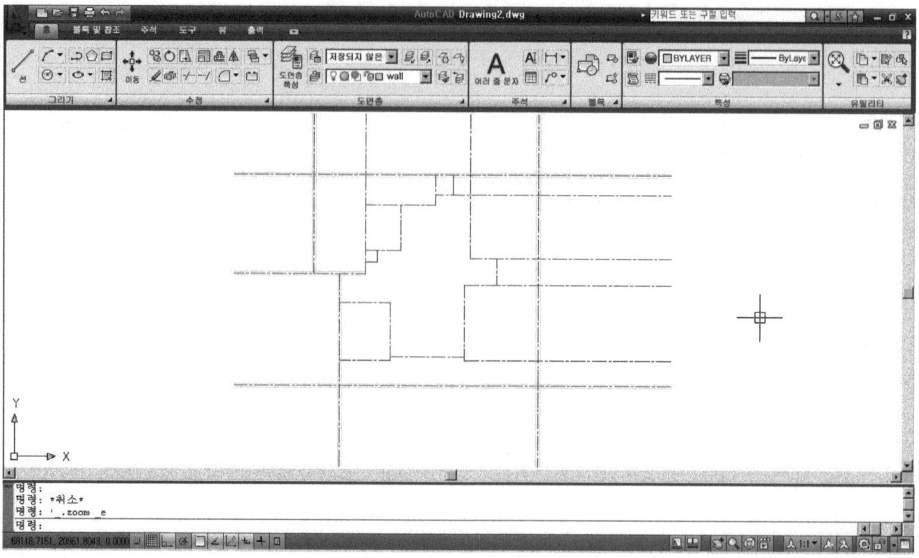

▲ 도면 층이 변경된 것을 확인할 수 있다.

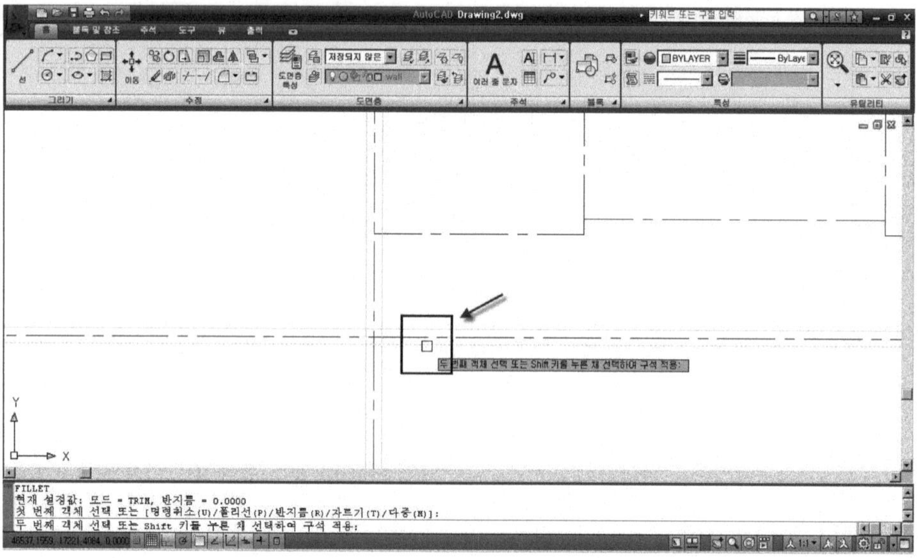

▲ Fillet를 입력하고 Enter를 누른다. 그림과 같이 첫 번째 선을 선택한다.

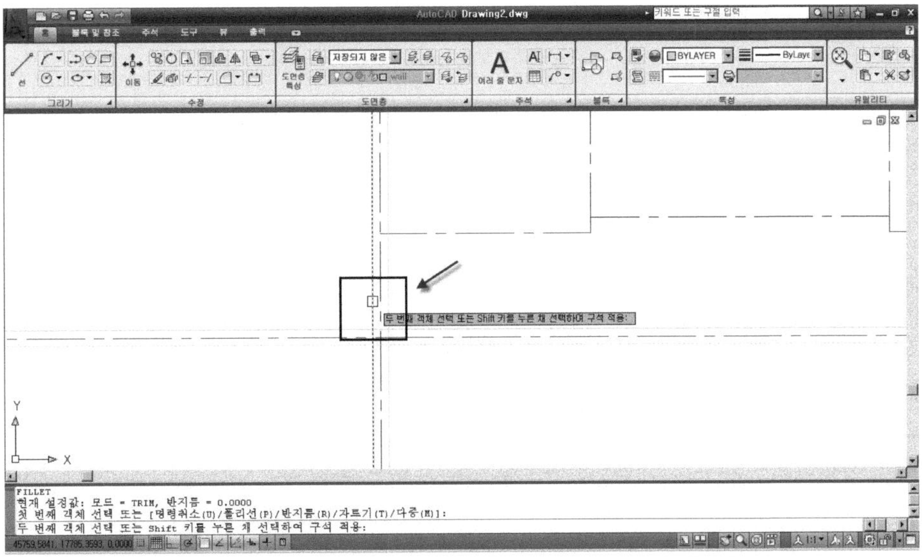

▲ 두 번째 선을 선택하면 모깎기가 된다.

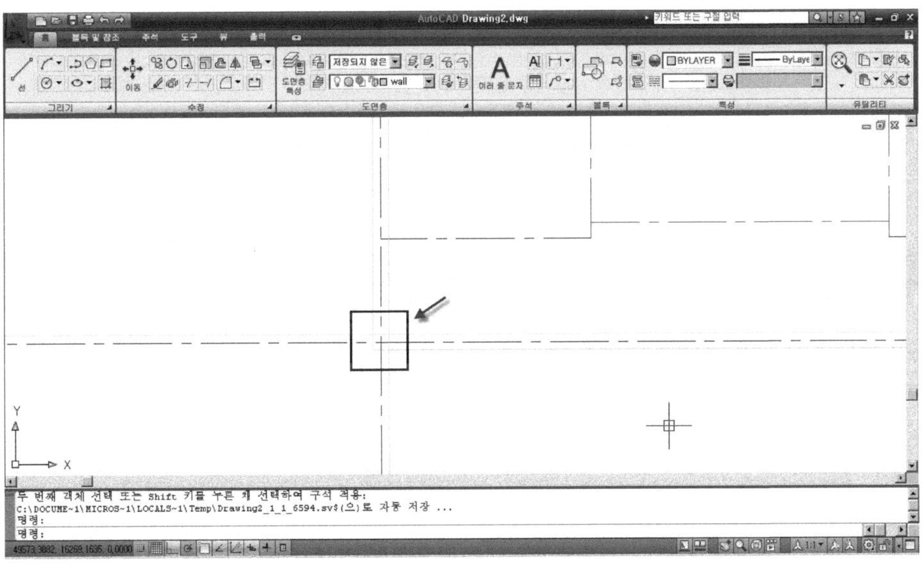

▲ 그림과 같이 모깎기된 것을 확인할 수 있다.

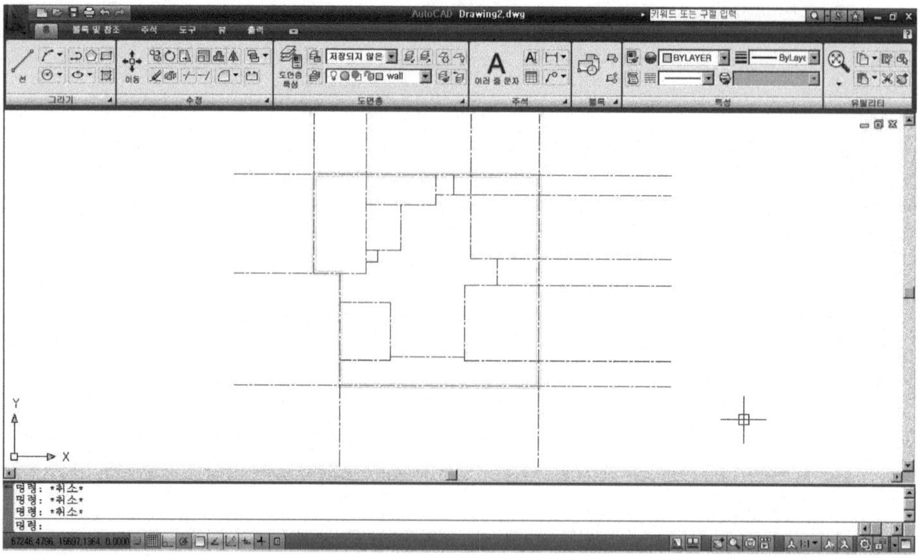

▲ 외벽을 같은 방법으로 정리한 결과이다.

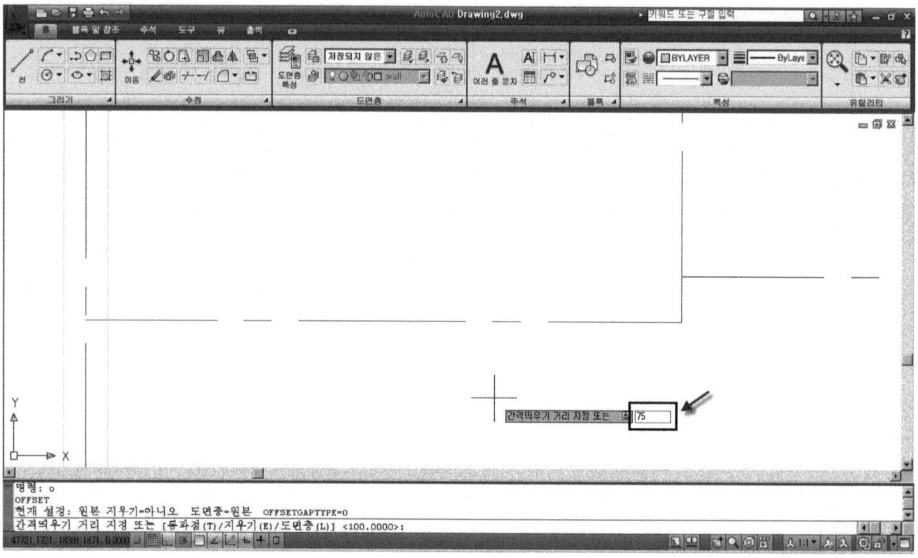

▲ 내벽을 만들려면 Offset을 입력하고 Enter를 누른 다음 간격 띄우기 거리 지정 값 "75"를 입력하고 Enter를 누른다.

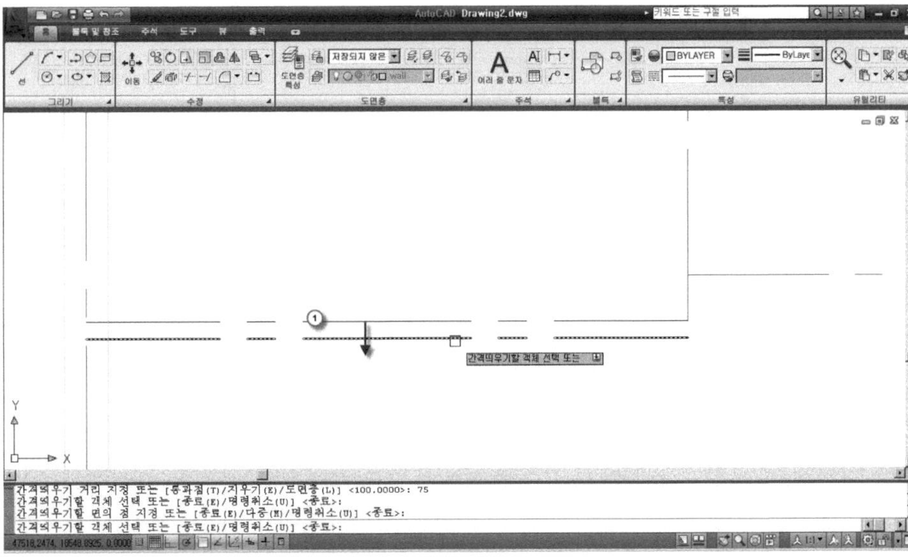

▲ ① 선을 선택하고 화살표 방향으로 클릭하면 간격 띄우기가 된다.

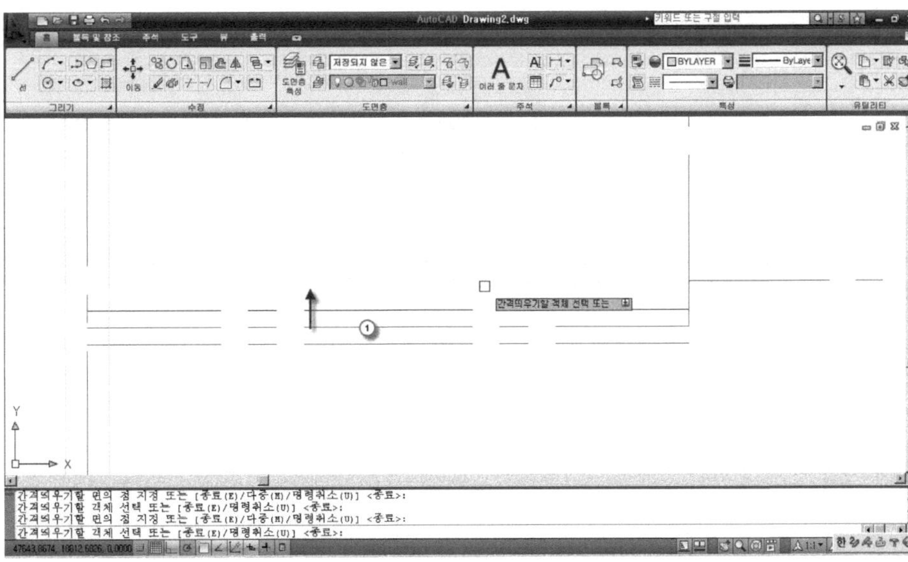

▲ 같은 방법으로 위 선도 간격을 띄워준다.

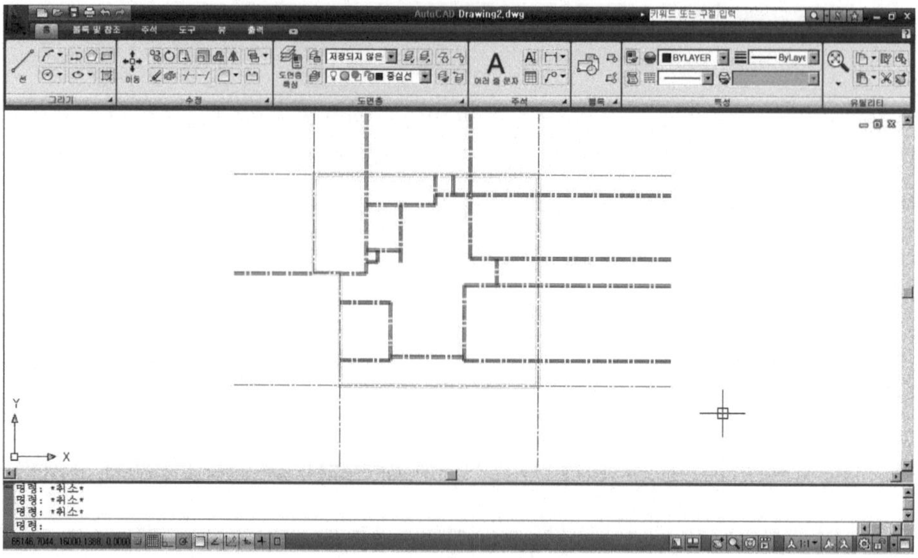

▲ 내벽을 모두 간격 띄우기를 한 결과이다.

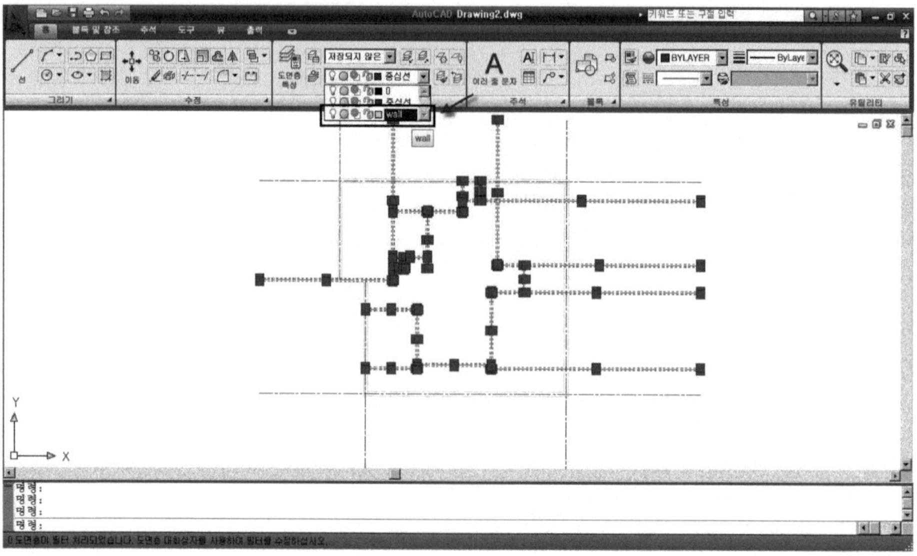

▲ 내벽 선을 모두 선택하고 도면층을 “Wall” 선택한다.

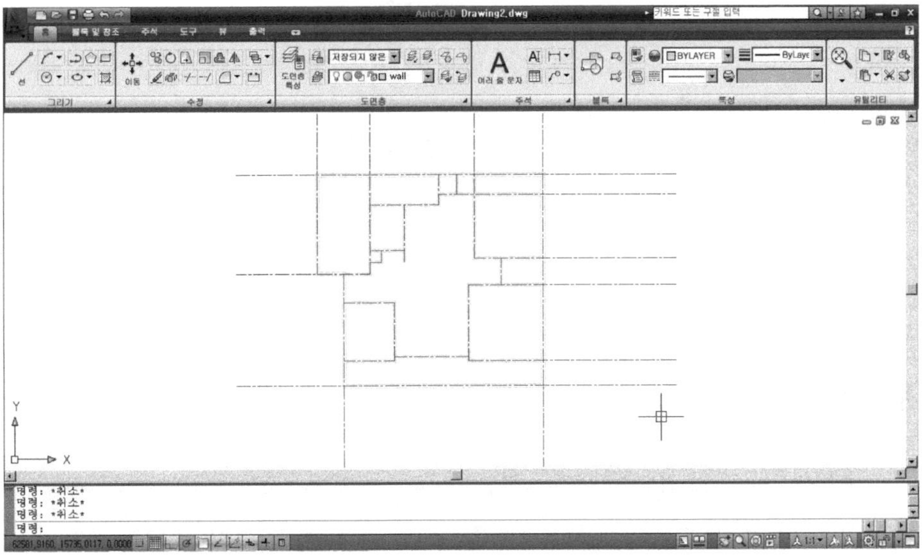

▲ 내벽을 모두 정리한 결과이다.

LESSON 03

문 그리기

문 도면층 설정

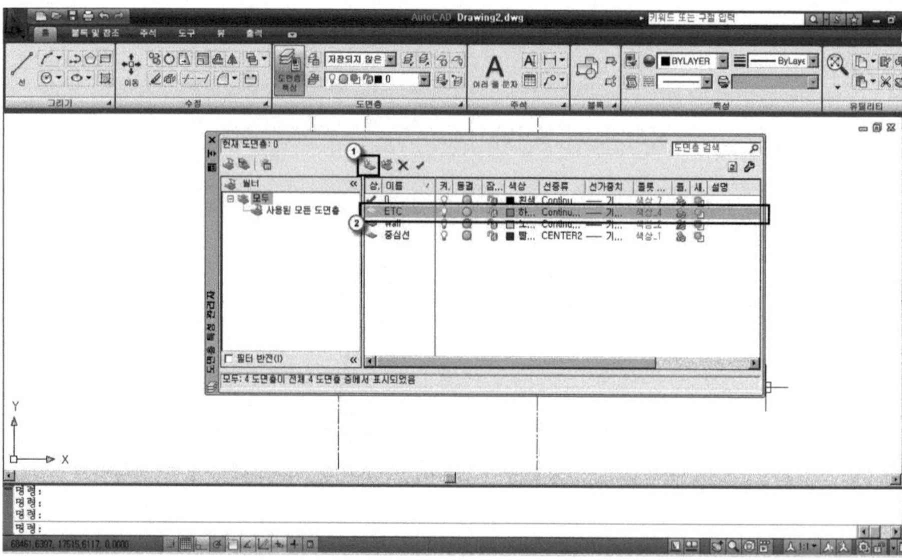

▲ Layer를 입력하고 Enter를 누르면 도면층 특성 도구상자가 활성화된다.

① 새 도면층을 클릭하면

② "도면층1"이 만들어지는데 이름은 "ETC"로 변경하고, 색상은 하늘색으로 변경한다.

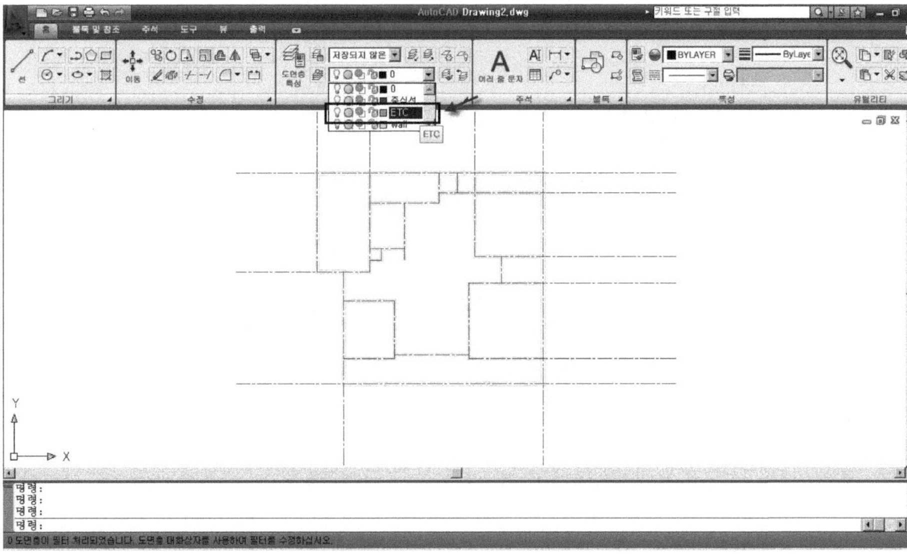

▲ "ETC" 도면층이 새로 만들어진 것을 확인할 수 있다.

문 그리기 〈블록 사용〉

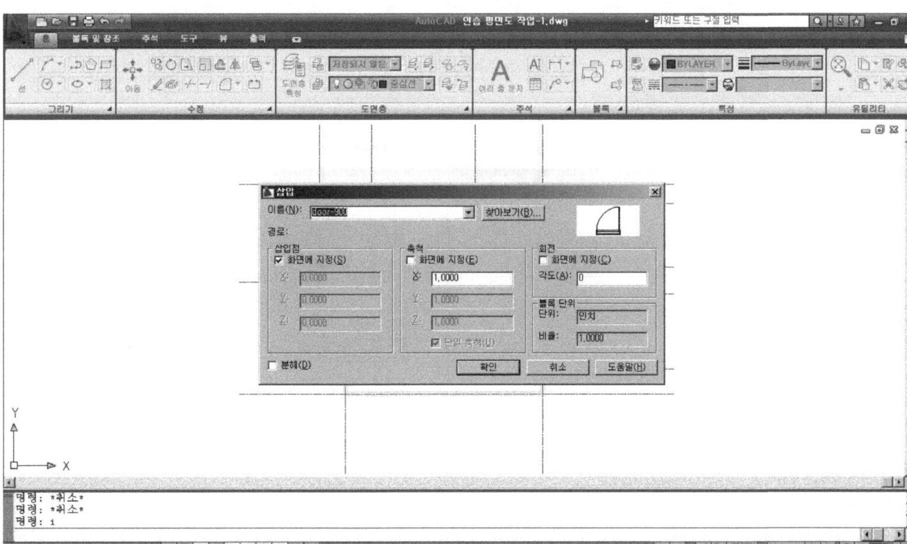

▲ 도면상에 배치되는 문은 크기가 다르지만 형태가 같은 경우가 많으므로 이미 만들어진 블록을 삽입〈Insert〉하여 배치한다. Insert를 입력하면 블록 삽입 도구 상자 창이 활성화된다.

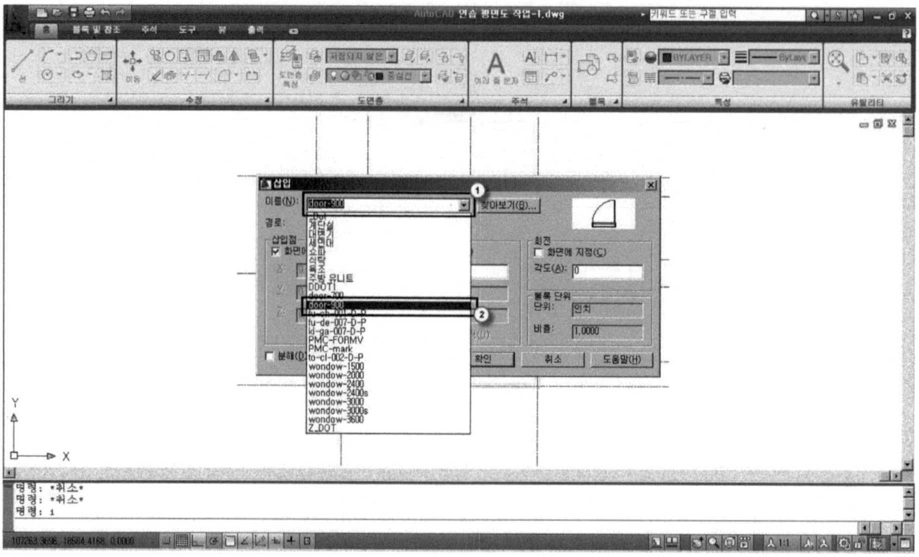

▲ 대화상자

① 이름에서

② "door-900"을 선택한다.

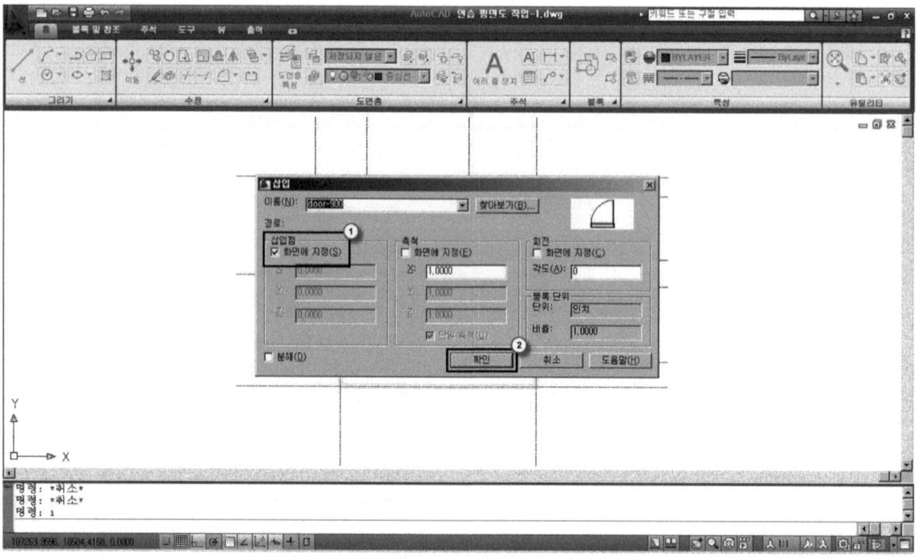

▲ ① 화면에 지정을 체크하고

② 확인을 클릭한다.

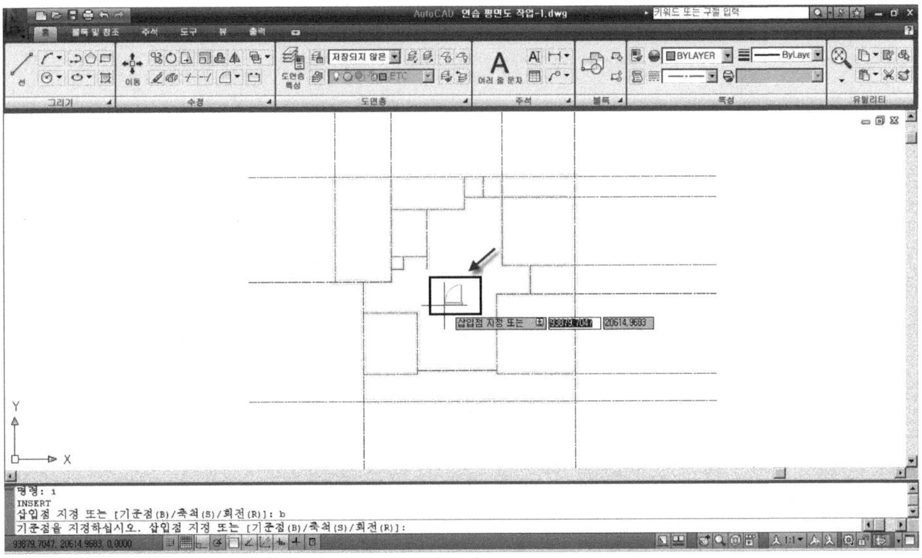

▲ 블록으로 지정되어 있는 문이 나타난 것을 확인할 수 있다.

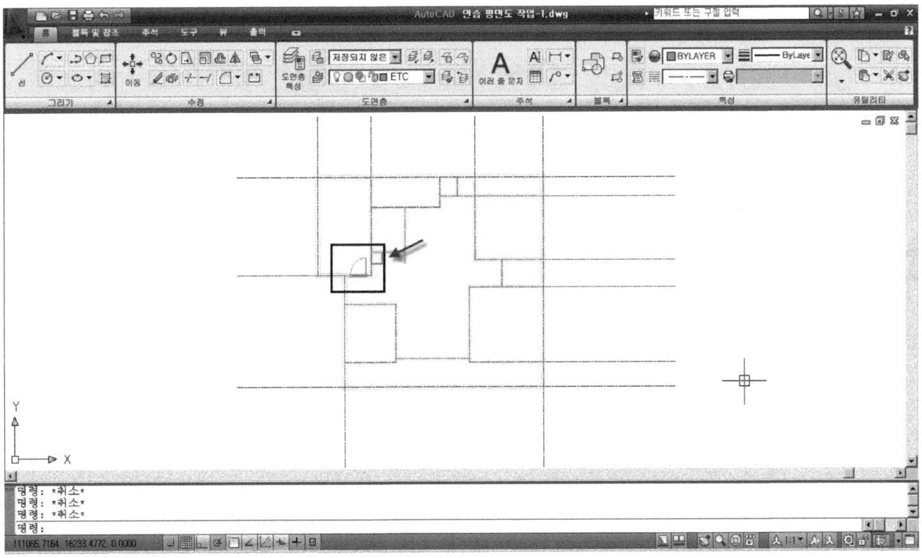

▲ 원하는 위치에 클릭하면 문이 삽입된다.

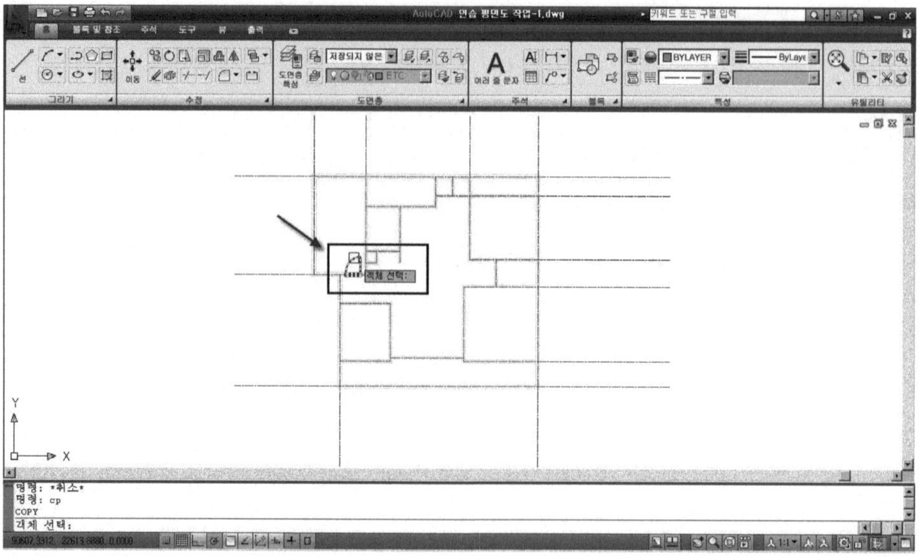

▲ 같은 크기에 문은 삽입되어 있는 문을 복사해서 배치한다. Copy를 입력하고 객체를 선택하고 Enter를 누른다.

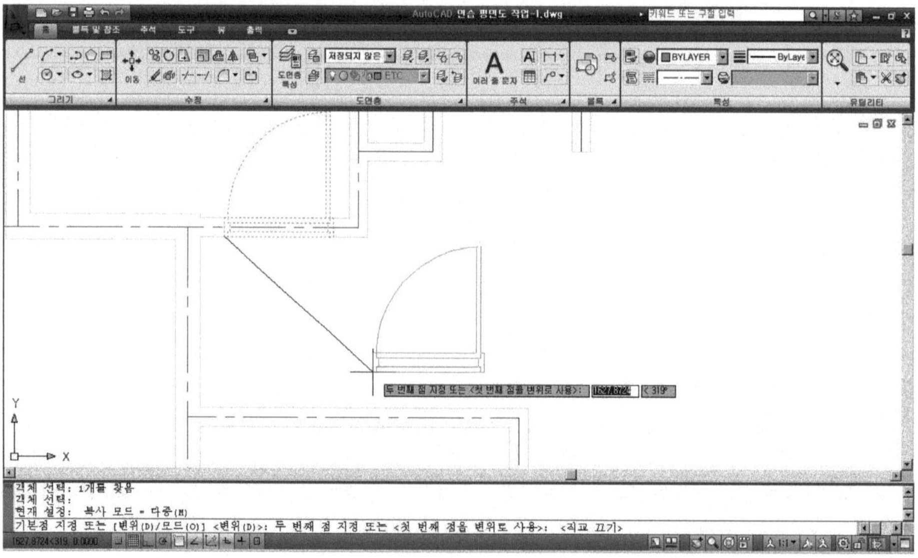

▲ 원하는 위치에 복사를 하고 방향을 변경한다.

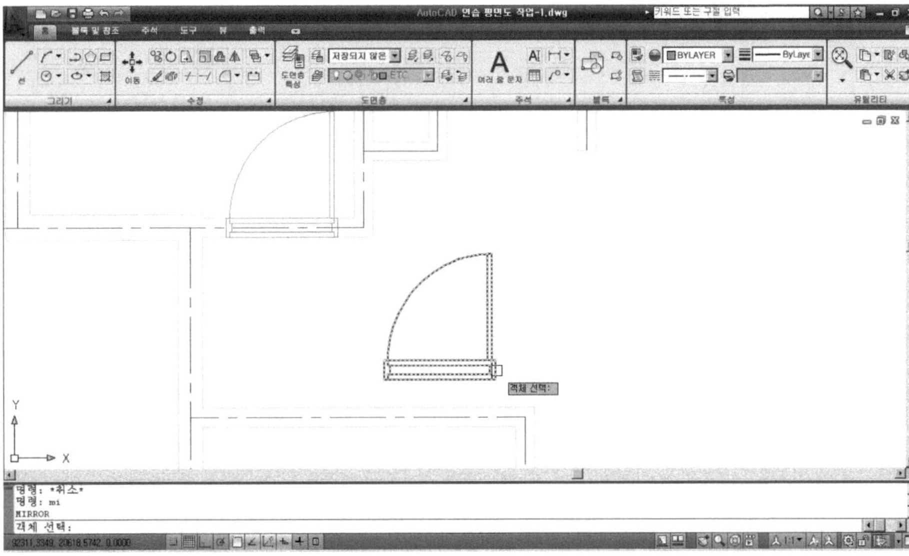

▲ 방향을 변경할 때 주로 Rotate 명령어를 쓰지만 여기서는 대칭 복사〈Mirror〉를 사용하여 위치를 수정한다. Mirror를 입력하고 객체를 선택하고 Enter 를 누른다.

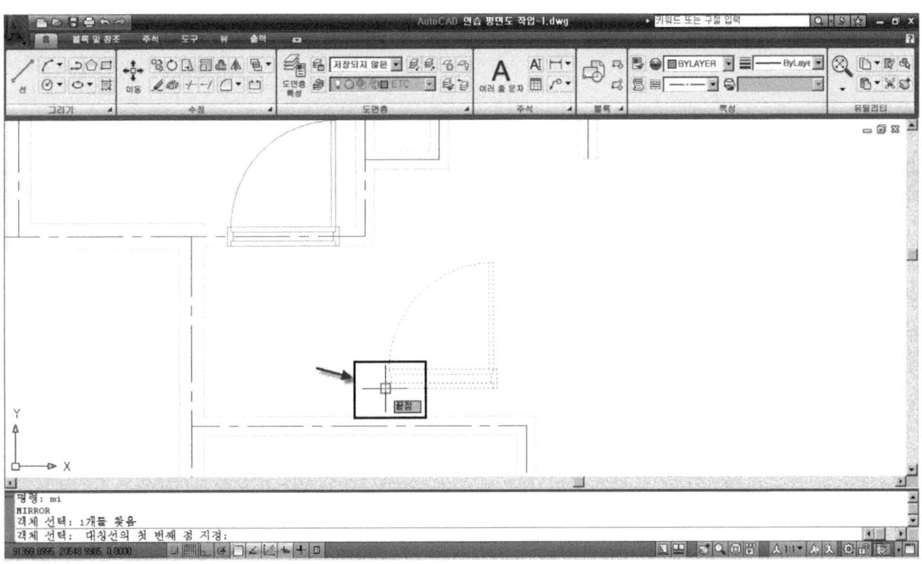

▲ 끝점을 클릭한다. 대칭복사〈Mirror〉의 기준점이 된다.

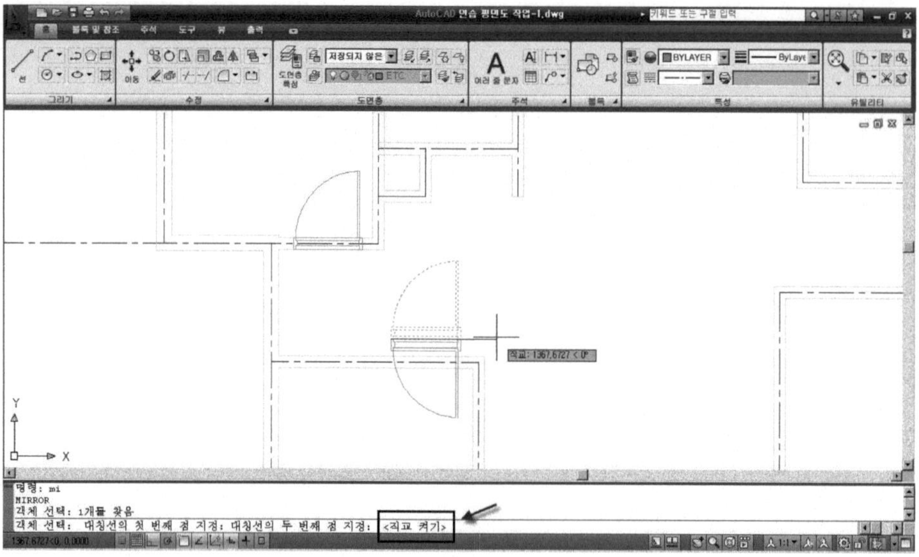

▲ 직교⟨F8⟩을 켜고 아래 방향으로 문을 위치시켜 놓고 클릭한다.

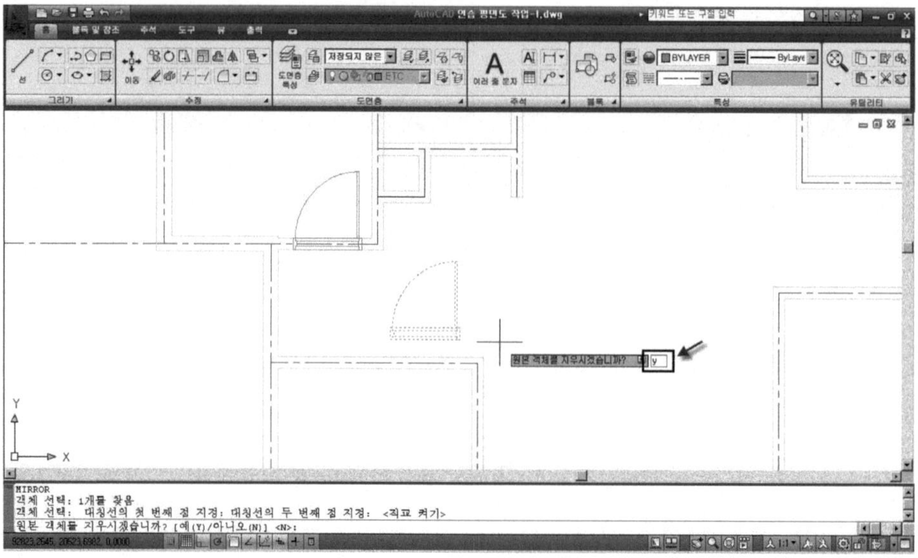

▲ 원본 객체를 지우기 위해 “Y”를 입력하고 Enter를 누른다.

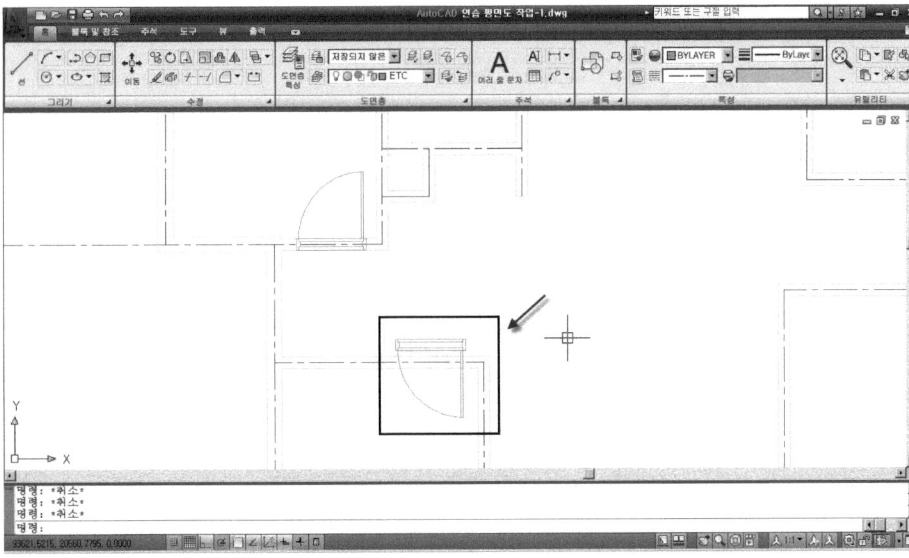

▲ 아래 방향으로 문이 위치해 있는 것을 확인할 수 있다.

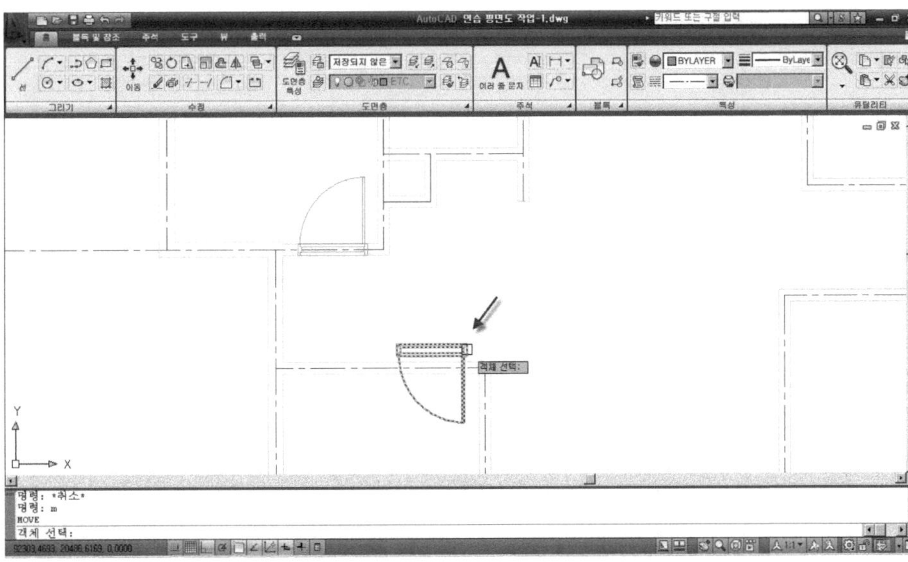

▲ 문을 원하는 곳에 위치하기 위해 Move를 입력하고 객체를 선택한다.

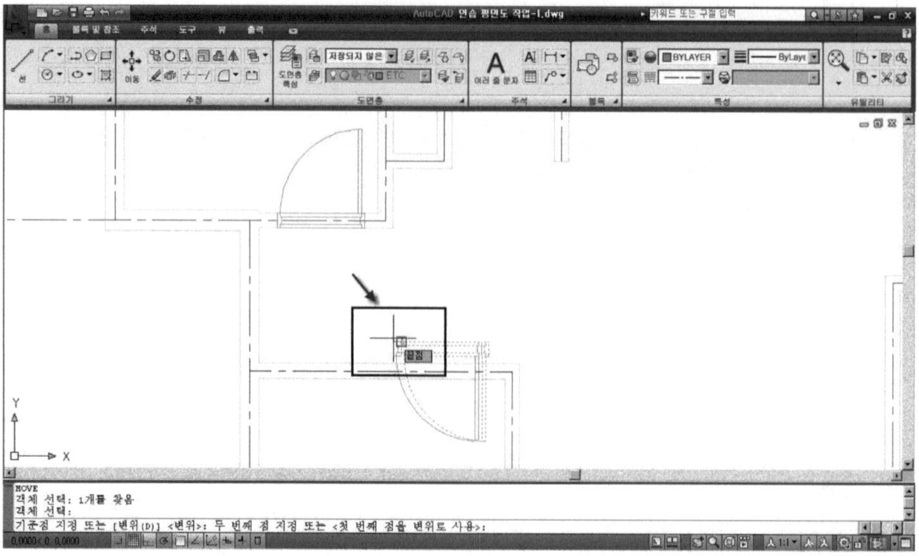

▲ 기준이 되는 끝점을 클릭한다.

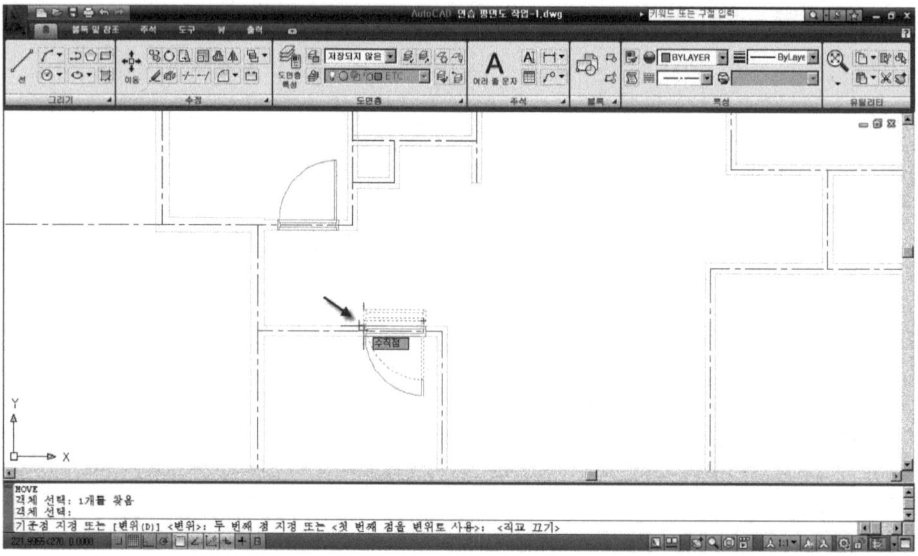

▲ 원하는 위치에 클릭한다.

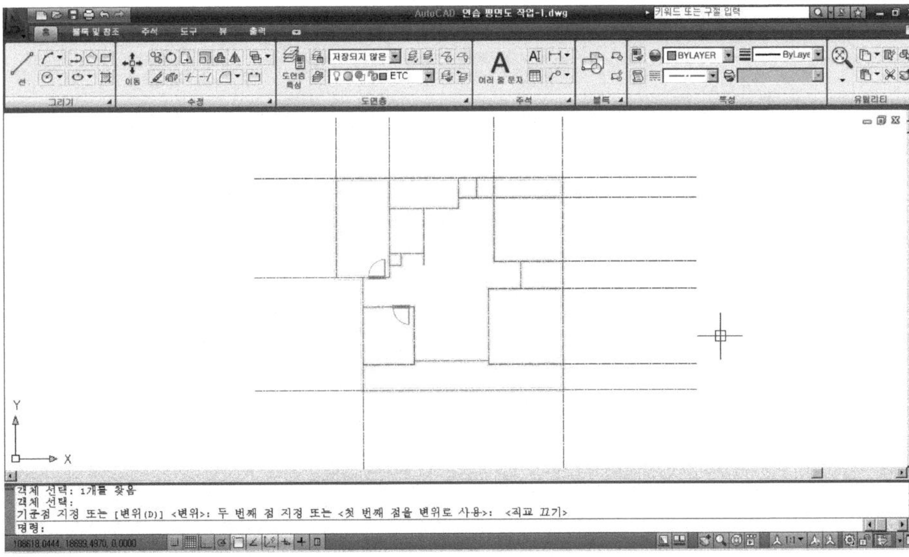

▲ 문이 이동되어 삽입된 것을 확인할 수 있다.

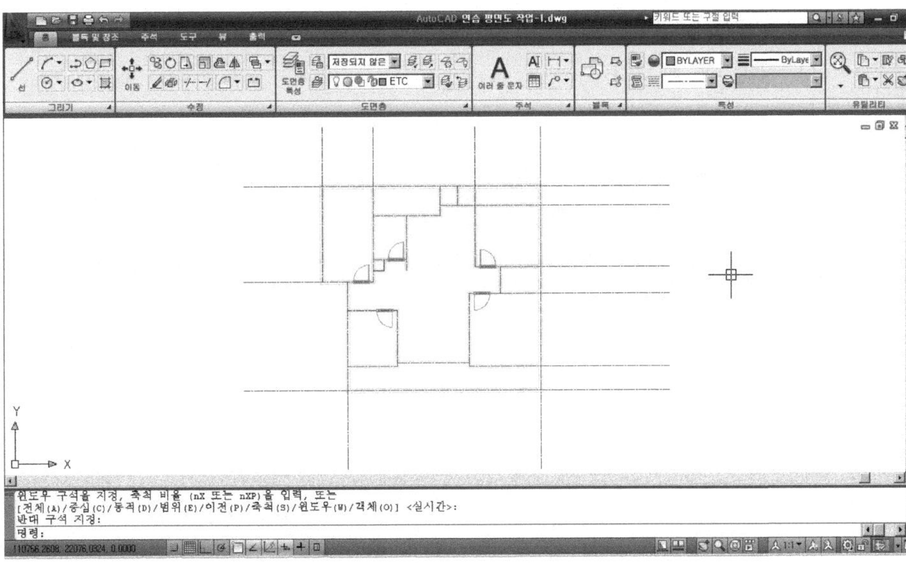

▲ 같은 크기의 문을 배치한 모습의 결과이다.

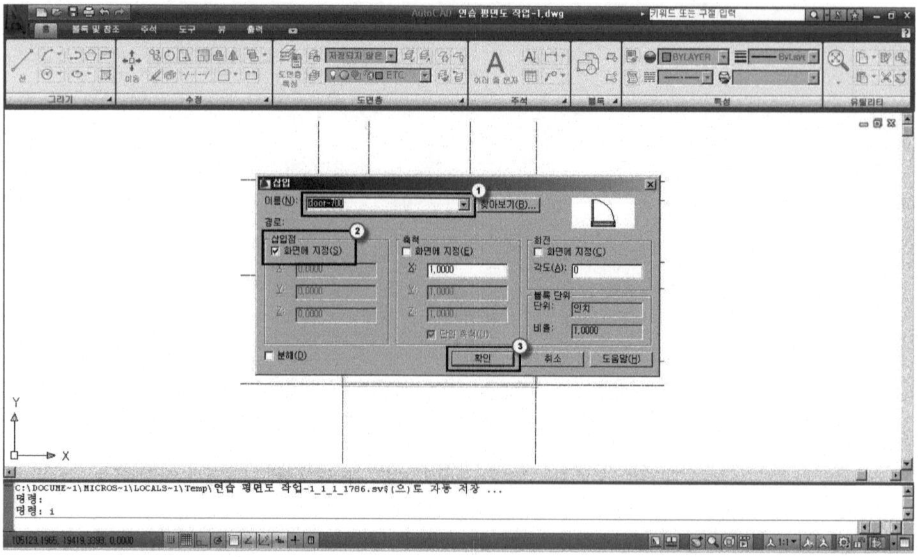

▲ Insert를 입력하고 Enter를 누르면 삽입 대화상자가 활성화된다.

① "door-700"을 선택하고

② 화면에 지정을 체크하고

③ 확인을 누른다.

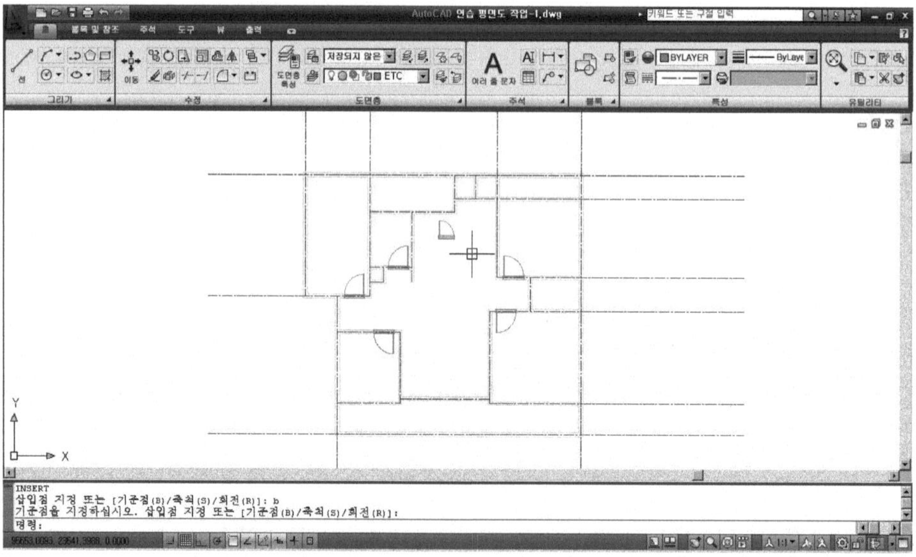

▲ 임의의 위치에 클릭하면 문이 생성된다.

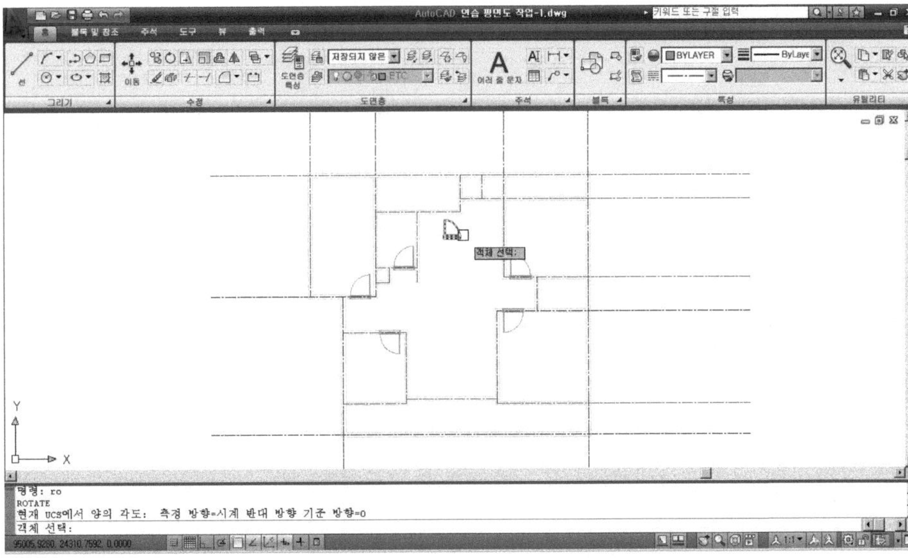

▲ 문을 원하는 위치로 이동시키기 위해 방향을 변경하겠다. Rotate를 입력하고 객체를 선택하고 Enter를 누른다.

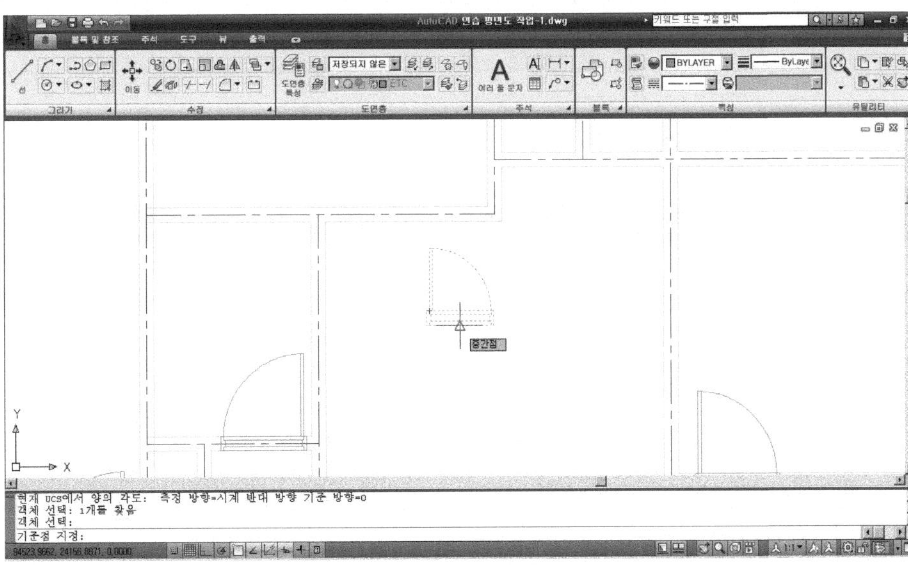

▲ 원하는 기준점을 클릭한다.

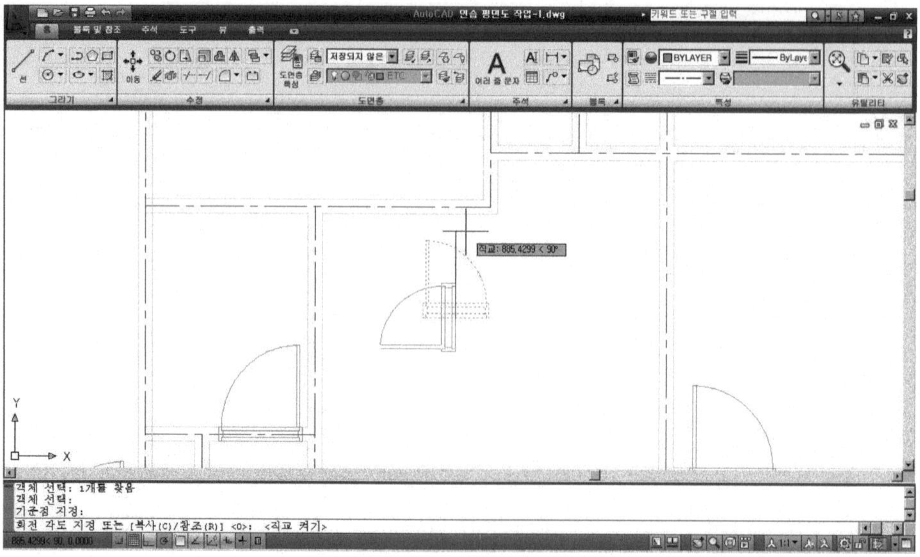

▲ 회전각도를 입력하거나 원하는 각도를 선택한 다음 클릭한다.

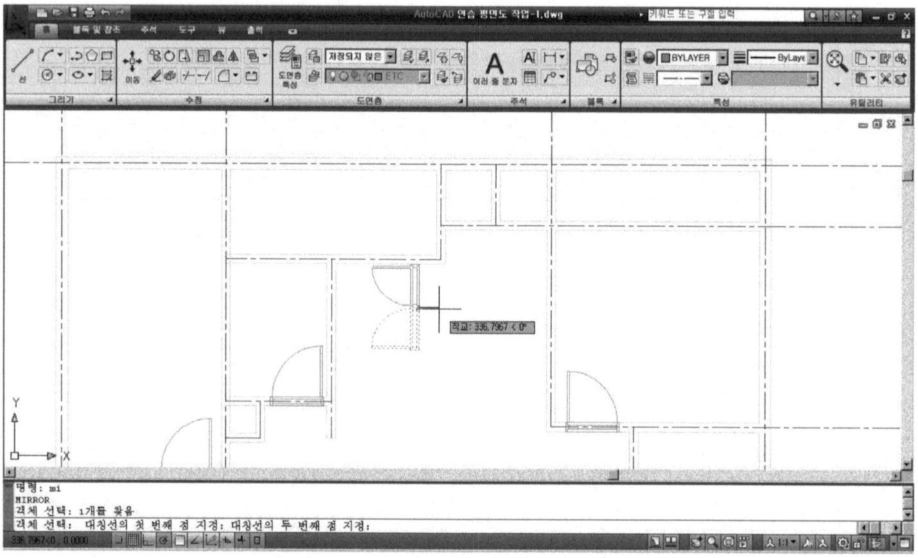

▲ 대칭복사<Mirror>를 해서 방향을 변경한다.

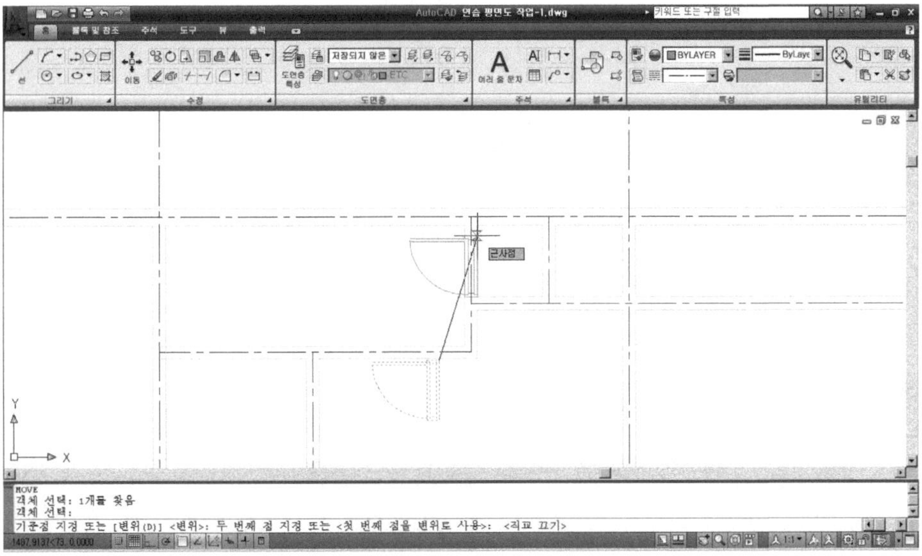

▲ Move를 입력하고 원하는 위치에 문을 이동시킨다.

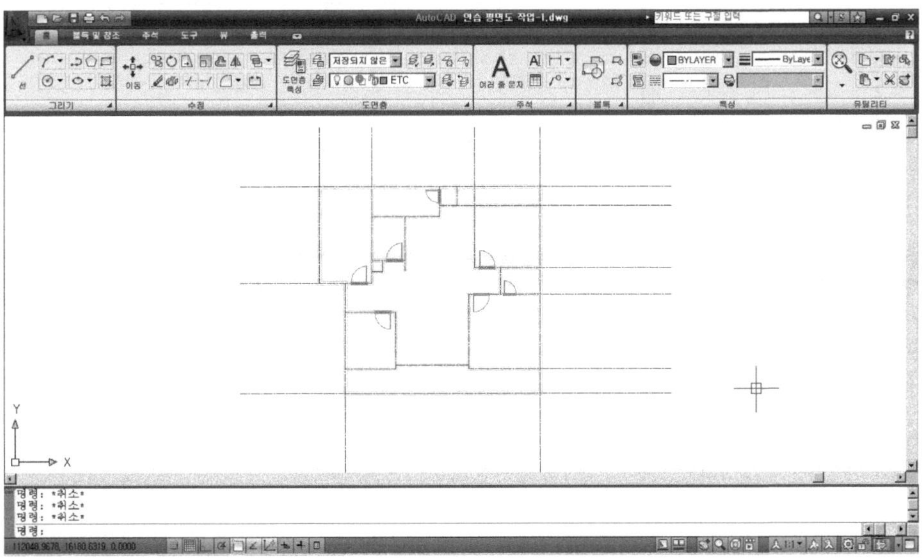

▲ 문 전체가 삽입된 결과이다.

LESSON 04

창 그리기

창 도면층 설정

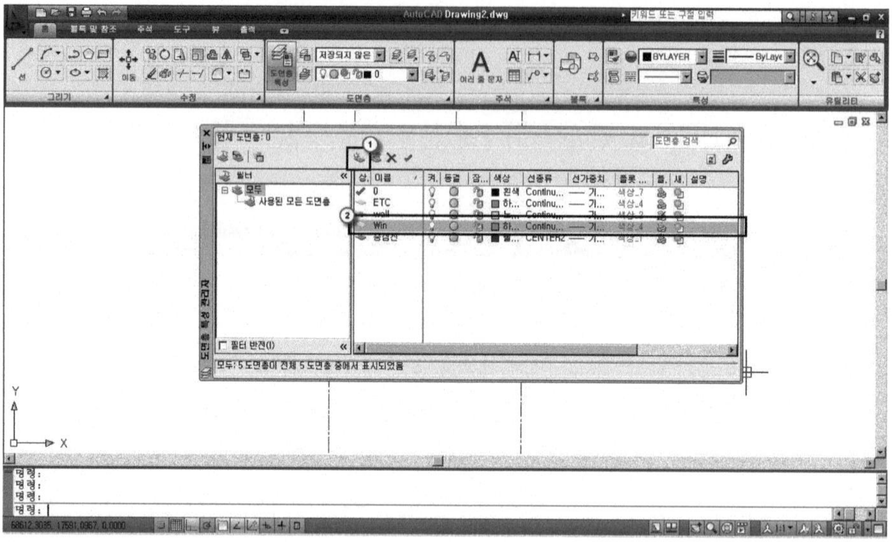

▲ ① 새 도면층을 클릭하고

② "도면층1"을 "Win"으로 변경하고 색상은 하늘색으로 변경한다.

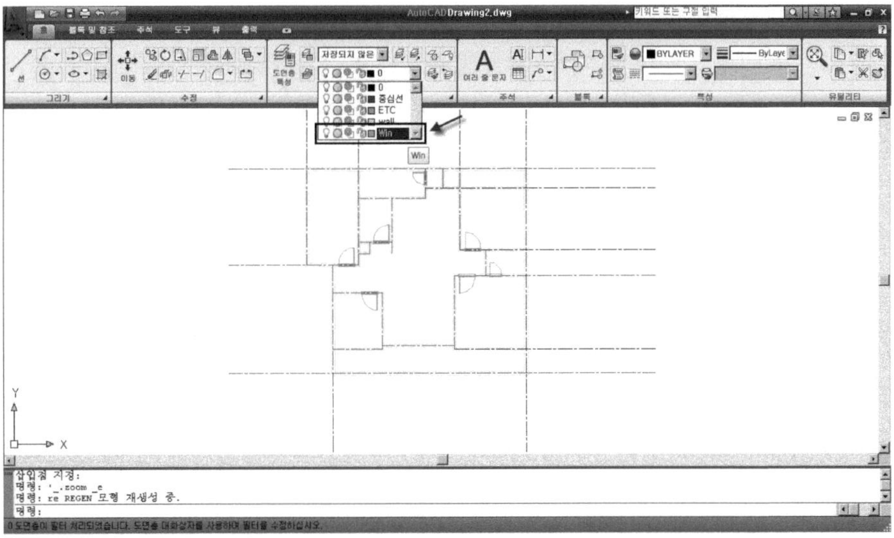

▲ 변경된 도면층이 생성된 것을 확인할 수 있다.

창 그리기〈블록 사용〉

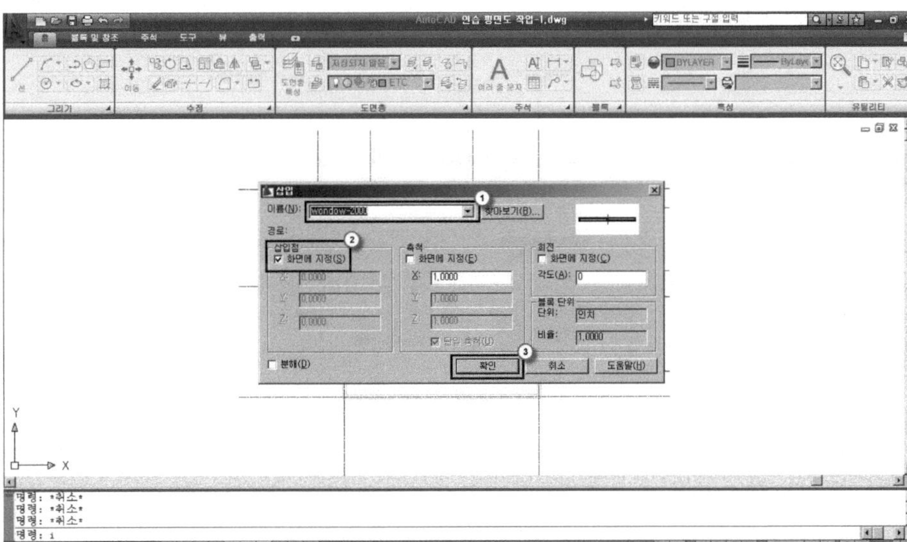

▲ Insert를 입력하면 삽입 대화상자가 활성화된다.

① “window-2000”을 선택하고

② 화면에 지정을 체크하고

③ **확인** 을 클릭한다.

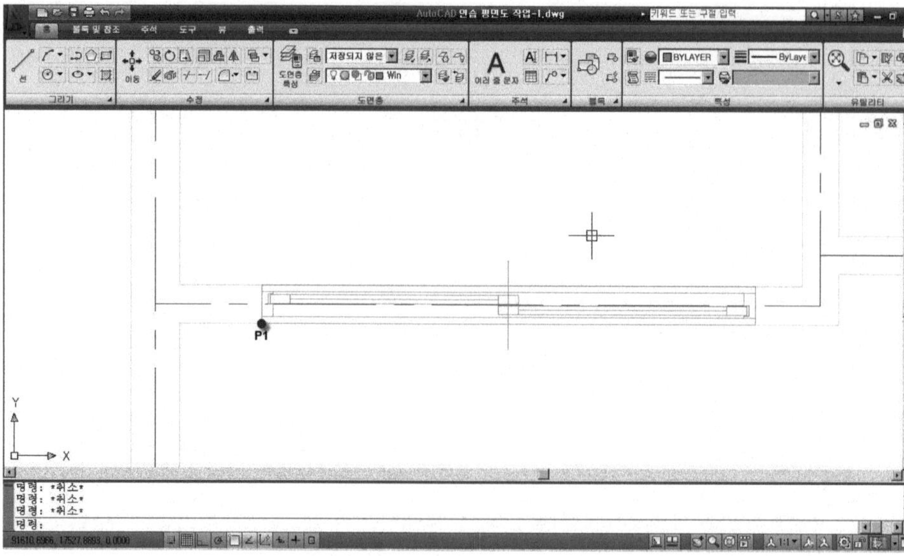

▲ 원하는 위치<P1>에 클릭하면 창문이 삽입된다.

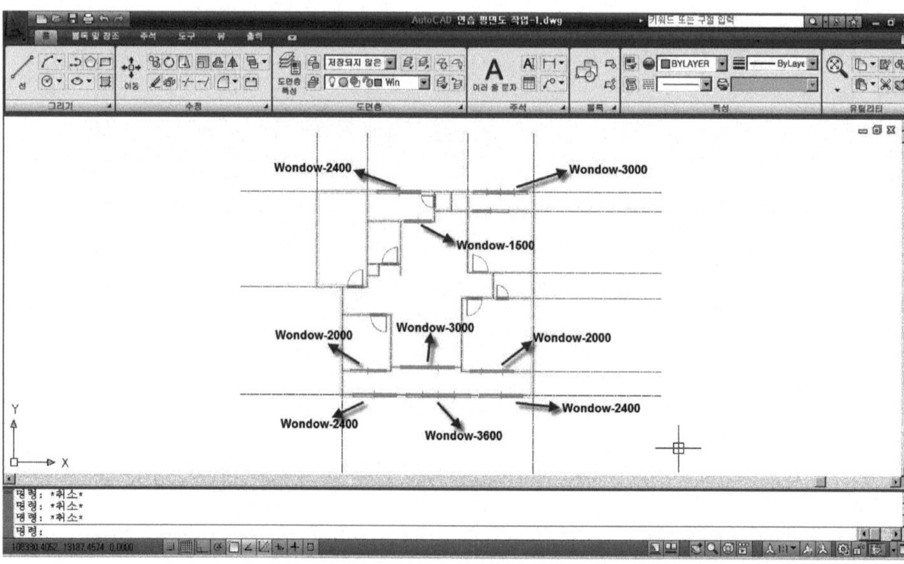

▲ 동일한 방법으로 창을 그림과 같이 삽입한다.

LESSON

05

욕실 및 주방가구 그리기

도면층 설정

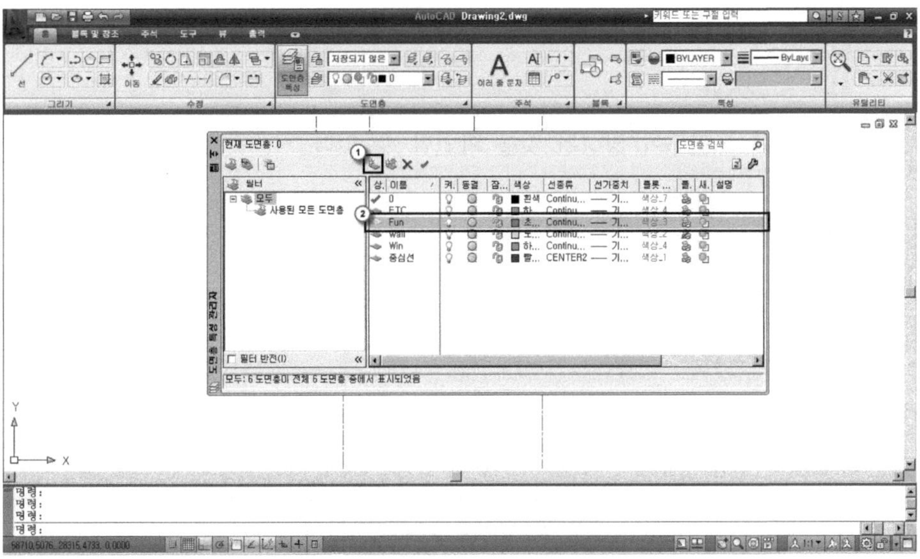

▲ Layer를 입력하고 Enter를 누르면 대화상자가 활성화된다.

① 새 도면층을 클릭하고

② 도면 이름을 "Fun"으로 변경하고 색상은 초록색으로 변경한다.

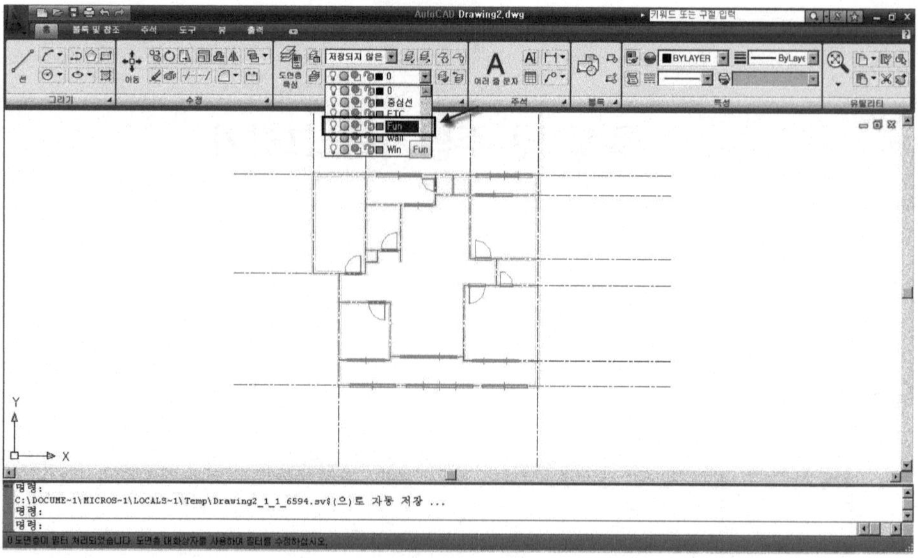

▲ 새로운 도면층이 생성된 것을 확인할 수 있다.

대변기 그리기

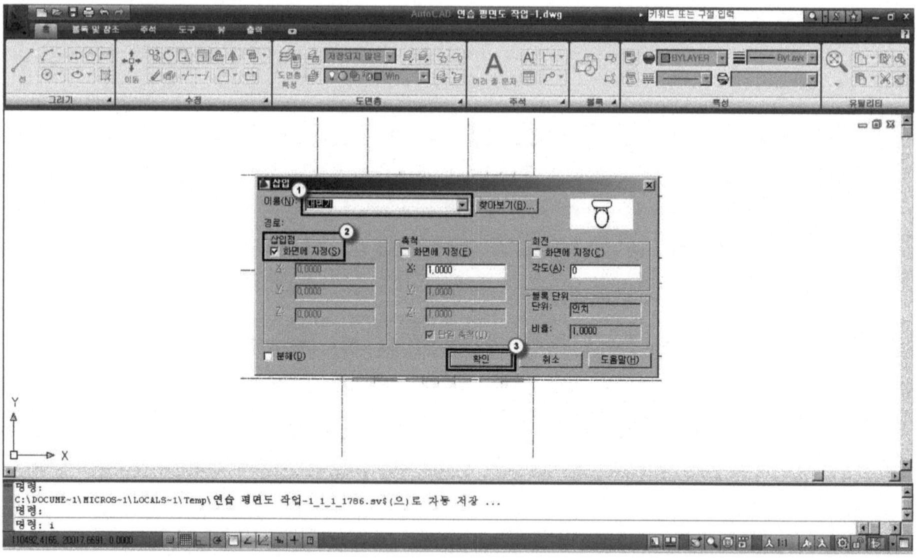

▲ Insert를 입력하고 Enter 를 누르면 삽입 대화상자가 활성화된다.

① 대변기를 선택하고

② 화면에 지정을 체크하고

③ 확인 을 클릭한다.

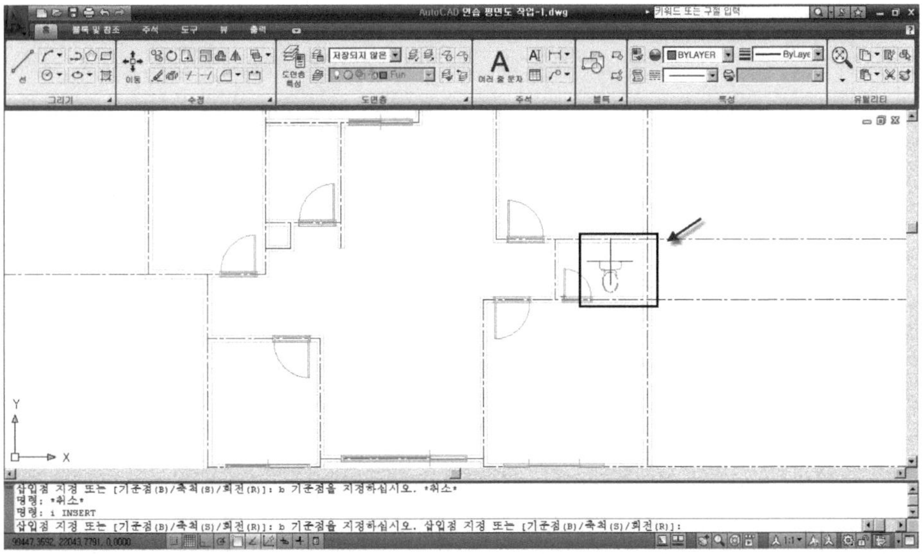

▲ 그림과 같이 대변기가 생성된다.

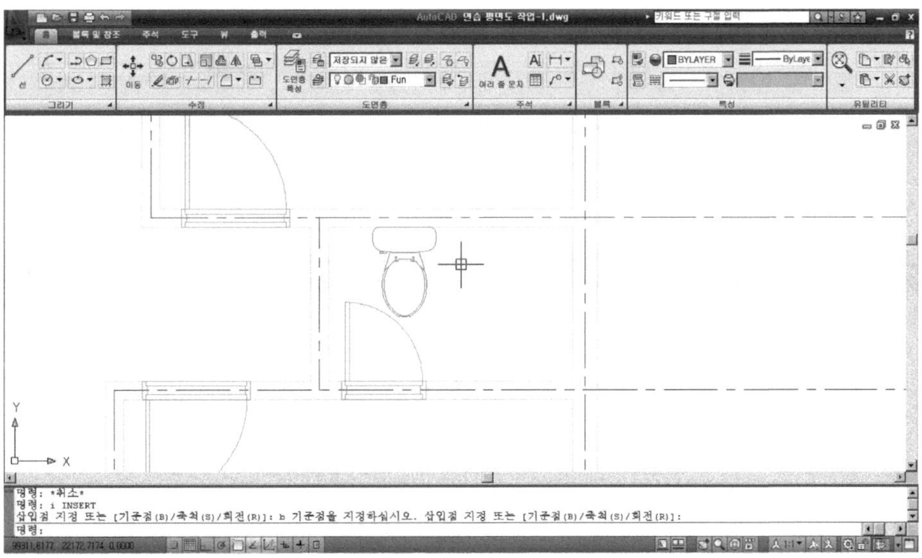

▲ 원하는 위치에 클릭하면 대변기가 삽입된다.

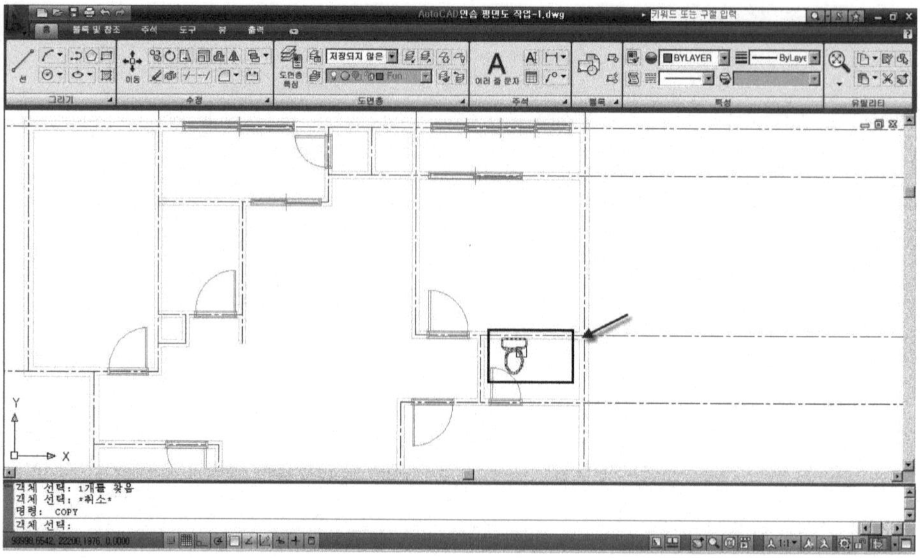

▲ 대변기의 크기가 같기 때문에 다른 곳에 삽입되는 것은 복사해서 사용한다. Copy를 입력하고 객체를 선택한다.

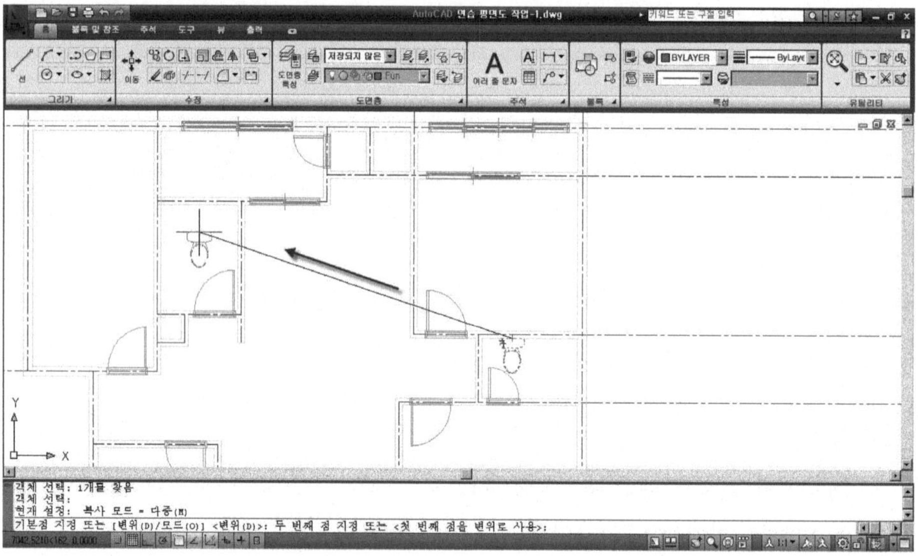

▲ 원하는 위치에 클릭하면 복사된다.

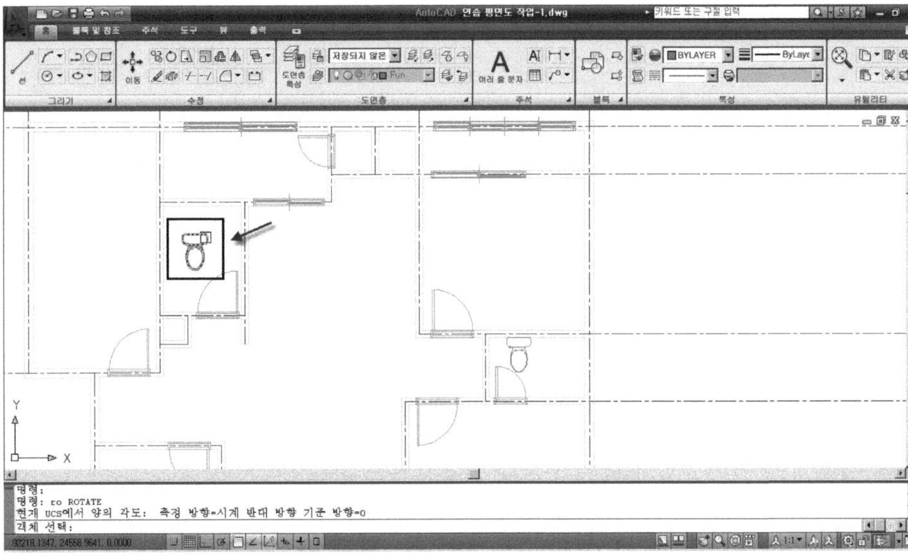

▲ 원하는 위치에 배치하기 위해 회전을 하겠다. Rotate를 입력하고 객체를 선택한다.

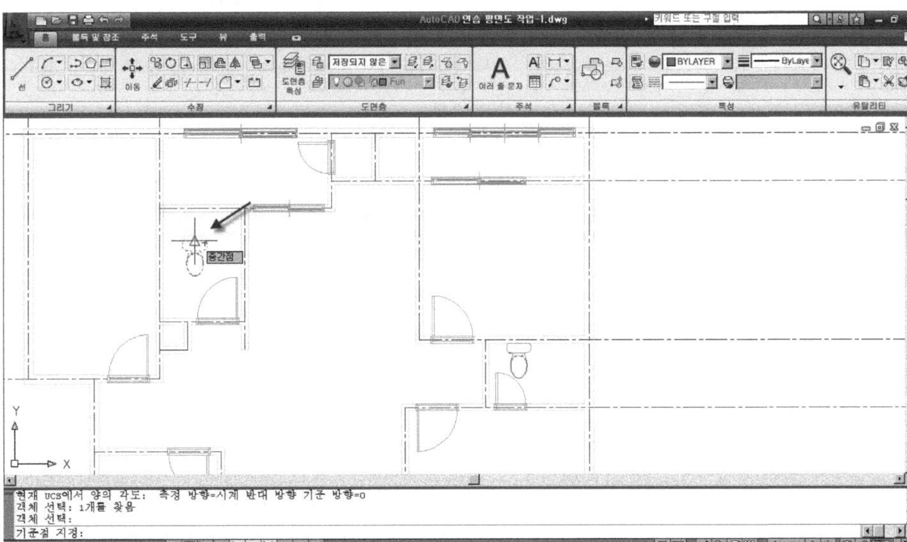

▲ 회전이 되는 임의의 기준점을 클릭한다.

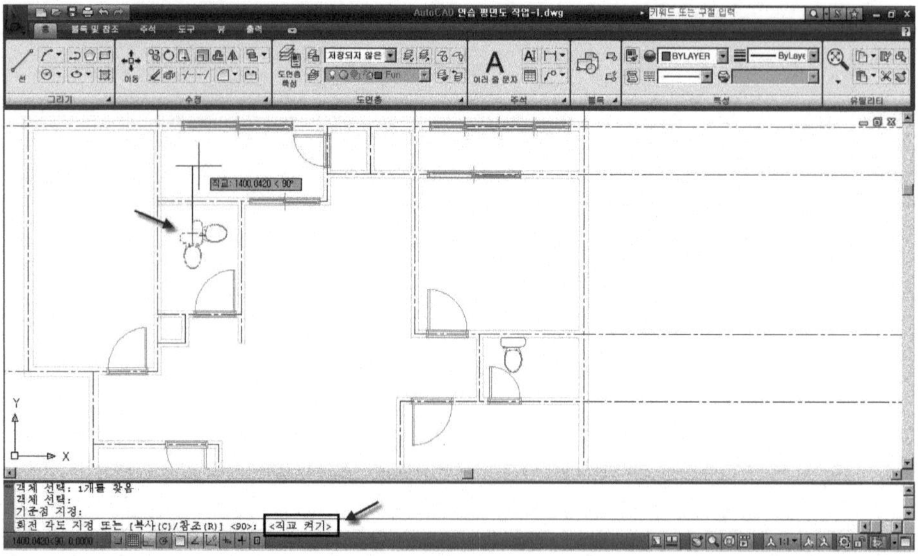

▲ 직교〈F8〉을 켜고 그림과 같이 회전한다.

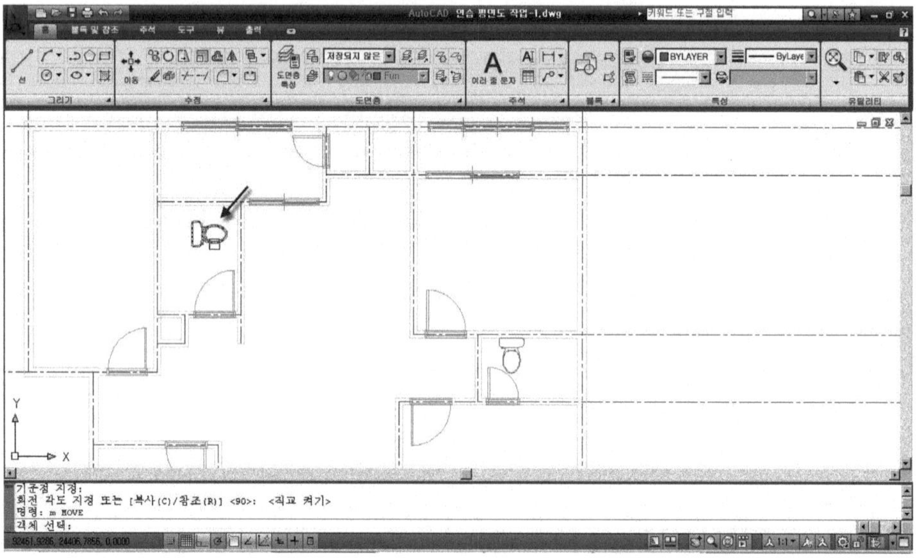

▲ 원하는 곳으로 이동시키기 위해 Move를 입력하고 객체를 선택한다.

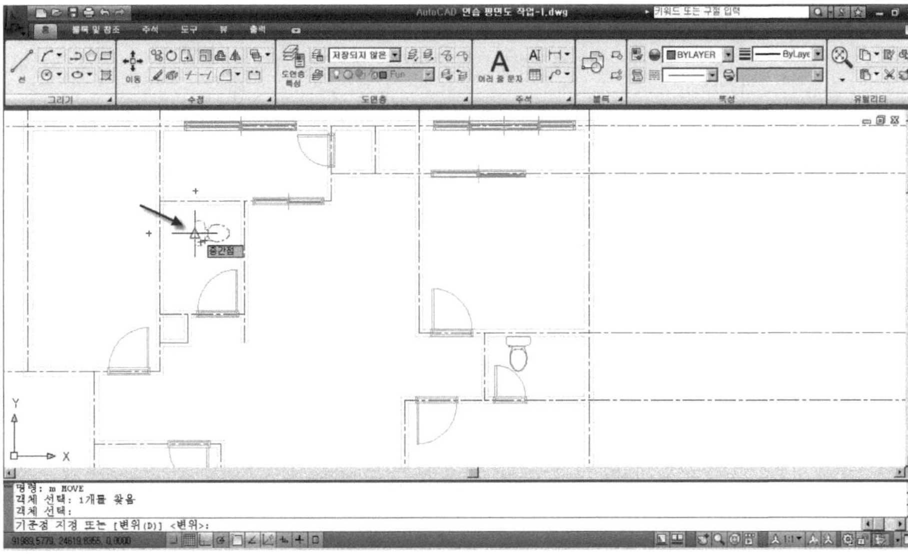

▲ 기준이 되는 임의의 점을 클릭한다.

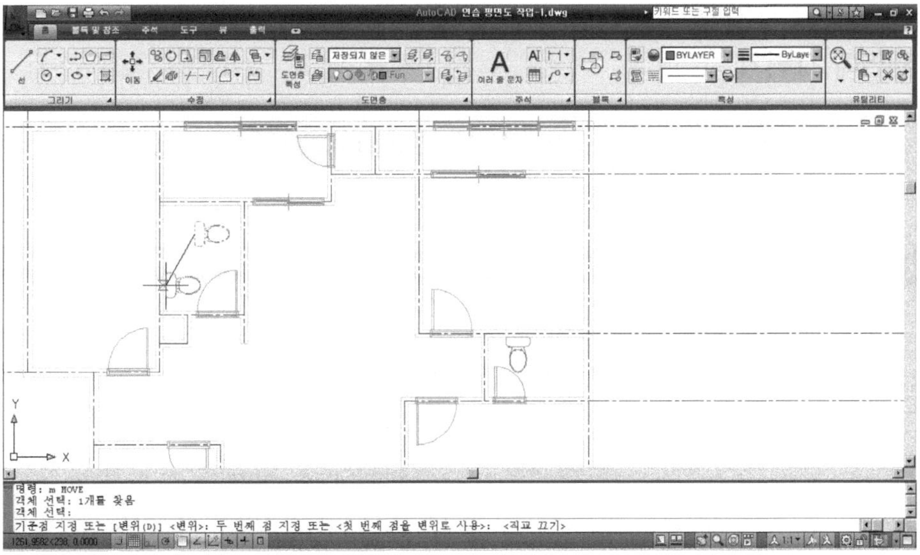

▲ 원하는 곳에 클릭하면 이동하여 배치된다.

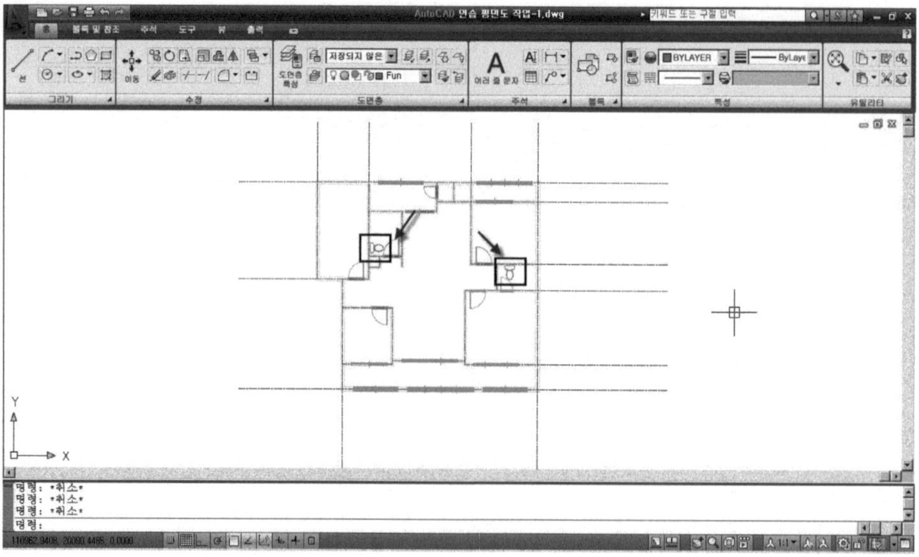

▲ 양쪽 화장실에 대변기가 배치된 것을 확인할 수 있다.

세면대 그리기

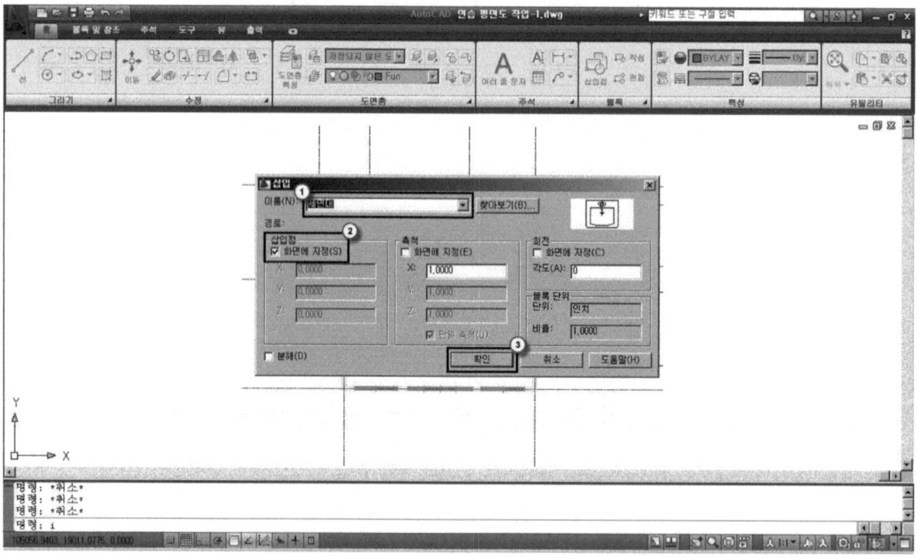

▲ Insert를 입력하고 Enter를 누르면 삽입 대화상자가 활성화된다.

① 세면대를 선택하고

② 화면에 지정을 체크하고

③ 확인을 클릭한다.

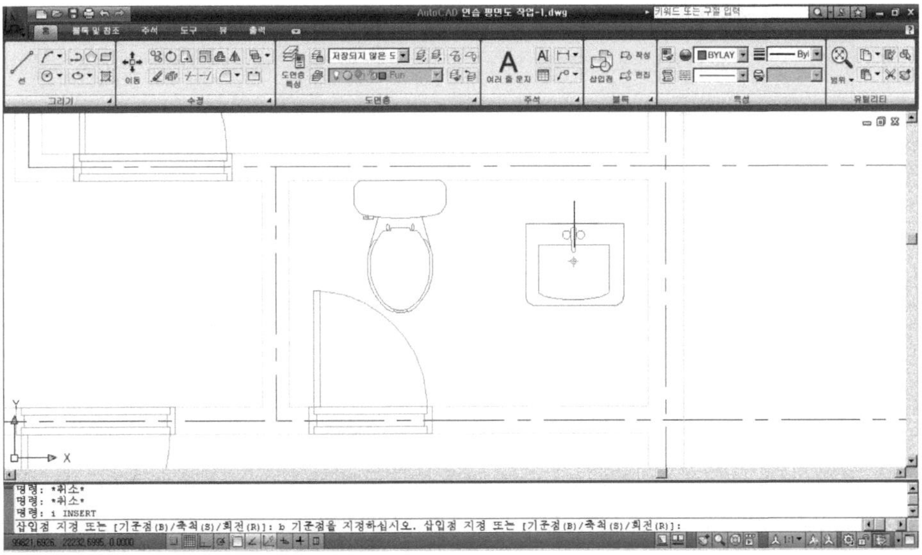

▲ 세면대가 생성된 것을 확인할 수 있다.

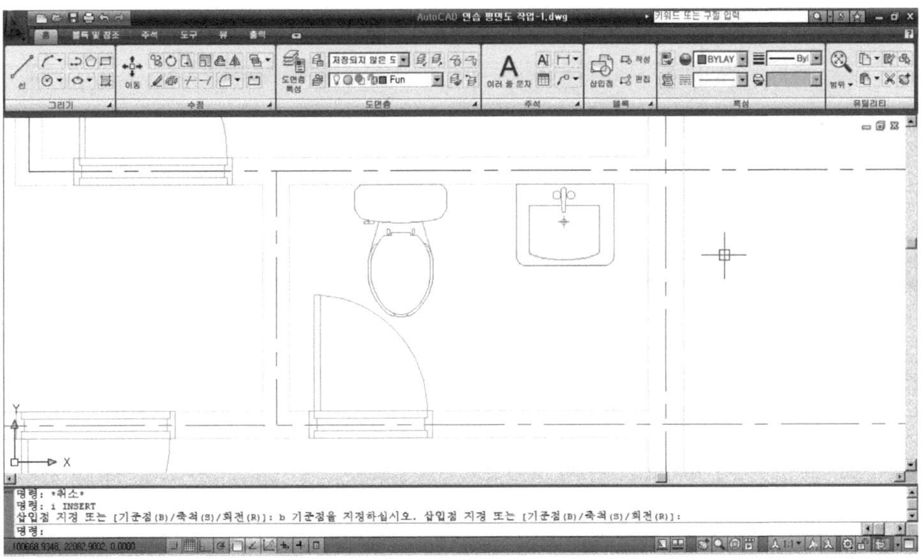

▲ 원하는 위치에 클릭하면 세면대가 삽입된다.

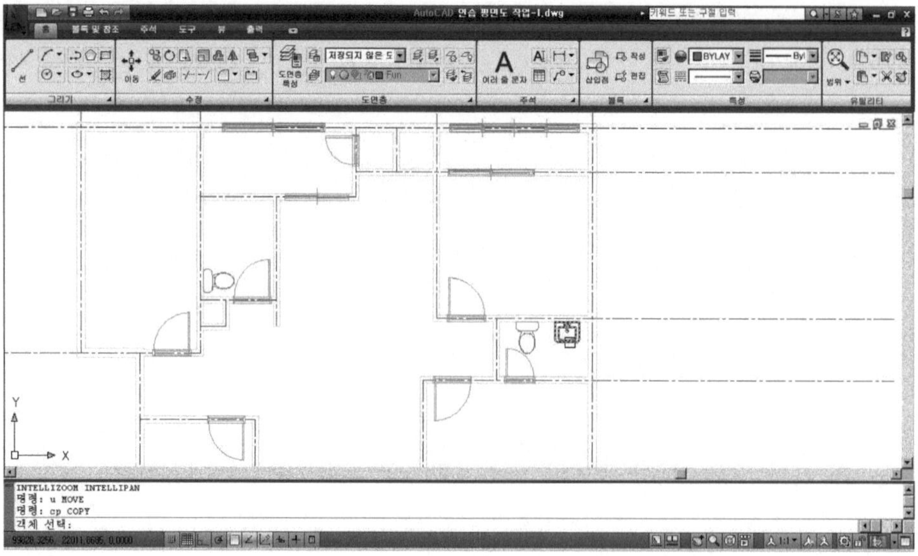

▲ 세면기의 크기가 같기 때문에 다른 곳에 삽입되는 것은 복사를 해서 사용한다. Copy를 입력하고 객체를 선택한다.

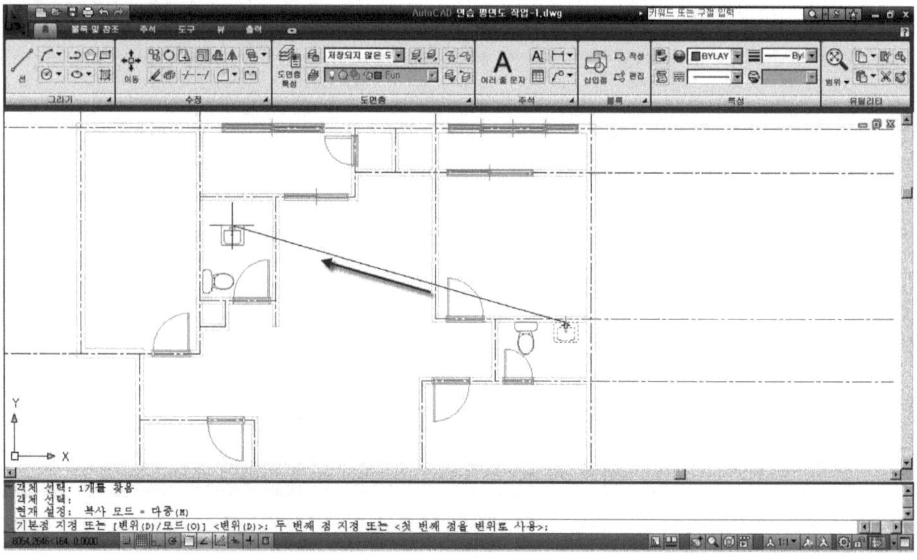

▲ 원하는 위치에 클릭하면 복사된다.

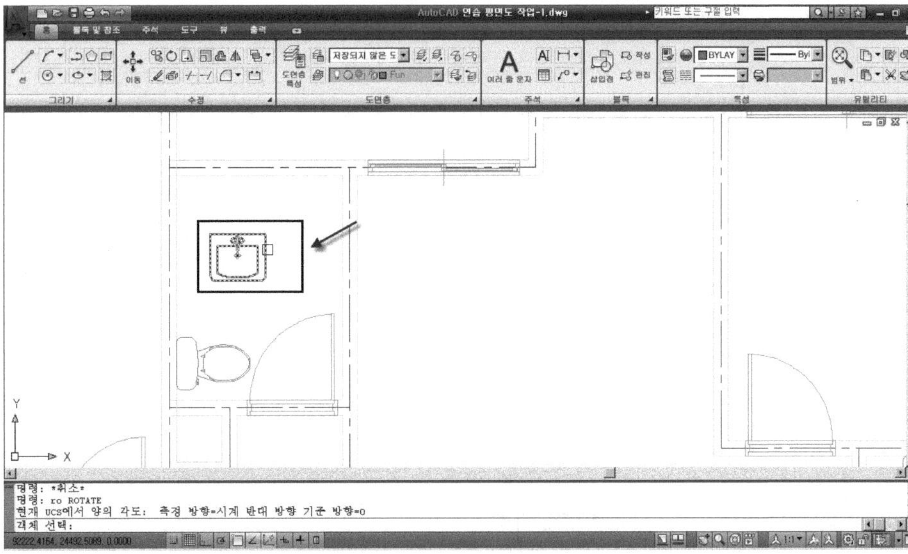

▲ 원하는 방향으로 배치시키기 위해 회전〈Rotate〉을 한다.
Rotate를 입력하고 Enter를 누르고 객체를 선택한다.

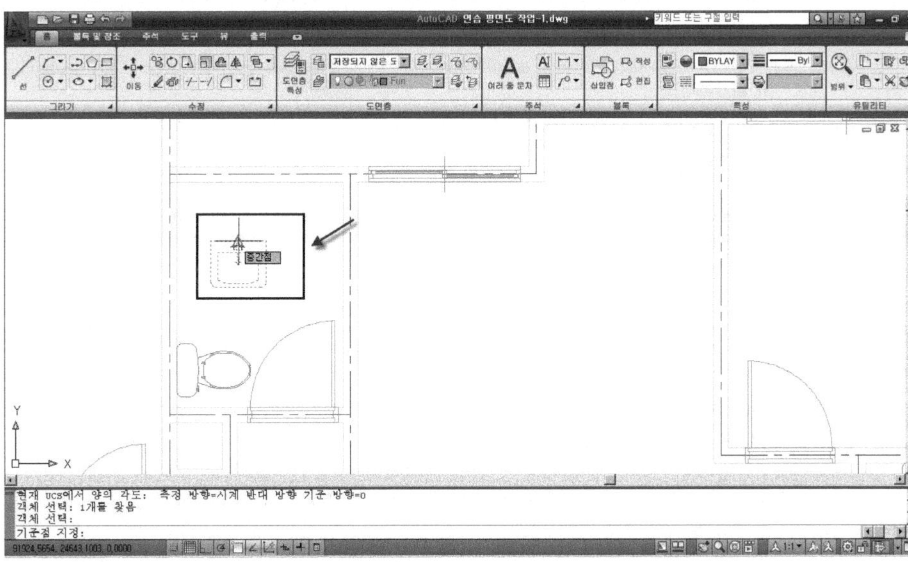

▲ 기준이 되는 임의의 점을 클릭한다.

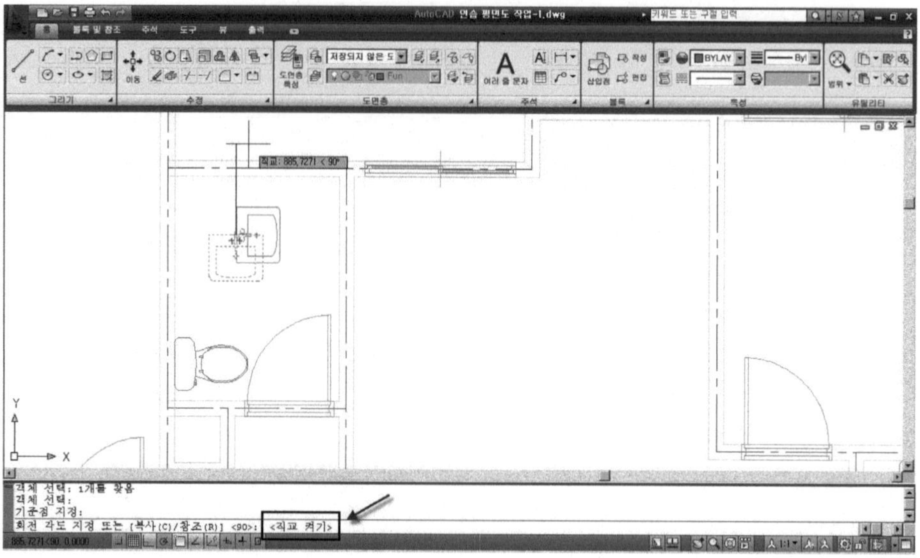

▲ 직교⟨F8⟩을 켜고 그림과 같이 회전시킨다.

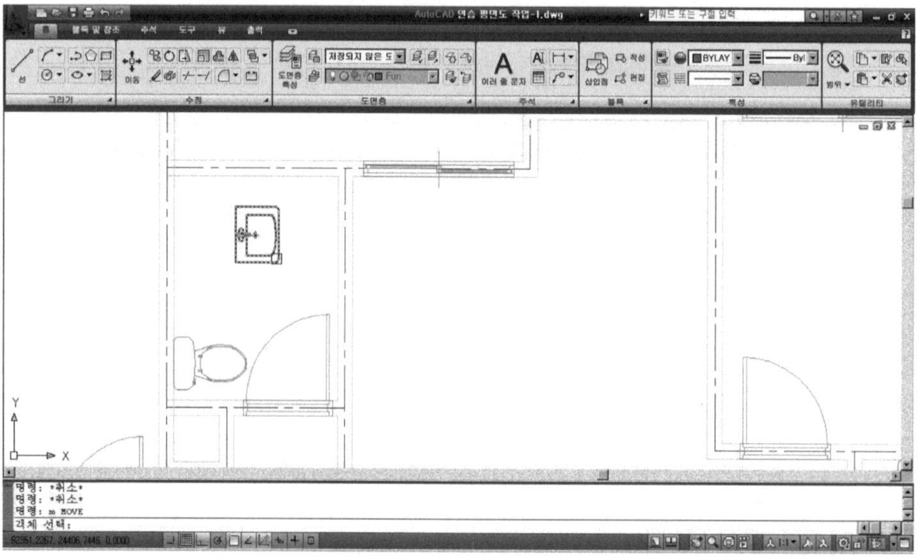

▲ 원하는 곳에 위치시키기 위해 이동을 한다. Move를 입력하고 Enter를 누르고 객체를 선택한다.

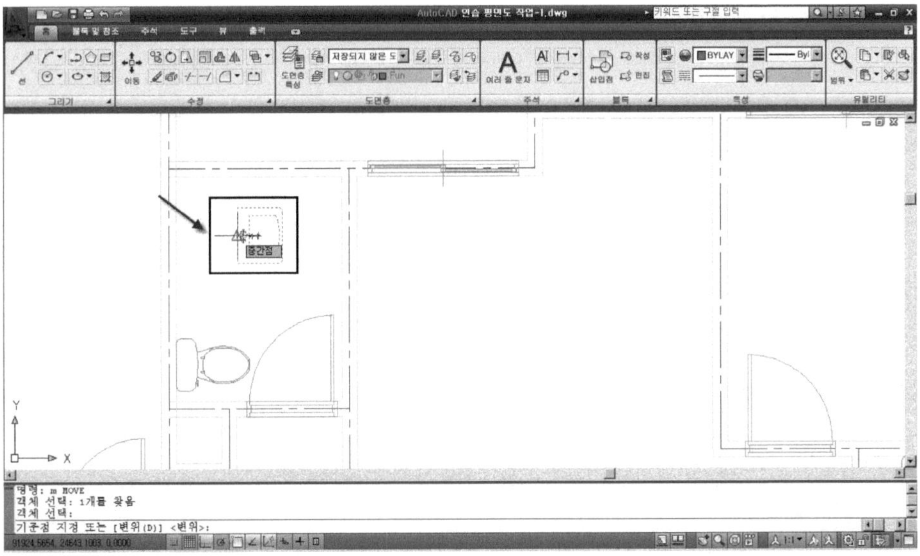

▲ 기준이 되는 점을 클릭한다.

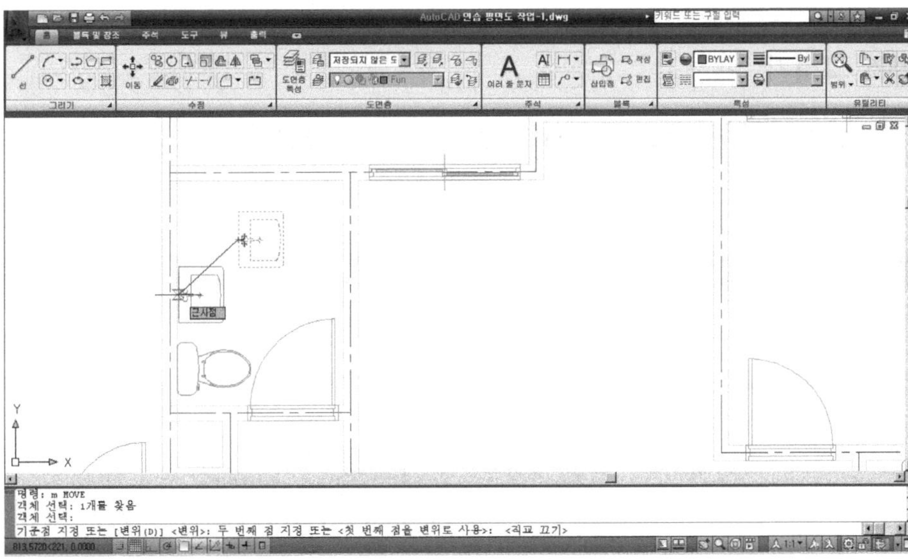

▲ 원하는 위치에 클릭하면 이동되어 배치된다.

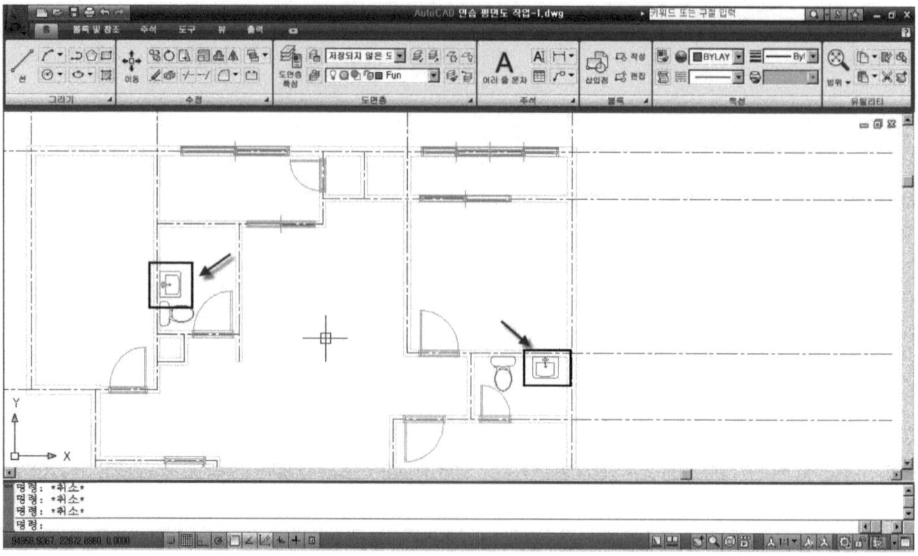

▲ 양쪽 화장실에 세면기가 배치된 것을 확인할 수 있다.

욕조 그리기

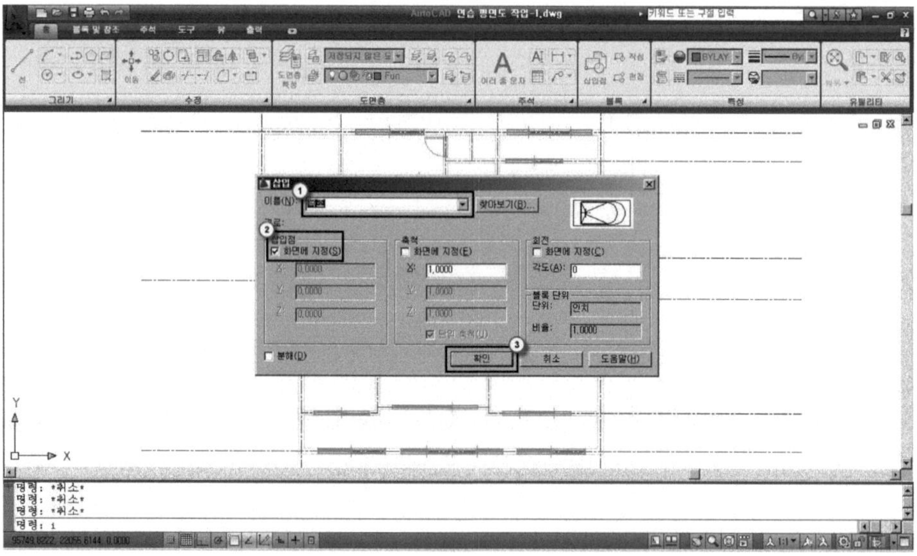

▲ Insert를 입력하고 Enter를 누르면 삽입 대화상자가 활성화된다.

① 욕조를 선택하고

② 화면에 지정을 체크하고

③ 확인을 클릭한다.

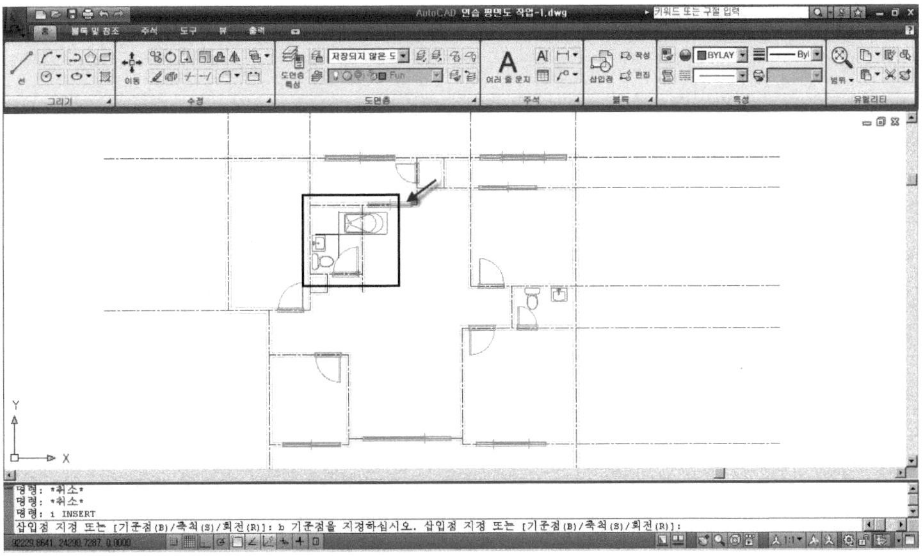

▲ 욕조가 생성된 것을 확인할 수 있다.

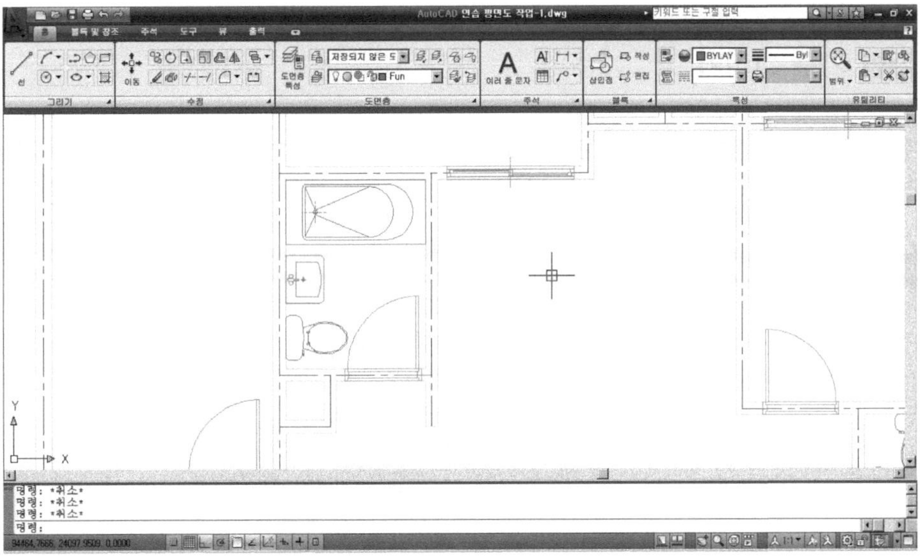

▲ 원하는 위치에 클릭하면 욕조가 삽입된다.

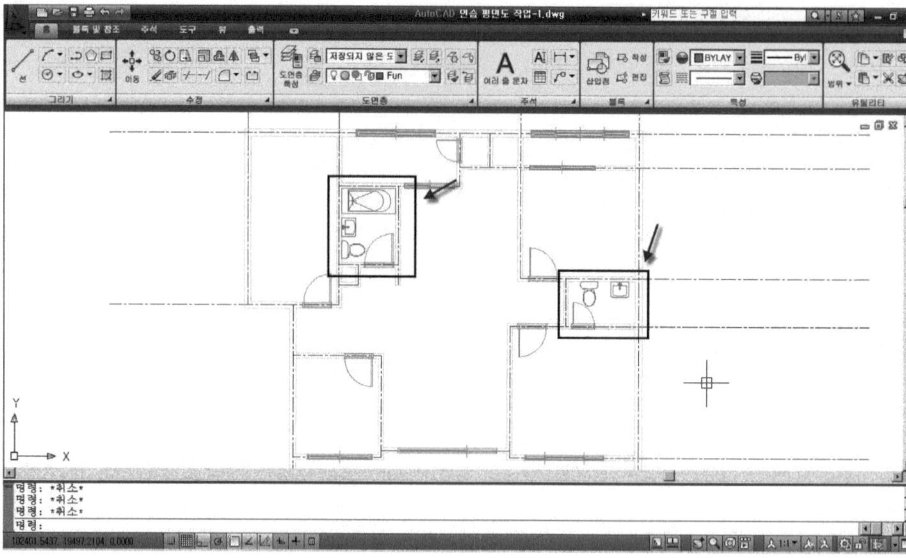

▲ 양쪽 화장실이 완성된 것을 확인할 수 있다.

주방 가구 그리기

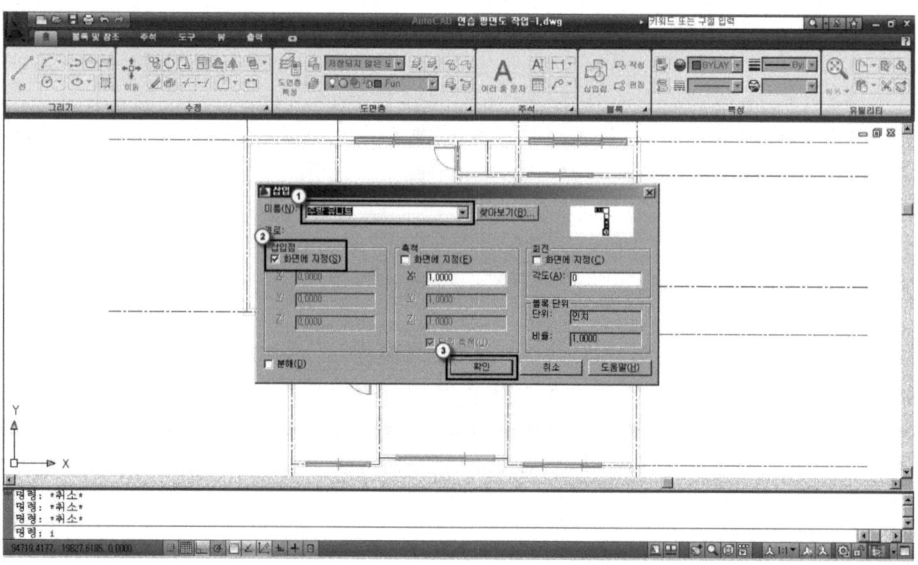

▲ Insert를 입력하고 Enter를 누르면 삽입 대화상자가 활성화된다.

① 주방 유닛을 선택하고

② 화면에 지정을 체크하고

③ 확인을 클릭한다.

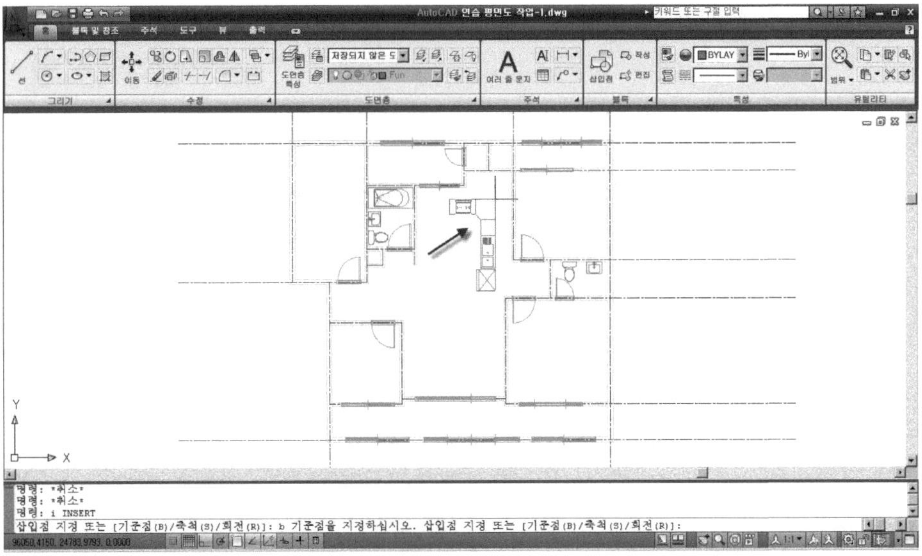

▲ 주방 유닛이 생성된 것을 확인할 수 있다.

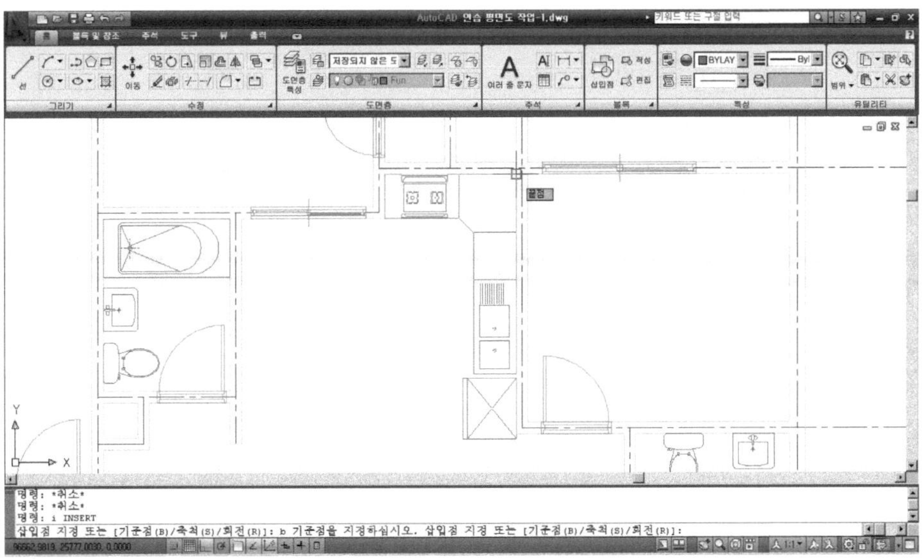

▲ 원하는 곳에 클릭하면 주방 유닛이 삽입된다.

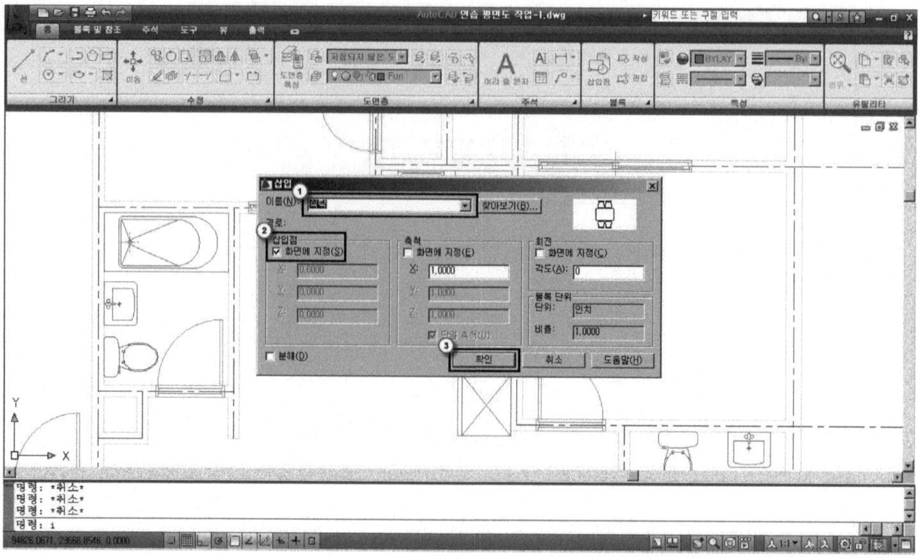

▲ Insert를 입력하고 Enter 를 누르면 삽입 대화상자가 활성화된다.

① 식탁을 선택하고

② 화면에 지정을 체크하고

③ 확인 을 클릭한다.

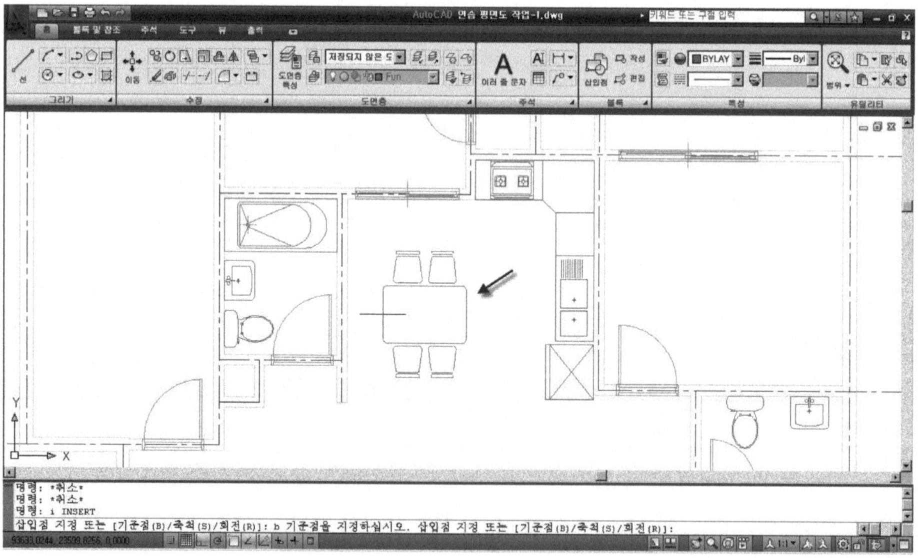

▲ 식탁이 생성된 것을 확인할 수 있다.

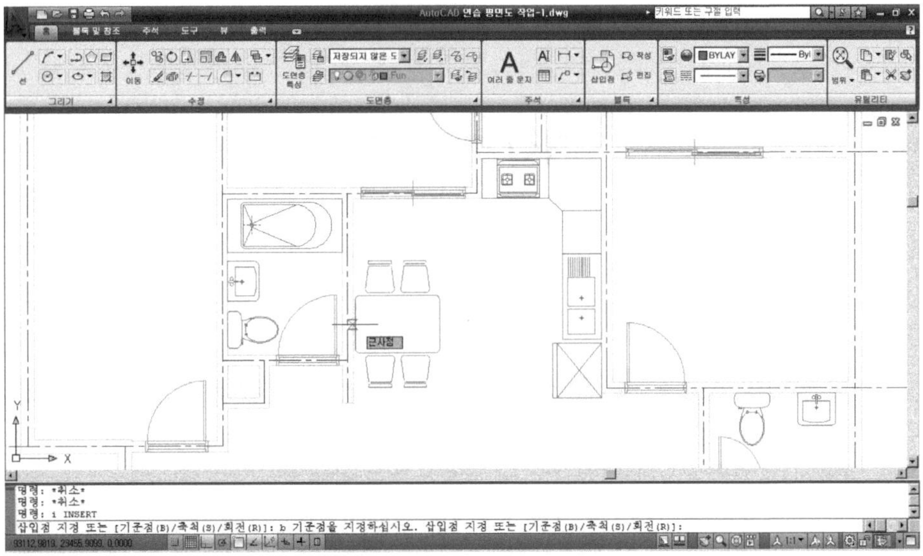

▲ 원하는 곳에 클릭하면 식탁이 삽입된다.

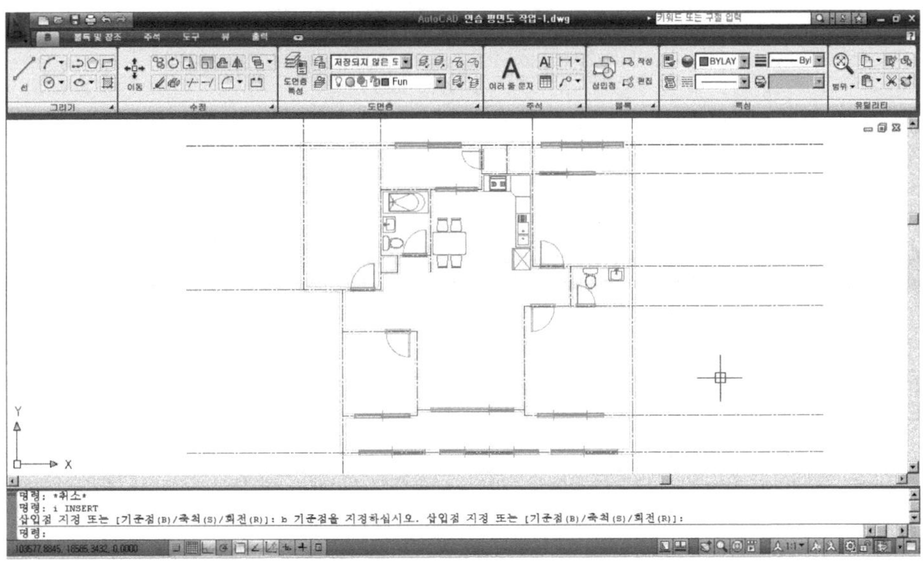

▲ 주방가구가 삽입되어 완성된 결과이다.

LESSON 06

거실 가구 그리기

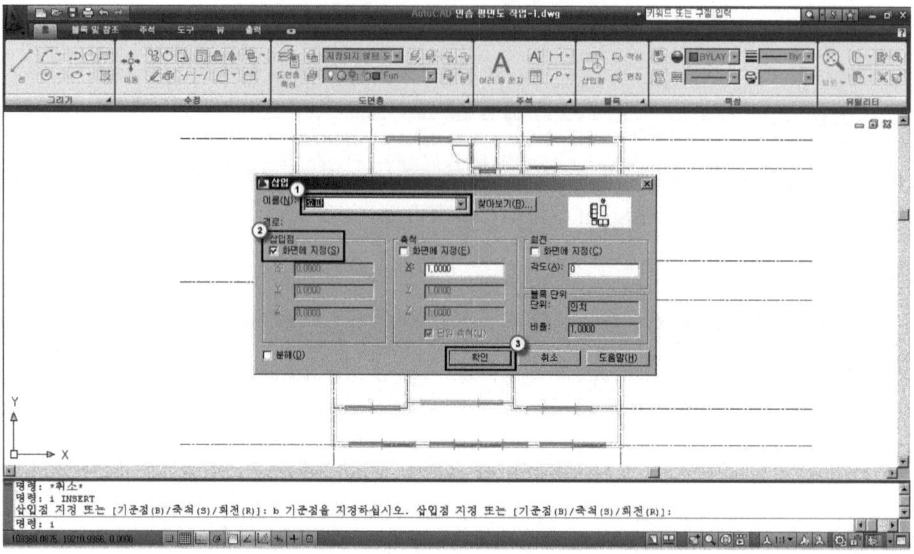

▲ Insert를 입력하고 Enter를 누르면 삽입 대화상자가 활성화된다.

① 소파를 선택하고

② 화면에 지정을 체크하고

③ 확인 을 클릭한다.

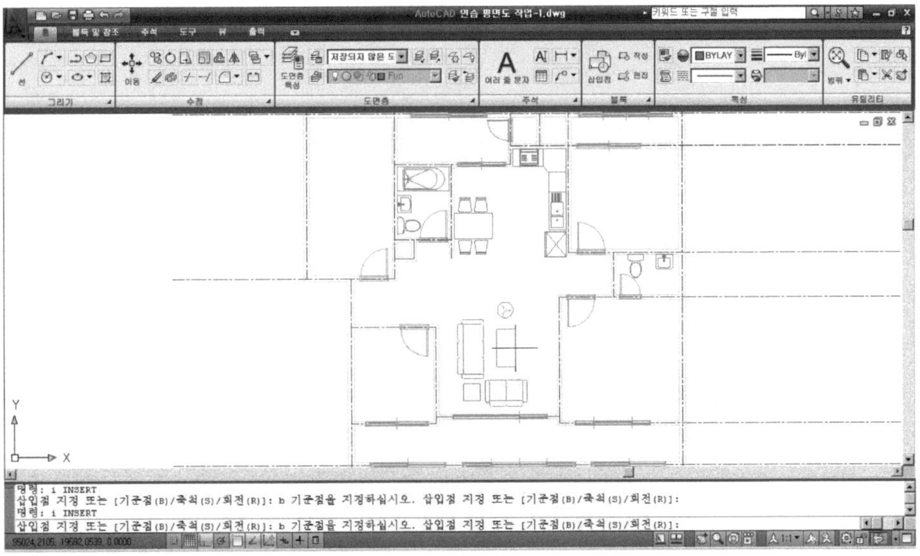

▲ 소파가 생성된 것을 확인할 수 있다.

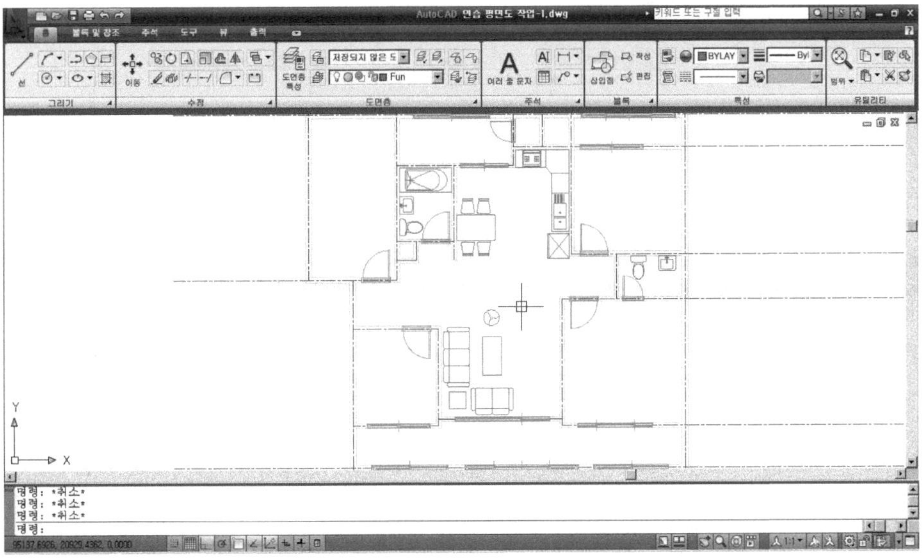

▲ 원하는 위치에 클릭하면 소파가 삽입된다.

LESSON 07

계단실 그리기

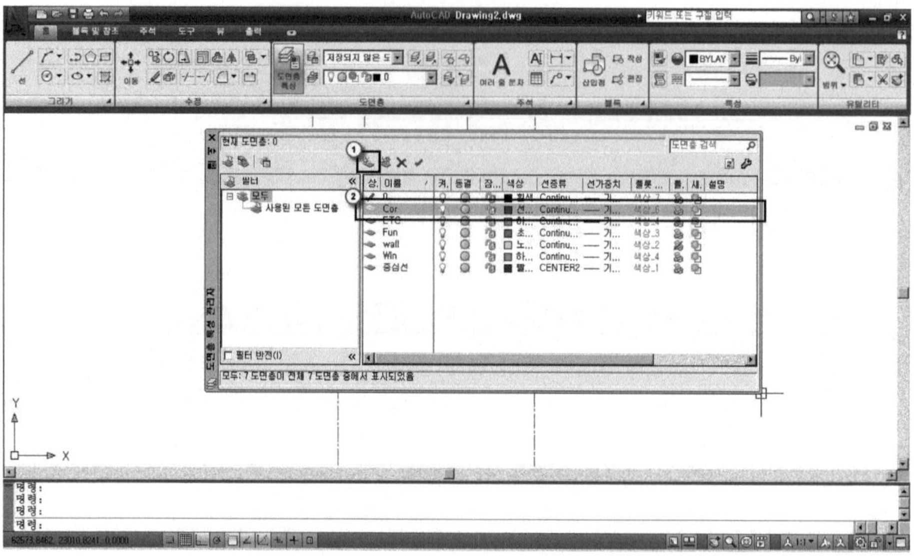

▲ Layer를 입력하고 Enter를 누르면 도구상자가 활성화된다.

① 새 도면층을 클릭하고

② 이름을 "Cor" 변경하고 색상은 선홍색으로 지정한다.

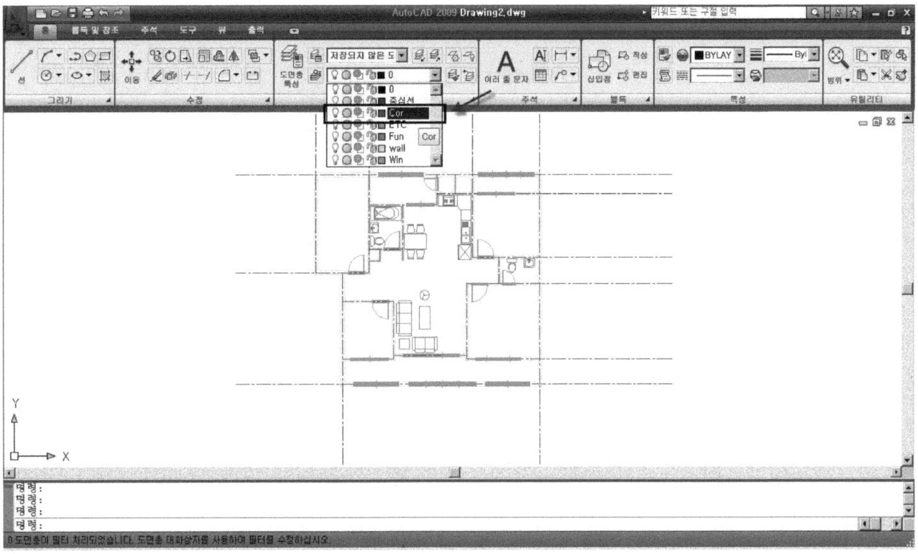

▲ 새 도면층이 생성된 것을 확인할 수 있다.

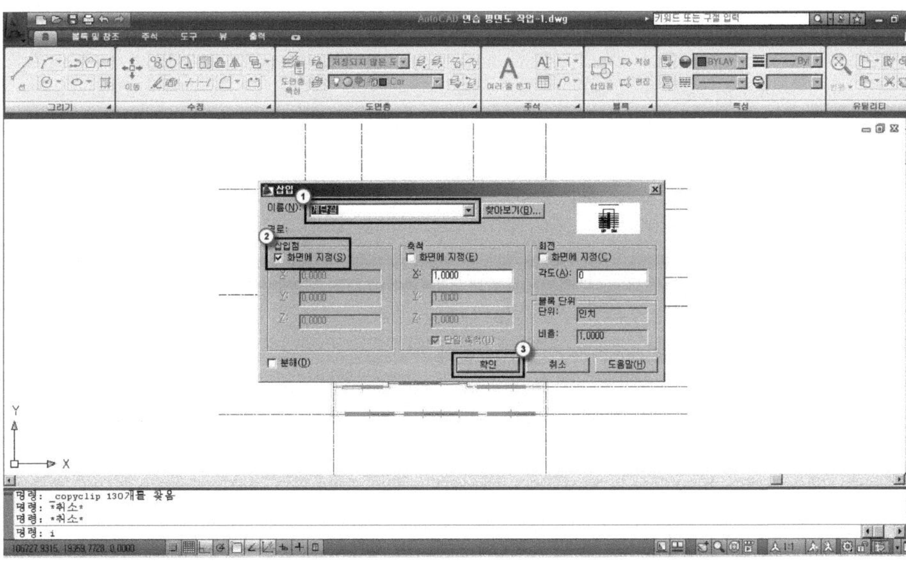

▲ Insert를 입력하고 Enter 를 누르면 삽입 대화상자가 활성화된다.

① 계단실을 선택하고

② 화면에 지정을 체크하고

③ 확인 을 클릭한다.

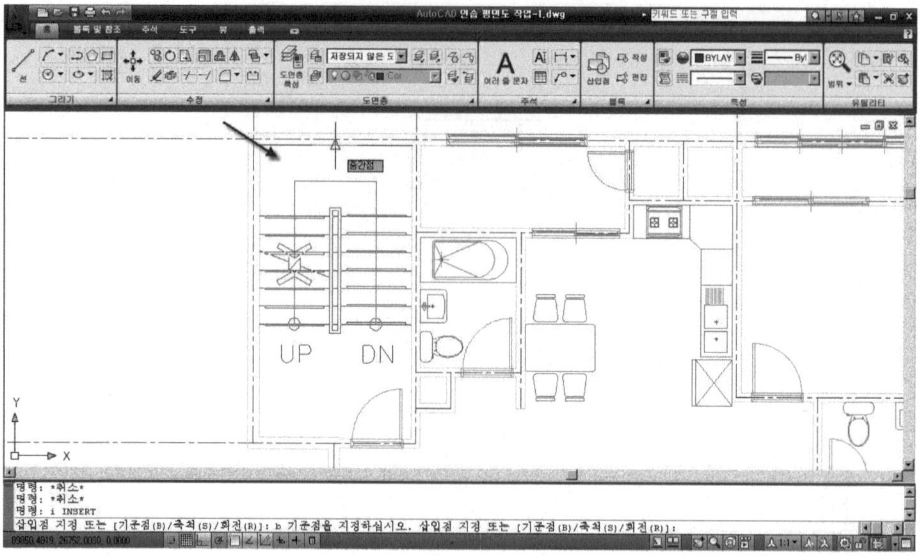

▲ 원하는 위치에 클릭하면 계단실이 삽입된다.

LESSON 08

문자 기입

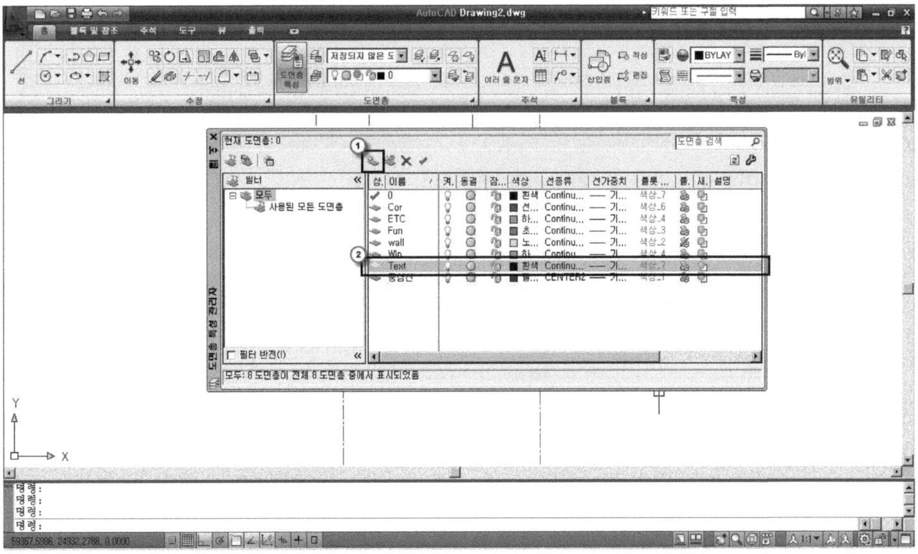

▲ Layer를 입력하고 Enter를 누르면 도구상자가 활성화된다.

① 새 도면층을 클릭하고

② 이름을 "Text" 변경하고 색상은 흰색으로 지정한다.

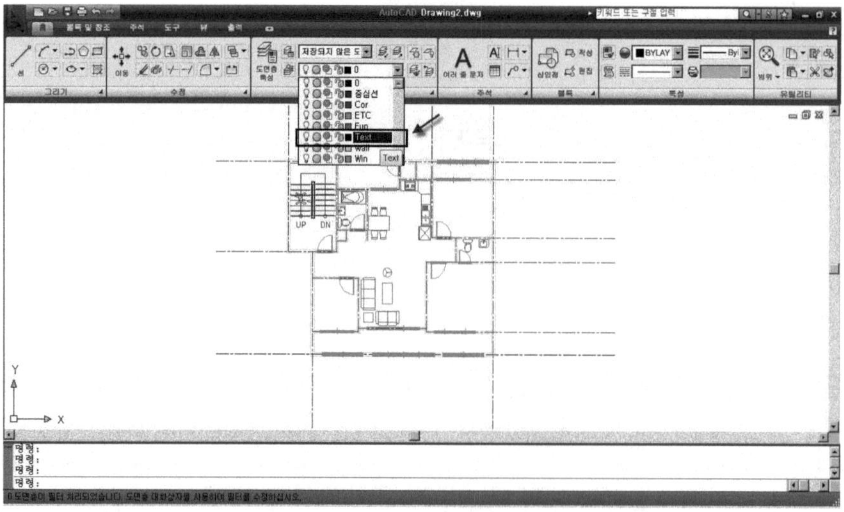

▲ 새 도면층이 생성된 것을 확인할 수 있다.

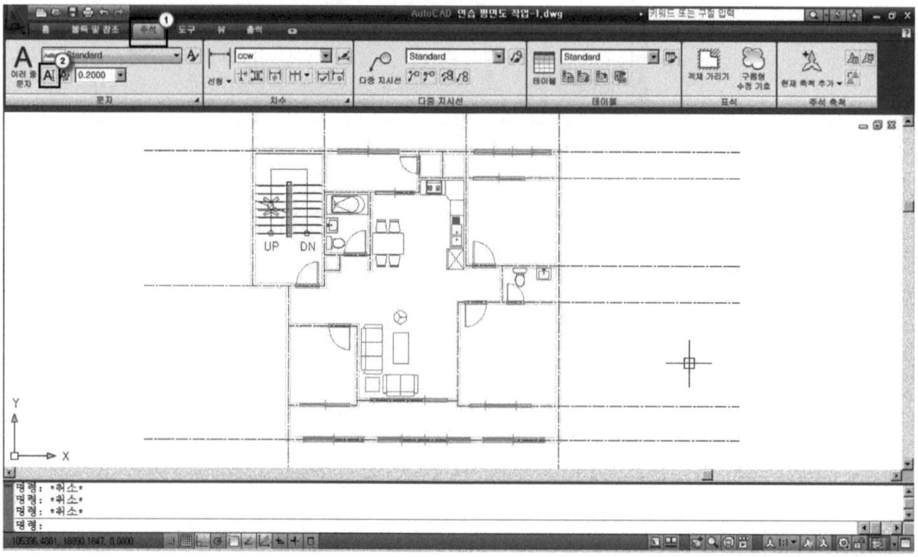

▲ ① 주석을 선택하고

② 단일행 문자를 클릭한다.

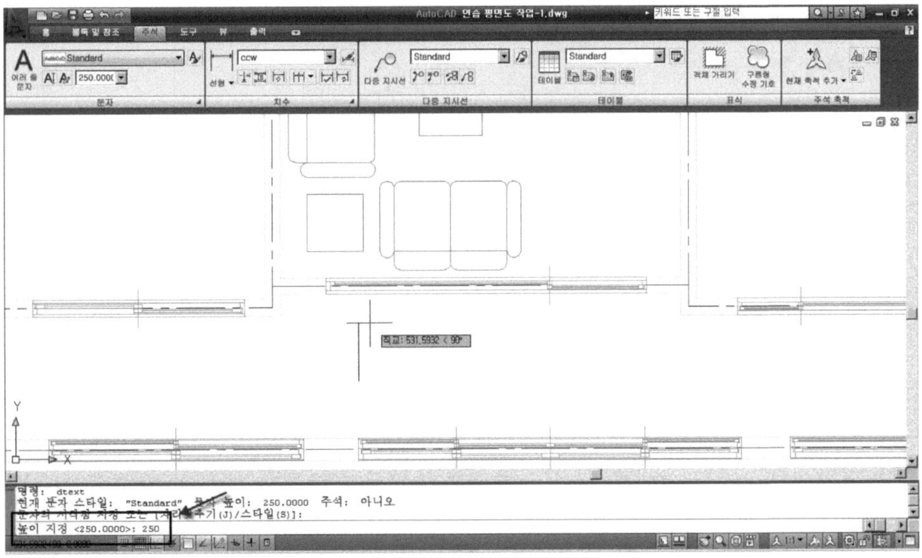

▲ 높이 지정 값을 "250"으로 입력한다. 높이 값은 원하는 크기만큼 클릭하여도 된다.

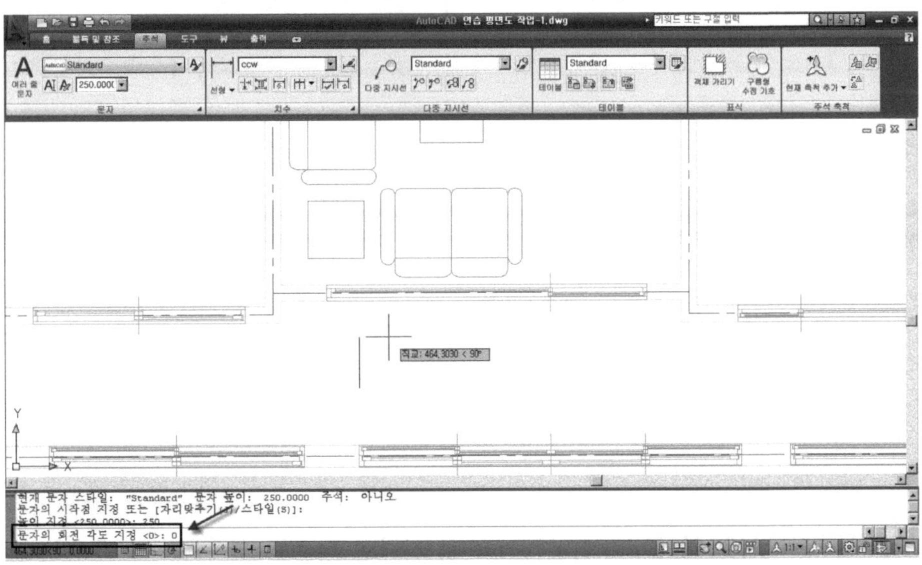

▲ 회전각도는 "0"으로 입력하고 Enter를 누른다.

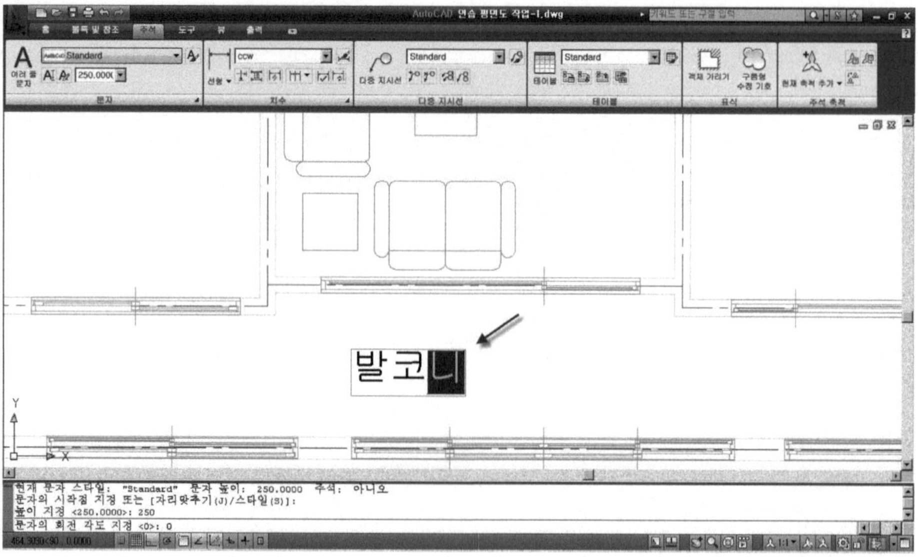

▲ "발코니"를 입력한다.

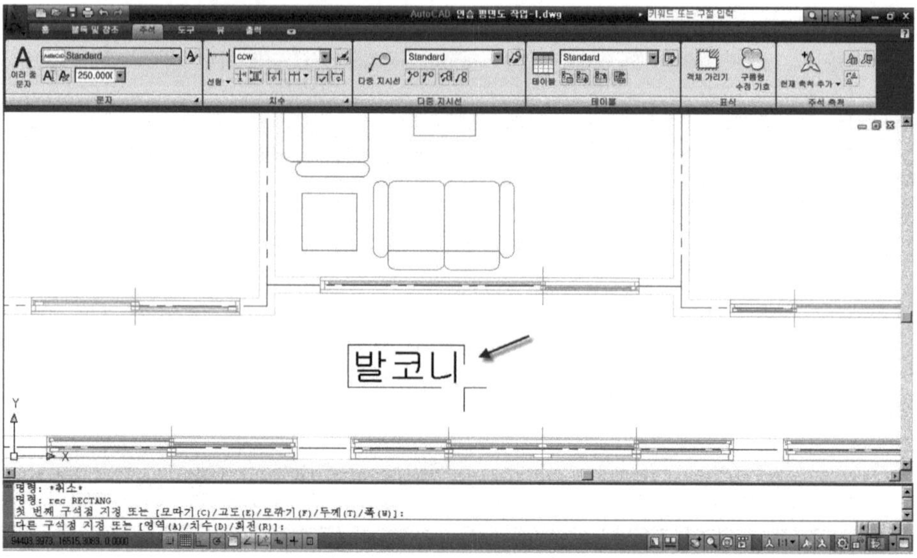

▲ Rectang을 입력하고 적당한 크기의 사각형 박스를 그려준다. 같은 방법으로 문자를 기입해준다.

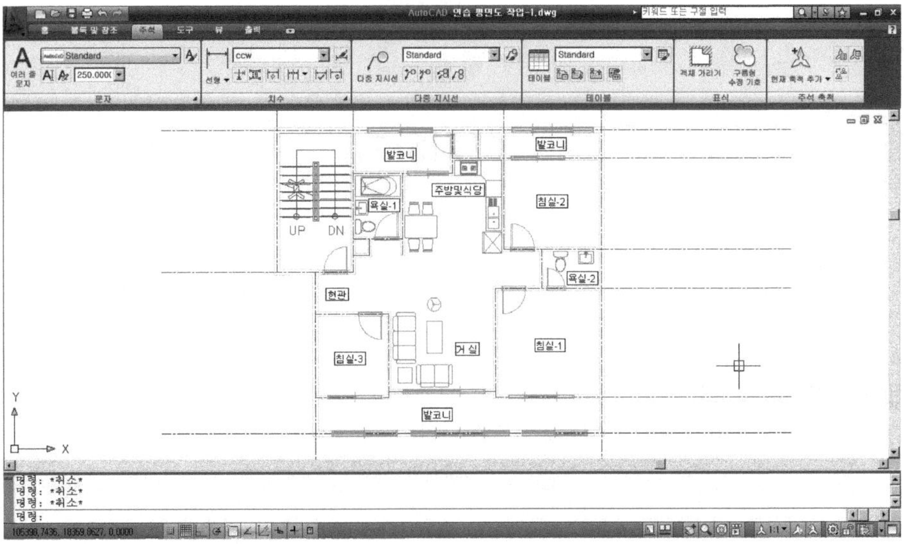

▲ 각 실명을 그림과 같이 기입한다.

LESSON 09

해치하기

해치 도면층 설정

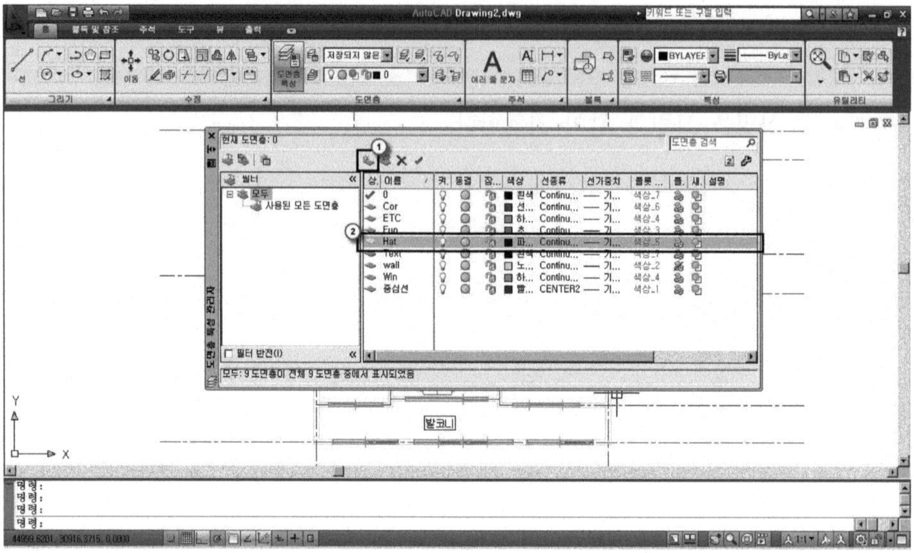

▲ Layer를 입력하고 Enter를 누르면 도구상자가 활성화된다.

① 새 도면층을 클릭하고

② 이름을 "Hat" 변경하고 색상은 파란색으로 지정한다.

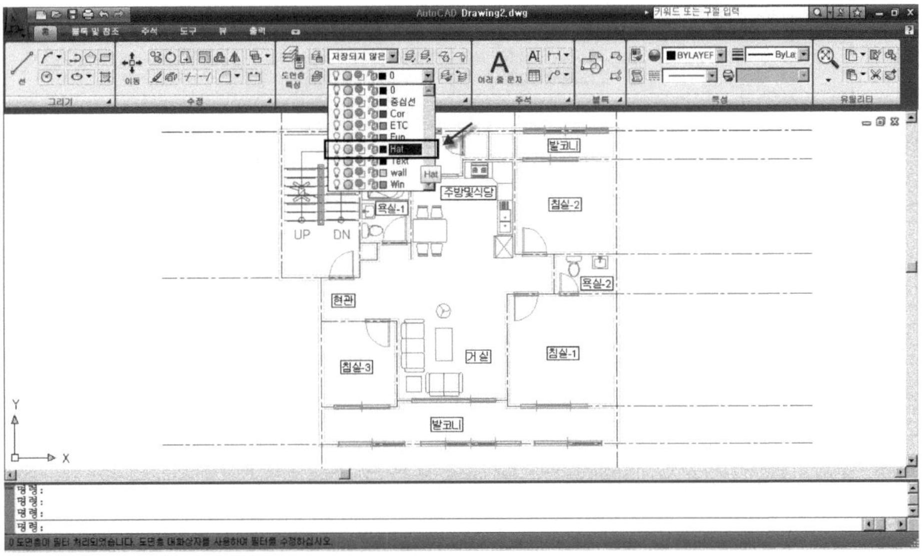

▲ 새 도면층이 생성된 것을 확인할 수 있다.

해치 그리기

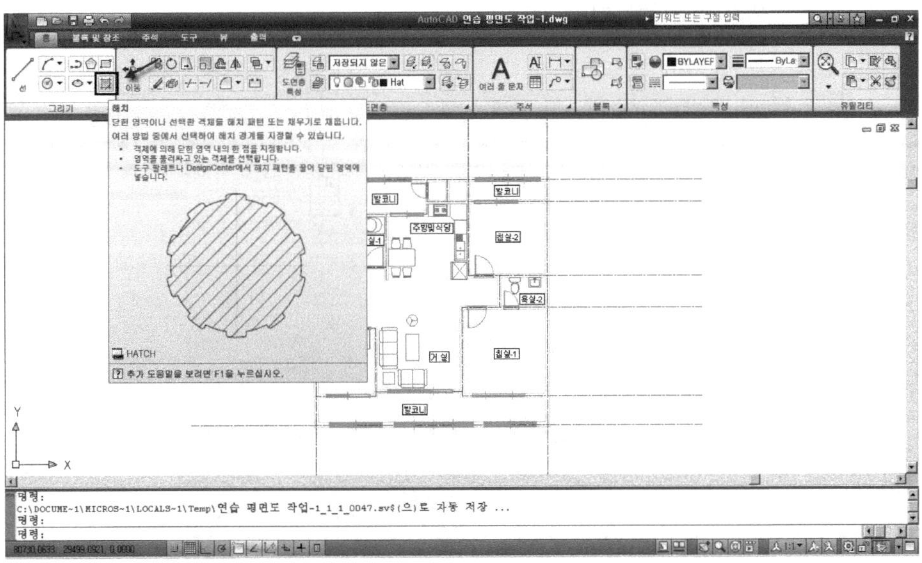

▲ Hatch를 클릭한다.

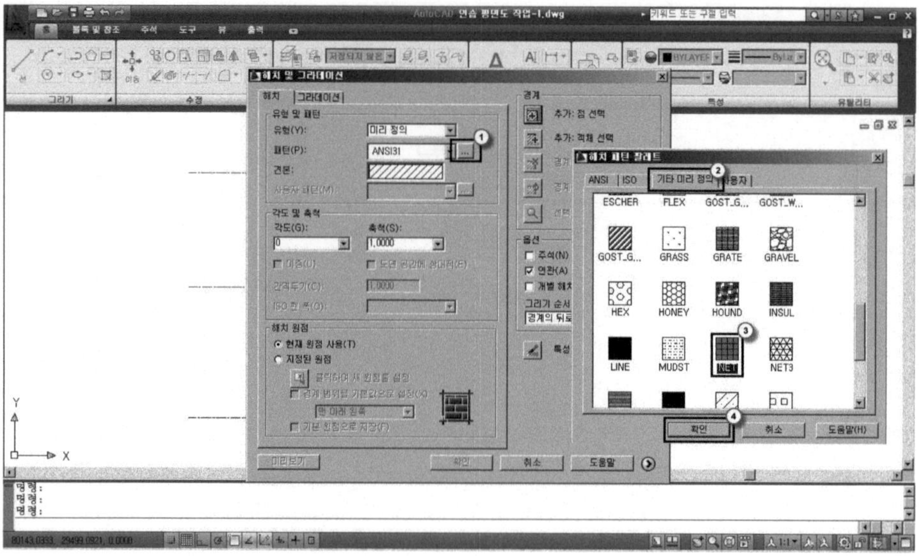

▲ 해치 대화상자가 활성화되면

① 해치 팔레트를 클릭하고

② 패턴 팔레트가 활성화되면 기타 미리정의를 선택하고

③ 타일형식을 선택하고

④ **확인**을 클릭한다.

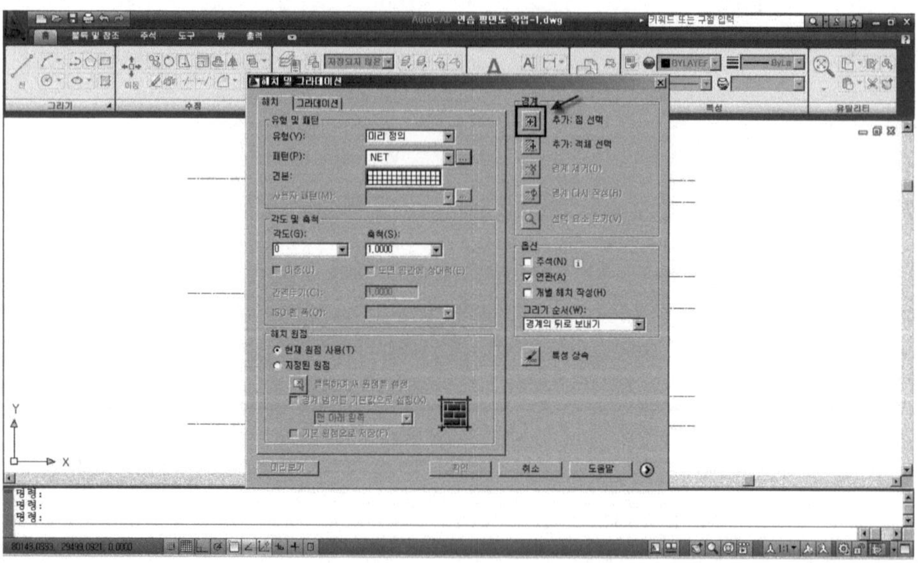

▲ 경계에서 추가 : 점 선택을 클릭한다.

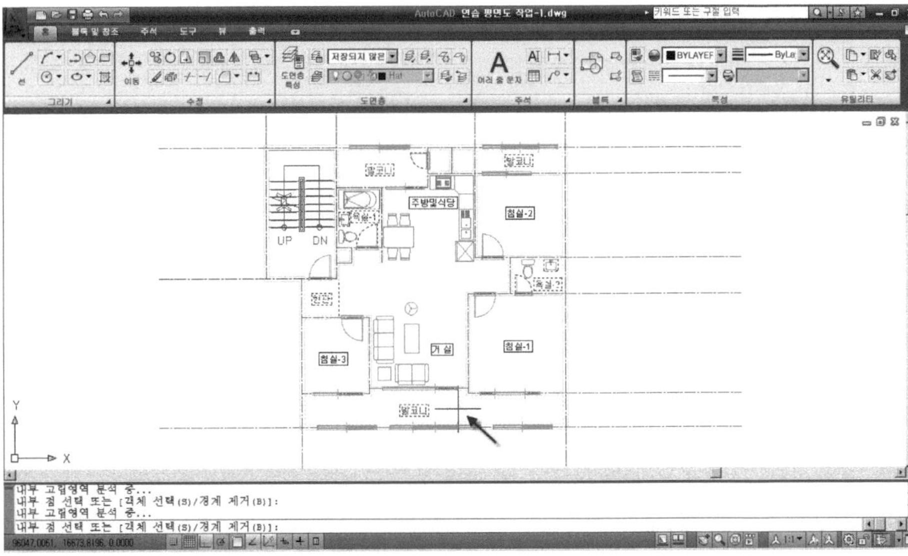

▲ 그림과 같이 해치할 내부를 클릭하면 경계가 자동 선택된다. 경계를 모두 선택하면 다시 Enter 를 누른다.

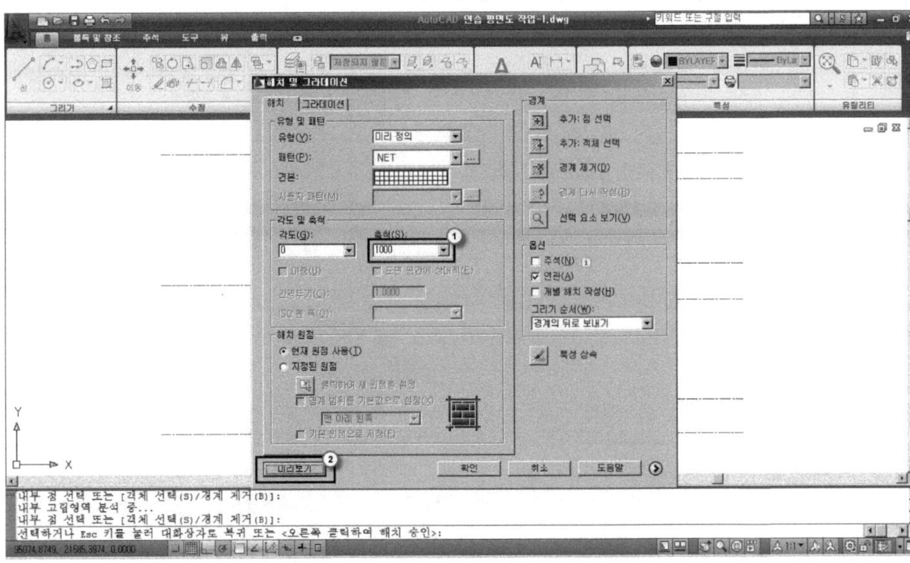

▲ 도구상자가 활성화되면

① 축척-1000을 입력하고

② 미리보기 를 클릭한다.

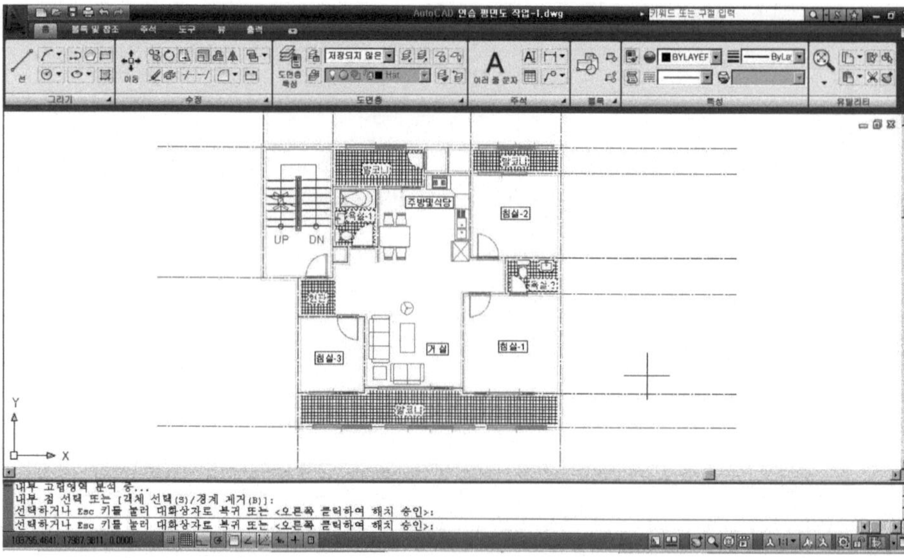

▲ 미리보기 화면을 확인하고 축척을 수정해 가면서 해치의 크기를 결정한다.

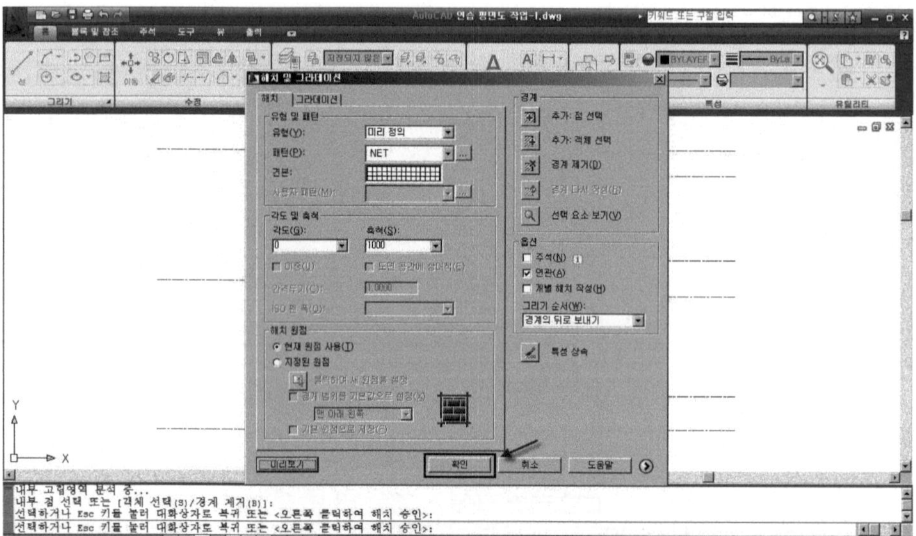

▲ 해치가 결정되면 **확인** 을 클릭하여 해치를 완성한다.

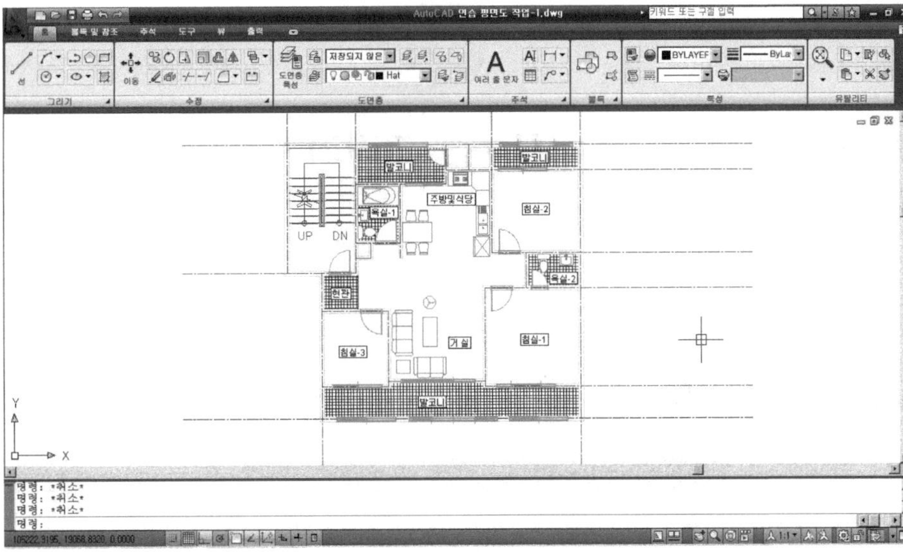
AutoCAD 연습 평면도 작업-1.dwg
발코니
발코니
주방및식당
침실-2
욕실-1
UP
DN
욕실-2
현관
침실-3
거실
침실-1
발코니

▲ 해치가 완성된 모습이다.

LESSON 10

치수선 그리기

치수선 도면층 설정

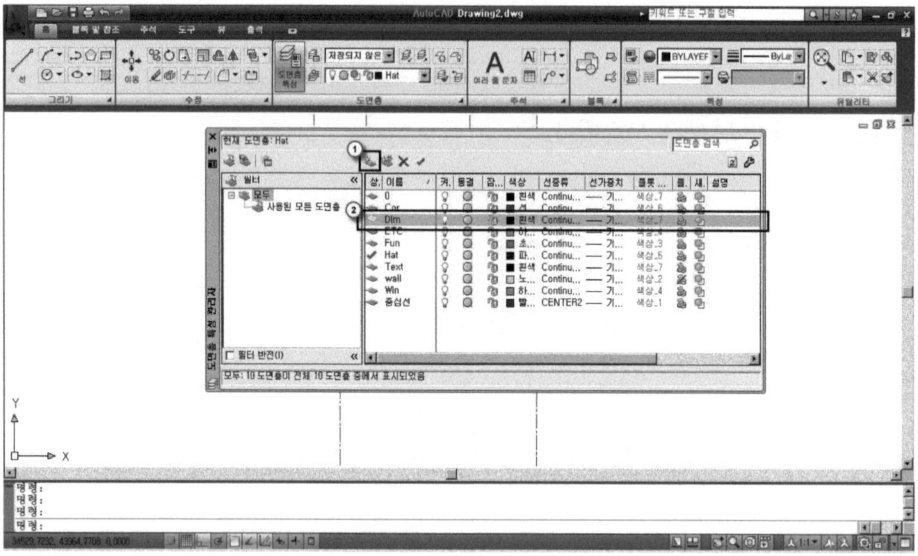

▲ Layer를 입력하고 Enter를 누르면 도구상자가 활성화된다.

① 새 도면층을 클릭하고

② 이름을 "Dim" 변경하고 색상은 흰색으로 지정한다.

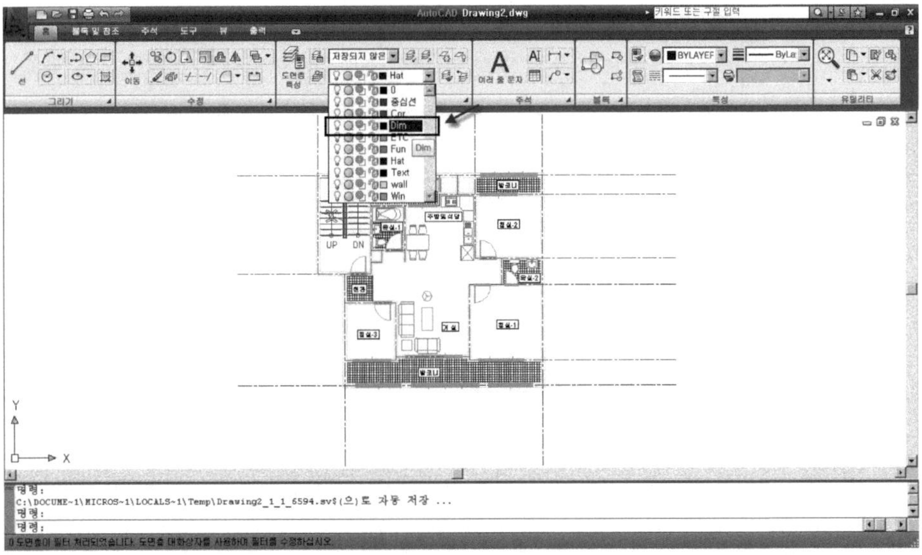

▲ 새로운 도면층이 생성된 것을 확인할 수 있다.

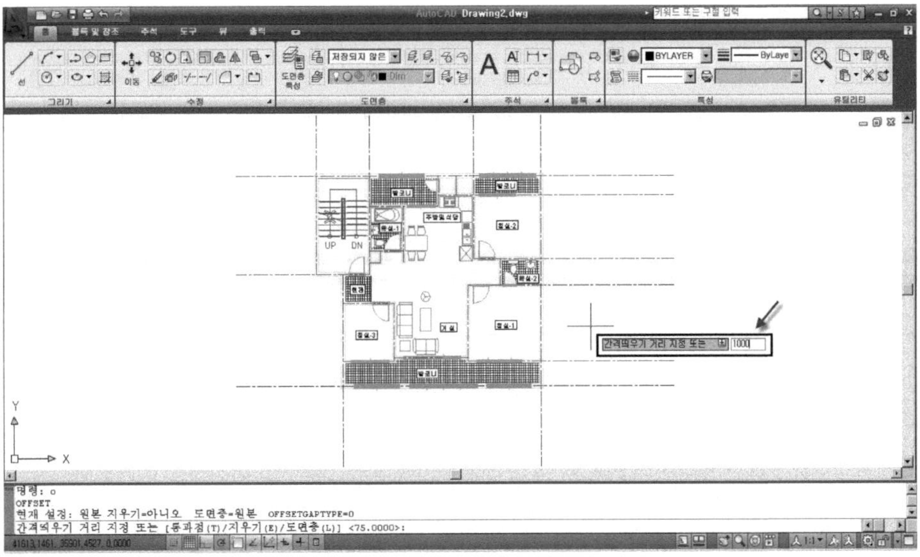

▲ 치수선을 기입하기 전 선 정리를 해준다. Offset을 입력하고 간격 띄우기 거리 값을 “1000”으로 입력한다.

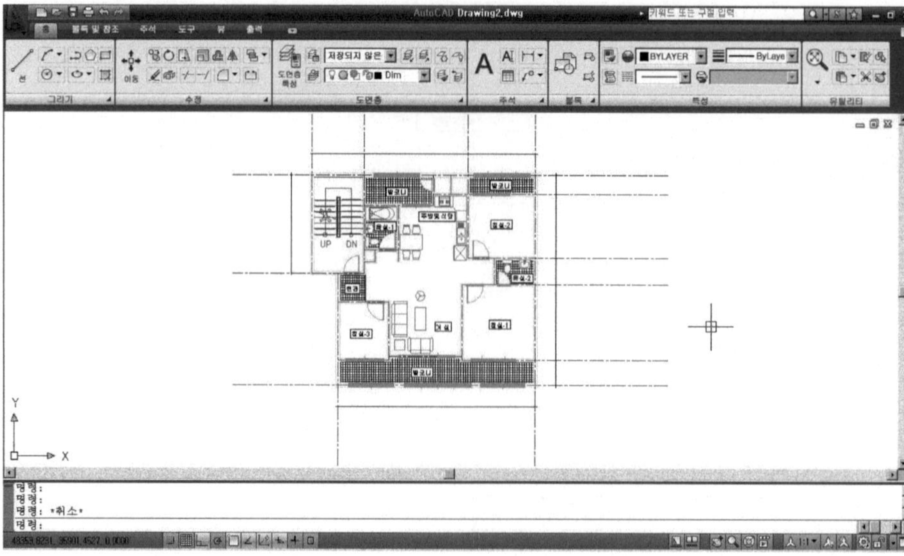

▲ 그림과 같이 4면을 모두 간격 띄우기를 해준다.

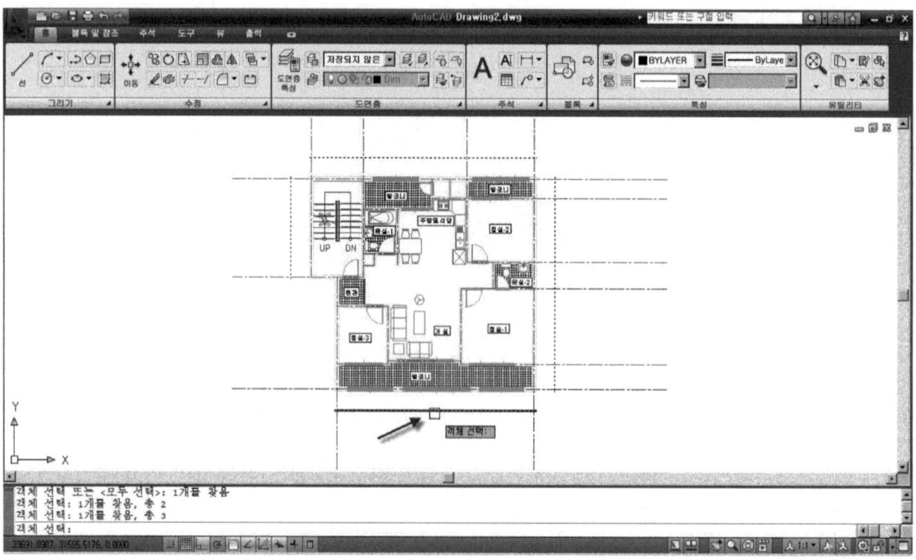

▲ Trim으로 그림과 같이 4개의 선을 선택한다.

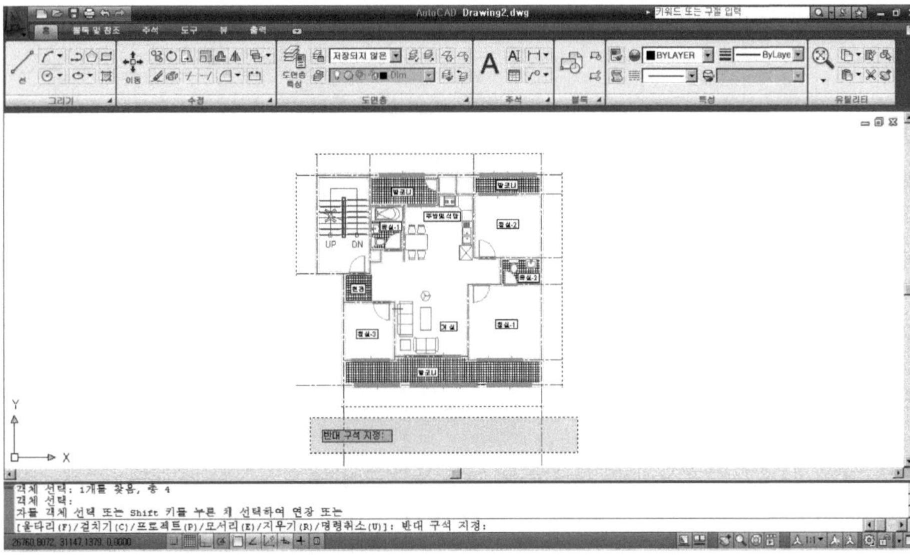

▲ 절단할 선을 그림과 같이 선택하면 선을 절단할 수 있다.

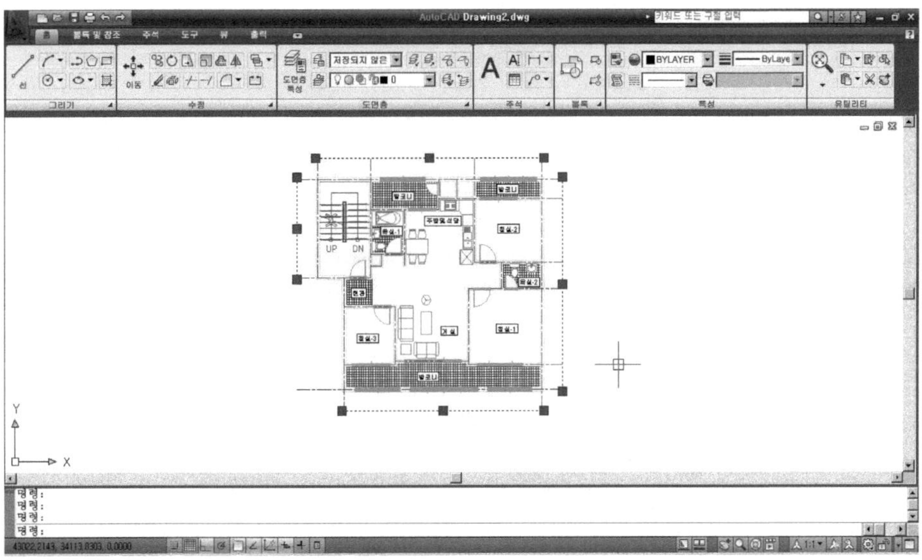

▲ 그림과 같이 선을 선택하고 지워준다.

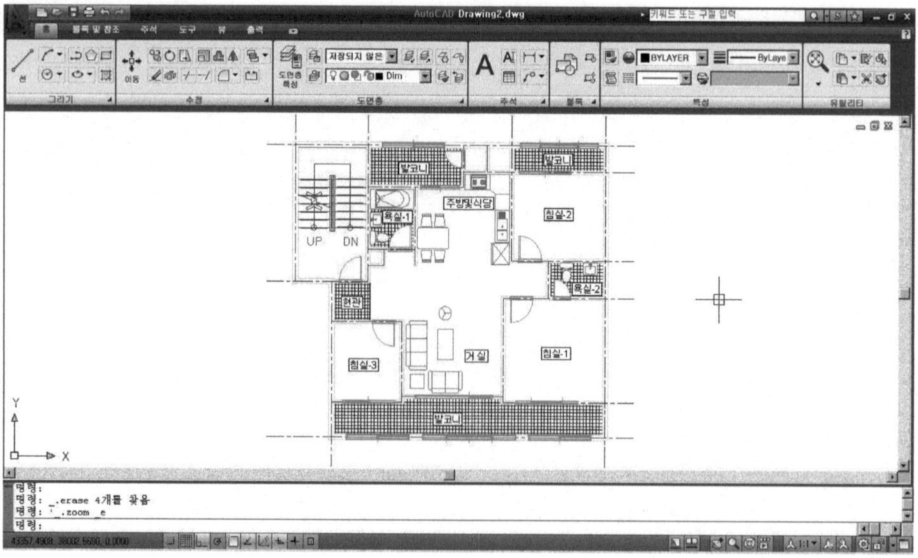

▲ 선 정리가 모두 완료된 결과이다.

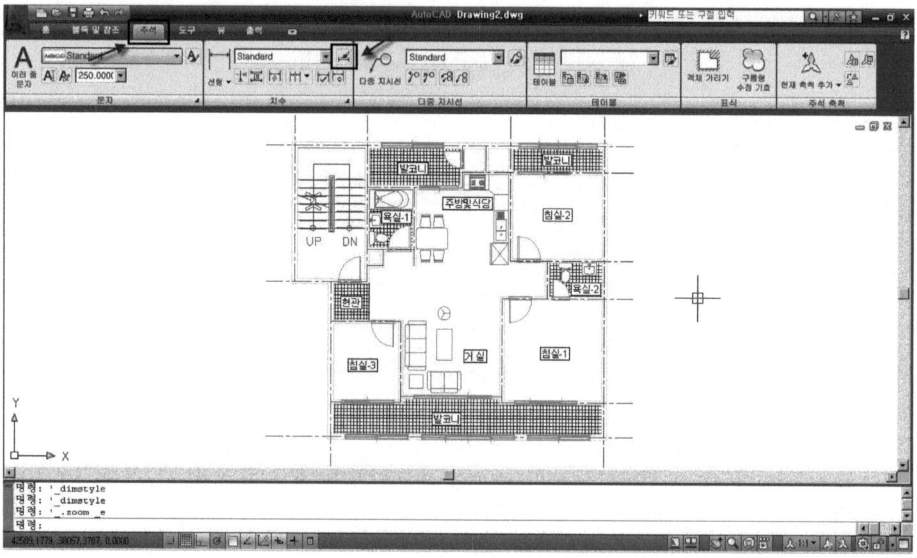

▲ 주석에서 치수선 스타일을 클릭한다.

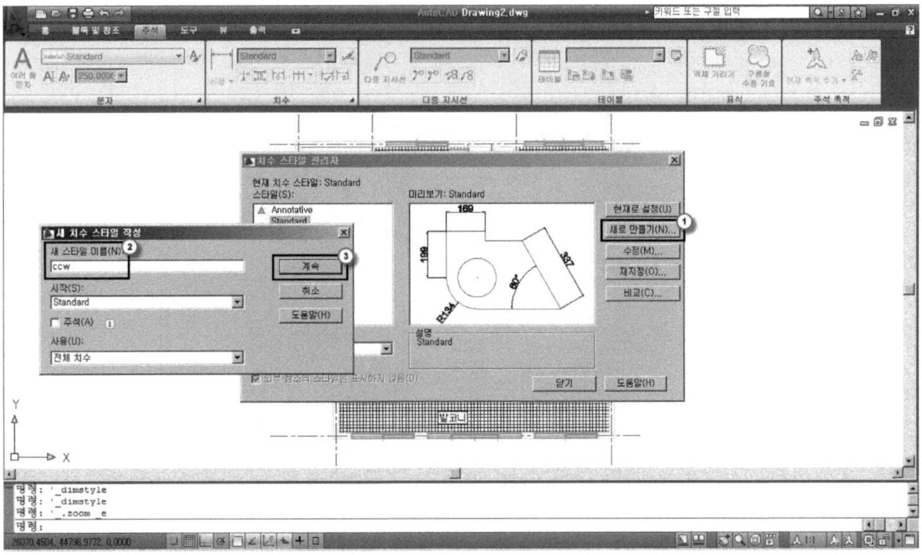

▲ 치수 스타일 관리자 도구상자가 활성화되면

① 새로 만들기 를 클릭하고

② 새 스타일 이름을 입력한다.

③ 계속 을 클릭한다.

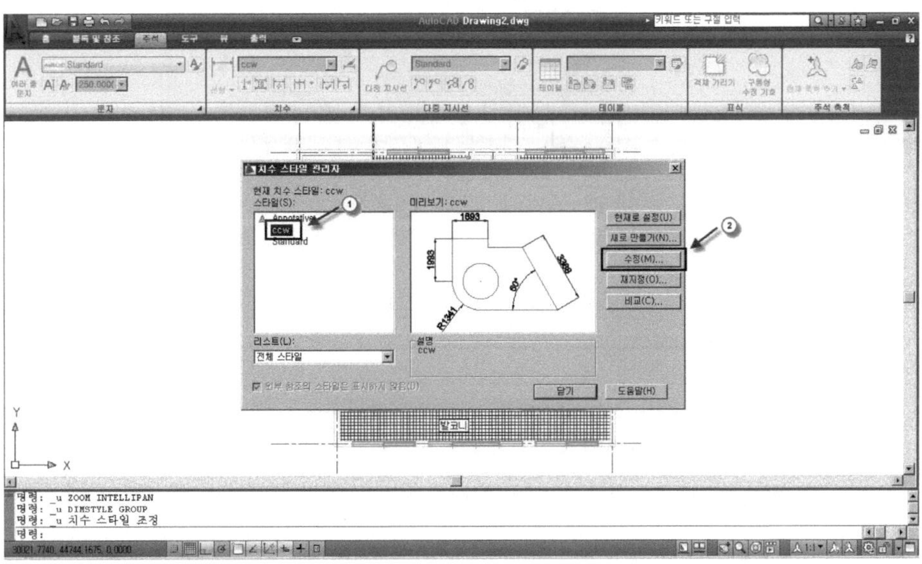

▲ 새로운 이름의 스타일이 형성된 것을 확인할 수 있다.

① 새로 형성된 스타일 이름을 클릭하고

② 수정 을 클릭한다. 기존에 있던 스타일을 선택하여 수정해도 되며 스타일의 설정 값은 도면에 따라 달라지기 때문에 사용자의 도면 스타일에 따라 수정한다.

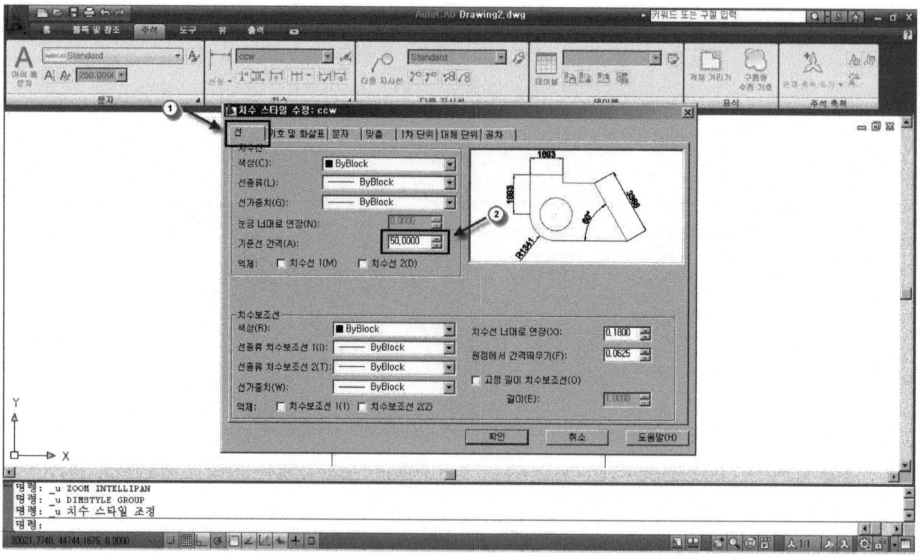

▲ ① 선에서 기준선 간격을 ② “50”으로 입력한다.

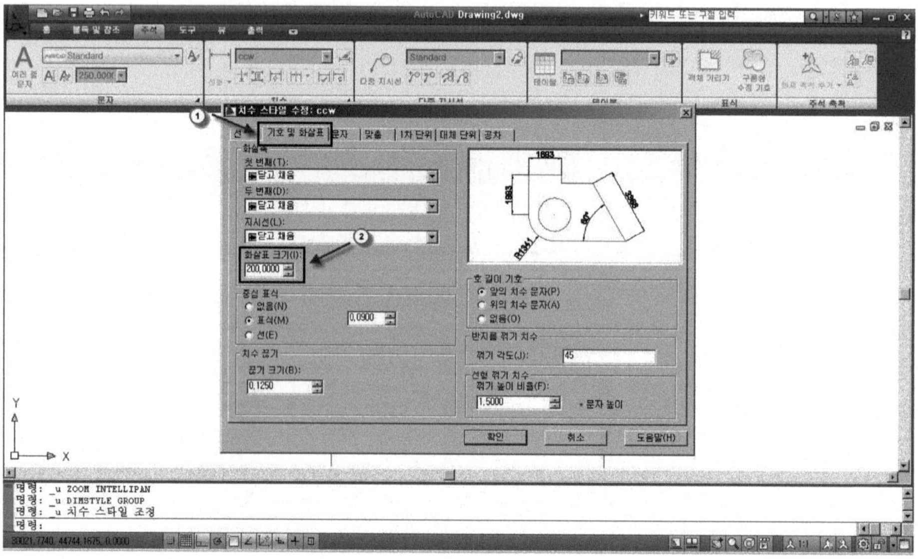

▲ ① 기호 및 화살표에서

② 화살표 크기를 “200”으로 입력한다.

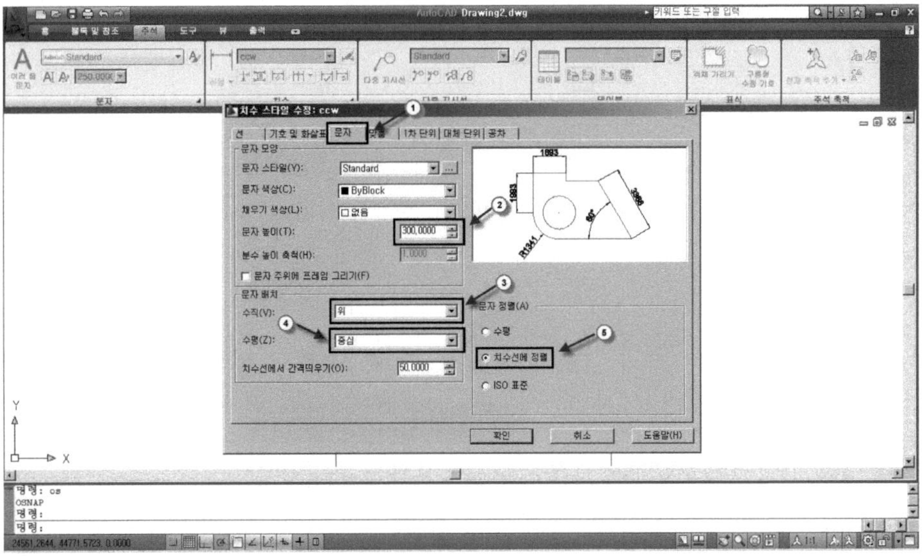

▲ ① 문자에서

② 문자 높이를 "300"으로 입력하고

③ 문자 배치에서 수직을 위로 설정하고

④ 수평을 중심으로 설정하고 ⑤ 문자 정렬에서 치수선에 정렬을 체크한다.

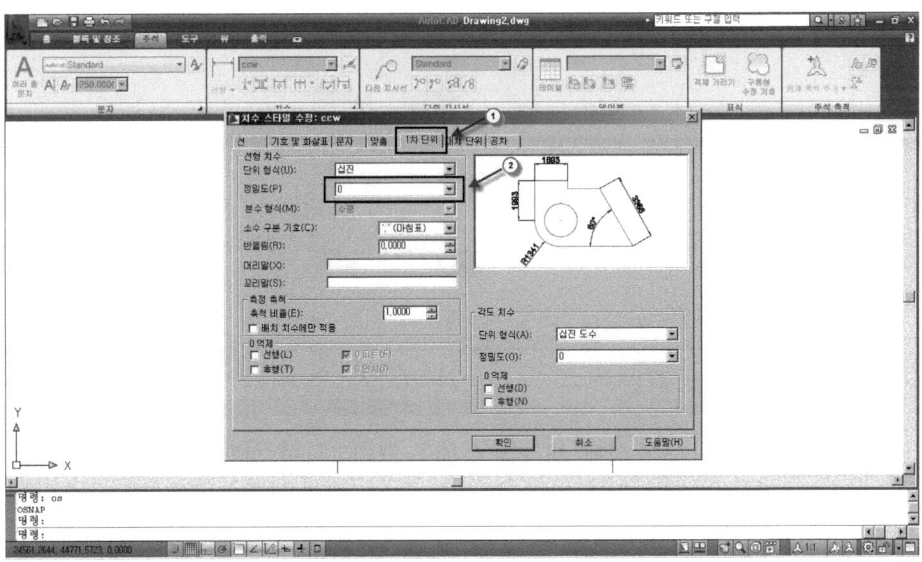

▲ ① 1차 단위에서

② 정밀도를 "0"으로 설정한다. 설정이 끝나면 **확인**을 누른다.

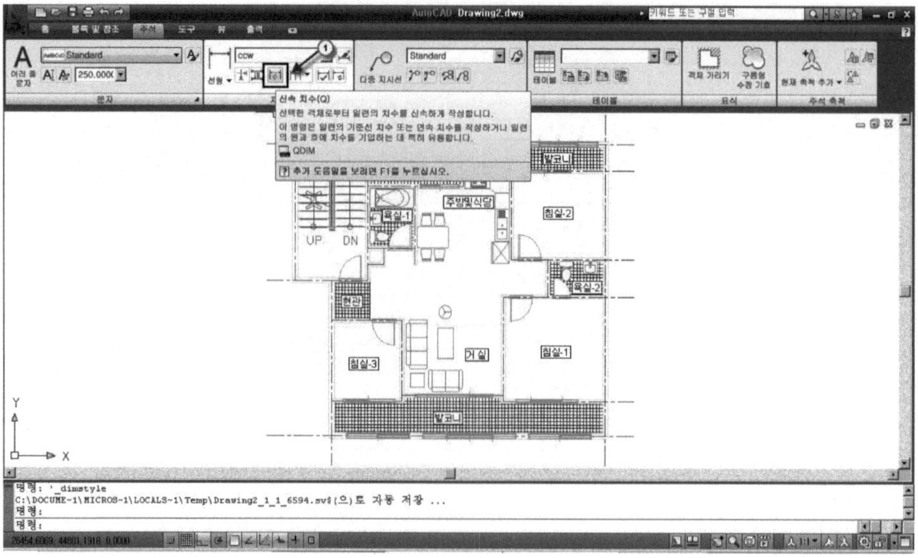

▲ ① 신속치수를 클릭한다.

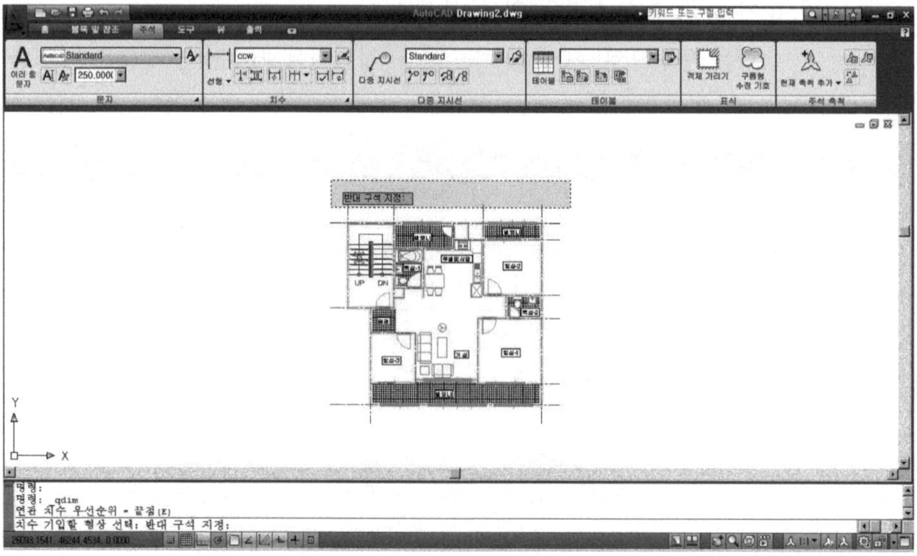

▲ 그림과 같이 치수선에 표시될 선들을 드래그하여 선택한다.

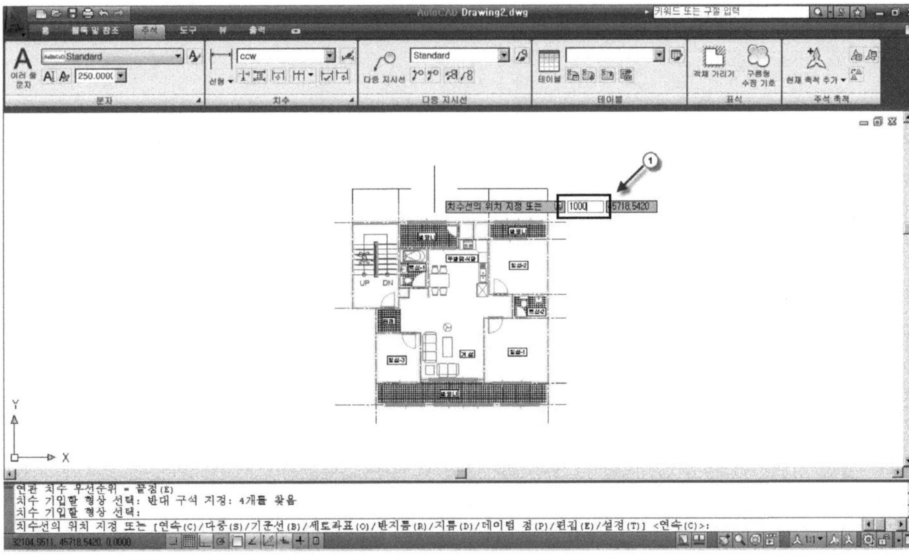

▲ ① 치수선의 위치 지정 값을 “1000”으로 입력한다.

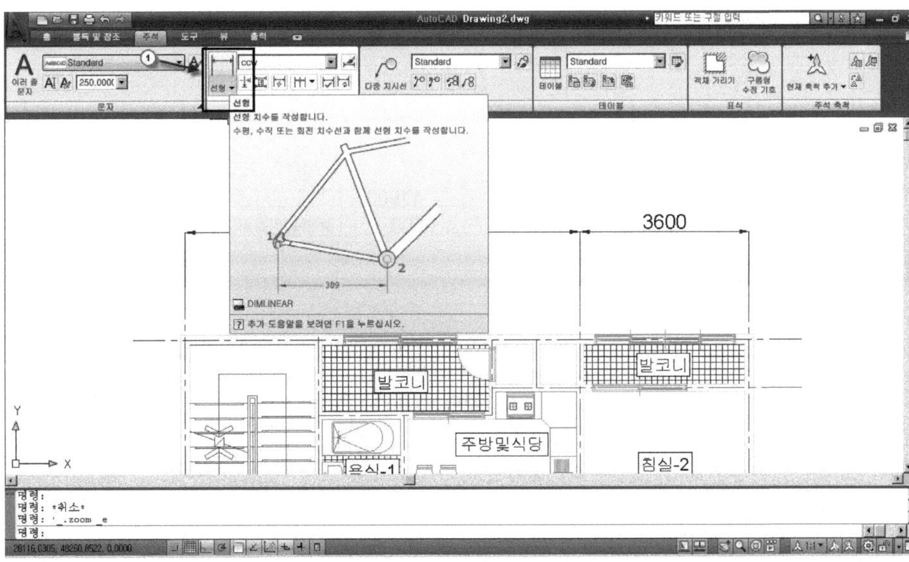

▲ ① 선형을 클릭한다.

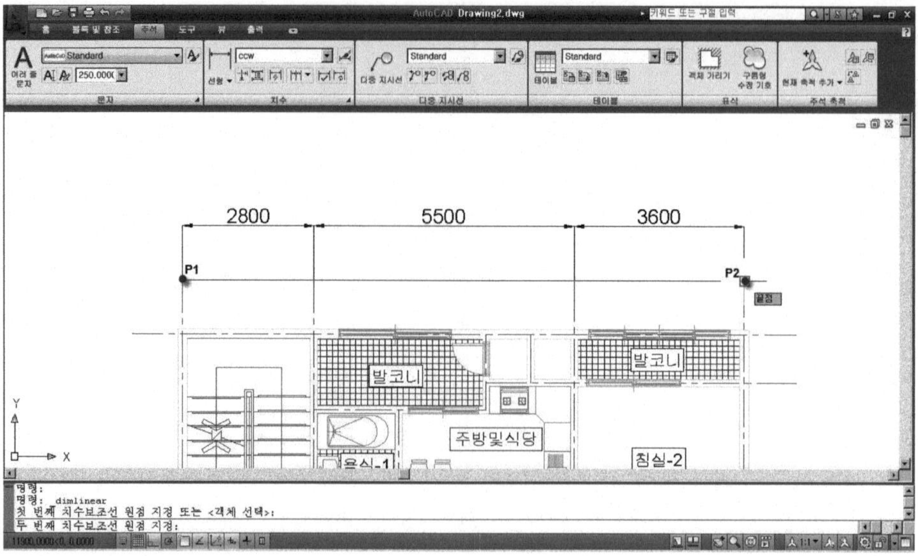

▲ P1과 P2를 클릭한다.

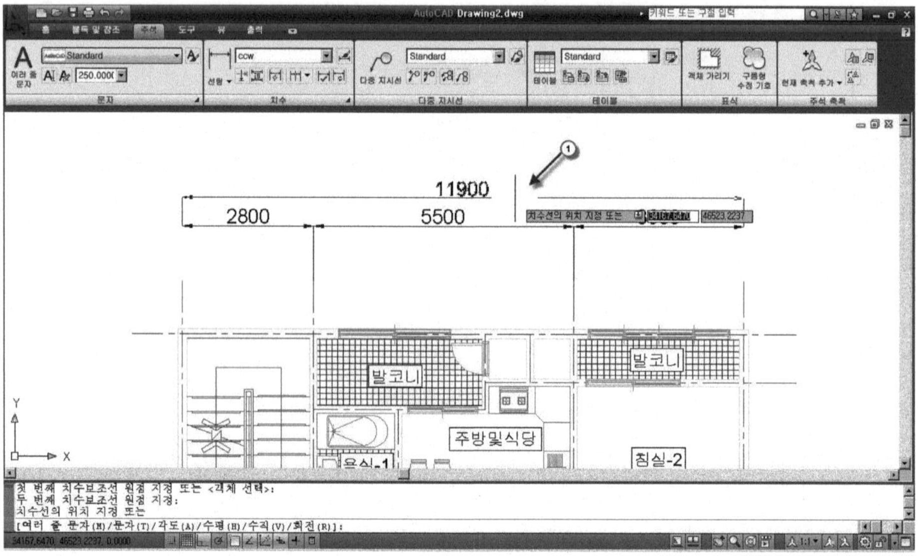

▲ ① 원하는 위치에 클릭한다. 같은 방법으로 나머지 치수선들을 만들어준다.

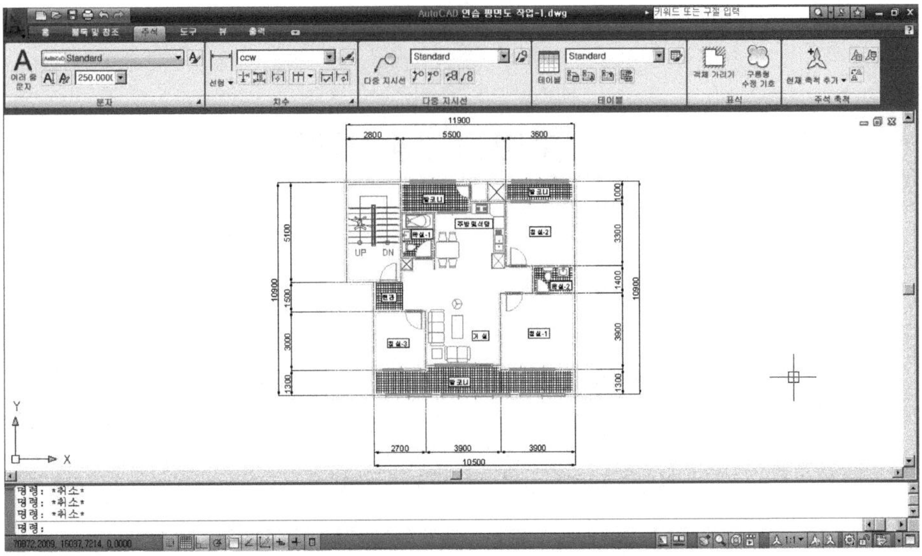

▲ 치수선이 완료된 결과이다.

LESSON 11

도면 Title 기입

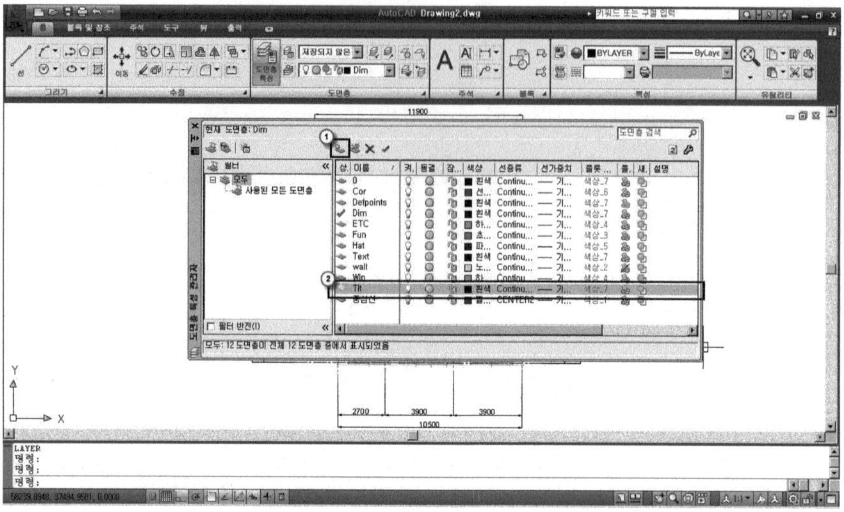

▲ Layer를 입력하고 Enter를 누르면 도구상자가 활성화된다.

① 새 도면층을 클릭하고 ② 이름을 "Tit" 변경하고 색상은 흰색으로 지정한다.

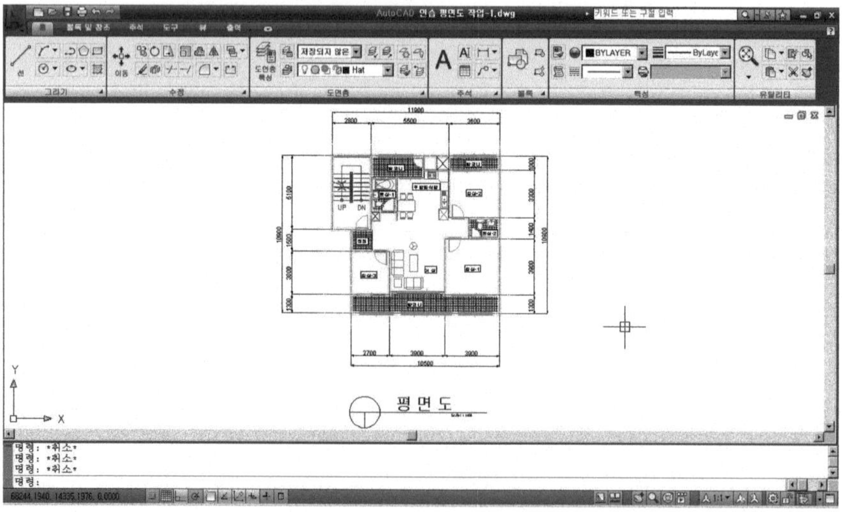

▲ 타이틀이 완성된 결과이다.

실습 예제

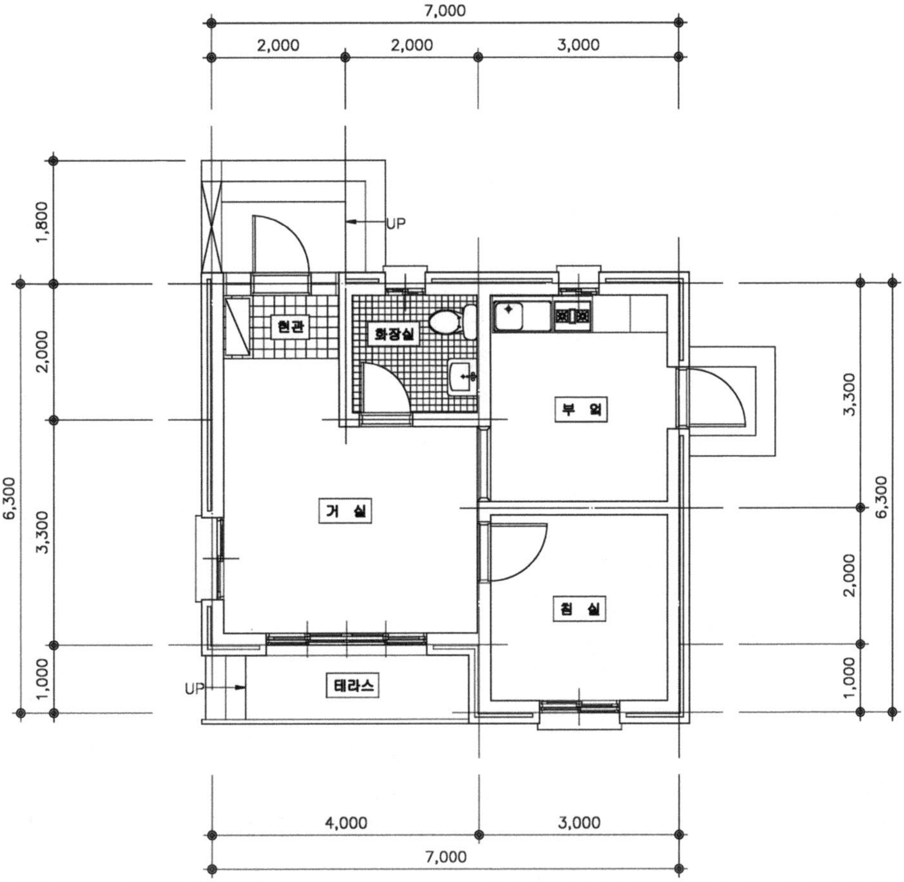

7,000
2,000
2,000
3,000
1,800
UP
6,300
2,000
3,300
1,000
현관
화장실
부 엌
거 실
침 실
테라스
UP
3,300
6,300
2,000
1,000
4,000
3,000
7,000

〈평면도 1〉

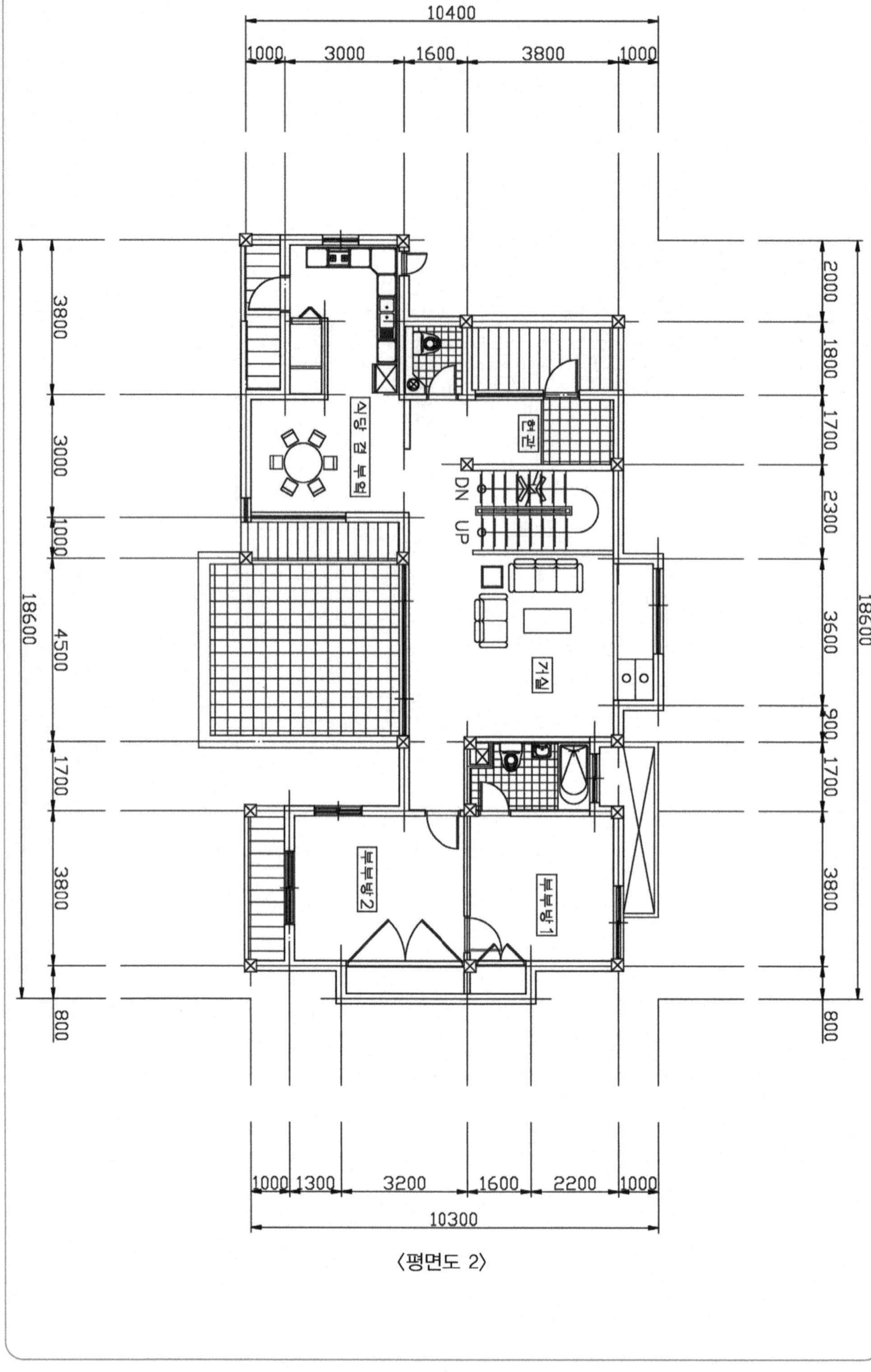

〈평면도 2〉

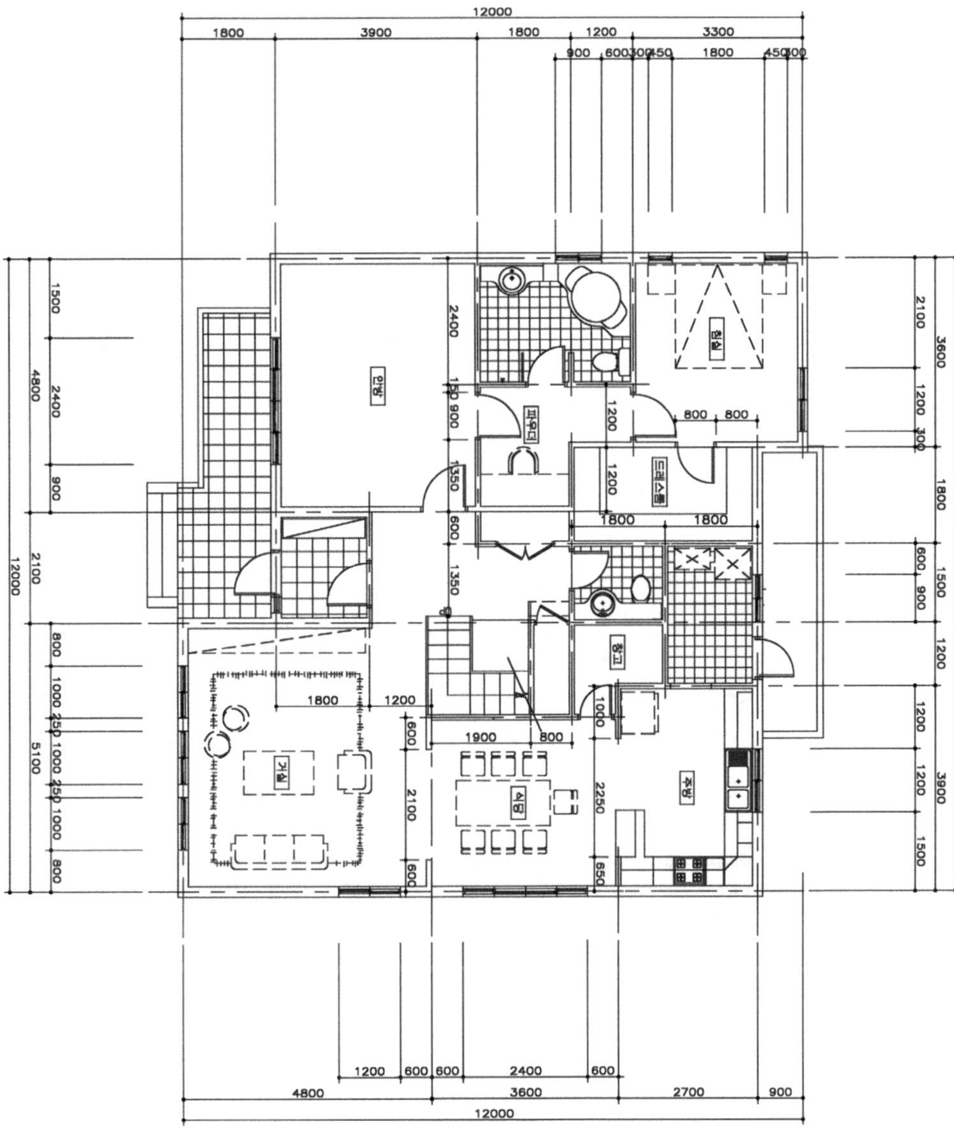
12000
1800
3900
1800
1200
3300
900
1800
안방
파우더
침실
드레스룸
창고
거실
식당
주방
1200
600
600
2400
600
4800
3600
2700
900
12000

〈평면도 3〉

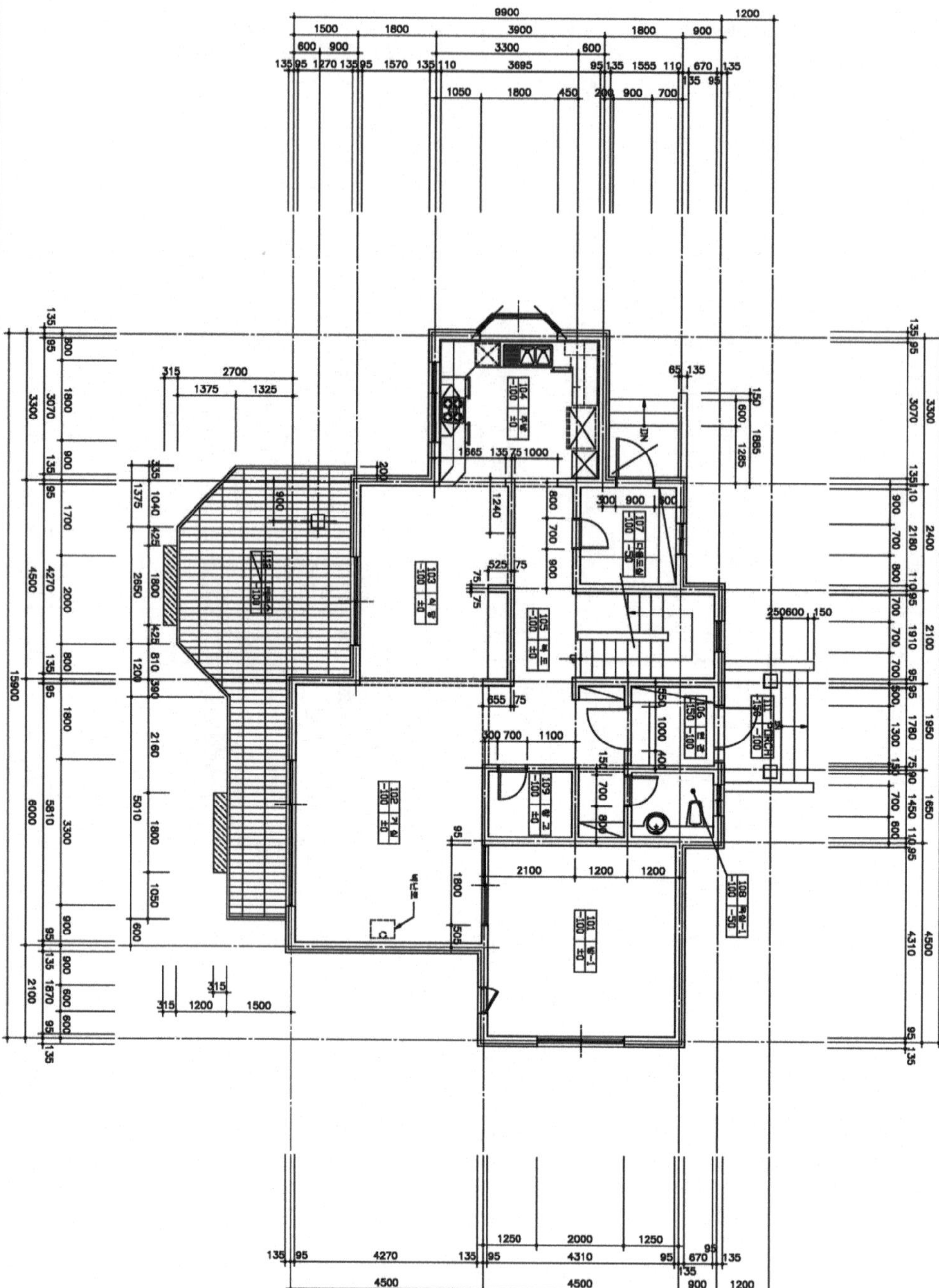

〈평면도 4〉

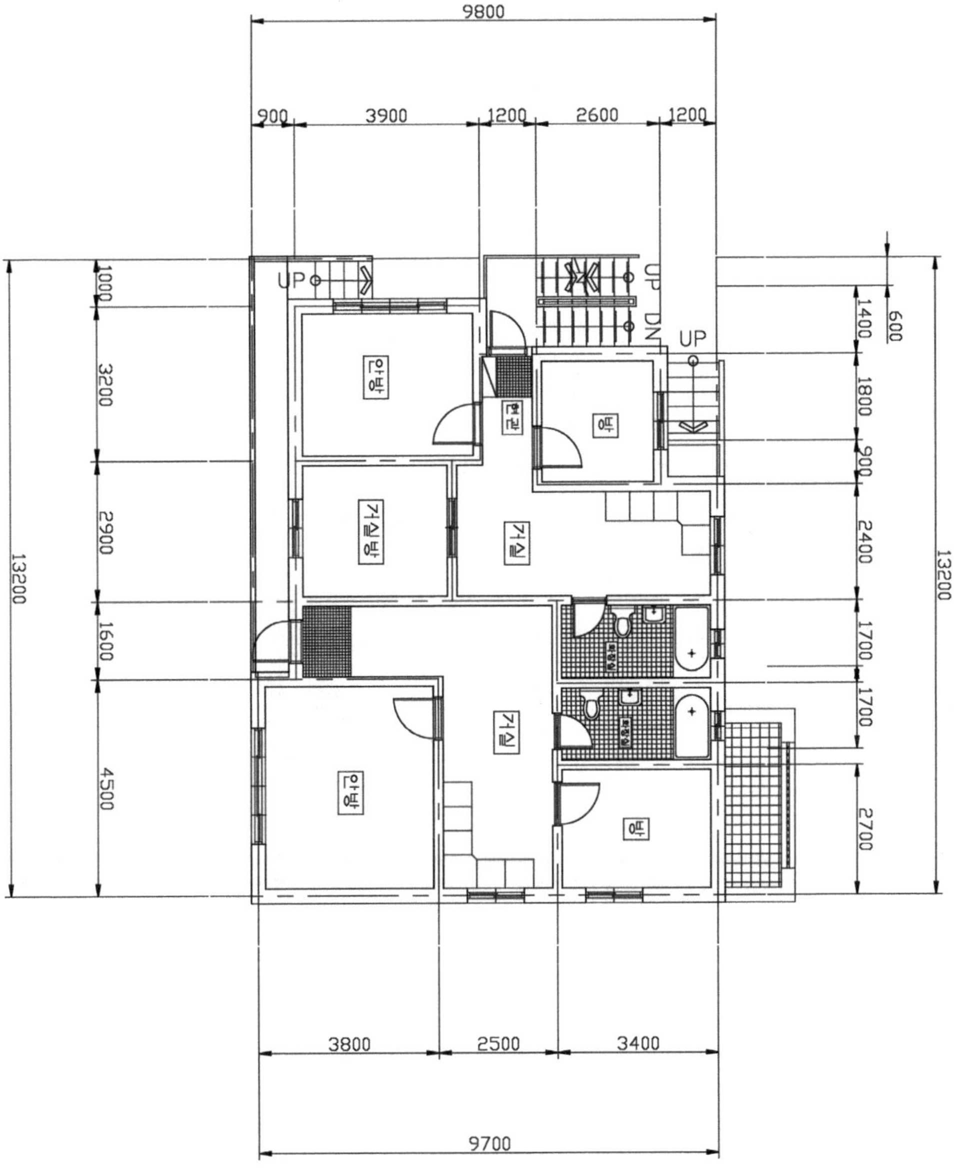
9800
900
3900
1200
2600
1200
1000
3200
2900
1600
4500
13200
1400
600
1800
900
2400
1700
1700
2700
13200
UP
UP
DN
UP
안방
현관
방
거실방
거실
거실
안방
방
3800
2500
3400
9700

〈평면도 5〉

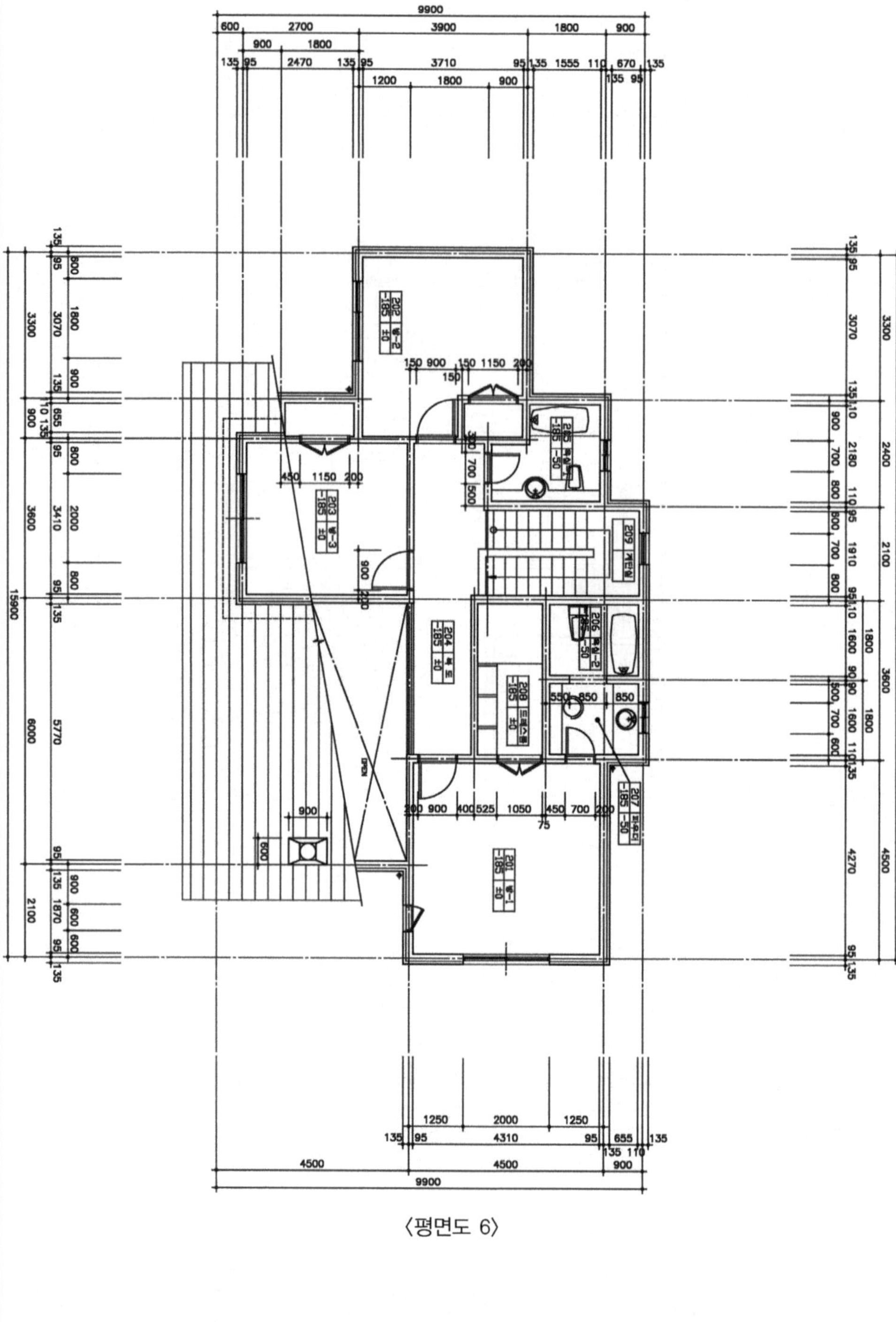

〈평면도 6〉

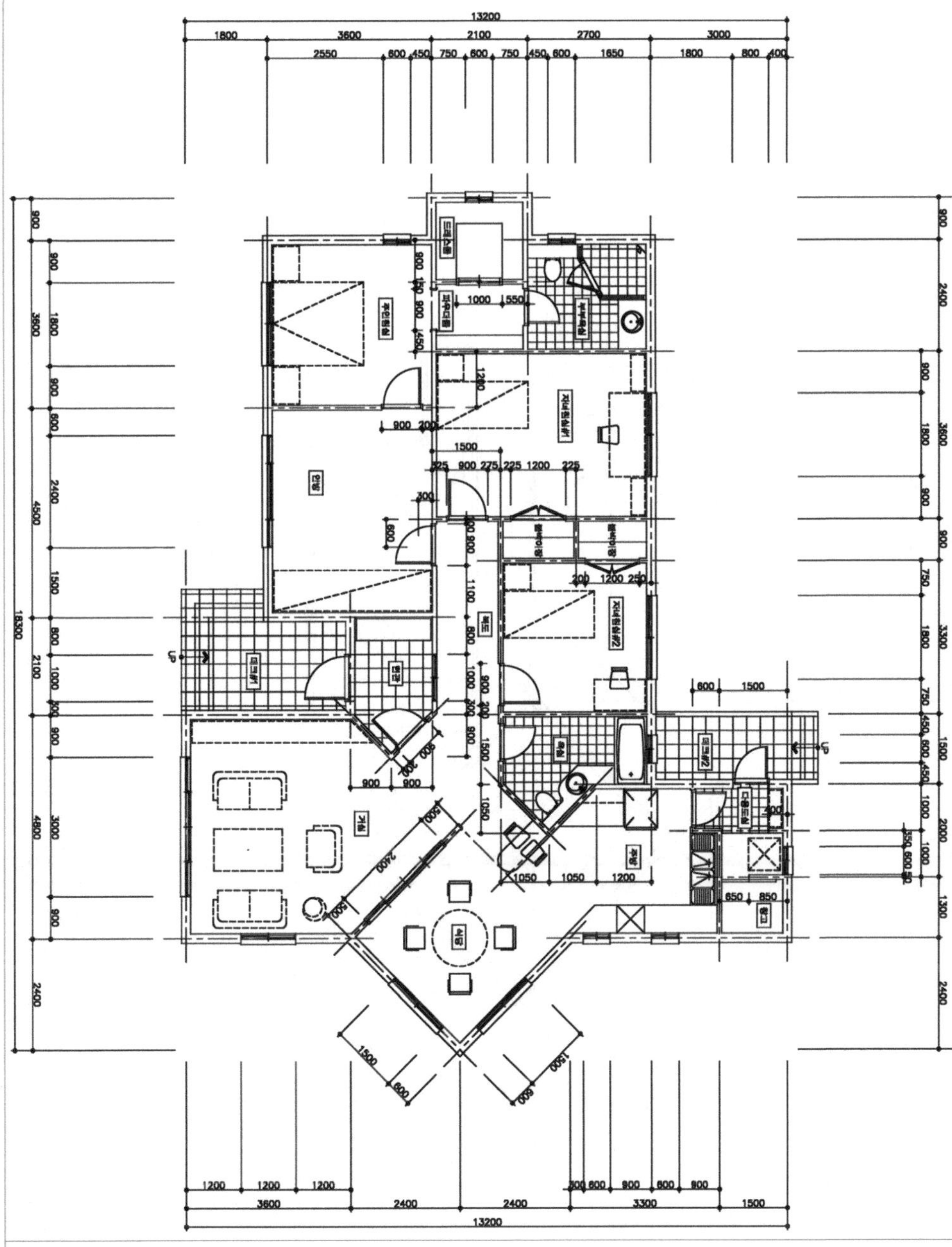

〈평면도 7〉

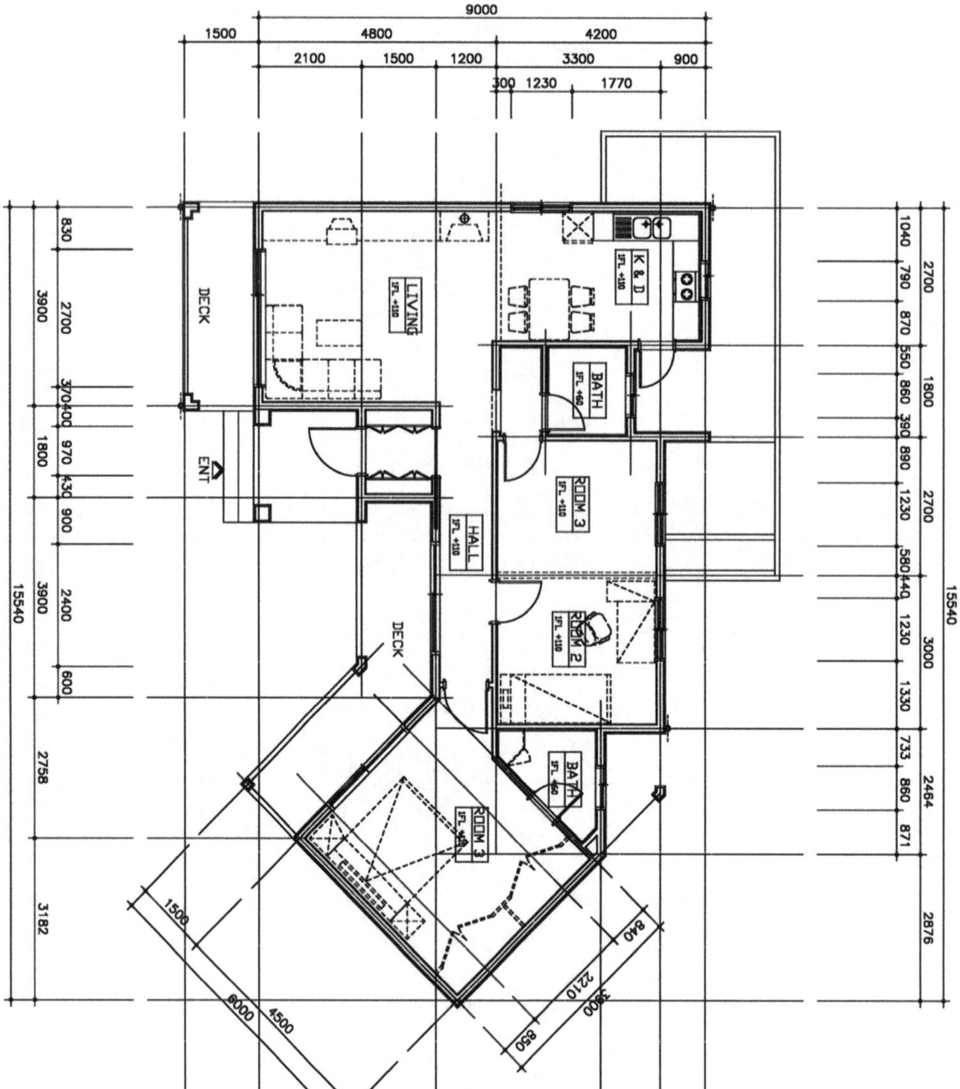

〈평면도 8〉

CHAPTER 6

출력하기

AutoCAD는 출력을 위한 별도의 종이영역(Paper Space)을 제공하고 있다. 따라서 모델영역에서 출력범위를 지정하고 원하는 스케일을 입력하여 출력하지 않고 별도의 AutoCAD 출력범위를 빠르게 지정하여 출력할 수 있다.
또한 출력을 위해 회상의 로고 등이 미리 작동된 자신 또는 설계사무소의 기본 양식을 템플릿으로 만들어 두면 더욱 효과적일 수 있다.

LESSON 01

플롯〈PLOT〉

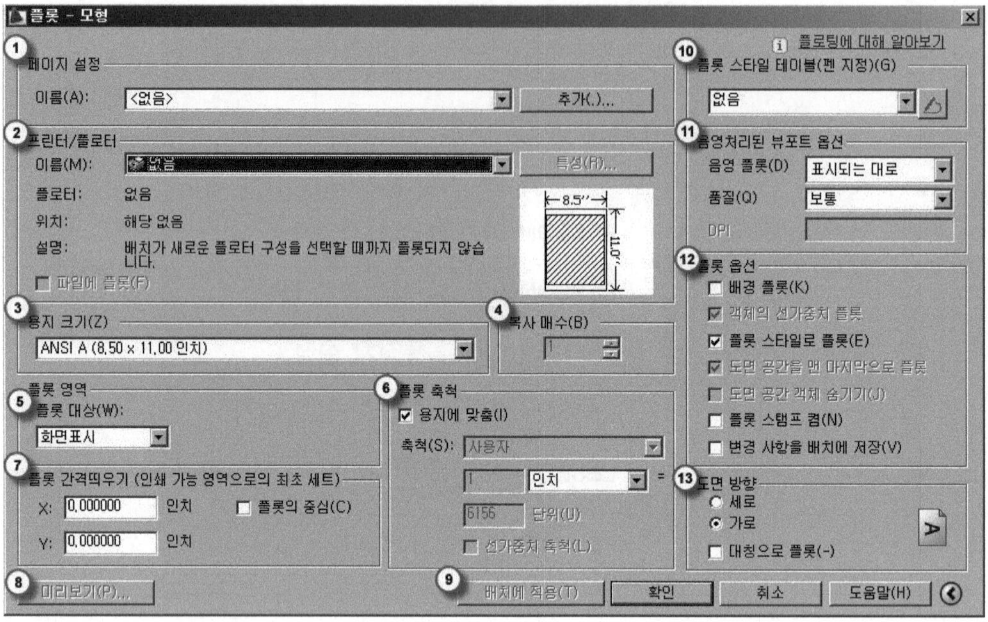

① 페이지 설정(Page setup name) : 현재 출력(Plot)이나 페이지 설정(Page Setup) 대화상자에서 설정한 내용들을 저장하고 저장된 내용을 불러온다. 또는 다른 배치를 선택한다.

- 추가(Add) : 현재 설정한 값을 저장한다. 도면마다 용지 크기, 선 굵기, 축척, 선 색상, 출력영역 등이 다르게 출력될 때 자주 사용되는 설정을 저장하고 필요할 때 불러와서 사용할 수 있다.

② 프린터/플로터(Printer/Plotter) : 출력장치를 설정한다.

- 특성(Porperties...) : 선택한 플롯장치에 대한 설정 값을 변경할 수 있다.
- 파일에 플롯(Plot to file) : 도면을 출력장치에 출력하지 않고 컴퓨터 파일이나 웹상의 파일로 출력 여부를 설정한다.

③ 용지 크기(Paper size) : 선택한 플롯장치에서 사용 가능한 용지를 선택한다.

④ 복사 매수(Number of copies) : 출력될 부수를 지정한다.

⑤ 플롯 영역(What to plot) : 도면을 출력하기 위한 영역을 설정한다.

- 범위(Extents) : 모형공간에서 그려진 모든 대상을 출력한다.
- 뷰(View) : 미리 정의된 view에 해당되는 내용을 출력한다.
- 윈도우(Window) : 지정된 영역 내의 객체를 출력한다. (일반적으로 도면 양식의 좌측 하단에서 우측 상단 영역을 지정한다.)
- 한계(Limits) : 도면의 범위 안에 있는 객체만 출력된다.
- 화면 표시(Display) : 현재 화면상에 보이는 부분을 출력한다.

⑥ 플롯 축척(What to plot) : AutoCAD 프로그램에서 1 : 1로 그려진 도면을 정확한 축척을 설정하여 출력한다.

- 용지에 맞춤(Scale to Fit) : 도면 스케일에 상관없이 사용자가 선택한 용지 크기로 출력된다. 도면 출력 시 정확한 스케일을 지정하여 출력하려면 용지에서 도면 Form 출력단위를 지정한 후 도면단위를 지정해야 한다.
- 축척(Scale) : 축척을 지정한다.
- 선 가중치 축척(Lineweight Scale) : 선 가중치 축척을 지정한다.

⑦ 플롯 간격 띄우기(Plot offset) : 용지의 좌측 하단에서 플롯 영역의 떨어진 거리를 지정한다.

- 플롯의 중심(Center the plot) : 용지의 중앙에 출력한다.

⑧ 미리보기(Preview) : 지정된 출력상태를 지정된 용지 크기로 미리 보여준다. 표준 도구막대에서 아이콘을 눌러서 실행하는 것이 편리하다.

⑨ 배치에 적용(Apply to plot) : 지정된 출력상태를 배치에서 출력할 때 사용할 수 있게 한다.

⑩ 플롯 유형 테이블(펜 지정)(Plot style table(Pen assignment)) : 플롯 유형 테이블을 선택하여 현재 배치에 적용하거나 선택된 플롯 유형 테이블을 편집할 수 있다.

- 편집(Edit) : 플롯 유형 테이블 편집기(Plot Style Table Editor) 대화상자에서 출력될 색상, 선 두께, 선 종류 등을 수정한다.
- 신규(New) : 새로운 플롯 유형 테이블을 만든다.

⑪ 음영처리된 뷰포트 옵션(Shaded viewport options) : 모형공간에서 3차원 객체를 출력할 때 음영처리한다.

- 음영 플롯(Shade plot)
  - 표시(As Displayed) : 화면에 보이는 모습대로 출력한다.

- 와이어 프레임(Wireframe) : 와이어 상태로 출력한다.
- 은선 제거(Hidden) : 숨은선을 제거하고 출력한다.
- 렌더(Rendered) : 기본 조명으로 렌더링해서 출력한다.

• 품질(Quality) : 품질 정도를 설정한다.

• 해상도(DPI) : 해상도를 설정한다.

⑫ 플롯 옵션(Plot option) : 도면을 출력하기 위하여 필요한 설정값을 지정한다.

• 배경 플롯(Plot in background) : 출력되는 과정이 화면에 보이지 않고 배경(background)에서 출력한다.

• 객체 선 가중치 플롯(Plot object lineweights) : 도면에 적용된 선 두께를 이용하여 출력한다.

• 플롯 스타일로 플롯(Plot with plot style) : 플롯 유형 테이블에서 지정된 플롯 유형들을 사용하여 출력한다.

• 도면공간을 맨 마지막으로 플롯(Plot paperspace last) : 모형공간에 속한 객체보다 도면공간의 객체를 나중에 출력한다.

• 도면공간 객체 숨기기(Hide paperspace object) : 숨은선을 제거한 채로 도면을 출력한다.

• 플롯 스탬프 켬(Plot stamp on) : 스탬프를 출력한다.

• 변경사항을 배치에 저장(Save changes to layout) : 변경사항을 배치에 저장한다.

⑬ 도면 방향(Drawing Orientation) : 도면을 출력할 때 지정한 방향으로 출력할 수 있는 설정을 해준다.

• 가로(Landscape) : 가로 방향으로 출력한다.

• 세로(Portrait) : 세로 방향으로 출력한다.

• 대칭으로 플롯(Plot upside-down) : 뒤집어서 출력한다.

LESSON 02

출력용 배치 생성

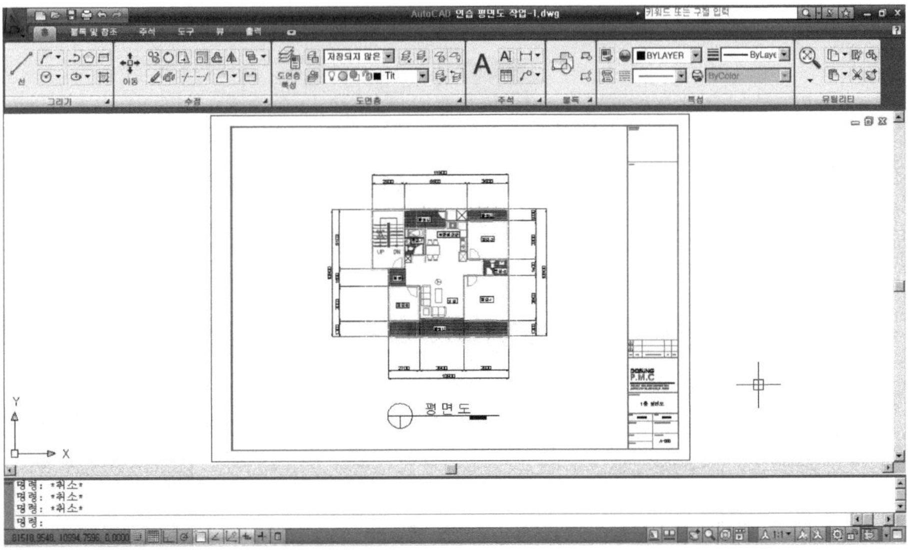

▲ 도면을 열기 한다.〈템플릿은 기존에 미리 만들어 놓은 것으로 활용〉

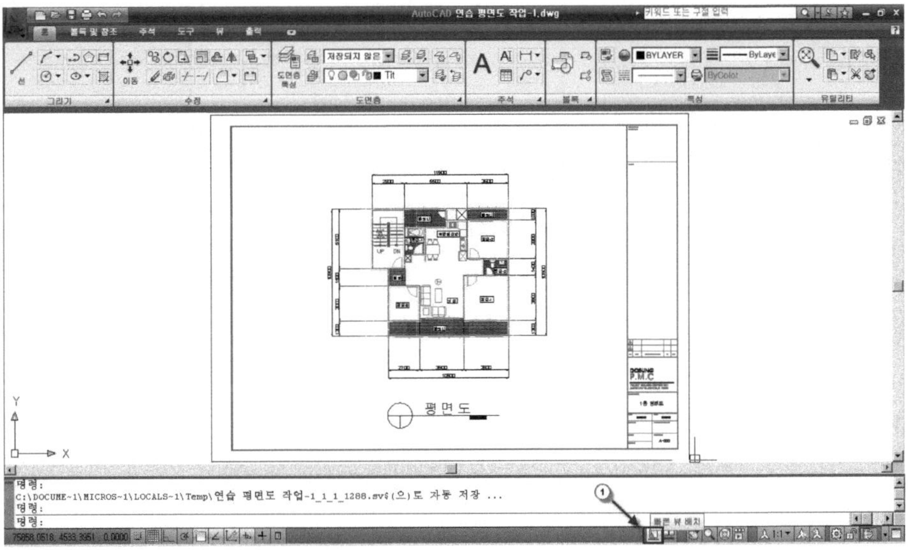

▲ ① 하단에 빠른 뷰 배치를 클릭한다.

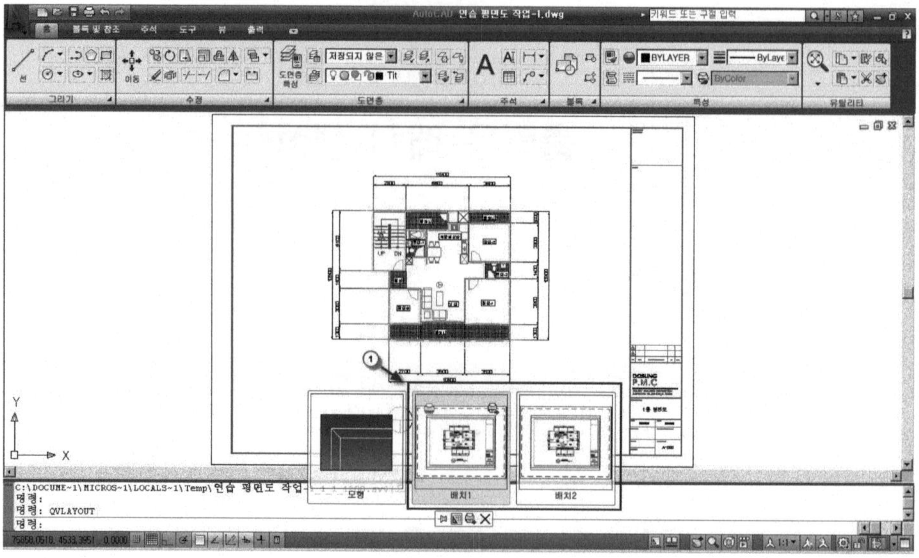

▲ ① 배치1을 선택한다. 사용자에 따라 다른 배치를 선택하여도 된다.

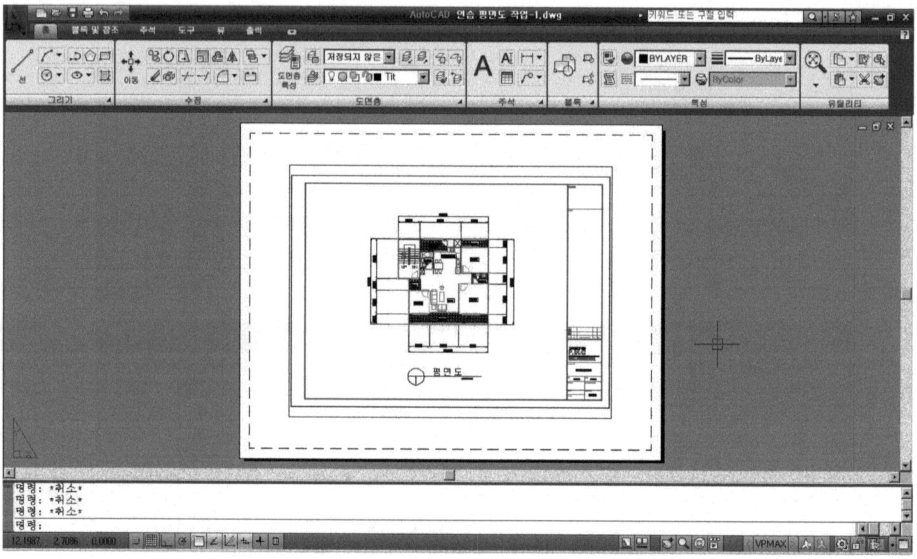

▲ 그림과 같이 자동으로 출력범위가 선택되어 만들어진다.

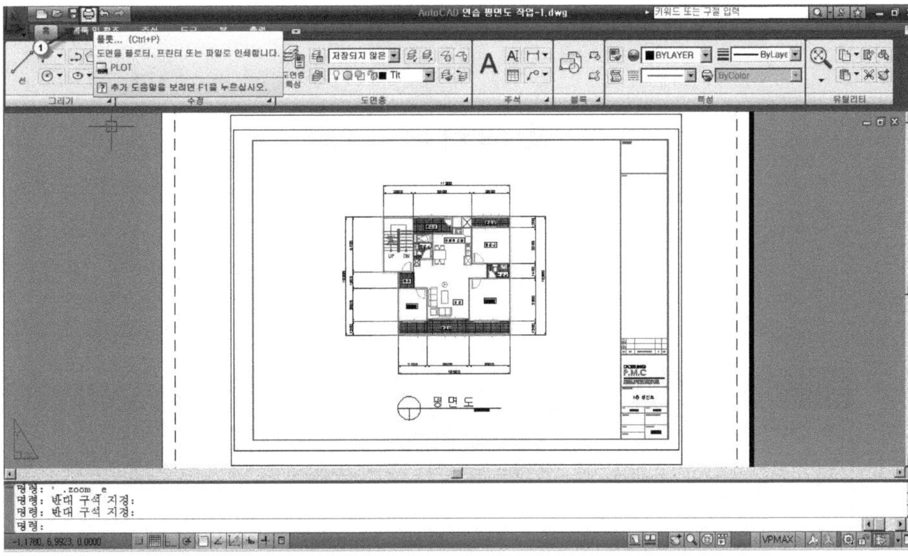

▲ ① 상단의 플롯을 클릭하거나 Enter + p를 누른다.

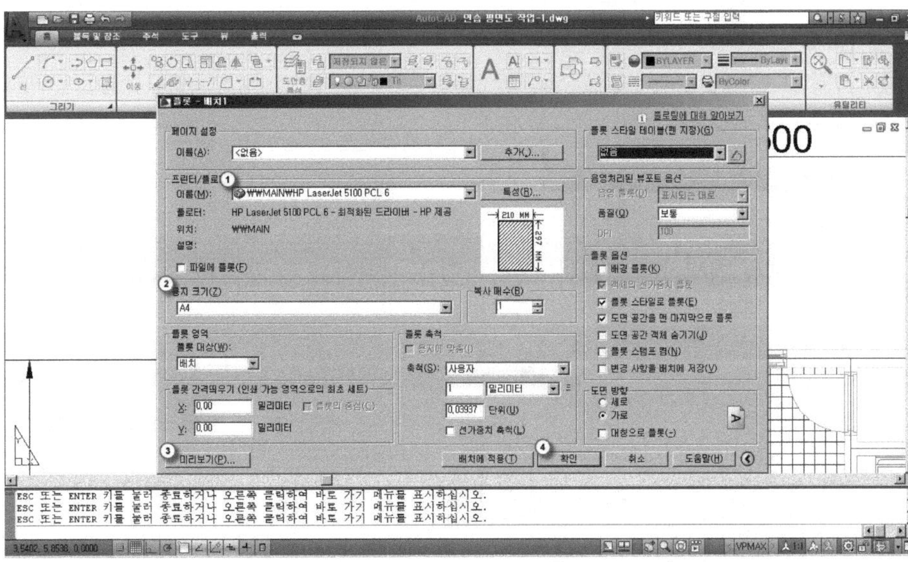

▲ ① 프린터를 설정하고

② 용지 크기를 설정하고

③ 미리보기로 정확하게 배치되어 있는지 확인하고

④ 확인 을 누르면 인쇄가 된다.

LESSON 03

플롯장치 설정

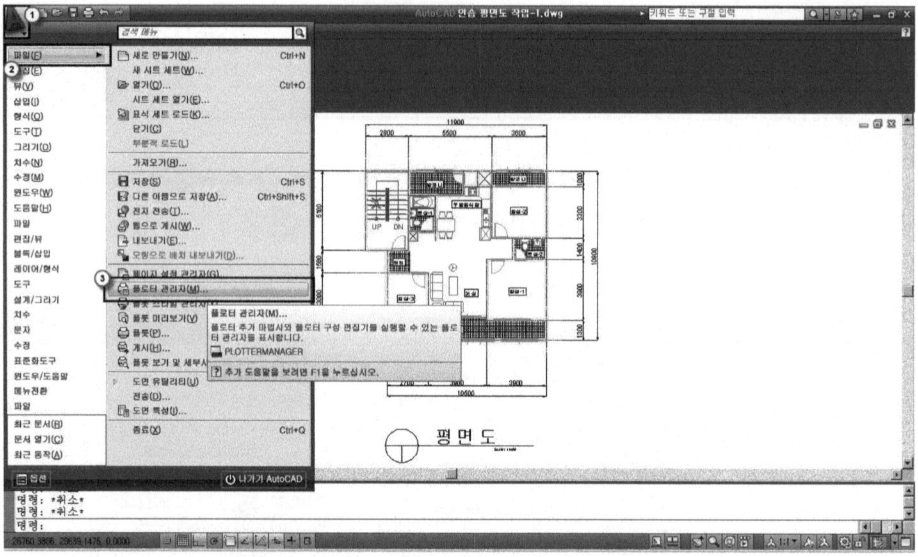

▲ ① 메뉴 검색기를 클릭하고 ② 파일을 선택하고 ③ 플로터 관리자(M)를 클릭한다.

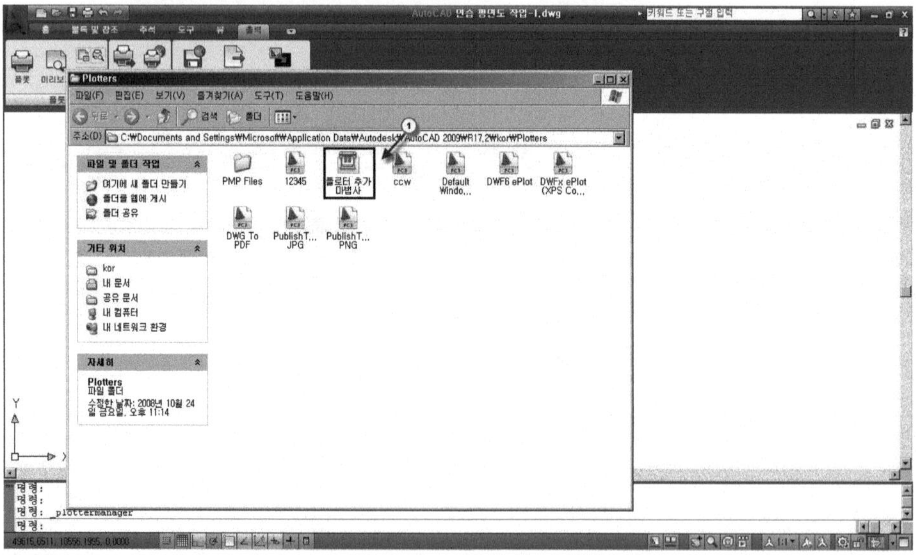

▲ ① 플로터 추가 마법사를 클릭한다.

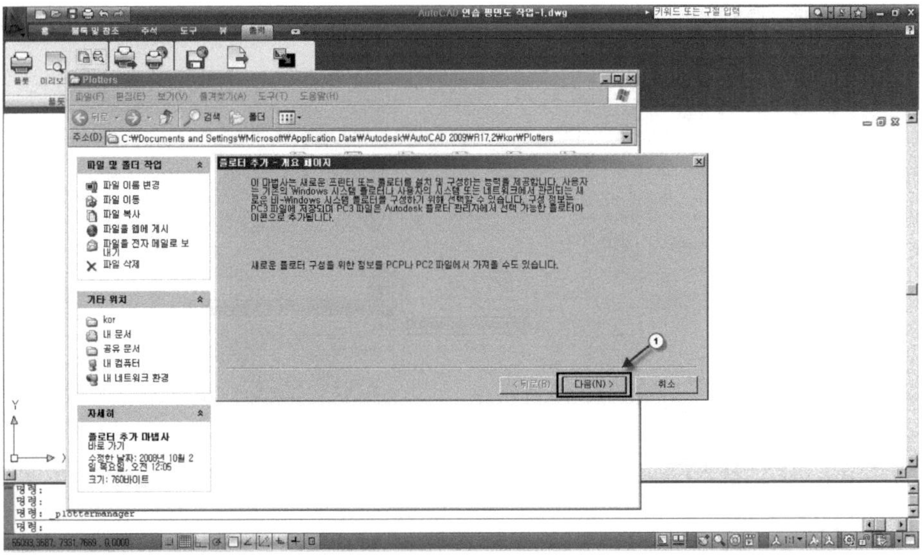

▲ ① 다음 을 클릭한다.

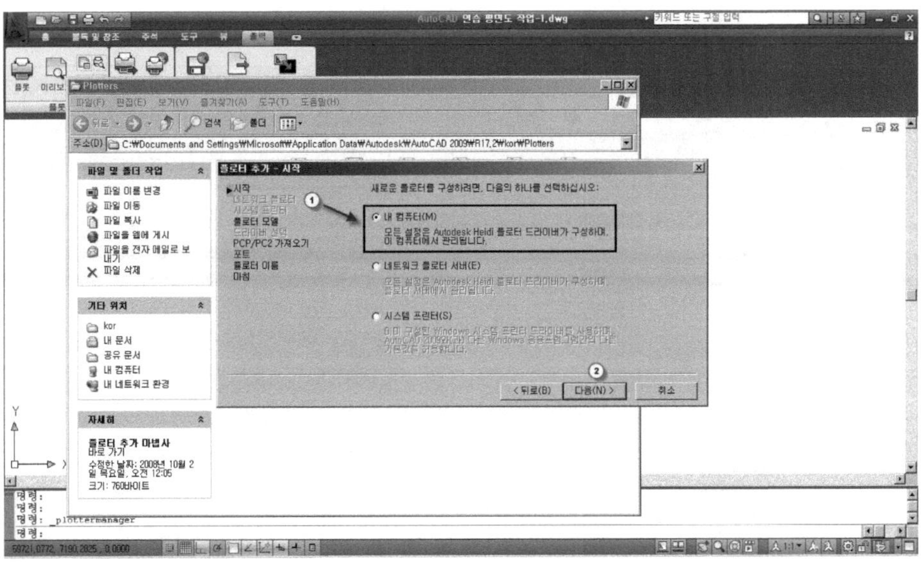

▲ ① 내 컴퓨터를 체크하고

② 다음 을 클릭한다.

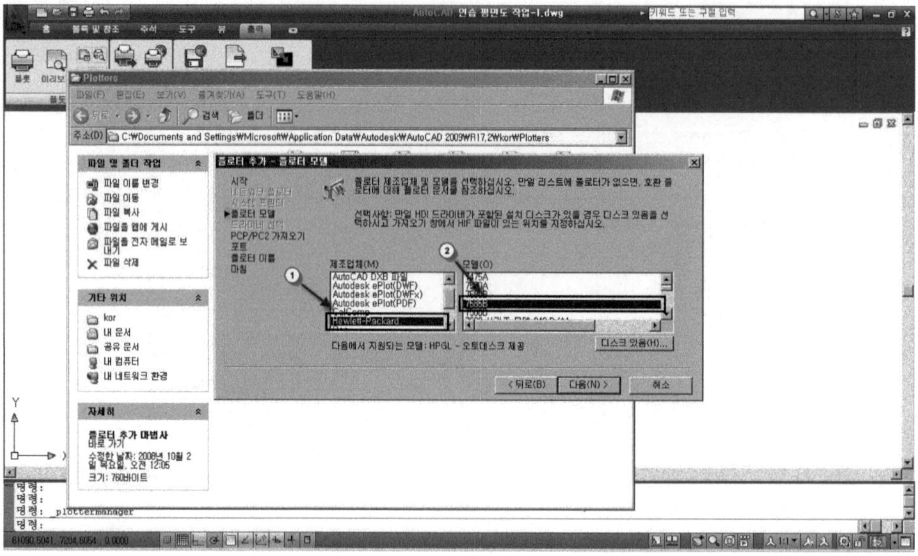

▲ ① (Hewlett–Packard와
② 7585B)를 선택하고 [다음]을 클릭한다.(컴퓨터에 연결된 플로터를 선택한다.)

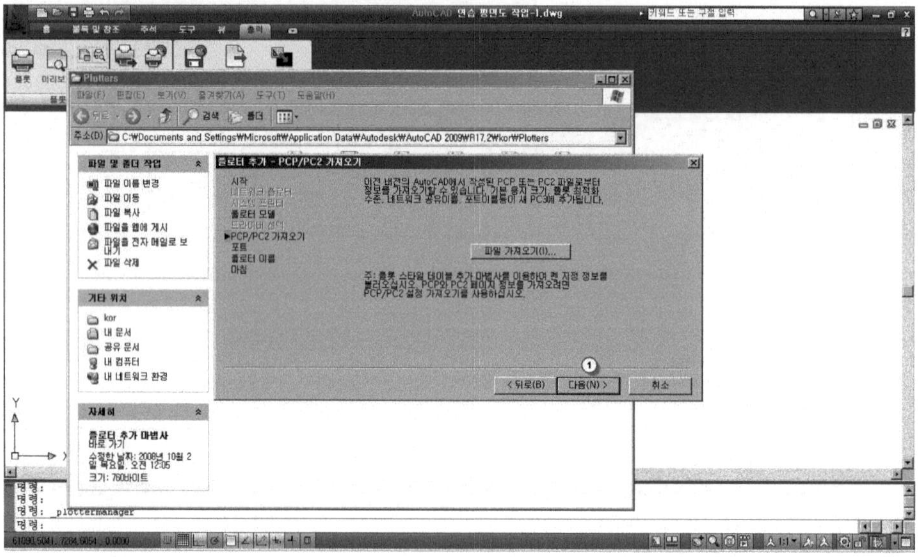

▲ ① [다음]을 클릭한다.

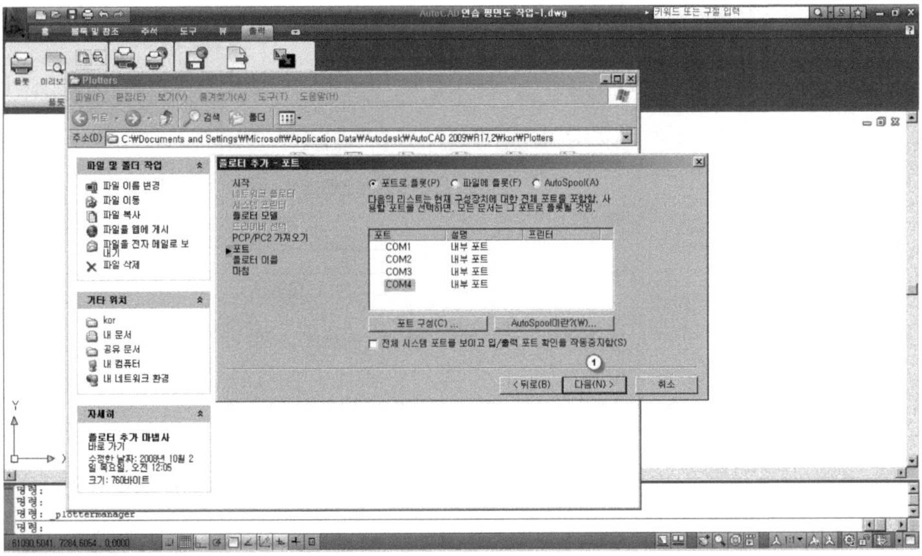

▲ ① 다음 을 클릭한다.

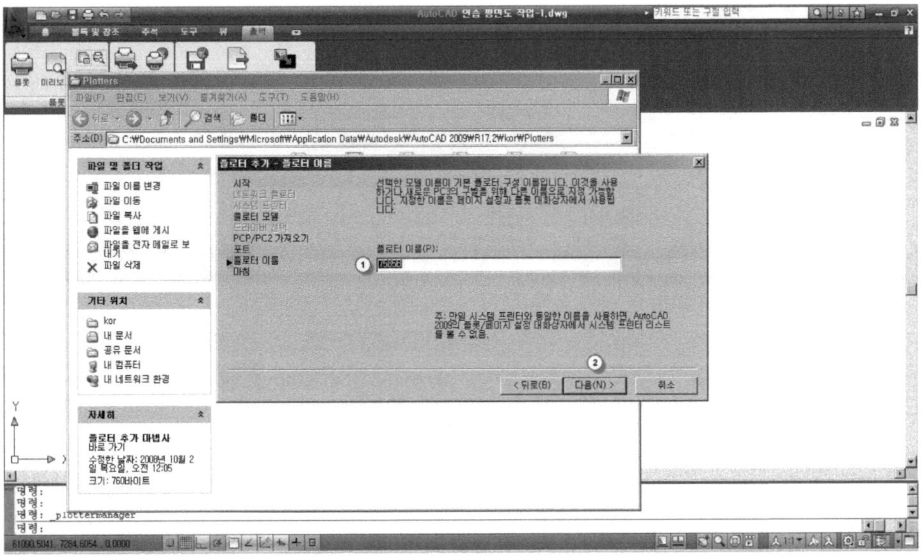

▲ ① 플로터 이름은 사용자가 원하는 이름으로 변경해도 된다.

② 다음 을 클릭한다.

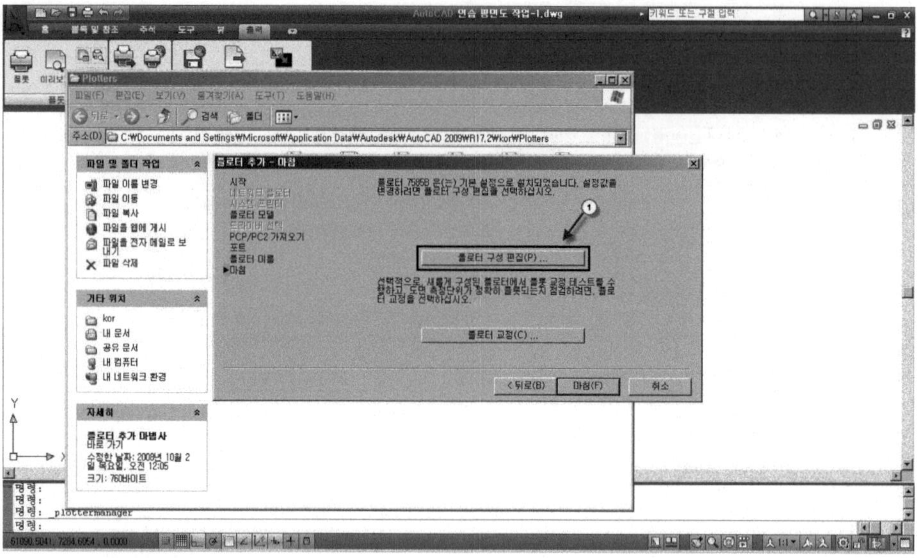

▲ ① 플로터 구성 편집 을 클릭한다.

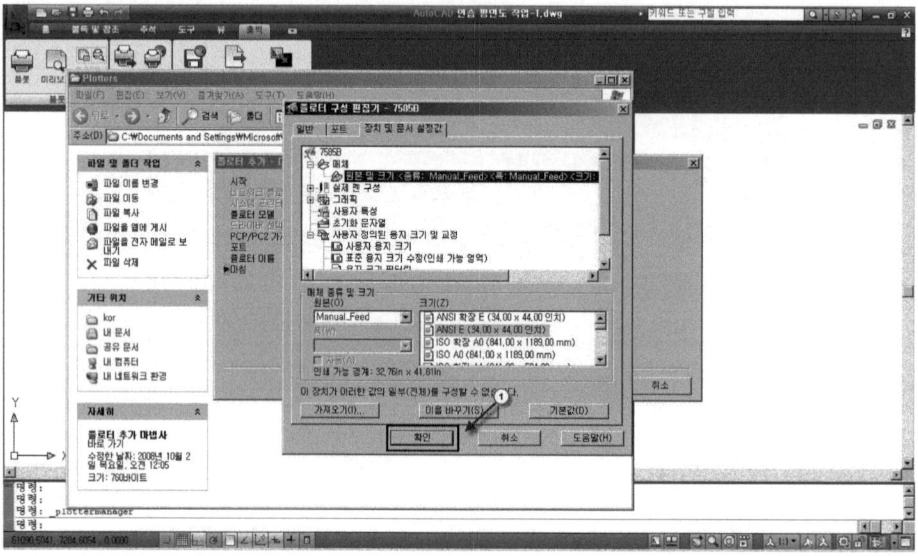

▲ ① 확인 을 클릭한다.

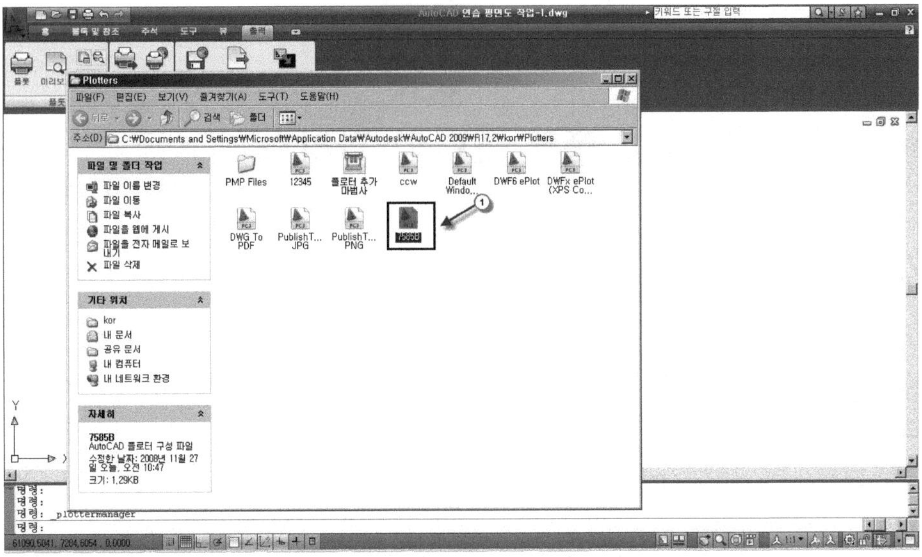

▲ ① 새로운 플로터가 추가된 것을 확인할 수 있다.

LESSON 04

플롯 스타일 관리자

플롯 스타일 테이블은 플롯 스타일을 그룹으로 모아 놓은 것이다. 플롯 스타일 관리자는 사용할 수 있는 모든 플롯 스타일 테이블이 표시되어 있는 윈도우이다.

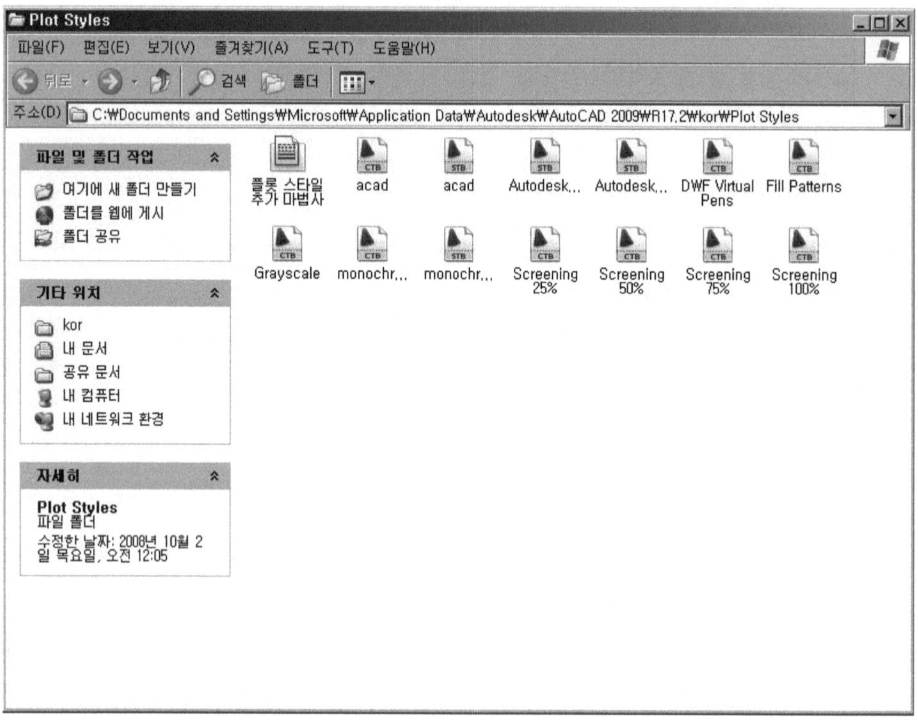

▲ 플롯 스타일 추가 마법사를 이용하면 출력할 때의 선 굵기와 색상 등을 설정하는 플롯 스타일을 새로 추가할 수 있으며 플롯 스타일 파일을 더블 클릭하면 수정할 수 있다.

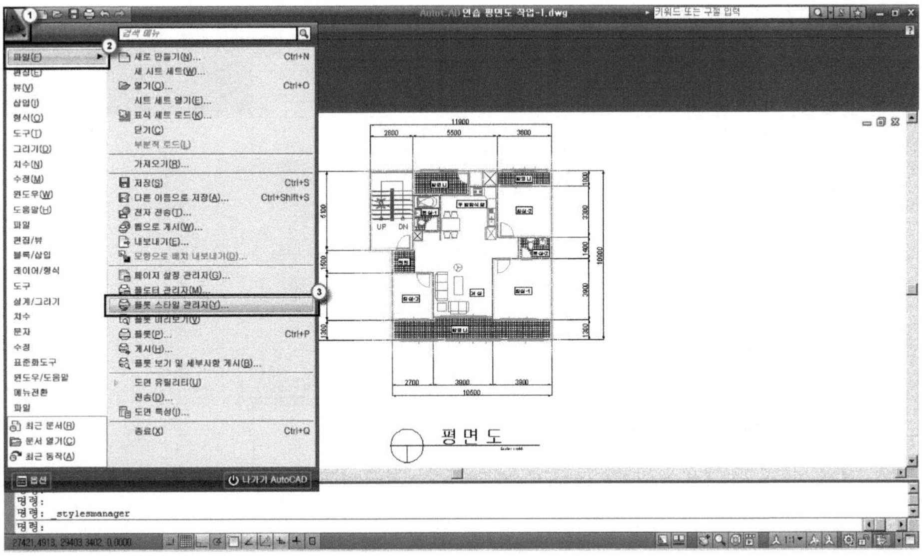

▲ ① 메뉴 탐색에서

② 파일을 선택하고

③ 플롯 스타일 관리자를 클릭한다.

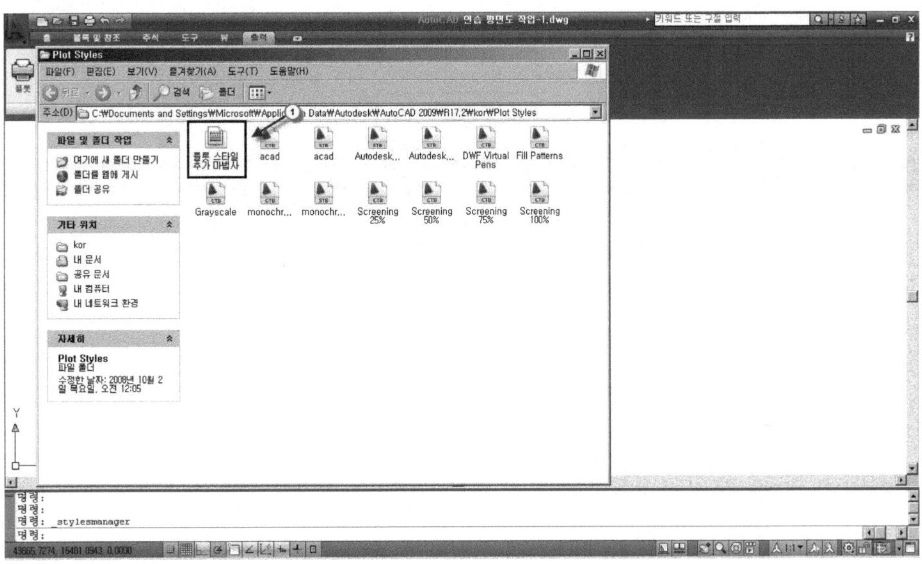

▲ ① 플롯 스타일 추가 마법사를 클릭한다.

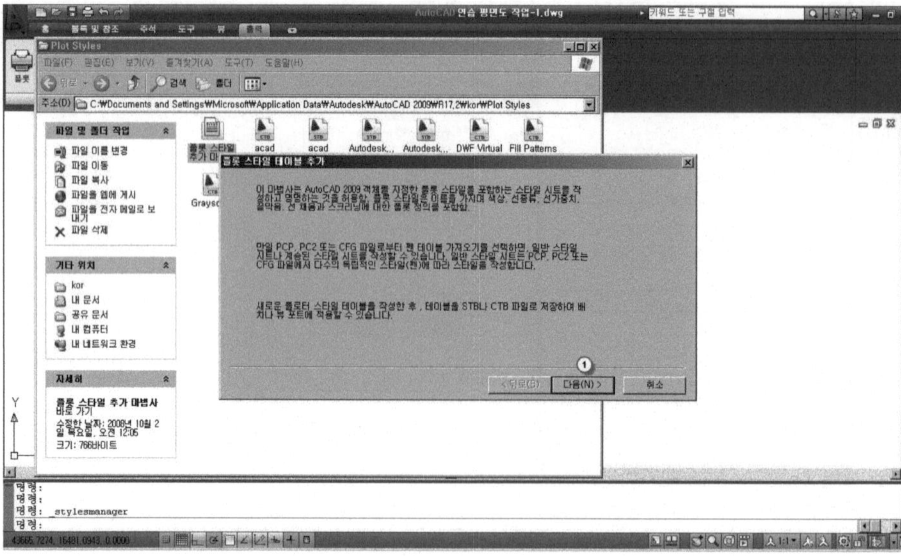

▲ ① [다음]을 클릭한다.

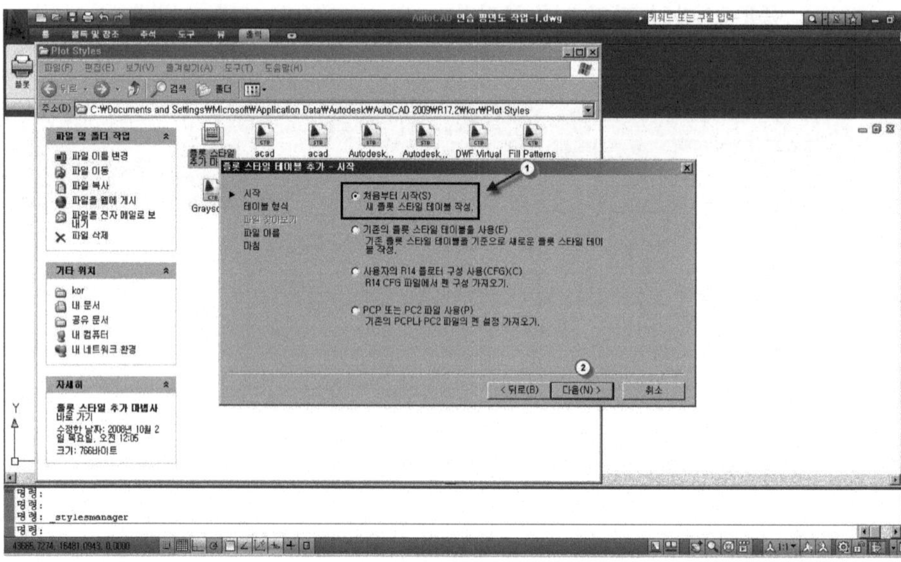

▲ ① 처음부터 시작을 체크하고

② [다음]을 클릭한다.

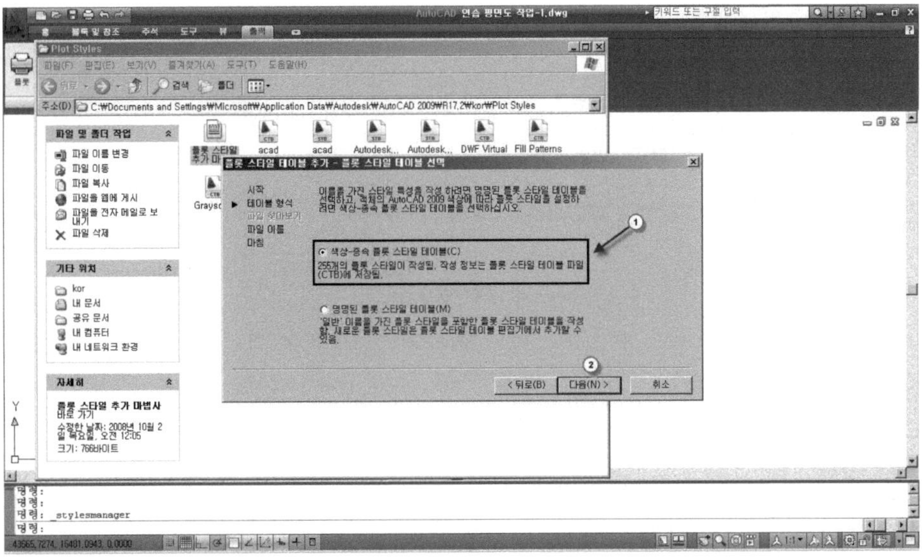

▲ ① (색상-종속 플롯 스타일 테이블)을 체크하고
② 다음 을 클릭한다.

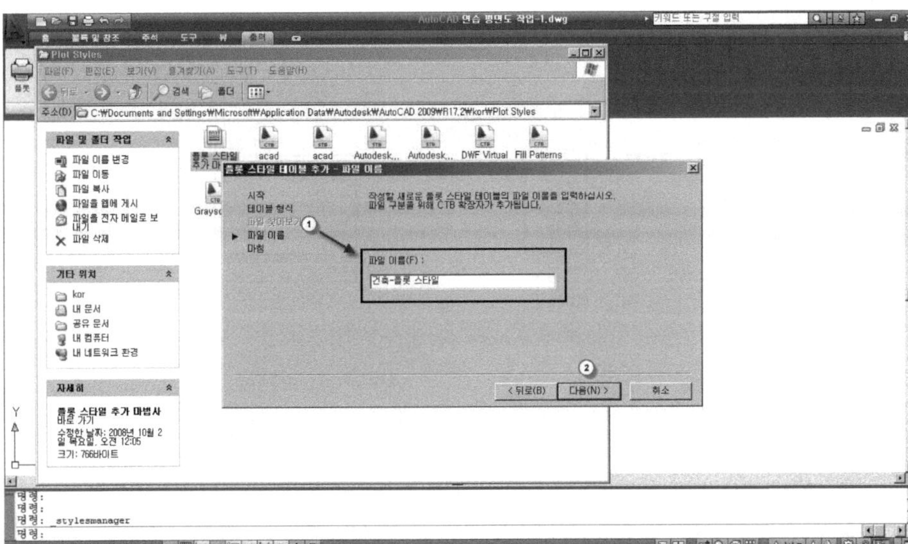

▲ ① 파일 이름에 (건축-플롯 스타일)을 입력하고
② 다음 을 클릭한다.

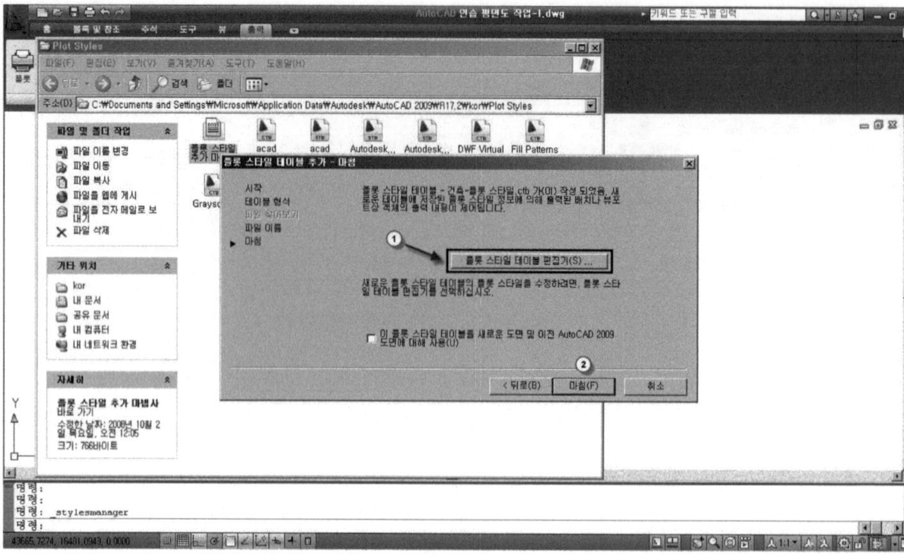

▲ ① 플롯 스타일 테이블 편집기를 선택하고

② 마침 을 클릭한다.

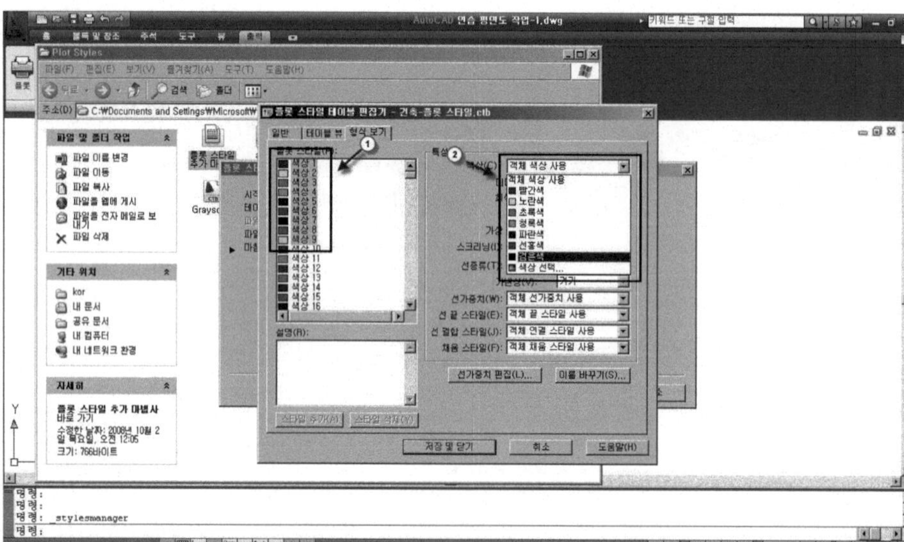

▲ ① 플롯 스타일에서 색상을 선택하고

② 특성에 원하는 색상으로 변경한다.

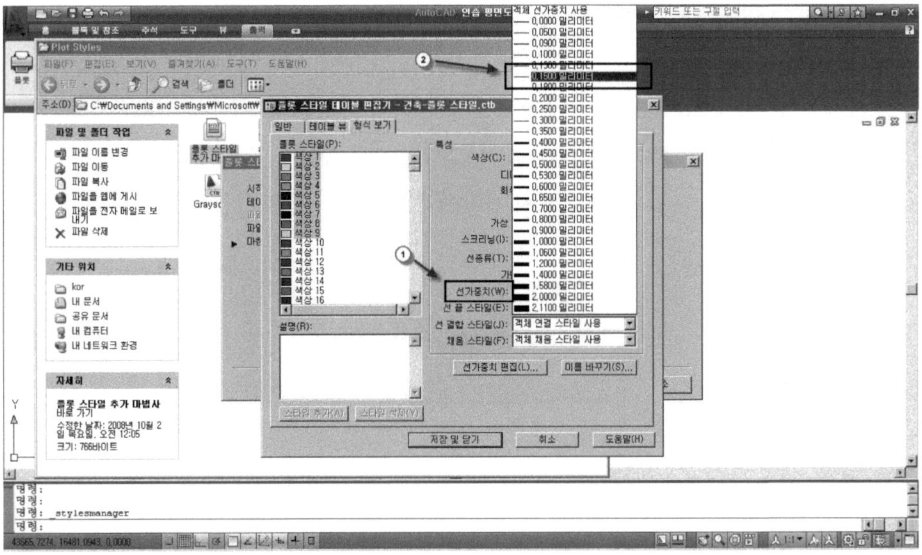

▲ ① 선 가중치를 선택하고
② 원하는 선의 두께를 설정한다.

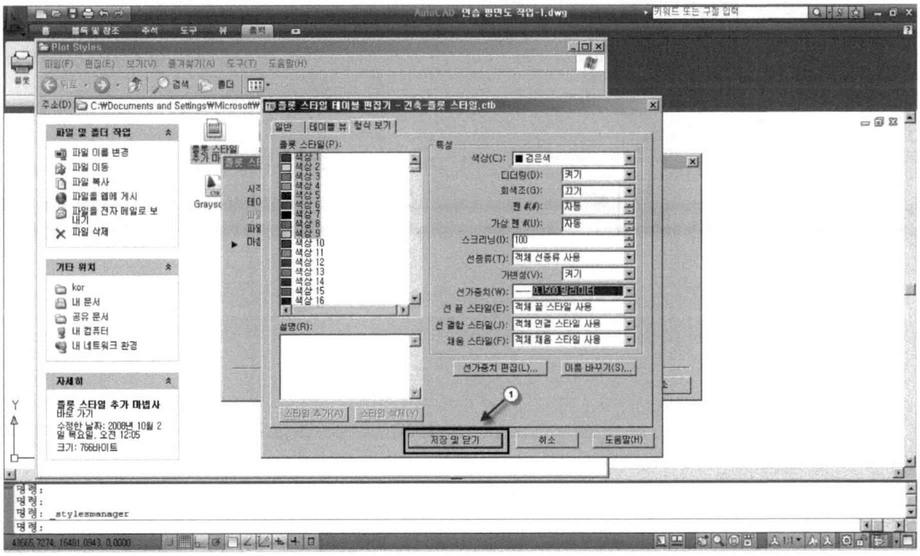

▲ ① 저장 및 닫기 를 클릭한다.

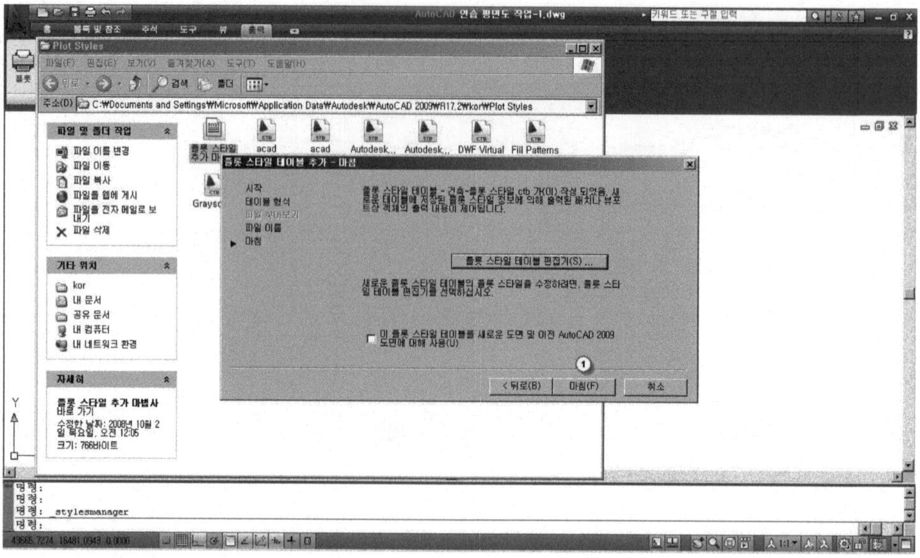

▲ ① [마침]을 클릭하면 새로운 플롯 스타일이 만들어진다.

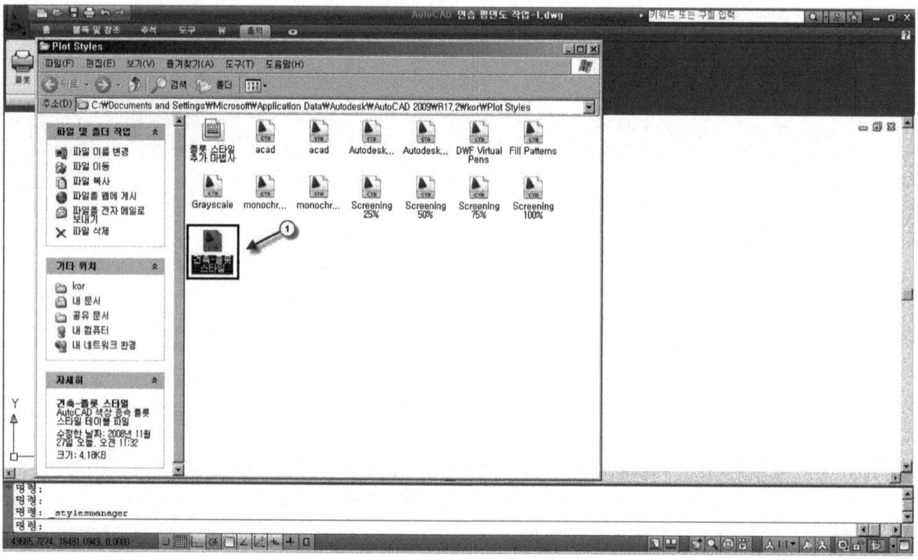

▲ ① 새로운 플롯 스타일이 추가된 것을 확인할 수 있다.

LESSON 05

출력 미리보기(PREVIEW)

출력될 도면을 화면으로 미리 보도록 한다. 이 명령은 플롯(Plot) 명령에서의 버튼을 클릭하여 실행한 것과 같다. 따라서 페이지 설정, 플롯장치나 플롯 스타일 등의 플롯과 관련된 환경설정이 미리 되어 있어야 정상적으로 실행된다.

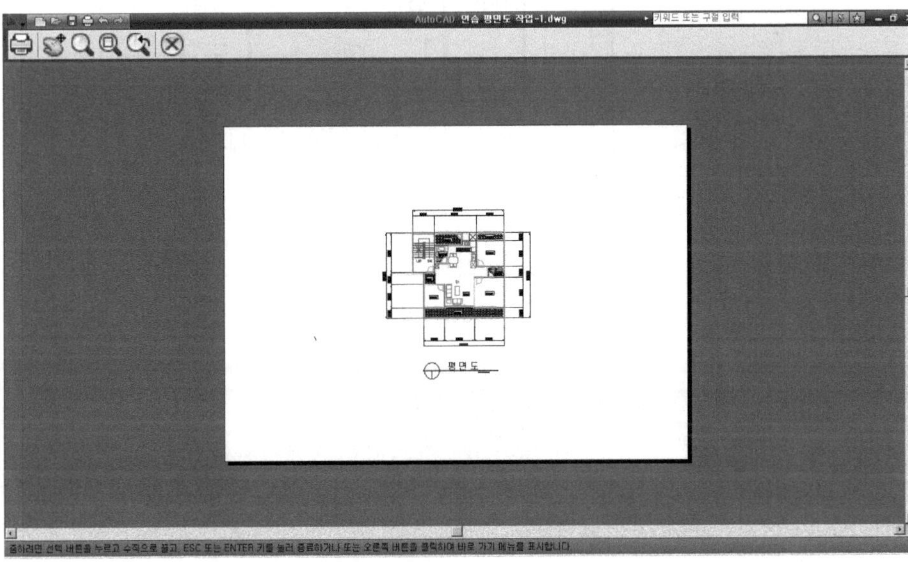

〈미리보기 화면 상태〉

게시(PUBLISH)

여러 장의 도면을 한 번에 출력하거나, 전자 도면인 DWF(Design Web Format) 파일을 생성한다.

1) DWF 파일이란?

DWF 파일은 DWG 벡터 기반의 출력파일로서 도면을 보거나 출력용으로 사용한다. Autodesk사가 무료로 제공하는 DWF 파일 뷰어인 Autodesk® DWF™ Viewer를 사용하여 DWF 파일을 보거나 플롯할 수 있다. DWF 파일은 전자우편, FTP 사이트, 프로젝트 웹 사이트 또는 CD를 사용하여 배포할 경우 유용하다.

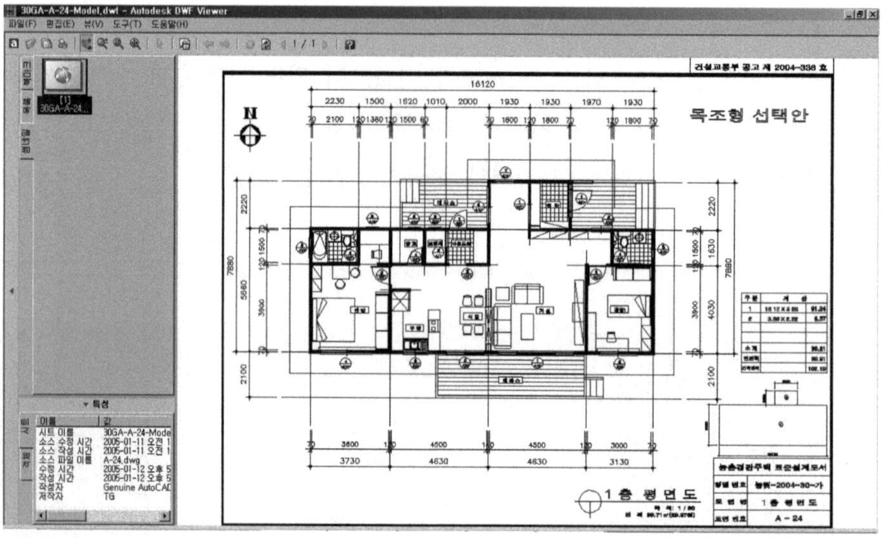

〈DWF 파일 Open〉

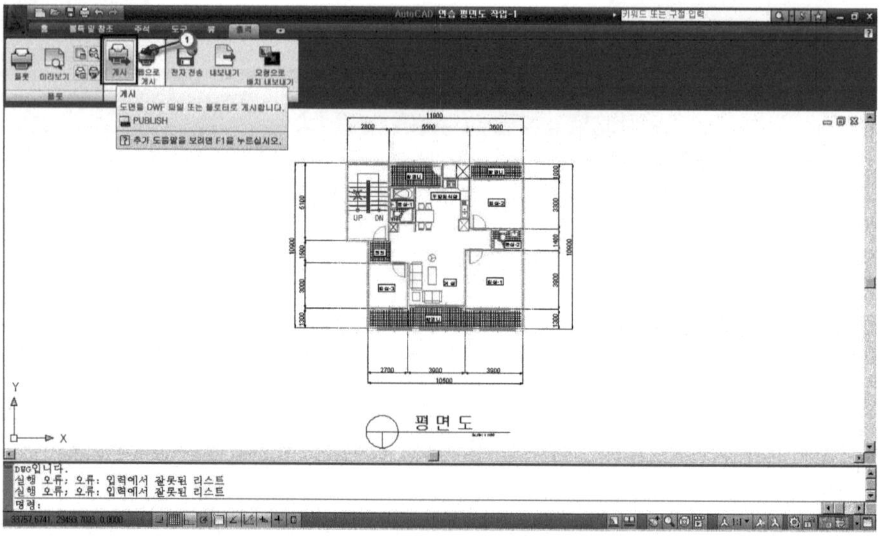

▲ ① 게시 를 클릭한다.

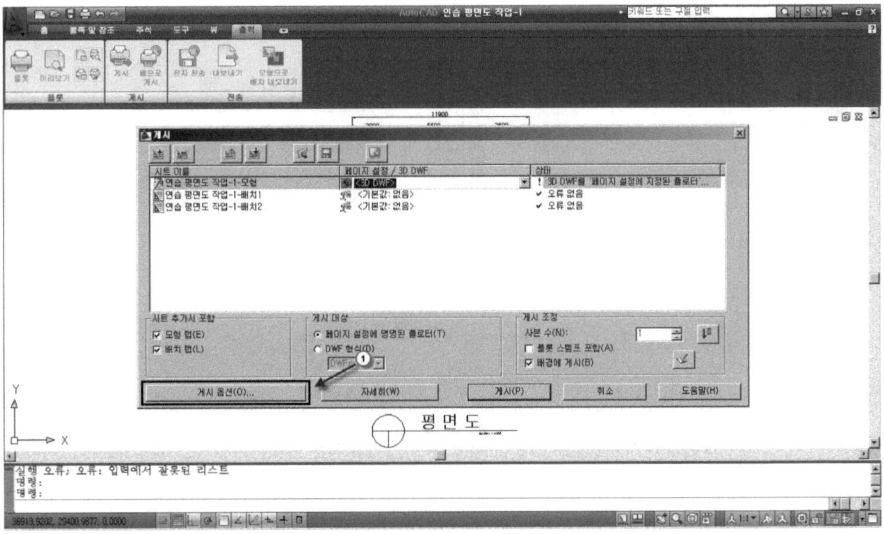

▲ ① 게시 옵션 을 클릭한다.

▲ ① 저장위치를 선택한다.

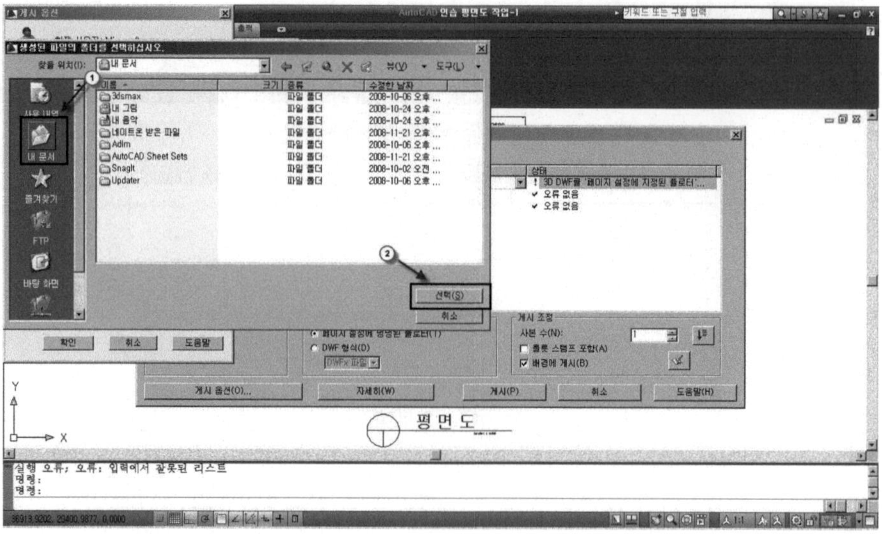

▲ ① 저장위치 를 클릭하고

② 선택 을 클릭한다.

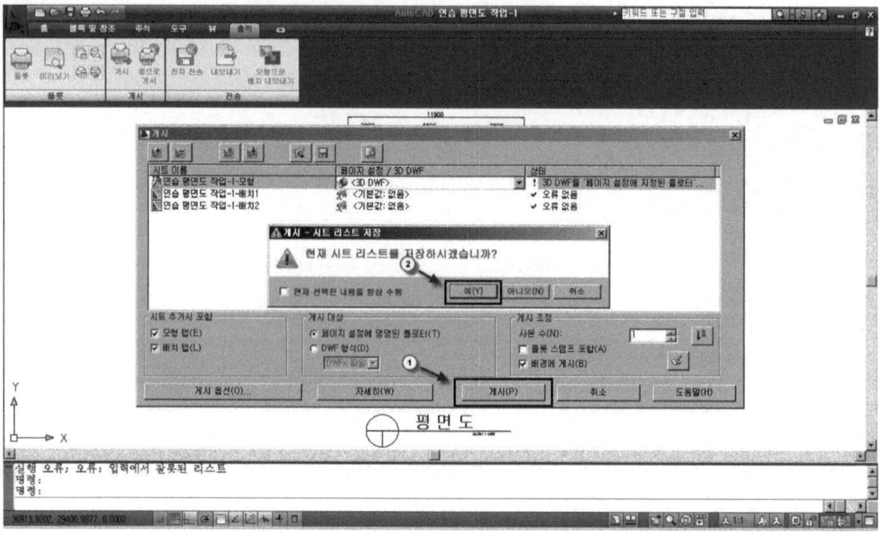

▲ ① 게시 를 클릭하고

② 예 를 클릭하면 DWF파일로 저정된다.

CHAPTER 7

3D 객체 작성 및 수정

LESSON 01

3차원 솔리드 기본체 만들기

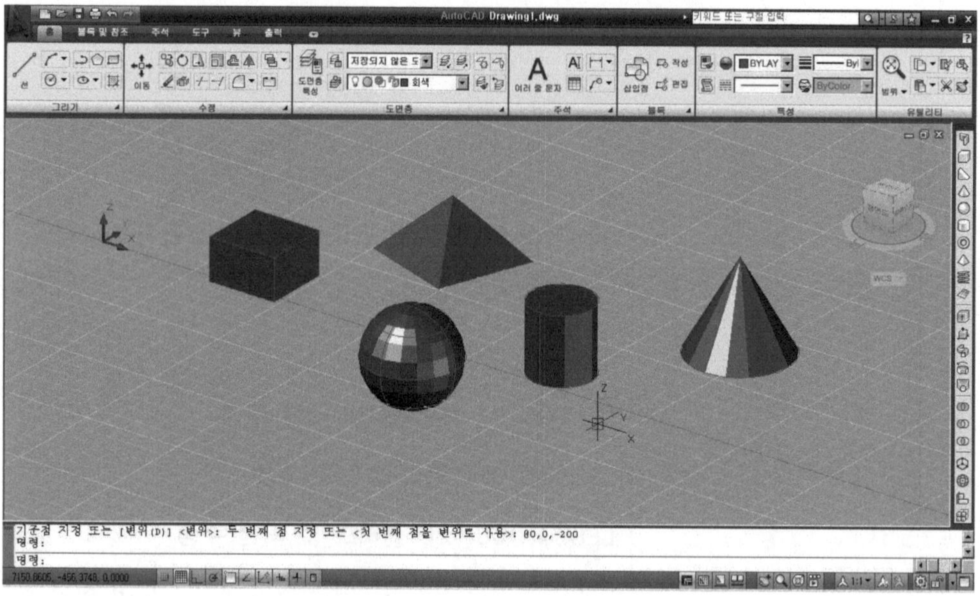

기본적인 3차원 솔리드 기본체인 상자, 원추, 구, 피라미드 등을 좀더 쉽게 작성할 수 있다.

상자(BOX)

상자는 많은 3차원 그래픽 프로그램에서 제공하는 솔리드 기본체이다.

실행

상자를 클릭 → 첫 번째 구석 지정 → 반대 구석 지정 → 높이 지정

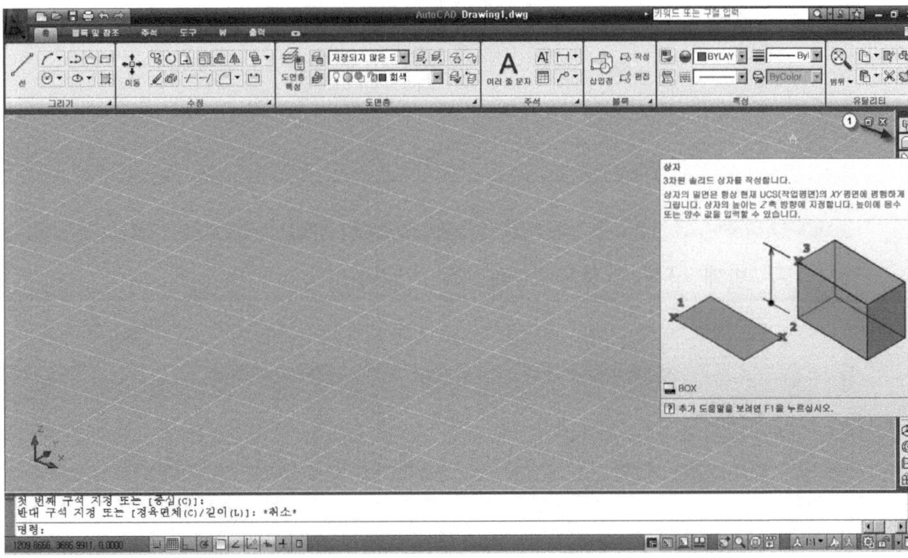

▲ ① 상자를 클릭한다.

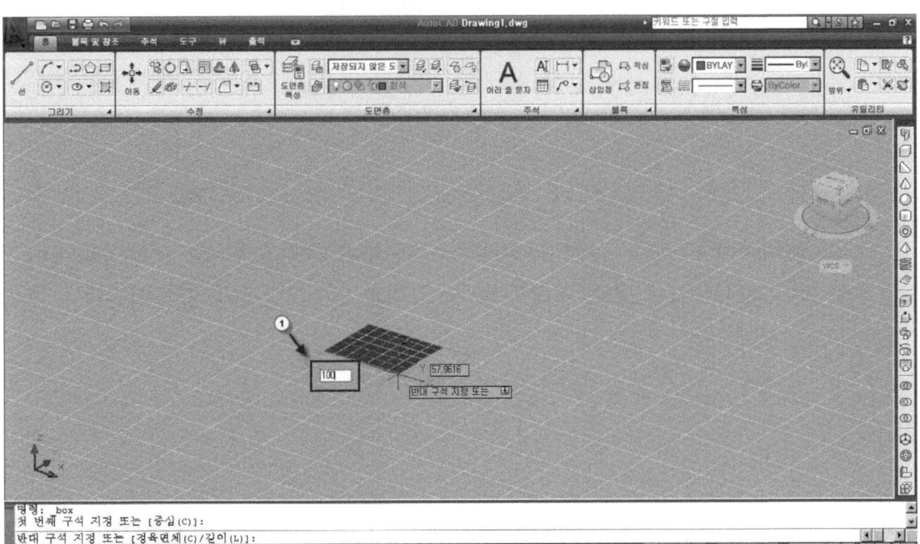

▲ ① 첫 번째 구석 지정에 "100"을 입력한다.

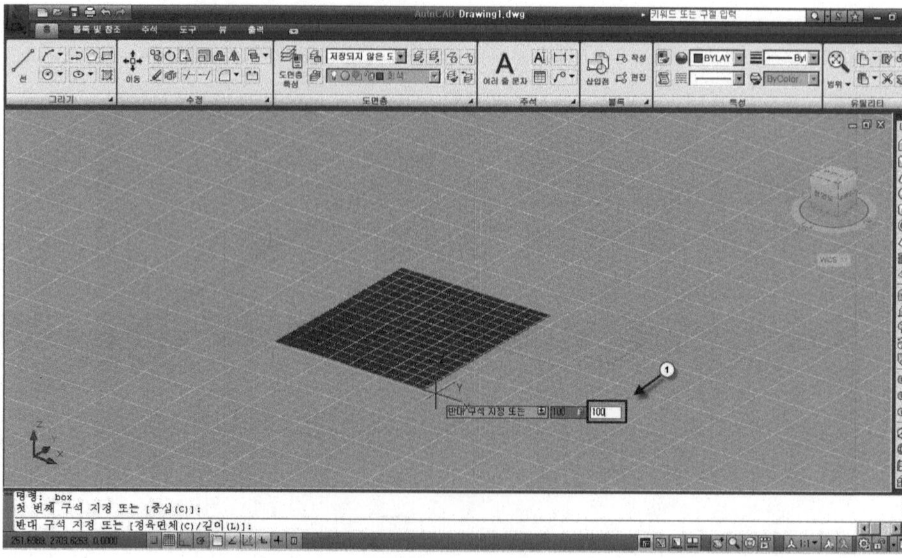

▲ ① 두 번째 구석 지정을 “100”으로 입력한다.

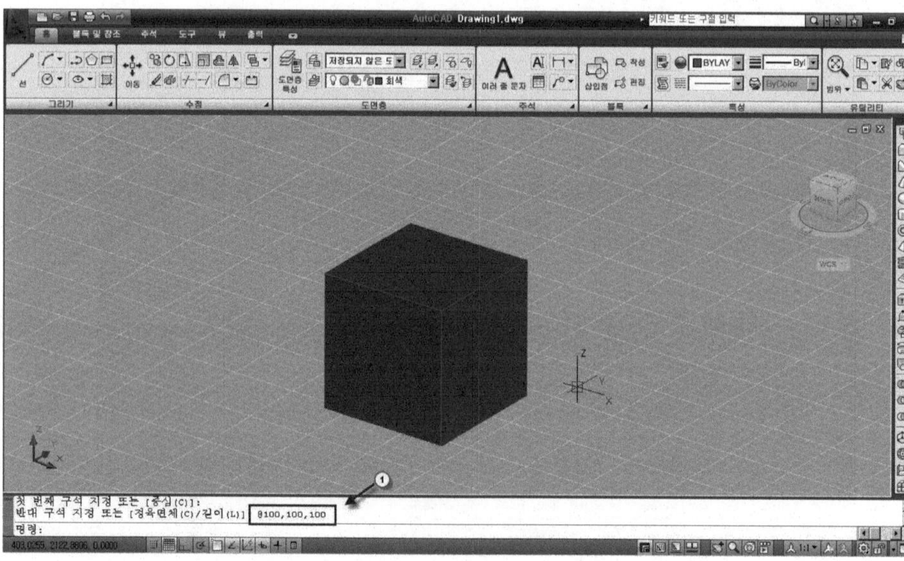

▲ 높이 값을 “100”으로 입력하면 ① 그림과 같이 상자가 만들어진다.

삼각기둥〈WEDGE〉

삼각기둥도 상자와 같이 다른 3차원 그래픽 프로그램에서 제공하는 솔리드 기본체이다.

실행

삼각기둥을 클릭 → 첫 번째 구석 지정 → 반대 구석 지정 → 높이 지정

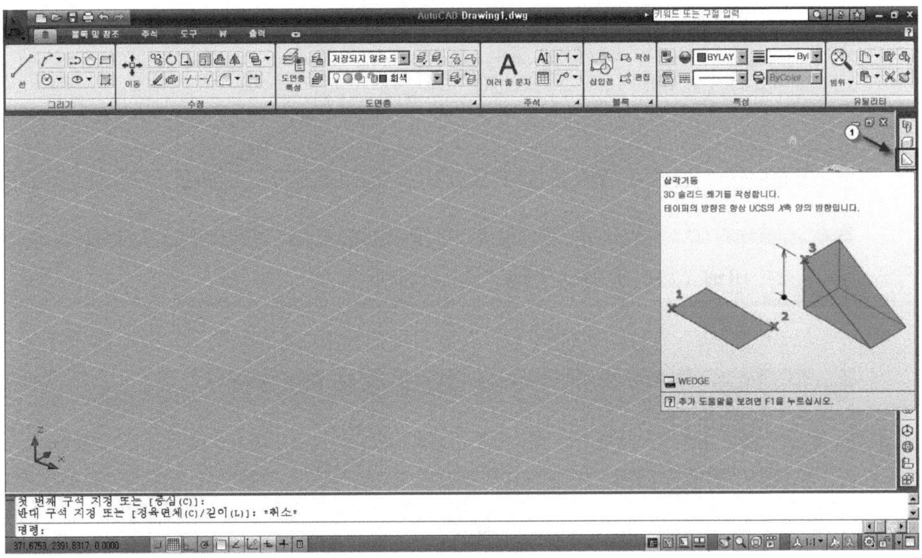

▲ ① 삼각기둥을 클릭한다.

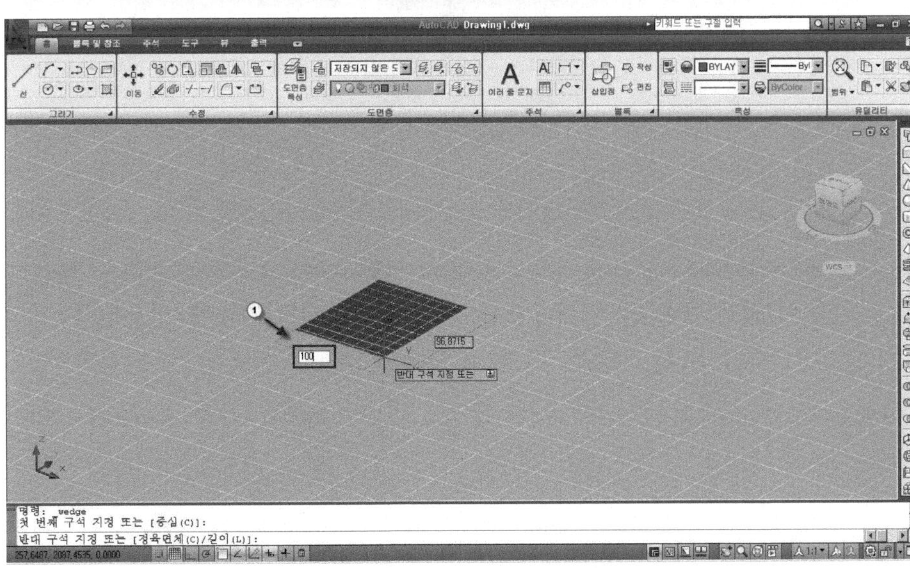

▲ ① 첫 번째 구석 지정에 "100"을 입력한다.

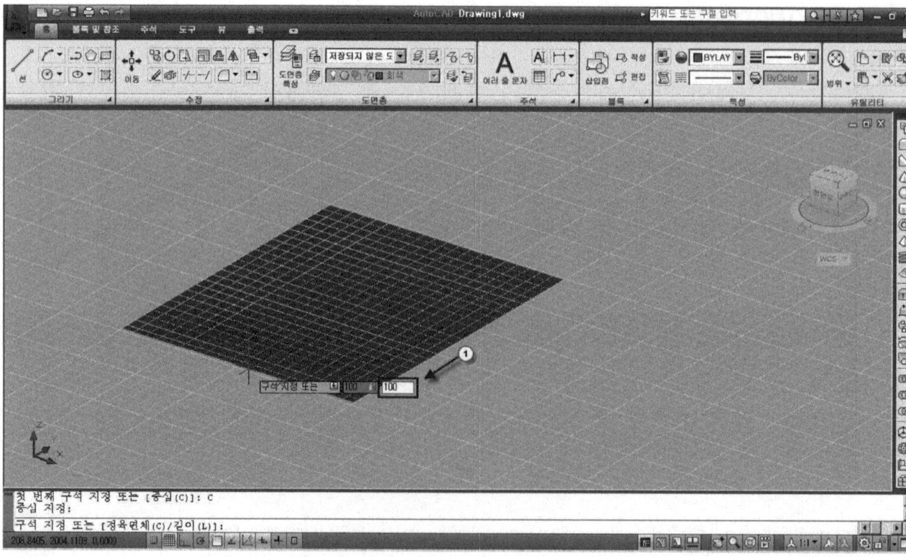

▲ ① 두 번째 구석 지정에 "100"을 입력한다.

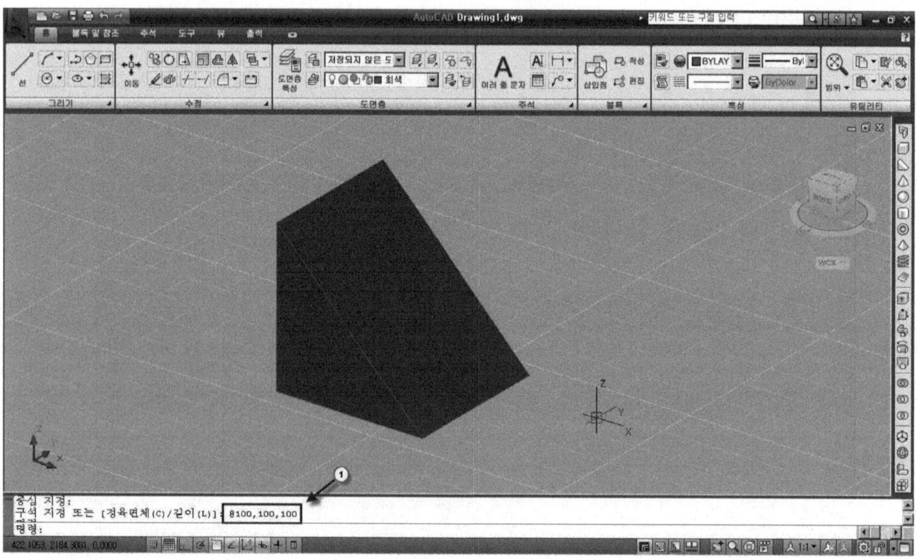

▲ 높이 값에 "100"을 입력하면 ① 그림과 같이 삼각기둥이 만들어진다.

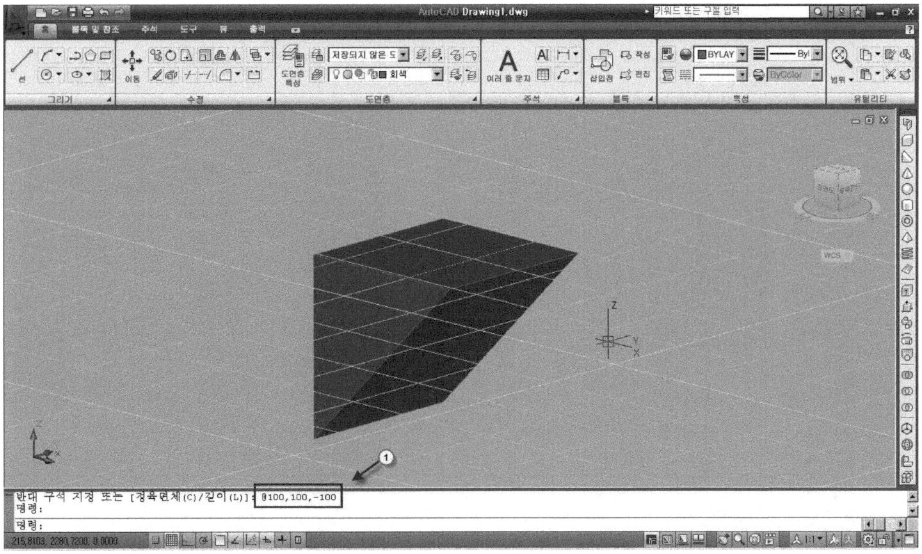

▲ 높이 값이 "-100"으로 입력하면 ① 그림과 같이 아래로 삼각기둥이 만들어 진다.

원추〈CONE〉

원추도 많은 3차원 그래픽 프로그램에서 제공하는 솔리드 기본체이다. 원형과 원추를 작성할 수 있다.

실행

원추를 클릭 → 중심점 지정 → 반지름 지정 → 높이 지정

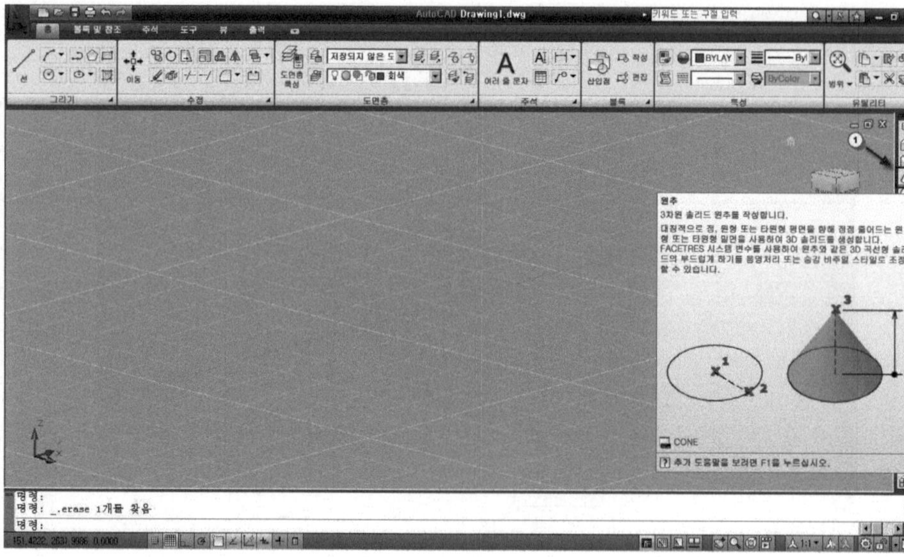

▲ ① 원추를 클릭한다.

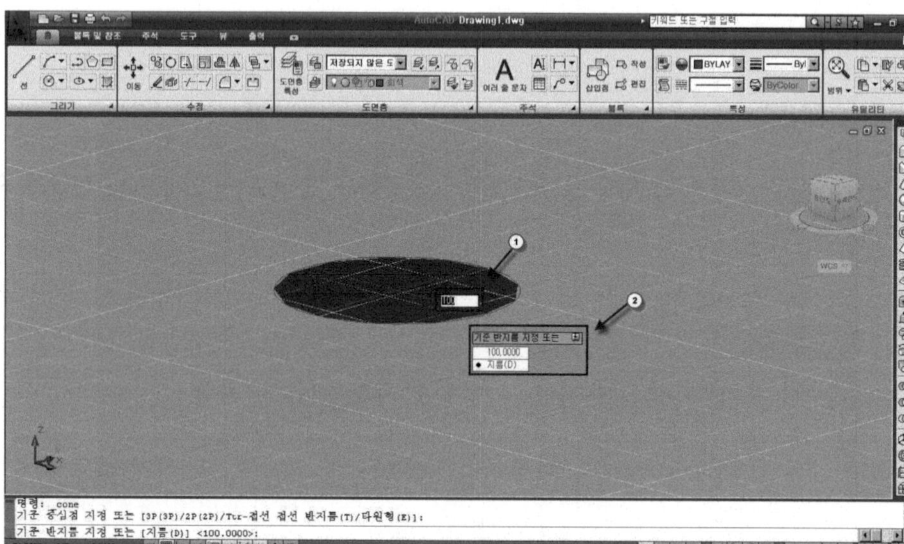

▲ ① 적당한 곳을 클릭하고 “100”을 입력하고

② 화살표 ↓를 아랫방향으로 내리고 지름을 선택한다.

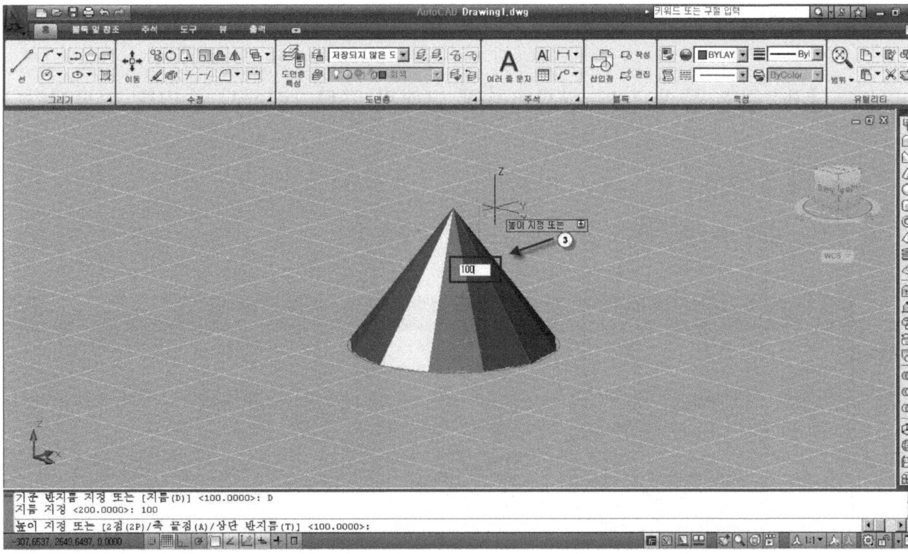

▲ ③ 높이 값을 “100”으로 입력하면 그림과 같이 원추가 만들어진다.

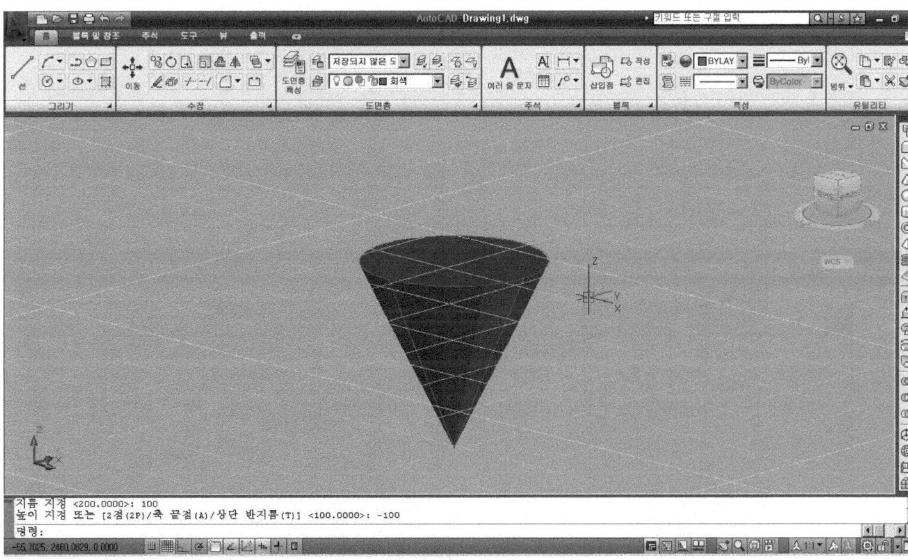

▲ 높이 값이 “−100”을 입력하면 아래로 만들어진다.

구〈SPHERE〉

구도 상자, 원추 등과 같이 다른 3차원 그래픽 프로그램에서 솔리드 기본체이다.

실행

구를 클릭 → 중심점 지정 → 반지름 지정

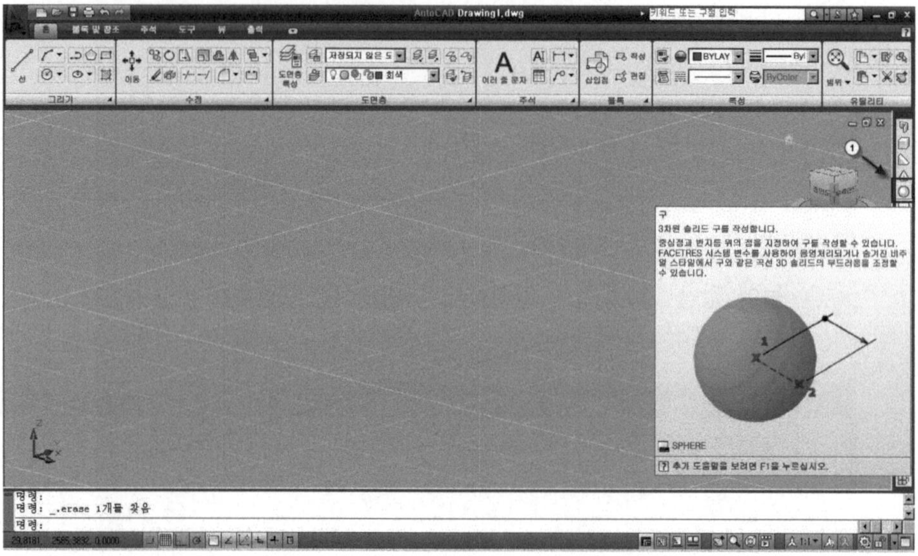

▲ ① 구를 클릭한다.

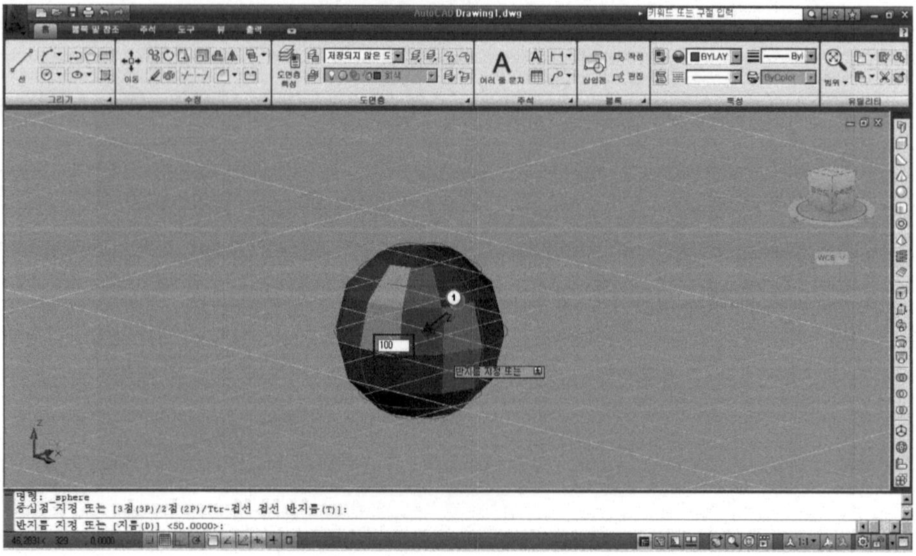

▲ ① 반지름 값을 "100"으로 입력한다.

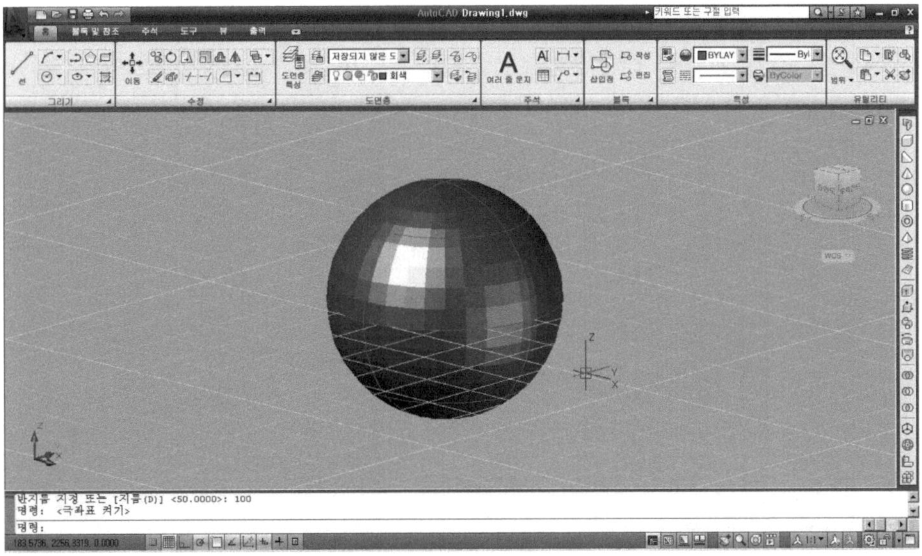

▲ 구가 만들어지는 것을 볼 수 있다.

원통〈CYLINDER〉

원형이나 타원형 원형을 작성한다. 역시 다른 3차원 그래픽 프로그램에서도 기본적으로 제공하는 솔리드 기본체이다.

실행

원통을 클릭 ➜ 중심점 지정 ➜ 반지름 지정 ➜ 높이 지정

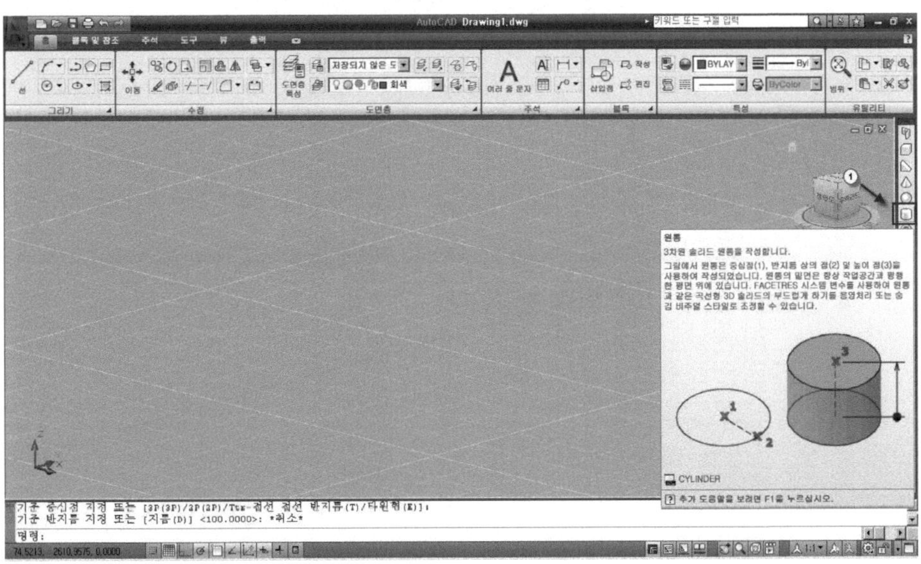

▲ ① 원통을 클릭한다.

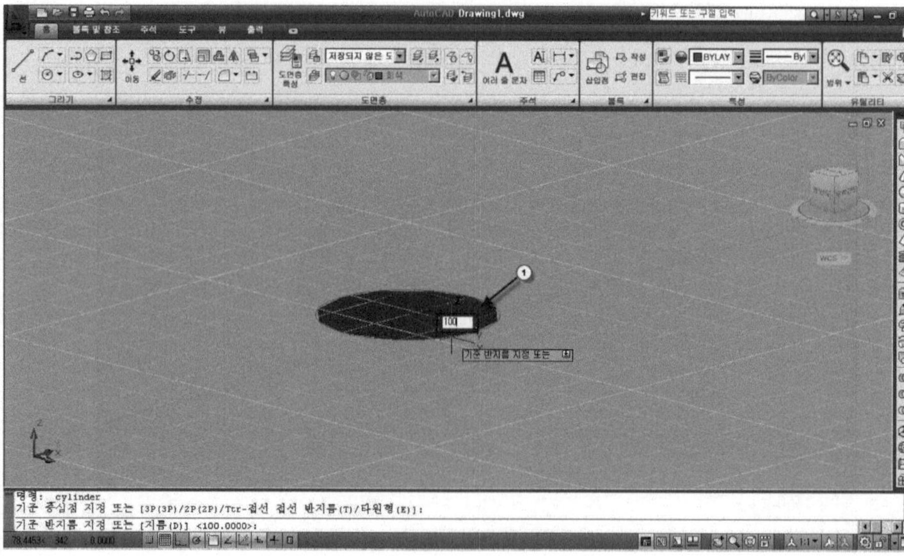

▲ ① 반지름 "100"을 입력한다.

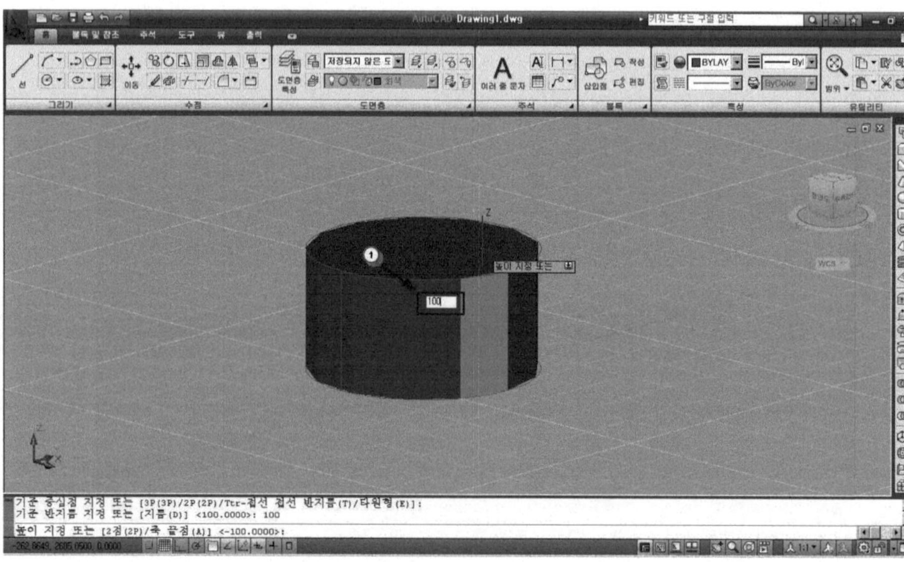

▲ ① 높이 값을 "100"으로 지정한다.

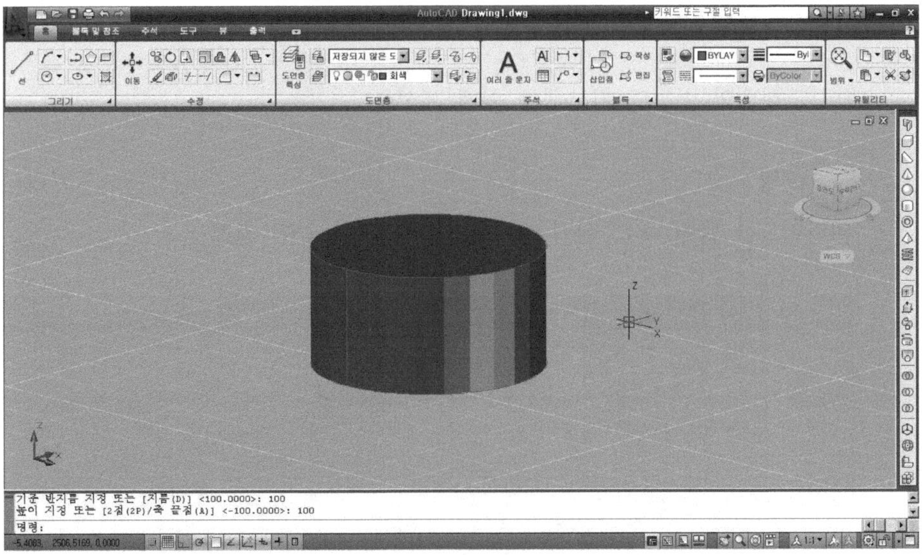

▲ 원통이 만들어진 것을 확인할 수 있다.

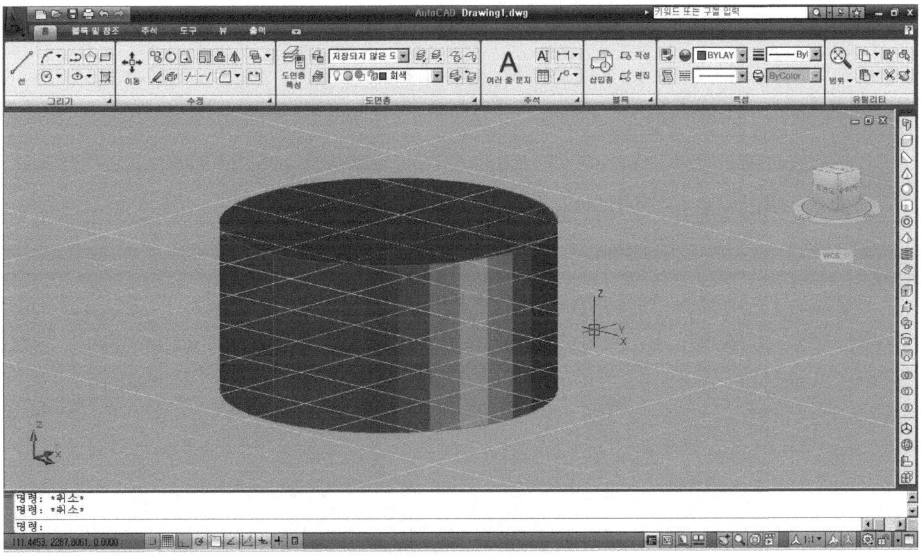

▲ 높이 값을 "−100"으로 입력하면 아래로 그려진다.

피라미드〈PYRAMID〉

피라미드 형태의 솔리드 기본체를 쉽게 생성한다.

실행

피라미드를 클릭 ➜ 중심점 ➜ 반지름 지정 ➜ 높이 지정

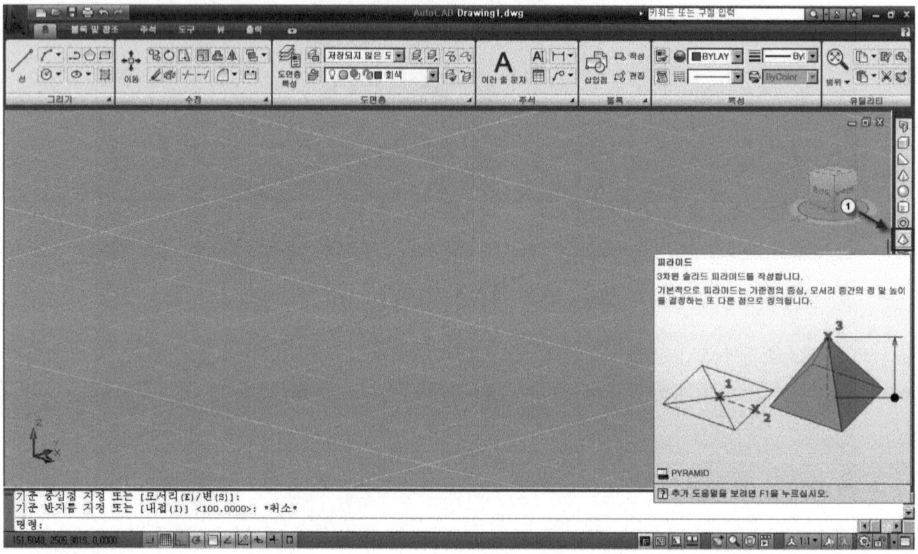

▲ ① 피라미드를 클릭한다.

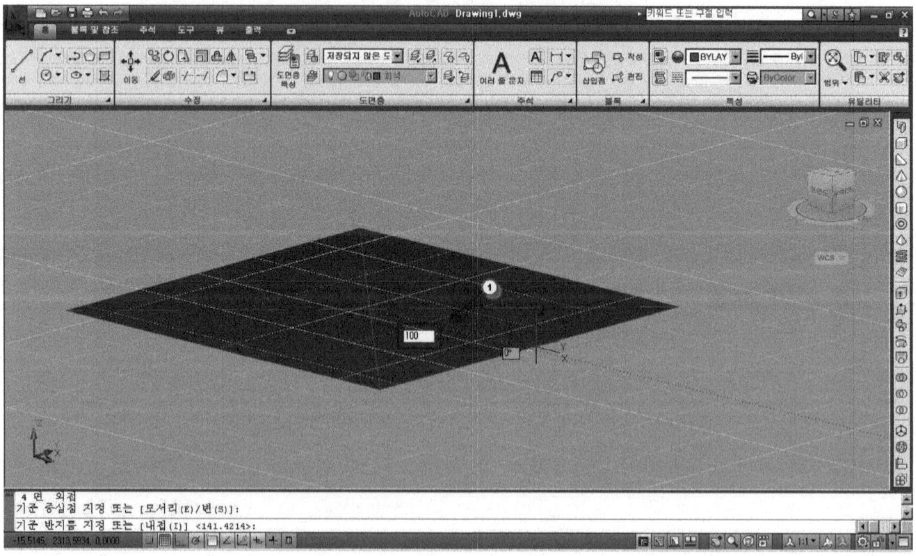

▲ ① 반지름 값을 “100”으로 지정한다.

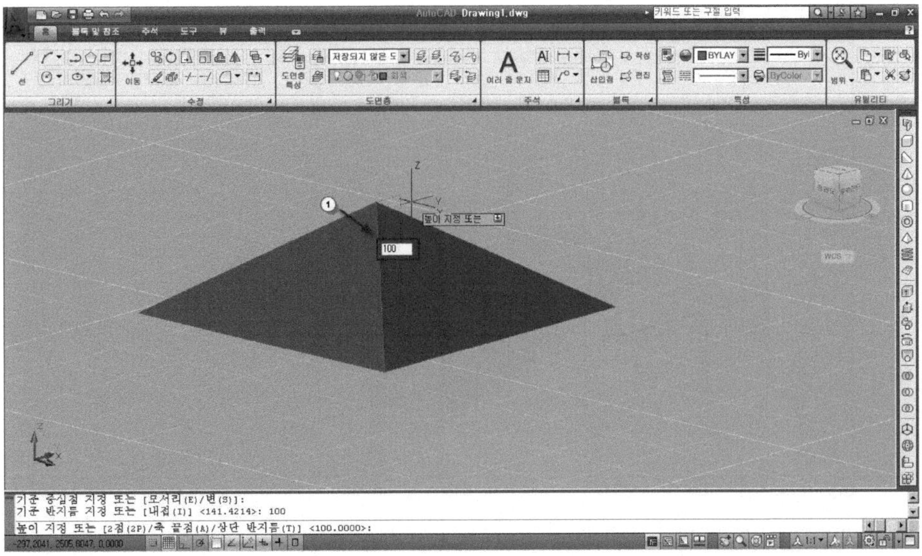

▲ ① 높이 값을 “100”으로 입력한다.

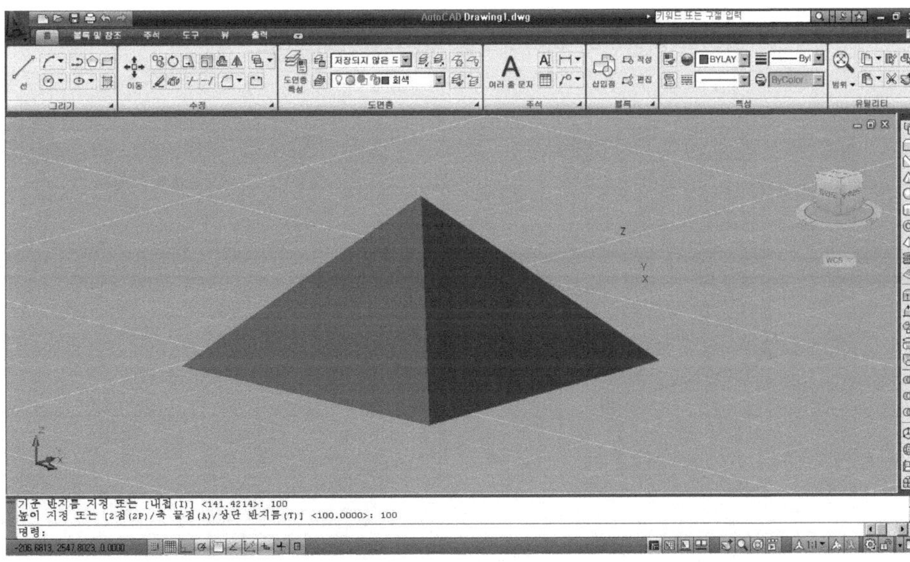

▲ 그림과 같이 만들어진 것을 확인할 수 있다.

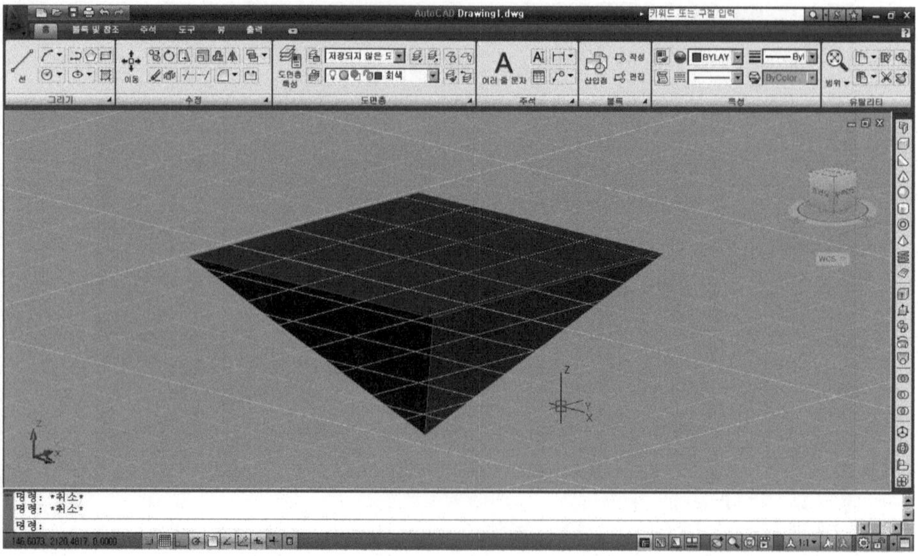

▲ 높이 값을 "-100"으로 입력하면 아래로 만들어진다.

➜ 변 옵션을 사용하여 피라미드를 작성(다면 피라미드 작성)

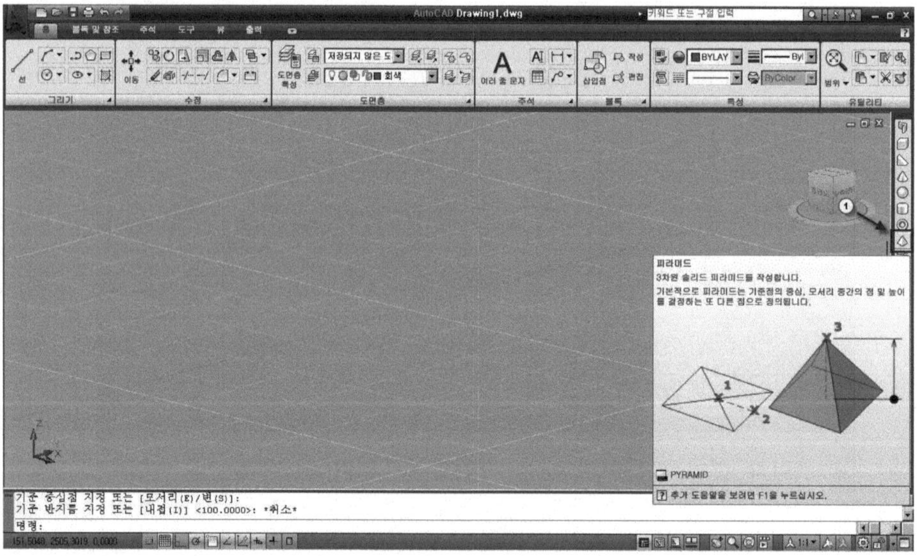

▲ ① 피라미드를 선택한다.

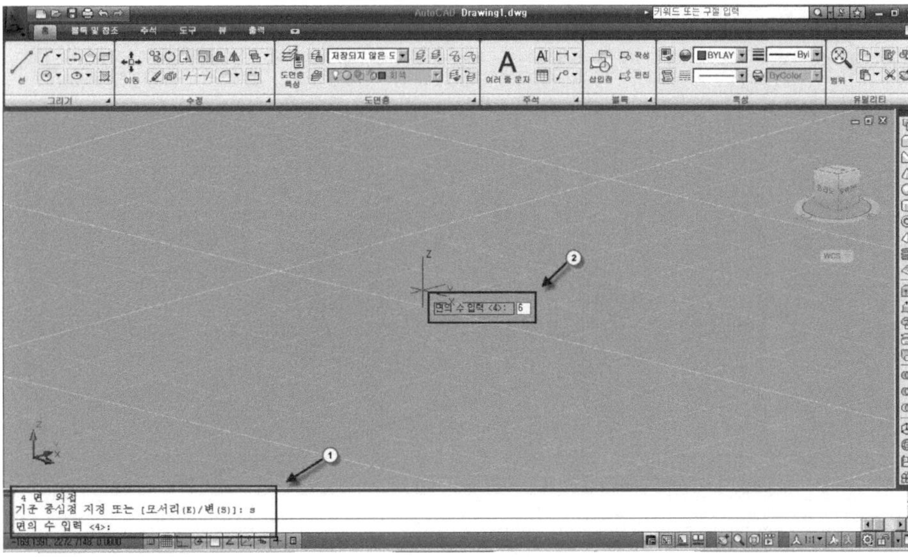

▲ ① S를 입력하고 Enter를 누르고 ② 변의 수를 “6”으로 입력한다.

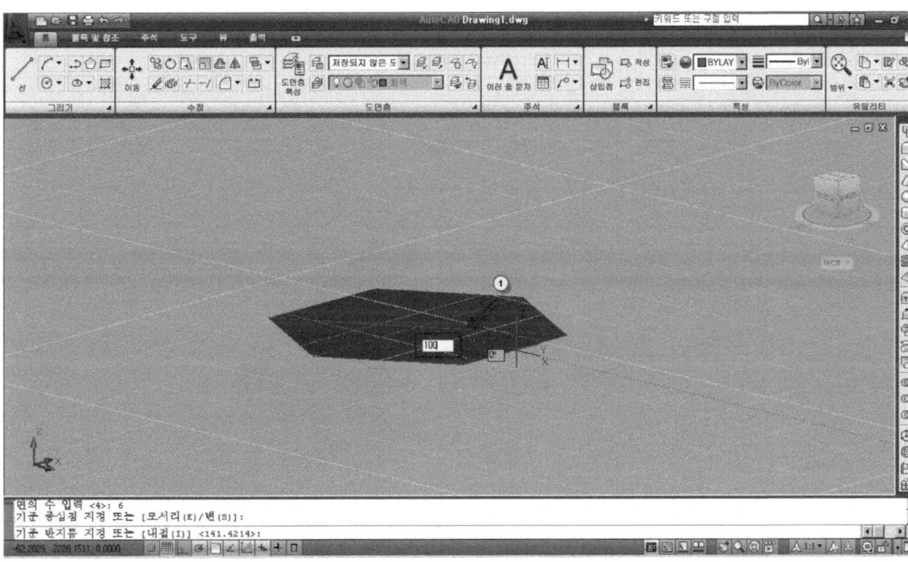

▲ ① 기준 반지름 값을 “100”으로 입력한다.

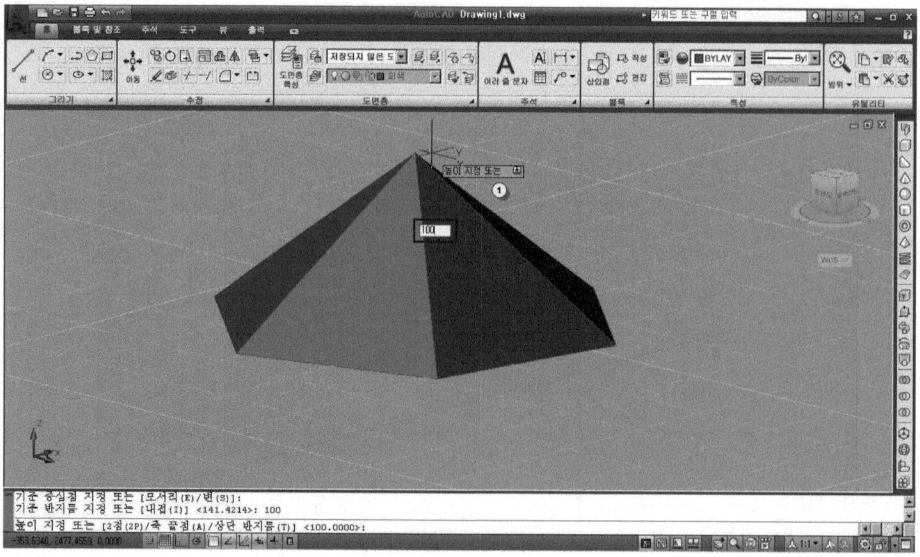

▲ ① 높이 값을 “100”으로 지정한다.

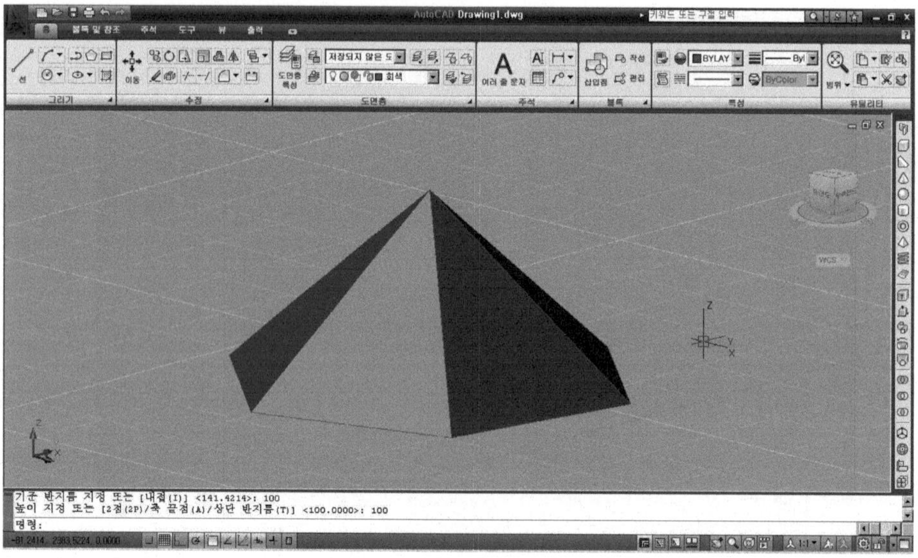

▲ 변이 6개의 피라미드가 만들어진 것을 확인할 수 있다.

➜ 상단 변수 값 지정하여 피라미드 작성(상단 첨단 피라미드 작성)

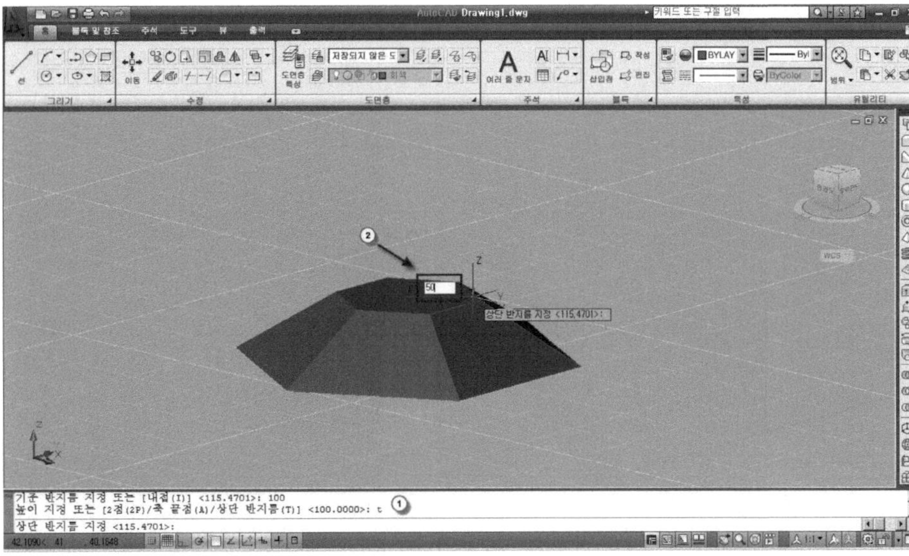

▲ ① T를 누르면 상단 반지름 값을 지정할 수 있다.
② 상단 반지름 값을 "50"으로 지정한다.

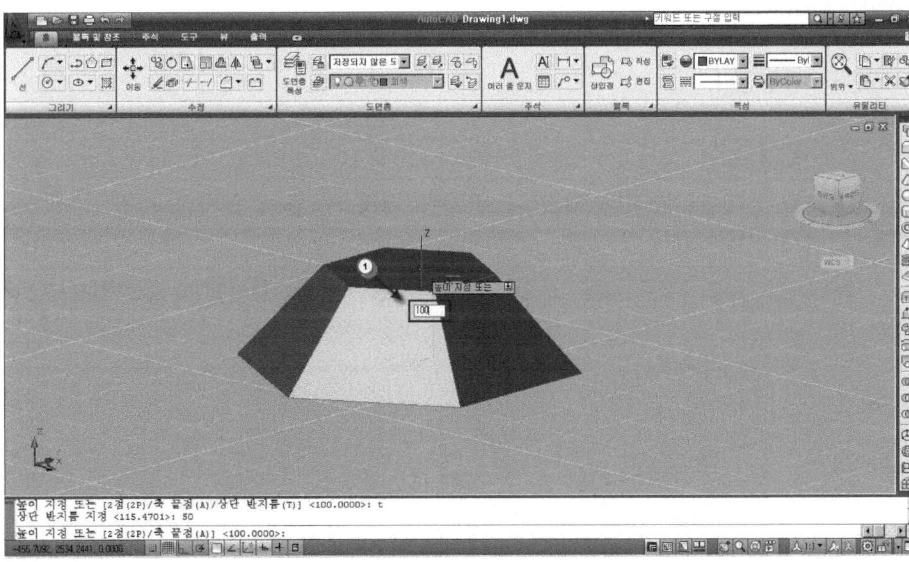

▲ ① 높이 값을 "100"으로 지정한다.

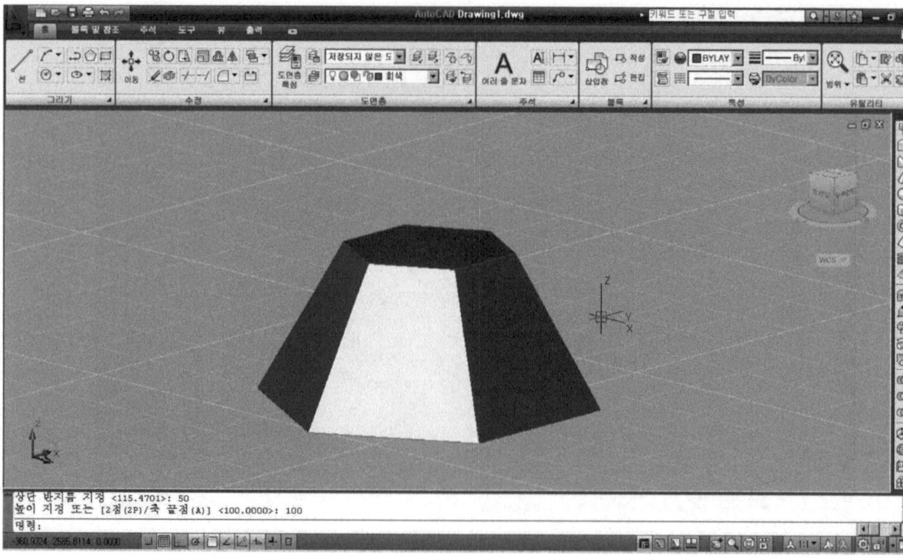

▲ 상단의 반지름 값이 정해진 피라미드를 확인할 수 있다.

원환(TORUS)

원환을 생성한다.

실행

원환을 클릭 → 중심점 지정 → 반지름 지정 → 튜브 반지름 지정

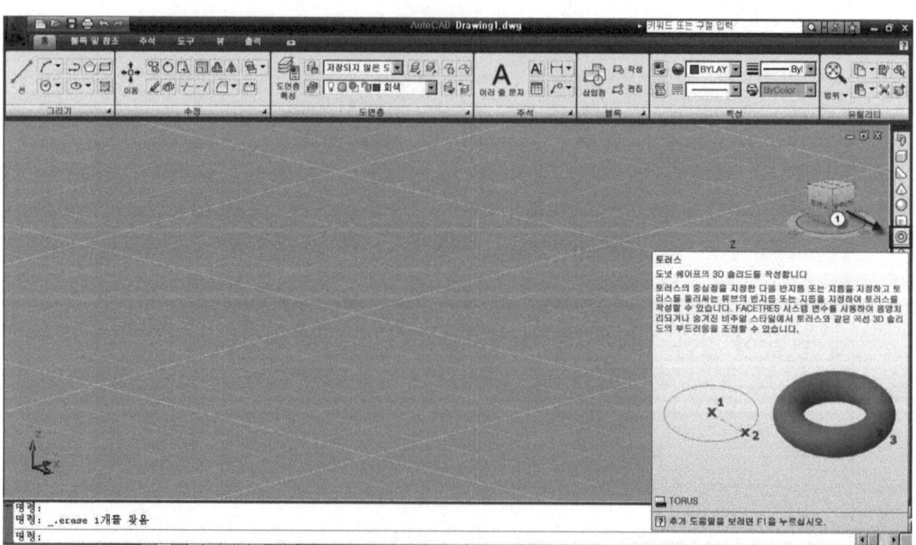

▲ ① 원환을 클릭한다.

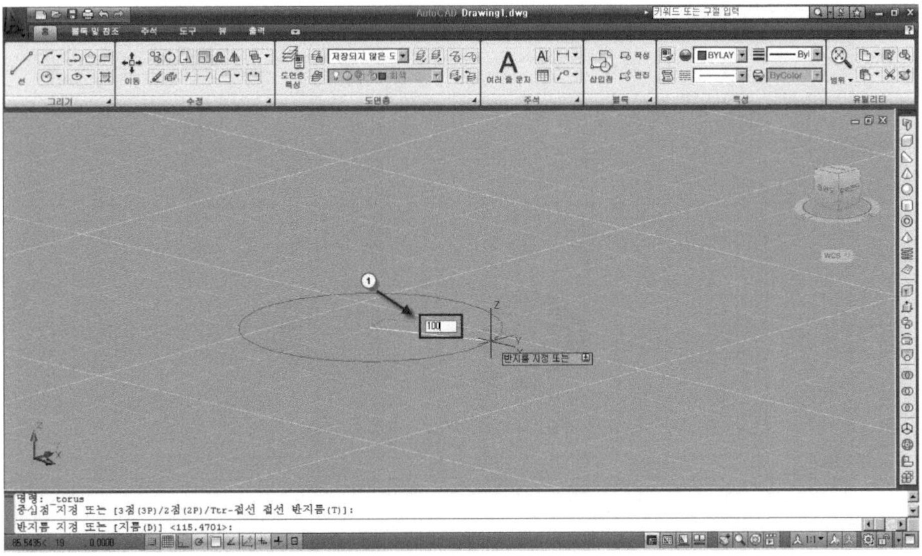

▲ ① 반지름 값을 "100"으로 입력한다.

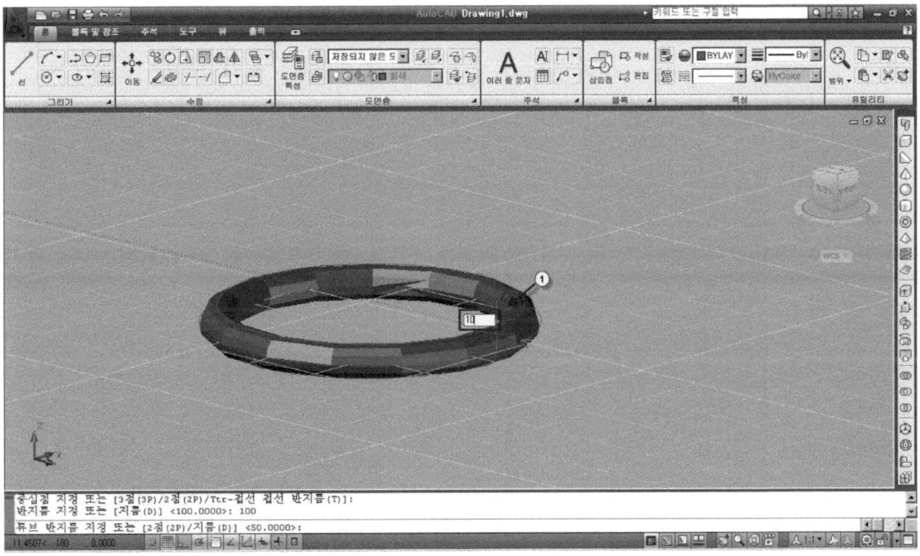

▲ ① 튜브의 반지름을 "10"으로 입력한다.

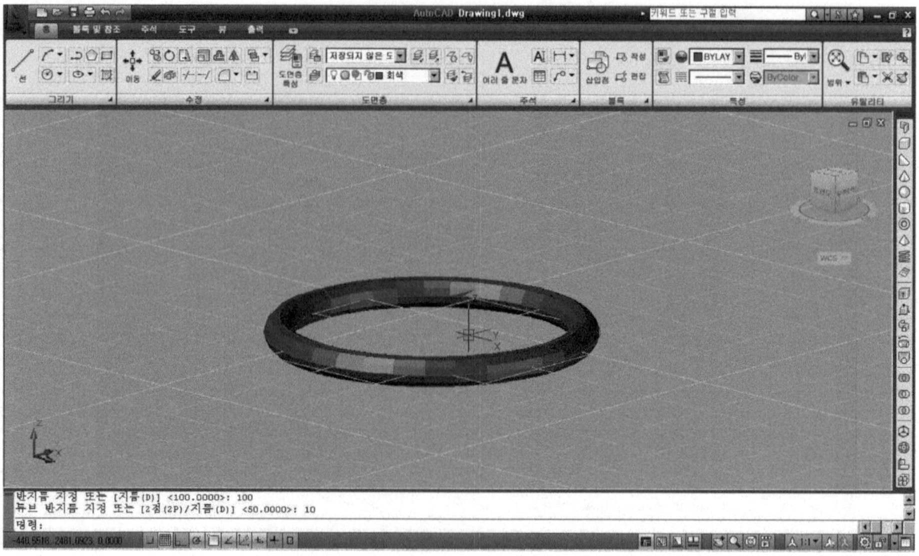

▲ 원환이 완성된 것을 확인할 수 있다.

LESSON 02

폴리솔리드〈POLYSOLID〉

폴리솔리드는 지정한 길이, 폭, 그리고 사각형 프로파일의 정렬로 폴리선을 그리는 것과 유사하며 벽체와 같은 형태를 작성하는데 있어서 아주 유용하다.

실행

폴리솔리드를 클릭 ➜ 옵션에서 높이, 폭, 자리 맞추기 지정 ➜ 시작점 지정 ➜ 반지름 지정 ➜ 높이 지정

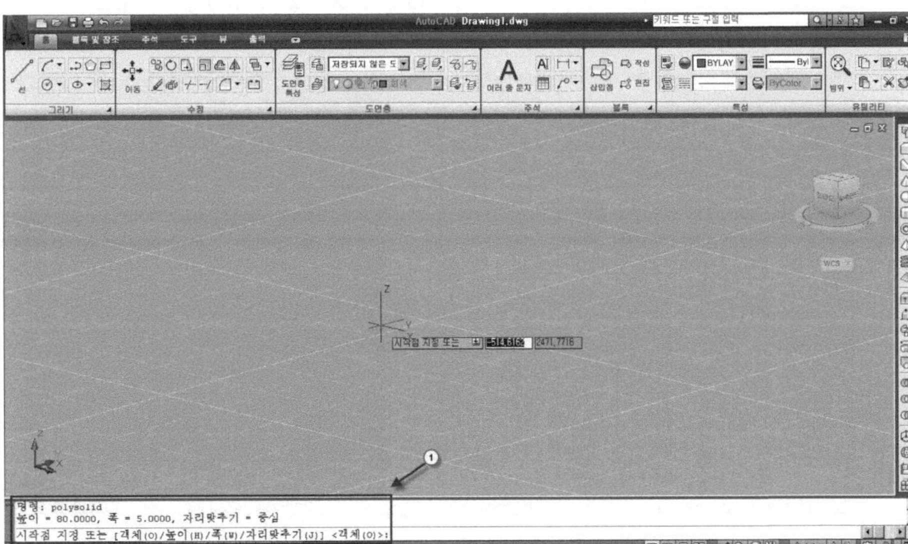

▲ ① Poltsolid를 입력하고 높이 값과 폭, 자리 맞추기를 입력한다.

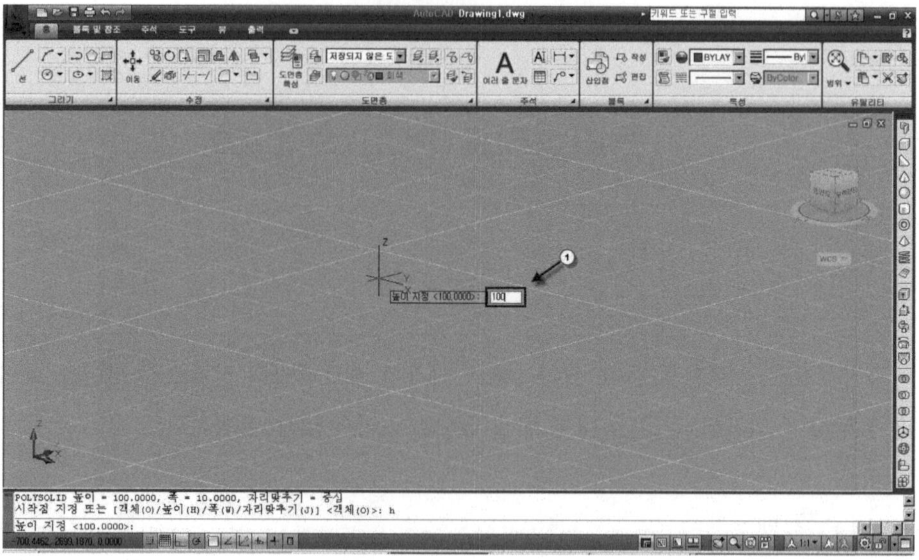

▲ ① 높이 값을 "100"으로 입력한다.

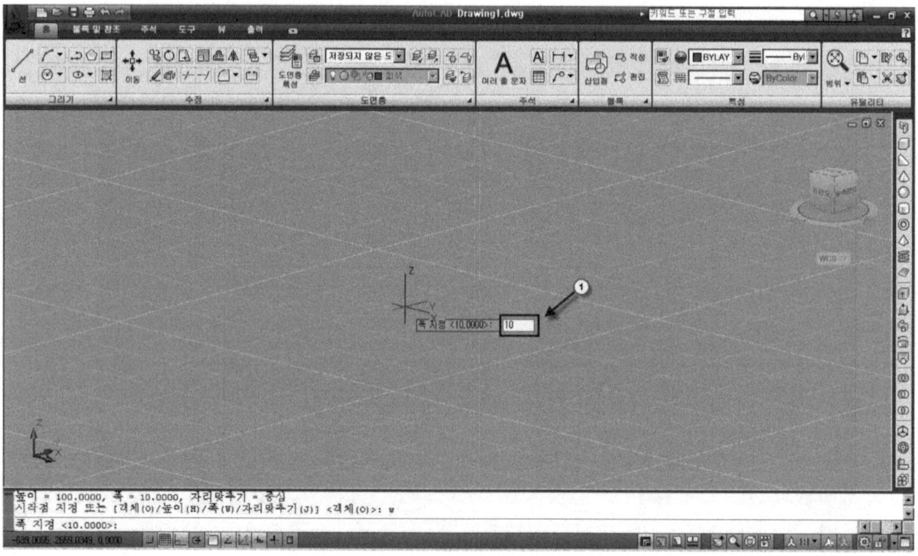

▲ ① 폭 값을 "10"으로 입력한다.

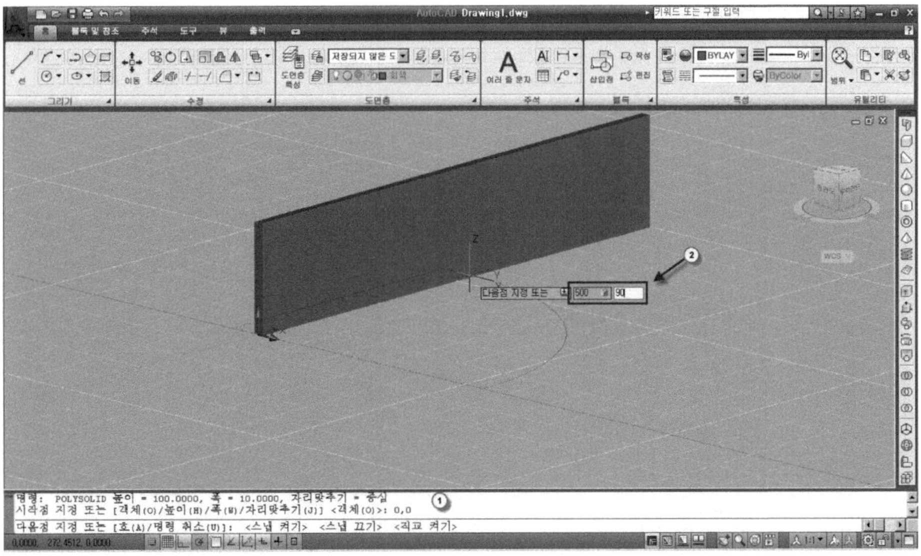

▲ ① 시작점 지정에 0,0을 입력하고 Enter를 누른다.

② 다음 점 지정에 거리 "500"을 입력하고 각도를 "90"으로 입력하고 Enter를 누른다.

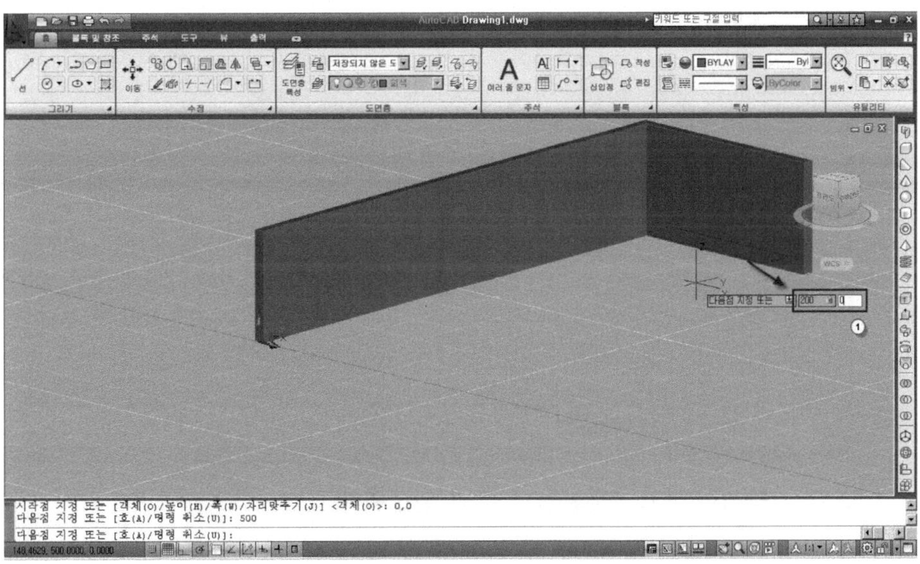

▲ ① 다음 점 지정에 거리 "200" 각도를 "0"으로 입력한다.

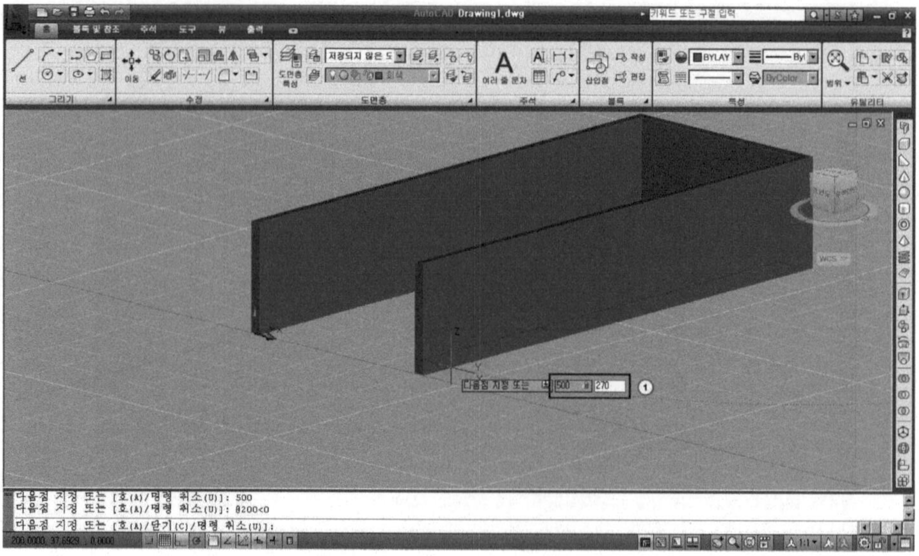

▲ ① 다음 점 지정을 거리 "500"을 각도 "270"을 입력한다.

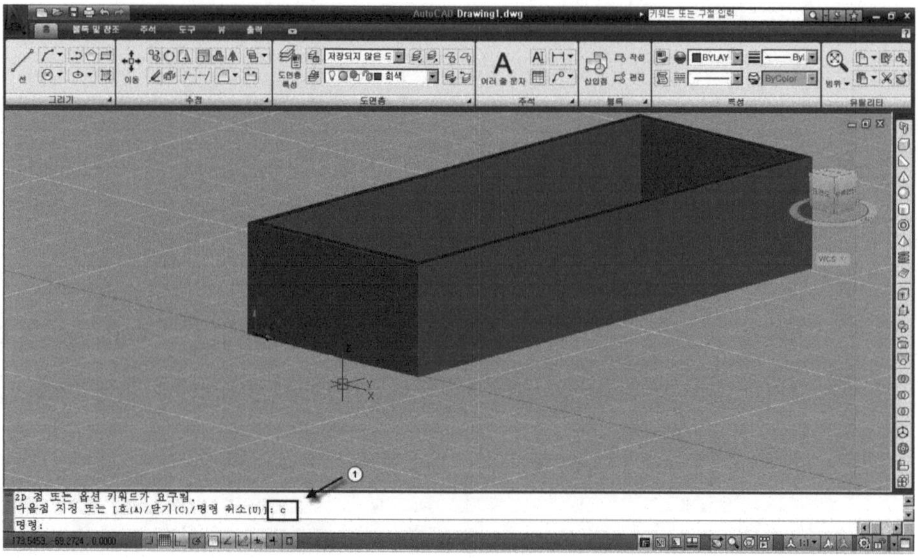

▲ ① C를 입력하고 Enter를 누르면 완성된다.

→ 2차원 폴리선을 폴리솔리드로 작성

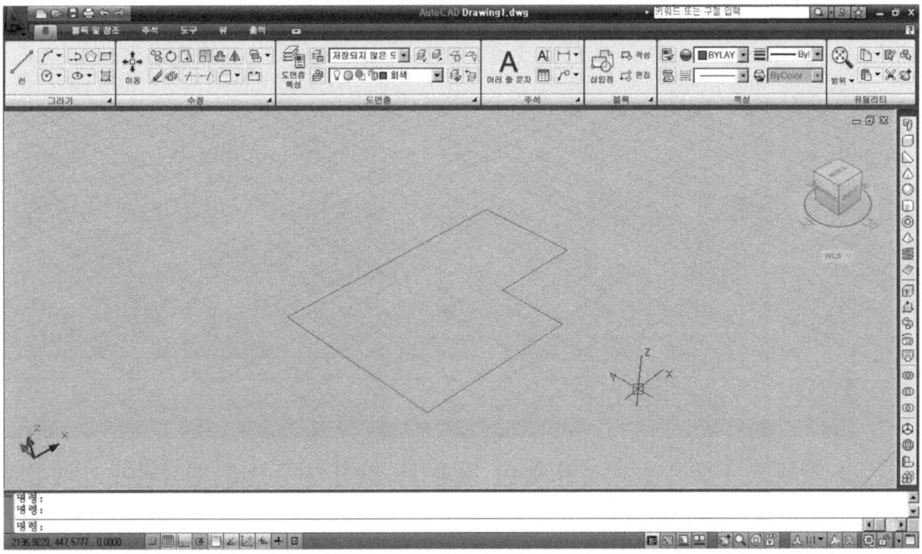

▲ ① PLINE 명령으로 적당한 형태를 그려본다.

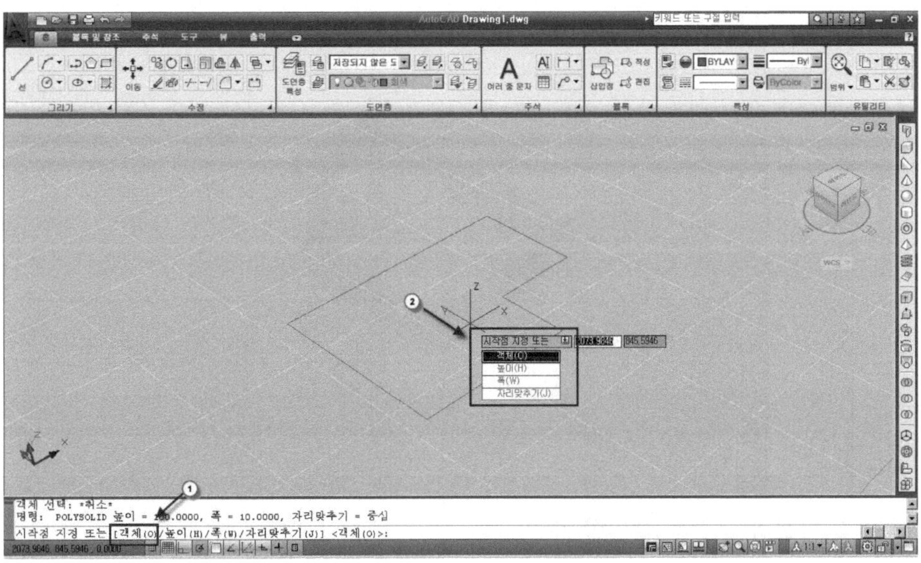

▲ ① O를 입력하거나

② 키보드 화살표 방향〈↓〉를 누르면 객체를 선택할 수 있다.

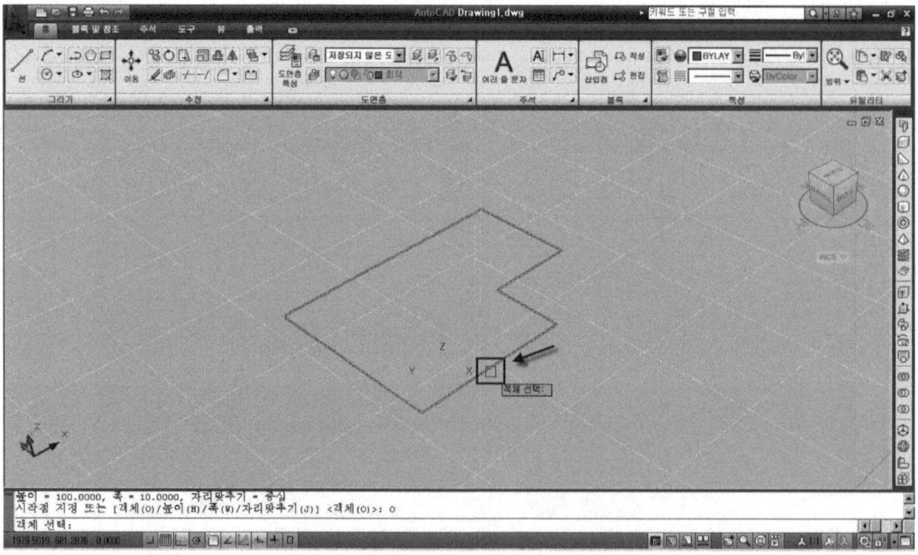

▲ 객체를 선택하면 지정된 높이 값과 폭 값이 자동으로 인식되어 벽체형태의 솔리드가 적용되어 만들어진다.

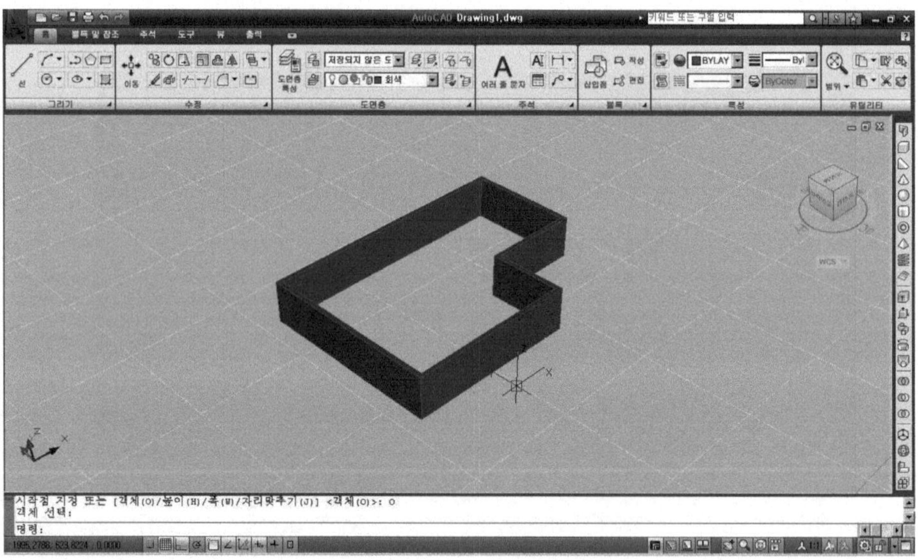

▲ 완성된 모습을 확인할 수 있다.

LESSON 03

나선〈HELIX〉

나선형태의 객체를 쉽게 생성할 수 있다.

실행

나선을 클릭 ➜ 기준 중심점 지정 ➜ 기준 반지름 지정 ➜ 상단 반지름 지정 ➜ 옵션에서 축 끝점, 회전, 회전 높이, 비틀기 지정 ➜ 높이 지정

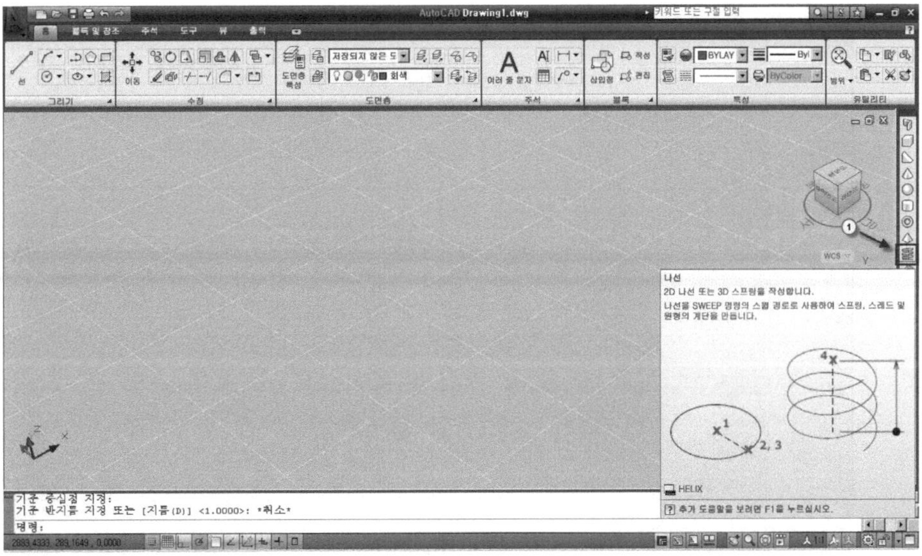

▲ ① 나선을 클릭한다.

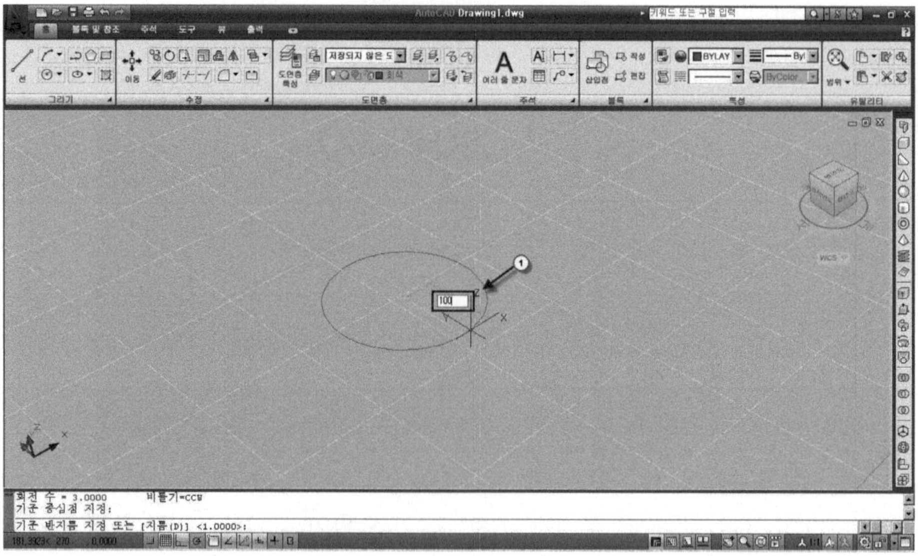

▲ ① 기준 반지름 지정을 "100"으로 입력한다.

▲ ① 상단 반지름 지정을 "50"으로 입력한다.

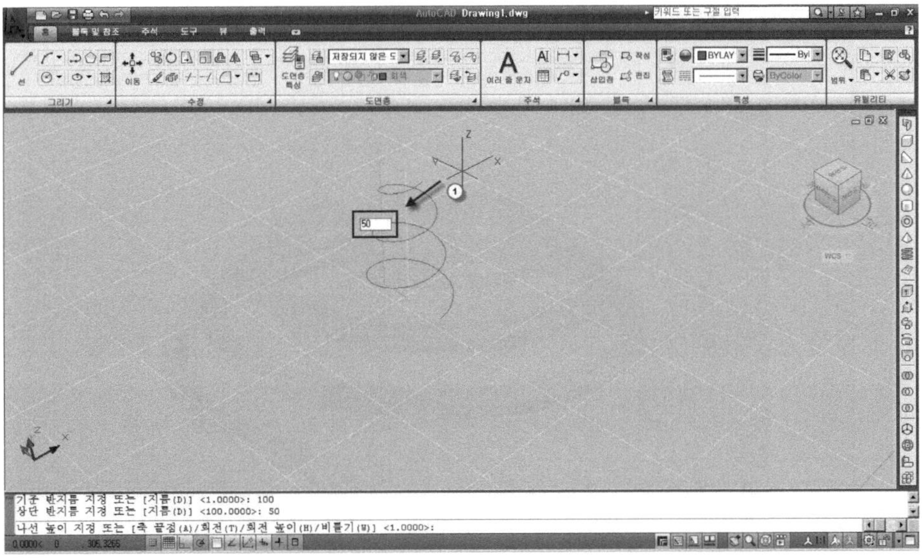

▲ ① 나선 높이 지정을 “50”으로 입력한다.

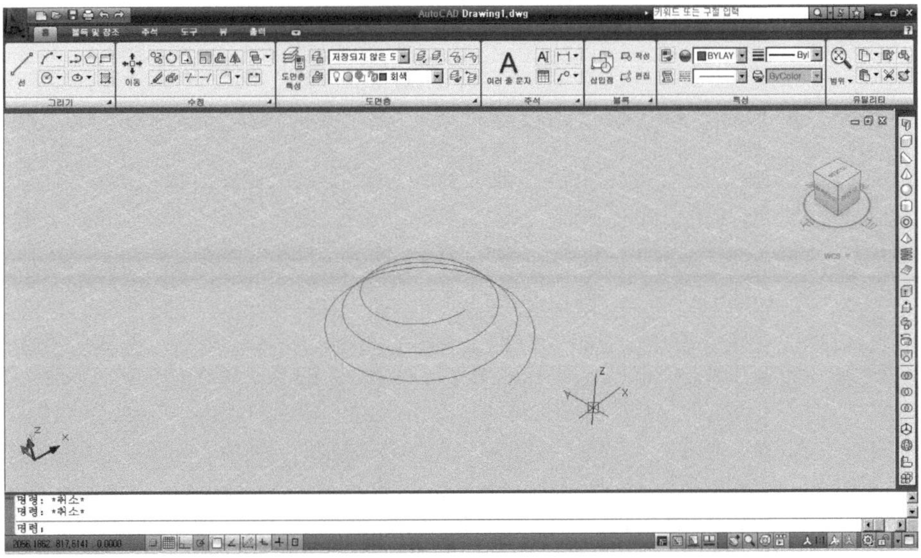

▲ 나선형태가 만들어진 것을 확인할 수 있다.

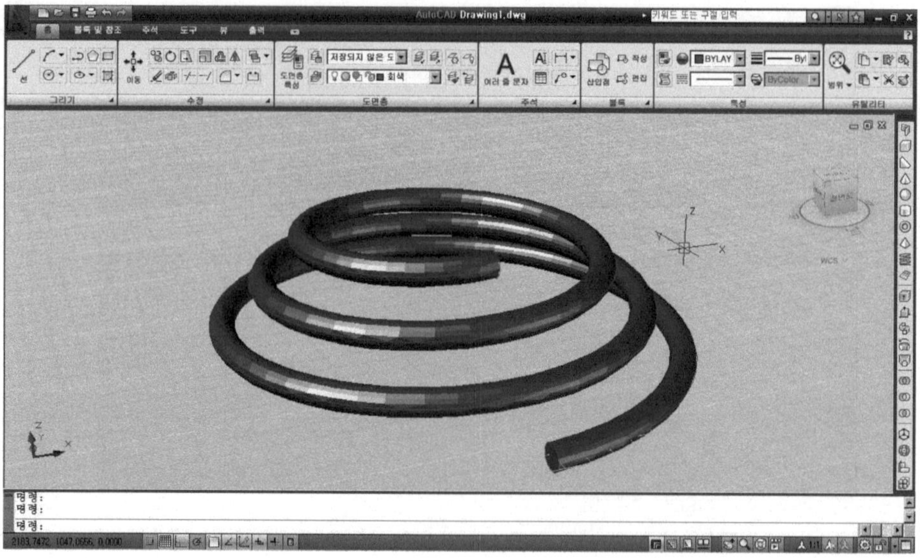

▲ 나선형태를 스윕한 모습이다.

LESSON 04

솔리드 및 곡면 작성

돌출〈EXTRUDE〉

돌출명령은 이전 버전의 AutoCAD에서도 지원되는 기능이며 지금은 더욱 향상되고 개선이 되었다. 돌출할 때 닫혀진 객체는 솔리드로 열린 객체는 표면으로 작성된다.

실행

돌출을 클릭 ➜ 돌출할 객체 선택 ➜ 옵션에서 방향, 경로, 테이퍼 각도를 지정 ➜ 높이 지정

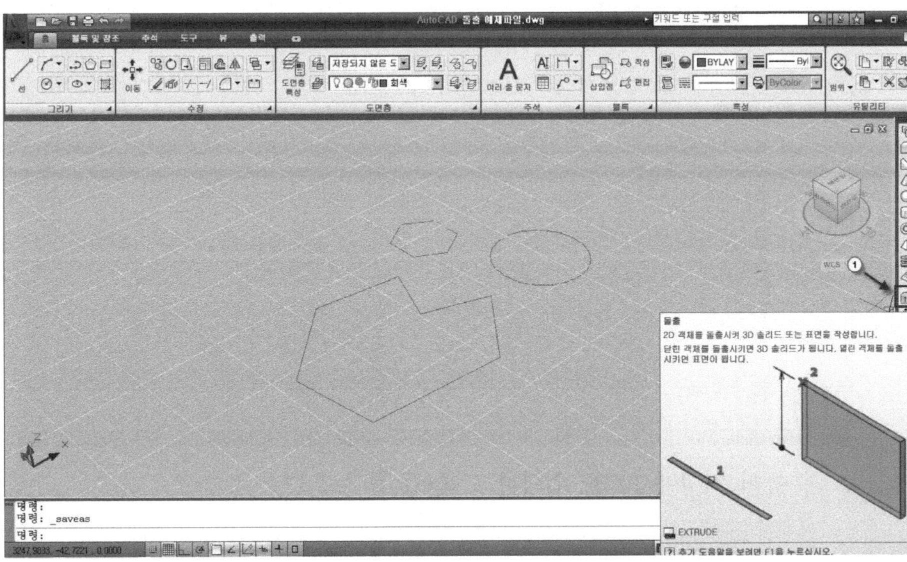

▲① 돌출을 클릭한다.

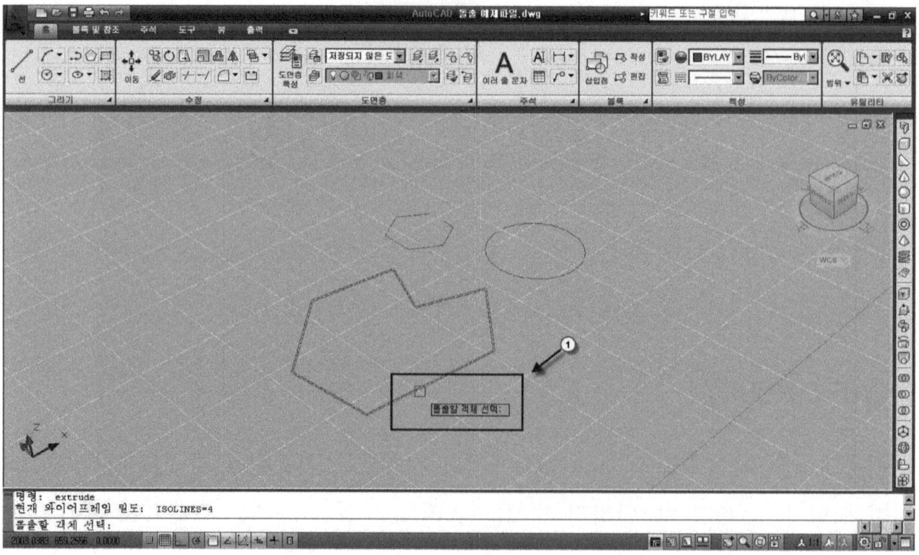

▲ ① 돌출할 객체를 선택한다.〈닫혀진 객체만 선택한다.〉

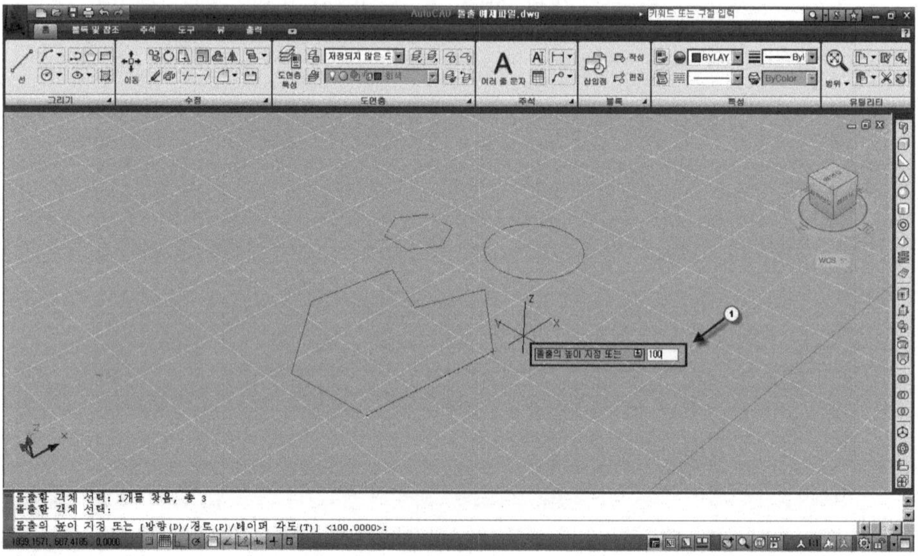

▲ ① 높이 지정에 100을 입력하고 Enter를 누른다.

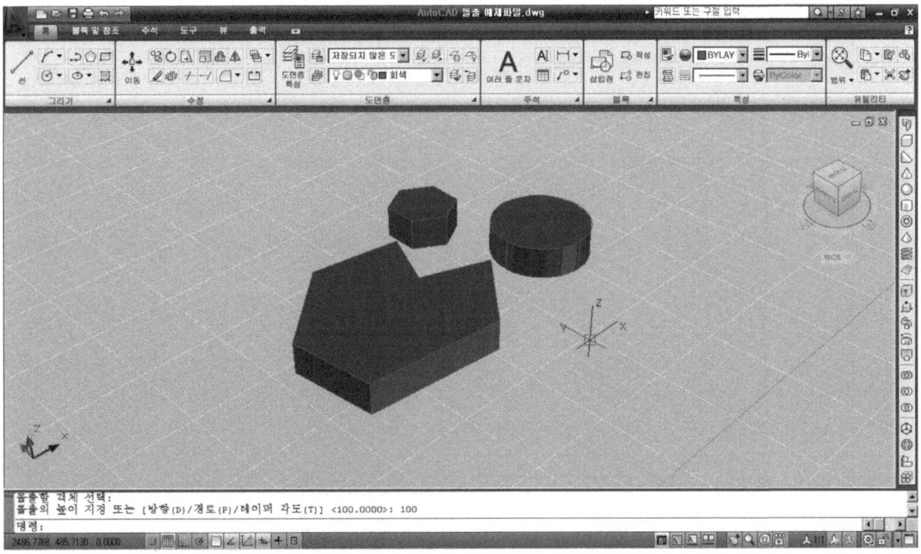

▲ 솔리드 객체로 돌출된 것을 확인할 수 있다.

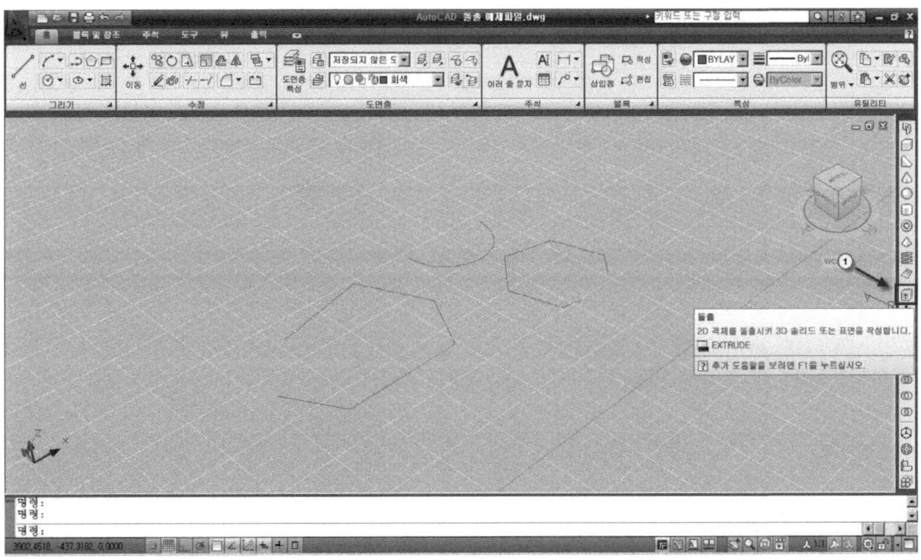

▲ ① 돌출을 클릭한다.

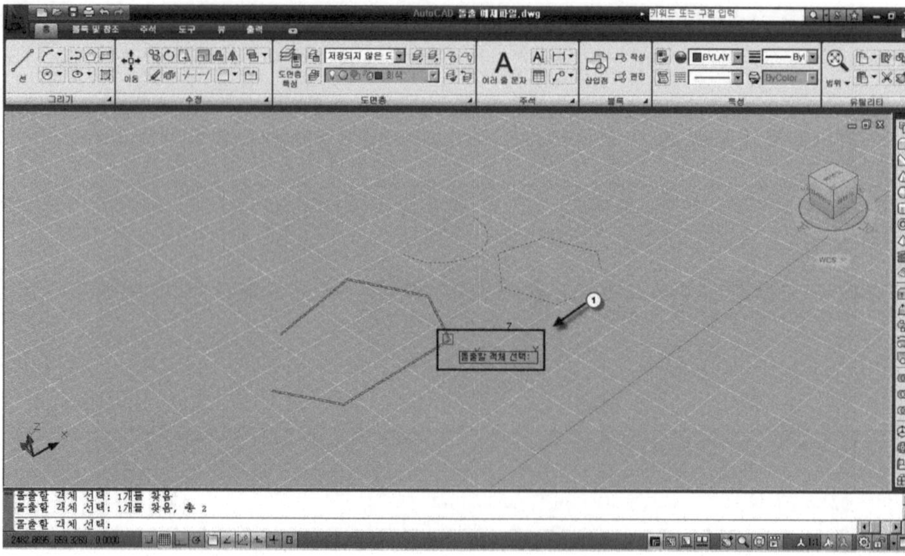

▲ ① 돌출할 객체를 선택한다.〈열린 객체만 선택한다.〉

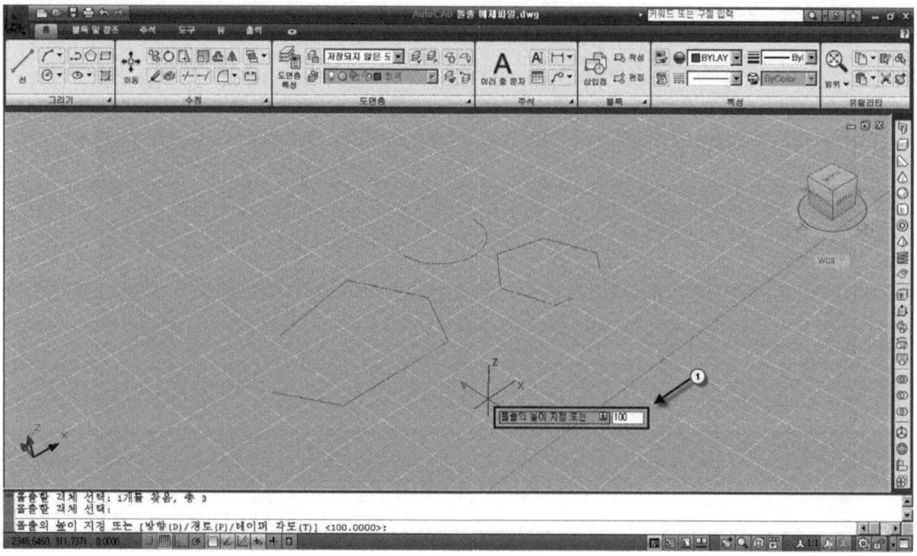

▲ ① 돌출 높이를 "100"으로 입력하고 Enter를 누른다.

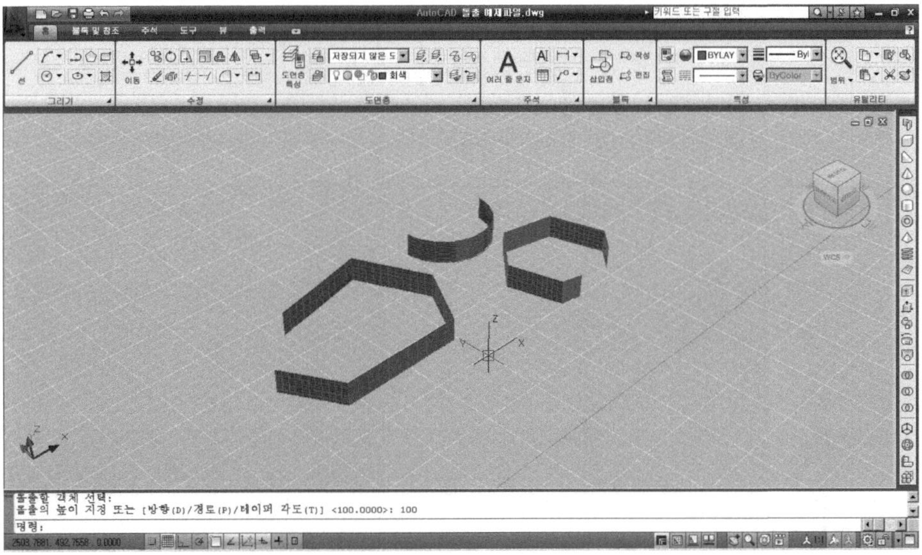

▲ 표면으로 돌출된 것을 확인할 수 있다.

➜ 각도를 지정하여 돌출 작성(경사돌출 작성)

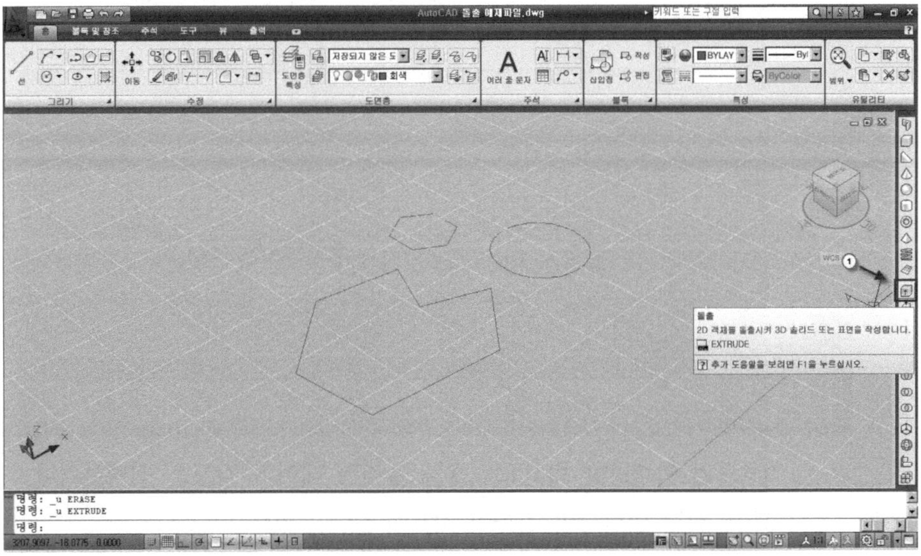

▲ ① 돌출을 클릭한다.

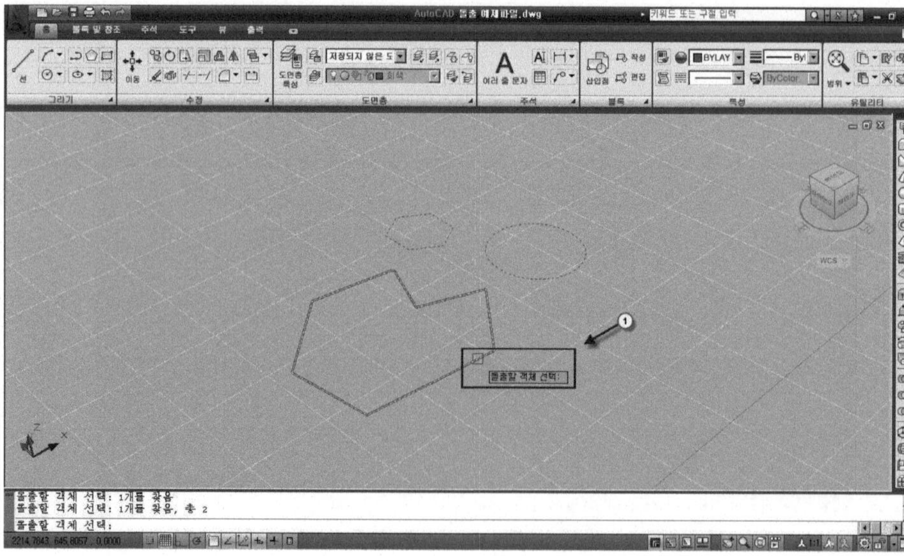

▲ ① 돌출할 객체를 선택한다.

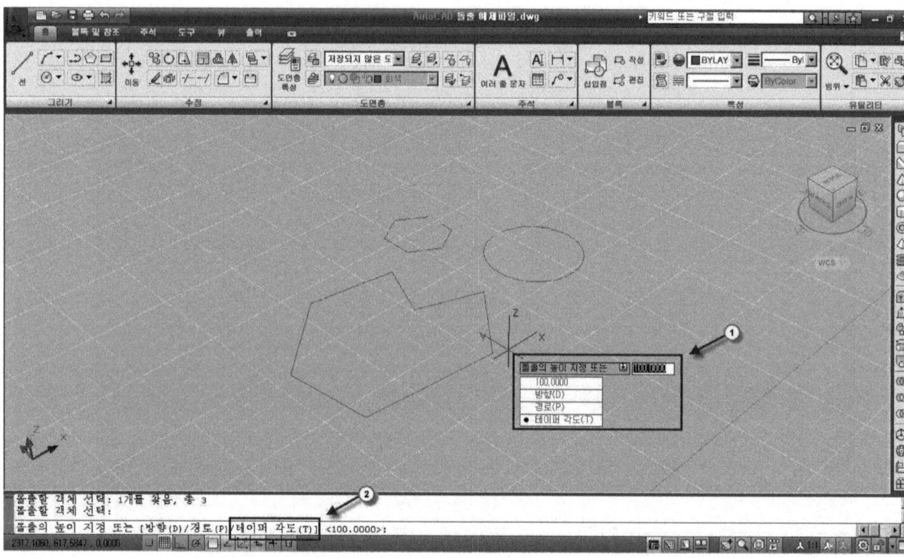

▲ ① 키보드의 아랫방향 화살표〈↓〉를 눌러서 테이퍼 각도를 선택하거나
② "T"를 직접 입력하면 기울기 각도를 줄 수 있다.

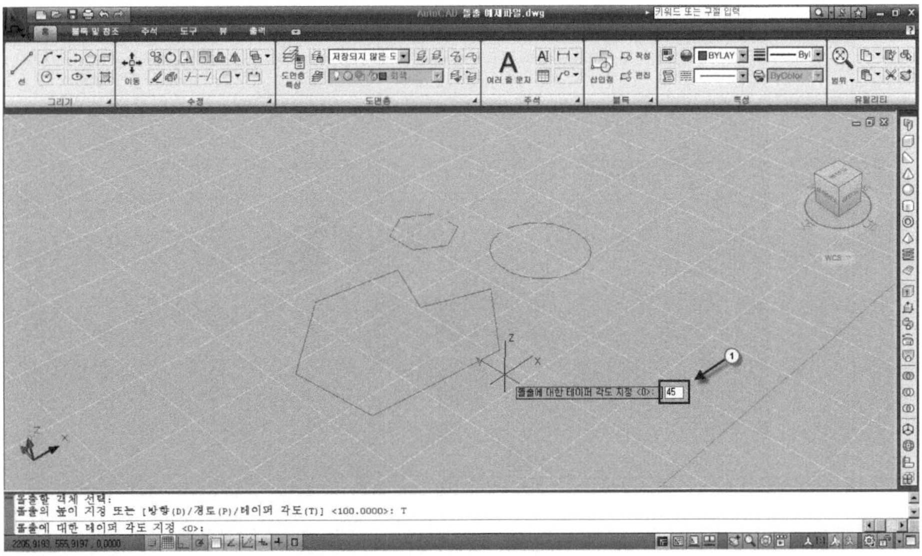

▲ ① 각도를 "45"로 입력하고 Enter를 누른다.

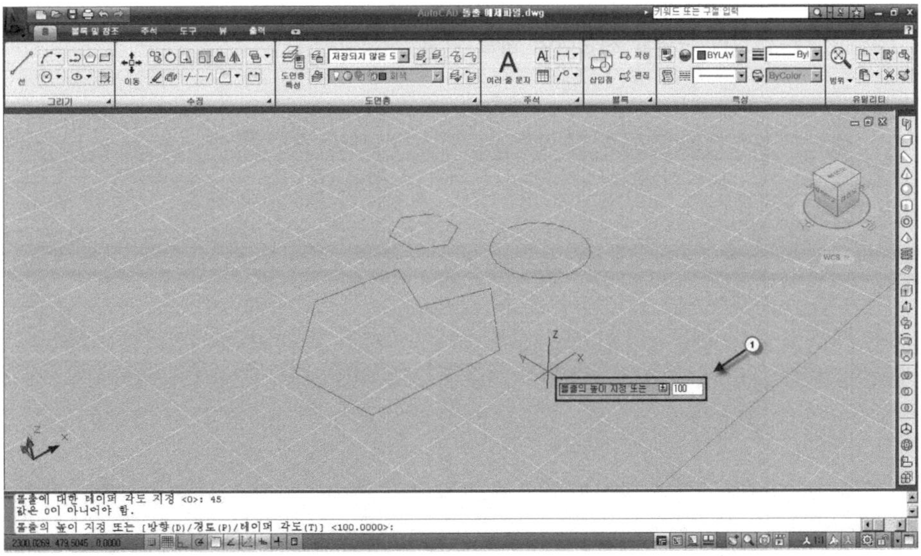

▲ ① 돌출 높이 지정을 "100"으로 입력하고 Enter를 누른다.

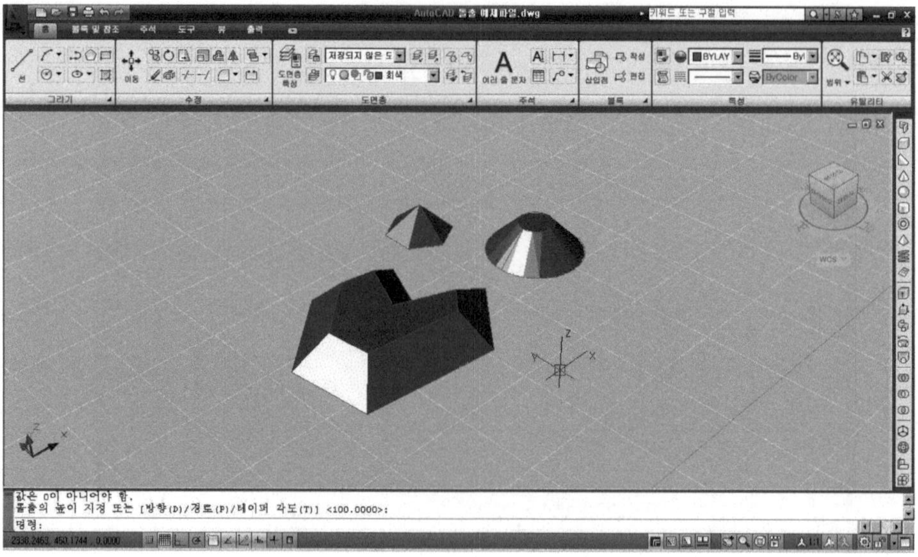

▲ 기울어지면서 돌출된 것을 확인할 수 있다.

➜ 단면과 경로를 지정하여 돌출 작성

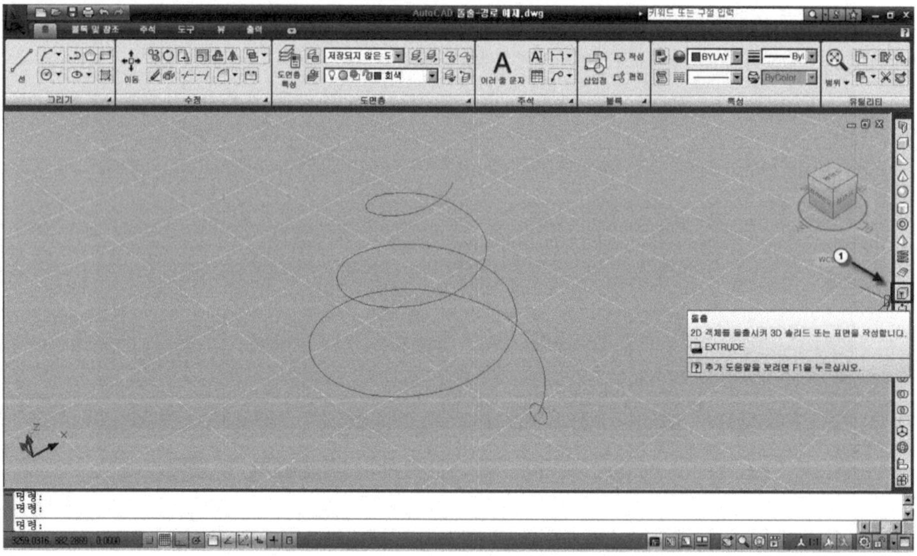

▲ ① 돌출을 클릭한다.

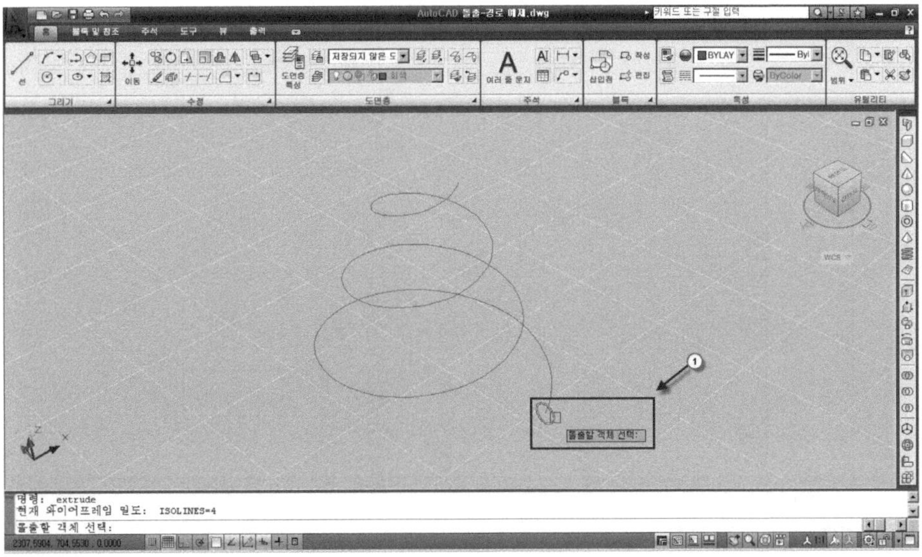

▲ ① 돌출할 객체인 원을 클릭한다.

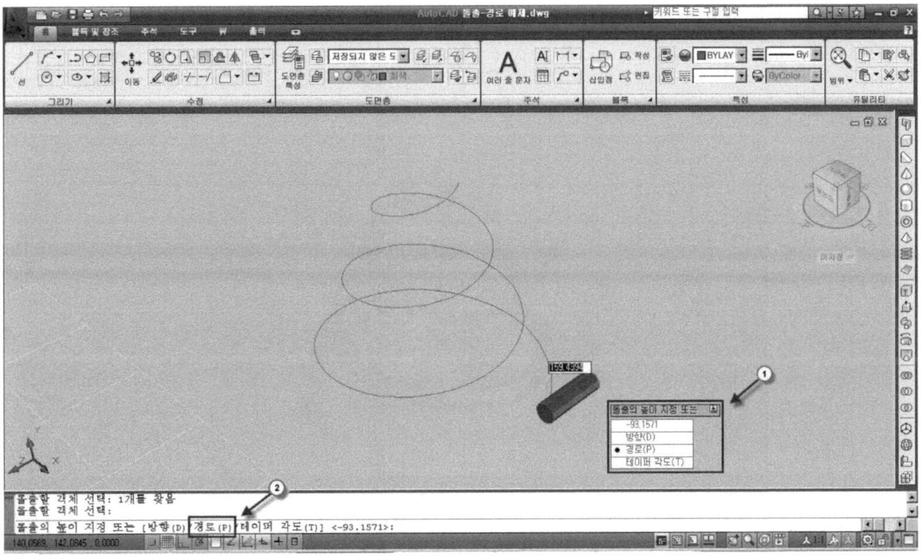

▲ ① 키보드의 아랫방향 화살표〈↓〉를 눌러서 경로〈P〉를 선택하거나
② P를 입력하면 경로를 선택할 수 있다.

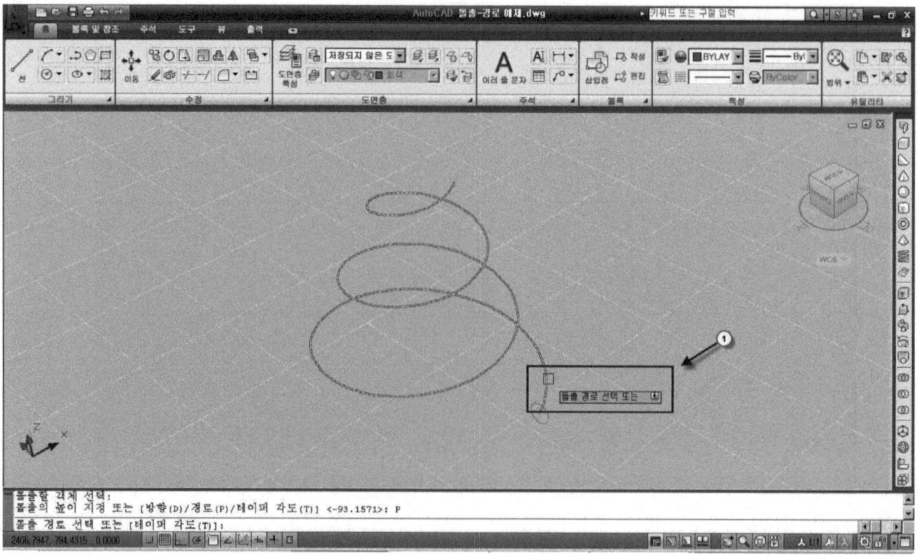

▲ ① 경로 선택에 나선을 클릭한다.

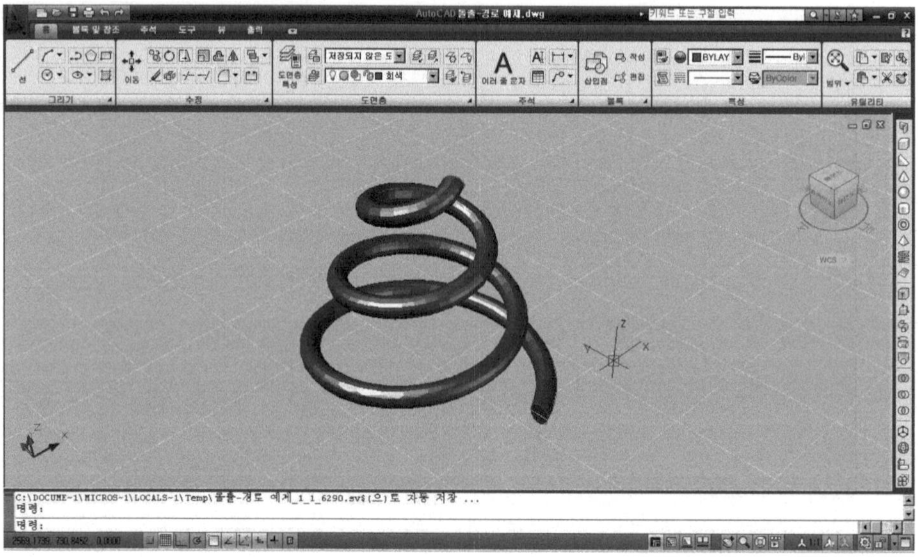

▲ 경로를 따라 원이 돌출된 것을 확인할 수 있다.

회전〈REVOLVE〉

2차원 폴리선, 원, 타원 등을 회전하여 솔리드 객체를 생성한다.

실행

회전을 클릭 ➜ 회전할 객체 선택 ➜ 축 지정 ➜ 회전각도 지정

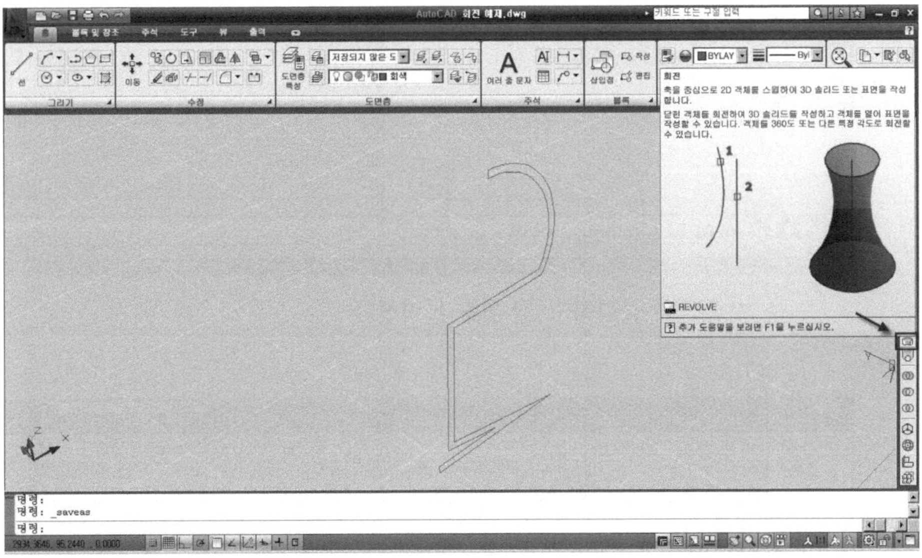

▲ ① 회전을 클릭한다.

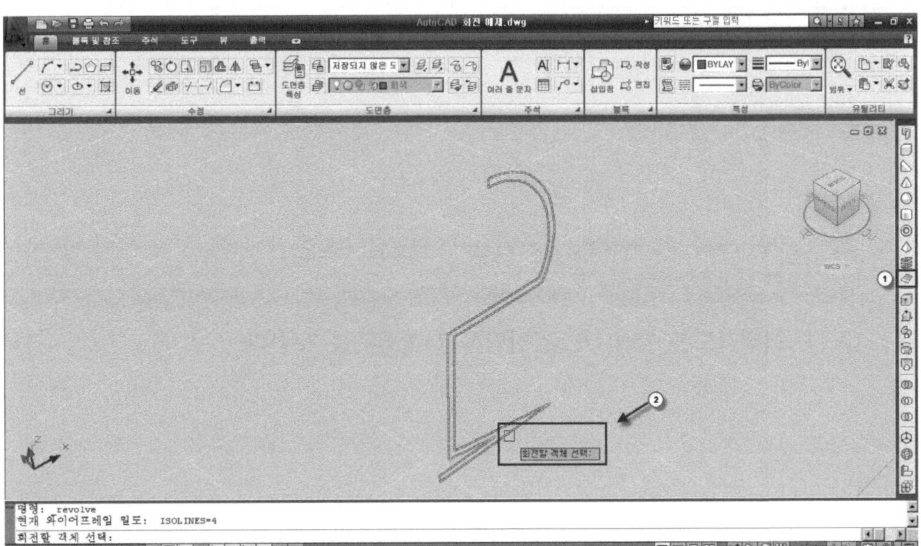

▲ ② 회전할 객체를 선택한다.

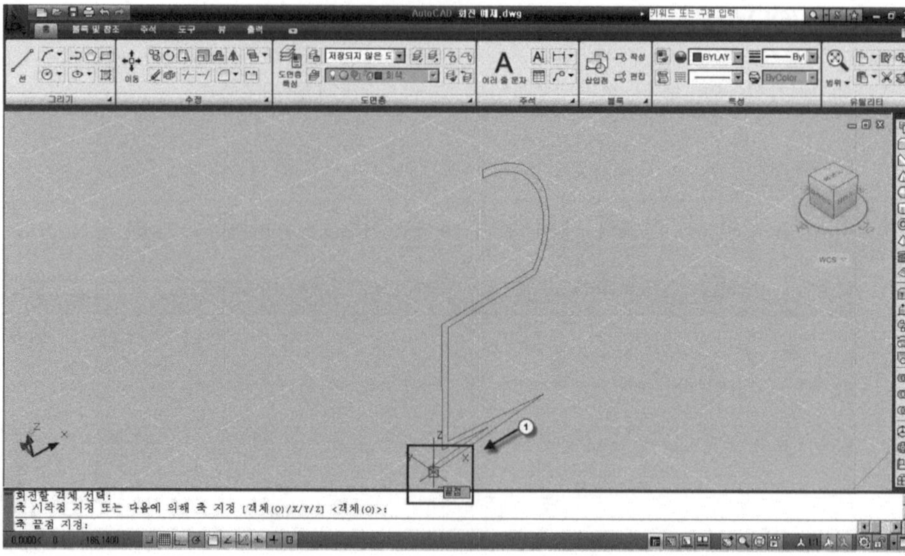

▲ ① 축 시작점을 클릭하고 끝점을 클릭한다.

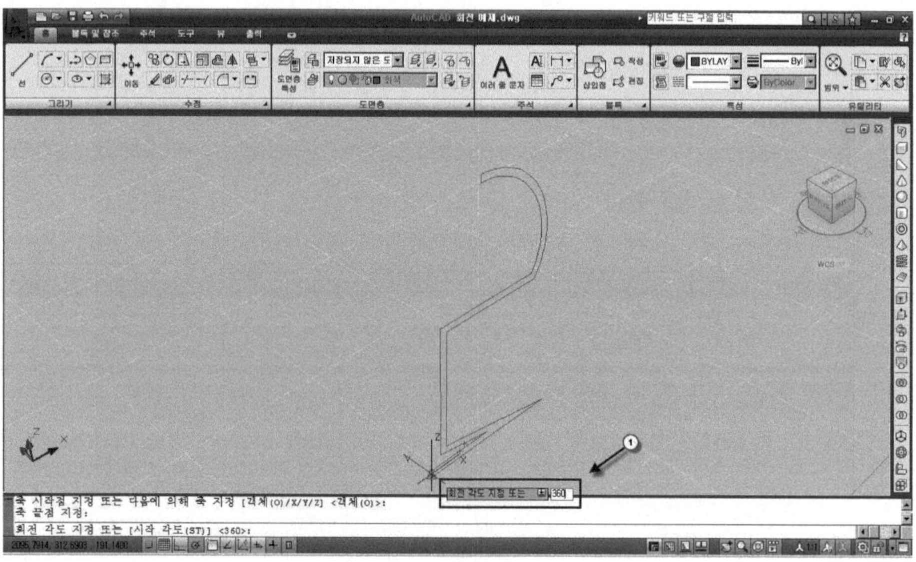

▲ ① 회전각도를 "360"으로 입력하고 Enter 를 누른다.

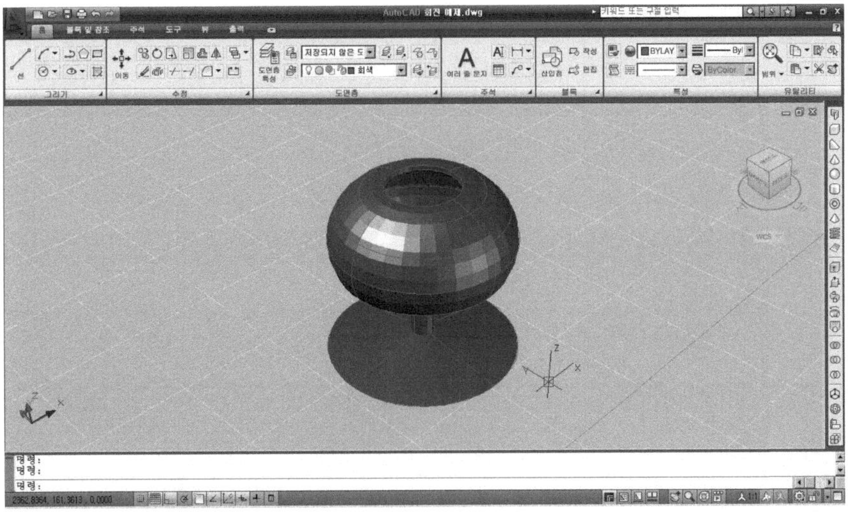

▲ 회전된 솔리드 객체를 확인할 수 있다.

스윕〈SWEEP〉

스윕은 단면이 경로를 따라 작성되는 솔리드 객체이다. 원, 사각형, 그리고 기타 닫혀진 2차원 객체를 2차원 및 3차원 경로를 따라가는 스윕 객체를 생성한다. 레일, 파이프, 덕트 등을 생성하는데 효과적이다.

실행

스윕을 클릭 → 스윕할 객체 선택 → 경로 선택

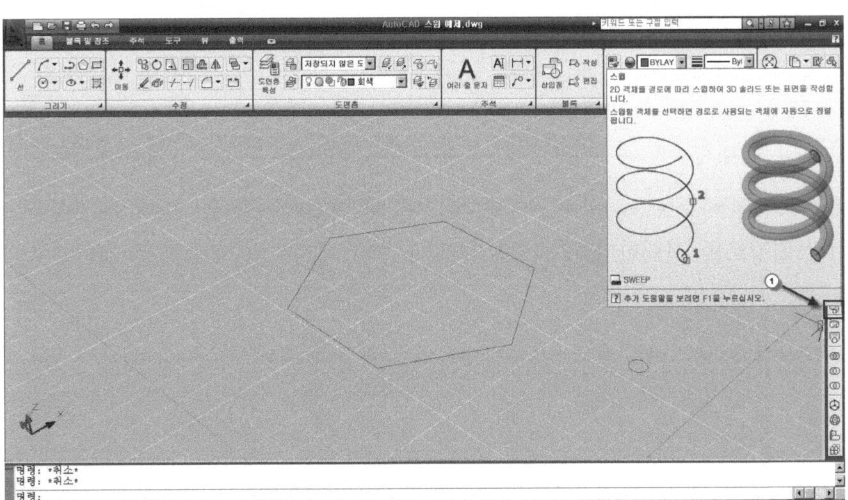

▲ ① 스윕을 클릭한다.

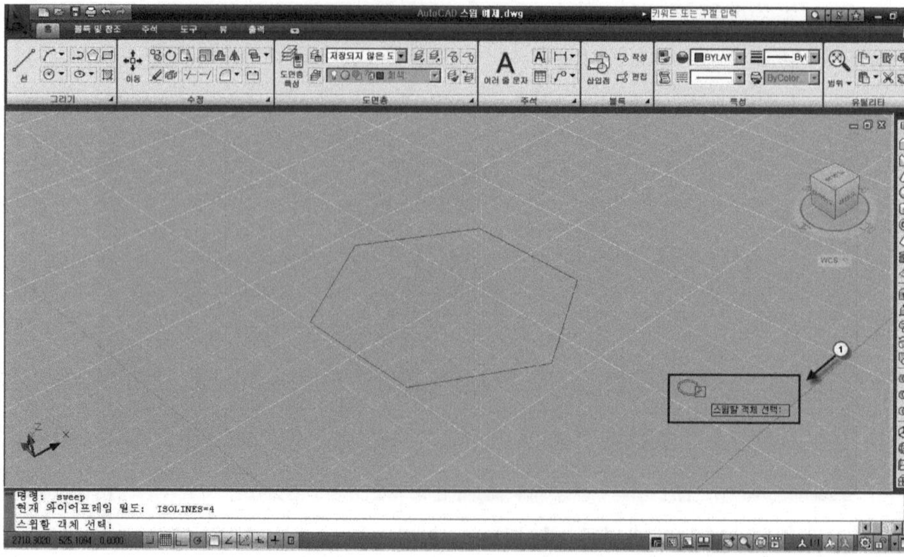

▲ ① 스윕할 객체를 선택한다.

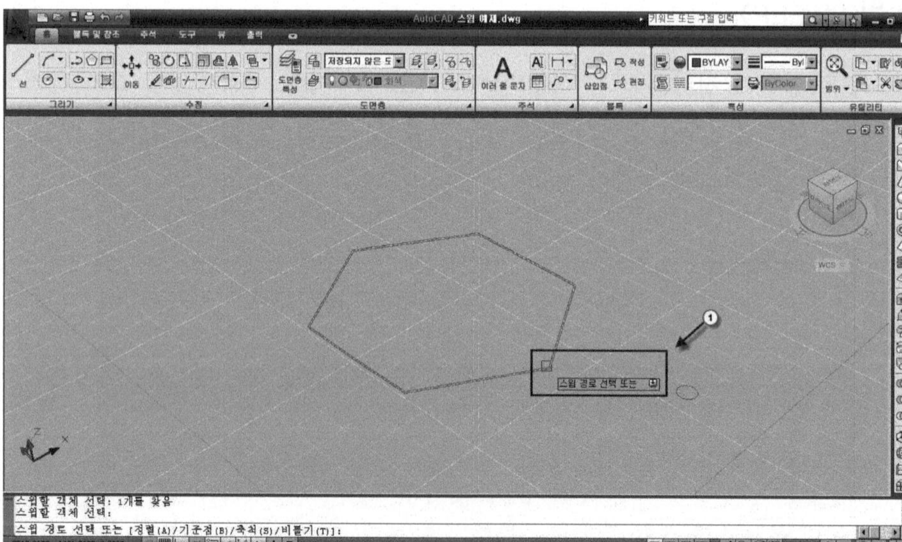

① 스윕경로를 선택한다.

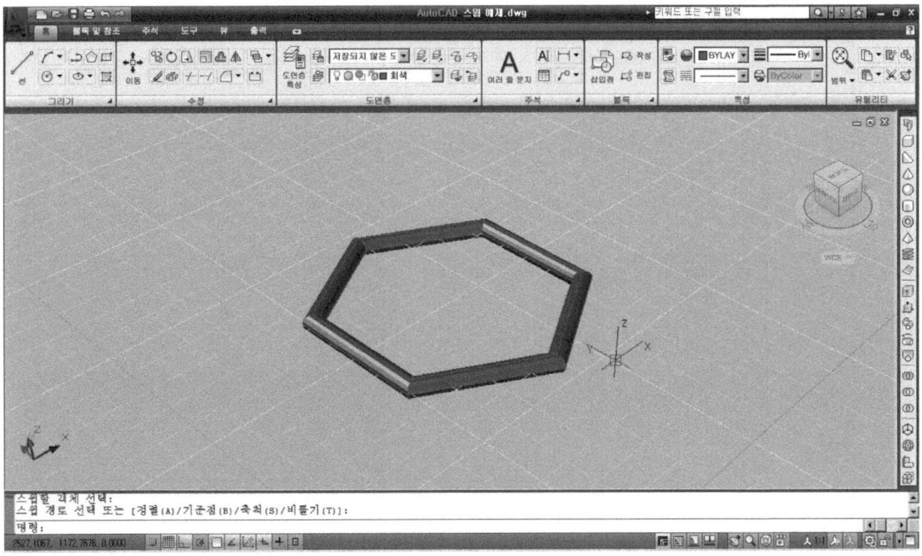

▲ 솔리드 객체가 생성된 것을 확인할 수 있다.

➜ 스윕으로 사다리 만들기

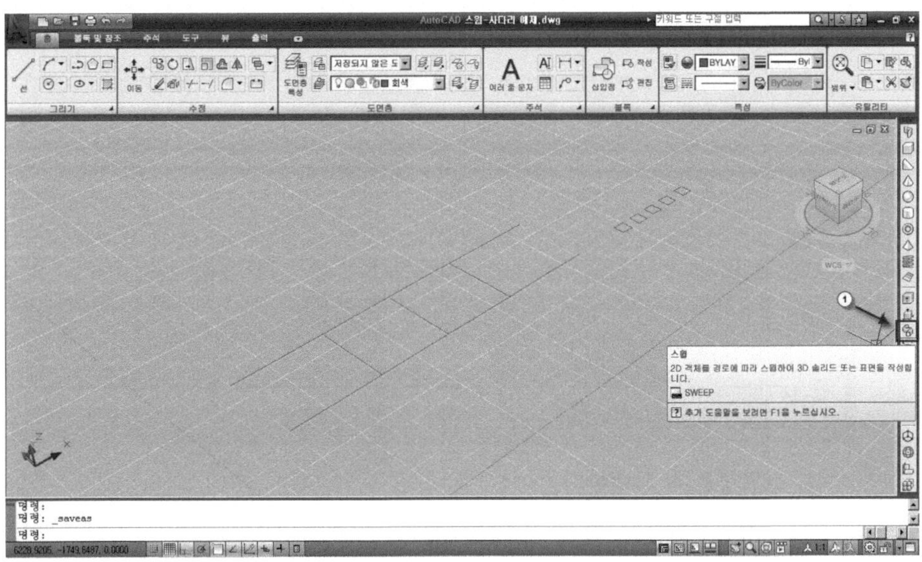

▲ ① 스윕을 클릭한다.

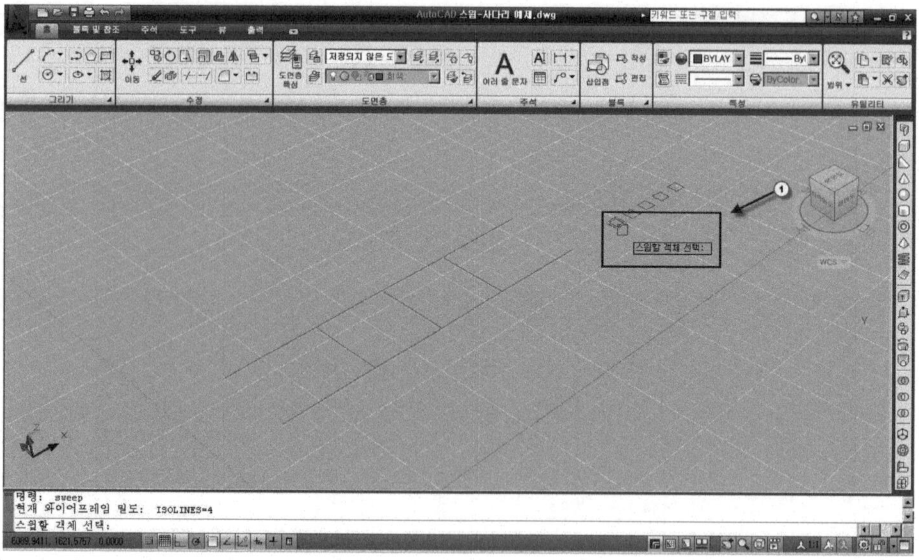

▲ ① 스윕할 객체를 선택한다.

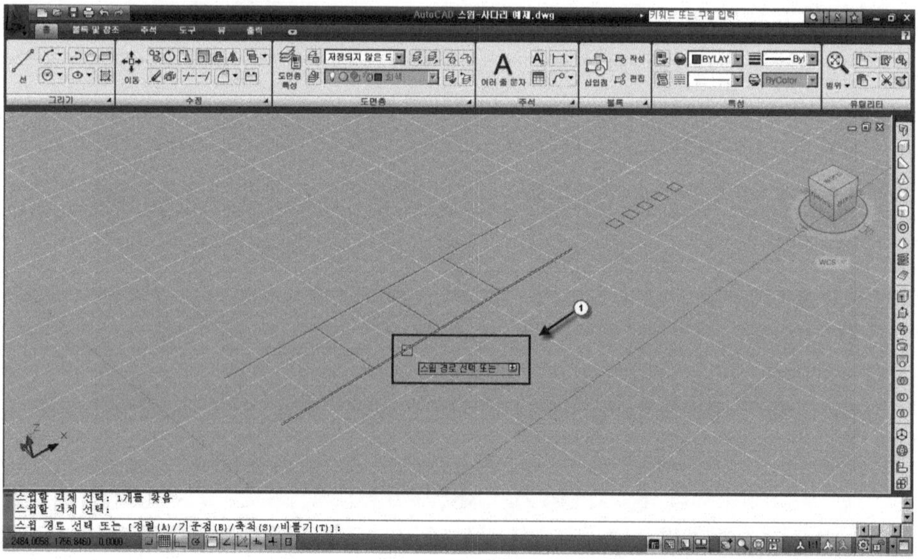

▲ ① 스윕경로를 선택한다.

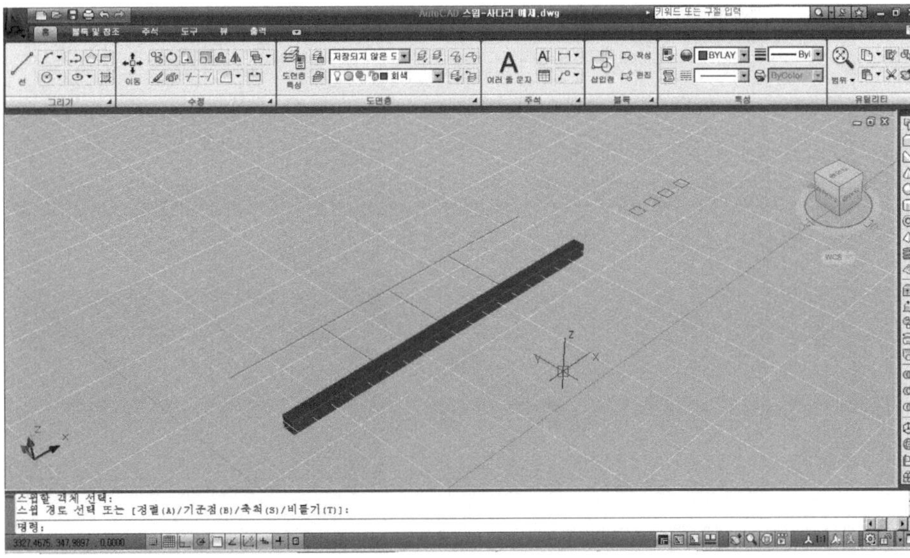

▲ 솔리드 객체가 만들어진 것을 확인할 수 있다.

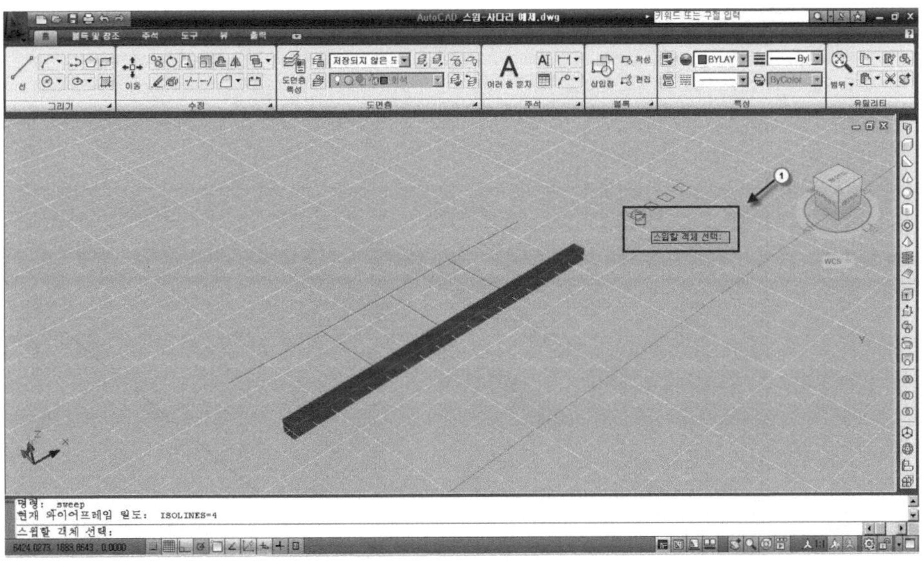

▲ ① 스윕을 클릭하고 스윕할 객체를 선택한다.

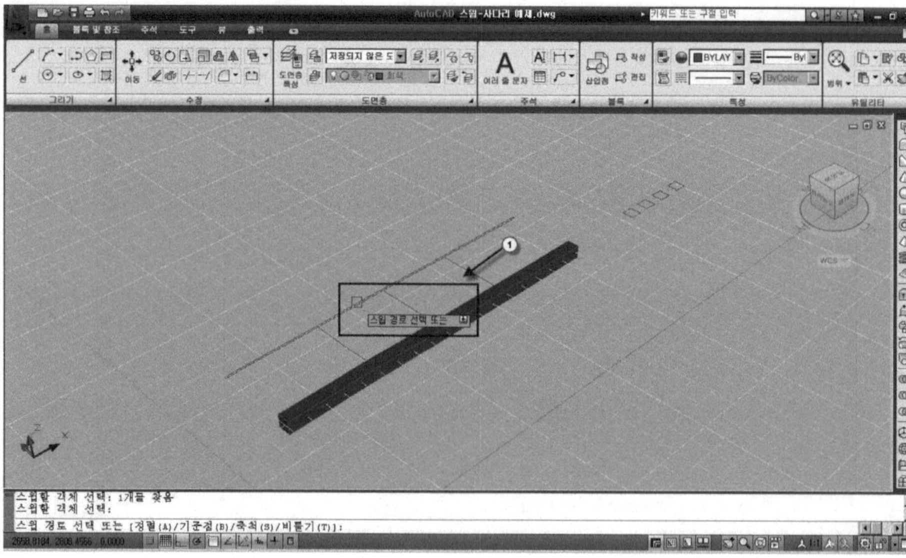

▲ ① 스윕경로를 선택한다.

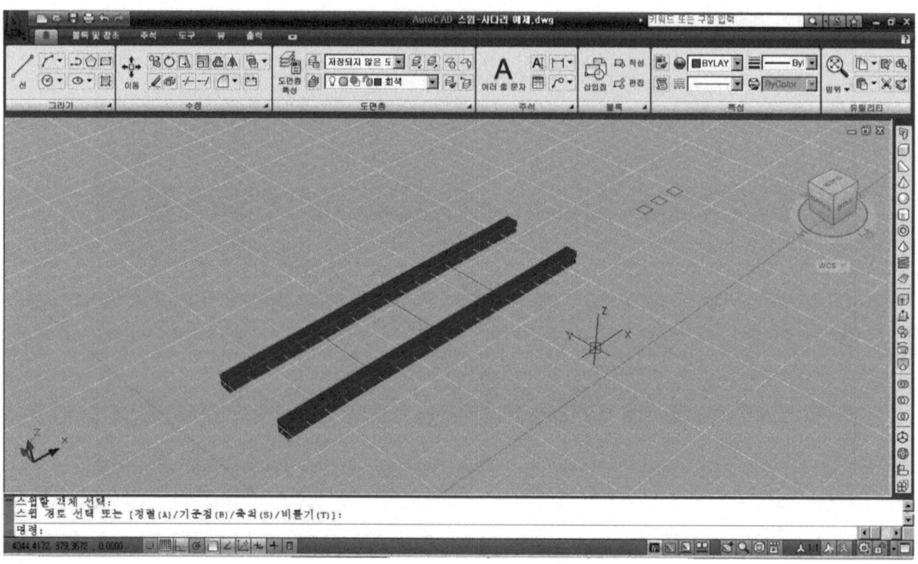

▲ 사다리 부분이 만들어진 것을 확인할 수 있다. 같은 방법으로 다른 부분도 만들어준다.

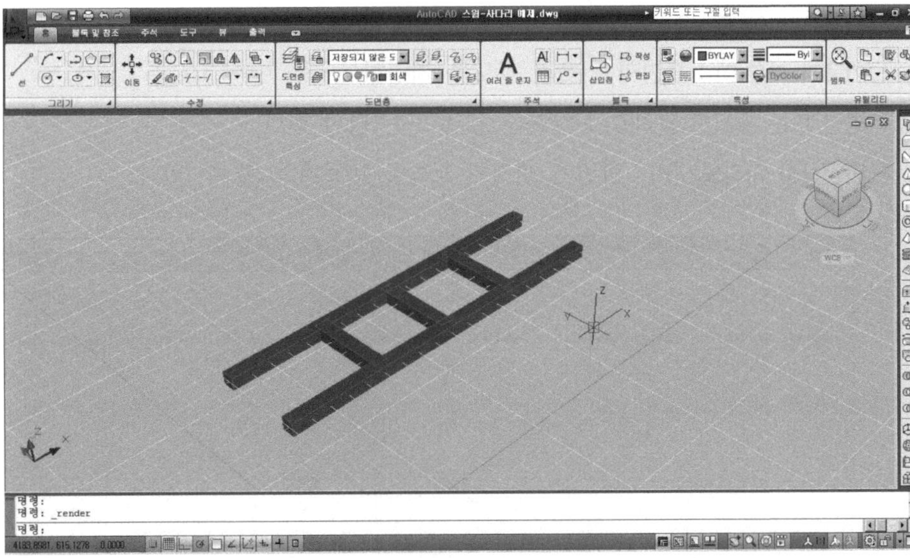

▲ 사다리가 완성된 모습이다.

로프트〈LOFT〉

절단커브의 세트를 보간하여 솔리드 혹은 표면을 생성한다.
로프트 설정 대화상자에서 로프트된 솔리드의 커브와 각도를 조정할 수 있다.

실행

로프트를 클릭 ➜ 절단면을 선택 ➜ 옵션 선택 ➜ [로프트 설정] 대화상자에서 지정

▶ 옵션

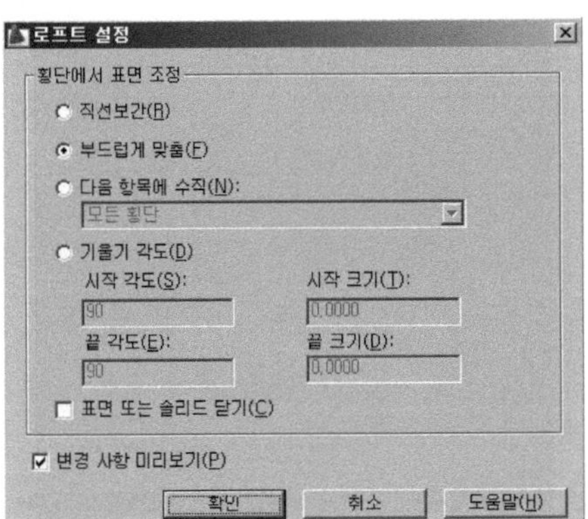

- 직선보간(R) : 표면을 직선으로 생성한다.
- 부드럽게 맞춤(F) : 표면을 부드럽게 생성한다.

- 다음 항목에 수직(N) : 표면을 지정된 항목에 수직으로 생성한다.
- 기울기 각도(D) : 표면의 기울기 각도를 지정한다.
- 곡면 또는 솔리드 닫기(C) : 윗면을 열기 또는 닫기 한다.
- 변경사항 미리보기(P) : 화면에 변경된 모습을 바로바로 볼 수 있다.

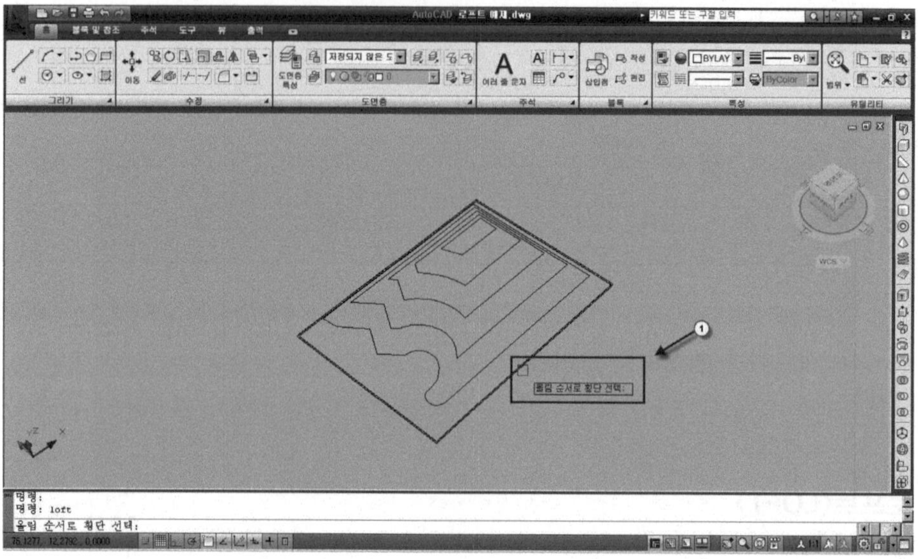

▲ ① Loft를 입력하고 올림순서 횡단을 선택한다. 아래에서 위로 선택하면 된다.

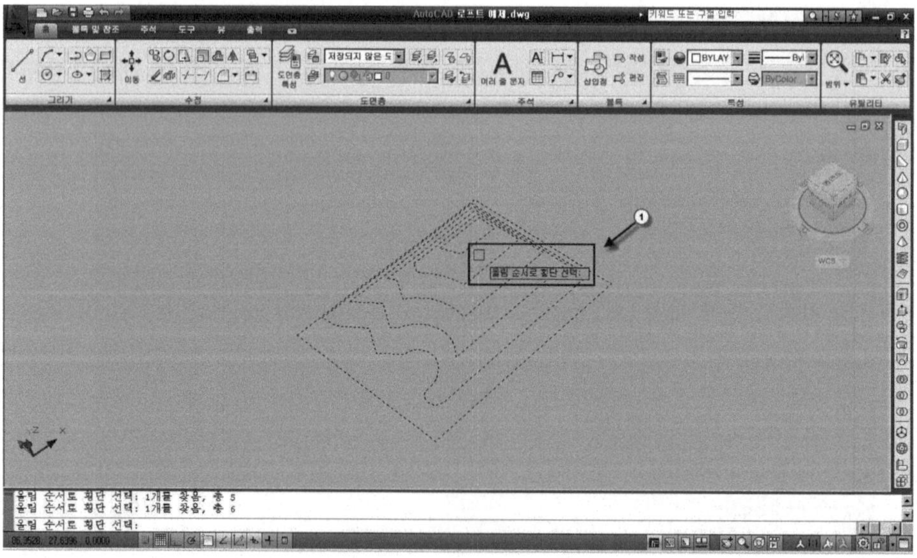

▲ ① 그림과 같이 선택하고 Enter를 누른다.

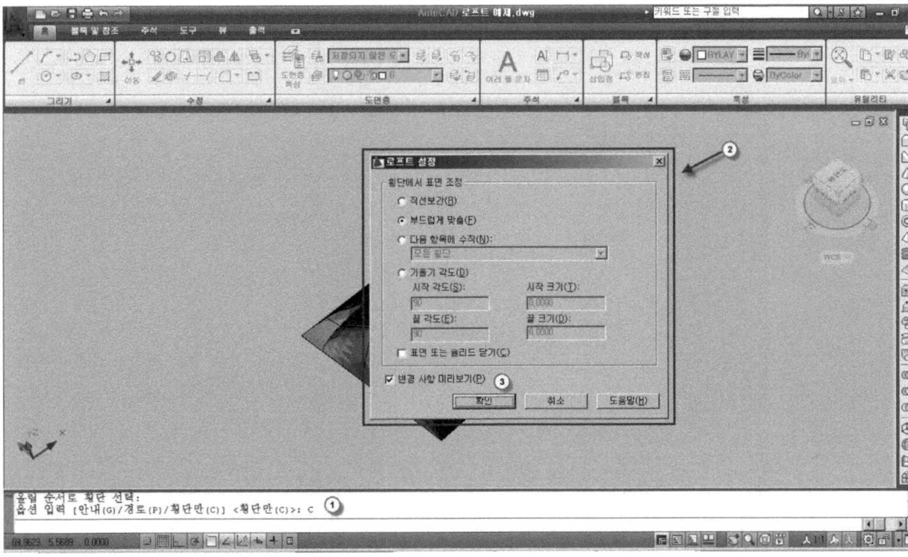

▲ ① 옵션 입력에서 Enter를 누르면

② 로프트 설정창이 보인다. 부드럽게 맞춤으로 설정하고,

③ 확인을 누른다.

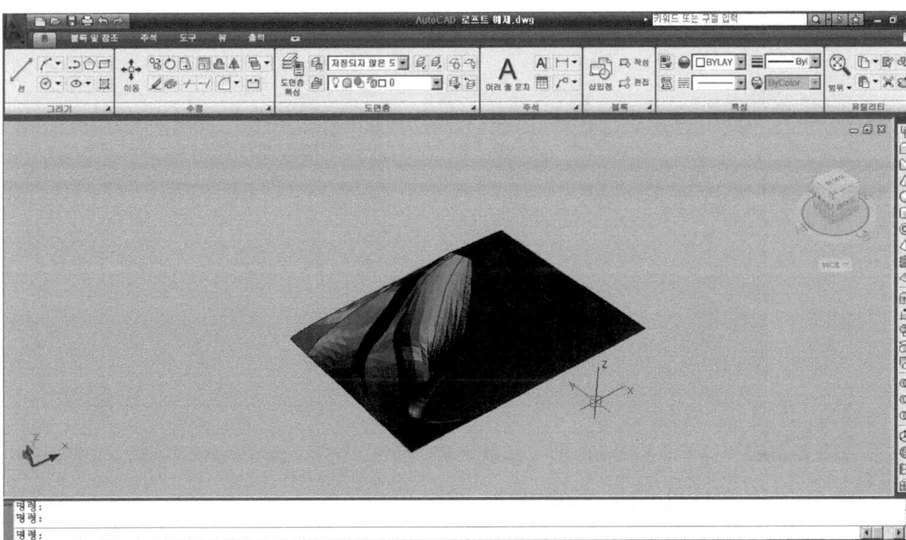

▲ 로프트로 완성된 솔리드 객체이다.

→ 직선보간으로 연결하여 로프트 작성

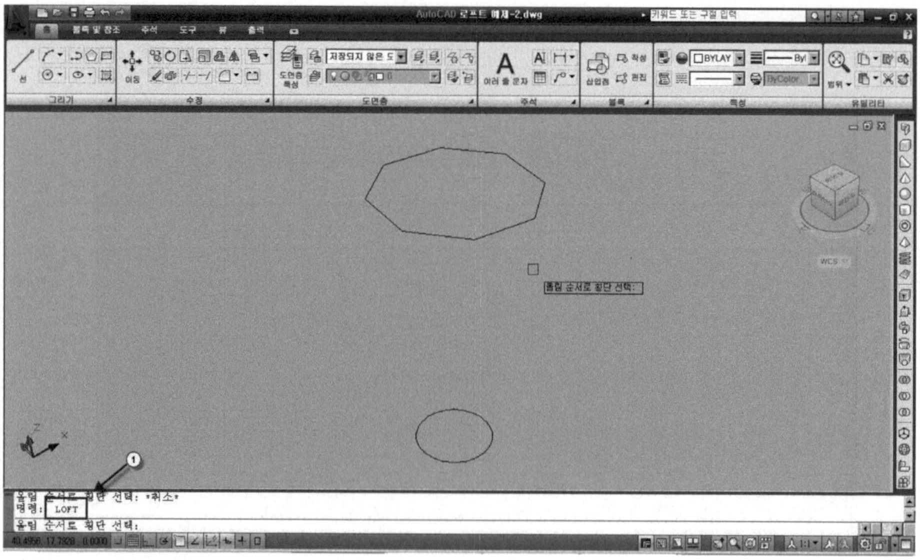

▲ ① Loft를 입력한다.

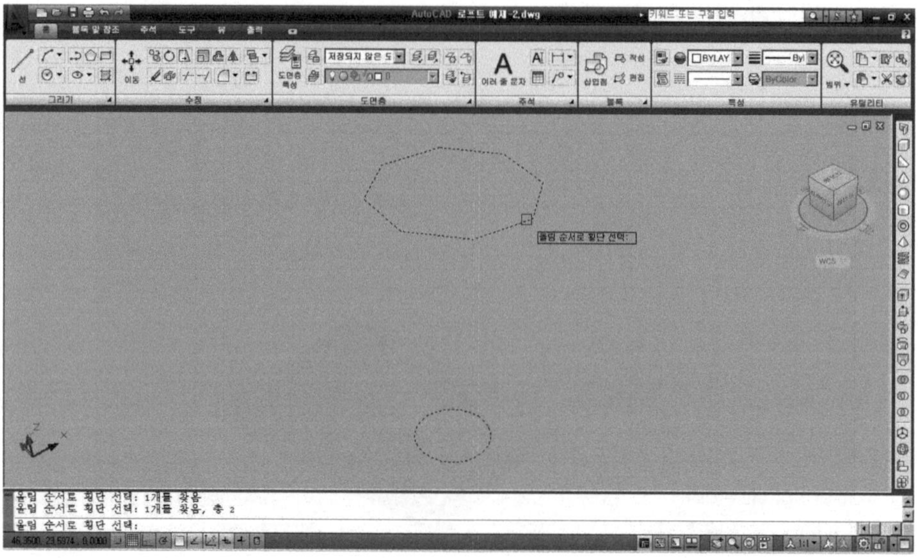

▲ 단면을 하나씩 모두 클릭한다.

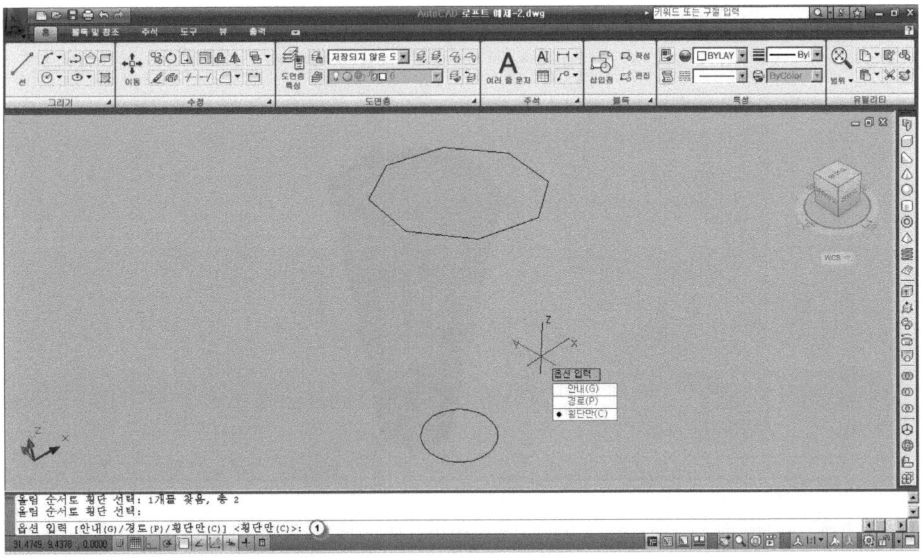

▲ ① 옵션이 나타나면 Enter를 누른다.

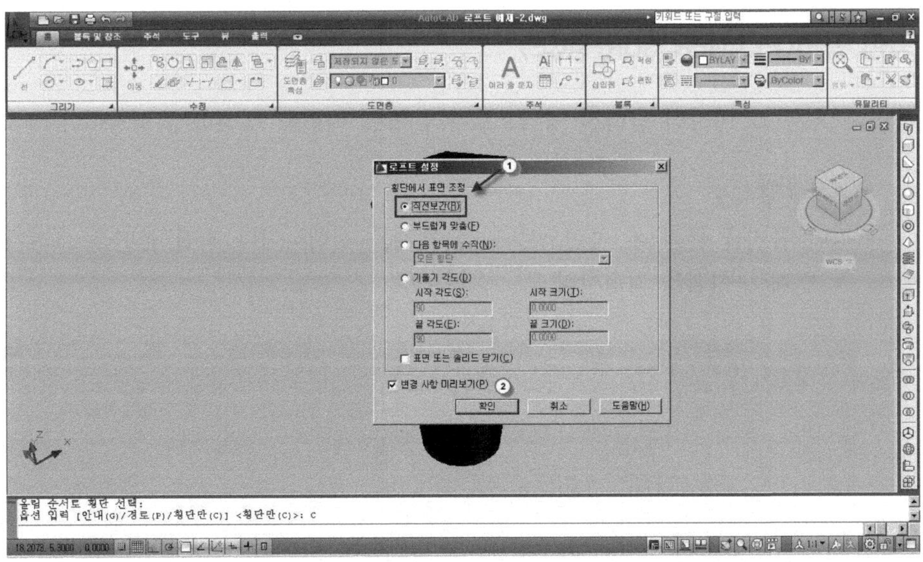

▲ ① 대화상자에서 직선보간을 클릭하고

② 확인 버튼을 클릭한다.

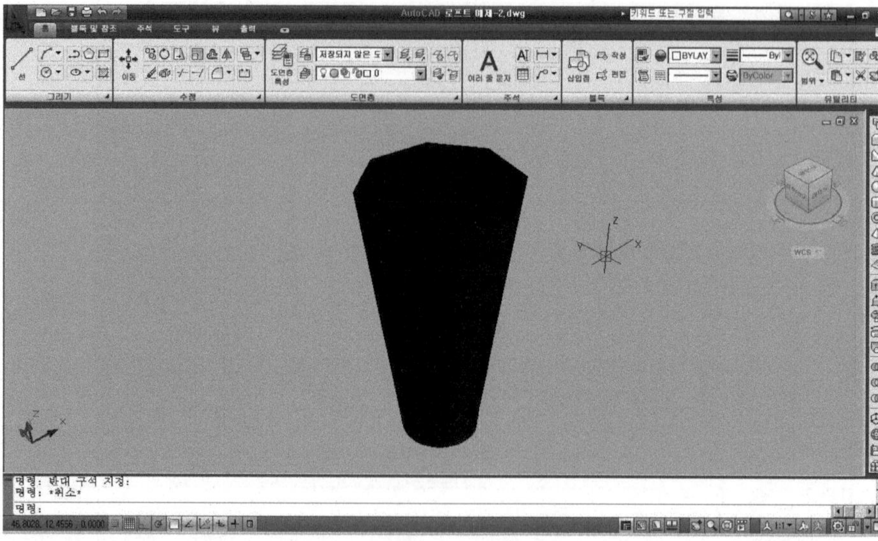

▲ 시작과 끝의 단면형태가 다른 솔리드 객체가 완성된 것을 확인할 수 있다.

평면 곡면〈PLANER SURFACE〉

하나 혹은 그 이상의 닫혀진 영역으로부터 평면 곡면을 생성하는 명령이다.

실행

평면 곡면을 클릭 ➜ 곡면으로 만들 객체를 선택하거나 직접 곡면을 그리기 위해 첫 번째 구석점을 지정한다.

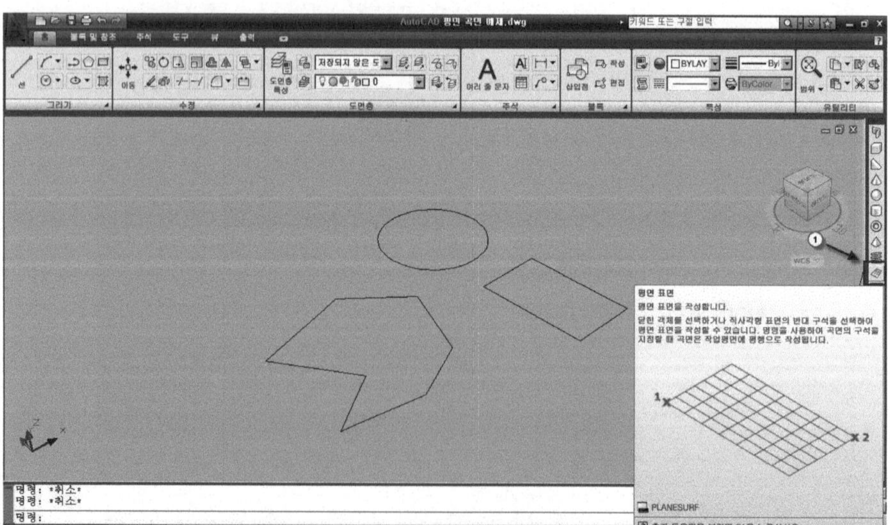

▲ ① 평면 곡면을 클릭한다.

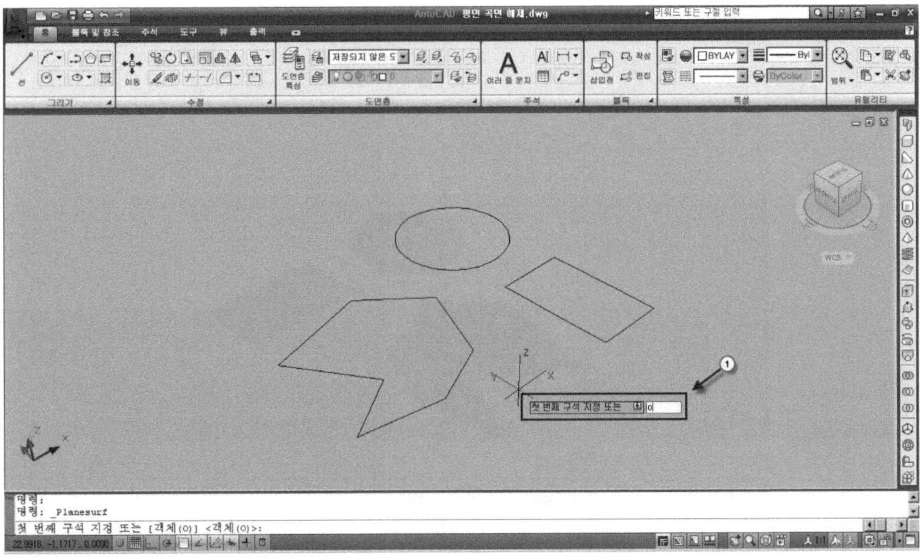

▲ ① O를 입력하거나 Enter를 누르면 객체를 선택할 수 있다.

▲ 객체를 모두 선택하고 Enter를 누른다.

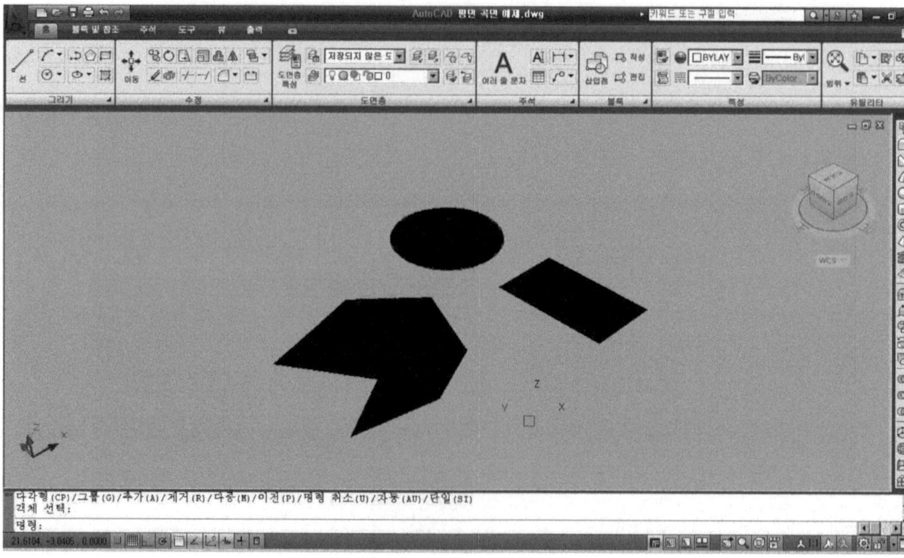

▲ 평면 곡면이 생성된 것을 확인할 수 있다.

→ 두 점을 지정하여 사각형태의 평면곡면을 생성 작성

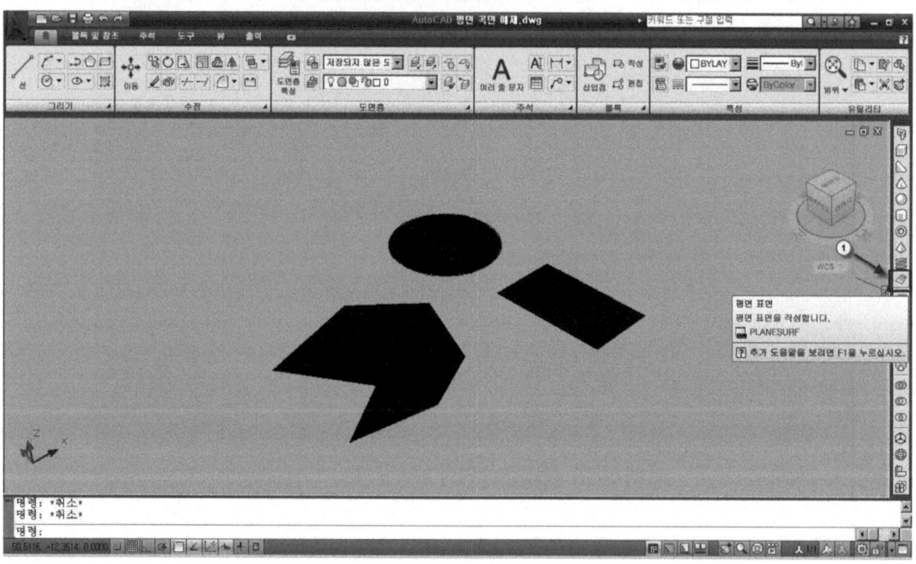

▲ ① 평면 곡면을 클릭한다.

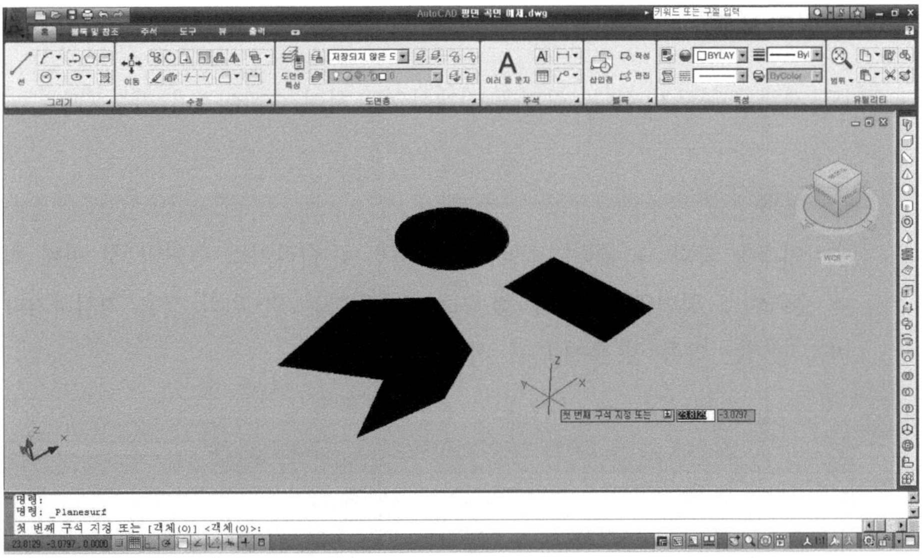

▲ 첫 번째 점을 적당한 위치에 클릭한다.

▲ 반대 구석점을 적당한 위치에 클릭하면 평면 곡면이 생성된다.

슬라이스〈SLICE〉

솔리드 객체를 자르기 한다. 곡면을 경계선으로 하여 슬라이스가 가능하다.

실행

슬라이스를 클릭 → 슬라이스할 객체 선택 → 슬라이스 평면의 첫 번째 점 지정 → 슬라이스 평면의 두 번째 점 지정 → 원하는 면 위의 점을 지정하거나 양쪽 면을 남기는 양쪽 면 유지(B)를 선택한다.

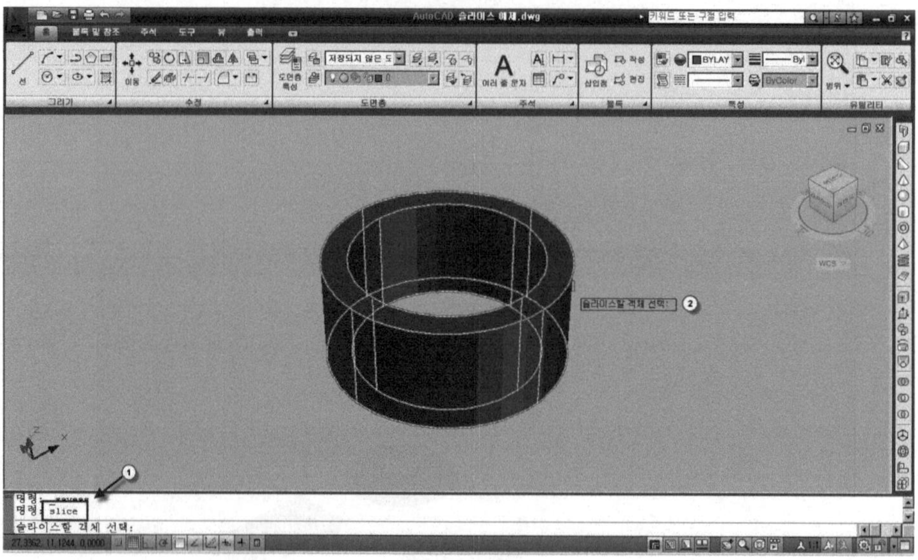

▲ ① Slice를 입력하고
② 슬라이스할 객체를 선택하고 Enter를 누른다.

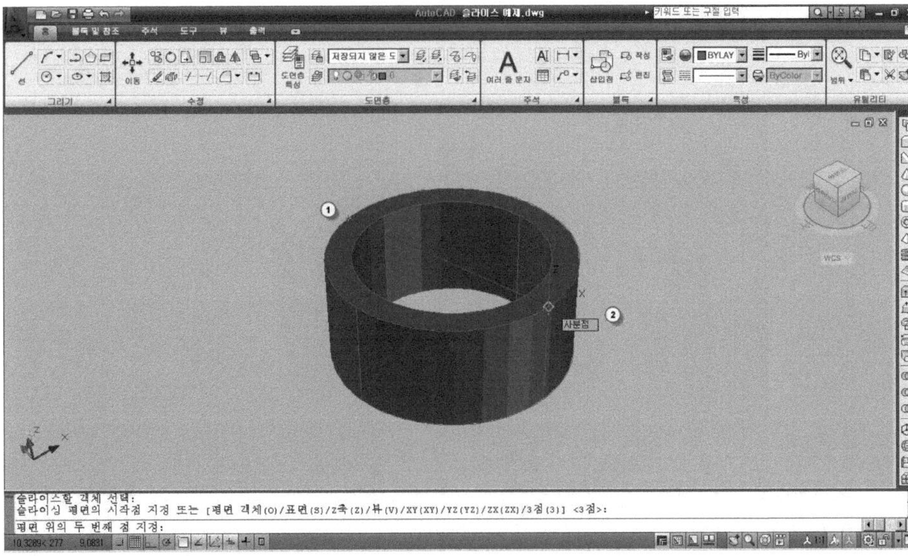

▲ 슬라이스 평면의

① 첫 번째 점에 중심점을 클릭하고,

② 두 번째 점을 클릭한다.

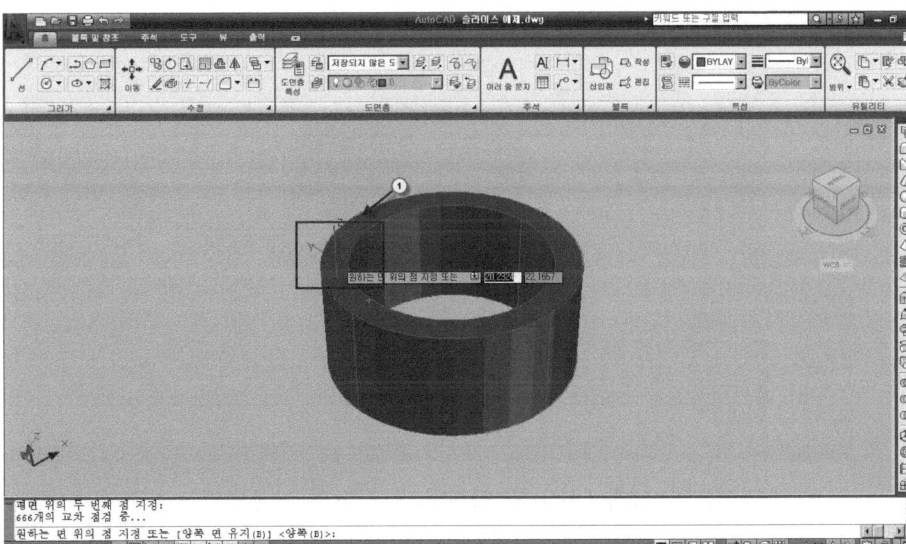

▲ ① 지워질 부분을 클릭한다.

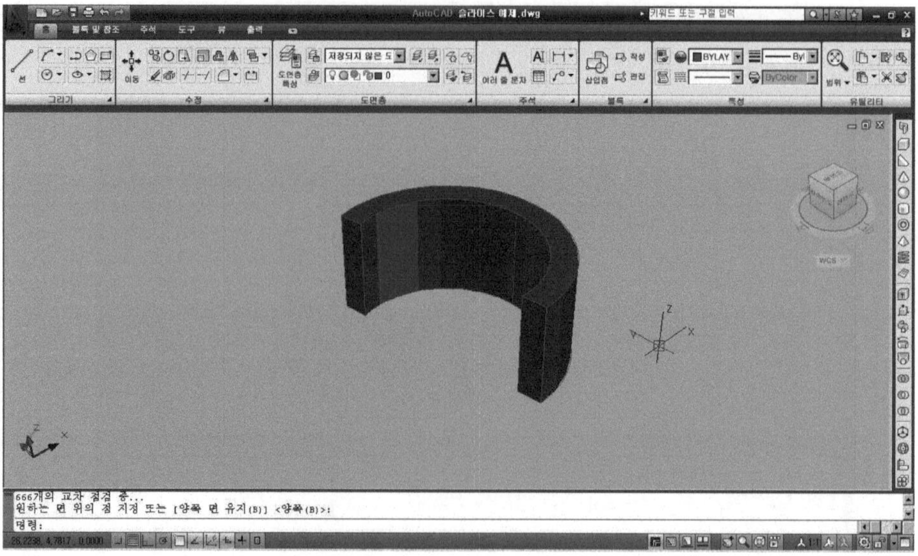

▲ 슬라이스한 한쪽 면이 삭제된 것을 확인할 수 있다.

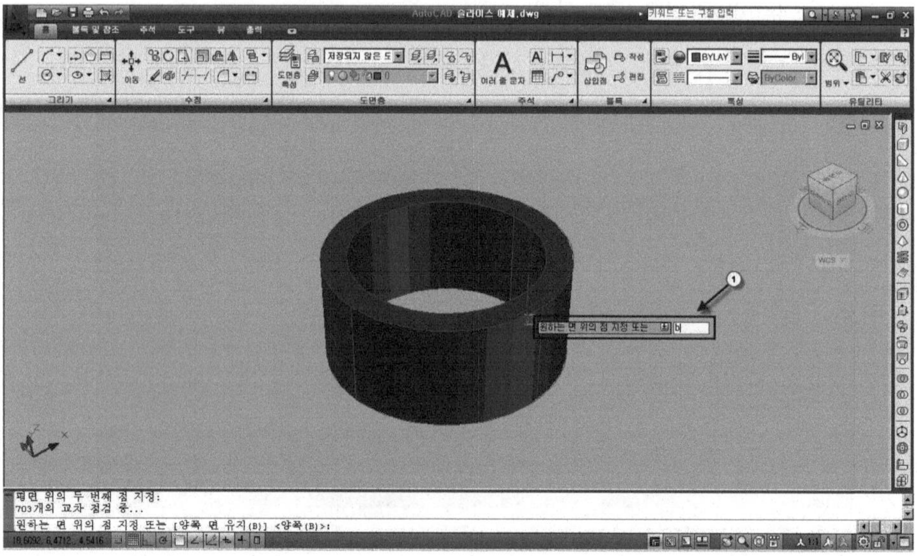

▲ ① 슬라이스한 상태에서 b를 입력한다.(절단면 보존방법)

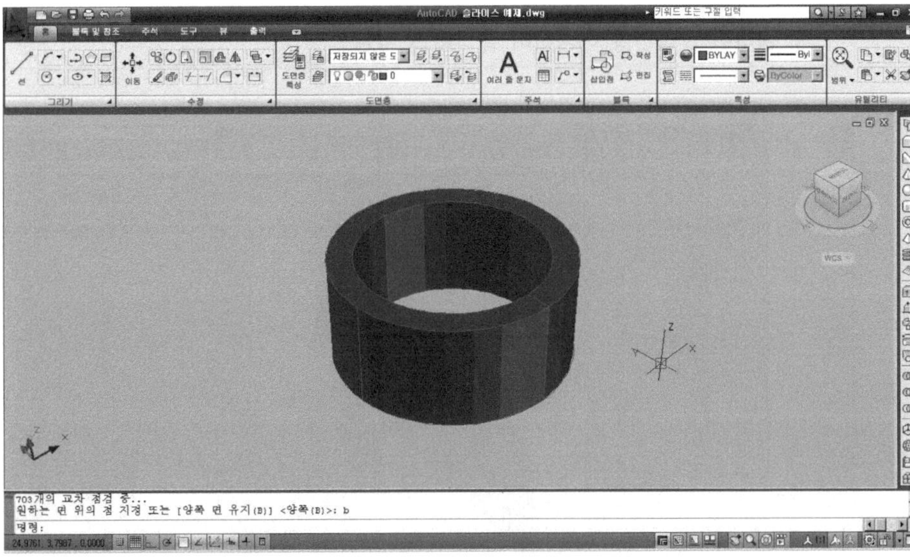

▲ 슬라이스만 되고 양쪽 면이 유지된 것을 확인할 수 있다.

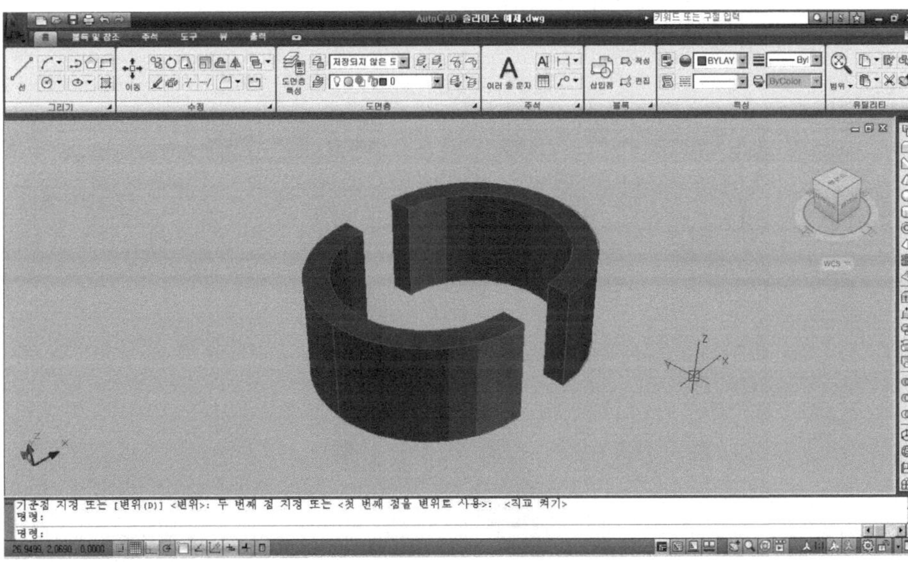

▲ 반쪽을 이동한 모습이다.

➜ 슬라이스 곡면을 이용하여 슬라이스 작성

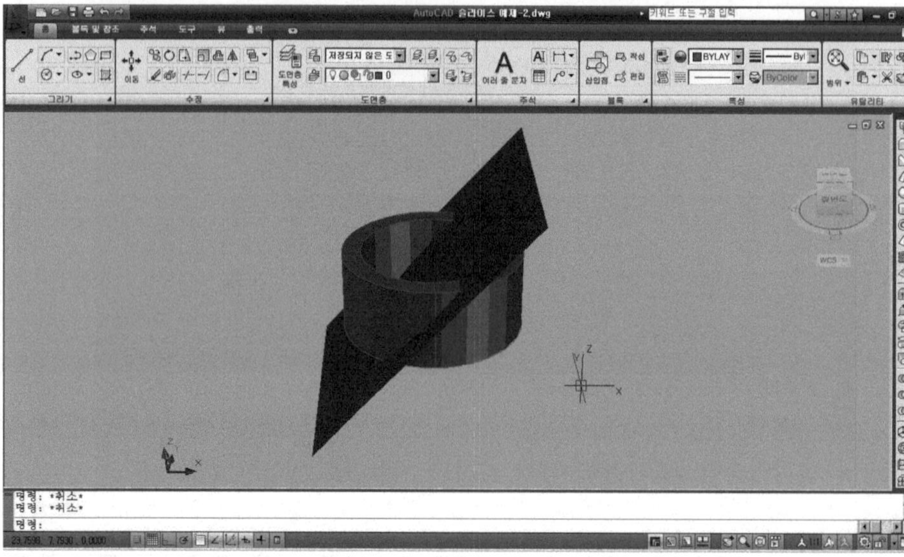

▲ 절단 전 모습이다.

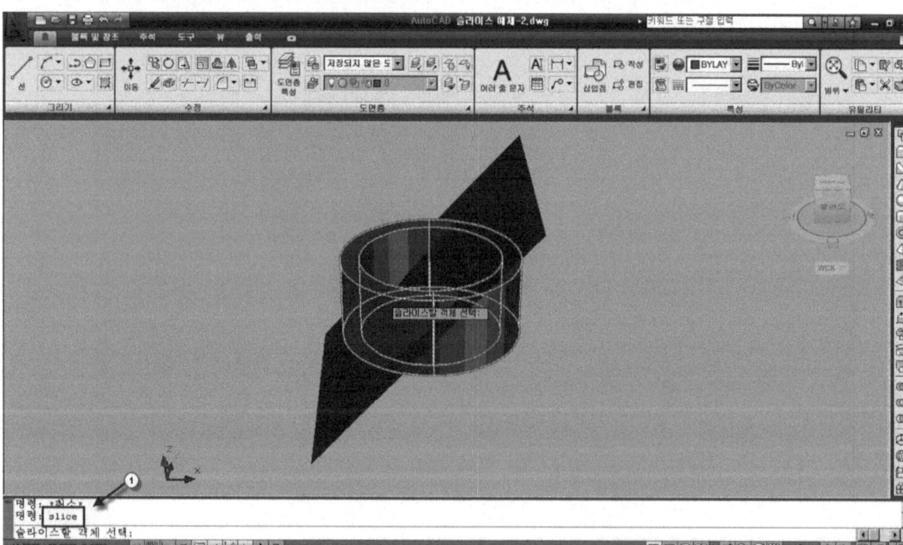

▲ ① Silce를 입력하고 슬라이스할 객체를 선택하고 Enter를 누른다.

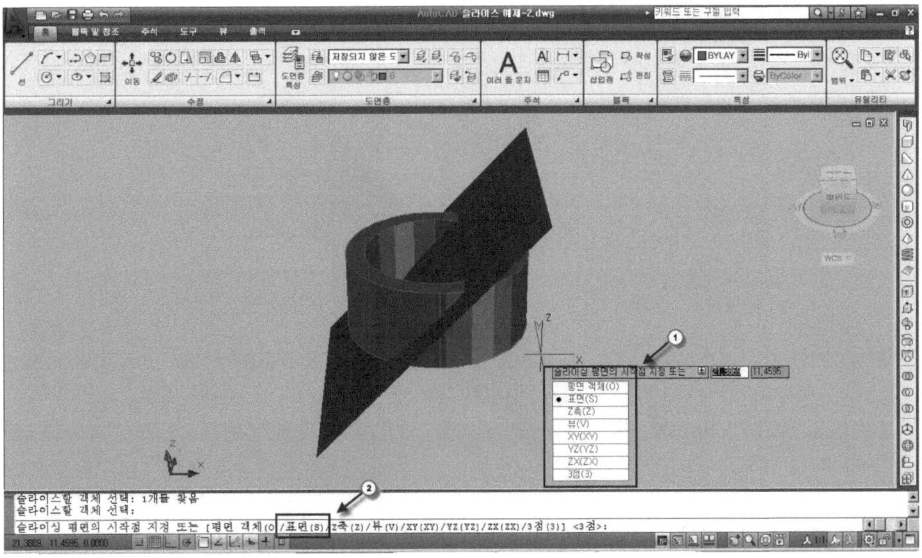

▲ ① 키보드 아랫방향 화살표〈↓〉를 누르거나
② S를 입력하면 표면을 선택하여 슬라이스할 수 있다.

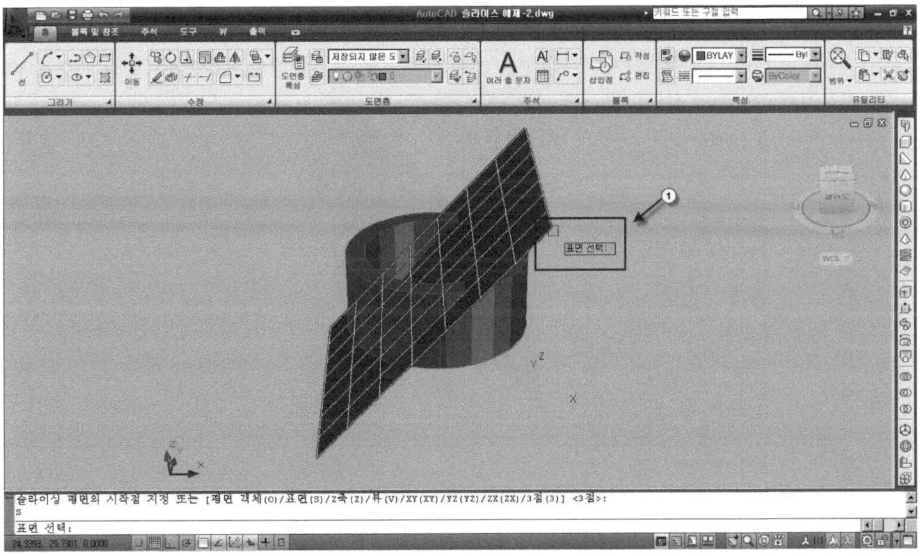

▲ ① 표면을 선택한다.

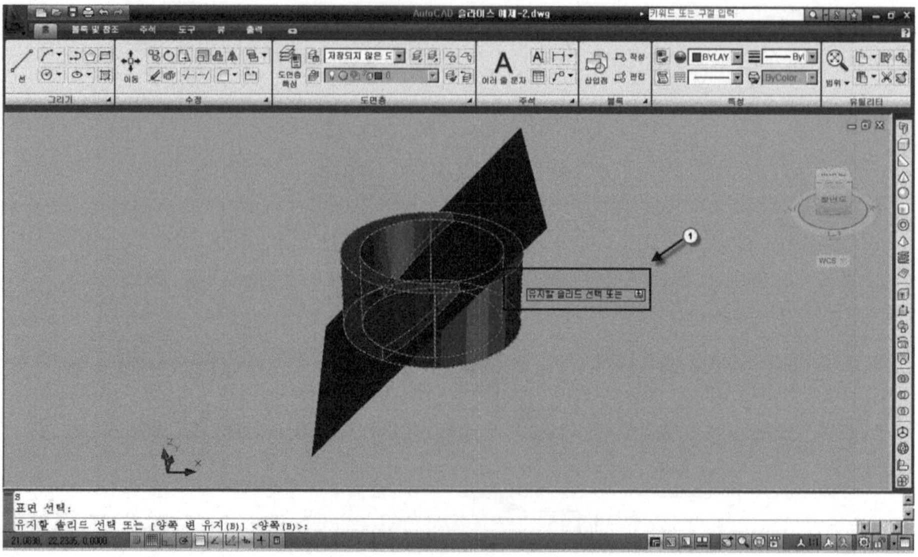

▲ ① 유지될 슬라이스를 클릭하면 곡면 선택을 기준으로 삭제된다.

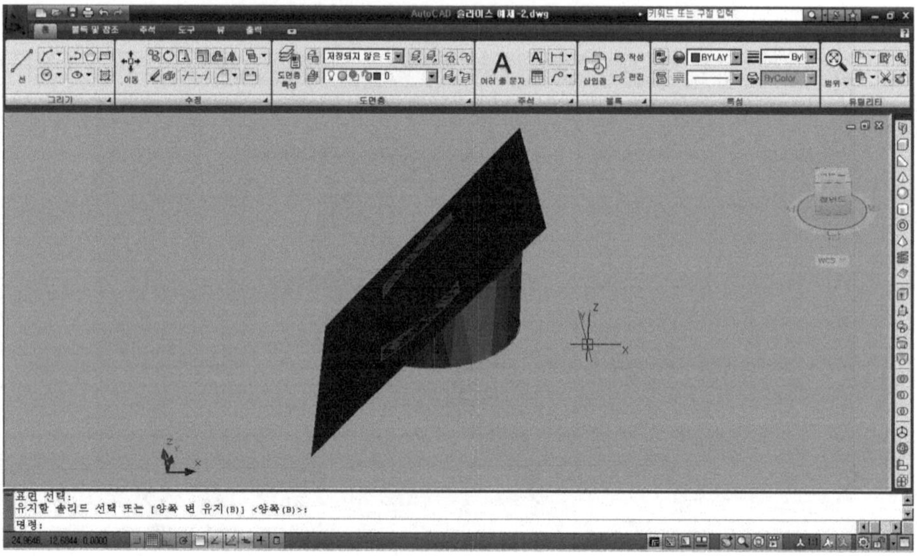

▲ 슬라이스가 된 모습이다.

LESSON 05

복합 솔리드 작성

합집합〈UNION〉

두 개 이상의 솔리드 객체를 복합객체로 결합한다.

실행

합집합을 클릭 → 객체 선택

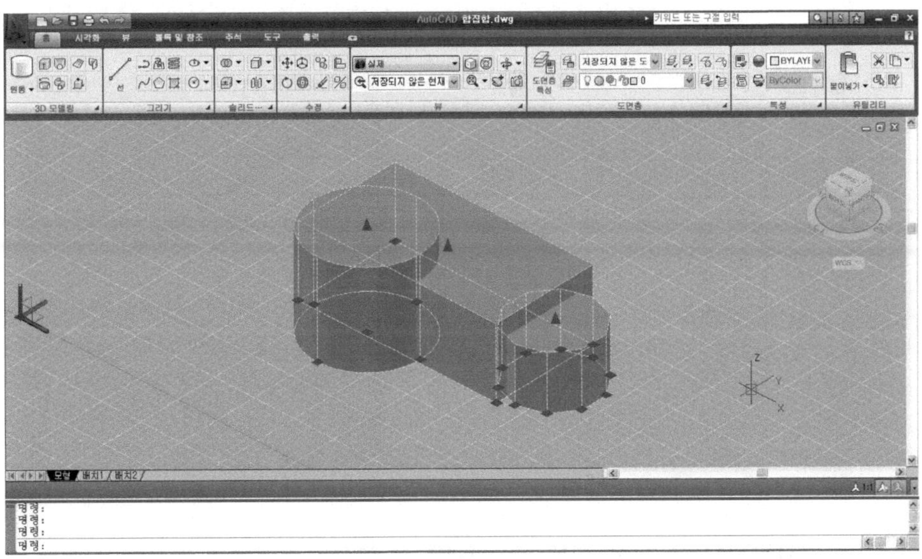

▲ 객체를 클릭한 상태이며 결합되기 전 모습이다.

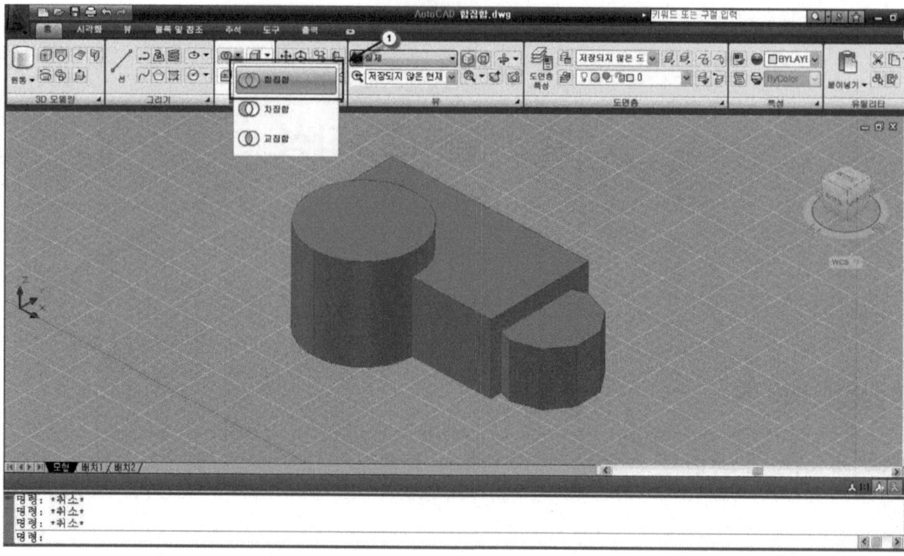

▲ ① 합집합을 클릭한다.

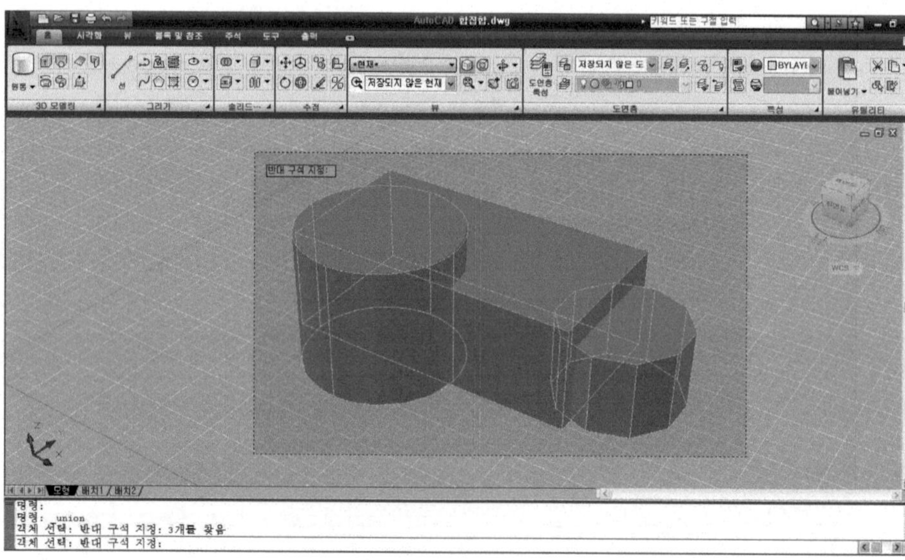

▲ 결합할 객체를 모두 선택하고 Enter를 누른다.

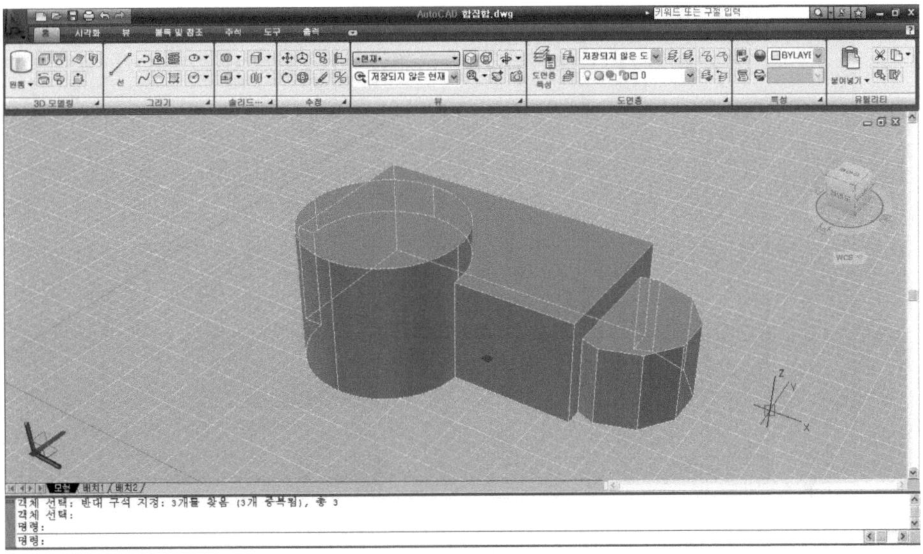

▲ 객체를 선택한 상태며 결합된 모습이다.

차집합(SUBTRACT)

여러 솔리드에서 특정 솔리드의 영역을 제거한다.

실행

차집합을 클릭 → 기본 솔리드 선택 → Enter → 제거할 솔리드 선택

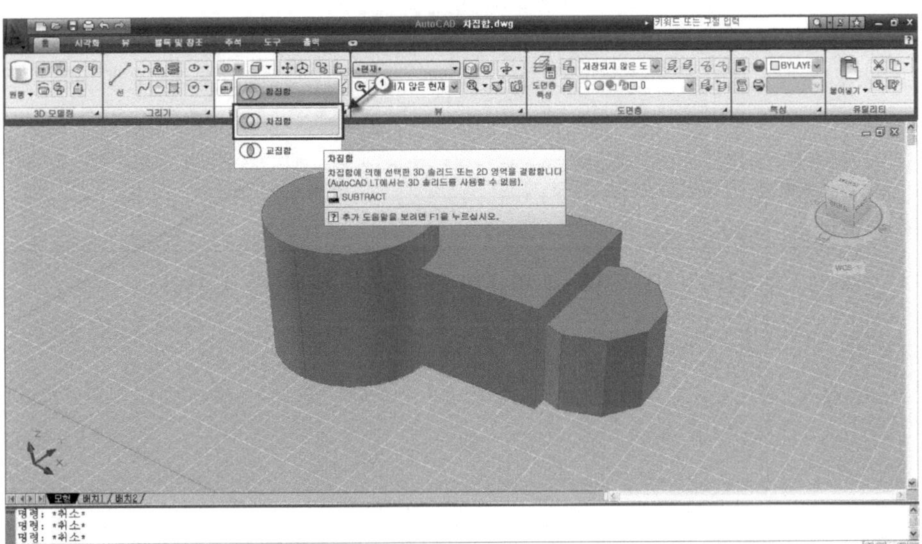

▲ ① 차집합을 클릭한다.

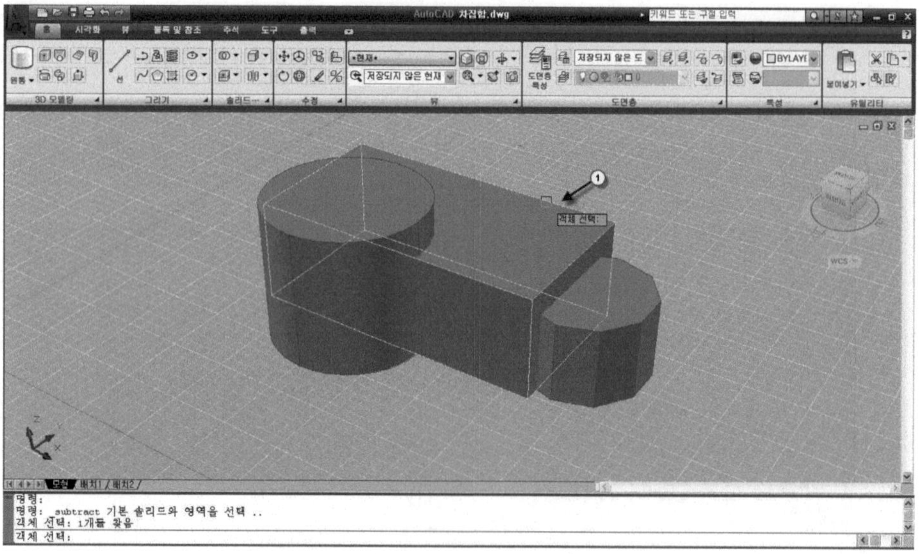

▲ 기본 솔리드 선택에서 ① 상자를 선택하고 Enter를 누른다.

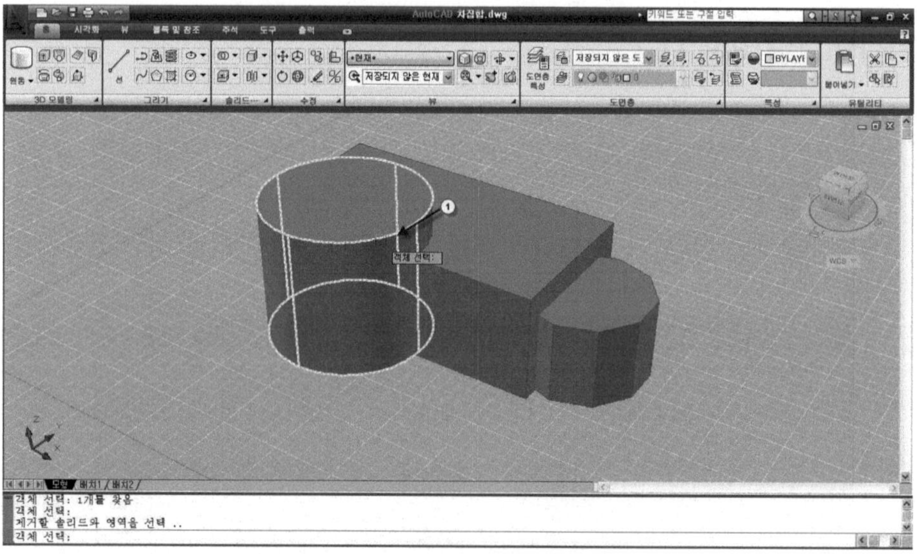

▲ ① 제거할 솔리드 선택에 원통을 클릭하고 Enter를 누른다.

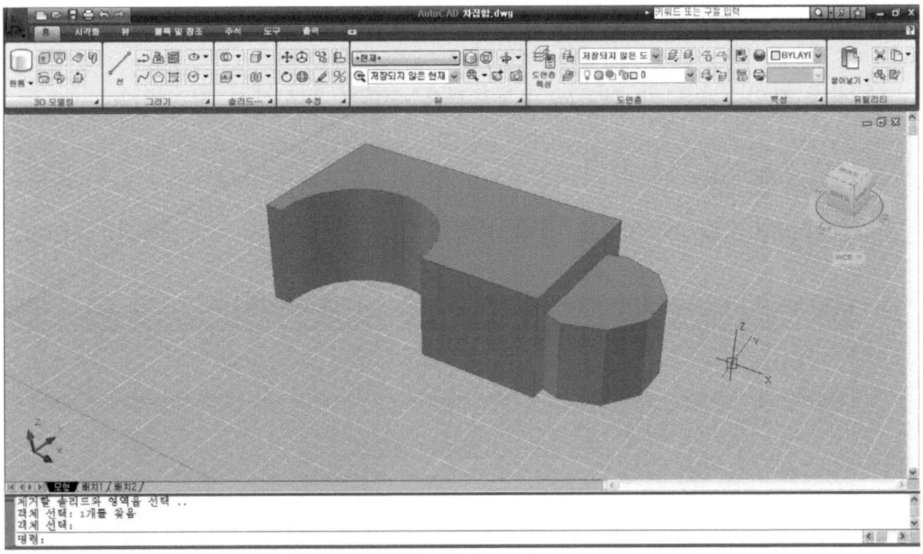

▲ 원통 영역을 제거한 모습이다.

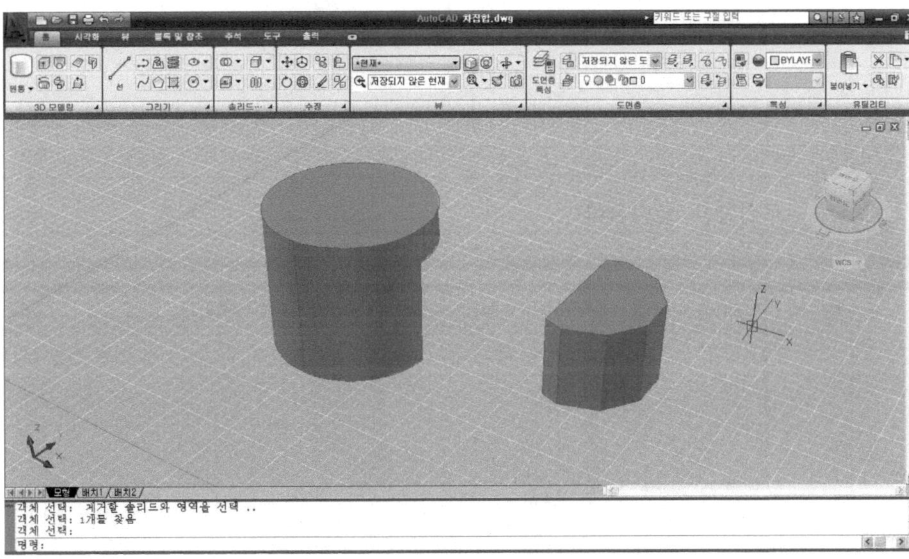

▲ 상자 영역을 제거한 모습이다.

교집합(INTERSECT)

두 개 이상의 솔리드가 겹치는 공통부분을 솔리드 복합체로 작성한다.

실행

교집합을 클릭 ➜ 솔리드 객체 선택

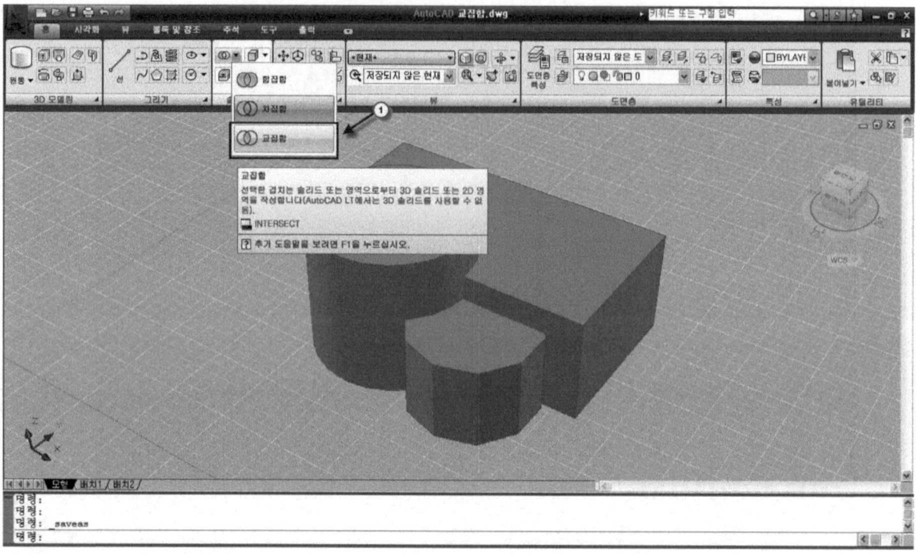

▲ ① 교집합을 클릭한다.

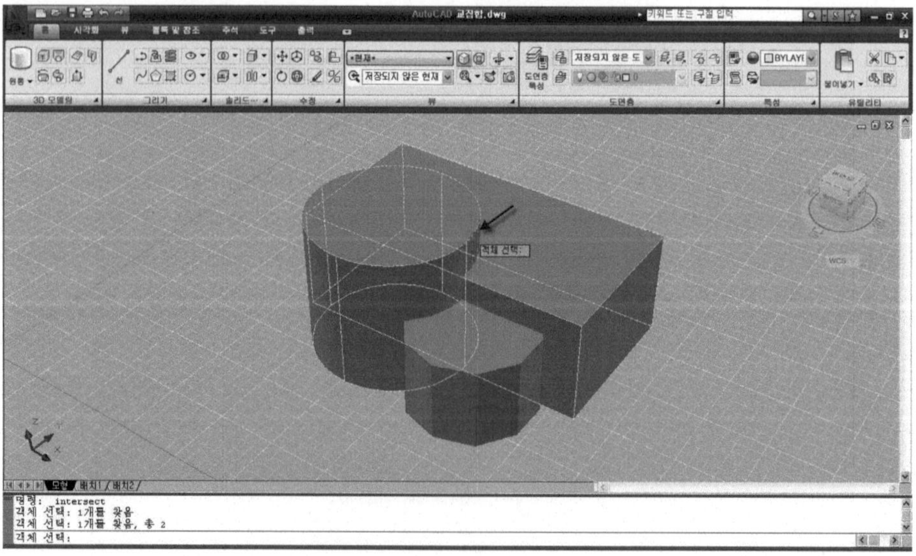

▲ 상자와 원통을 클릭하고 Enter를 누른다.

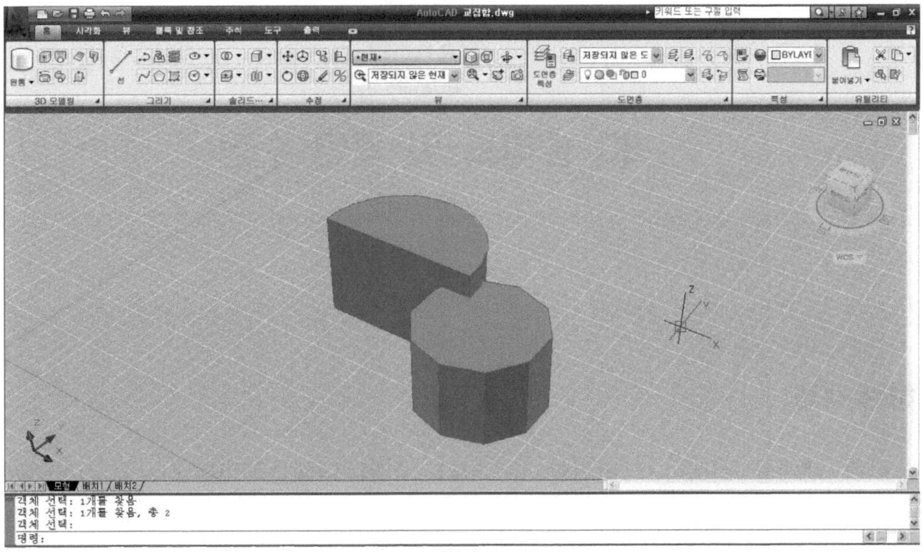

▲ 교차된 영역이 솔리드 객체로 생성된다.

LESSON 06

3D 솔리드 및 곡면 수정

하위 객체

하위 객체를 선택하고 편집할 수 있다. 하위 객체는 면(Face), 모서리(Edge), 점(Vertex)으로 구별된다.

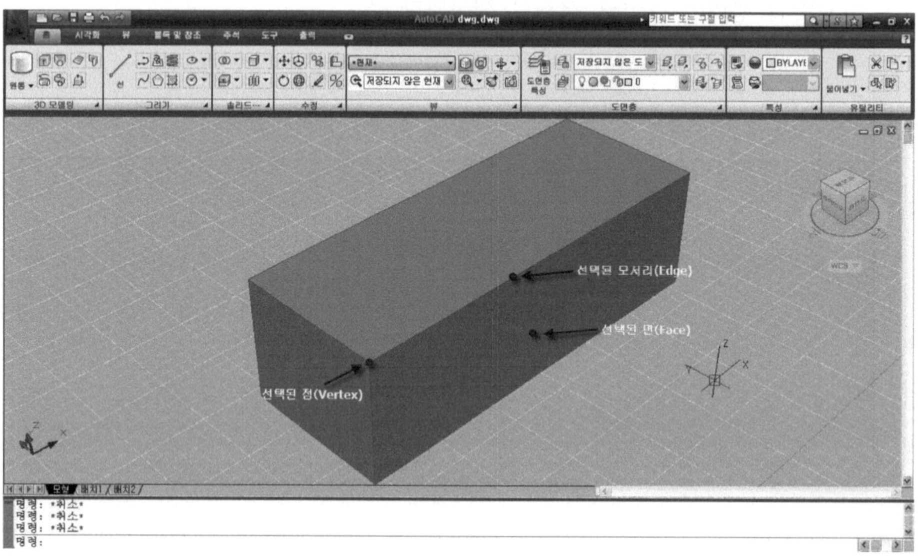

하나의 하위 객체를 선택하거나, 솔리드 객체의 더 많은 하위 객체를 선택 세트로 생성할 수 있다. 또한 선택 세트는 하위 객체의 하나의 형태 혹은 그 이상을 포함한다. ctrl 키를 누른 상태에서 객체를 선택하면 선택 세트에 하위 객체를 추가하며, Shift + ctrl 키를 누른 상태에서 선택 세트의 객체를 선택하면 선택이 해제된다.

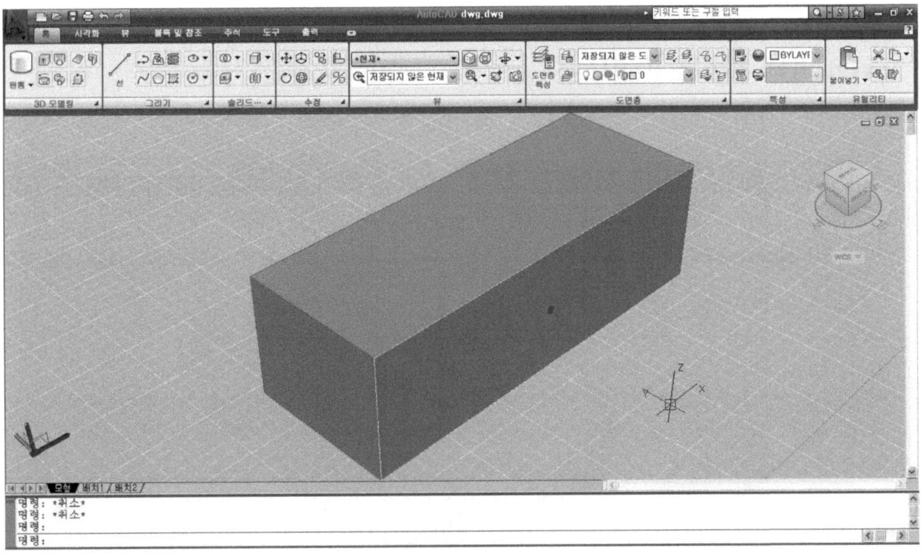

▲ 1개의 하위 객체가 선택되었다.

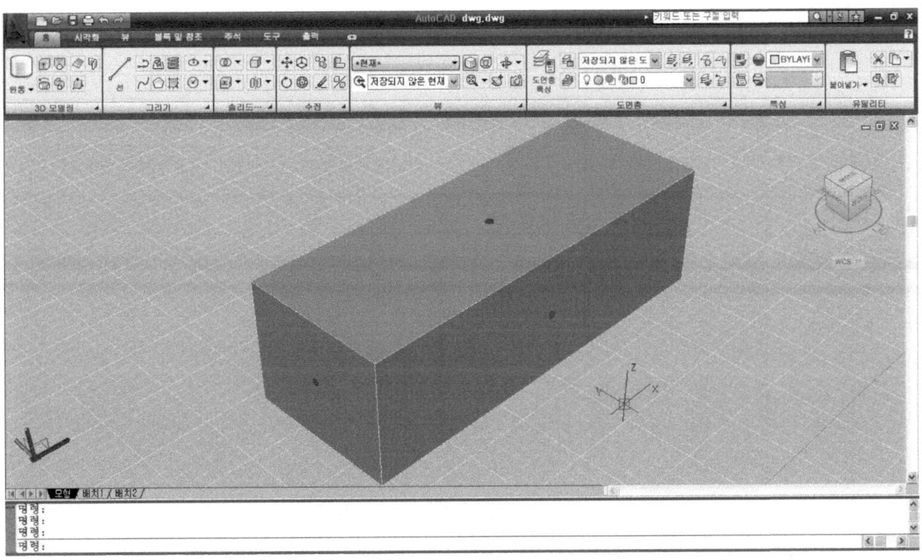

▲ 다중의 하위 객체가 선택되었다.

1) 점(Vertex) 수정

하위 객체 점을 수정해본다.

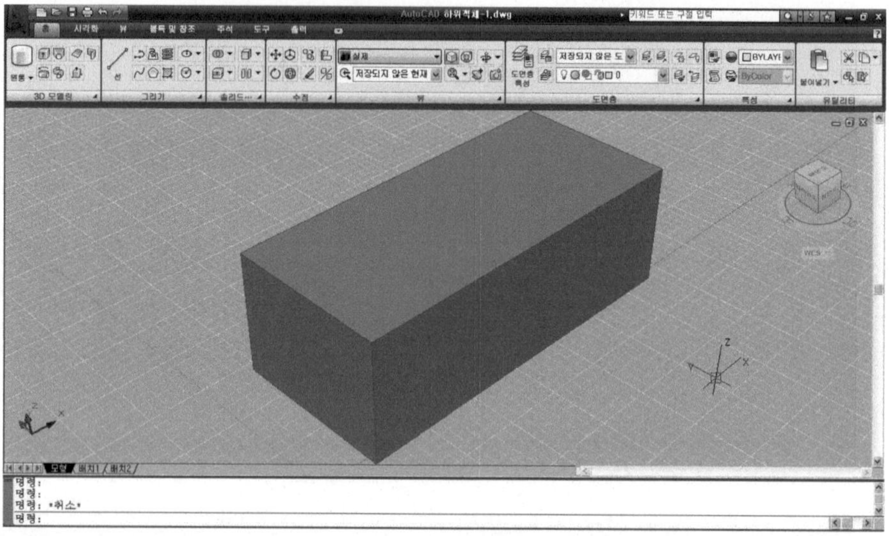

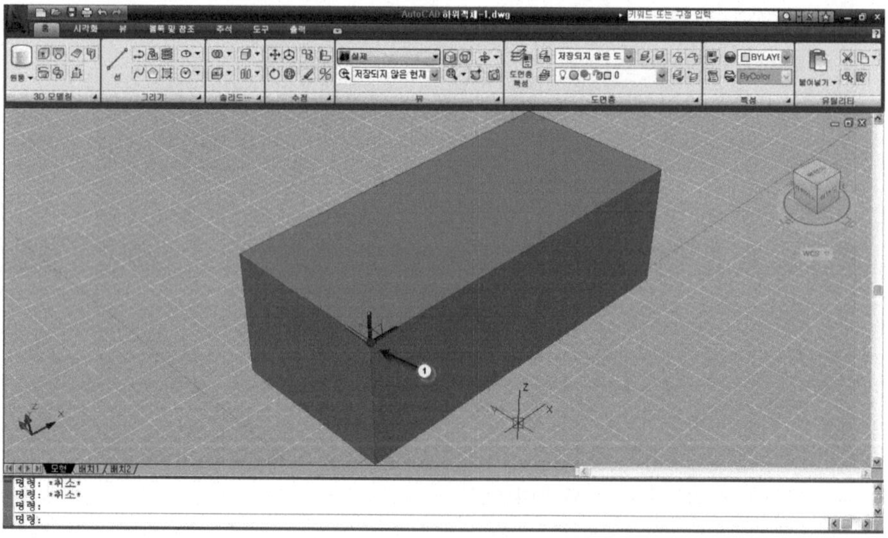

▲ ctrl 키를 누른 상태에서 상자의 ① 좌측 상단 점을 선택한다. 선택된 점이 그림과 같이 파란색 원으로 표시된다.

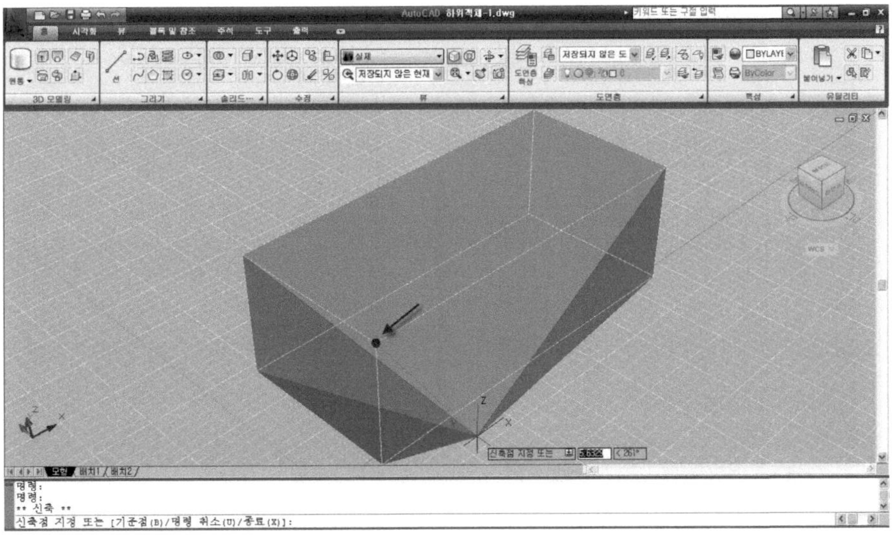

▲ 다시 한 번 클릭하면 점이 빨간색으로 선택되며 마우스를 이동한 후 적당한 위치에 클릭하면 점이 수정된다.

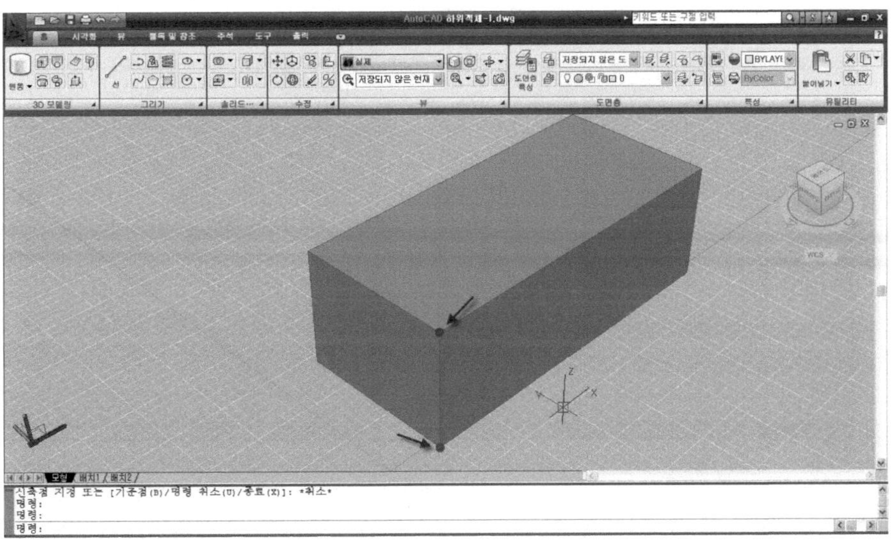

▲ ctrl 키를 누르고 그림과 같이 두 점을 클릭한다.

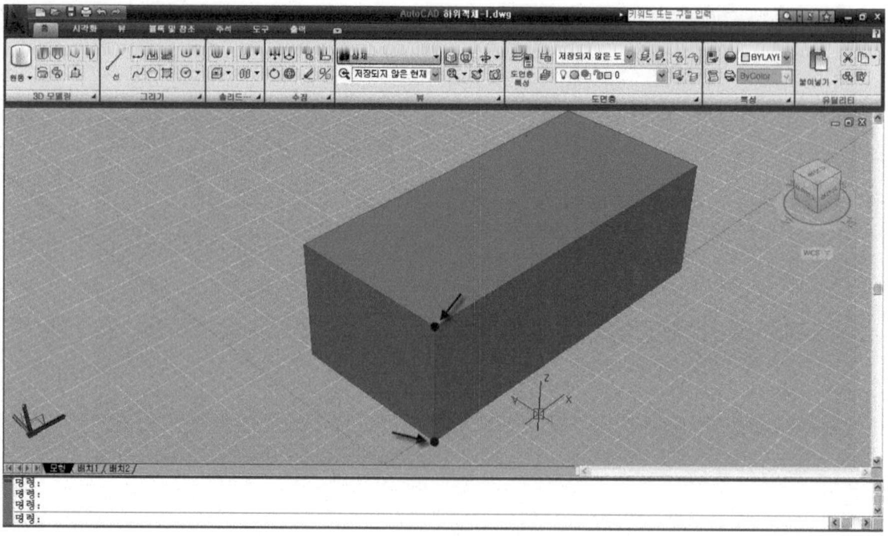

▲ Shift 키를 누르고 두 점을 클릭한다.

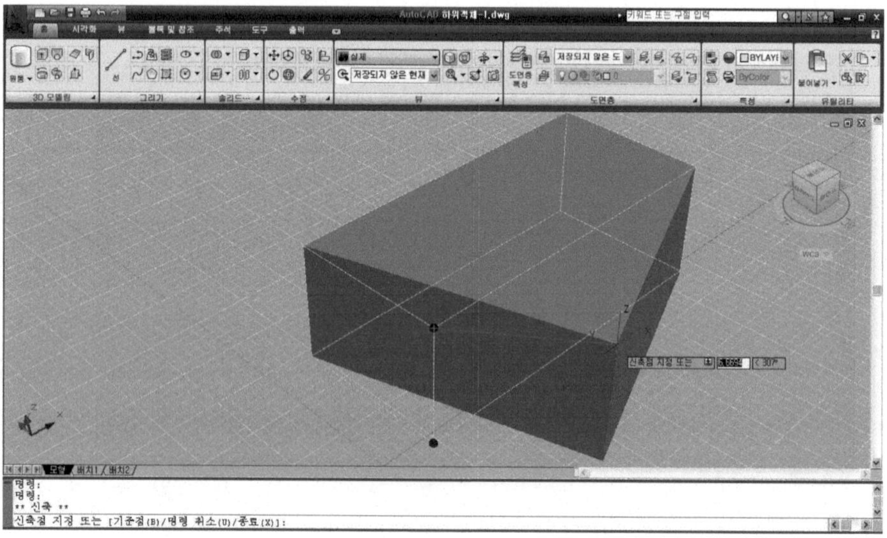

▲ 두 개의 점 중 하나를 클릭한 후 마우스를 이동한 후 적당한 위치에 클릭하면 두 개의 점이 수정된다.

※ 여러 개의 점이 선택되어 있는 경우에는 Shift 키의 작동 여부에 따라 하나 또는 여러 점이 동작할 수 있다.

2) 모서리(Edge) 수정

하위 객체 모서리를 수정해 본다.

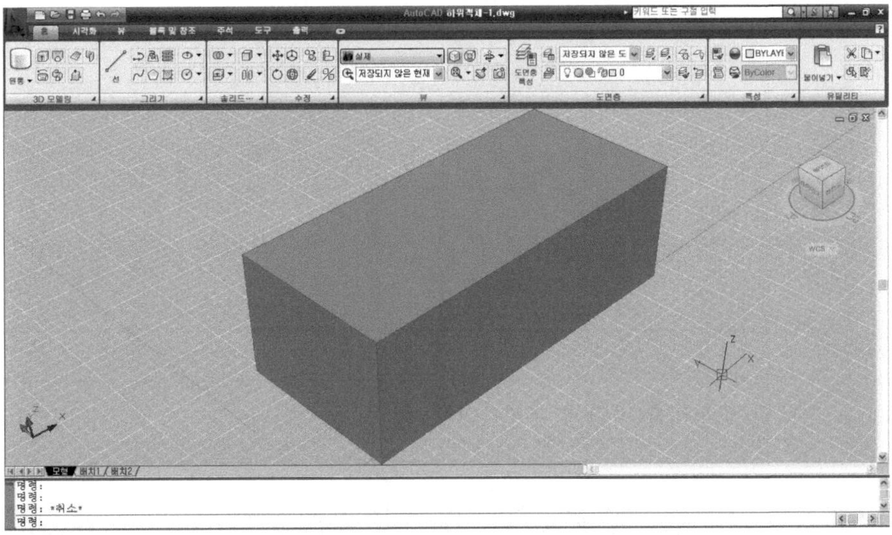

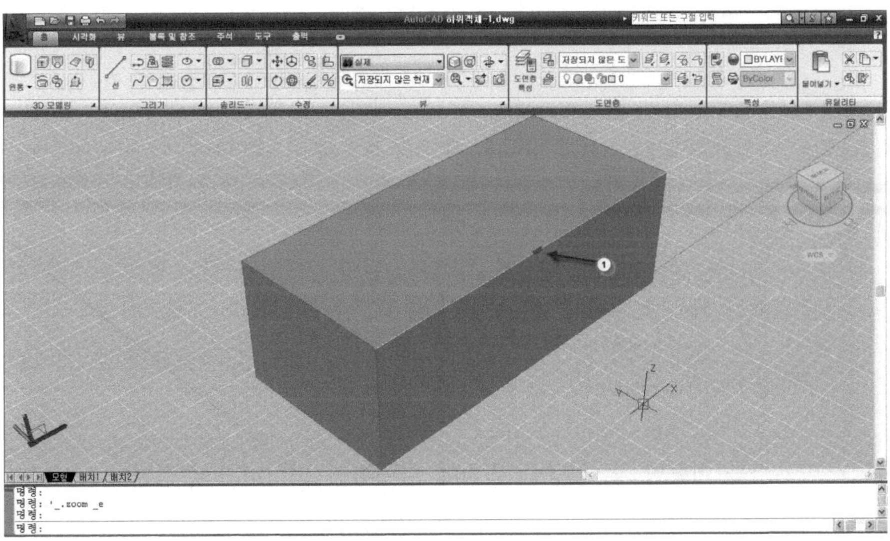

▲ ctrl 키를 누르고 ① 상단 모서리를 클릭한다.

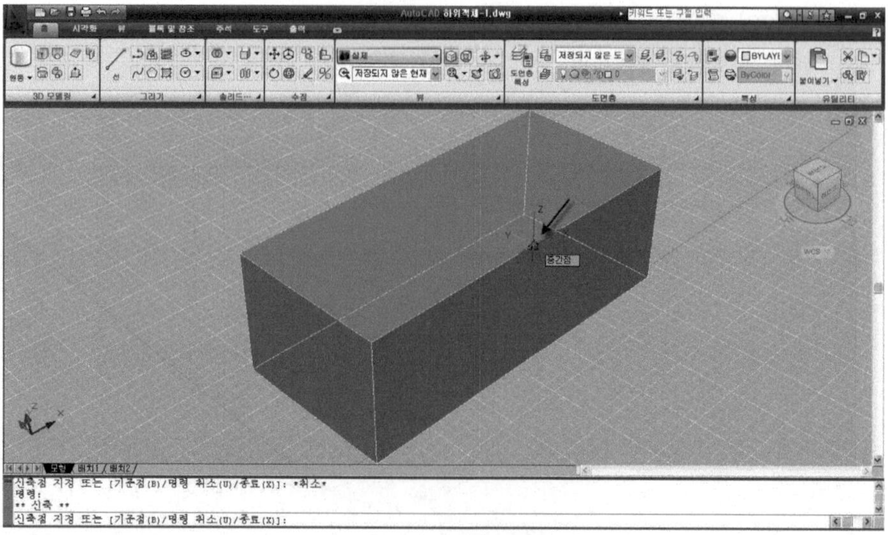

▲ 선택된 모서리를(파란색 부분) 다시 한 번 클릭한다.

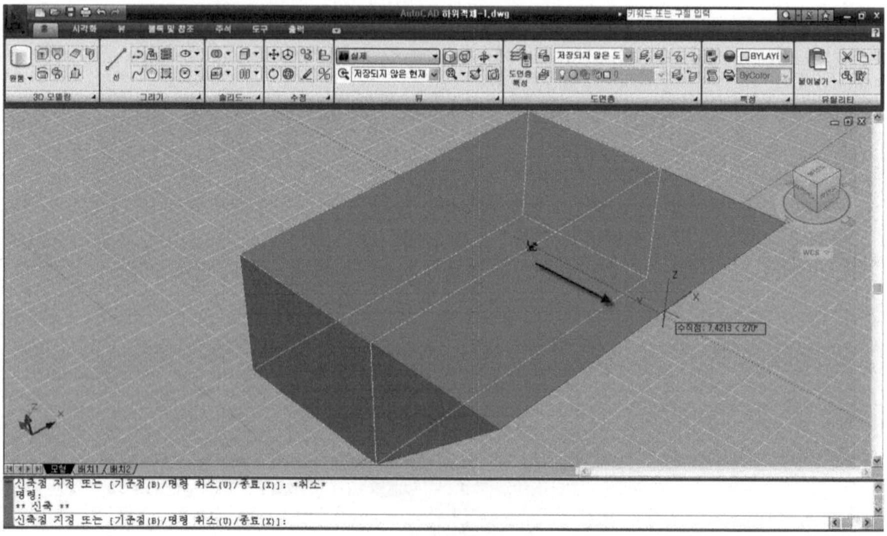

▲ 마우스를 이동한 후 적당한 위치에 클릭하면 모서리가 수정된다.

3) 면(Face) 수정

하위 객체 면을 수정해 본다.

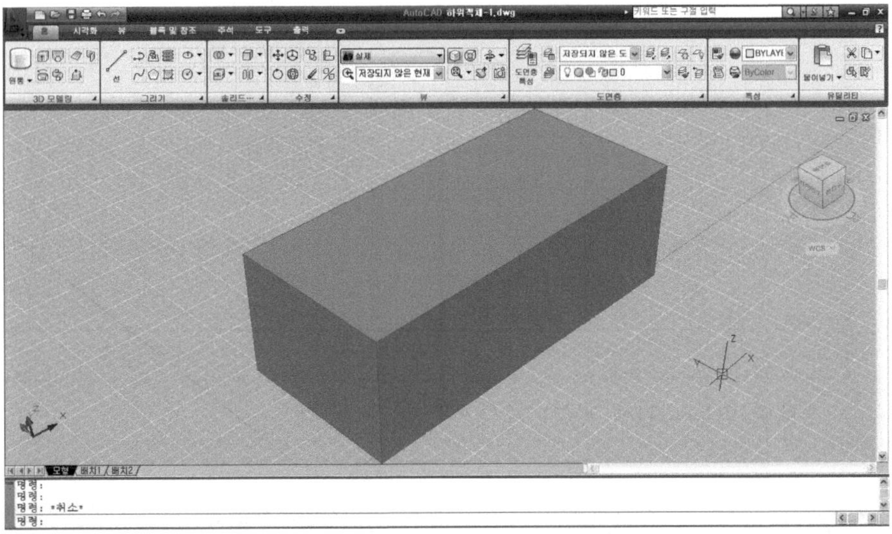

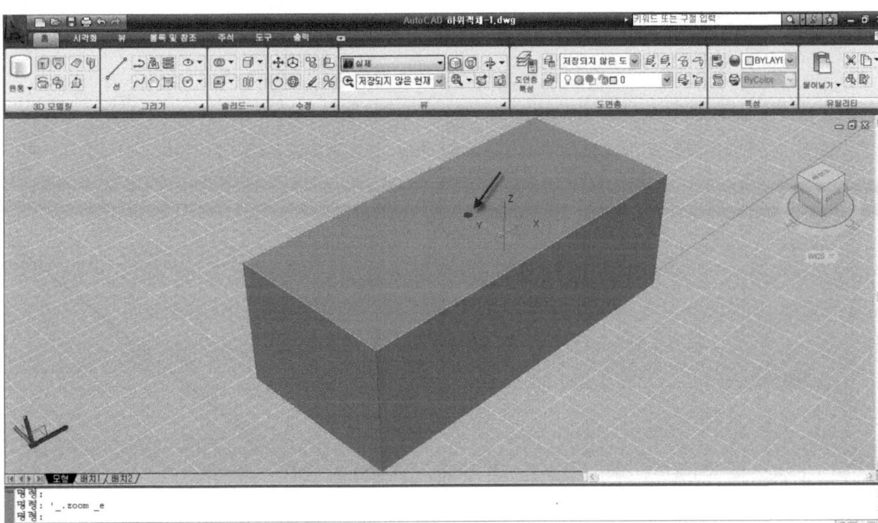

▲ ctrl 키를 누르고 윗면을 클릭한다.

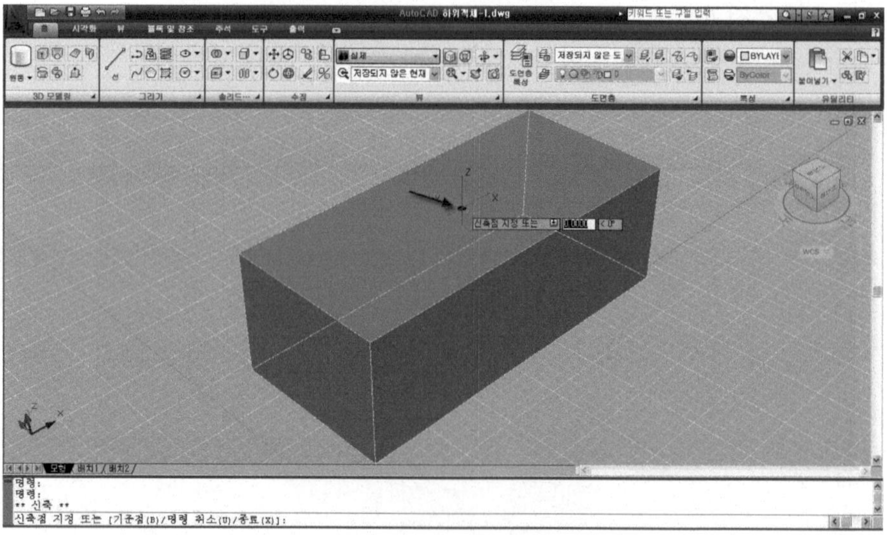

▲ 선택된 면을(파란색 부분) 다시 한 번 클릭한다.

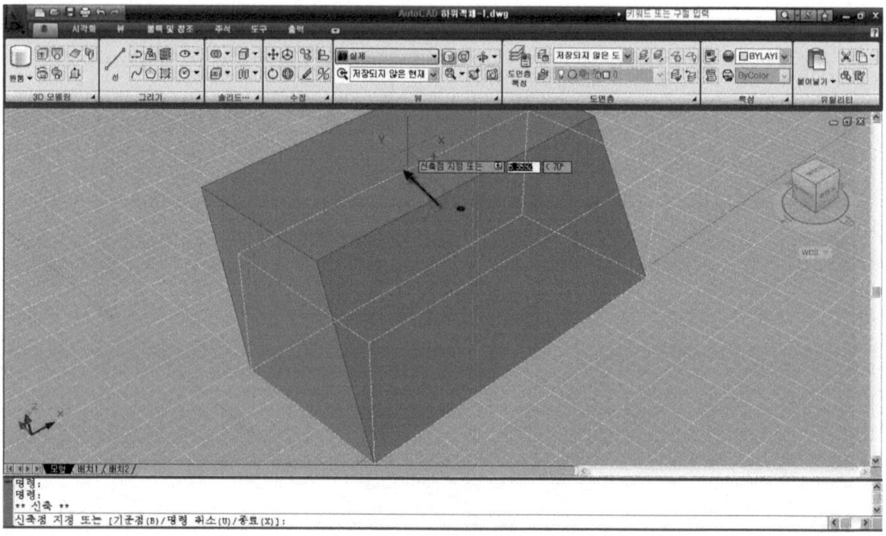

▲ 마우스를 이동한 후 적당한 위치에 클릭하면 면이 수정된다.

3D 이동(3DMOVE)

3차원 이동명령이다. 그립 도구를 이용해서 선택된 솔리드 객체 혹은 솔리드 하위 객체를 이동할 수 있다.

실행

이동을 제한하기 위해 축이나 평면을 클릭 후 선택된 객체를 끌어서 놓기 한다.

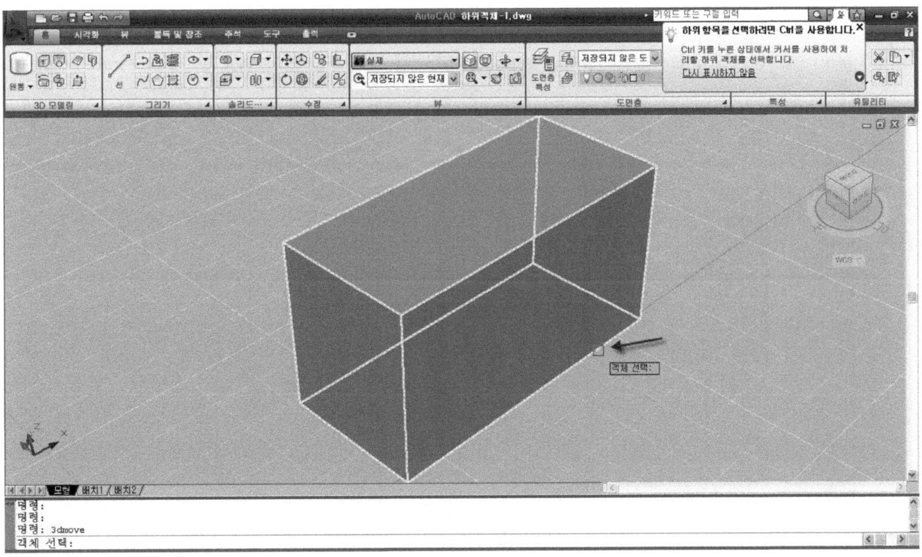

▲ "3Dmove"를 입력하고 객체를 선택하고 Enter를 누른다.

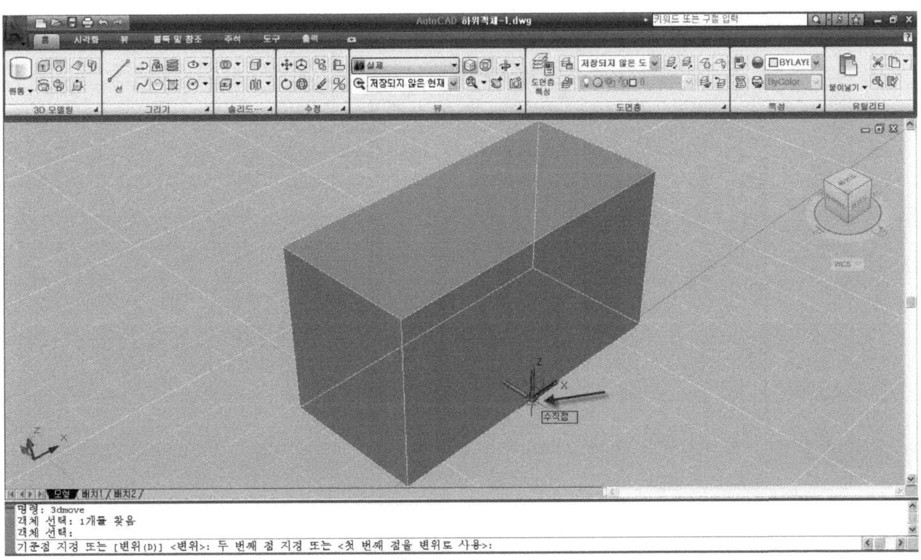

▲ 기준점을 클릭하고 마우스를 이동하면 객체를 이동시킬 수 있다.

3차원 회전(3DROTATE)

3차원 회전 명령이다. 그립 도구를 이용해서 선택된 솔리드 객체 혹은 솔리드 객체의 하위 객체를 회전할 수 있다.

실행

3D회전을 클릭 ➔ 회전할 객체 선택 ➔ 기준점 클릭 ➔ 회전 축 선택 ➔ 각도 시작점 지정

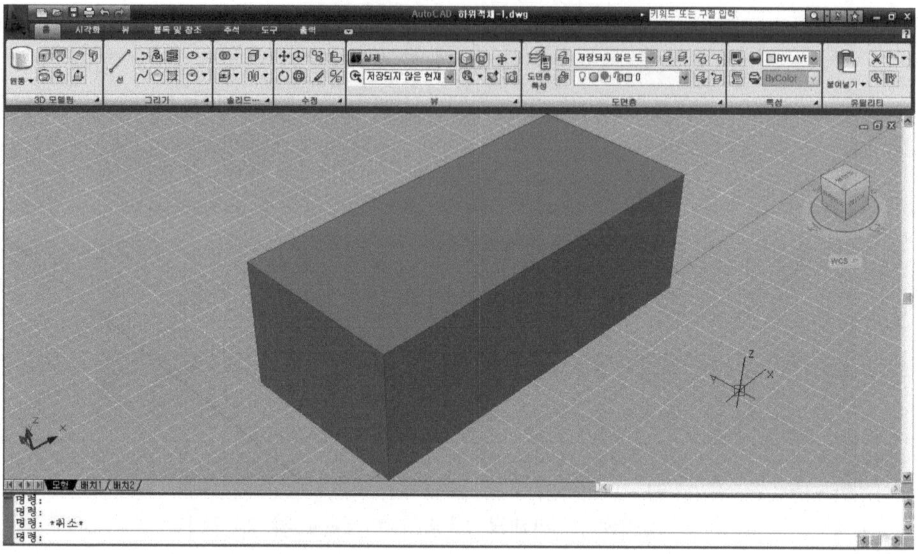

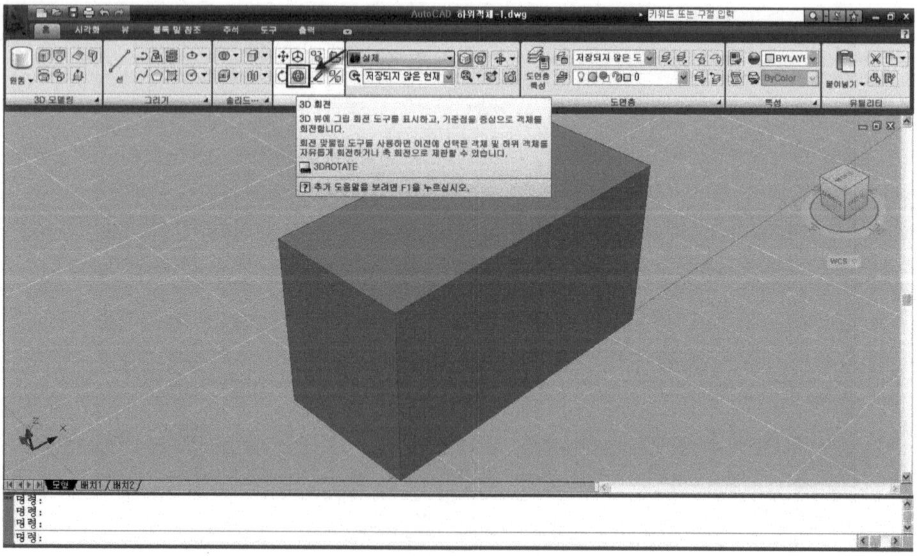

▲ 3D회전을 클릭한다.

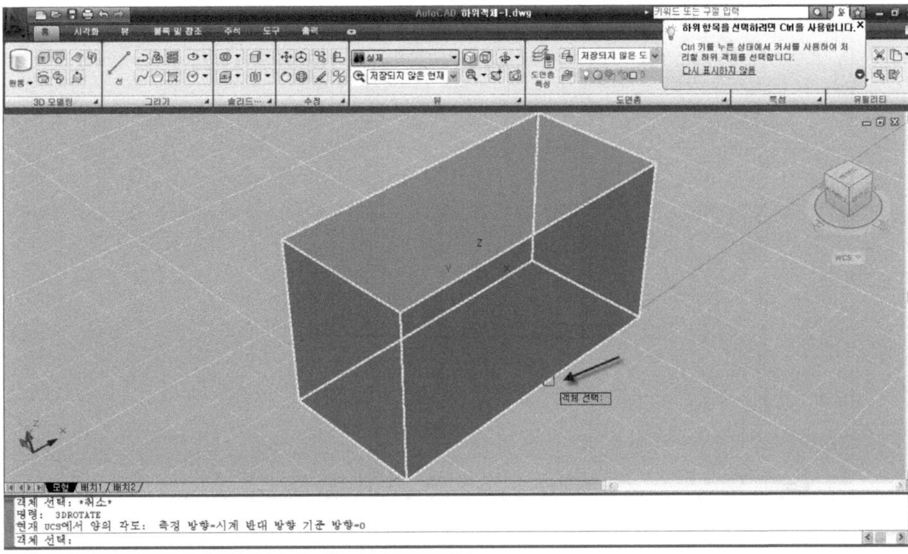

▲ 객체를 선택하고 Enter를 누른다.

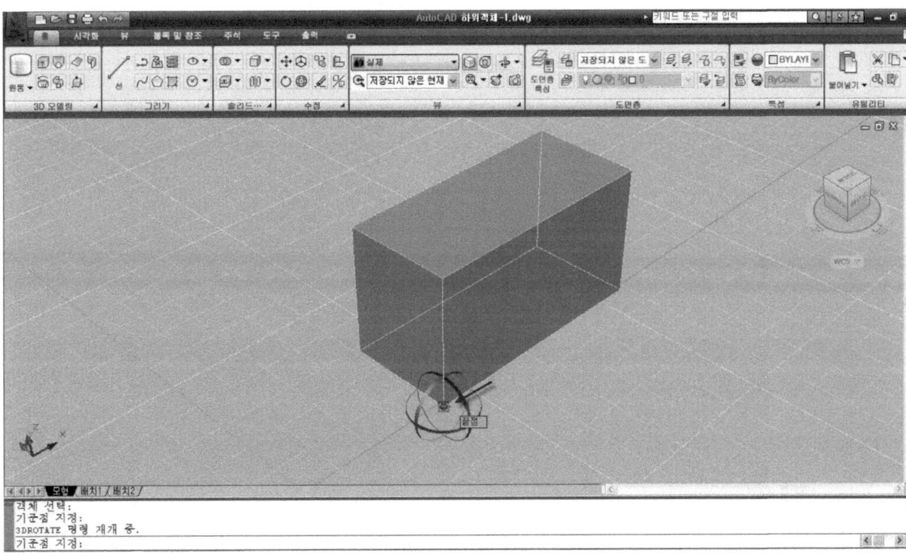

▲ 기준점을 클릭한다.

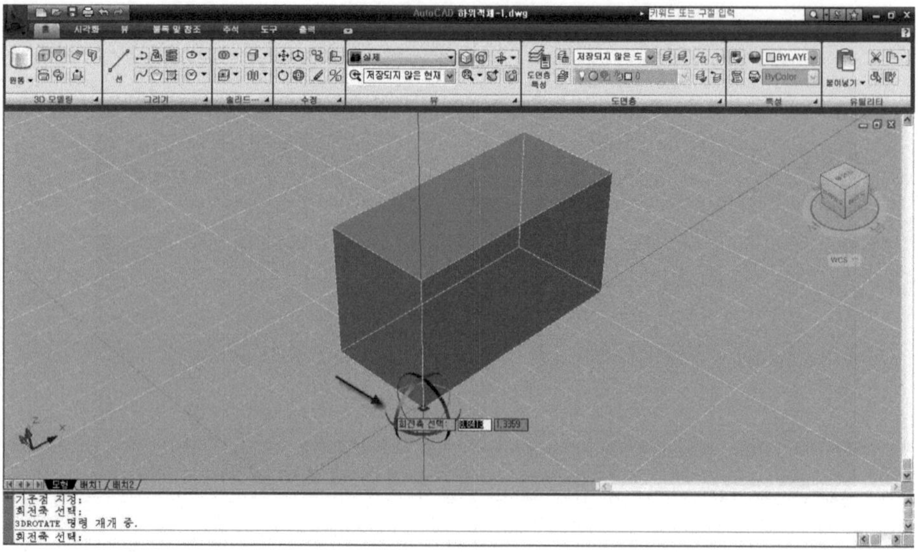

▲ 회전축에 Z축을 클릭한다.

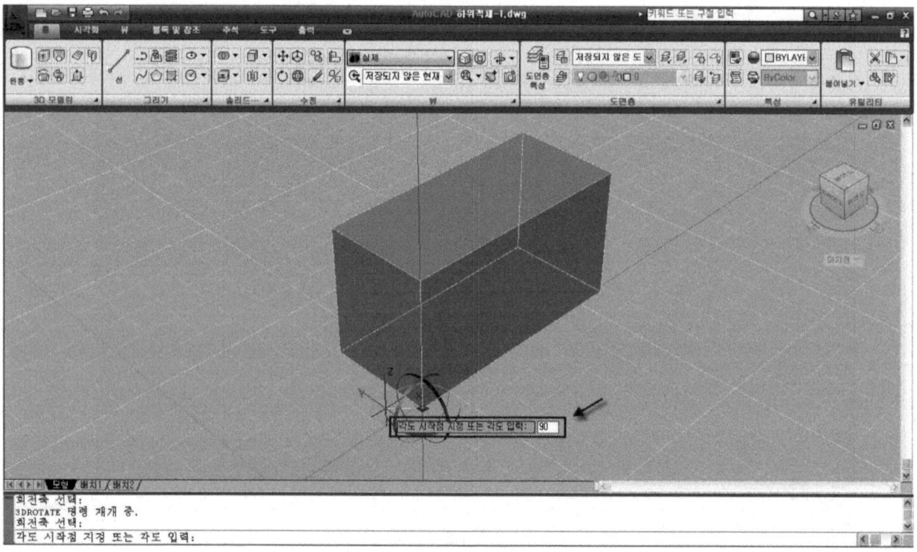

▲ 각도 시작점 지정에 "90"을 입력하고 Enter를 누른다.

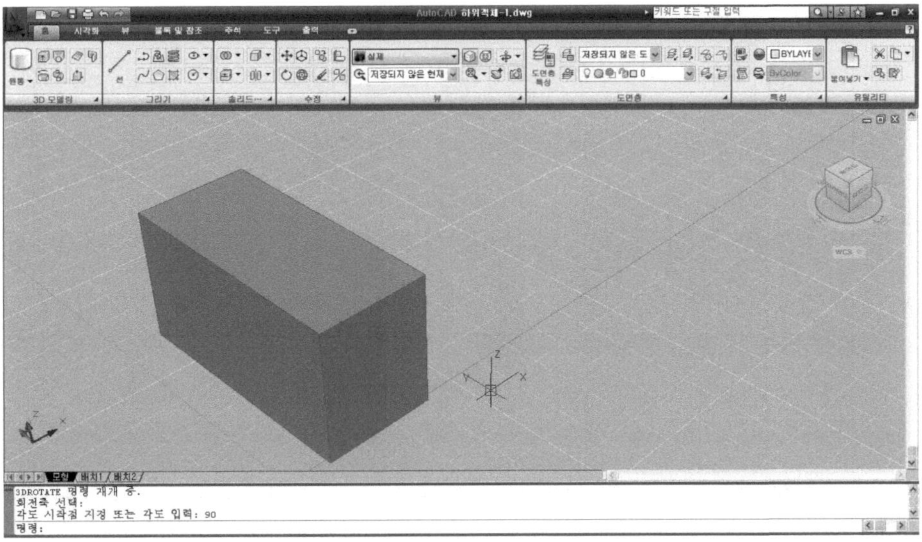

▲ Z축을 기준으로 90°만큼 회전된 것을 확인할 수 있다.

눌러 당기기(PRESSPULL)

선택된 면을 눌러서 당겨 솔리드 객체를 생성한다. 단축키는 ctrl + Alt 이다.

실행

눌러 당기기를 클릭 → 누르거나 당기기할 내부경계 영역을 클릭 → 커서를 이동 → 거리 입력

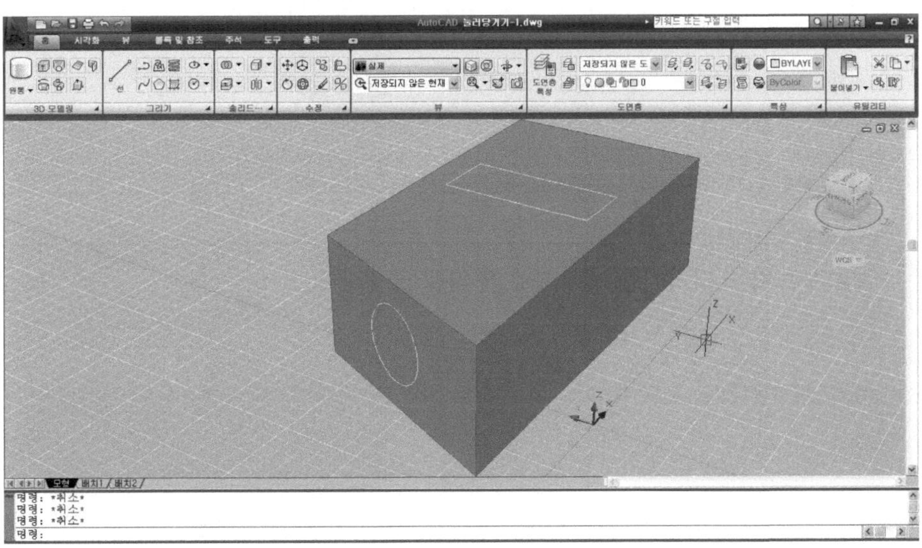

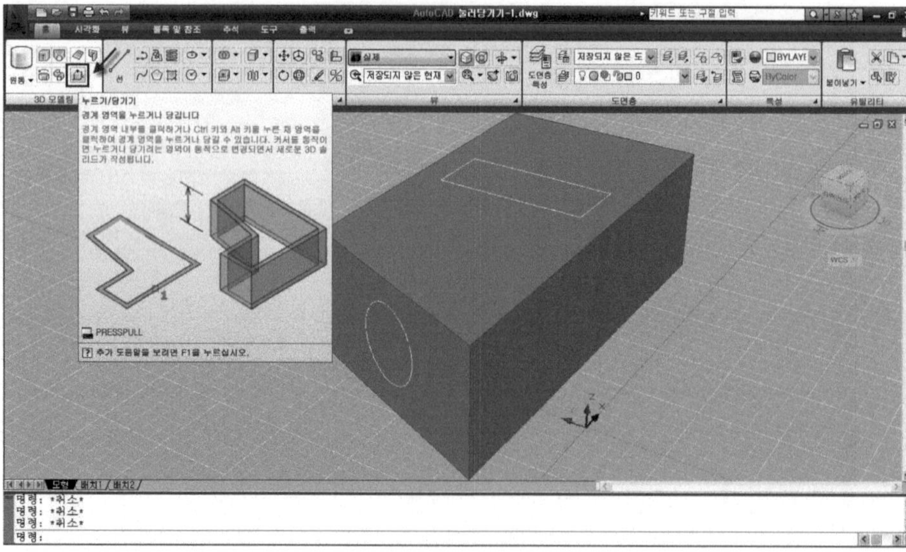

▲ 눌러 당기기를 클릭한다.

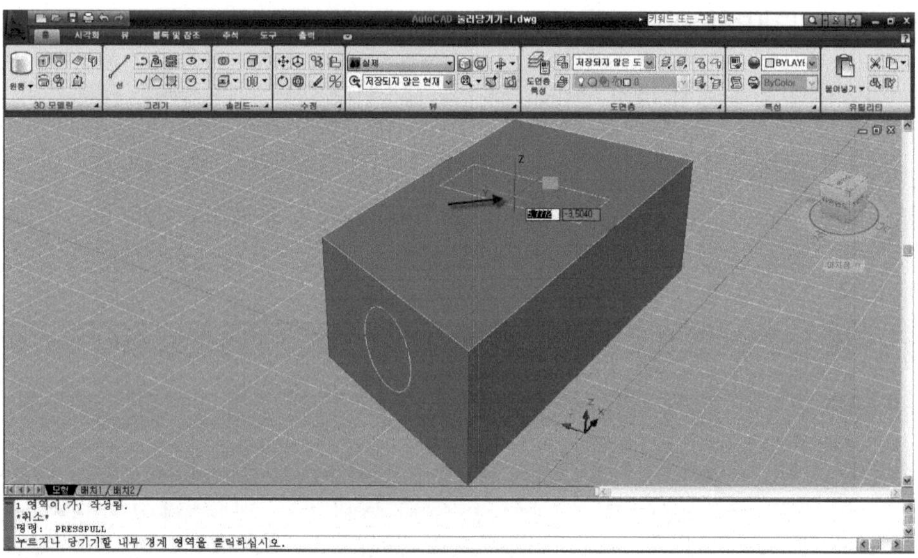

▲ 누르거나 당기기할 내부경계 영역을 클릭한다.

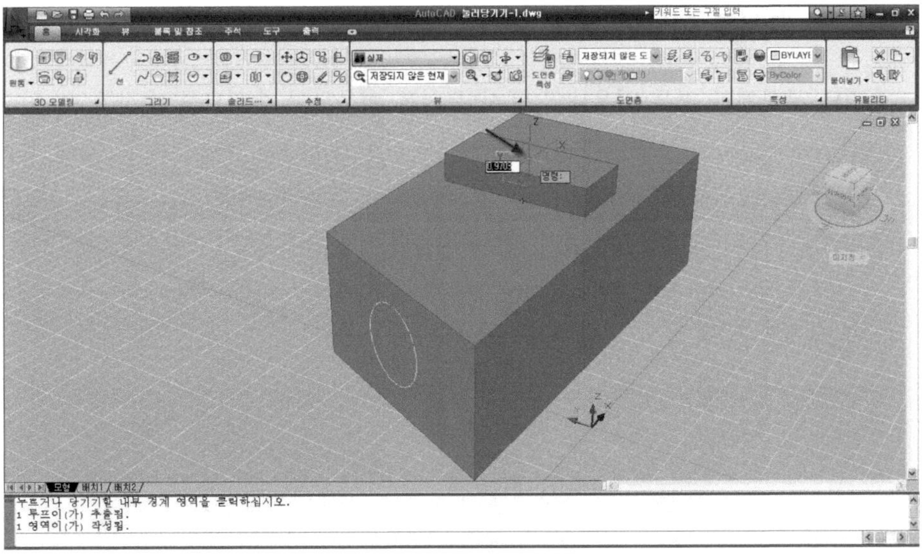

▲ 커서를 면의 외부로 이동한 후 클릭을 하거나 거리 값을 입력하고 Enter 를 누른다.

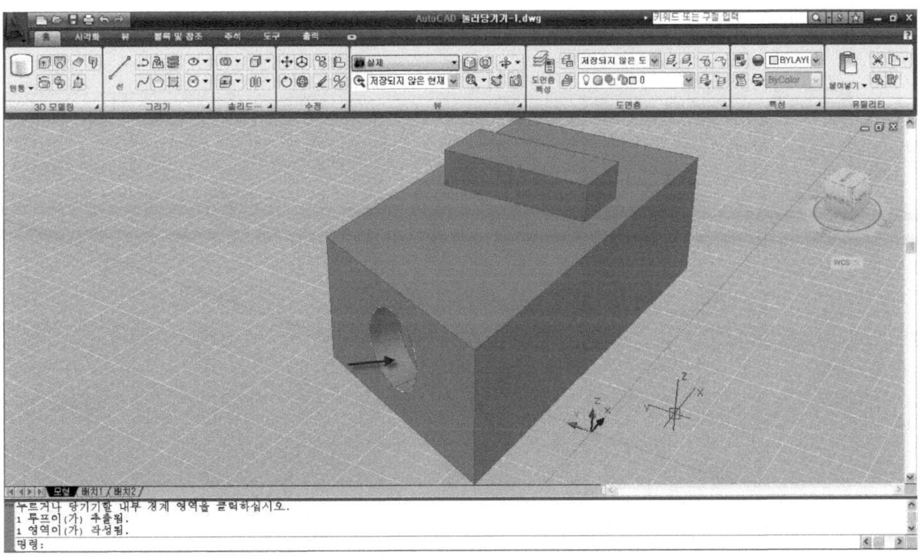

▲ 내부로 돌출된 결과이다.

사용내역 표시를 이용한 복합 솔리드 수정

솔리드 복합체의 경우 사용내역 표시 특성을 이용하여 솔리드를 수정할 수 있다.

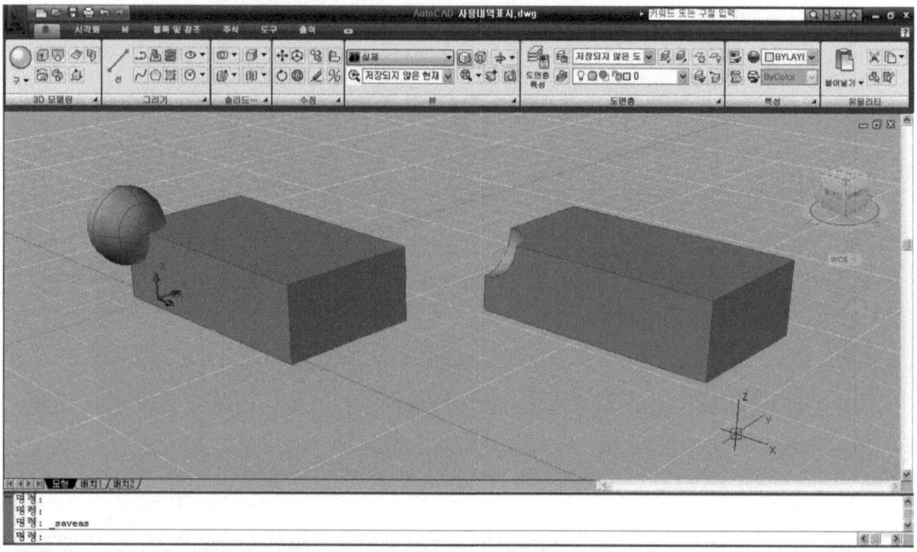

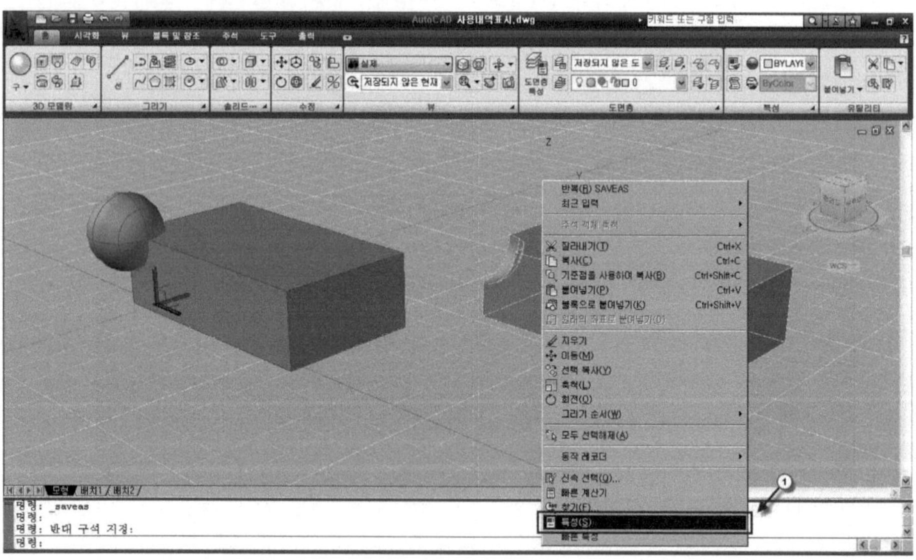

▲ 차집합된 상태의 상자를 선택하고 마우스 오른쪽 버튼을 클릭하고 ① 특성을 클릭한다.

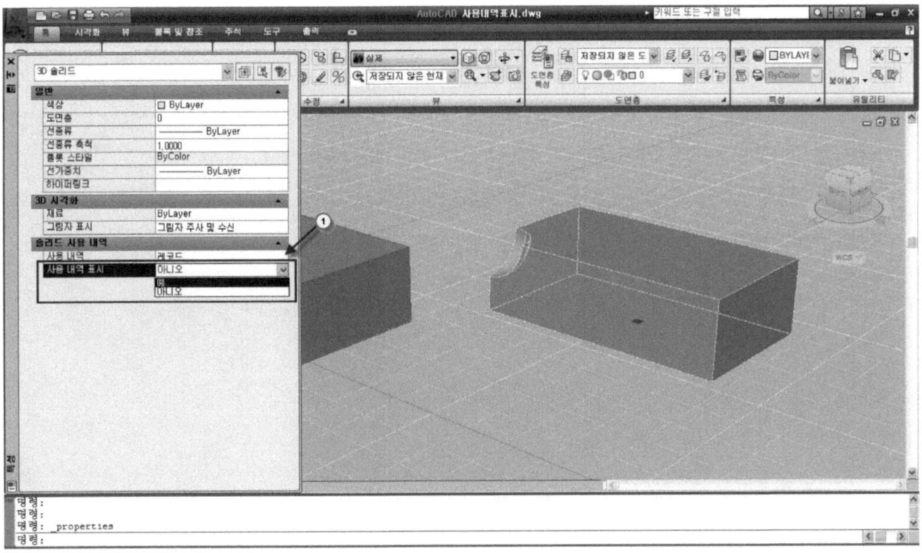

▲ 사용내역 표시에서 ① "예"로 지정한다.

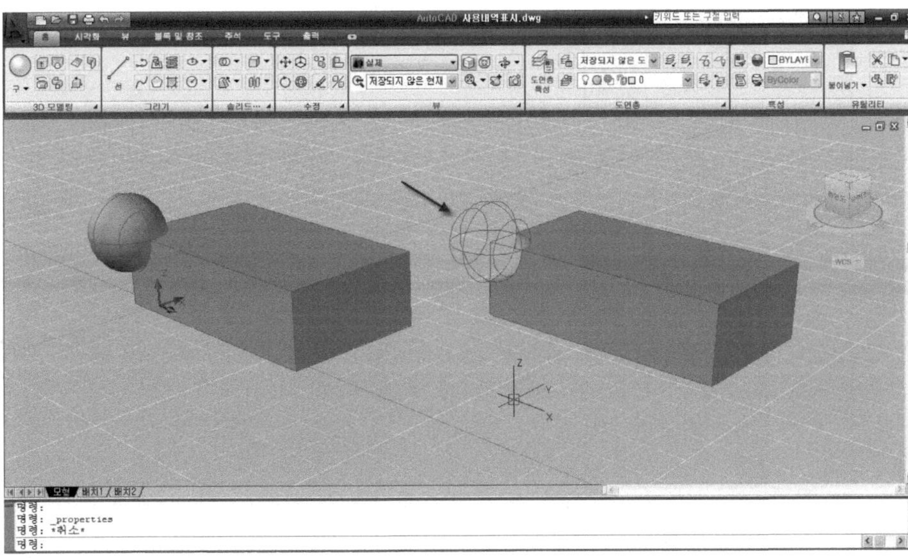

▲ 차집합된 구가 와이어프레임으로 표시된다.

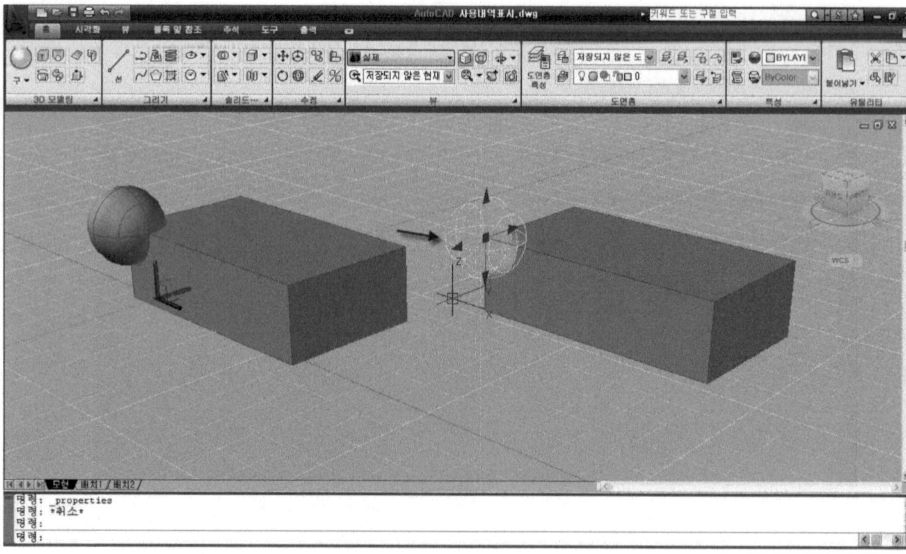

▲ ctrl 키를 누르면 차집합된 구를 선택할 수 있으며 수정도 가능하다.

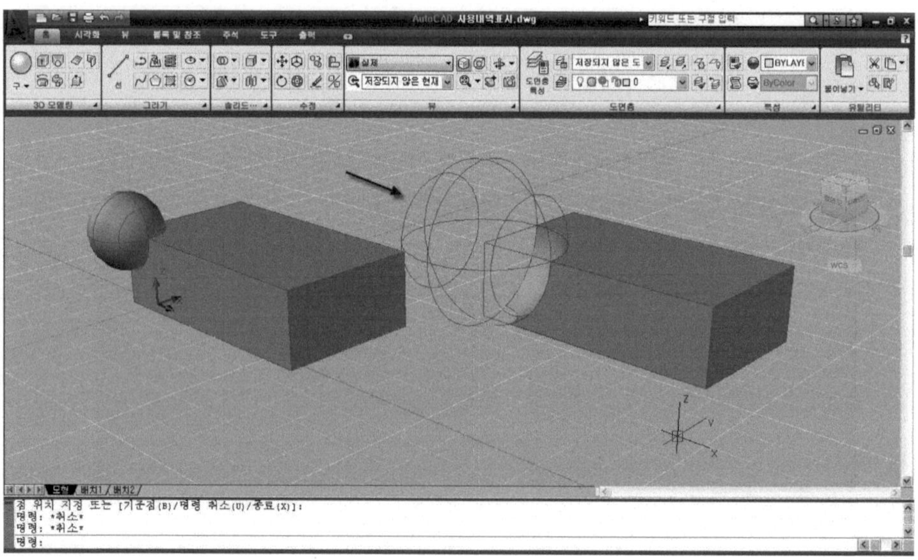

▲ 구가 수정된 결과이다.

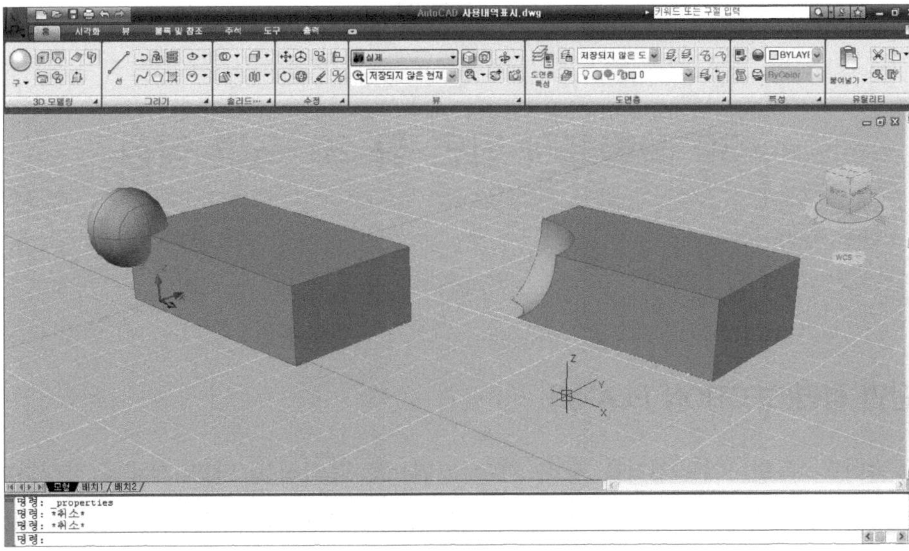

▲ 복합 솔리드를 선택하고 특성을 클릭하고 사용내역을 "없음"으로 지정하면 그림과 같은 결과를 확인할 수 있다.

LESSON 07

3D 모형에서 단면 및 2D 도면 작성

단면 평면(SECTION PLANE)

솔리드, 곡면 또는 영역을 통해 절단 평면으로 동작하는 단면 객체를 작성하며, 3D 모형의 단면 객체를 이용하여 2차원의 내부 상세를 그려낼 수 있다.

실행

단면 평면을 클릭 ➜ "면 선을 배치할 면 또는 점 선택"에 면을 클릭 ➜ 단면 객체가 생성

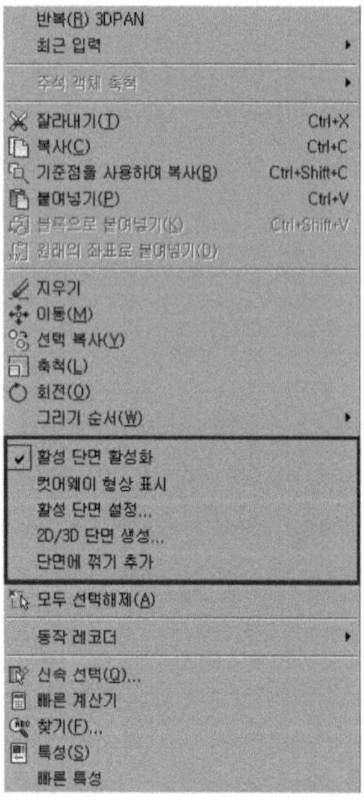

① 활성 단면 활성화 : 활성 단면의 활성화 상태를 지정한다.

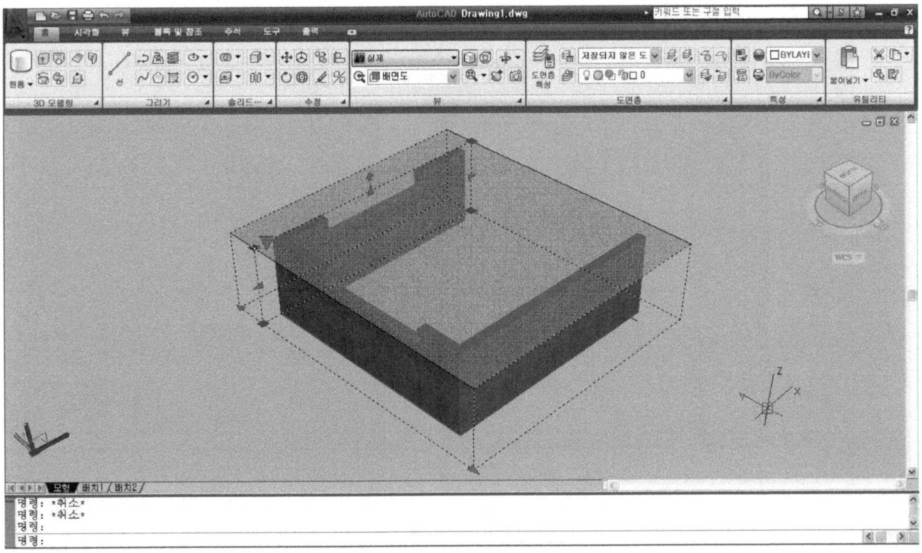

〈활성 단면 활성화 상태〉

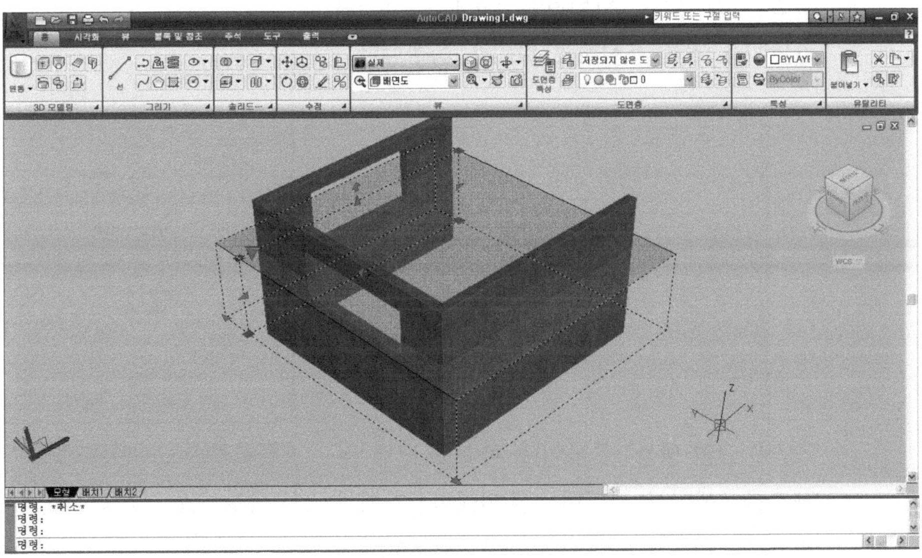

〈활성 단면 비활성화 상태〉

② 컷어웨이 형상 표시 : 컷어웨이 형상 표시를 하려면 먼저 활성 단면 활성화 상태이어야만 한다.

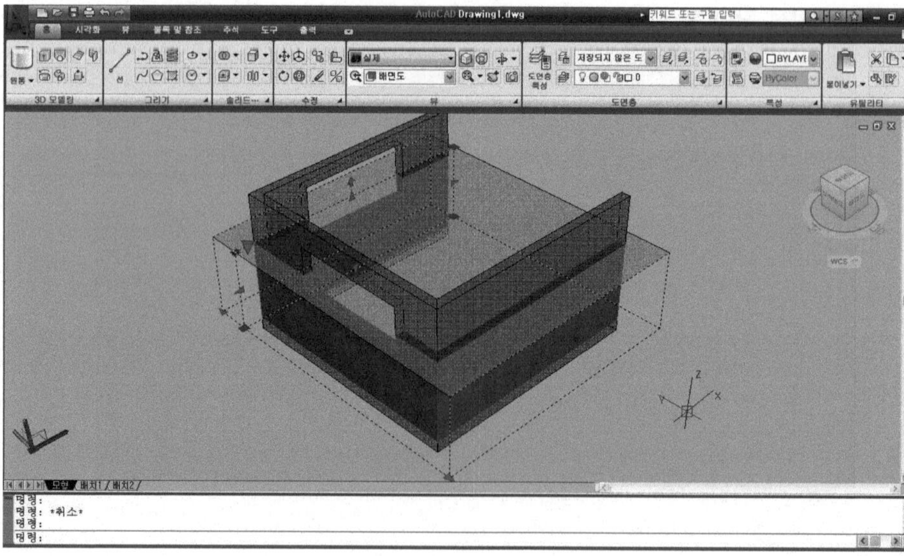

〈컷어웨이 형상 표시 상태〉

③ 활성 단면 설정 : 단면화된 객체의 표시와 2D/3D 단면을 표시하는 방법을 설정한다.

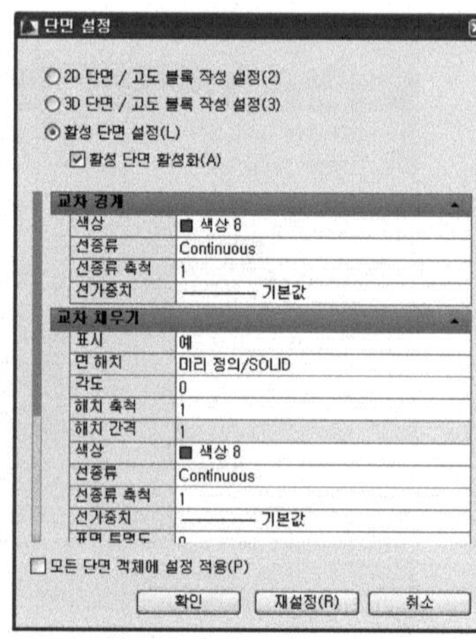

④ 2D/3D 단면 생성 : 블록이나 파일로 단면 상세도를 생성한다.[단면 설정]대화상자에서 필요한 해치, 경계선 표시 등을 설정한다.

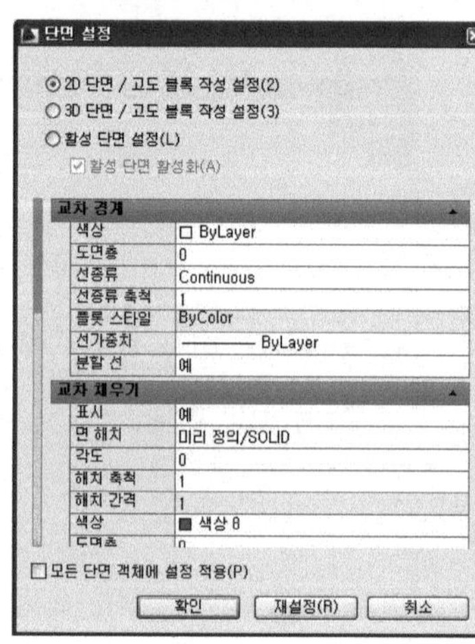

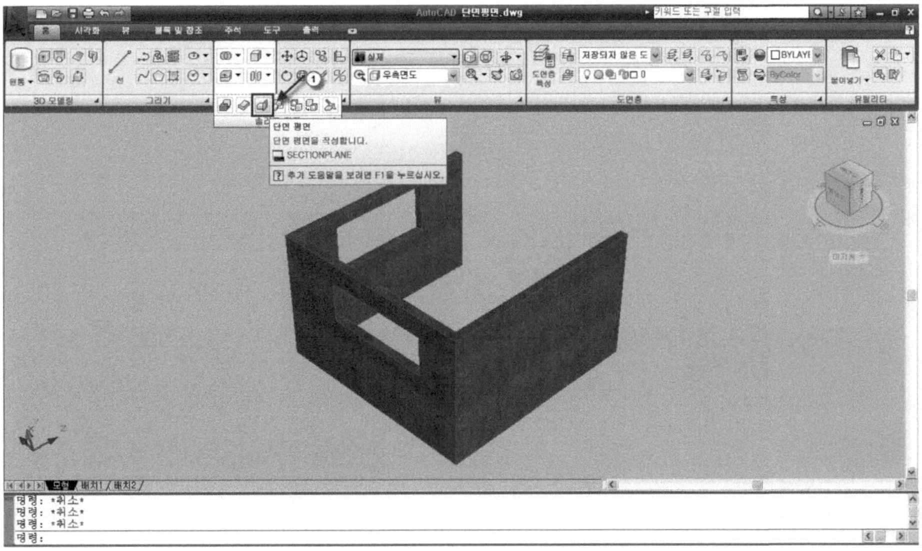

▲ ① 단면 평면을 클릭한다.

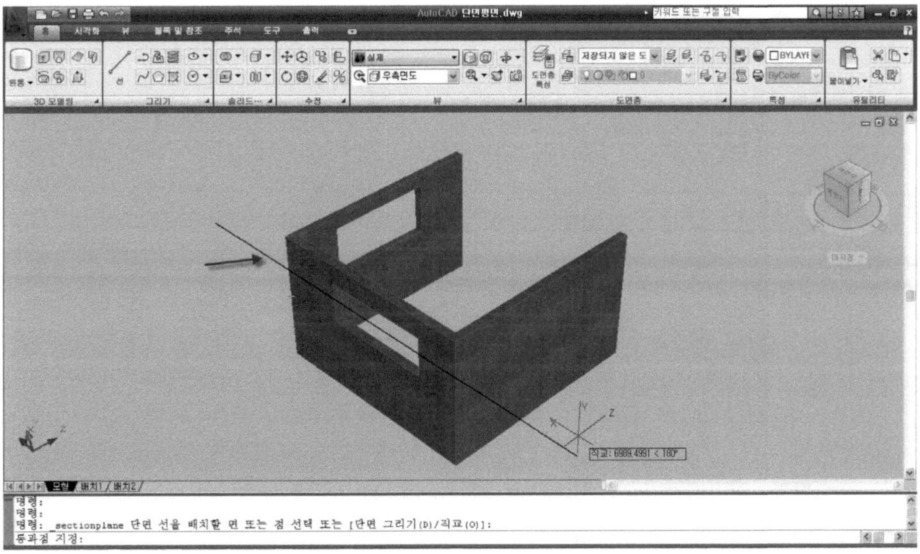

▲ 그림과 같이 클릭하여 단면 평면선을 그린다.

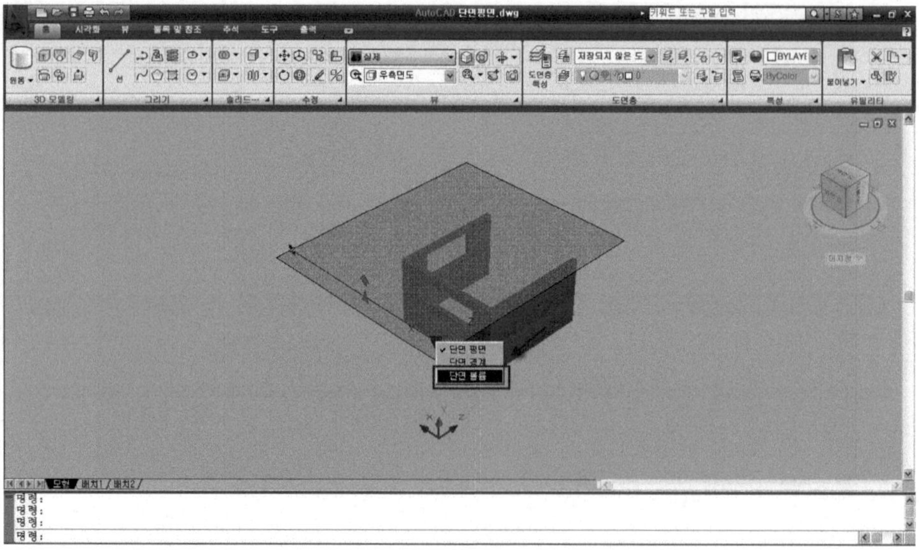

▲ 절단 평면이 그려지면 화살표를 클릭하여 단면 볼륨을 선택한다.

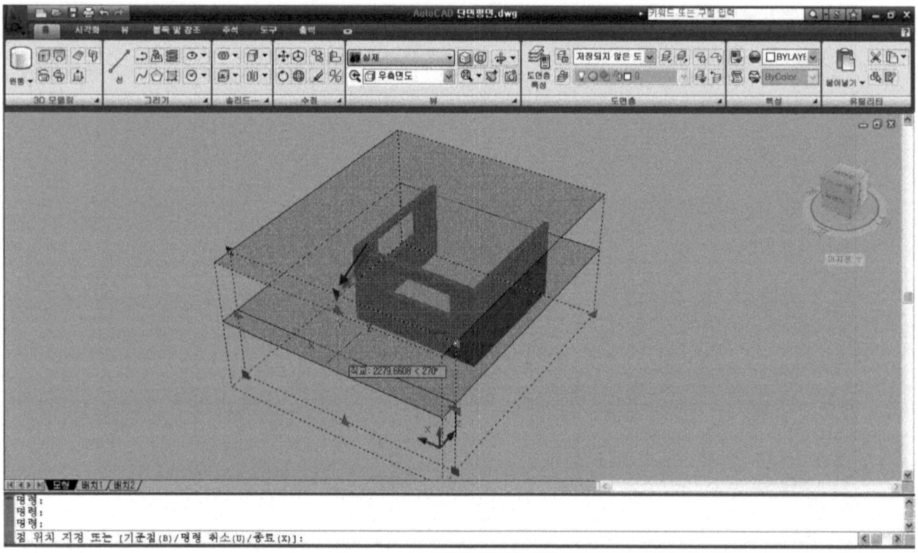

▲ 화살표를 클릭하여 절단위치를 수정한다.

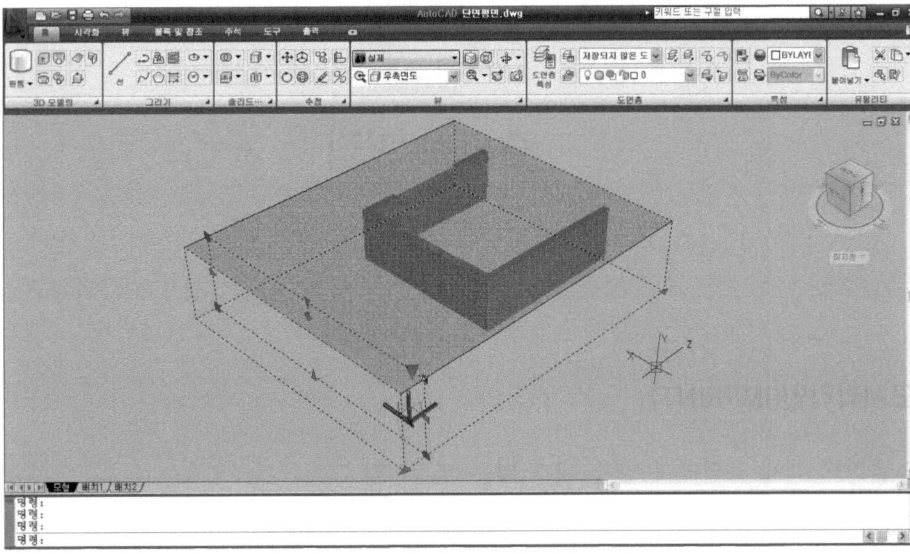

▲ 단면 활성화를 체크하면 그림과 같이 단면 부분을 확인할 수 있다.

LESSON 08

솔리드 편집

모서리각인(IMPRINT)

솔리드 객체 표면에 문양을 새겨 넣는 명령이다.

실행

풀다운 메뉴 수정 클릭 ➜ 솔리드 편집 클릭 ➜ 각인 클릭 ➜ 솔리드 객체 선택 ➜ 각인할 객체 선택 ➜ 각인할 원본 객체를 삭제 여부

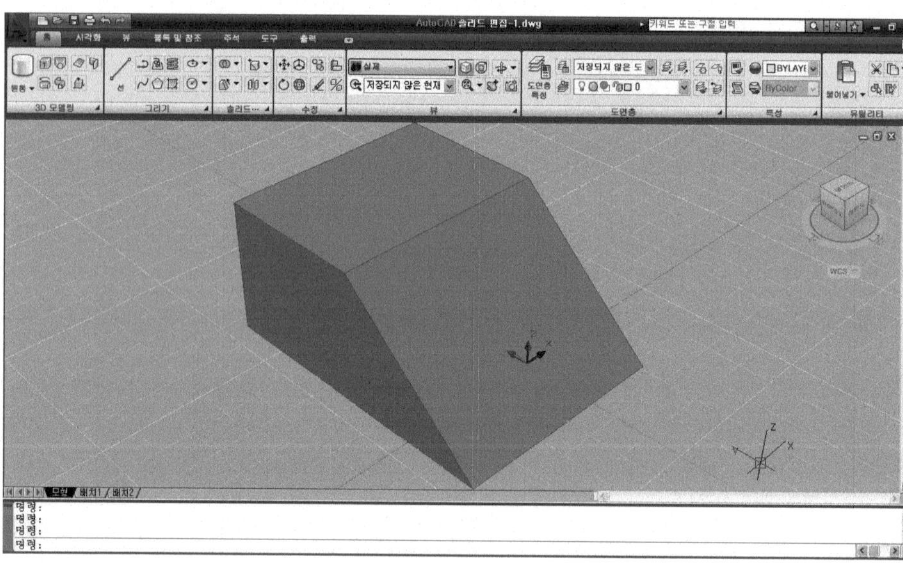

▲ 원(Circle) 명령 입력 후 중심점을 빗면의 적당한 위치에 클릭한다.

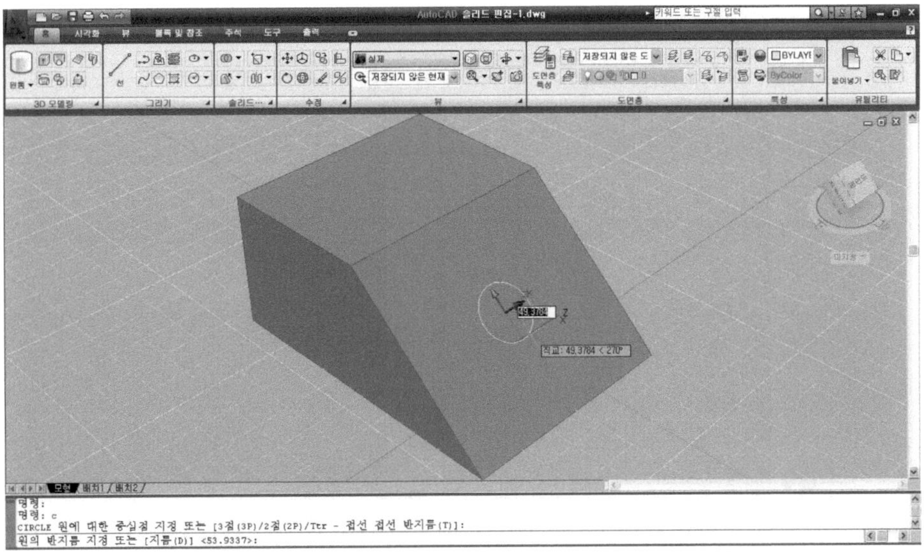

▲ 적당한 크기의 원을 그린다.

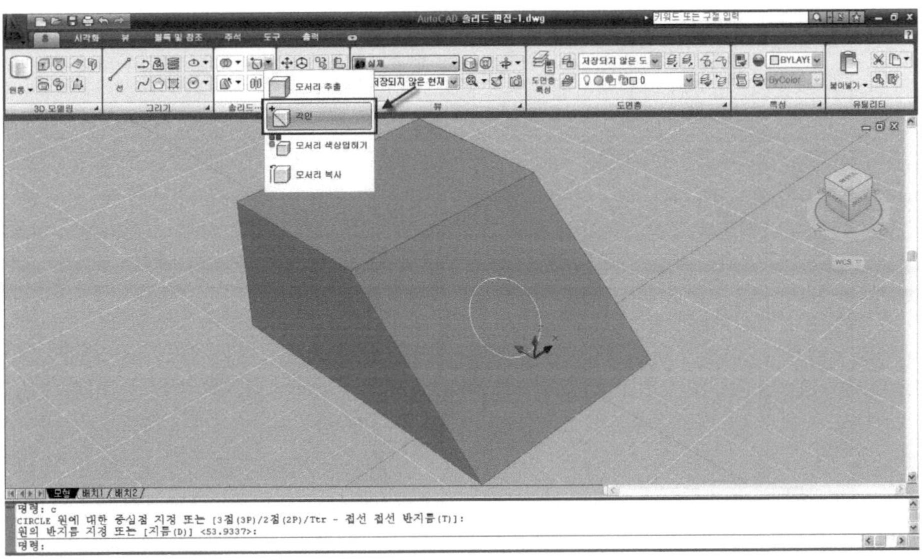

▲ 각인을 클릭한다.

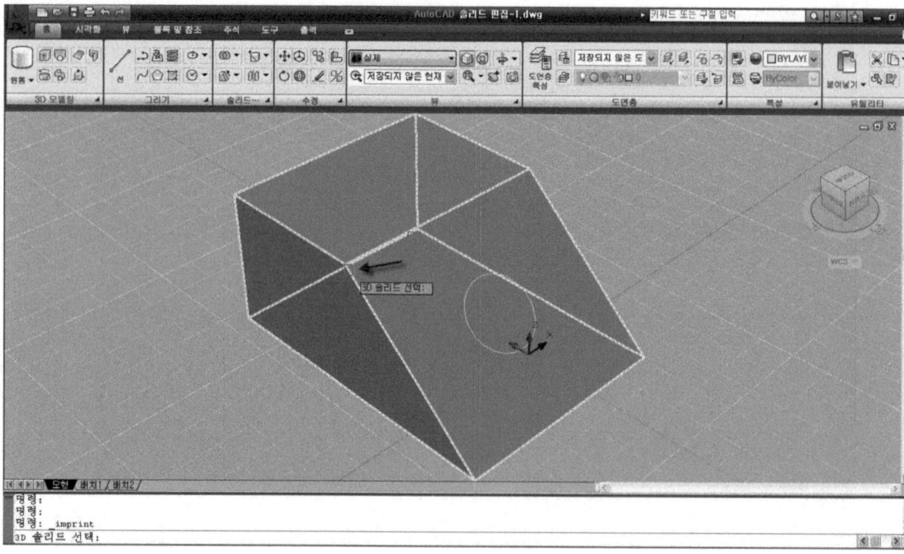

▲ 3D 솔리드 객체를 선택한다.

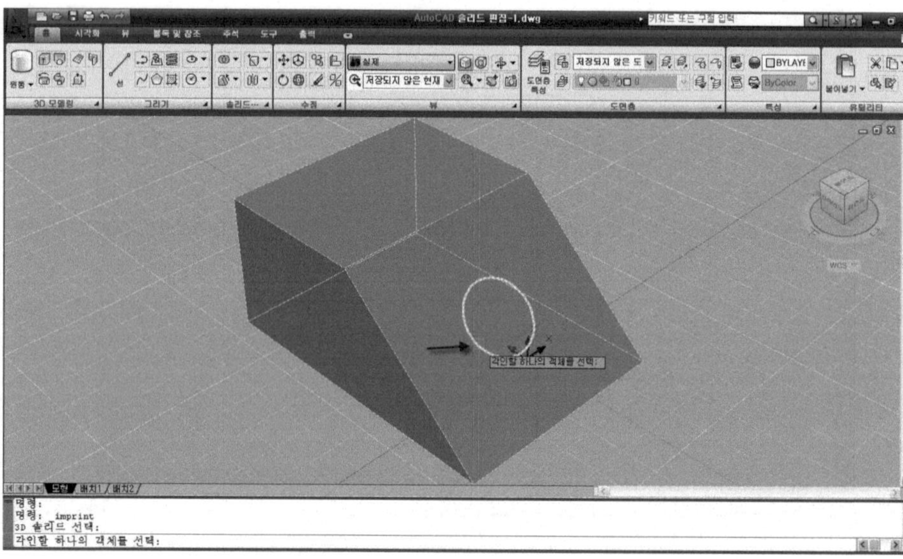

▲ "각인할 하나의 객체를 선택"에서 원을 선택한다.

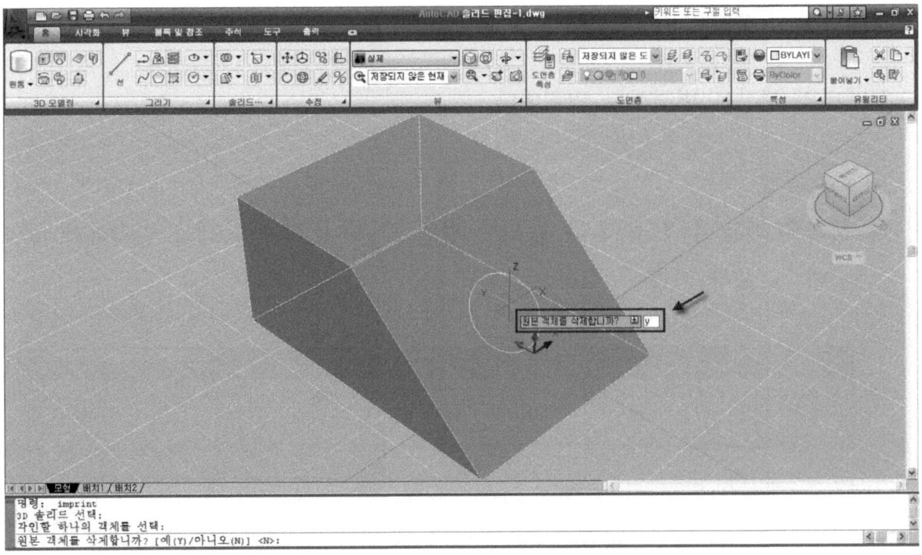

▲ "Y"를 입력하고 Enter를 누르면 원본 객체는 삭제된다.

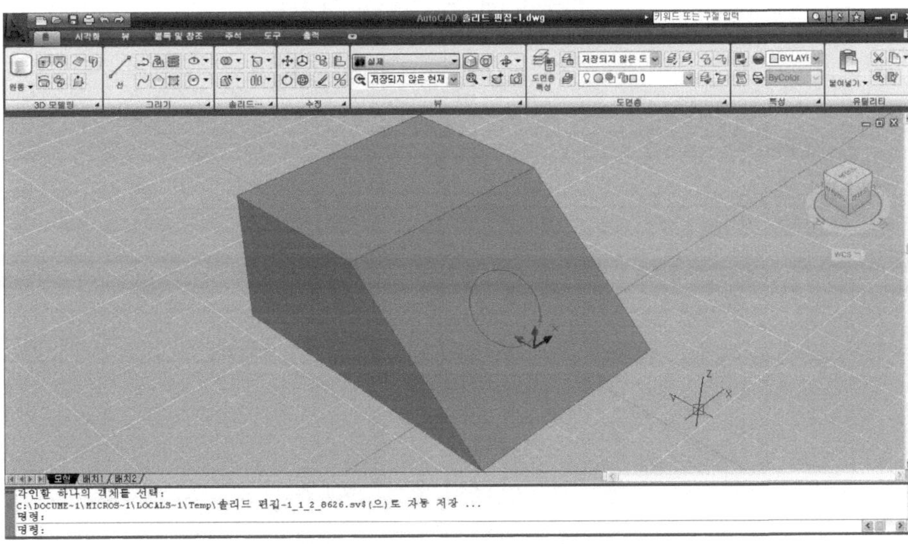

▲ 솔리드 객체와 원 모서리가 하나의 객체가 된 것을 확인할 수 있다.

모서리 색상 입히기(COLOR EDGES)

모서리의 색상을 변경하는 명령이다.

실행

풀다운 메뉴 수정 클릭 → 솔리드 편집 클릭 → 모서리 색상 입력하기 → 모서리 선택 → 색상 지정

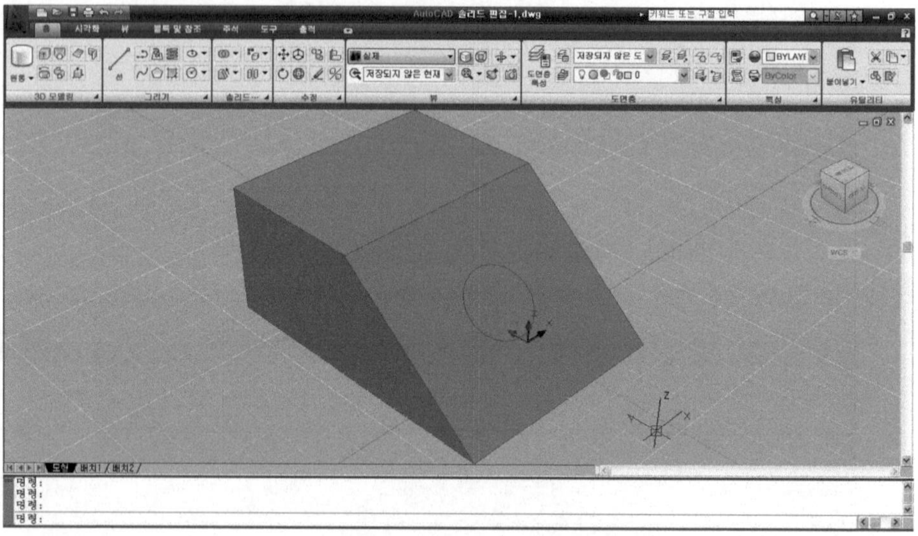

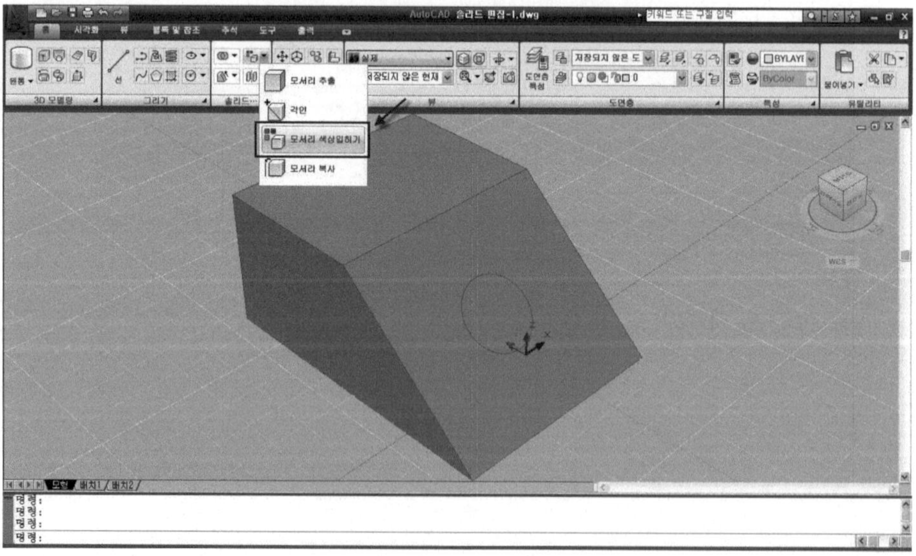

▲ "모서리 색상 입히기"를 클릭한다.

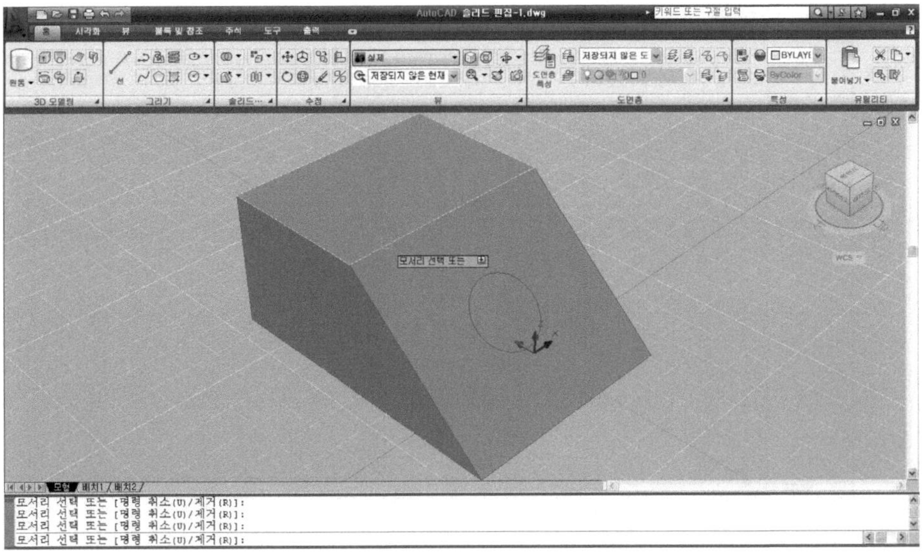

▲ 윗면의 4 모서리를 클릭하고 Enter를 누른다.

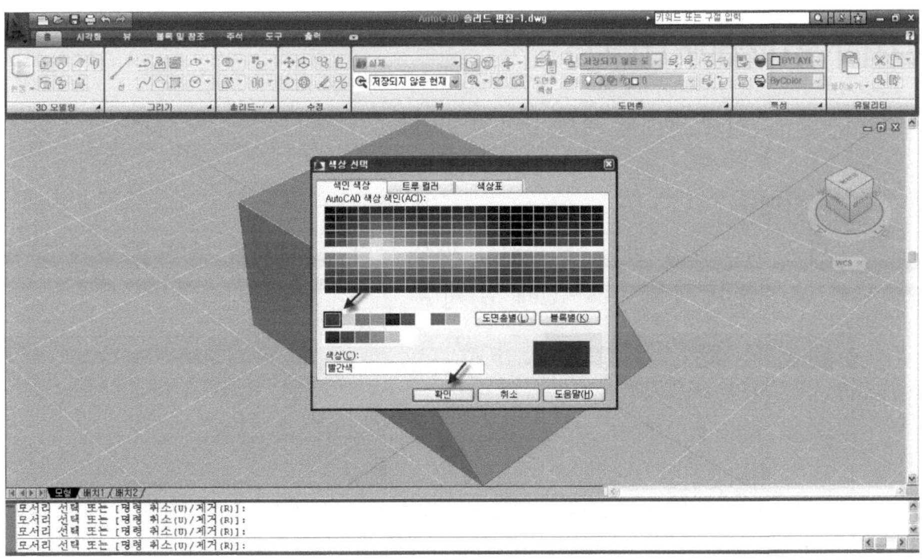

▲ 색상을 선택하고 확인을 누른다.

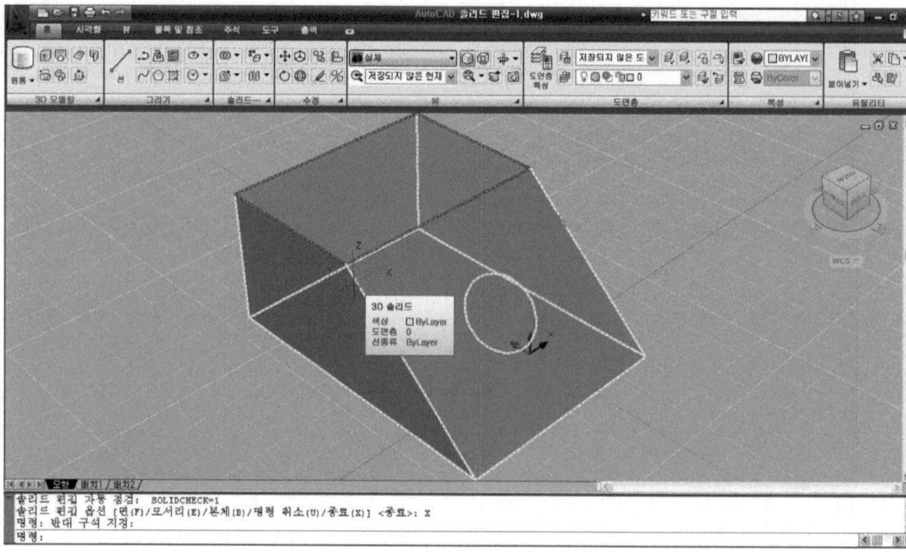

▲ 솔리드 객체를 선택하면 모서리 색상이 변경된 것을 확인할 수 있다.

모서리 복사(COPY EDGES)

모서리를 또 다른 객체로 복사하는 명령이다.

실행

풀다운 메뉴 수정 클릭 → 솔리드 편집 클릭 → 모서리 복사 클릭 → 모서리 선택 → 기준점 지정 → 두 번째 점 지정

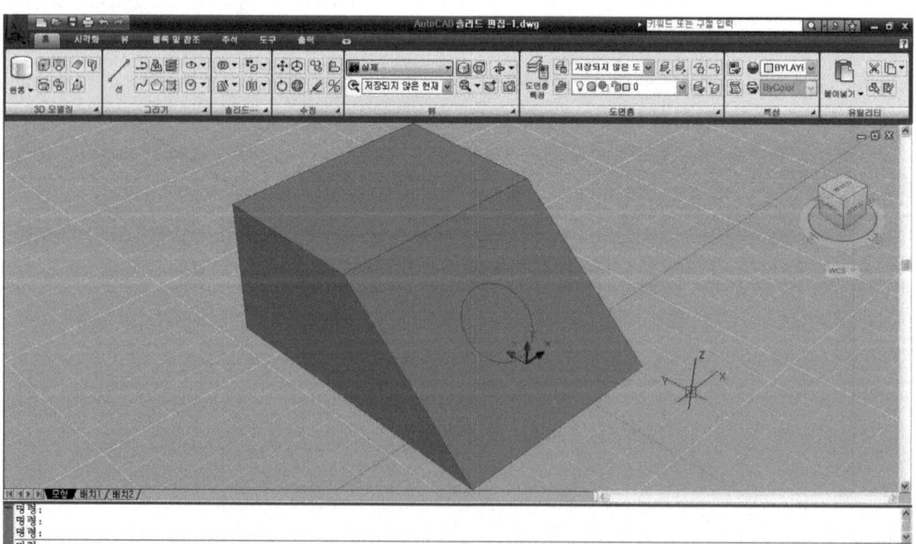

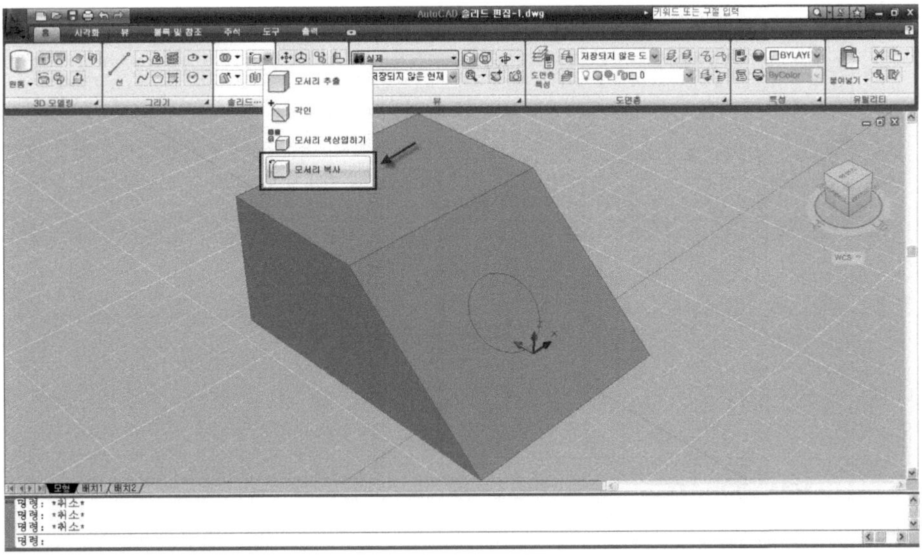

▲ 모서리 복사를 클릭한다.

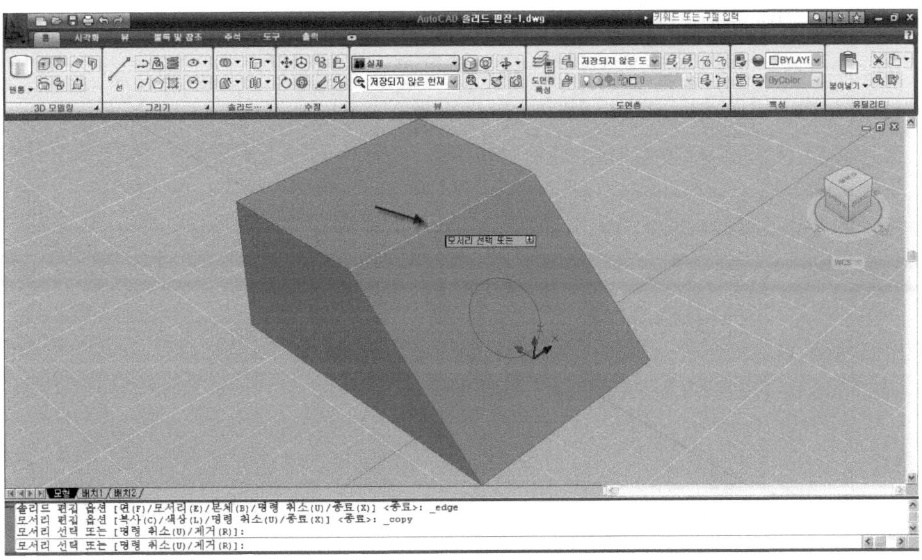

▲ 모서리를 선택하고 Enter를 누른다.

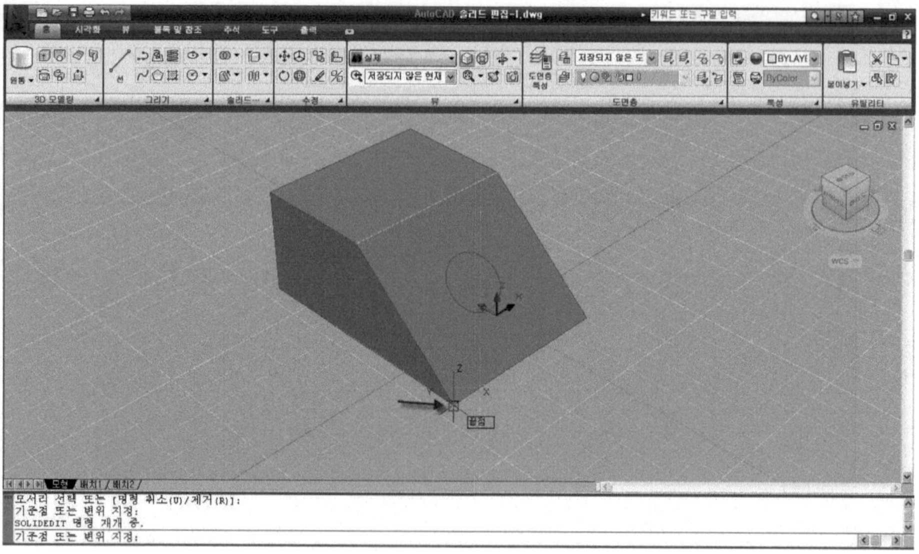

▲ 기준점을 클릭한다.

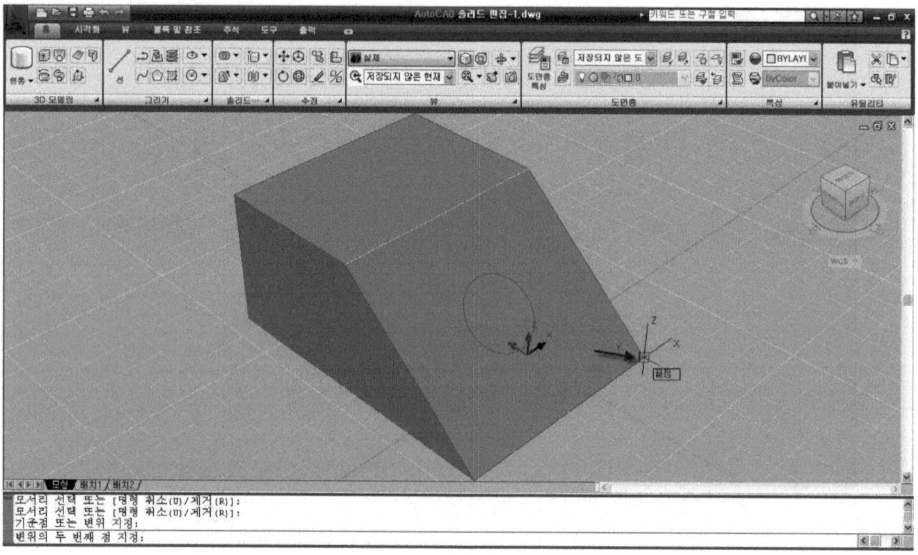

▲ 두 번째 점을 클릭한다.

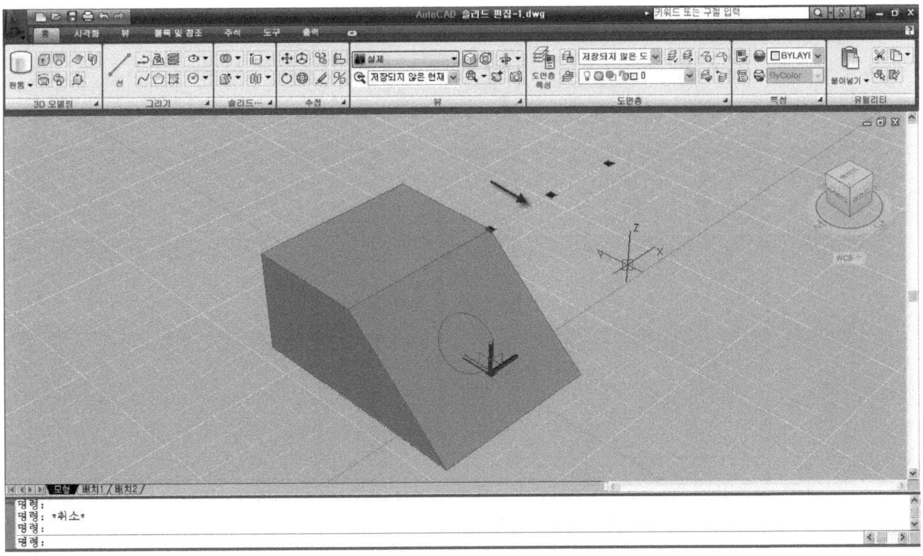

▲ 모서리가 복사된 것을 확인할 수 있다. 복사된 모서리는 솔리드 객체와 하나가 아닌 다른 객체로 분리된 객체이다.

면 돌출(EXTRUDE FACES)

면을 돌출시키는 명령이다.

실행

풀다운 메뉴 수정 클릭 → 솔리드 편집 클릭 → 면 돌출 클릭 → 면 선택 → 높이 지정 → 각도 지정

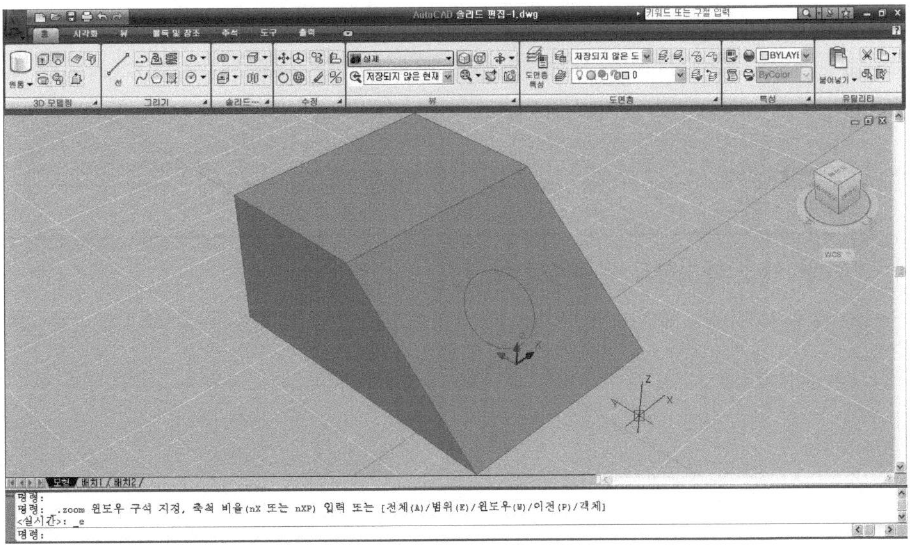

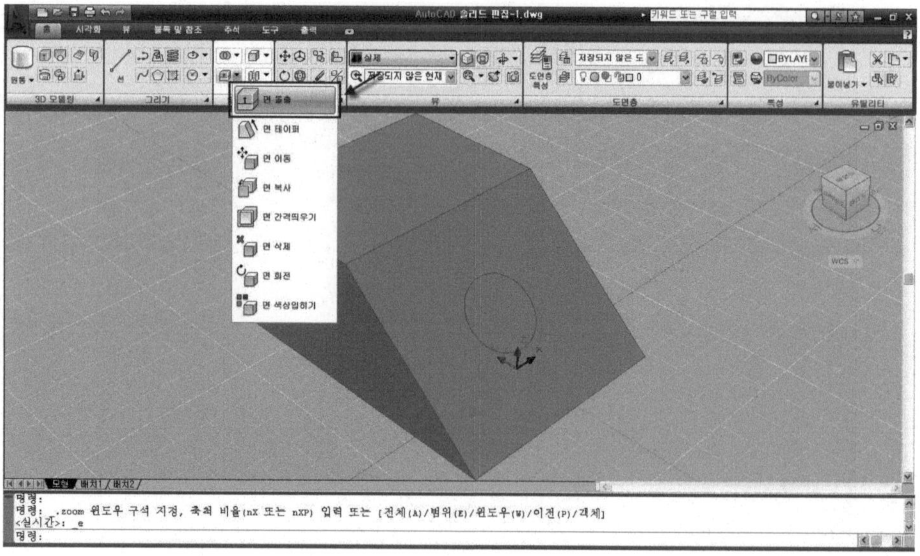

▲ 면 돌출을 클릭한다.

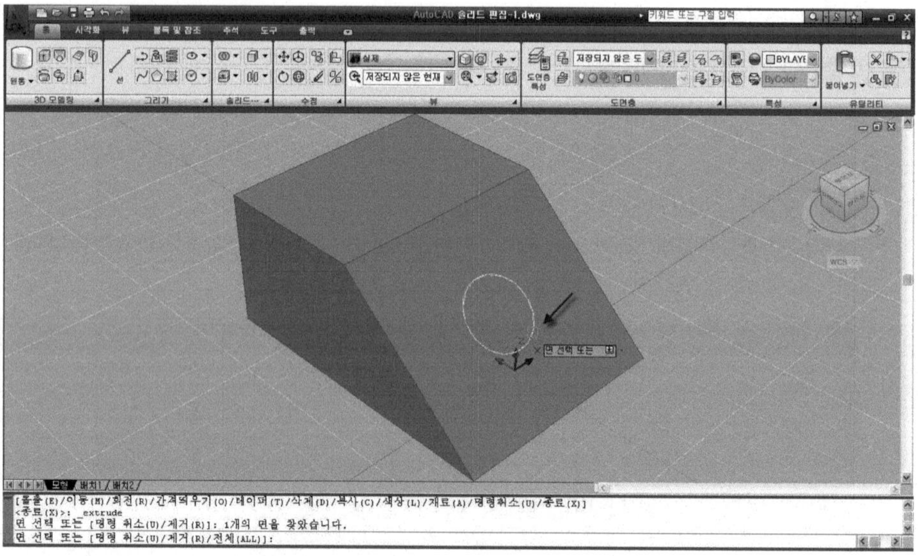

▲ 원 면을 클릭하고 Enter를 누른다.

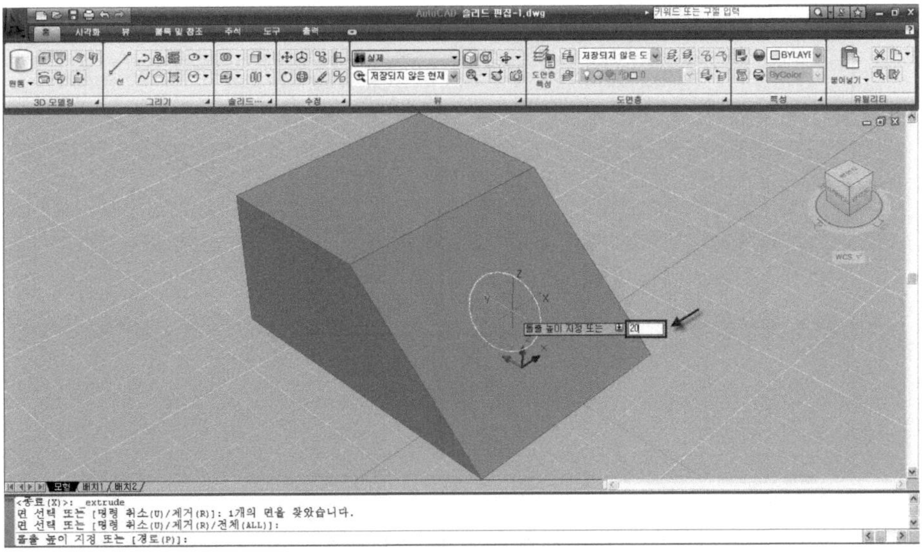

▲ 돌출 높이 지정 값을 "20"으로 입력하고 Enter 를 누른다.

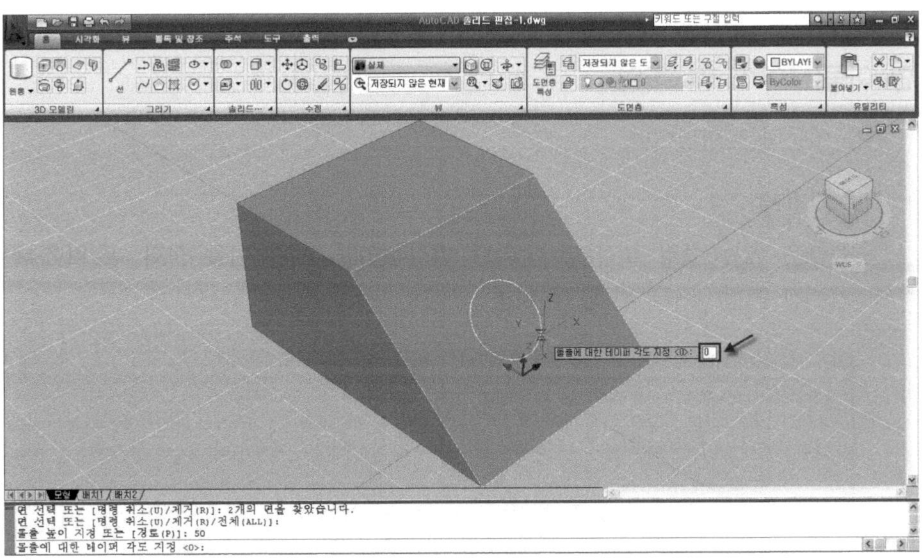

▲ 돌출에 대한 테이퍼 각도 지정 값을 "0"으로 입력하고 Enter 를 누른다.

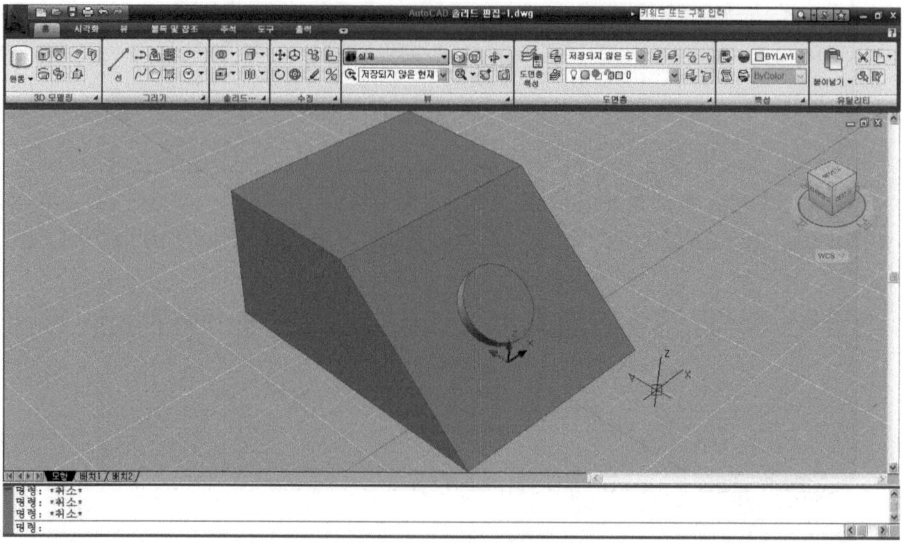

▲ Enter를 두 번 눌러 명령을 종료하면 그림과 같이 원 부분의 면이 돌출된 것을 확인할 수 있다.

면 이동(MOVE FACES)

면을 이동하는 명령이다.

실행

풀다운 메뉴 수정 클릭 → 솔리드 편집 클릭 → 면 이동 클릭 → 면을 선택 → 기준점 지정 → 두 번째 점 지정

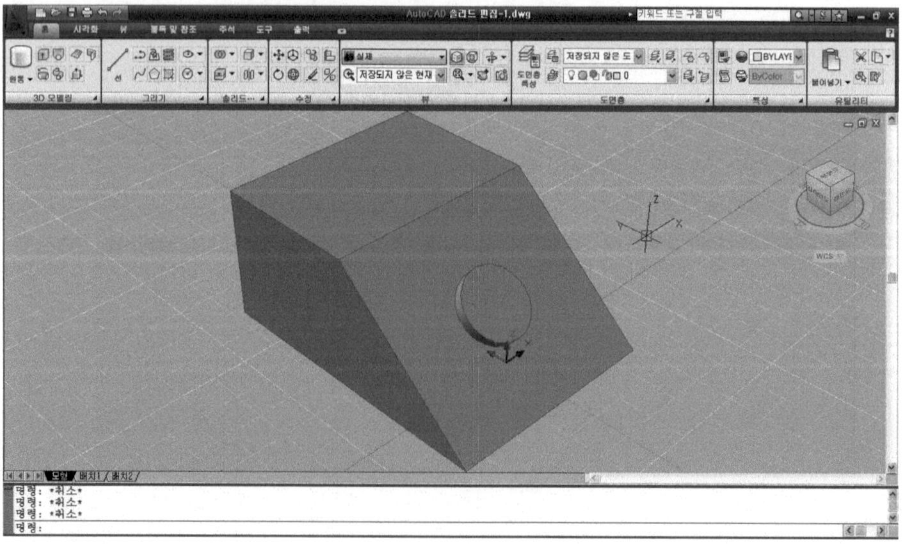

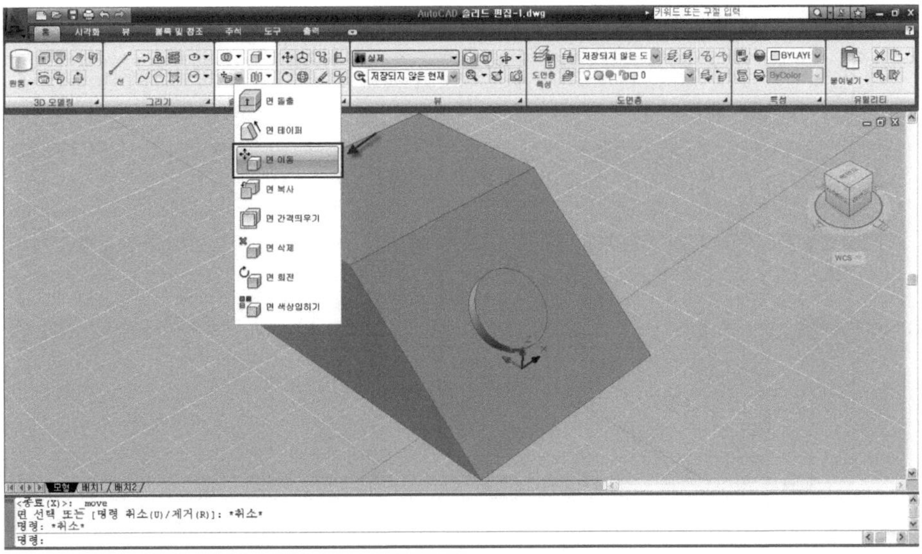

▲ 면 이동을 클릭한다.

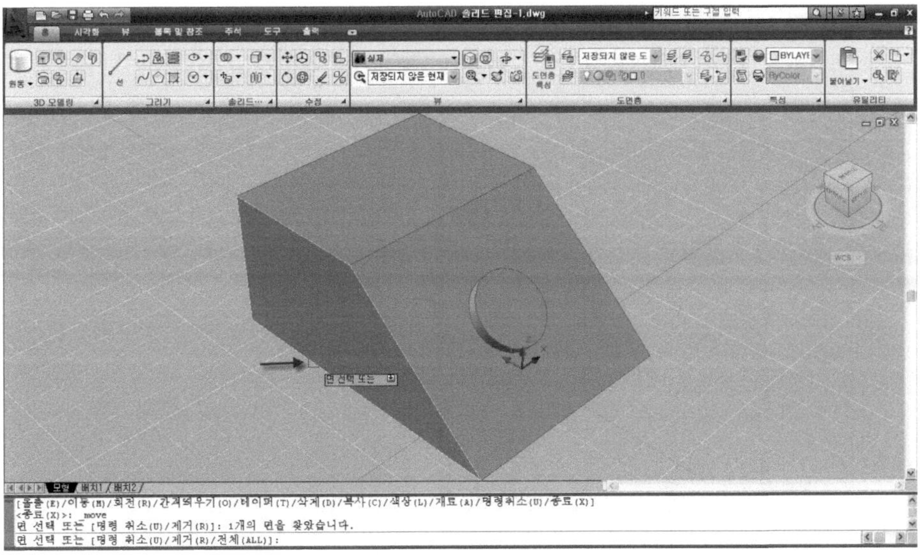

▲ 면을 선택하고 Enter를 누른다.

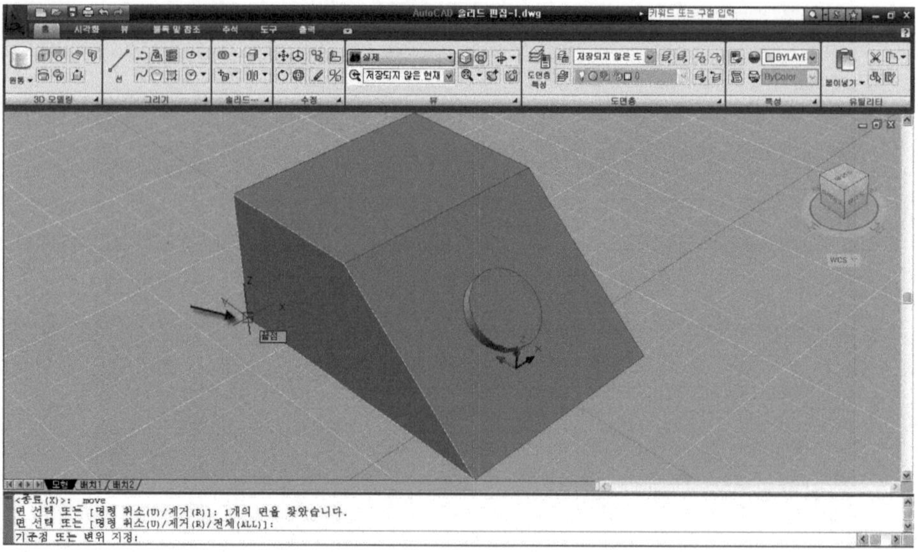

▲ 기준점을 클릭한다.

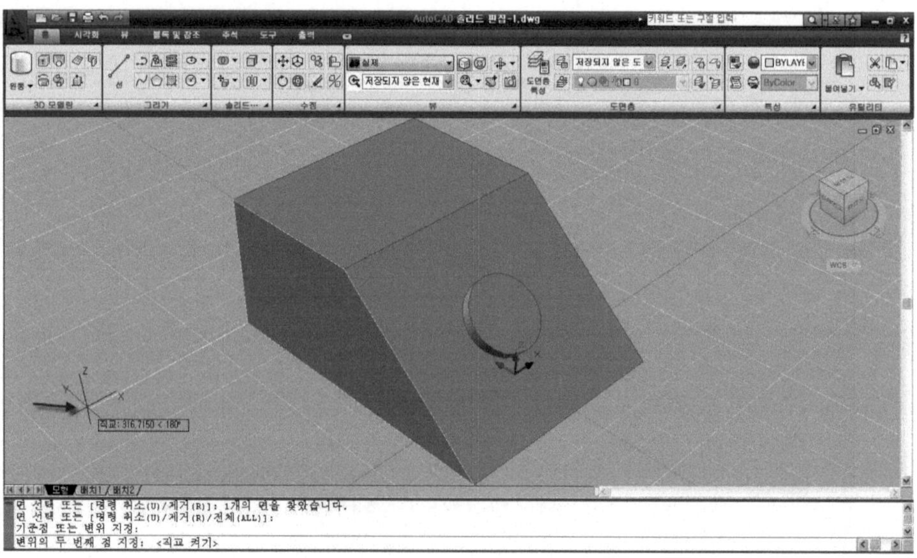

▲ 이동할 임의의 두 번째 점을 클릭한다.

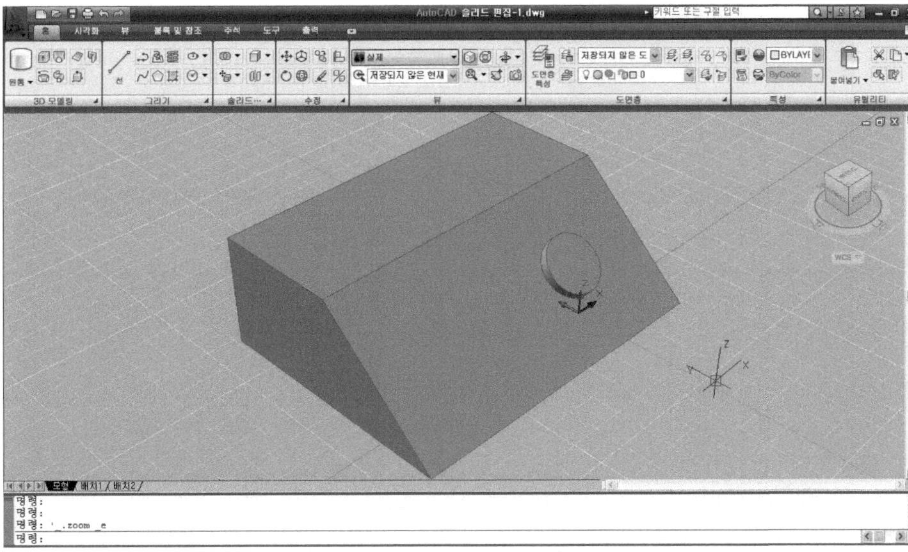

▲ Enter를 두 번 누르면 면이 이동된 것을 확인할 수 있다.

면 간격 띄우기(OFFSET FACES)

면을 지정한 거리 값만큼 복사하여 체적을 늘리거나 줄이는 명령이다.

실행

풀다운 메뉴 수정 클릭 ➜ 솔리드 편집 클릭 ➜ 면 간격 띄우기 클릭 ➜ 면 선택 ➜ 거리 지정

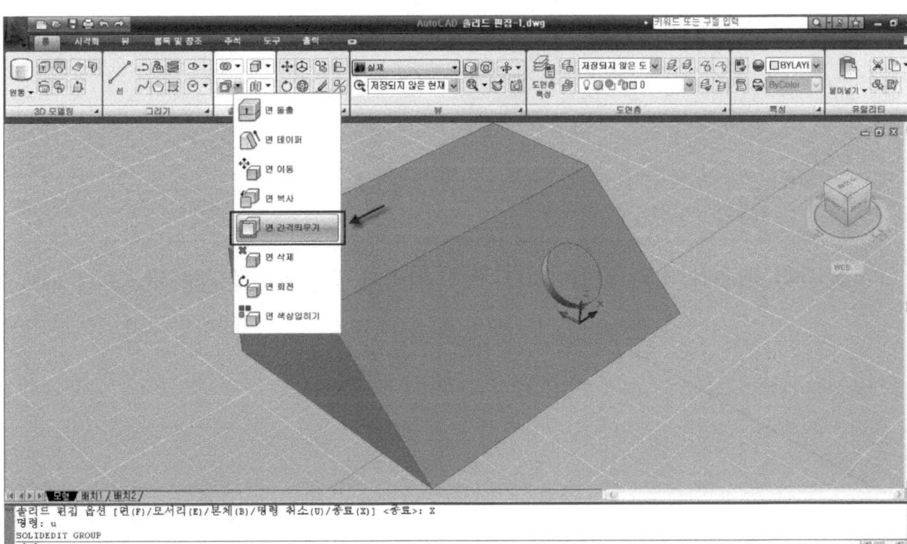

▲ 면 간격 띄우기를 클릭한다.

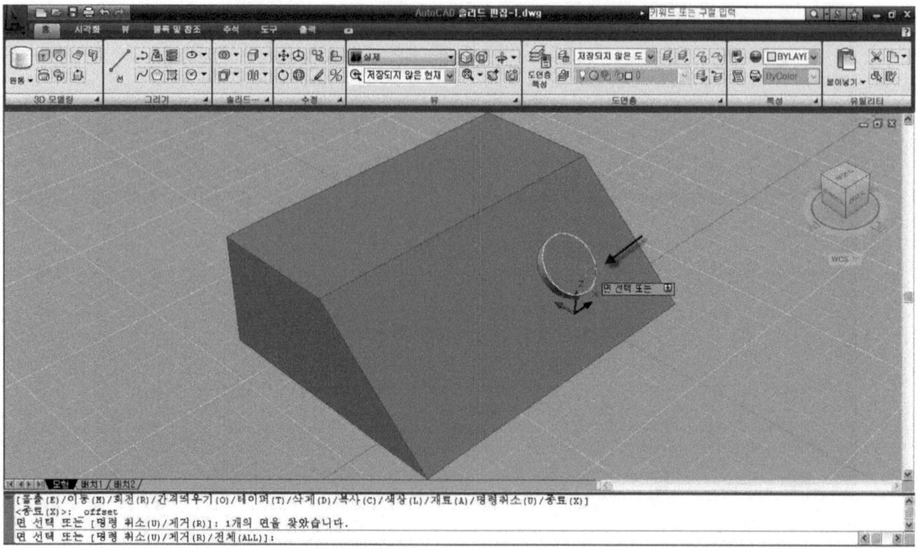

▲ 면을 클릭하고 Enter를 누른다.

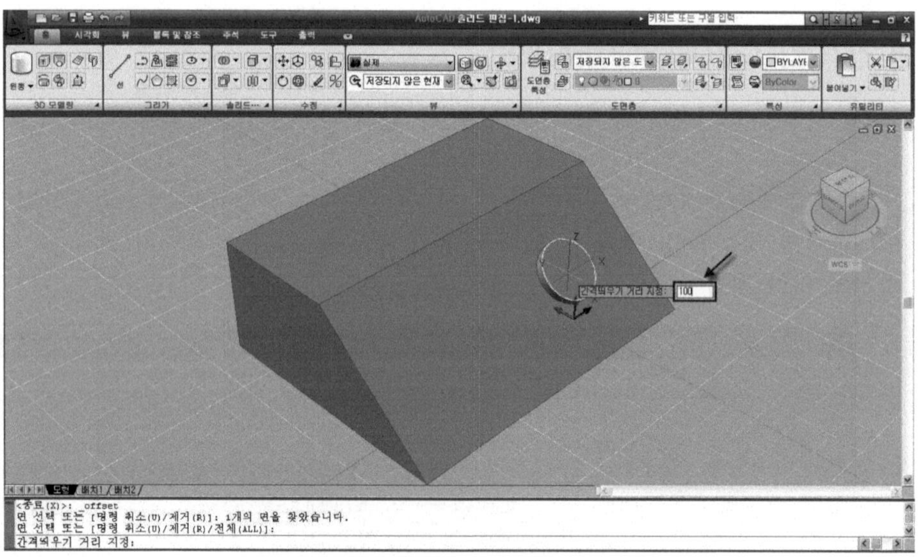

▲ 간격 띄우기 거리 값을 "100"으로 입력하고 Enter를 누른다.

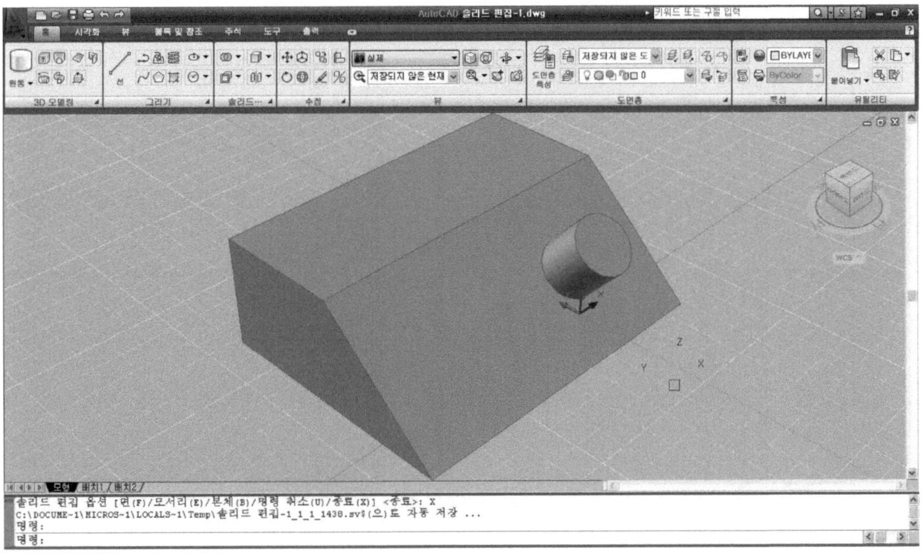

▲ Enter를 두 번 누르면 종료가 되며 그림과 같이 간격 띄우기를 확인할 수 있다.

면 삭제(DELETE FACES)

모따기(Chamfer)나 모깎기(Fillet)로 처리된 모서리를 원래의 상태로 되돌리는 명령이다.

실행

풀다운 메뉴 수정 클릭 ➜ 솔리드 편집 클릭 ➜ 면 삭제 클릭 ➜ 삭제할 면 선택

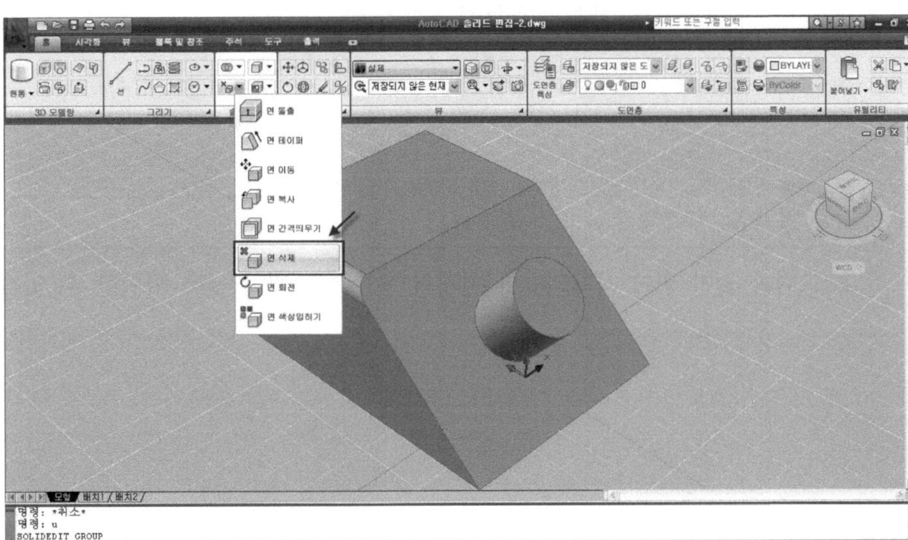

▲ 면 삭제를 클릭한다.

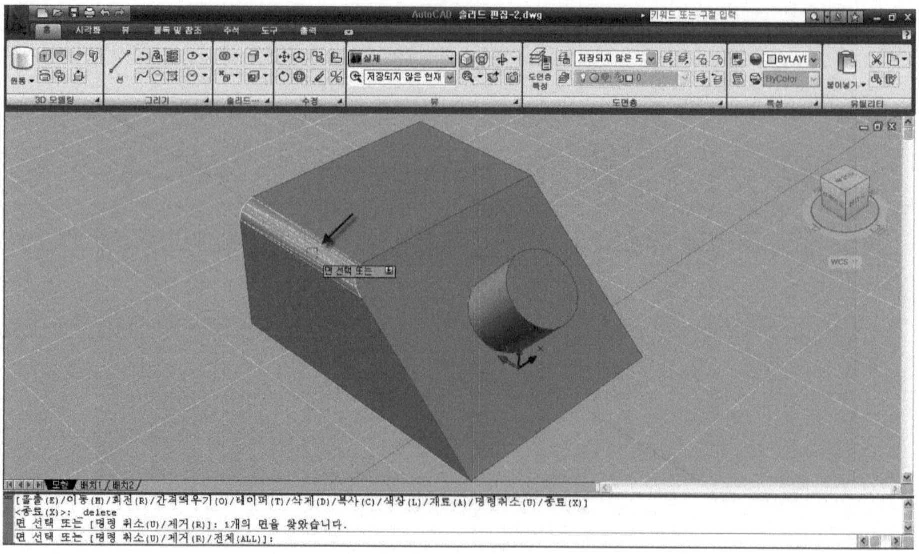

▲ 삭제할 면을 선택하고 Enter를 두 번 누르면 종료된다.

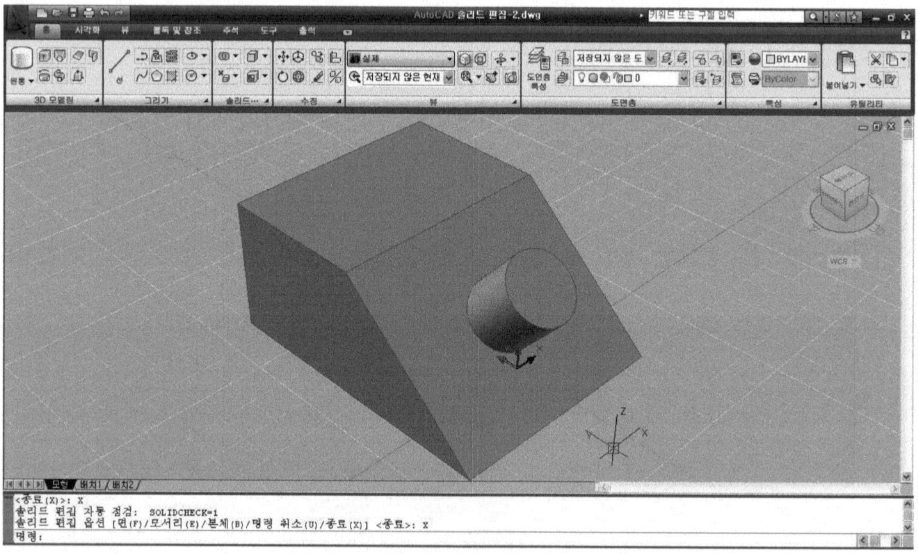

▲ 그림과 같이 면이 삭제되면서 원래의 모습으로 변한 것을 확인할 수 있다.

면 회전(ROTATE FACES)

면을 회전하는 명령이다.

실행

풀다운 메뉴 수정 클릭 → 솔리드 편집 클릭 → 면 회전 클릭 → 면 선택 → 축 지정 → 회전 원점 지정 → 회전각도 지정

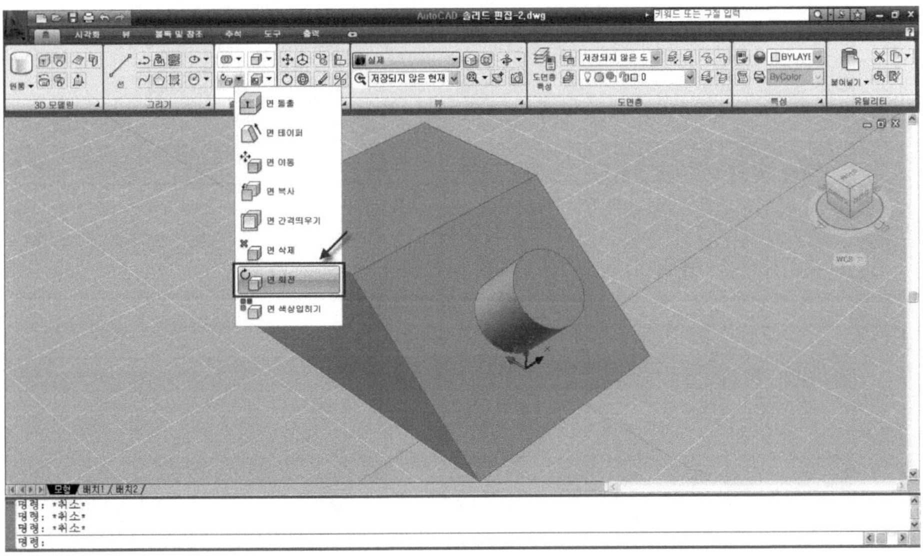

▲ 면 회전을 클릭한다.

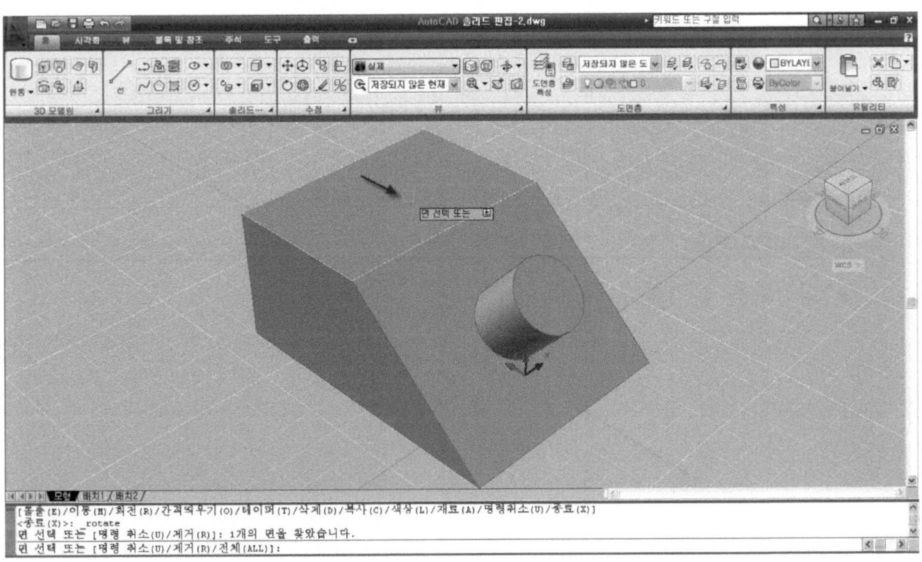

▲ 회전할 면을 선택하고 Enter를 누른다.

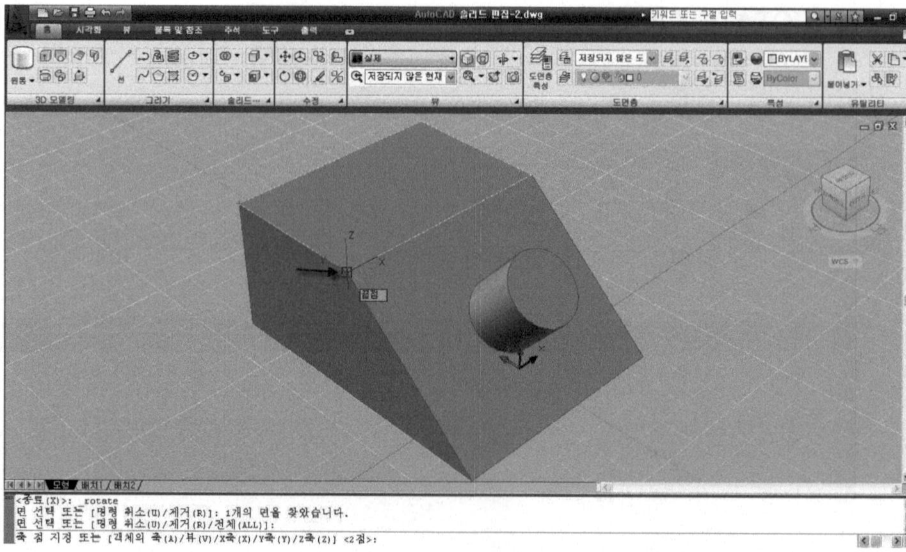

▲ 축 지점을 클릭한다.

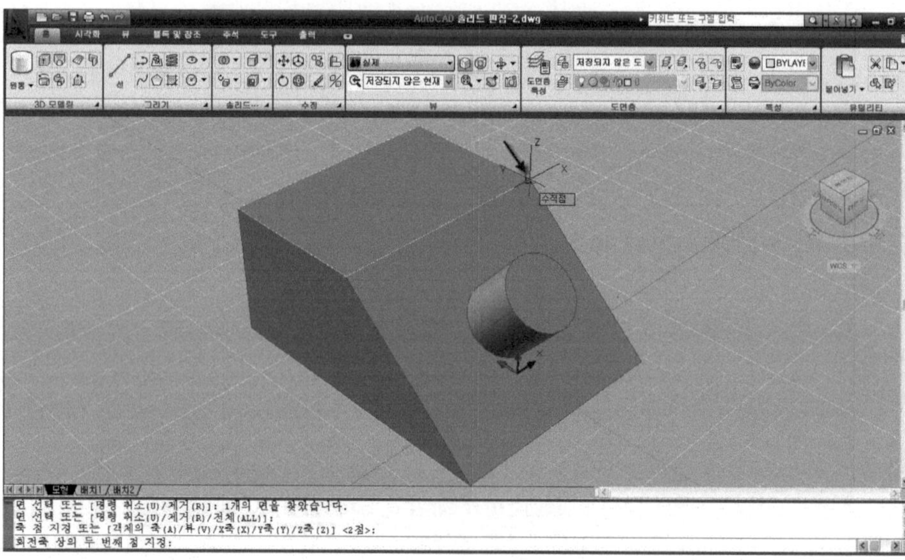

▲ 회전축을 클릭한다.

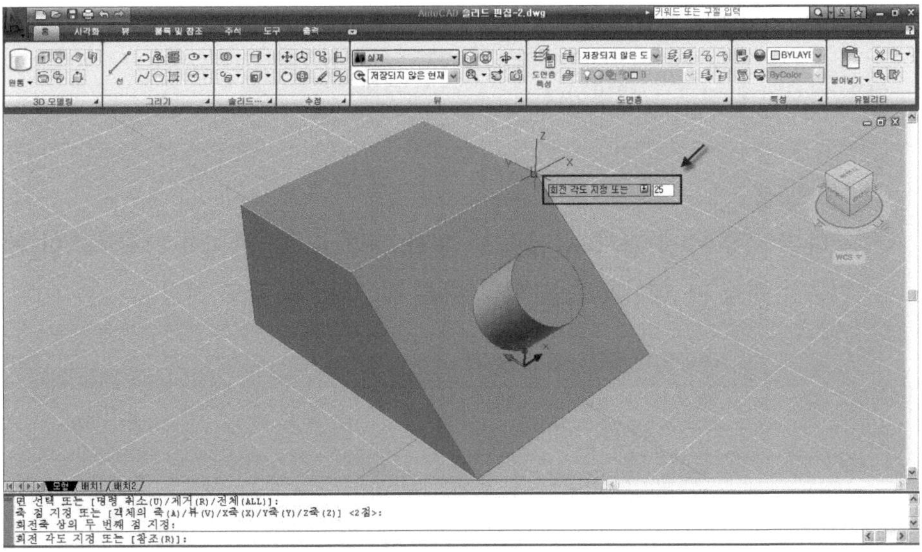

▲ 회전각도 지정 값을 "25"로 입력하고 Enter를 누른다.

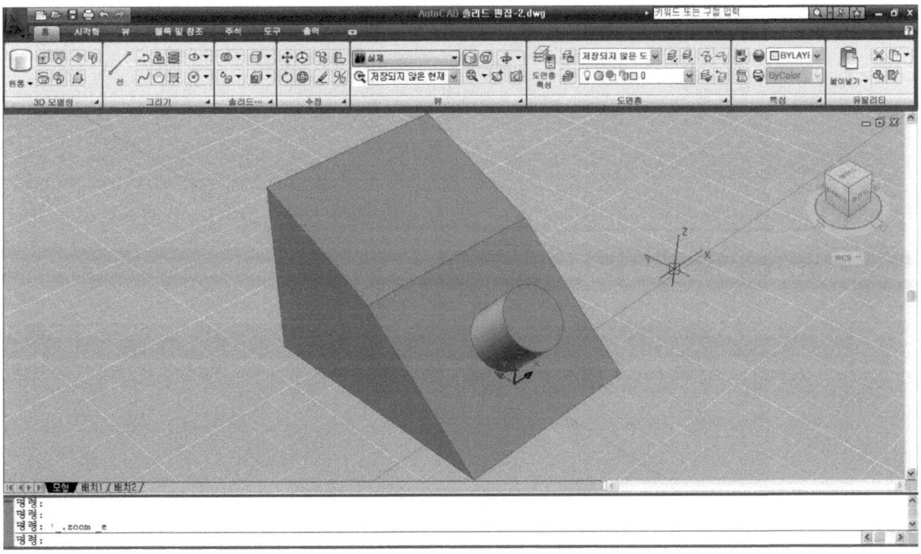

▲ Enter를 두 번 누르면 종료가 되며 그림과 같은 결과를 확인할 수 있다.

면 테이퍼(TAPER FACES)

면을 경사지게 만드는 명령이다.

실행

풀다운 메뉴 수정 클릭 ➜ 솔리드 편집 클릭 ➜ 면 테이퍼 클릭 ➜ 면 선택 ➜ 기준점 지정 ➜ 테이퍼 축을 따라 다른 점 지정 ➜ 각도 지정

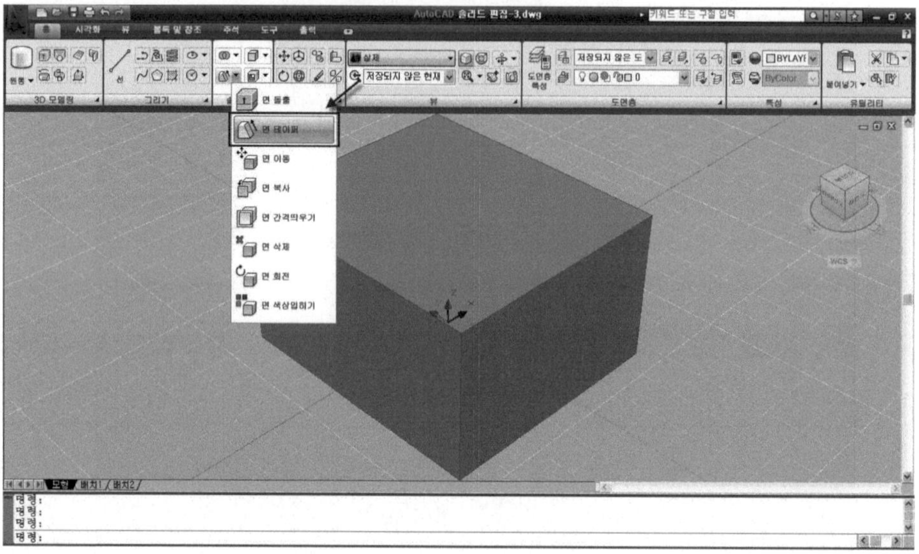

▲ 면 테이퍼를 클릭한다.

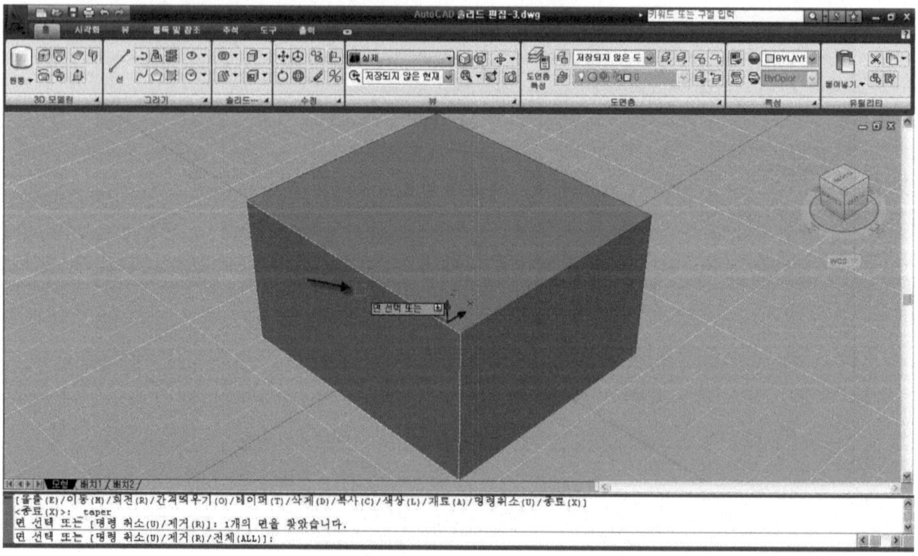

▲ 테이퍼할 면을 선택하고 Enter를 누른다.

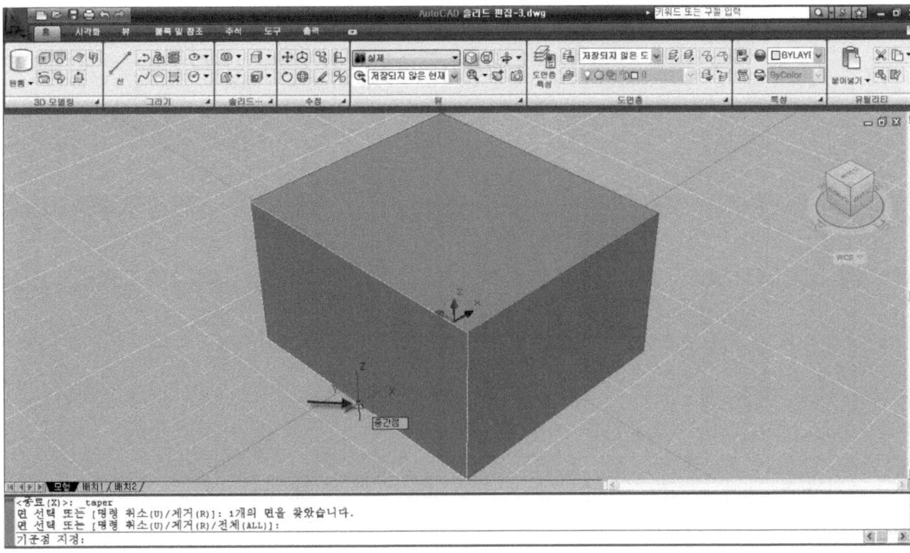

▲ 기준점을 클릭한다.

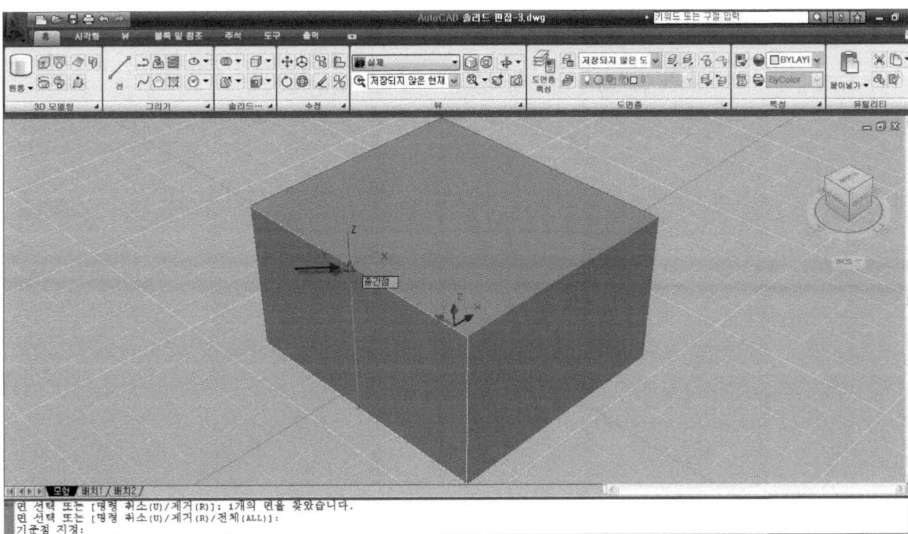

▲ 테이퍼 축을 클릭한다.

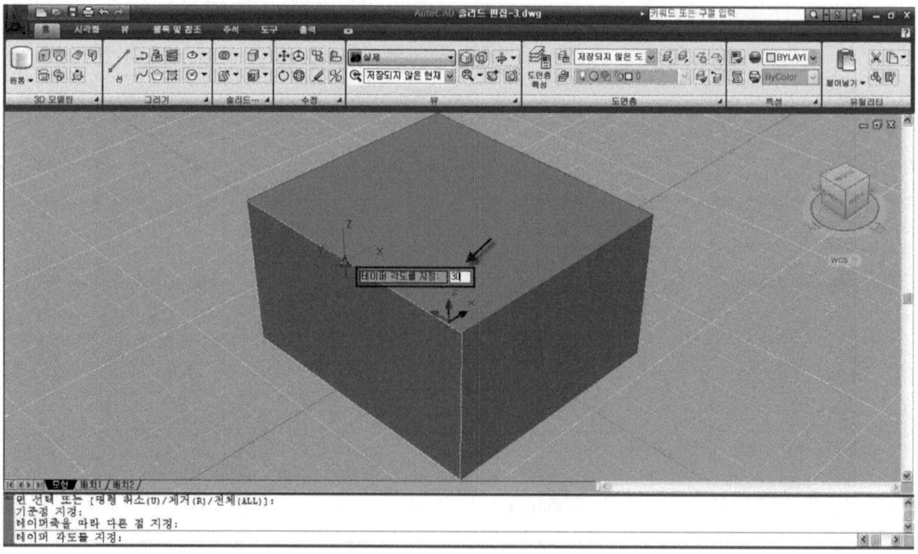

▲ 테이퍼 각도 지정 값을 "30"으로 입력하고 Enter를 누른다.

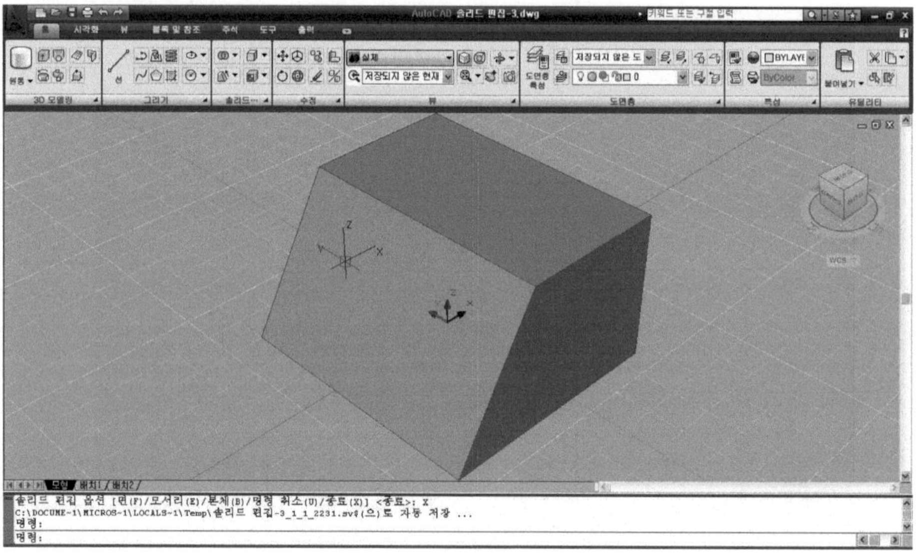

▲ Enter를 두 번 누르면 종료가 되고 그림과 같은 결과를 확인할 수 있다.

면 색상 입히기(COLOR FACES)

면의 색상을 수정하는 명령이다.

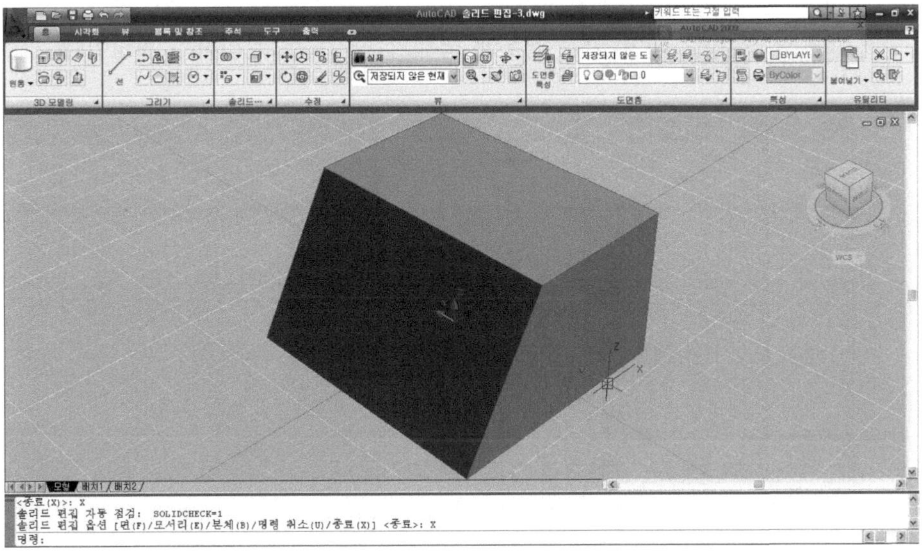

▲ 모서리 색상 입히기와 똑같은 방법으로 면의 색상을 변경한다.

1) 면 복사(COPY FACES)

면을 복사하는 명령이다.

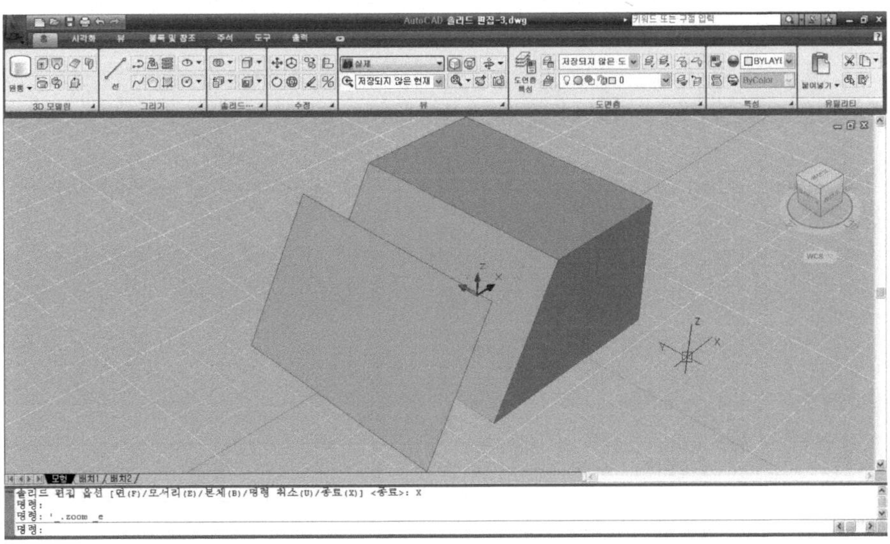

▲ 모서리 복사와 같은 방법으로 면을 복사한다.

2) 기타 편집 명령

① 지우기(CLEAN) : 각인(IMPRINT)로 생성된 표면 및 모서리의 특성을 지우는 명령이다.

② 분리(SEPARATE) : 합집합(UNION)이나 차집합(SUBTRACT) 등으로 솔리드 객체가 하나의 객체로 되어 있는 경우에 별개의 솔리드로 분리하는 명령이다.

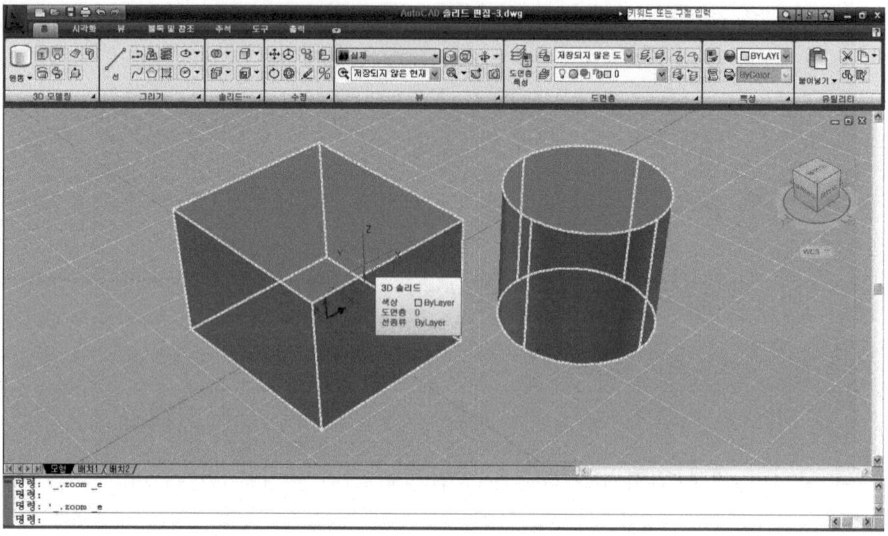

▲ 하나로 된 객체를 선택한다.

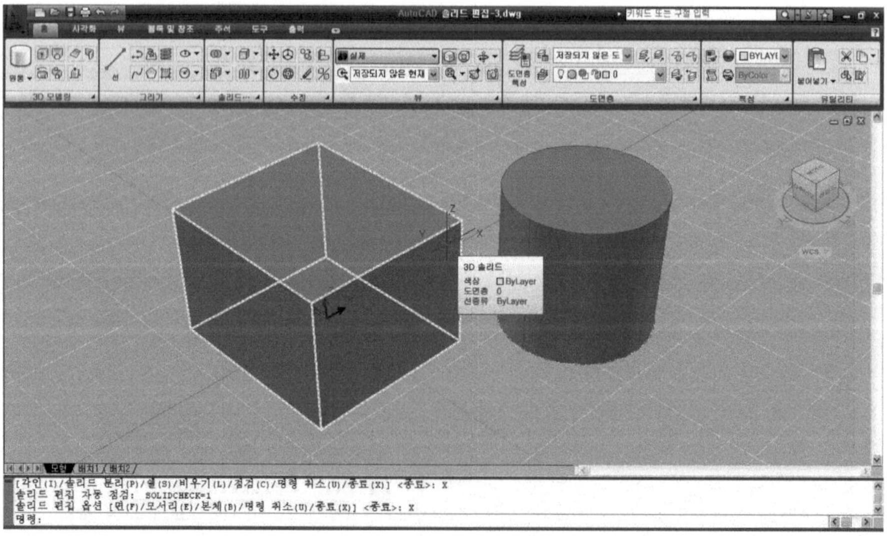

▲ 두 개의 객체로 분리되었다.

③ 쉘(SHELL) : 솔리드 객체의 표면으로부터 지정한 두께만큼의 부분만 남기고 속을 파내는 명령이다.

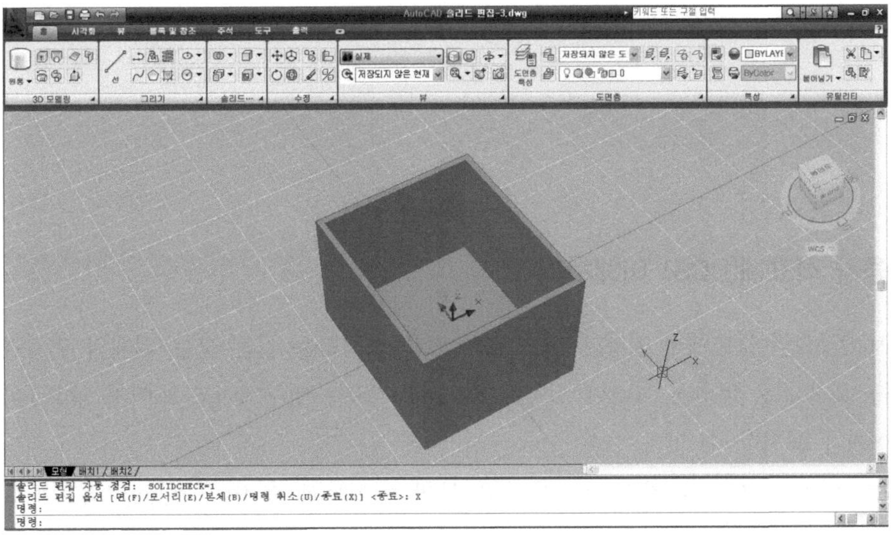

▲ 그림과 같이 만들어준다.

LESSON 09

동적 UCS

사용자 좌표계(UCS) 이해하기

AutoCAD의 도면에서 실세계 좌표계(WCS)을 조정하는 것은 모든 객체의 위치와 표준 뷰를 정의하는 것이다. 그러나 실세계 좌표계(WCS)는 영구적이고 보이지 않고, 이를 움직이거나 회전할 수 없다.

AutoCAD는 사용자 좌표계(UCS)라고 불리는 이동과 조정이 가능한 좌표계를 제공한다.

우리가 AutoCAD에서 3차원 모델을 생성하기 위해 사용자 좌표계(WCS)를 사용하고 사용자 좌표계(WCS)의 위치와 원점을 조정하는 것은 숙련된 기술이 필요하다.

3차원 뷰에서 UCS 아이콘의 X축은 빨간색, Y축은 녹색, Z축은 파란색으로 표시한다.

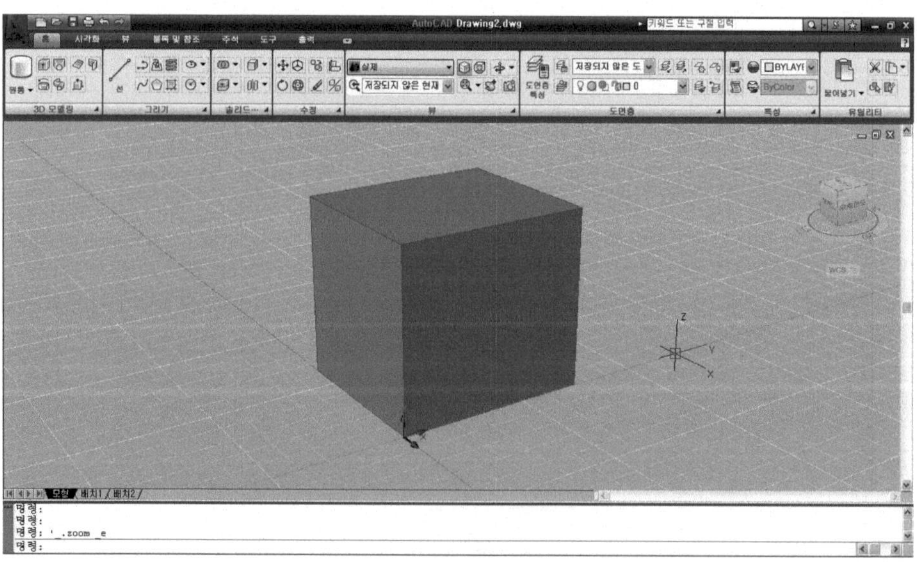

〈3차원 뷰〉

동적 UCS(DUCS) 사용하기

동적 UCS 기능을 이용해서 좀 더 빠르게 UCSDML XY 평면을 정렬할 수 있다. 상태 막대에서 [DUCS]버튼이 켜지면 원하는 작업평면 위에서 마우스를 가져가면 작업 평면이 변경된다.

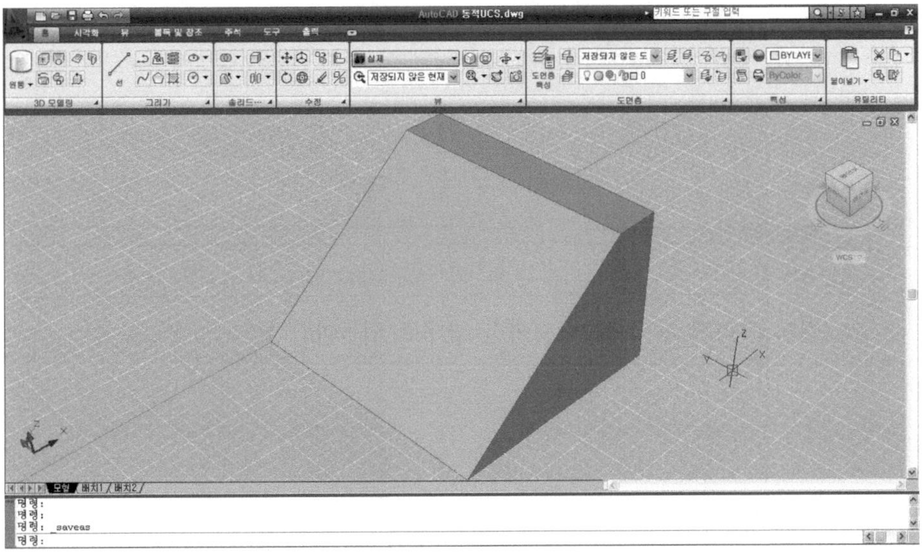

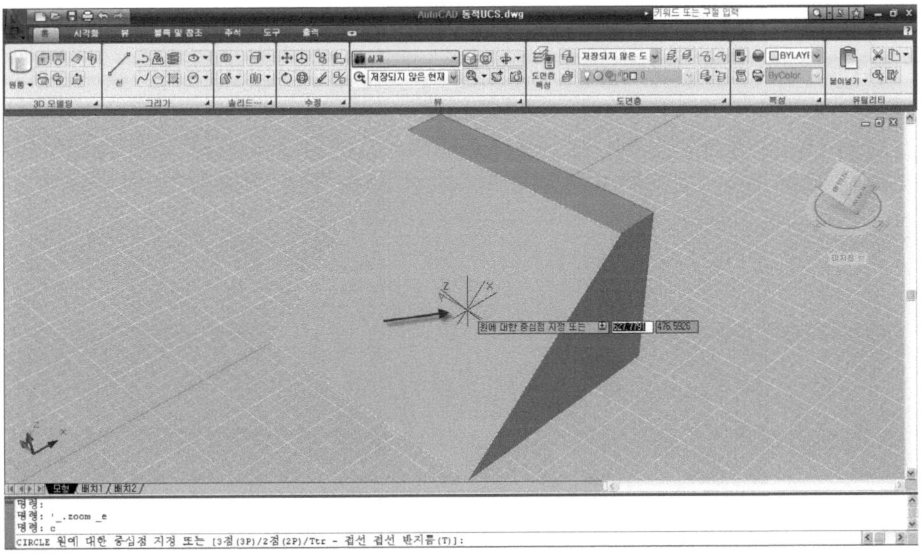

▲ Circle를 입력하고 Enter 를 누르고 빗면에 커서를 가져가면 하이라이트되어 표시된다. 자동으로 좌표계를 인식한다.

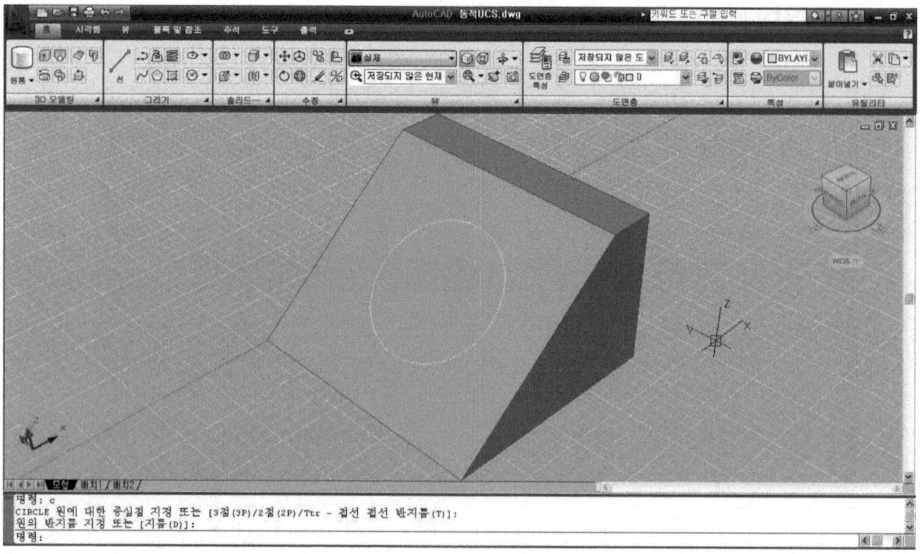

▲ 원이 그려진 후 좌표계는 이전 상태로 되돌아간다.

LESSON

10

3차원 뷰 제어하기

뷰포트

화면을 하나 또는 여러 개로 분할하여 보이도록 한다.

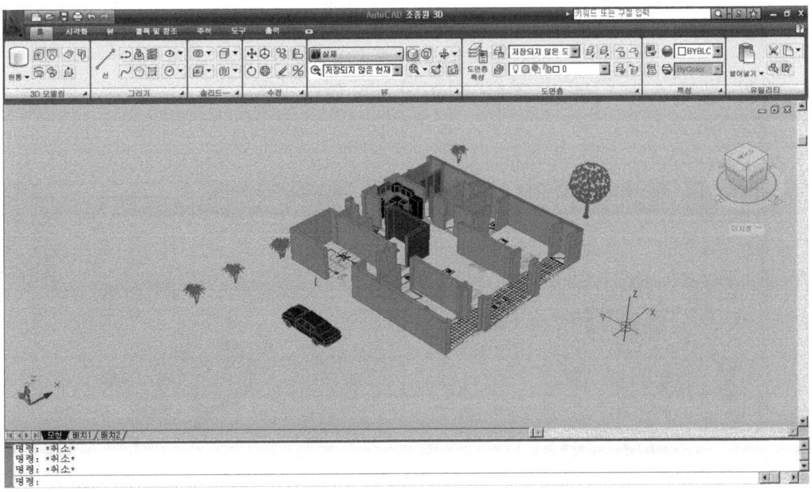

▲ 일반적인 뷰는 단일 뷰포트로 나타난다.

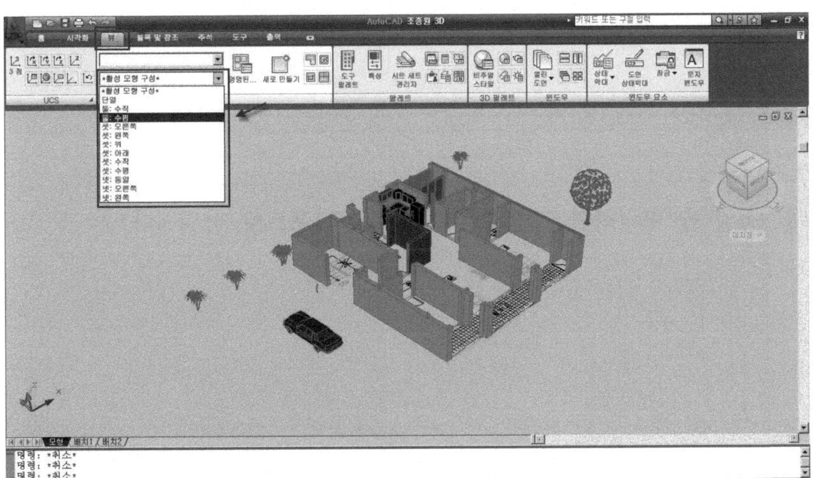

▲ 뷰에서 "둘 : 수평"을 클릭한다.

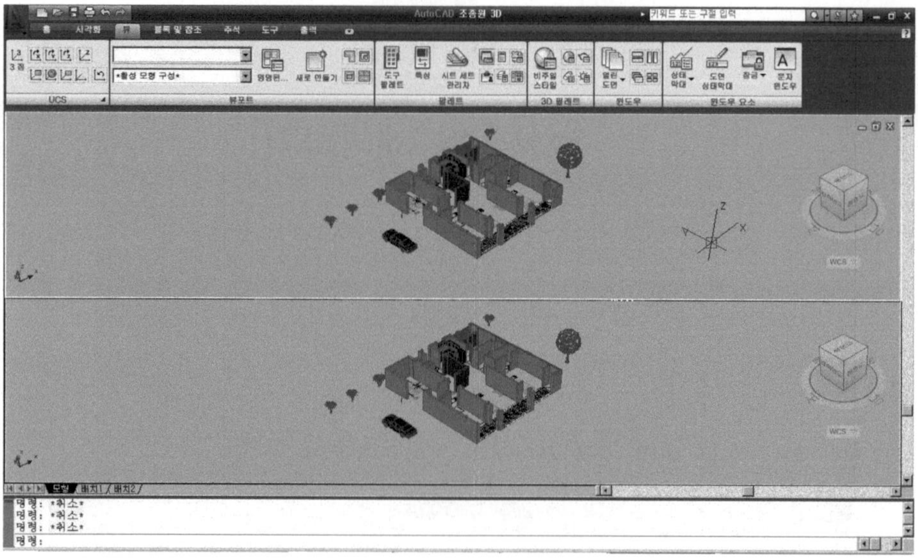

▲ 두 개의 뷰포트로 나눠진 것을 확인할 수 있다.

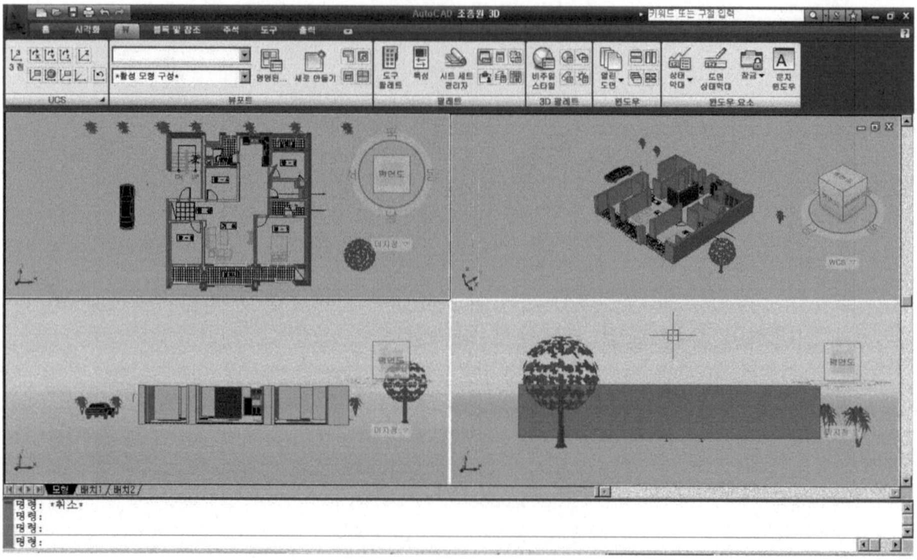

▲ "넷 : 동일"을 클릭하면 그림과 같이 4개의 뷰포트로 나눠진다.

VIEW CUBE 설정

ViewCube의 가시성과 표시 특성을 조정한다.

ViewCube는 3D 그래픽 시스템을 사용하는 경우 ViewCube를 사용하여 표준 뷰와 등각 투영 뷰 간에 전환할 수 있다.

ViewCube가 표시되는 경우 구석 중 하나(비활성 상태인 모형의 도면 윈도우에 있음)에 나타납니다. ViewCube는 비활성 상태에서 현재 UCS 및 북쪽 방향(모형의 WCS에 의해 정의됨)을 기준으로 모형의 현재 관측점을 표시한다. ViewCube 위에 커서를 놓으면 ViewCube가 활성화된다. 사용 가능한 사전 설정 뷰 중 하나로 전환하거나, 현재 뷰를 회전하거나 모형의 홈 뷰로 변경할 수 있다.

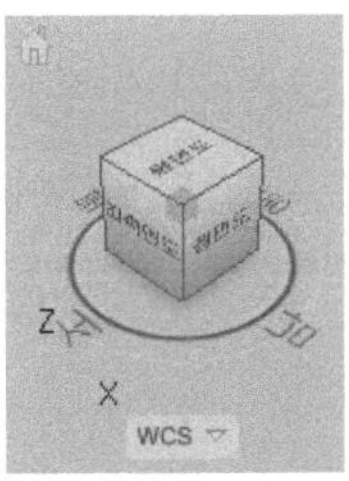

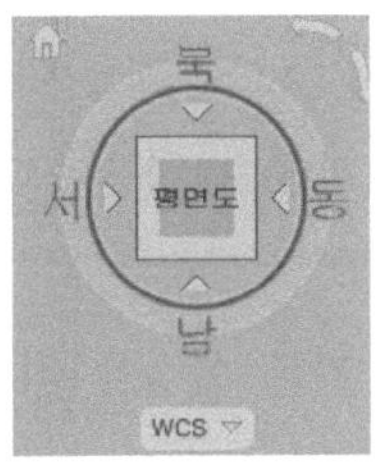

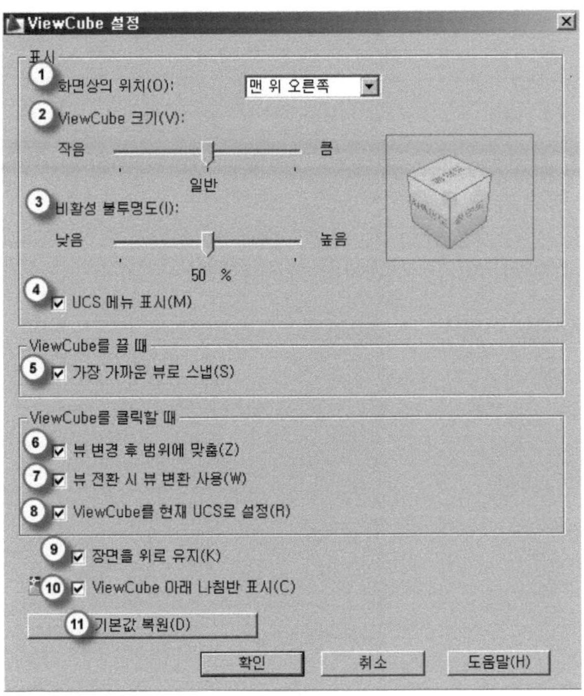

① 화면상의 위치 : 뷰포트에서 ViewCube를 표시할 구석을 지정한다.

② ViewCube 크기 : ViewCube의 표시 크기를 조정한다.

③ **비활성 불투명도** : ViewCube가 비활성일 경우의 불투명 수준을 지정한다.

④ **UCS 메뉴 표시** : ViewCube 아래의 UCS 드롭다운 메뉴 표시를 조정한다.

⑤ **가장 가까운 뷰로 스냅** : ViewCube를 끌어 뷰를 변경할 때 가장 가까운 사전 설정 뷰에 맞춰 현재 뷰를 조정할지 여부를 지정한다.

⑥ **뷰 변경 후 범위에 맞춤** : 뷰 변경 후에 모형을 현재 뷰포트에 맞출지 여부를 지정한다.

⑦ **뷰 전환 시 뷰 변환 사용** : 뷰 간을 전환할 때 부드러운 뷰 변환 사용을 조정한다.

⑧ **ViewCube를 현재 UCS로 설정** : 모형의 현재 UCS 또는 WCS를 기준으로 ViewCube의 방향을 설정한다.

⑨ **장면을 위로 유지** : 모형의 관측점을 위아래로 뒤집을 수 있는지 여부를 지정한다.

⑩ **ViewCube 아래 나침반 표시** : ViewCube 아래에 나침반을 표시할지 여부를 조정한다. 나침반에 표시되는 북쪽 방향은 NORTHDIRECTION 시스템 변수에 의해 정의된 값이다.

⑪ **기본값 복원** : ViewCube의 기본 설정을 적용한다.

LESSON 11

시각적 스타일

뷰 스타일(VSCURRENT)

뷰 스타일은 뷰포트의 표시 스타일을 지정한다.

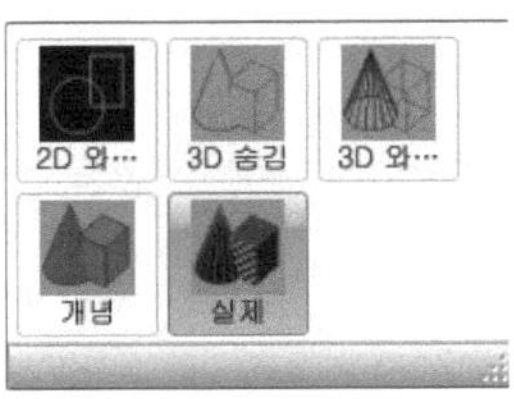

1) 2D 와이어프레임

경계를 나타내는 선과 곡선을 사용하여 객체를 표시하며, 래스터와 OLE 객체, 선 종류 및 선 가중치를 볼 수 있다.

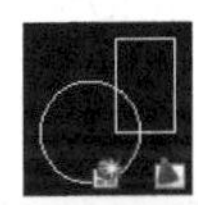

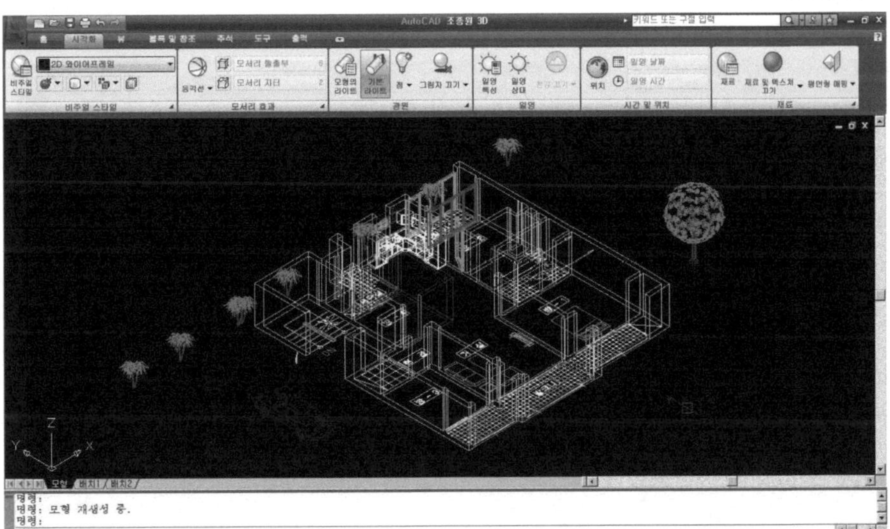

2) D숨김

와이어프레임 형태로 표시하며 보이지 않는 부분은 숨은선으로 표시한다.

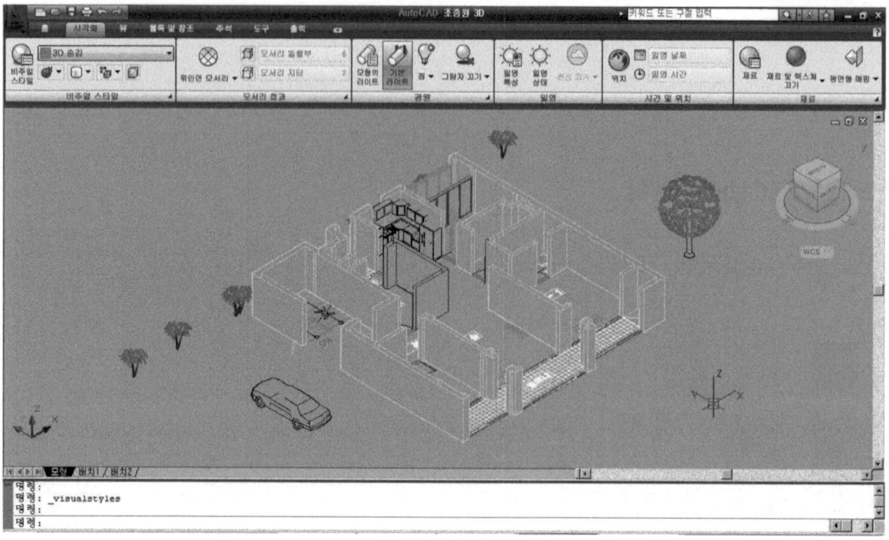

3) 3D 와이어프레임

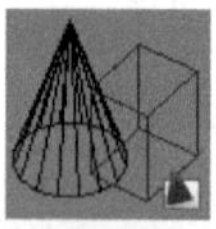

2D 와이어프레임과 비슷하며 음영처리된 3D UCS 아이콘을 표시한다.

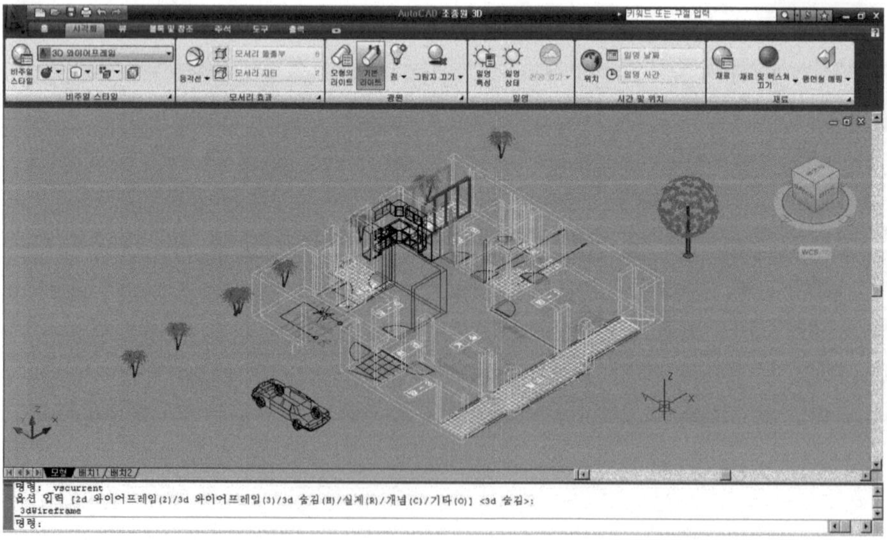

4) 개념

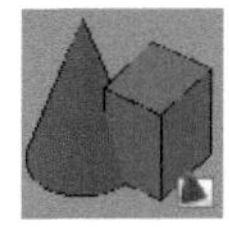

객체를 차가운 색상과 따뜻한 색상간의 변환을 사용하여 음영처리하며 다각형 면 사이의 모서리를 부드럽게 만든다. 그다지 실제적이지 않으나 모형의 상세를 쉽게 확인할 수 있도록 해준다.

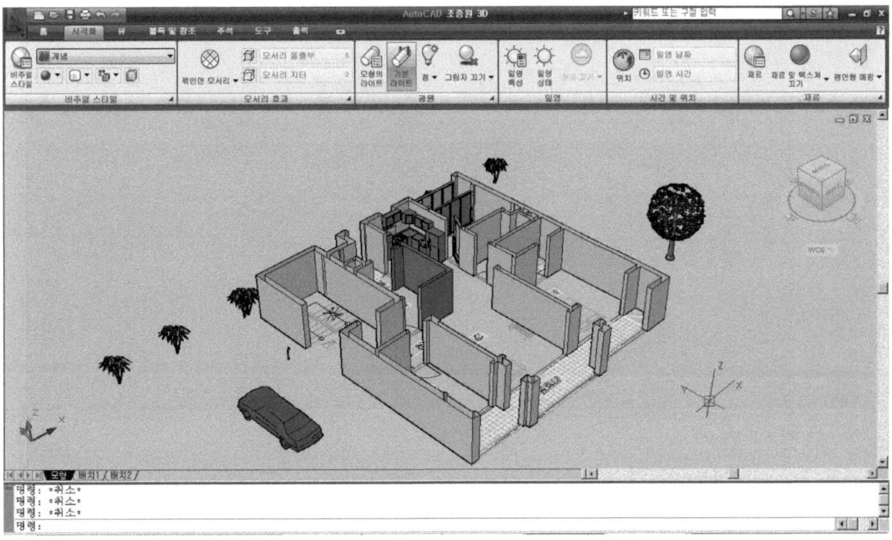

5) 실제

객체를 음영처리하여 실제적으로 보이도록 한다. 객체의 재료가 표시된다.

X-레이 모드(VSFACEOPACITY)

현재 뷰포트에 있는 면의 투명도를 조절한다.

그림자(VSSHADOWS)

그림자의 표시를 지정한다. 기본 빛이 켜지거나 사용자가 생성한 빛, 태양이 켜지면 그림자는 표시된다.

조정 대화상자(3DCONFIG)

3D표시 성능을 조정한다.

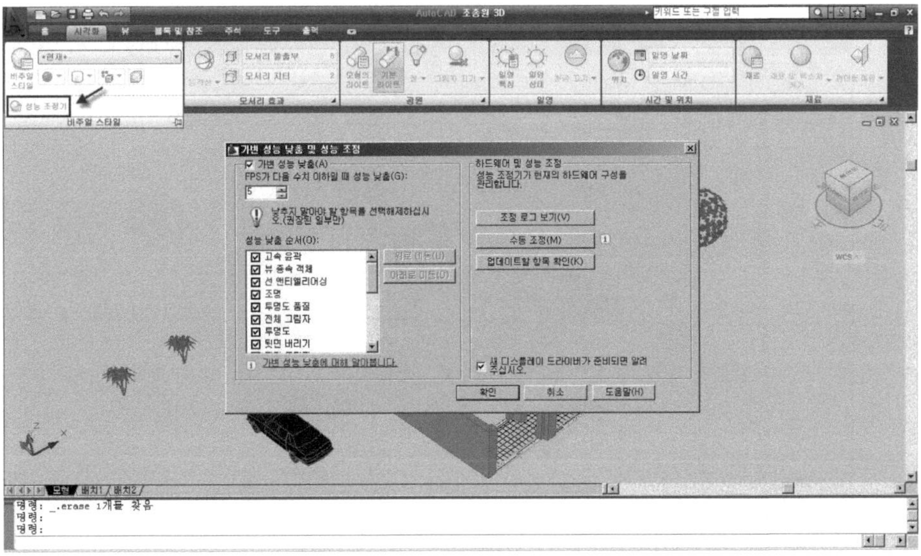

모서리 돌출부(VSEDGEOVERHANG)

객체의 모서리가 교차점 이상으로 돌출되게 표시한다. 돌출되는 부분의 길이를 조절할 수 있다. 수작업 스케치한 효과가 생기며 슬라이드 바를 움직여 값을 조절한다.

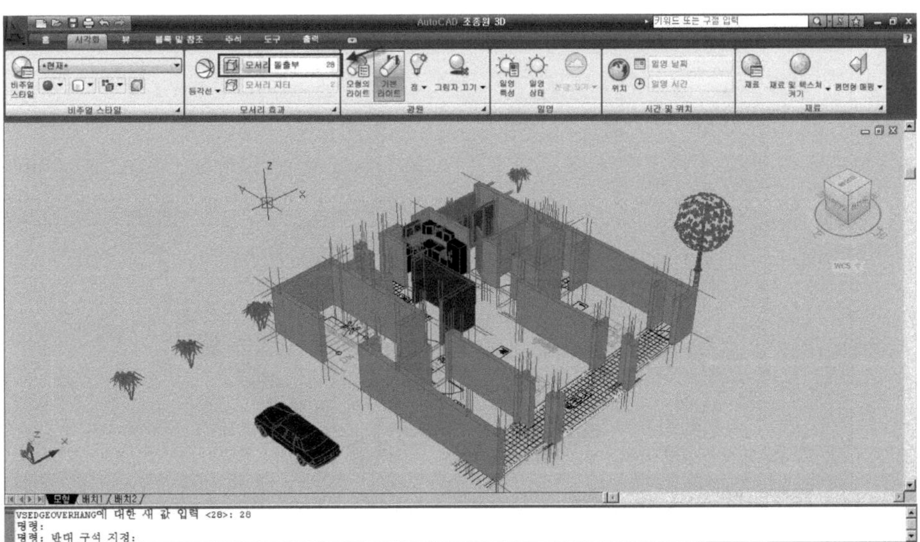

윤곽 모서리(VSSILHEDGES)

3차원 객체의 모서리의 표시 폭을 지정한다. 슬라이드 바를 움직여 값을 조절한다.

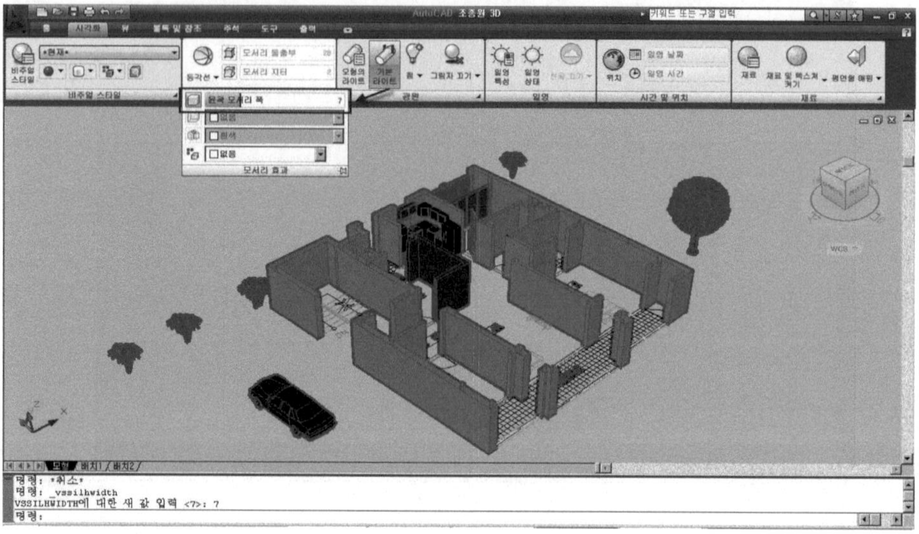

모서리 지터(VSEDGEJITTER)

객체의 모서리를 흐트러지게 표현을 해준다. 연필로 스케치한 듯한 효과를 주며, 모서리 돌출부와 같이 수작업 효과를 위한 것이다. 슬라이드 바를 움직여 값을 조절한다.

LESSON 12

재료/광원

재료 도구 팔레트

실행

풀다운 메뉴 ➜ 도구 ➜ 팔레트 ➜ 도구 팔레트에서 재료 도구 팔레트를 실행 ➜ 재료 도구 팔레트에서 원하는 재료를 선택하고 드래그하여 객체에 놓으면 재료가 적용된다.

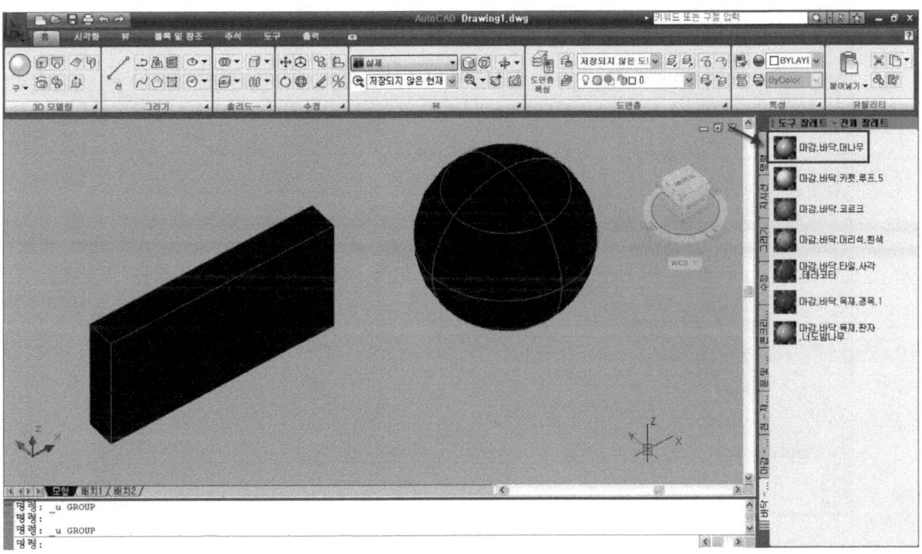

▲ 도구팔레트에서 바닥재료를 선택한다.

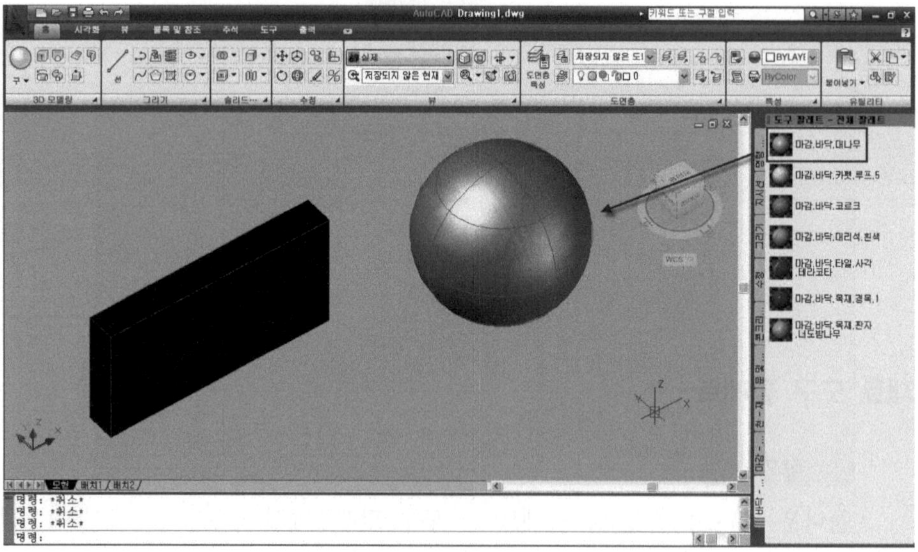

▲ 재료를 드래그하여 원에 가져가 놓으면 그림과 같이 재료가 적용된다.

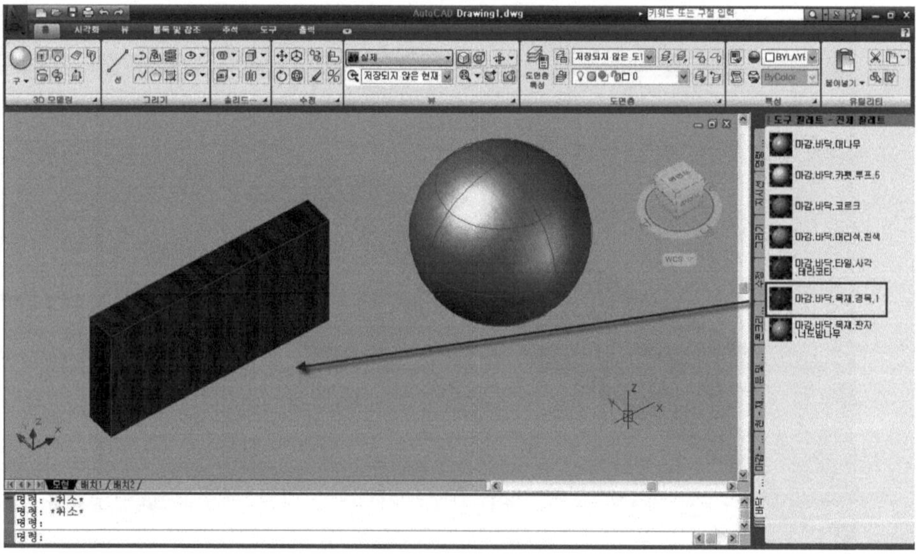

▲ 그림과 같이 원하는 재료를 드래그하여 적용하면 된다.

재료 편집기

재료 편집기를 이용하여 재료를 만들거나 수정한다.

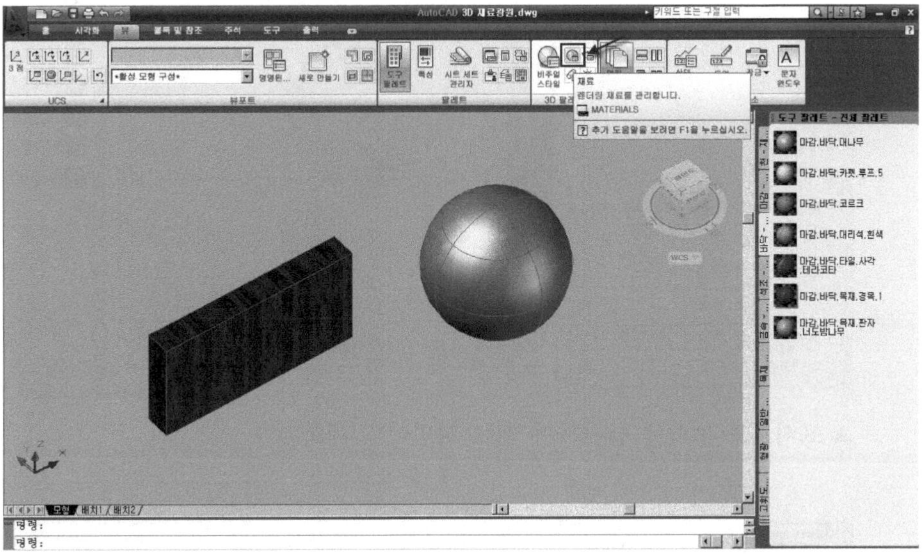

▲ 재료 아이콘을 클릭한다.

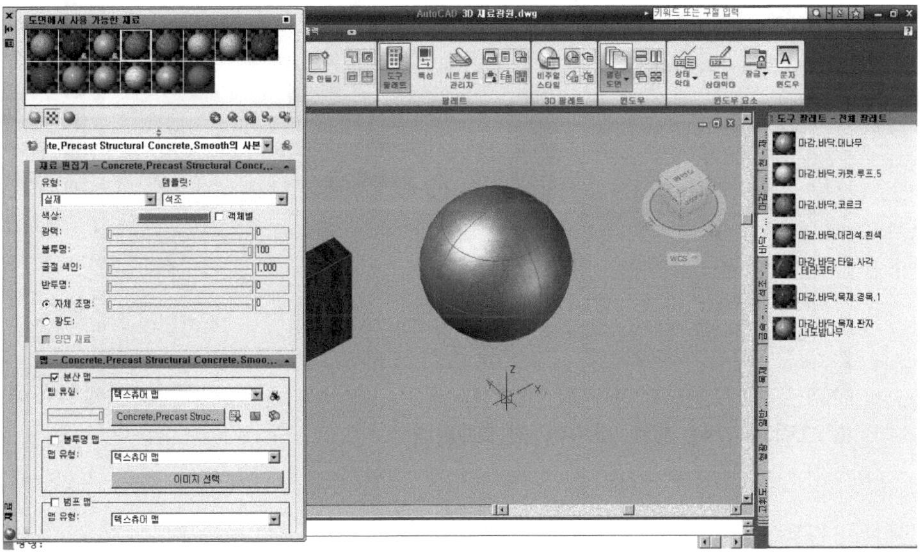

▲ 그림과 같이 재료 팔레트가 활성화된다.

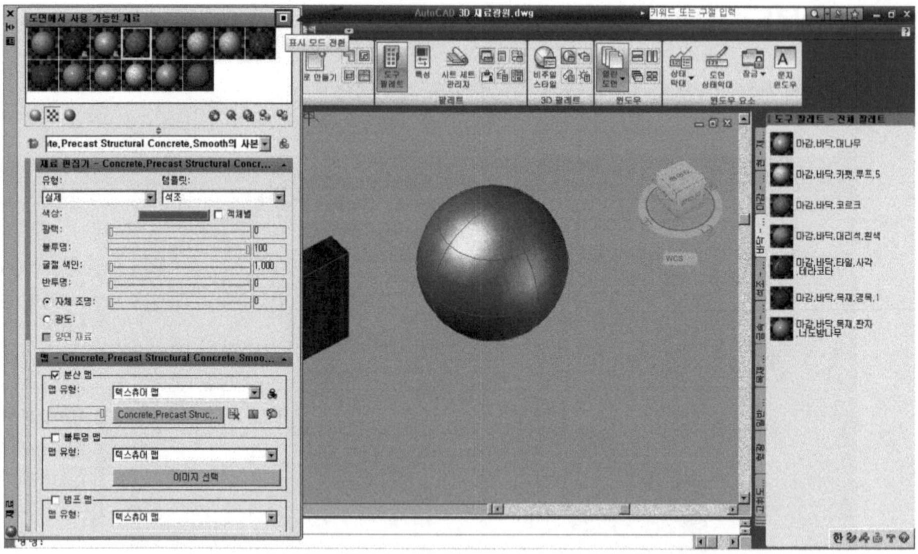

▲ 표시모드 전환을 클릭하면 재료 화면이 최대화된다.

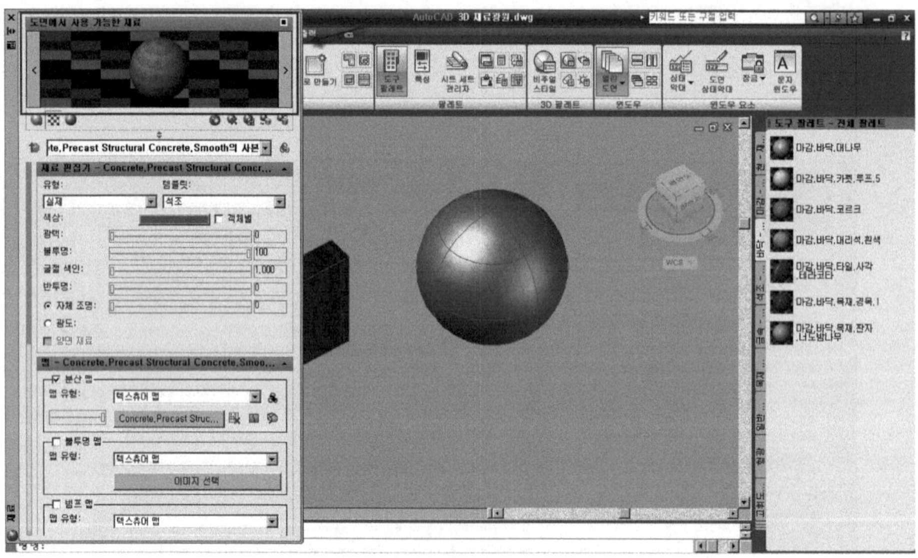

▲ 그림과 같이 재료 화면이 최대화된다.

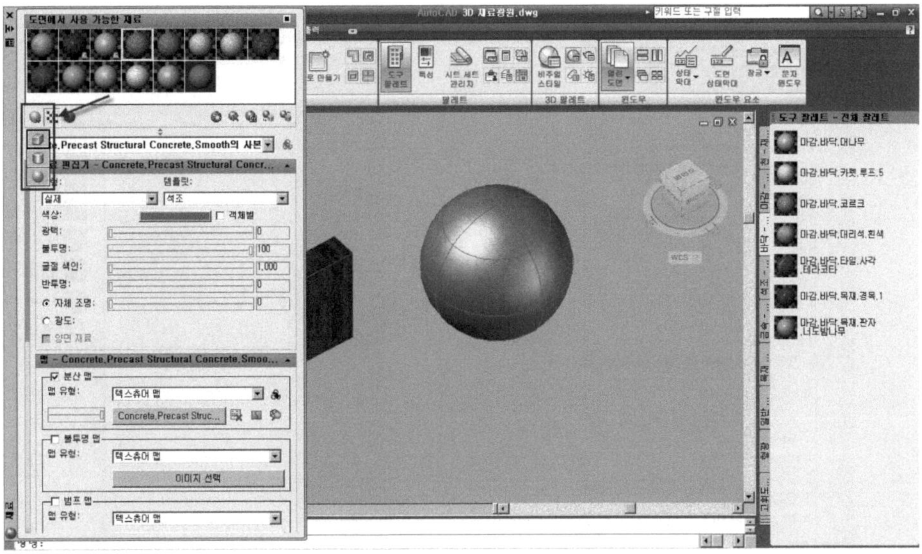

▲ 재료 견본을 바꾸는 아이콘이다.

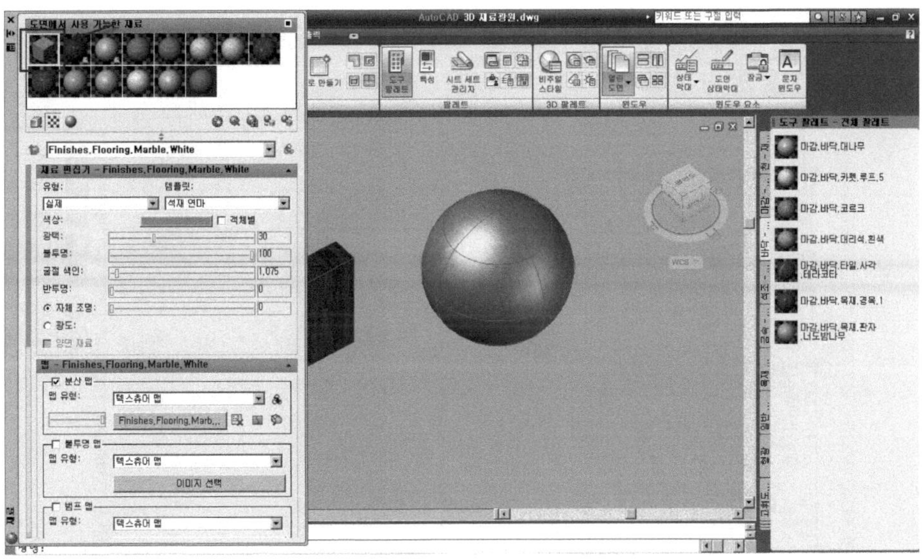

▲ 그림과 같이 견본의 모양이 바뀐다.

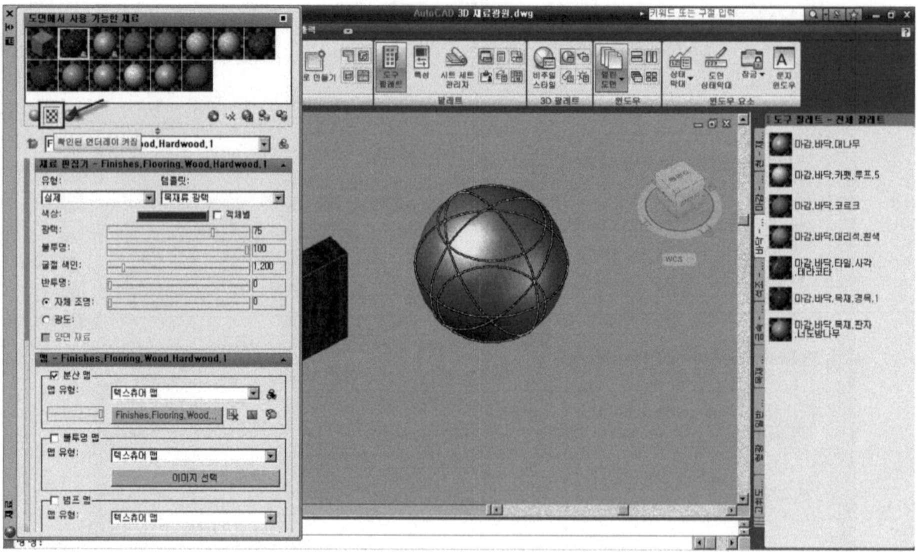

▲ 밑바탕의 체크된 화면을 켜고 끌 수 있다.

▲ 견본의 조명을 미리보기 할 수 있다.

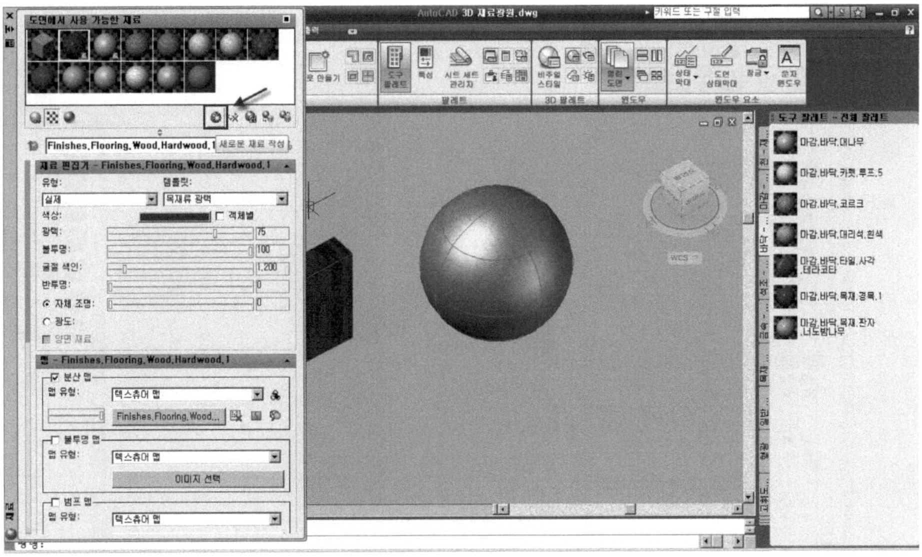

▲ 새로운 재료를 작성한다.

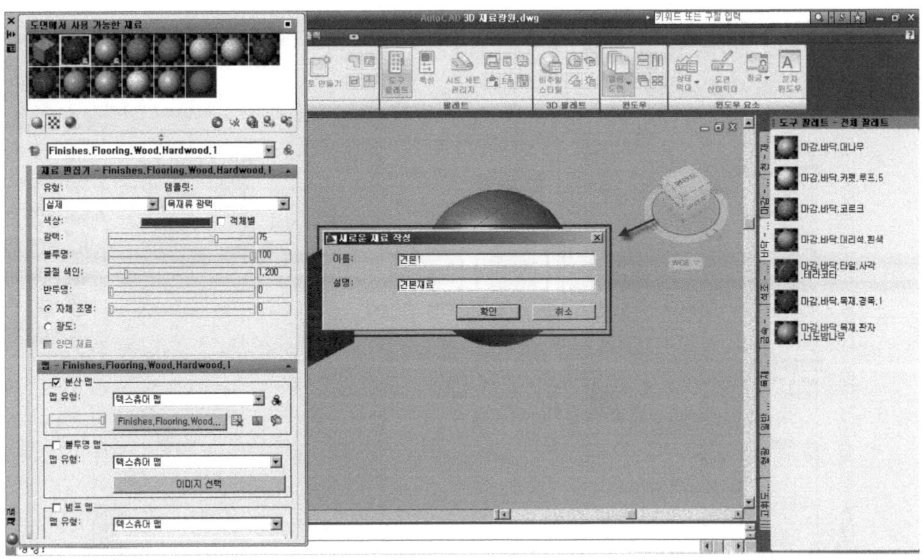

▲ 새로운 재료 생성을 클릭하면 재료 창이 활성화된다. 이름과 설명을 입력하고 확인을 클릭한다.

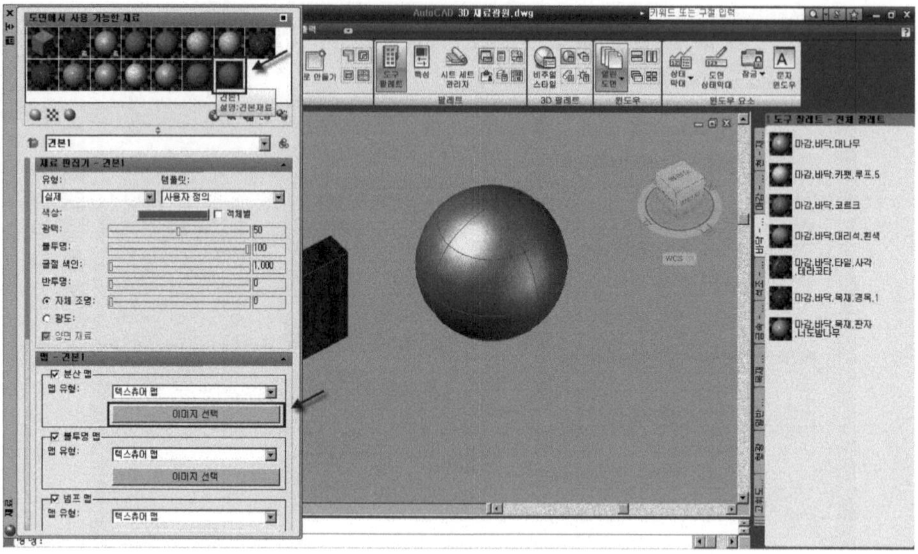

▲ 견본1이 생성된 것을 확인할 수 있다. 이미지 선택을 클릭한다.

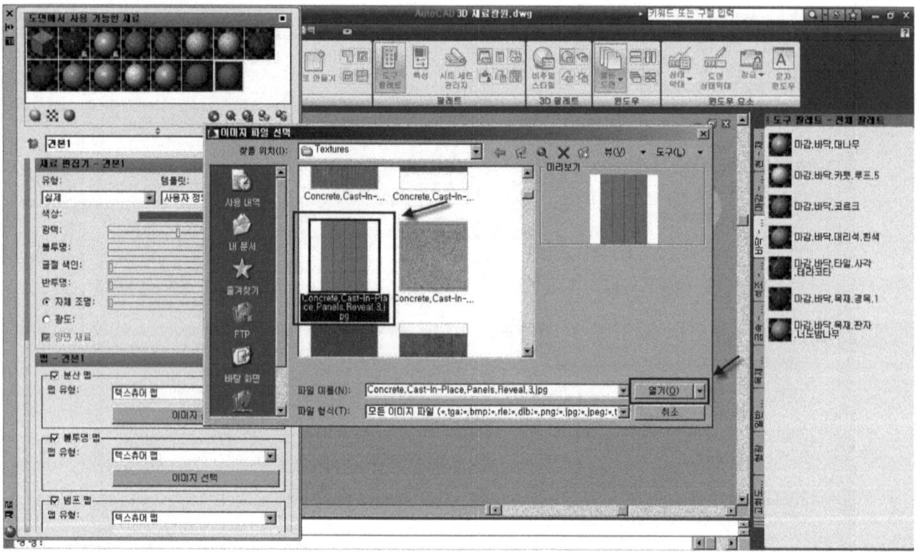

▲ 이미지 선택창이 활성화되면 재료를 선택하고 열기 를 클릭한다.

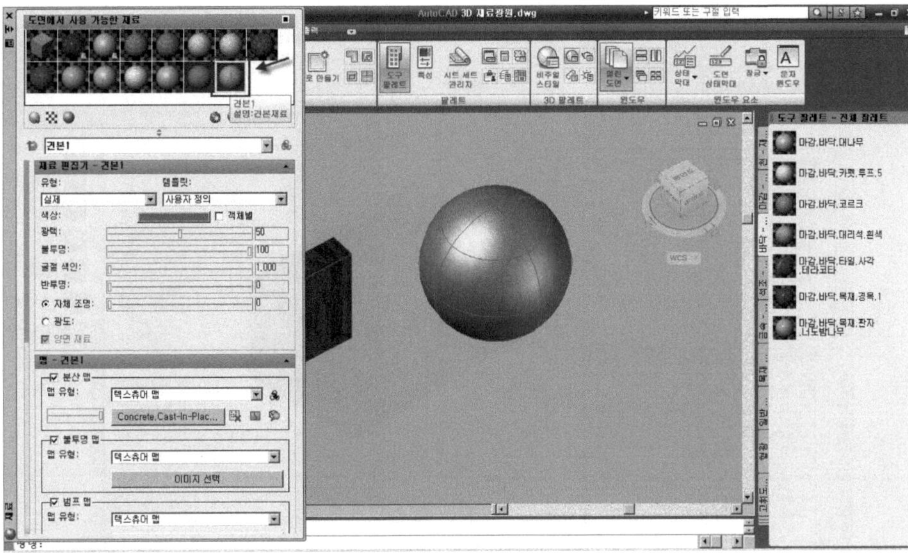

▲ 새로운 재료가 생성된다.

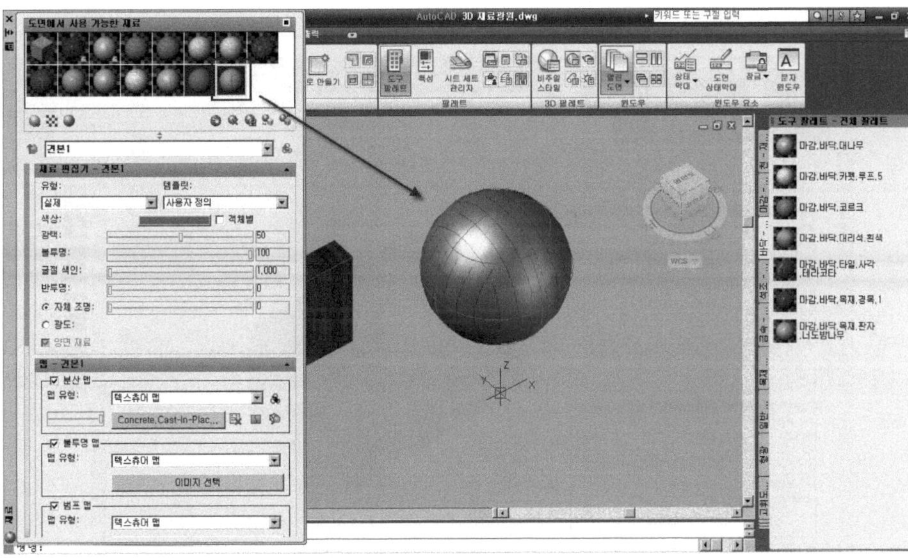

▲ 생성된 재료를 드래그하여 원구에 가져가면 그림과 같이 재료가 바뀐다.

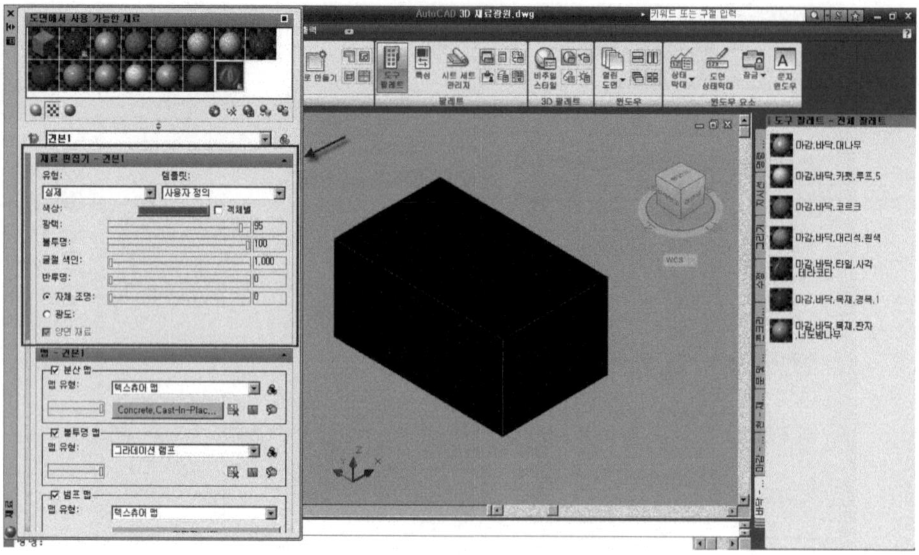

▲ 재료 편집기는 색상, 광택, 불투명, 굴절, 색인, 반투명, 자체조명 등을 조절하는데 쓰인다.

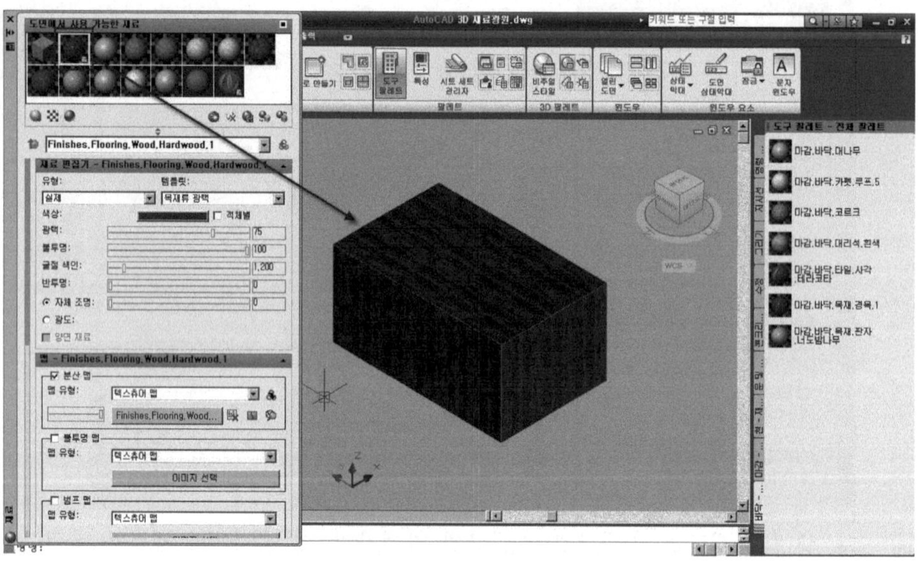

▲ 재료를 드래그하여 객체에 적용한다.

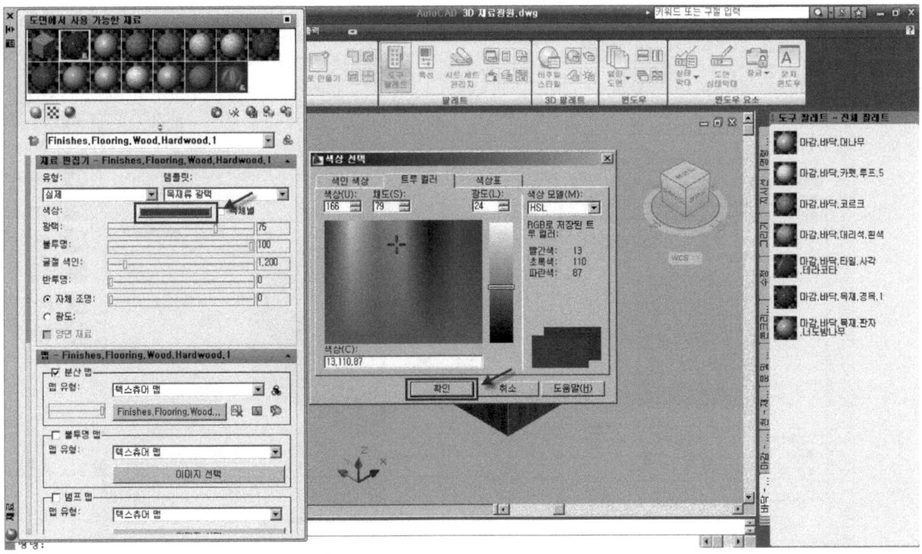

▲ 색상을 클릭하고 원하는 색을 선택하고 확인을 클릭한다.

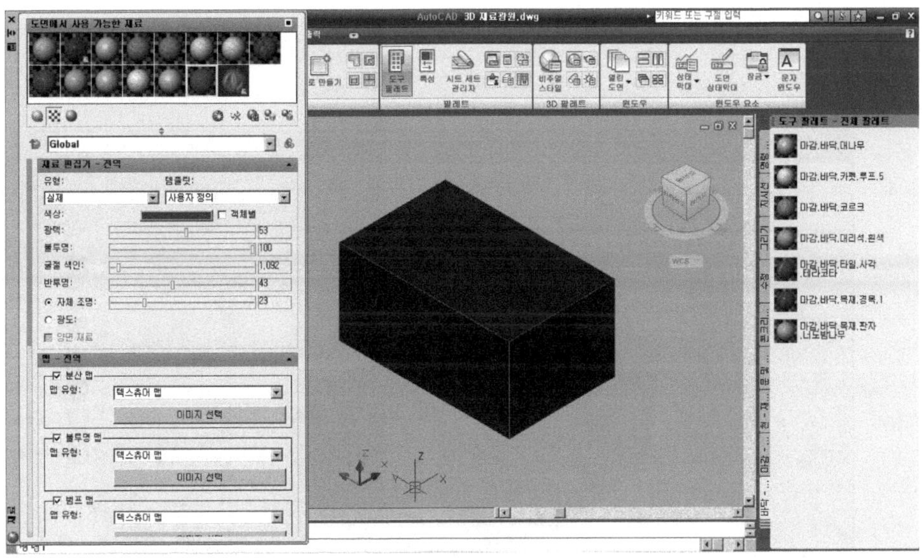

▲ 색상이 바뀐 것을 확인할 수 있다.

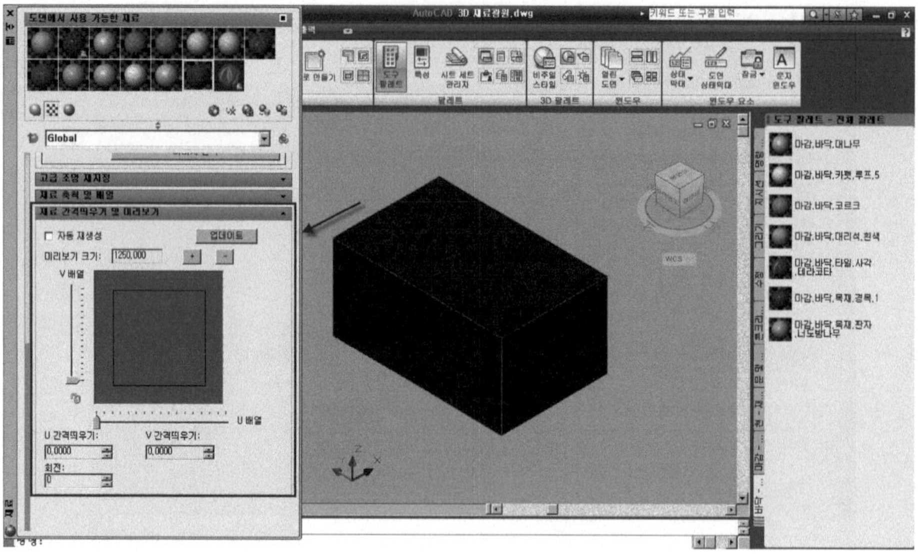

▲ 재료의 크기와 배열을 수정할 수 있다.

광원

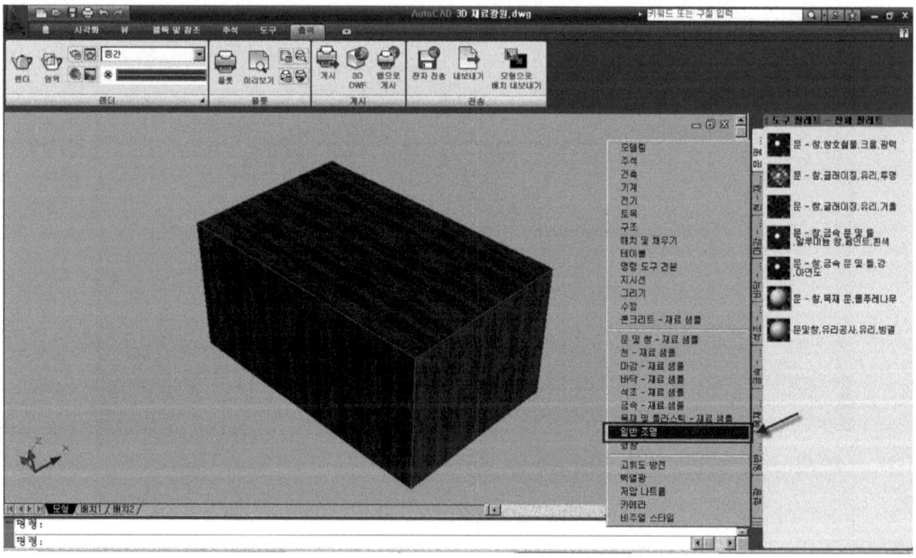

▲ 일반조명을 선택한다.

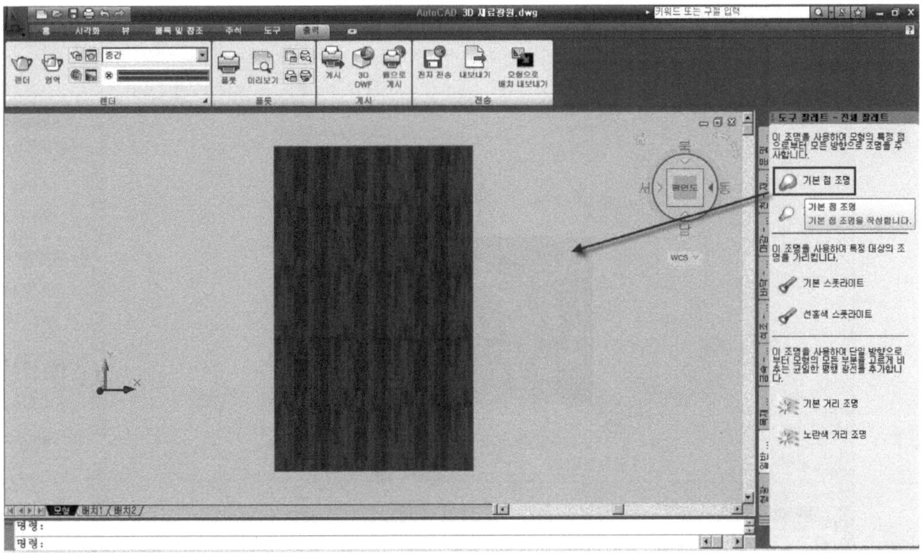

▲ 기본 점 조명을 드래그하여 원하는 위치로 이동시킨다.

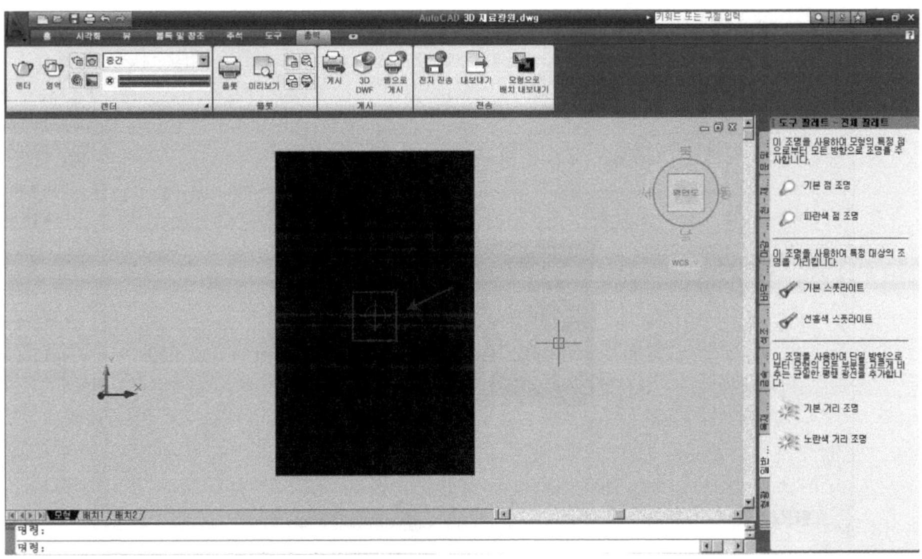

▲ 그림과 같이 조명이 생성된다. 기본 조명이 생성되면 기본 빛은 꺼지고 설치한 조명만 켜진다.

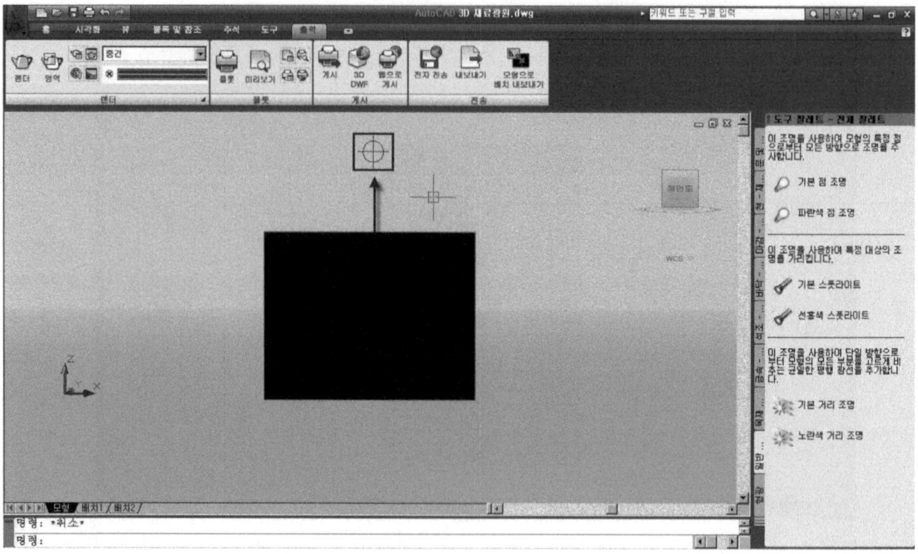

▲ 설치된 조명을 위로 이동시킨다.

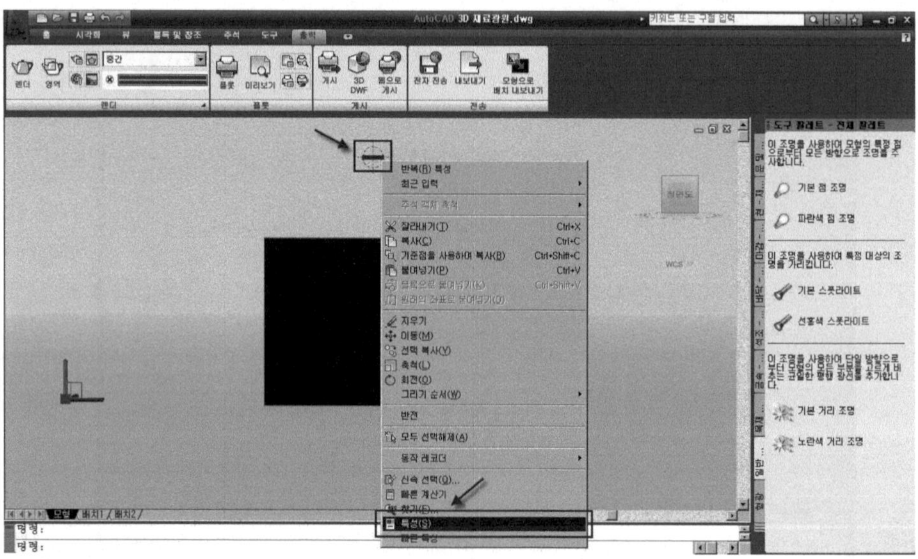

▲ 조명을 선택하고 마우스 오른쪽을 클릭하고, 특성을 선택한다.

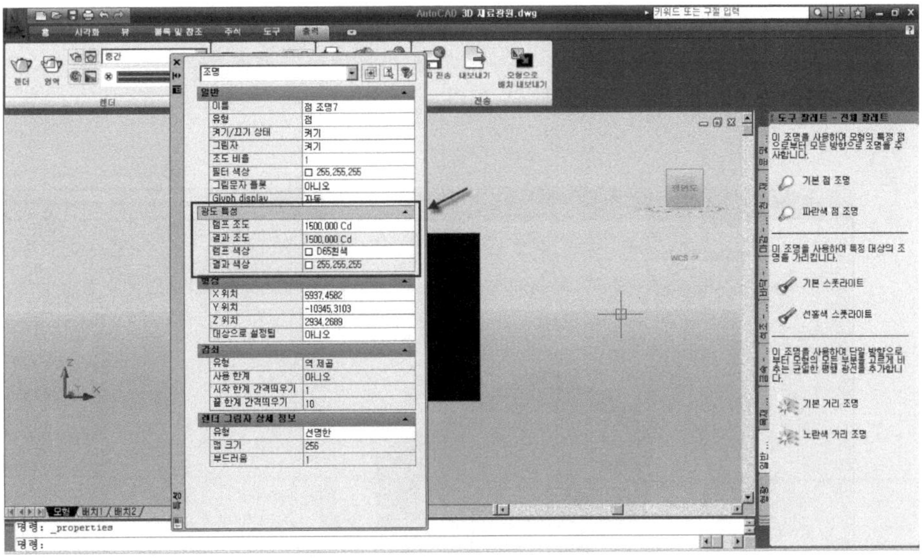

▲ 조명의 조도와 색상 등을 변경할 수 있다.

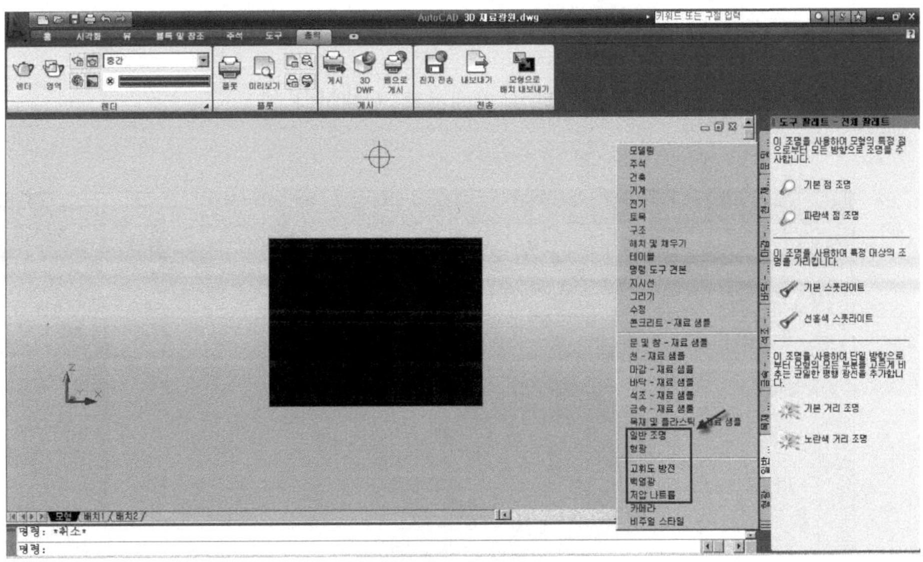

▲ 조명의 종류는 그림과 같이 패널에서 선택하여 사용하면 된다.

카메라

카메라를 작성하여 뷰를 설정할 수 있다.

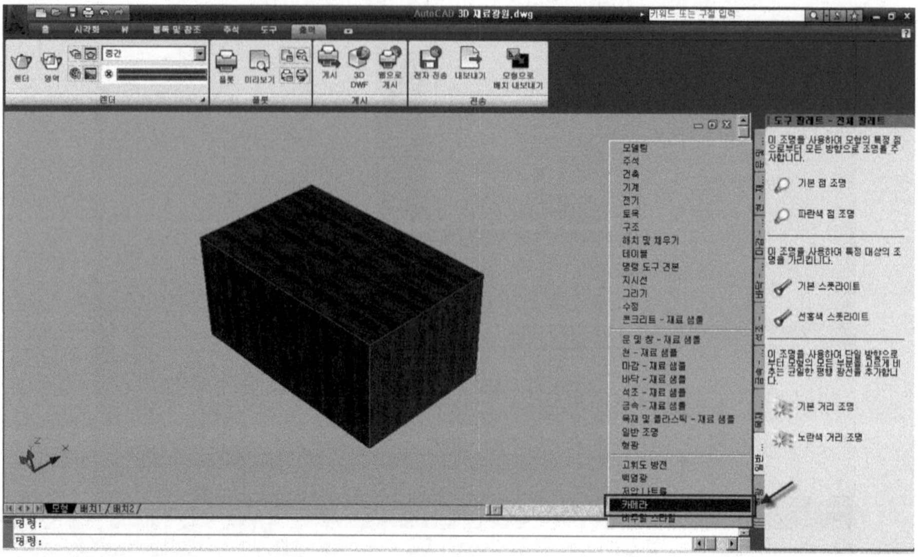

▲ 패널에서 오른쪽을 클릭하여 카메라를 선택한다.

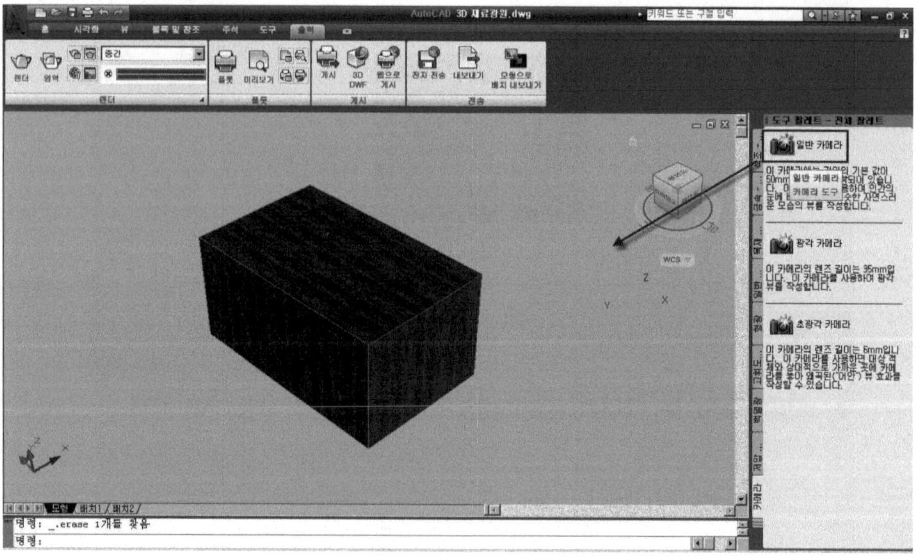

▲ 카메라를 선택하고 원하는 곳에 이동시킨다.

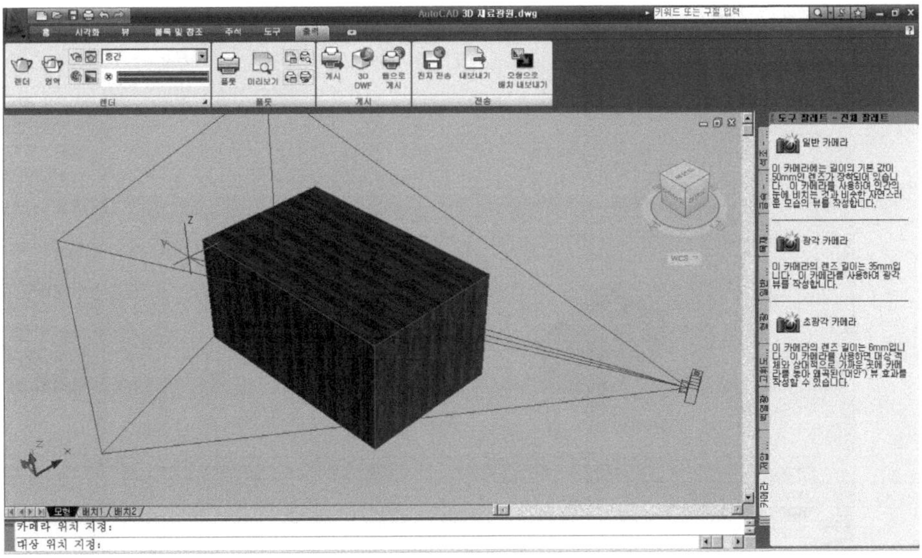

▲ 그림과 같이 카메라가 설치된 것을 확인할 수 있다.

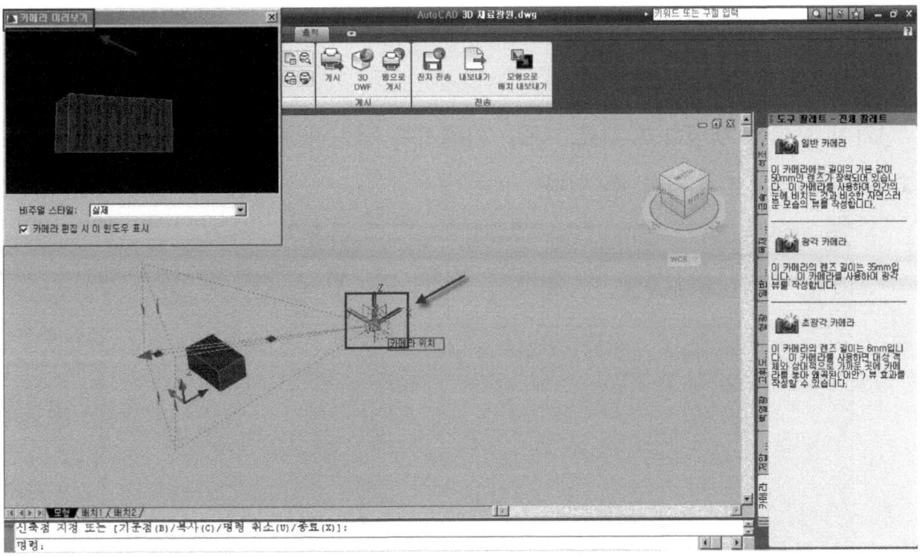

▲ 카메라를 더블 클릭하면 카메라 미리보기를 볼 수 있다.

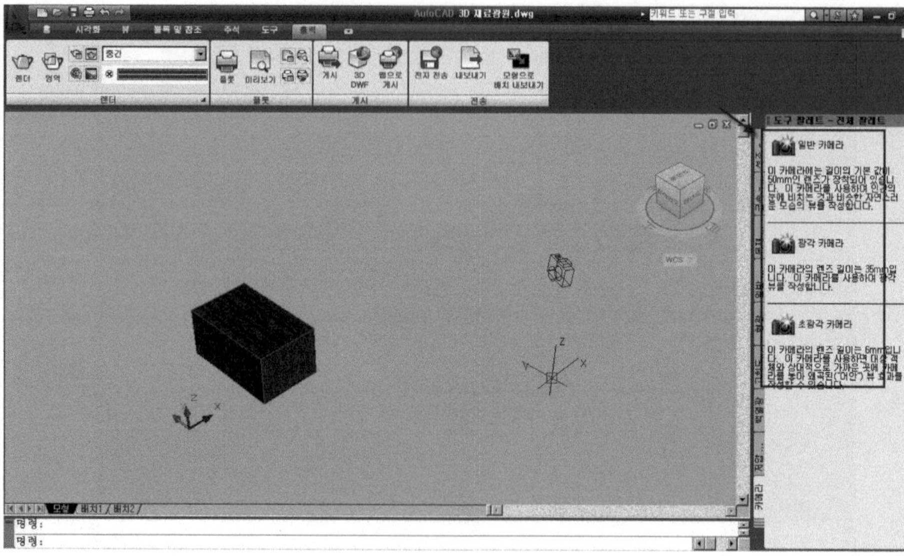

▲ 그림과 같이 원하는 카메라를 선택하여 사용하면 된다.

랜더

3차원 모델을 생성하고 재료, 광원, 카메라를 설치한 시점의 뷰를 사실적으로 표현하고 이를 이미지로 저장할 수 있다.

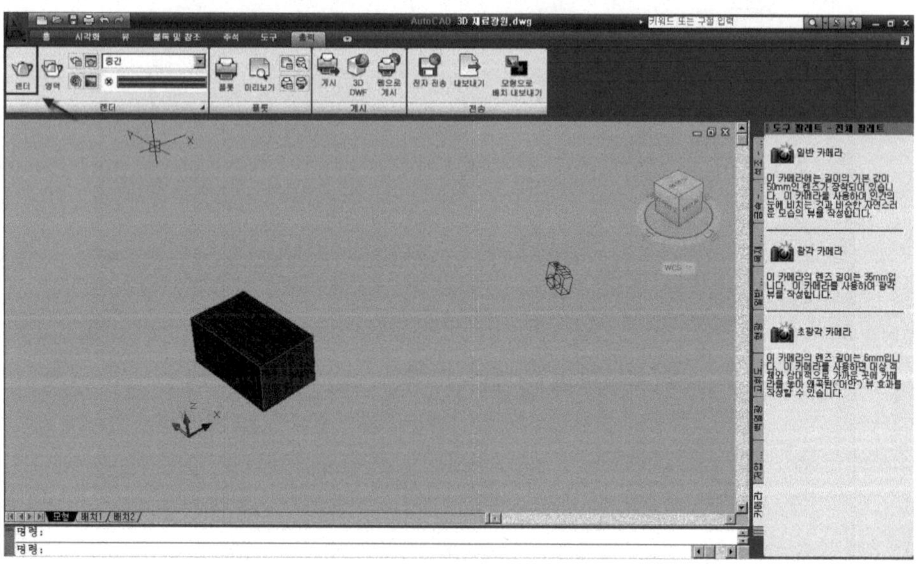

▲ 렌더를 클릭한다.

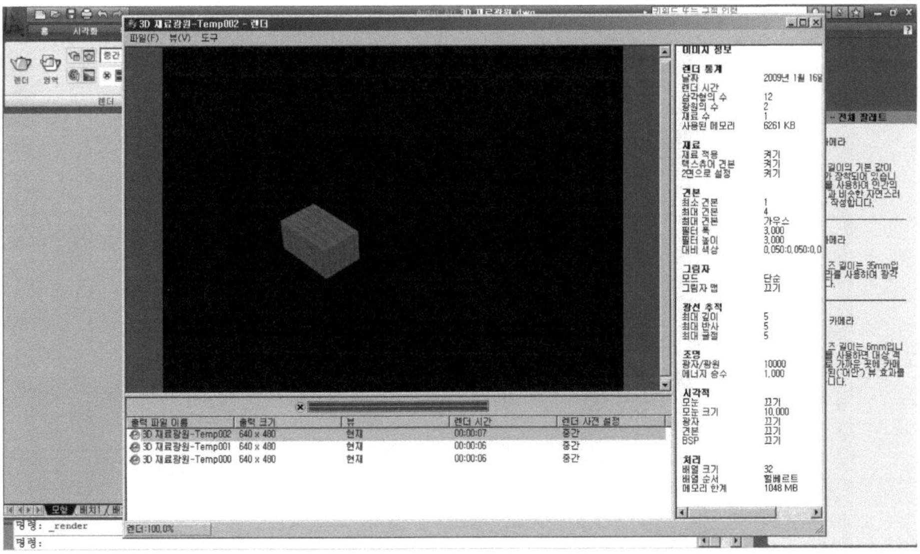

▲ 랜더링 화면이 그림과 같이 생성된다.

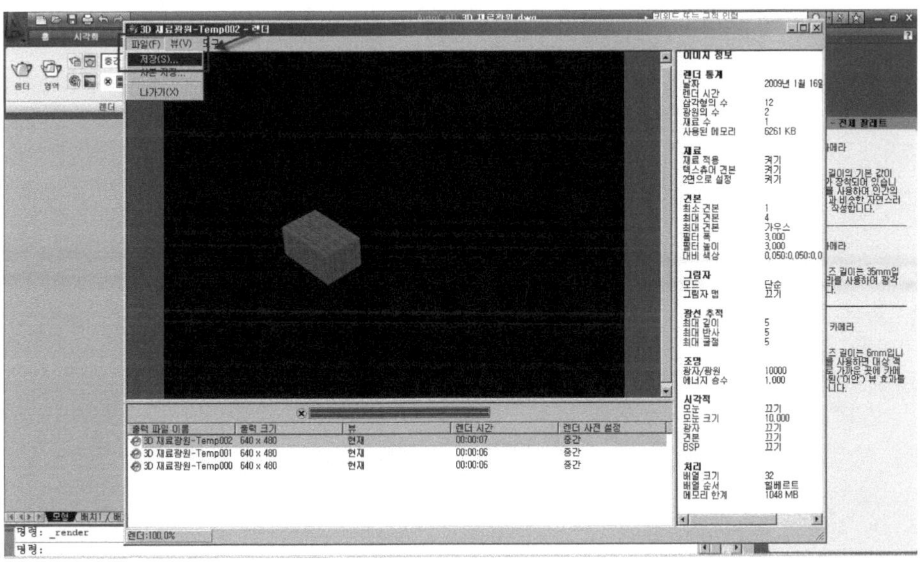

▲ 파일에서 저장을 클릭한다.

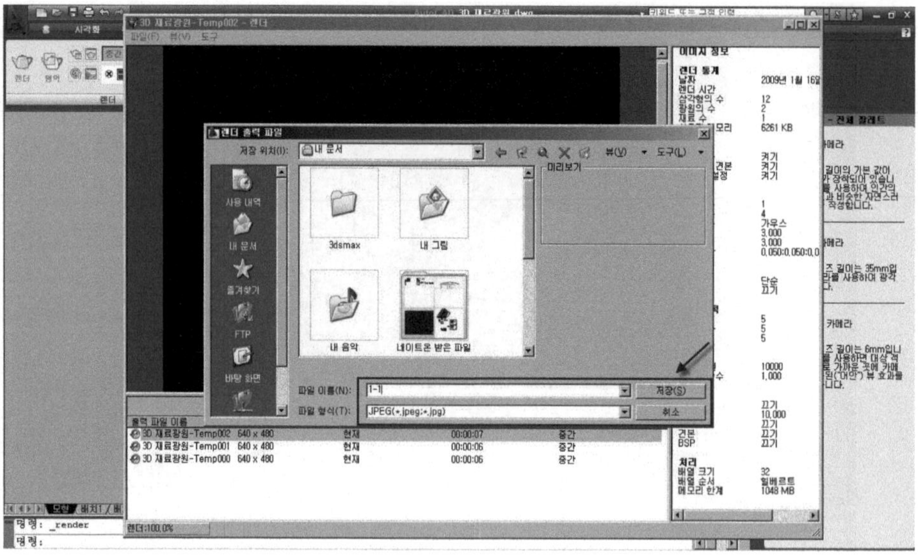

▲ 그림과 같이 이미지 파일로 저장을 할 수 있다.

저자소개

김용일

- 원광대학교 건축공학과 졸업
- 미국 Morgan State University, Master of Architecture(석사) 졸업
- 동국대학교 대학원 건축공학과 공학박사
- (주)금호건설
- 현재 / 강원대학교 건축학과 교수
- 저서 / 건축인을 위한 CAD, 건축CAD 방법론, 건축디지털 디자인,
  건축 · 인테리어 AutoCAD, BIM 마스터 모델링

송춘동

- 경희대학교 건축공학과 건축학(학사)
- 조선대학교 산업공학과 건축계획(석사)
- 한양대학교 건축토목공학 건축구조(CAD)(석사)
- 동국대학교 건축공학과 건축계획(박사수료)
- 인덕대학 건축과 겸임교수
- 두원공과대학 건축디자인과 겸임교수
- 한라대학교 건축과 겸임 부교수
- 현재 / 두원공과대학교 건축인테리어학과 교수
  (사)한국 디지털 건축 · 인테리어학회 부회장
- 저서 / 건축 CAD 방법론, 건축설계 과정에 의한 건축CAD 도면 작성법,
  건축인을 위한 CAD / AUTO CAD 제대로 배우기,
  건축 · 인테리어디자인 VIZ, 건축 설계실무 REVIT, CADPOWER 외
- 상훈 / 석탑산업훈장, 노동부장관표창, 교육과학기술부장관표창

CAD 이해와 활용

2018년 3월 10일 1판 1쇄 발행
2024년 9월 5일 1판 3쇄 발행

저 자	김용일 · 송춘동
발 행 처	기 문 당
주 소	서울시 성동구 무학봉28길 4-1
전 화	2295-6171~2
팩 스	6971-8188
홈페이지	http : // www.kimoondang.com
I S B N	978-89-6225-780-9 93540